幼兒語文教材教法

Jeanne M. Machado・著

簡楚瑛 編審

簡楚瑛、陳淑娟、黃玉如

張雁玲、吳麗雲 譯

幼兒語文教材教法 / Jeanne M. Machado著 ；
簡楚瑛等譯. -- 初版. -- 臺北市：新加坡商聖
智學習, 2009.10
　　面；　公分
　含參考書目
　　譯自：Early Childhood Experiences in
Language Arts : Early Literacy, 8th ed.
　　ISBN 978-986-6637-58-2(平裝)

　　1. 幼兒語言發展 2. 語文教學

523.16　　　　　　　　　　　98016025

幼兒語文教材教法

　　　3 4 5 6 7 8 9 2 0 1 8

出 版 商　　新加坡商聖智學習亞洲私人有限公司台灣分公司
　　　　　　10448 臺北市中山區中山北路二段 129 號 3 樓之 1
　　　　　　http://cengageasia.com
　　　　　　電話：(02) 2581-6588　　　傳真：(02) 2581-9118
原　　著　　Jeanne M. Machado
編　　審　　簡楚瑛
譯　　者　　簡楚瑛‧陳淑娟‧黃玉如
　　　　　　張雁玲‧吳麗雲
執行編輯　　林汝穎
總 編 輯　　林敬堯
總 經 銷　　心理出版社股份有限公司
　　　　　　231 新北市新店區光明街 288 號 7 樓
　　　　　　電話：(02) 2915-0566　　傳真：(02) 2915-2928
　　　　　　郵撥：19293172 心理出版社股份有限公司
　　　　　　http://www.psy.com.tw
　　　　　　E-mail: psychoco@ms15.hinet.net
　　　　　　駐美代表：Lisa Wu（lisawu99@optonline.net）
編　　號　　51132
定　　價　　新臺幣 500 元
出版日期　　西元 2018 年 3 月　初版三刷

ISBN 978-986-6637-58-2

(18CRM0)

目錄　CONTENTS

作者簡介

● Jeanne M. Machado ●

作者 Machado 在幼兒教育領域的經歷非常豐富。她擔任社區大學全職講師及部門主任，工作內容包括：監督與管理聖荷西市立學院（San Jose City College）和長青谷學院（Evergreen Valley College）二所大學校園設置的兒童發展實驗中心及地方社區的幼托機構。她所教授的課程包括幼兒教育、兒童發展和父母教養課程。

作者於聖荷西州立大學（San Jose State University）獲得碩士學位，並且在加州柏克萊大學（University of California at Berkeley）獲得講師證書。工作經歷包括在公立幼兒教育計畫、親師合作計畫及私立學前教育機構擔任教師及指導員。Machado 也積極參與數個與幼兒教育、幼兒及家庭福利有關的專業組織。她為美國加州大學幼兒教育學會（CCCECE）以及加州幼兒教育協會半島分會的前任會長。其他發表成果包括和加州大學海沃（Hayward）校區的 Helen Meyer-Botnarescue 博士一同出版教科書《指導實習生：幼兒教育實習手冊》（*Student Teaching : Early Childhood Practicum Guide*）。

目前 Machado 在美國愛達荷州 Cascade 擔任教師諮商及幼兒互動工作。

編審者簡介

● 簡 楚 瑛 ●

學歷：國立政治大學教育研究所博士

經歷：台灣省國民學校教師研習會助理研究員、副研究員

國立台南師範學院幼兒教育學系副教授及創科主任

國立新竹師範學院幼兒教育學系教授及創系主任

香港教育學院幼兒教育學系教授

國立政治大學幼兒教育研究所教授兼所長

國立政治大學教學發展中心主任

譯者簡介

● **簡楚瑛** ●（見編審者簡介）

● **陳淑娟** ●（第一章、第九章）

學歷：國立台灣師範大學人類發展與家庭學系幼兒發展與教育組博士
現職：台北市芝山國小附設幼兒園教師

● **黃玉如** ●（第二章、第六章、第十章、第十四章）

學歷：美國印地安納州立大學（Indiana State University）博士
經歷：幼兒園教師、國小代課老師
　　　樹德家商幼保科、樹德科技大學、正修科技大學、屏東科技大學、輔英科
　　　技大學兼任講師
現職：美國印地安納州立大學學習與教學系講師

● **張雁玲** ●（第三章、第五章、第八章、第十二章、第十六章）

學歷：國立新竹教育大學幼兒教育研究所碩士
經歷：台北市私立正欣幼稚園教師
　　　台北市格林菲爾托兒所教學組長
　　　桃園縣光啟高中附設托兒所所長
　　　國立新竹教育大學、明新科技大學、耕莘護理專科學校兼任講師
現職：Ivy's house 蒙特梭利幼兒園園長

● 吳麗雲 ●（第四章、第七章、第十一章、第十三章、第十五章）

學歷：國立新竹教育大學幼兒教育研究所碩士

經歷：幼兒園教師

國立新竹教育大學、玄奘大學兼任講師

現職：財團法人台灣省天主教會新竹教區附設德蘭幼兒園園長

編審者序

多年的研究顯示，語文的學習對幼兒後續學習具有深遠的影響力。這幾年全球有關閱讀研究與實務工作的推動風起雲湧；國內過去幾年，在幼兒教育裡也呼應了全球有關閱讀學習的脈動，不遺餘力地推動幼兒的閱讀活動。

惟幼兒語文的學習不僅是閱讀而已，同時，看到各幼教師資培育單位之課程，多數開設有幼兒語文教材教法的課，縱覽坊間與此有關之中文書籍有限，看到 Jeanne M. Machado 所寫的一書時，頓時覺得是一本值得引薦之參考書籍。

Jeanne M. Machado 擁有聖荷西州立大學碩士學位，曾是各式幼教方案的老師與負責人，並曾自己擁有過一間托兒所，現任於聖荷西市立學院和長青谷學院之講師。

《幼兒語文教材教法》（*Early Childhood Experiences in Language Arts: Early Literacy*）是 Jeanne M. Machado 出版之第八版的書，本書之特性是不僅提供參考之資料，同時有理論與教導「如何做」的實務構思與點子；本書目的不僅是企圖傳遞使用者有關教導幼兒語文學習之知能，同時，期待能透過這些教導提升幼兒之自尊與潛力；本書教導之內容不僅是聽、說、讀、寫四個向度，同時，強調幼兒視覺素養的培養，這是相當符合研究與社會發展趨勢之內容。本書不僅是提供給五歲多幼兒之語文學習，同時，亦特別強調學步期到托兒所階段之幼兒的語文學習；它不僅是提供一般主流文化下之幼兒的語文學習，同時，也強調多元文化和特殊教育下幼兒之語文學習；它不僅強調 Vygotsky 的鷹架理論，同時，強調與美國幼教協會（NAEYC）的合宜發展（developmentally appropriate）整合；它不僅強調學校裡的教學，同時，強調家園合作的關係以共同協助幼兒語文的發展與全人的成長。

　　本書內容所指的語文學習除了一般性之知能外，還有章節是特別針對英文學習而寫的。翻譯本鑑於國情之情境脈絡，而書中部分涉及美國文化著墨較多的部分就予以割捨了。

　　本書對從事幼教與幼保工作者以及家長，都應該是一本值得擁有的參考書，因此，慎重推薦之。

簡楚瑛

于政大井塘樓

PART 1

語言發展：幼兒讀寫能力的萌發與誕生

CHAPTER 1

溝通的開始

目標

讀完本章後,你將可以:

- 描述至少一種人類語言發展之理論。
- 確認影響語言發展的因素。
- 討論嬰幼兒、父母和照顧者的互動行為。
- 列出一到六及六到十二個月大嬰幼兒有益的幼兒—成人遊戲活動建議。
- 解釋嬰兒所發出訊號的重要性。

於本章中，讀者將會認識有助於幼兒在生活中建立起對於溝通與語言發展正向成長的要素。凡是會影響、促進或抑制幼兒發展的社會情感、生理、認知與環境因素，皆會提及。本章所建議之互動技巧與策略均有研究支持，並反映出普遍被接受的適當練習與標準。

每個孩子皆為遺傳特徵與環境影響所組成的獨特個體。自出生起，幼兒可說是對於他們的週遭環境有興趣的溝通交流者。

研究人員證實，嬰兒似乎能夠立即同化接收到的資訊。有些人則指出，嬰兒擁有「最大的心智」（the greatest mind），並且擁有全宇宙中最有力的學習機制。Cowley（2000）描述嬰兒出生前的語言：

> 在懷孕的第三期，許多母親發現他們的孩子聽見大聲響或噪音的時候，會踢動及震動。雖然對於言談中的聲音反應不甚明顯，但是嬰兒聽得見聲音是不容置疑的。

現代科技已經可以監控最輕微的呼吸、心跳、眼球運動、吸吮節奏及速度等生理變化。Tronick（1987）指出，嬰兒能很快地學習如何接續對話，並且使吸吮的節奏（rhythm）[1] 像是在模仿一來一往的對話型態。他注意到嬰兒對於特定的訊號，像是聲調、外表及頭部的移動有反應。

Greenspan（1999）提出，與一、兩個月大的嬰兒在輕鬆的午覺及餵食後相處時會發現：

> ……當你擁抱著嬰孩，微笑著注視他的眼睛，你會發現，他努力張開雙唇，似乎想要模仿你的微笑。

嬰兒發出聲音及姿勢，以顯示他們對話的目的。嬰兒通常會表現出壓抑的樣子，並將他們的精力以眼神或被聽見的方式傳達。

一般相信，嬰兒和母親的眼神接觸為溝通的第一步，這稱為注視連結（gaze coupling）[2]。嬰兒可以忽略週遭不重要的噪音，並且注意大人語調中的些微變化。

孩童自父母遺傳而來的特質，與發生在他們生活週遭的事件，都有助於他們的語言發展。基因提供了性別、氣質，以及智力、情感與生理能力發展的

---

[1] 節奏：說話時有一致性或規律性的拍子、聲調或旋律。

[2] 注視連結：嬰兒與母親的眼神接觸。

時間表（Villarruel, Imig, & Kostelnik, 1995）。在短短四、五年間，孩子的語言變得有意義，並且像是大人之間的言談。這些語言技巧的增進，對於滿足個人的需求，與他人交換想法、希望與夢想而言，是非常有用的工具。隨著能力的增長，孩童了解並且運用更多口語，他們記錄人類的知識，並且朝著成為有讀寫能力的人邁進。

兒童與生俱來的分類、創造和記取資訊的能力，有助於他們語言習得。儘管其他物種沒有人類的口說能力，但是牠們一樣能夠溝通。鳥類及動物模仿聲音與動作，就被視為溝通的一種方式。例如，de Villiers 和 de Villiers（1979）實驗性地指導小黑猩猩學習美式手語（American Sign Language, ASL, 譯註：手語的一種），牠們的語言能力讓研究人員驚訝不已。有些小猩猩能學會使用符號，並且依照語法規則進行高水準的溝通，這能力已經可以與兩歲左右的小孩相匹敵。研究人員仍舊在試探黑猩猩在溝通能力上的限制。但是，人類與其他物種在此方面依然存在著非常大的差異性。

大腦皮層的發展使人類有別於其他智能較低的動物，我們先進的心智功能，像是思考、記憶、語言、運算，及複雜的問題解決能力等，都是人類所特有的。

人類有一種個殊的物種能力（species-specific），可以偵測並假設語言的結構性。他們也可以對特定的語言發展出規則、記憶這些規則，並且使用它們來產生恰當的語言。嬰孩出生幾天後，可以分辨出家庭成員的臉孔、聲音，甚至氣味，並且喜愛接近他們甚於其他人。

過去二十年，嬰兒的研究突飛猛進，並且也向我們展示了嬰兒的驚人能力。舉例來說，早在能開口說話之前，嬰兒就能夠記憶發生的事件，並且解決問題。他們可以分辨臉孔、看見顏色、聽見聲音、分辨對話以及基本的氣味。結合心理和神經學的證據，如果我們為聰明下一個定義是學習新事物的能力，就不難獲致結論：嬰兒顯然要比成人聰明太多了（Gopnik, Meltzoff, & Kuhl, 1999）。

人類的臉孔成為嬰兒最明顯、最重要的溝通管道，這些臉部情緒的表達是非常細微、複雜的，而且與嬰兒的肢體反應息息相連（內與外皆然）。因為情緒反應往往涉及血管和腸胃道系統的運作（Ornstein & Sobel, 1987）。就如嬰兒一直在搜尋周圍的臉孔資訊一般，嬰兒的照顧者就是依靠對嬰兒的臉部表情變化和身體姿態來了解嬰兒的需求。

表 1-1 顯示了嬰兒發出的訊號和他們需求之間的關係。這些反應及蓄意的

❖ 表 1-1　天生的溝通者

嬰兒的動作	可能的意義
轉頭且張嘴	覺得餓了
嘴唇顫抖	對刺激調整
吮指	冷靜自己，過度刺激
避開眼神	忽略
轉身	需要冷靜
打哈欠	覺得累了、緊張
睜大眼睛看	覺得高興
咕咕聲	覺得高興
露出呆滯的眼神	覺得負荷過多，需要休息
揮手	覺得興奮
舌頭伸進伸出	覺得不舒服，模仿

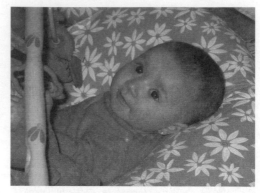

▶ 圖 1-1　「哇，真有趣！」

expressions）出現在剛出生及熟睡的嬰兒臉部，並且有著變化多端的表情。完全眼盲的嬰兒被觀察出，在兩個月大的時候已經能夠對外來的聲音及敲打產生微笑反應。

行為，隨著嬰兒年紀增長和經驗增加而更形明顯。

　　嬰兒……最初的反應已經伴隨著許多預先規劃。他們的姿勢像：微笑、有興趣、有意圖的表情，及哭泣、滿足的吸吮或擁抱，均立即跟隨著高需求與尋求注意的模式出現，這些不會弄錯、從容不迫且顯而易見的反應，都是企圖吸引和尋求照顧者的注意及回應（Newson, 1979）。

　　研究者正在研究面部表情、姿勢及肢體動作在人類社會溝通上的角色（圖1-1）。早期的「假性微笑」（smilelike

　　說話，比簡單的鸚鵡式仿說或原始的社會功能來得複雜許多。語言的力量促使人類擁有支配萬物的能力。使用語言的能力協助我們了解並傳遞知識，而且能與其他人相互合作，這是確保我們生存的機制。語言促進人與人之間和平地解決問題。

定義

　　語言（language）[3]在這裡指的是一種國際化的溝通系統，一種透過聲音、

3　語言：人類為了溝通及自我表達所使用之系統化而普遍性的聲音、手勢或書寫符號。

姿態或共通符號自我表達的方式。語言發展的程序包含「內化」及「外顯」資訊。內化一定先於外顯，因為個體會先將吸收的心智組織化，然後再清楚地表達出來。

溝通（communication）[4] 是「傳遞」和「接收」資訊、符號或訊息的泛稱。一個人可以與動物、嬰兒或是說不同語言的外國人溝通，甚至接收到他們所傳遞的訊息。即使連水壺的鳴笛聲也可以向某人傳遞訊息。嬰兒也可以在出生後幾小時，「沉浸」（in tune）在人類的聲音中。

發展的影響

幼兒溝通的能力包含整合身體各部位及系統，運用聽覺、理解、組織、學習及使用語言。大部分的幼兒能快速而容易地完成這種挑戰，但很多因素影響著語言學習。

Klaus 和 Klaus（1985）根據超音波的研究，描述嬰兒在子宮裡的景況：

> ……漂浮在他的私人世界……當他醒來，他張開眼睛、打哈欠、伸懶腰……將手指輕觸臉龐，並吸吮著拇指……他能夠聽到媽媽的聲

音……他開始聆聽……因為媽媽的心跳聲就像搖籃曲……

不久嬰孩出生了：

> 媽媽的手抱著他，輕拍他……他能聽到媽媽輕柔而熟悉的心跳聲……聲音更為清楚而接近……他覺得很放鬆……他嘴去碰觸拳頭，發出小聲的吸吮聲。

研究指出，嬰兒本能地會將頭轉向聲音的來源處，並且會記住在子宮裡所聽到的聲音。這些研究促使母親們對未出生的嬰兒進行說話、唱歌、閱讀古典文學和詩集等胎教，然而，研究還沒有證據證實這些胎教的好處。

所有的聲音中，沒有比人類的聲音更能吸引幼兒的注意力，特別是高音的女聲。「媽媽語」（motherese）—— 一種不同於其他照顧者的說話方式，將於本章後段討論。有韻律的聲音、持續而穩定的聲調能夠安撫嬰兒。目前市面上，人們設計將各種溫和的聲音放入絨毛玩偶中，多數是利用能發出穩定或心跳的聲音，或者結合這兩種特質的聲音。在嬰幼兒的環境中有太多吵雜的聲音，它們多半具負面影響。過度吵雜的居家聲音來自電視機、收音機和立體音響。有些媽媽指出，五到八個月大的嬰

---

[4] 溝通：資訊、符號或訊息的傳遞及接收。

兒喜歡活潑且色彩豐富的電視節目，像是《芝麻街》，他們可以安靜坐著看一段時間。有很多關於「知覺過度負荷」（sensory-overload）的描述是，不論機械式或是人性化的刺激，嬰幼兒會以轉身及行動凍結來表現他對知覺的停止輸入。

雖然嬰兒在出生時聽覺能力發展尚未完全，但他們可以聽見大多數適度的聲音，並且能夠分辨音高。他們的**聽覺**（auditory）[5]**敏銳**（acuity）[6] 發展迅速。嬰兒以停止肢體活動來回應強烈的聽覺刺激，或當他聽到人們的聲音時會嘗試轉向聲音來源。這現象被有些研究者視為嬰兒以身體動作回應任何信號，並可引起他們興趣的徵兆（圖 1-2）。嬰兒的身體動作回應人們的語言，是說話發展的初步現象（表 1-2）。

知 覺 動 作 發 展（sensory-motor development）[7] 是指感覺器官的運用和運動系統（身體肌肉和部位）的協調，是學習語言不可缺少的。感覺器官經由看、聽、聞、嘗和觸摸得到訊息。這些感覺器官形成人們的印記，即生命的遭遇被傳送到腦，然後每一種知

▶ 圖 1-2 發出聲音的玩具吸引著嬰兒的注意力。

覺（perception）[8]（這些印象經由感覺接收）被記錄和儲存，成為未來口語和書寫語言的基礎。

新生兒和嬰兒不再被視為被動且反應遲鈍的「迷你」人類；相反地，嬰兒是有活力、具學習力、擁有感覺能力、運動能力和好奇心的個體。父母和照顧者應該要提供機會並與新生兒「一起」互動，而不是將自己的意願強加在嬰兒身上。

---

[5] 聽覺：經由聽力來體驗。

[6] 敏銳：能善用感覺，知覺程度十分敏感。

[7] 知覺動作發展：能夠掌控及使用感覺器官和身體肌肉組織。

---

[8] 知覺：心智對於五種感覺所蒐集而來對物體與其他資料的覺知。

❖ **表 1-2　嬰兒的聽覺感知能力**

年齡	適當的聽覺行為
出生	因大的聲音而驚醒 因噪音而驚嚇、哭或有所反應 發出聲音 先注視環境中的聲音再轉移視線
0 到 3 個月	轉頭聆聽父母或其他人的說話 以微笑回應說話者 張嘴好像模仿成人的說話 牙牙學語 似乎了解熟悉的聲音 因成人溫柔的聲音而平靜 重複自己擁有的語言 聆聽並專注熟悉成人的聲音
4 到 6 個月	注意環境中的聲音（例如：狗叫聲、吸塵器聲、門鈴聲、收音機和電視） 被發出聲音的玩具吸引 模糊地說著像是子音的聲音 把自己的需要用聲音表達出來 似乎了解「不」的意思 回應說話者不同的說話音調
7 到 12 個月	聽到自己的名字時會回應 能說一個或更多可理解但發音不清楚的字 模糊地重複著像音節或像子音和母音的聲音 回應簡單的要求 喜歡有趣的文字遊戲，像是 peak-a-boo、pat-a-cake 等 常模仿說話者的聲音 利用聲音獲得別人的注意

幼兒的社會和情緒環境在初期語言的質和量上扮演重要角色。Brazelton（1979）指出，新生兒的溝通行為喚起成人的溫柔對待。

當新生兒聽到成人的聲音時，他不僅搜尋觀察者的臉孔，看到觀察者的臉之後，新生兒的臉和眼都會變得柔和而渴望。他可能伸長脖子，抬起下巴朝向聲音來源處。當他這麼做的時候，他的身體會逐漸緊縮而變得沒有生氣；也會使得照顧者將新生兒抱起，並給他一個熱情的擁抱。

　　人類的嬰兒期要比動物來得長，我們的社會依附性也比個人生存和成熟重要。大多數的學習是經由和家庭及社會的成員互動而來，生活、自我與其他人所形成的早年生活塑造了基本的態度，同時也體驗了生活中的樂趣與痛苦。幼兒依賴父母或照顧者提供他們成長和狀態平衡（當關懷的給予和需求都得到滿足時所形成的一種平衡狀態）之所需，幼兒發展的這一部分稱為**情感領域**（affective sphere）[9]，這種被愛的感覺（或缺乏）透過和其他人互動的經驗而形塑出來（圖 1-3）。Greenspan（1999）認為嬰兒每次經由知覺所獲取的資訊，都被雙重編碼（double-code）為生理／認知的反應，以及情緒的反應。

---

[9] 情感領域：從與他人互動經驗中所形塑（或缺乏）的情意感覺。

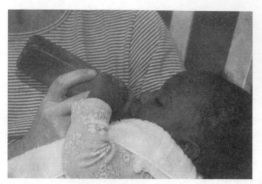

▶ 圖 1-3　對嬰兒的早期照顧和關注會影響語言發展。

教科書常間接提到嬰兒對愛的需要，使用的字眼像是撫育、親密、關愛和承諾。父母和照顧者的首要目標是滿足嬰兒的生理需求，使得愛與信任能夠連結（圖1-4）。這種連結通常稱為依附（attachment）[10]，對嬰兒的發展進步相當重要。當嬰兒能以自己的情緒反應，指出父母或照顧者愉快或喜樂的表情時，表示嬰兒已達到依附發展的里程碑。依附是嬰幼兒透過成長的認知能力，影響著自己和成人彼此需求之滿足和溝通的一種型態。這雙向的依附型態也是一種連結。

▶ 圖 1-4　嬰兒感到舒服且需求被滿足，留神週遭環境。

有關依附或連結的新概念，是嬰兒和幼兒發展「內化的運作模式」的表現，是人們如何和他人建立關係的系統圖像——愛的理論。（Gopnik, Meltzoff, & Kuhl, 1999）

嬰幼兒對主要照顧者的感覺之後會延伸到家中其他成員。如果依附的連結是明確且持續的，幼兒將會茁壯成長。

對於被激發的程度，新生兒似乎有其個別偏好，也就是調節程度

---

[10] 依附：藉由需求與接收互相滿足需求所形成的雙向過程，此過程受到嬰兒認知能力的影響。有時會稱之為連結或「戀愛」的關係。

（moderation level）[11]，既不會太興奮也不會太無趣，他們追求變化和刺激，進而引發新奇。每個人可能擁有最理想的被激發方式——一種當學習增加和需要獲得高度滿足的狀況。母親和有經驗的照顧者嘗試讓嬰幼兒維持在其調節程度狀態中，不會過於興奮也不會過於沉悶（Kaye, 1979）。年紀大一點的嬰幼兒在醒著的時間會有三種狀況：(1) 認為每件事都很美好，生活也很有趣；(2) 對於熟悉或不熟悉的事情都很容易有反應，觀察者可以看見「這是什麼？」或「這是誰？」等反應；(3) 哭泣或焦慮的狀況。你或許可以觀察到嬰幼兒在瞬間就從有安全感或高興的情緒變成沒有安全感或不高興（圖 1-5）。大聲會驚嚇到嬰兒，引起悲傷的哭喊。嬰兒掌握到輸入的訊息，進而移開視線和頭或身體，也會變得疲憊或想睡。

Greenspan（1999）極力主張嬰兒的父母和照顧者改善他們的觀察技巧。

只要你加強觀察技巧並關注你的嬰兒，當你的嬰兒好像從有許多的麻煩變得平靜，並且專注在你身上時，你便開始蒐集到有關你的孩子真實而具啟發性的發展檔案。你

▶ 圖 1-5　即使含著眼淚，這個嬰兒仍在週遭尋找其他好玩的物品。

開始分辨出哪些是不愉快的嗅覺、意外的熱烈擁抱，或者尖銳噪音使得孩子受不了。不過不要忘記，即使是哭，挑剔的嬰兒都能有許多不同的表現方式。你可能從你三個月大的孩子臉上不同的表情收到訊息——他胃脹氣了！如果你在擦他的背時對他溫柔地喃喃低語，即使在他感覺不舒服的時候，他仍可能因而與你保持眼神接觸和聆聽，也可能因你的安慰聲與碰觸使自己平靜。試著讓他感受輕微的壓力，將逐漸使他成為一名更強的觀察者和傾聽者。

新近的研究指出，父母和照顧者對嬰兒的意識和知覺能力的「態度」與「期望」，可能是孩子成長發展的預測。

---

[11] 調節程度：個人處在學習與快樂的高峰時，所偏好的無聊或興奮之間的狀態。

當然，對於發展差異有很多可能的詮釋。但事實上：一位母親越早認為她的嬰兒能知覺這世界，嬰兒就能發展出越多能力。

為什麼如此？因為那些母親根據自己的期望對待嬰兒。在家庭的探訪中，研究人員觀察到對嬰兒的能力了解越多的母親，就會給予嬰兒越多情感和口語的回應。母親對嬰兒說得越多，就為嬰兒提供越多合適的刺激經驗，且可能讓他們的嬰兒積極探索週遭的世界。（Acredolo & Goodwyn, 2000）

其他有關幼兒心智成熟或能力的重要因素是：心智能力發展的年齡、階段和順序，這些都和語言發展有密切的關係。語言技能和智力似乎是各自獨立發展，但是有時其中一個的發展速率會比另一個快。長久以來，智能和語言的關係就是個爭論已久的議題。不過，大多數學者都同意這兩個領域緊密相關。情感和智能之間的連結也引起幼兒教育家的注意，研究人員察覺到心智最重要的機能是早期情感經驗的根源。

在這裡我們要討論人類天生的好奇心。好奇心可以被定義為了解生命中所發生的事情之動力。嬰兒的探索和搜尋是從隨機轉換到能自我掌控，他們從大約八個月大開始，就對一切新事物有著無法滿足似的慾望——觸摸、操作，並且嘗試熟悉吸引他們的一切。促進運動技能帶來更大的探索可能性，有技巧的嬰兒照顧者在陪伴的同時，會在安全的監控下忙於提供新奇的經驗和友誼，嬰兒的好奇心似乎就只有在他們疲倦、飢餓或生病時才會減少。

文化和社會力量藉由社群的態度、價值和信仰與幼兒接觸，這對孩子的語言發展有很大的影響。有些文化，像是大人講話時，孩子要低著頭以顯示尊重；而有些文化則大量運用手勢和信號；還有些文化似乎限制了詞彙。文化價值和因素的確影響語言的獲得。

語言出現之理論

許多學者、哲學家、語言學家和研究者嘗試精確地找出語言是如何習得的。人們研究的主要領域——人類發展、語言學、社會學、心理學、人類學、語言病理學和動物研究（動物學），為現今的理論貢獻良多。以下是主要的理論觀點。

行為／環境（刺激—反應）理論

有關於父母或主要照顧者對幼兒的回饋、責備、忽略或懲罰等各種溝通方式，比起語言的質與量和幼兒傾向的溝

通態度這兩種因素，發揮更大的影響力。這個理論主張，在幼兒的環境中，人們的回應對於幼兒的語言發展有很重要的影響。換句話說，正向、模糊以及負向的增強，在溝通行為的出現扮演關鍵的角色。

　　幼兒的發音被認為是模仿表達或隨意發出聲音而已，是不具規律和意義的。幼兒的表達可能有所進步、近乎標準或變得受抑制，端視其他人的回應（圖1-6）。這理論為 B. F. Skinner 所創，他是學習理論領域的先驅。

成熟（標準）理論

　　Arnold Gesell 和同事的著作中指出，影響幼兒的主要因素是遺傳，第二才是環境因素。幼兒從一個可預期的階段轉換到另一個階段，即他對學習已經

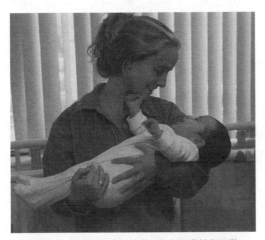

▶ 圖 1-6　發生於幼年早期的有趣對話互動。

具有「準備度」（readiness）。這個說法在 1960 年代廣被接受，當時語言學者主要研究低度學習慾望情境中的幼兒，及發現語言發展的連貫模式。以此理論為基礎，幼兒課程設計包括：(1)界定語言能力發展可預期的階段；(2)提供適當的活動，幫助幼兒進入下一個階段。

先天／天賦理論

　　這個理論認為語言需求是天生的（人類與生俱來的能力）。相信每一個新生兒天生就具有心智能力，從嬰兒期就能夠開始增進自己的語言能力。語言學研究者 Chomsky（1968）認為，每一個人都有個別的「語言獲得機制」（language acquisition device, LAD），他也認為這個機制具備多種語言系統規則。當幼兒生活在讚許的環境氣氛中，他的知覺能力就會激起那自然而無意識的機制，學起母親說話。並不排除模仿和增強這兩個額外的影響因素。

　　Chomsky 指出，兩、三歲的幼兒能夠表達出他們未曾聽過卻可理解的複雜句子。近來的研究者支持相似的理論，相信幼兒有能力建立脈絡規則，讓自己能將所聽到一連串聲音轉化成一連串的訊息（Gopnik, Meltzoff, & Kuhl, 1999）。幼兒若不是具有非凡的思考能力，就是擁有非常特別的語言學習能力技巧。Chomsky 贊同後繼研究者的論

點，支持嬰兒對沒有聽過的語言也能發出模糊不清的咿呀聲。

認知─轉換／互動理論

依據這第四個理論，語言需求發展是由基本的社會和情感驅力而來。幼兒是天生積極、好奇，並在生活環境中與他人互動而被形塑。語言是用來學習了解人們彼此之間的意義，其他則提供社會和心理的支持，使幼兒成為實際的溝通者。L. S. Vygotsky 重要的著作《思維和語言》（*Thought and Language,* 1986）認為，幼兒有意義的社會互動是預備自己去連結思考和語言，進入「口語思考」（verbal thought）的狀態。他推論這內在語言（inner speech）發展促進口語溝通，且是書寫語言的基礎，驅力來自於愛、關懷和語言獲得及時回應的需求。

幼兒很容易被成人的互動所影響，因為這關係到他們的生存和安全，他們是天生的探索者和研究者；而成人的角色則是預備、創造及提供環境和情境。幼兒對世界的觀點是由他們的心智印象所組成，他們建立新事件去符合已存在的分類概念，或者對新事件重新分類。語言是生活中不可缺少的一部分，當然，幼兒會將合適的語言帶入能被理解的模式中。經過足夠的經驗和知覺接收系統的運作，幼兒慢慢抓住「秘訣」，

最後成為流利的說話者。Jean Piaget、Jerome Bruner 和 J. McVicker Hunt 的理論學說廣為幼兒教育專家接受。

Vygotsky（1980）認為，語言學習雖是天生的本能，但幼兒在自己能掌握和依賴成人引導的語言程度上，卻是需要教育的。Bodrova 和 Leong（1996）在 Vygotsky 的理論架構下列出四個基本原則：

1. 幼兒建構知識。
2. 發展不能脫離社會架構。
3. 學習能夠領先（或是引導）發展。
4. 語言在心智發展中扮演重要的角色。

採納 Vygotsky 論點的幼教實務工作者，同時相信教師行為和幼兒對環境的肢體活動都會影響及調節幼兒的學習與「建構」心智的過程。

> 如果老師指出積木有不同的尺寸，會比老師只是指出積木的顏色，使幼兒能建構出更多不同的概念。
> （Bodrova & Leong, 1996）

換句話說，少了教師的社會互動，幼兒就無法學習哪一個特徵是最重要的，或者哪些因素引起了作用。教師的角色是經由思考性的對話、觀察及合作，找出幼兒在這活動經歷到的概念，以提升幼兒未來的心智建構。因此，在

Vygotsky 的理論下，教師運用思考和語言影響幼兒建構知識的過程。其他影響幼兒思維的個別和社會因素，包括：家庭、嬰兒的同伴、日常生活所接觸的人。社會因素中更包括了言語、數字系統和科技。

當幼兒和其他人互動時，他們藉由分享或運用心智需求去學習（Bodrova & Leong, 1996）。一旦獲得之後，他的學習（已獲得的心智工具）會以獨立的方法運用。

建構理論

建構理論的倡議者提出幼兒經由環境與心智上的互動、建構，以滿足知識的需求。建構理論相信幼兒透過經驗，再將發生的事情變得具關聯性。稍後，藉由更多的生活經驗，便可能產生修正，或出現更合適的解釋。建構主義者指出幼兒口語上文法的錯誤，這些語言的內在規則被使用一段時間，但只要多暴露在成人言談的環境下，語言規則就會逐漸改變為像是成人的樣式。幼兒早期說話的語法是自己建構出來的，而非從成人模仿而來。Clay（1991a）在 *Becoming Literate* 中指出：

我們知道，幼兒使用語言的規則是從複數、動詞的過去式和否定句開始，我們也知道他們使用很多規則

似乎都不是從成人聽來的，語法必定是由幼兒自己建構出來的。

從建構主義者的觀點而言，若要為兒童的語言發展和早期讀寫能力進行規劃，則必須提供多樣化的活動，強調彼此的內在關係。教師和父母被視為在孩子出生之前，就應參與孩子的讀寫萌發活動。整體說來，建構主義者認為，藉由有趣的想法和問題引起幼兒的參與感。教師能夠幫助幼兒將他們的發現訴諸文字、察覺彼此的關係，並仔細思量異同處。幼兒親自動手做的活動被認為與心智活動是彼此搭配的。

Epstein、Schweinhart 和 McAdoo（1996）指出，社會經濟背景的建構主義者認為，了解認知的對象是有必要的。

安全而非強制性的環境可讓幼兒去親近（decenter）、學習合作、尊重其他人、促進好奇心和獲得自信心，發現他們擁有的能力，而且也變得更具自主性。

其他理論

並非所有語言需求的理論都被研究證明，很多問題的關聯性和奧秘都仍待研究。

Gopnik、Meltzoff 和 Kuhl（1999）

談到當代理論需要面對的挑戰。

> 我們需要發展細部的、特定的理
> 論，來界定幼兒所知道的每一個部
> 分，和他們如何學習更多。此意味
> 著這是一項艱鉅的科學工作，沒有
> 一個科學家能夠分析多過一個細小
> 的議題。他一生可能專心致力於了
> 解六個月大的嬰兒，或者探究一歲
> 大的嬰兒知道哪些事情。

此外，他們聲明：

> 第一個基本的想法是嬰兒能夠解決
> 舊問題（學習語言），因為人類的
> 大腦像個被進化論設計的生物性電
> 腦。

現今的語言教學活動涉入很多不同的風格與取向，有些教師可能喜歡使用固定一種理論和教學技巧。教育者的目標是提供鼓勵社會和情感發展的教育，這時就要在教室、幼兒園或家裡提供溫暖、語言豐富且具支持性的活動和機會。教育者相信幼兒應該被含括在言談當中，且應該被視為完整的語言伙伴。Eveloff（1977）認為幼兒發展和語言需求有三個必要條件：(1) 思考能力；(2) 中樞神經系統對複雜知覺的感應；(3) 有愛心的照顧。如果健康的幼兒在有品質的幼兒中心或家庭中，就會展現出這些條件。

本書建議了許多具挑戰性的活動，超脫簡單的死記背誦或被動式的參與。它提供一個豐富的語言經驗活動，鼓勵幼兒思考，和運用他們的能力去連結、分享他們的思維。

本書的假設是基於幼兒內在好奇心、渴望去了解並賦予這世界意義，他們的先備傾向（predisposition）使他們有能力去學習語言。語言在不同層面益發成熟的同時，仍與語言技巧連結。幼兒不斷藉由經驗、活動、機會和社會互動來塑造、修正、重新安排內在的語言。

因為語言藝術的領域是透過連結、相互發生、重疊和互動，幼兒的內在下意識的心智架構經由經驗而持續成長，一個區域發展後會影響另一個區域。

嬰兒大腦發展之研究

如同神經語言學（neurolinguistics）[12] 的研究者對嬰幼兒大腦成長的新發現。雖然大腦驚人的可塑性、靈活性和適應性，在早期有能力和新突觸

---

[12] 神經語言學：語言學的一個分支，研究大腦結構與功能中與語言獲得、學習、使用有關的議題。

（synapses）[13]（連接）一起擴展，科學家也警告濫用或疏忽都會對幼兒大腦將來的功能有所影響（Nash, 1997）。

據估計，出生時大腦皮質層裡的神經元有大約 2,500 個突觸，而突觸的數量在二到三歲時到達最高點，這時每個神經元約有 15,000 個突觸。

新學科「認知科學」已經出現，它結合了心理學、哲學、語言學、計算機科學和神經系統科學。

新科技使得研究人員有更先進的工具去研究大腦的能量、容量、血流動、氧化和剖面圖。神經學科學家在整個發展的過程中發現，人類出生之前，大腦已經被環境狀況，包括營養、關心、環境和刺激所影響（Shore, 1997）。大腦是靈活、敏感、可塑，且深受外在事件的影響。新進的人類發展研究指出，人類獨特的進化軌跡和主要的適應，他們為生存而鬥爭之過程中的最大武器，是在嬰兒時期便令人讚嘆的學習能力；其次是成長後教導（teach）的能力（Gopnik, Meltzoff, & Kuhl, 1999）。

個人早期的經驗被公認為格外重要，也備受注意。新科學研究並非告訴父母在日常生活中的經歷之外額外「豐富」孩子的經驗；但是研究確實指出，若環境是極端貧乏卻會有所傷害。Gould（2002）認為，不同類型的惡劣環境，諸如：無法預測、創傷、混亂或忽視等，都會使身體因過度活躍而改變嬰兒大腦神經的路徑。根據 Gould 的觀點，這些變化可能包括幼兒的肌肉收縮能力、難以入睡、驚嚇反應增加和特別焦慮。今日人們相信生活經驗是控制嬰兒的大腦如何被建構，以及其腦部迴路複雜程度的重要因素。嬰兒視覺和聽覺的敏銳度須及早進行評估，如果新生兒的聽力被診斷有生理殘障，且在六個月內治療，通常能按時發展正常的說話（Spivak, 2000）。

用新技術試驗聽覺更為準確，即使是出生僅幾小時的嬰兒，也能準確地測定喪失聽力的水平位置。美國小兒科學會（American Academy of Pediatrics）建議嬰兒六個月大時都應該做篩檢，在三歲之後也要定期進行檢查。

以往關於自然（遺傳學的）與教育（關心、經驗的刺激、父母的教導等）的辯論已過時（表 1-3）。天性（nature）和養育（nurture）是密不可分且彼此連結的，這種與生俱來的能力使得嬰兒運用他們強而有力的學習

---

[13] 突觸：類似缺口（gaplike）的結構，位於神經元的軸索（axon）傳送信號給另一神經元的樹突（dendrites）上方，在人腦內形成一個連接。關係到記憶和學習。

❖ **表 1-3　大腦的再思**

舊思想……	新思想……
大腦如何發展取決於出生時的基因。	大腦發展的樞紐如何，端視出生時的基因和擁有的經驗之間複雜的相關作用而定。
三歲以前有限構造的經驗影響未來的發展。	早期經驗對大腦的構造及成人能力的特質和程度有決定性的影響。
主要照顧者創造一個有利於早期發展和學習的安全關係。	年幼時的互動者不僅創造環境，他們還影響大腦運作的模式。
大腦發展是線性的：大腦能力的學習和逐漸成長變化就像嬰兒發展為成人一樣。	大腦發展乃非線性的：不同的知識和技巧的需求有其發展的黃金時間。
學步兒的大腦比大學生的大腦較不敏捷。	當幼兒到三歲時，他們大腦的敏捷度是大人的兩倍，但活躍程度在青春期下降。

資料來源：Shore, R. (1997).

構造，去平衡從成人那兒接收到的訊息（Gopnik, Meltzoff, & Kuhl, 1999）。這兩者之間的相互作用和影響，現在被視為決定大腦發展及神經的路徑系統縮小、消失，或變得強大永存的力量。

Nash（1997）描述嬰兒大腦在出生後不久就會突然加速成長。

出生後，大腦經歷第二次突然加速成長，好像神經細胞的軸索（傳輸訊號）以及神經細胞的樹突（接收它們）因新的連結而擴展。電波活動被大量的感覺經驗引發，形成穩定的大腦迴路系統──決定哪個連結將被保留而哪個將被調整……每當嬰兒努力碰觸一個他想要的物體，或專心地注視一張臉或聽一首

催眠曲時，大腦中爆發出多而極小的電波編織神經元，像是蝕刻到矽晶片上一樣。最後產生的結果，就是那些不停取悅父母、也讓父母讚嘆的具里程碑意義的行為。

很多科學家相信在幼兒時期的前幾年，當大腦要求輸入某些符號去創造或穩定長久的架構時，就會有許多關鍵和敏感期或「機會之窗」（Nash, 1997）。Acredolo 和 Goodwyn（2000）指出，如果幼兒的大腦在敏感期缺乏刺激，會造成一些結果。

舉例來說，視覺發展的關鍵期非常短，僅是出生後的前六個月。如果一個約六個月大的嬰兒在世界上沒

看過事物，那她的視力絕不會是正常的。

從出生到十或十二歲有一連串關鍵和敏感期，有些來得早，有些則來得晚。

在神經生物學的文獻中，這些特別的時期稱為「關鍵期」（critical periods）或「可塑期」（plastic periods）（Shore, 1997）。Chugani（1997）相信這是一次機會，一個自然的預備，使我們能夠用環境去改變大腦的結構，並使大腦更有效能。

Kantrowitz（1997）指出：

每一首催眠曲、每一個笑聲和捉迷藏的遊戲都能刺激中樞神經系統，為嬰兒將來藝術愛好、運動天賦和社交能力奠下基礎。

其他科學家，像是 Bialystok 和 Hakuta（1994）就懷疑並且觀察到確切的證據，即在某些階段的語言學習所需的各種能力並非一蹴可幾的。Gopnik、Meltzoff 和 Kuhl（1999）則對語言學習的關鍵期存不確定的態度，無法確定是否真有關鍵期的存在，或它的存在只是因為大腦架構已經透過早期經驗而發展，影響著幼兒對世界的知覺和解釋。

這些神經學家指出「關鍵期」是備受爭議的。有一點很清楚的是：幼兒若在三到七歲之間學習第二外國語，他們在各式測驗的表現就像說母語的人一樣；反之，若幼兒在青春期過後才開始學習第二外國語，說話時就會帶著外國口音。Wardle（2003）相信，大腦研究也支持盡早學習第二外國語，認為幼兒大腦的能力和神經的靈活性能承擔富於挑戰性的任務。她觀察到第二外國語的學習創造出新的網絡，提升大腦對未來各種學習的能力，並不僅是語言學習。

大腦研究者建議什麼樣特別的活動呢？

◆ 為父母們提供優良的幼兒照顧中心。
◆ 經常對嬰兒說話。
◆ 擁抱嬰兒並親自教養。
◆ 運用誇張音調的「父母語」（parentese），大多數成人與嬰兒互動時會提高音調、聲音多變化，及說話像唱歌一般，這幫助嬰兒和詞語相連結。
◆ 給嬰兒自由探索自我的極限。
◆ 提供安全的物體讓嬰兒去探索和操作。
◆ 定期檢查嬰幼兒的眼睛，並提供有趣的視覺經驗。
◆ 為了幼兒的情感發展，提供他們友愛和減少壓力的照顧。

Cowley（1997）提到「紅旗行為」（red flag behavior），提醒父母注意孩子可能有的學習困難。

◆ 0 到 3 個月：當你說話或重複像是咕咕叫的聲音時，他並不轉動回應。

◆ 4 到 6 個月：對「不」字或音調的改變都沒有回應；不會朝向像門鈴一般的聲音來源處望去；或以像 p、b 和 m 的聲音喋喋不休地說話。

◆ 7 到 12 個月：無法辨識日常生活常用的用語；當你叫他的名字不會轉頭，也不會模仿說話的聲音；或者除了哭以外，不會用其他聲音來得到你的注意。

早年經驗所引發腦部細胞的電流活動，帶來大腦生理結構改變的想法，對長久以來兒童發展受先天或後天影響的爭辯給了提示。首先聯想到的就是高品質嬰兒期照顧與幼兒園生活的重要性（圖1-7）。這些照顧應該來自於有知識、能了解早年經驗與機會所造成的長期性影響，且能提供豐富、充滿語言經驗與機會的成人。

Healy（1987）擔心早期對兒童的揠苗助長可能會造成之後學校教育期間的問題。父母或其他成年人熱中於創造「超級嬰兒」，可能因而提供無意義和不適齡的活動。她建議：

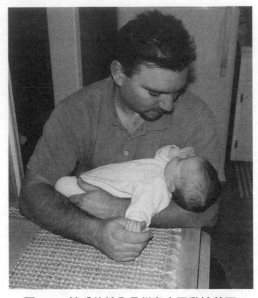

▶ 圖 1-7　情感的健全是從與人互動培養而來。

大多數嬰兒對於自己的需要，及什麼時候是他無法忍受和不感興趣，都會給予明確的線索讓你知道。對於幼兒不想做的工作而言，他們必須透過經驗、感到疑惑、實驗和親自參與，才能透過生命的過程促使智能發展。

嬰兒的能力是來自於「想知道」，我們的工作就是在每個發展階段給他們愛、接納和合適的刺激。

Greenspan（1997）相信，特定型態的情緒化養育方式，將激勵嬰兒與幼兒的智力與情緒健康，這些情感的表達幫助他們熟悉多樣化的認知任務。他說：

當嬰兒的經驗增加，知覺就逐漸變得敏感。這是經驗的**雙重編碼**（dual coding）[14]，它是了解情感如何組織智力及真實自我知覺覺察的關鍵。

Coles（2004）回顧近來有關大腦的研究，也指出許多證據證明思考對認知（cognition）[15]和情感（感覺、渴望、熱忱和憎惡）是不可分割的互動過程。

和照顧者間互動式情感的變化及*互動*的品質是提升嬰兒成長和發展的關鍵，包括語言發展。

我們了解到嬰兒早年提供養育者質量方面的重要性，幼教工作人員應該了解：

> ……當嬰兒哭泣時，父母或照顧者會不斷安撫嬰兒，讓他玩沙、唱催眠曲等等，這些簡單的活動都逐漸形塑兒童的自我知覺。（Kantrowitz, 2000）

Raymond（2000）描述了環境回饋的重要性：

以情感滿足和讚美的形式成為一種特別而強有力的突觸連結就是回饋（feedback），就像幼兒成功地爬過房間重新拿回一顆球。而回饋能加強大腦突觸網絡編碼「爬行」的程式。

也許最有效的增強，就是讓孩子覺得自己是一個獨立的個體。

有些提供嬰兒材料、設備、書籍和服務的開發商認為，他們能加速大腦的發展，保留嬰兒的聰明與才智，進而增進他的情緒福祉（well-being）。Gopnik（1999）相信教師和父母有相當多的壓力，而尋找方法給予嬰幼兒不必要的經驗。就 Gopnik 的觀點，嬰兒的大腦已經能夠自行編定程式去學習。他們思考、觀察，從出生和探索中推理及體驗新資訊，改變他們所知覺的世界，開始描繪關於表情、語言和物體。

Gopnik 的評論指出，真正好的嬰幼兒產品和服務是容易取得的，端視父母是否能發現。Gopnik（1999）也指陳，現代教養中真正失去的是未能花時間陪幼兒並提供自然的養育方式，例如：陪他玩、說話，而只是把一些塑膠碗放在地上當作玩具而已。

---

[14] 雙重編碼：相信嬰兒的經驗和情緒會影響認知。

[15] 認知：建立心智圖像、概念和行動的過程。

嬰兒期的開始溝通

溝通能力的發展早在幼兒出生之前就已經開始。胎兒期的環境扮演重要的角色，包括母親的情緒、身體健康和營養，都會影響未出生嬰兒的發展和健康。這些因素也可能會引導孩子稍後學習日益複雜語言的能力。

新生兒很快就讓人知道他們的需要。他們哭，父母就會回應。父母餵嬰兒吃東西、抱著他們，並讓嬰兒溫暖乾爽。父母的腳步聲或聲音，以及關愛的碰觸，往往會讓嬰兒停止哭泣。一旦有所知覺，嬰兒便開始將其與過去儲存的印象進行連結。

在與特殊照顧者關係形成的過程中，嬰兒的影響力是很大的。新生兒對發展、潛在的發展和認知的靈活程度有著令人驚嘆的結合。

嬰兒能從母親的行為知道，媽媽樂於了解嬰兒，並對其飢餓的行為模式和節奏做出回應；而母親的了解乃是經由對嬰兒的聲音和身體線索的密切觀察，這些徵兆均明確指出嬰兒的狀態如何。

有人指出，母親若注意到嬰兒的凝視，常會引發某種形式的簡短對話。

> ……一旦某種相互凝視的模式被建立，母親傾向於以某種固定的行為模式回應嬰兒的凝視。這就像一種

> 原始的對話（proto-conversation）：相互凝視建立母親語字彙的基礎，而這也是下一個學習過程開展的可能，藉由選擇性的注意力被增強而來。（Bateson, 1979）

Curry 和 Johnson（1990）描述嬰兒面臨的兩項發展任務。他們：

1. 與他人互動並進而讓自己規律化。當成人安慰、抱著、餵食，或以其他方式養育嬰兒時，他們就開始建立「協調的安全感」（islands of consistency）。

2. 與他人互動。先在照顧者換尿布、穿衣服、扮演小豬的過程中獲得遊戲的感覺，之後才是經由玩玩具的方式。

嬰兒生下來就是一個噪音製造者。幼兒的戲碼包括吸奶的聲音、抿唇、噴嚏、咳嗽、打嗝，及不同的類型哭聲。當一個嬰兒成長時，他會發出母音般的聲音，像是在餵食之後發出咕咕聲（cooing）[16]。在餵食後，嬰兒發出咕嚕咕嚕和狂飲的聲音時，表示渴望和高興的意思。咕咕聲似乎與孩子是否舒服和滿足有關。嬰兒發出咕咕聲時，聲音是

---

[16] 咕咕聲：在語言前期（prelinguistic）的早期，會重複母音聲音，特別是 u-u-u 的聲音。

放鬆、低音調，而且是以張嘴的方式發出咯咯的聲音，例如像 see 中的 e 音、get 時的 e 音、at 時的 a 音、ah，和 o、oo、ooo。嬰兒看起來是能夠掌控這些發聲。相形之下，發出子音的聲音更不容易，利用部分閉唇和收緊舌頭的方式，使空氣在上下收縮的下頷裡流動。

　　父母會迅速地注意到嬰兒的哭聲，也相信哭是因為有合理的需要，而不是試圖控制父母以達到滿足。在此要提醒父母的是，對於肚子絞痛的嬰兒，通常抱起他要比僅是安慰他來得有用。

　　嬰兒自誕生的那刻起在許多方面就有所不同，對父母而言更是獨一無二。Greenspan（1999）提到：

　　對大多數嬰兒而言，被襁褓包覆（用毯子溫柔而堅固地包捆著嬰兒的身體，包括手臂和腿）是很舒適的。而有的嬰兒則喜歡身體被按摩，讓他們的肢體得到溫柔的屈曲和伸展。

　　直到最近，科學家假設人類用類似的基模去經歷感覺，然而，每個人經歷相同的刺激卻能引起非常不同的感覺。例如像羽毛般的碰觸在你新生兒的皮膚上，可能使他感到發癢和煩躁，但其他嬰兒卻可能很喜歡這樣的碰觸。

　　Raymond（2000）指出個體發展步調上的差異。

　　每個人大腦神經路線的末端連結肌肉組織去執行具體任務的過程，其個別差異就好像個人的指紋一般。

　　不管嬰兒到達發展里程碑的速度較正常嬰兒快或慢，似乎都與認知技能或未來的熟練度（future proficiency）有些微的關係（Raymond, 2000）。不過，大多數達到語言發展里程碑者都在相同的年齡，並依照一定的順序（表 1-4 和表 1-5）。

　　嬰兒很快就學習到溝通是值得的，因為可以引起他人其他的行動。你曾看一個嬰兒專心注視著他父母的眼睛嗎？以某種方式來看，幼兒知道這是一種溝通的形式，並且藉此渴望地尋找線索。如果父母說話，嬰兒的整個身體就好像對人聲音的節奏做出回應。這種相互的互動本能地幫助發展。Greenspan（1997）提醒，嬰兒在八個月以前就能熟練我們所謂雙向、有意識的溝通，否則，嬰兒的語言、認知及社會模式的發展最終會成為凌亂、無秩序的組織。母親的回應和幼兒的語言表達能力之間有高度的相關性。當嬰兒九到十八個月大時，較敏感的母親能促使嬰兒的語言有更好的發展。

❖ 表 1-4　在出生至第一年出現的典型對聲音和說話回應的例子

年齡	回應
剛出生	被太吵的噪音驚嚇 轉頭看著聲音的方向 因有聲音感到平靜 喜歡母親的聲音勝過陌生人的聲音 區別說話的多種聲音
1 到 2 個月	當有人對自己說話時會微笑
3 到 7 個月	對不同的音調有不同的回應 （例如：友好、生氣）
8 到 12 個月	對命名回應 對「不」回應 從遊戲中認出慣用語 （例如：躲貓貓、嬰兒多大？） 從日常生活中認出詞語 （例如：揮手—再見） 認出一些詞語

資料來源：Berko Gleason , J. (1997).

❖ 表 1-5　在出生至第一年出現的典型非文字發聲的例子

年齡	非文字的發聲
剛出生	哭
1 到 3 個月	用咕咕聲回應他人的說話（oo、goo） 用不同方式的哭表達飢餓、憤怒，或者受到傷害 用更多像是說話的聲音來回應他人的說話
4 到 6 個月	發出一些聲音，通常是單音節 （例如：ba、ga）
6 到 8 個月	喋喋不休地重複發出聲音 （例如：bababa） 嘗試模仿一些聲音
8 到 12 個月	喋喋不休地交替發出母音或子音 （例如：badaga、babu） 喋喋不休地用像句子的音調說話 （胡言亂語／模糊不清的會話） 前文字（protowords）的產生

資料來源：Berko Gleason , J. (1997).

　　嬰兒能快速地認出細微聲音的差別。如 Shore（1997）指出：

　　幼兒在重要關係的情境中學習。幫助年幼的孩子成為好奇、自信、有能力的學習者最好的方法，就是給予他們溫暖且一心一意的照顧，也因此他們能對照顧者產生安全的依附。

　　父母的談話和碰觸能促使幼兒發出聲音。Greenspan（1999）建議在嬰兒需要時，說話者多用低聲而安慰的音調來說話，他相信這能幫助嬰兒冷靜和專心；換句話說，就是「聆聽」。嬰兒隨著人們說話的節奏而揮動他們的手臂和腿，但對噪音、敲打聲和支離破碎的聲音卻不會有相同的行為。

　　嬰兒週遭的成人是有所差異的。有些大人喜歡交談和接觸，有些人喜歡表現出欣喜，有些則在講話後停頓一下，似乎在等待回應。幼兒要不是完全「鎖定」那些談話者，就是轉移目光避免眼神接觸，這幾乎是嬰兒控制他想要接收

哪些訊息的表現。當然，飢餓、疲倦和其他原因也會影響嬰兒的行為，甚至停止他對社會互動的興趣。

當今研究持續揭開以前研究所忽略的嬰兒與其父母之間的回應能力。有一個實驗是，新生兒學習去吸吮一個掛在記錄講話或音樂的機器開關上的奶嘴。當他們聽到音樂時，並不像聽到人聲一樣，立即去吸吮（de Villiers & de Villiers, 1979）。Neuman 和 Roskos（1993）相信，尚未有說話能力時，嬰兒就以「前語言」（protolanguage）的方式——手勢、表情和聲音的音調來溝通。

嬰兒身邊特殊的人藉由觀察幼兒的行為來和嬰兒「對話」，就好像嬰兒以特殊的方式來引起他們的注意。他們對嬰兒說話的方式不同於其他成人，他們說話時類似音樂或詞句似的品質，好像比說出的話語還重要。Honig（1999）指出，嬰兒聽到拉長的母音時會心率增加。同時，也會加速大腦中理解話語和物體間連結的能力。Ingram（1995）認為，「兒語」（baby-talk）的改變可能反映出社會習俗，且隨不同文化而有所不同。對成人談話維持注意力的能力，可能有助於嬰兒察覺發聲的語言功能（Sachs, 1997）。有時母親會提高自己的聲音，製造假音、簡短的句子、簡化句法和詞彙、胡亂說話的聲音，並在嬉戲

的過程中持續延長眼神接觸。Masataka 的研究（1992）發現，母親和嬰兒談話的音調較高、頻率較廣、速度較慢、停頓也較多。多數嬰兒會被高頻率的聲音所吸引，但少數嬰兒好像反應過度，而更喜歡較低頻率聲音的語音。嬰兒對高頻率的聲音比低頻率的聲音更能掌握，可能是因為著迷於高音的咕咕聲和自然而像唱歌般的父母語（parentese）[17]。父母對著嬰兒說話的聲音被形容為是逗趣的、有活力的、溫暖和欣喜的。Falk（2004）提出「媽媽語」（motherese）是嬰兒語言獲得的鷹架，且母親用聲音能讓他們的嬰兒安心，企圖想掌控嬰兒安穩的身心狀態。而 Falk 也注意到媽媽語的母音會拖長、片語會重複，以及問句語調有誇張的轉折。

溫暖的親子關係有助於建立相互回應的準備度。嬰兒學習到眼神的接觸能掌握吸引力；若轉移目光，則意味著結束言語和非言語的溝通。

Gopnik、Meltzoff 和 Kuhl（1999）指出：

嬰兒從出生起就知道語言的重要性，而且他們在開始說話前，早已學得許多語言能力。早期，他們大

---

[17] 父母語：高頻率、節奏性、如歌般輕哼的說話方式，如同媽媽語或兒語。

多數學習到語言的聲音系統，在我們能確實和嬰兒交談之前，我們對嬰兒的聲音進行解碼，並解決許多對電腦仍屬困惑的問題，而我們也確實能夠與嬰兒對話。

新生嬰兒已經準備好回應遠處真實自然的聲音，他們聆聽，並將它細分成更多的抽象類別，而且能做出世界不同語言所需的區別。

哭

哭是嬰兒主要的溝通方法之一。它有可能是軟弱或堅強的，所以，哭對嬰兒的健康提供了可尋的線索。哭是嬰兒影響自身需求滿足或舒服與否的唯一方式，嬰兒很早就開始控制他們哭泣時的情緒。很多父母相信，他們可以辨認出不同類型的哭，例如想睡、驚嚇、飢餓等等，特別是同時觀察嬰兒的身體動作。研究者發現父母不須看見嬰兒，也能從他們的哭聲正確無誤地推斷嬰兒的情緒狀態。即使沒有與嬰兒相處經驗的成人好像都具備這樣的能力（Hostetler, 1988）。

幼兒發展專家提醒成人，即使面對嬰兒最細微的哭聲，也要報以警覺心和同情心。即使處於最好的環境中，嬰兒仍會哭泣。研究者指出哭具有正向的影響，包括壓力的減緩、眼淚中毒素的消除、身體的恢復，和情感的平衡（Ornstein & Sobel, 1987）。雖然哭可能有好處，但是不建議就任由嬰兒一直哭，成人要試圖安慰和滿足嬰兒的需要。

嬰兒的哭可能引起某些成人強烈的感覺，包括憤怒、挫折、激怒、愧疚和拒絕。成功地安慰嬰兒並使他停止哭泣時，會帶給嬰兒和照顧者滿足感、有能力的感覺，甚至可能會有快樂的感覺。當情緒不好的嬰兒停止哭泣時，通常會警戒、用視覺掃描或是因而入睡（圖 1-8）。嬰兒和父母的互動可說是「一齣

▶ 圖 1-8 幼兒可能在被安撫的過程中入睡。

有節奏感的戲劇」、「一段雙人芭蕾舞」和「一曲協調的交響樂」。所有碰觸都發生在父母和幼兒之間美麗而協調聲音的片刻。哭有助於身體得到滿足和舒適感，因為可以釋放能量和緊張。

當嬰兒快要一歲時，經常藉由哭來表示他的情感。懼怕、挫折、因新奇事物而不安、與親密的人分離，以及強烈的情緒，都會引起在童年及之後時期的哭泣。

嬰兒照顧中心以小組計畫形式吸引嬰兒保育人員討論嬰兒的哭聲。一般嬰兒保育人員認為需要開門見山討論嬰兒的哭，才能制定出有利於嬰兒和從業人員的策略。很多技術能降低哭的次數，並觀察個別嬰兒的哭，以便及早發現嬰兒健康或發展上的問題。

微笑和大笑

剛出生幾天的嬰兒就有「微笑」的表情，有時會出現在他們的睡眠過程中，這類微笑好像被內在刺激牽絆著。真正的微笑出現在嬰兒六個月大之前，且常伴隨著照顧者的臉部、聽覺或肢體動作刺激而來。「笑」早在嬰兒四個月大時就已出現，且被認為是認知發展和孩子表現水平的預測指標（Spieker, 1987）。Spieker 認為嬰兒笑得越早，發展水平越高。在嬰兒出生的半年之後，

嬰兒的笑會出現在更複雜的社會和視覺互動。「笑」在這時期可能充滿尖叫聲、怒吼、不滿、咯咯地傻笑和露齒而笑等各種意義。嬰兒也許注意到不協調的事情而笑了起來。如果一個嬰兒因為看見他家的狗坐在司機的位子用爪子抓住方向盤而笑，這幼兒可能是正在調適他的衝突——孩子學習有關汽車司機的事物。

有 反 應 的 母 親（responsive mothers）[18] 能 引 發 嬰 兒 的 微 笑。Ainsworth 和 Bell（1972）下結論指出有反應的母親留意嬰兒的需要，使得嬰兒比較不會經常哭泣，且有更多元而不同的方法去溝通（圖1-9）。當嬰兒表現好動（mobile）時，這些有反應的母親

▶ 圖 1-9　對哭迅速回應的父母是合適且建議這麼做的。

---

[18] 有反應的母親：母親留意並及時回應嬰兒的需要和溝通。

在情緒表達和嬰兒自主權之間創造出平衡的關係（在安全的界限內提供行動的選擇）。同時，他們也提供身體接觸，有時也會做出好玩有趣的動作。

嬰兒的模仿

Acredolo 和 Goodwyn（2000） 認為，剛出生一、兩天的嬰兒可以模仿父母頭部搖動和臉部的行為，他們解釋：

> 天生的模仿機制讓嬰兒一出生就具備解決問題的能力。我們之前提及，嬰兒在解決問題的能力上茁壯。這是一種令人愉快的效應——爸爸越常和嬰兒互動，嬰兒就會被逗樂。模仿是發展的重要因素，那是天生而不是偶爾發生的，也是我們每個人開始生命的旅行時手中必要的工具。

嬰兒的咿呀聲

早期隨意發出的聲音常被稱為嬰兒的咿呀聲（babbling）[19]。全世界的嬰兒所發出的咿呀聲是嬰兒自己從未聽過，也不屬於其母語的。這意味著每個

嬰兒有潛能掌握世界上的任何語言。Gopnik、Meltzoff 和 Kuhl（1999） 解釋：

> 出生時，嬰兒的「世界公民」大腦在全部語言的聲音中認出細微的差別。但是為了獲得一種專用語言，嬰兒的大腦必須發展一種架構去強調、區別幼兒所擁有的語言，並且忽略其他不需要的。

> 嬰兒六到十二個月大時，不再是世界公民，而是像你我一樣有文化限定的語言專家。

更進一步的審視顯示，重複聲音和「練習時間」（practice session）是存在的。嬰兒咿呀不停說話大約開始於第四到六個月時，有些幼兒會持續到學步時期。然而，咿呀不停說話在第九到十二個月之間達到高峰。在說第一個字之前，重複音節如 *dadadadadada* 咿呀不停的說話方式稱為**模仿式語言**（echolalia）[20]。嬰兒似乎會重複自己或他人的聲音。咿呀聲的行為階段和單字或多字期的階段重疊，然而有些幼兒會在十八個月左右結束。

---

[19] 咿呀聲：早期語言階段，嬰兒努力運用母音和子音的現象，包括一些不在他的語言環境可發現的聲音。

[20] 模仿式語言：咿呀聲時期的特性，孩子一再重複（回聲）相同的聲音。

耳聾的嬰兒也會咿呀不停。在遊戲活動時，他們花更多時間在喋喋不休，而沒有聽到成人或他們自己的聲音，除非他們看見成人的回應。然而，耳聾的幼兒停止喋喋不休地說話的時間，比擁有聽覺的幼兒來得早。我們不清楚咿呀不停地說話為什麼會發生，但不論幼兒是否有聽覺，咿呀不停地說話都被認為是幼兒運用並控制嘴、喉嚨和肺部肌肉的機會。研究認為，咿呀不停地說話對嬰兒而言，不僅是鍛鍊他們的發聲器官，甚至，他們還可能嘗試控制唇、舌頭、嘴和下巴發出主要的聲音。幼兒喋喋不休地說話能逗樂並且激勵自己，使幼兒在生活中添加各種刺激。

幼兒說話越來越清楚，包括母音、子音和音節的發音。ba 和 da 很早被習得，因為比較容易發音；而 el 和 ar 較晚才習得，因為複雜的音節較難掌握。雖然咿呀聲的聲音範圍很大，但當孩子長大後，他們會縮小範圍，並且開始聚焦於熟悉、較常聽見家人所說的語言，其他聲音則逐漸被忽略。

當嬰兒能容易地轉頭朝向說話者時，就意味著嬰兒眼睛能搜尋並跟隨他環境中的聲音。玩具在視覺上容易檢視且隨手可得，且有時成為交談的對象。然而，環境的任何特徵都可以促進言語上的進步。

身體碰觸的重要性在此時期仍然存在。碰觸、握、搖動和其他型態的身體接觸形式可帶來安全感，並讓嬰兒透過製造聲音回應他人。嬰兒發出的咕咕聲和咿呀聲也吸引照顧者與他們「對話」（Sachs, 1997）。在嬰兒發出母音之後，他們學習等待成人的回應，嬰兒和成人繼續不斷彼此影響去建立像談話般的聲音相互作用（Masataka, 1993; Sachs, 1997），見圖 1-10。充滿愛和溫暖的父母會受鼓勵而主動接收感覺，進而可分享一種親密的關係，確保幼兒對他們週遭的世界更容易反應。缺乏社會和身體接觸的幼兒，或居住在不安全的家庭環境的幼兒對於能發出聲音的數目和範圍都較為落後，不同於其他六個月大就開始發聲的嬰兒。

▶ **圖 1-10**　嬰兒的聲音和與照顧者遊戲互動是真實對話的前兆。

簡單模仿語言的聲音開始得很早。非口語的模仿行為也經常發生，像是伸出舌頭。模仿聲音逐漸變成音節的模仿，並且在幼兒將近一歲時開始說短音節的詞語。

發聲的階段

Stoel-Gammon（1997）勾勒出嬰兒會發出的聲音和發聲的類型，通常從一個階段會重疊到另一個階段。

階段一（出生到二個月）：反射性的發聲（reflexive vocalization）。以哭、緊張不安的聲音、咳嗽、打嗝、打噴嚏，和像母音一樣的聲音為特點。

階段二（二到四個月）：咕咕聲和笑聲。以母音的發聲，笑和咯咯笑為特點。

階段三（四到六個月）：聲音遊戲。以響亮和柔軟的聲音、喊叫和低語、高或低的聲音、尖叫聲、咆哮聲、呸聲（雙唇音的顫音），和持續的母音為特點。

階段四（六個月以上）：典型的咿呀不停地說話。一連串像大人說話時的子音—母音音節聲音出現、像詞語的表達、重複咿呀不停地說話（bababa），和多變的咿呀不停的說話（bagidabu）。嬰兒聽他自己與他人聲音能力的重要性持續增加，發出的聲音越多，嬰兒聽不見的可能性越低。

階段五（十個月以上）：混合語（jargon）階段。咿呀聲與早期有意義的說話兩個時期重疊，此階段的特點是發出一連串的聲音，用多重的重音音節和各種方式說話。聲音遊戲、包括最喜愛的發音順序或甚至單字都可能出現。

前語言期分享的里程碑

及至出生第一年的下半年，幼兒和他的照顧者開始參與一種新的互動形式，他們彼此分享著跟隨對方的注視，或指向某一物件的注意力，回應彼此對事件的情緒反應，和模仿對方個別的指導行動（Nelson & Shaw, 2002）。這給那些注意到這行為的成人一個機會將物件與話語配對，第一個字或聲音通常只是與物件或環境的單純連結。嬰兒單純的聲音只是一種分享性的參照（shared reference）。Nelson 和 Shaw 指出，從分享的參照躍進到有意義的語言，需要幼兒將這些前語言的技巧和溝通的模式及概念知識整合起來，如此，幼兒已展開溝通的第一步。

嬰兒的記號／信號

當嬰兒出生後的第一年後期，提醒照顧者留意嬰兒的手和身體位置，那暗示嬰兒會嘗試去溝通（表 1-6）。Fackelmann（2000）回顧 Acredolo 和 Goodwyn 的著作《嬰兒的心智》（*Baby Minds*, 2000），他注意到那些研究者建議父母把簡單的手勢與話語配對。嬰兒一歲的時候，他們不能完全控制舌頭，以致無法說很多話。用手指和手做手勢反而簡單，例如：七個月大的嬰兒可以

拍打窗子引起家貓的注意，或伸手、移動或爬向某些事物和他們想要找的人。嬰兒會繼續使用信號直到他們產生交談能力。研究者相信當測試開始，**信號**（signing）[21] 可以引起其他關鍵的思維能力和更高的智商（IQ）成績。

到幼兒一歲快結束時，「指」這動作變得更具目標性——嬰兒可能有想要的特定目標。隨時間消逝，嬰兒有越來越多的身體語言產生，信號一再被使用，且某種手勢語型態的溝通出現。研究者認為，嬰兒使用的信號和聲音系統是為照顧者所了解的。Halliday（1979）相信，「幼兒音」的發展在「母語發音」之前。當成人做出適當的回應時，嬰兒較容易發展字的使用和口語能力。

Acredolo 和 Goodwyn（2000）相信嬰兒信號刺激大腦發展，特別是涉及語言、記憶和概念發展的範圍。

> 每當幼兒用「嬰兒信號」溝通成功時，「我可以溝通」的意念就形成或增強，使得之後的努力獲致成功變得更容易。若沒有嬰兒信號，這些變化就必須等到幼兒真正能講話時才可表達，通常要多花幾個月。

❖ 表 1-6　嬰兒期一般的姿勢

舉止姿勢	可能的意涵
讓食物從口中流出	滿足或不餓
噘嘴	不高興
用舌頭將奶嘴從嘴中吐出	滿足或不餓
推開物體	不想要它
伸手拿物件	想要人把東西交給他
伸手碰人	想被抱
抿嘴或吐舌頭	飢餓
微笑和舉起雙手	想被抱
一直打噴嚏	濕和冷
侷促不安且發抖	冷
在穿衣或洗澡時侷促不安、扭動和哭	對活動感到受約束和不滿
將頭從哺乳的奶頭中移開	滿足或不餓

資料來源：Hurlock, E. B. (1972).

---

[21] 信號：嬰兒的身體位置、聲音行動或手勢，或所有之結合意味著努力去傳達一個需要、慾望或信息。

嬰兒信號成為嬰兒與人聯繫的一種語言，使他們第一次成為積極的對話伙伴，且滿足他們的需要。

有些手勢溝通的研究指出，嬰兒有大量具詞彙意義的先進手勢語，且女孩的手勢語比男孩更先進。

有些父母可能選擇不回應嬰兒的手勢和信號，認為這將加速或迫使他們使用話語。事實正好相反。Lapinski（1996）認為，有警覺性的父母也許能很快具備洞察嬰兒思維的能力。

……信號及眼神接觸是可以幫助你的嬰兒獲得一個來回過程都滿足的溝通。信號也是提供父母進入嬰兒思維的一扇窗。

有警覺性的父母嘗試閱讀和接收嬰兒的信號，將傳遞給嬰兒這樣的訊息：溝通可以滿足願望。成功的信號成為一種語言的形式——言語（文字）上訊息的前導。Lapinski（1996）相信，在兩歲以前用手勢示意的嬰兒更擅長表達自己和理解其他人的話語；且平均而言，他們比那些沒有用信號的嬰兒擁有更多的詞彙量。有時由孩子的程度理解嬰兒從一件家具爬行到另一件家具的過程，能促進成人理解嬰兒信號的能力。注視嬰兒眼睛以及嬰兒頭部轉動的方向，都可提供線索。八個月大的嬰兒好像會為成人發出的聲音所著迷。他們經常轉向去看成人的嘴唇，或想要碰觸成人的嘴。嬰幼兒的教育工作者要知道他們中心的定位，以及其對教育工作者的行為期望。大多數的幼教中心期望教育工作者主動積極把大人或者孩子的信號和話語配對，鼓勵幼兒使用信號，並且學習對每個幼兒個別的手勢做出回應。

理解

大多數嬰兒約六至九個月大時會漸漸了解幾個字串的意思。約十個月左右，有些嬰兒開始對對話中的線索做出回應。在八至十三個月之間，幼兒不論在口頭或身體姿勢的溝通都變得有意識，因為幼兒會將自己的行為與父母或教育工作者之間的回應加以連結（圖1-11）。像是遊戲 Pat-a-cake，可能是因嬰兒開始拍手和「再見」（動作），或Peek-a-boo 能引發其他與父母互動過後的模仿行為。在這個階段，幼兒的語言被形容為被動的語言，因為主要是接收（或者是易於接受的）。稍後，嬰兒嘗試說話變成主動的（或有表達力的）。字彙提供一個小的入口，讓大人能估計幼兒知道些什麼，且幼兒把非口語的信號擴大成為真實的語言。

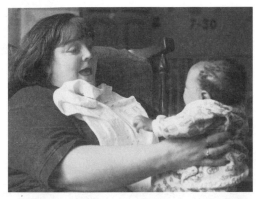

▶ **圖 1-11**　這個大人注視著嬰兒，試圖與嬰兒產生對話。

大一點的嬰兒透過很多非口語的行動與他們的父母溝通；一個簡單方法是舉起雙手，通常是「想要被抱起」的意思。其他行動包括面部表情、聲音音調、聲音音量、姿態和手勢。

雖然在這個階段的嬰兒能對話語做出回應，但不會白動跟著說話，因為在這早期，還有更多東西需要嬰兒理解明白。舉例來說，Bornstein 的研究（1991-1992）指出，嬰兒有能力去區分音素（字句中聲音的最小單位），和理解說話暫停時是指「輪到我—輪到你」的意思。當母親說了更長的一段話才停下，他們的嬰兒也會這樣做。當父母臉部的表達改變，聲音音調、音量、行動和手勢會帶出感覺和訊息，對嬰兒的全人發展是重要的。理解父母的話語之前，會先明白父母說話的音調。

Gopnik、Meltzoff 和 Kuhl（1999）形容大約一歲時的嬰兒：

一歲嬰兒知道，看他人手所指的方向，他們會看見某些東西；經由觀察他人，嬰兒知道他們該做什麼；經由看到他人的感覺，嬰兒知道應該怎樣感覺。

第一個字

在幼兒發出第一個可被理解、近似話語的聲音之前，幼兒的身體器官需要協調的運作，且必須達到某程度的心智成熟。約十二個月大左右，腦部的語言中心準備創造出最不可思議的童年時刻：第一個單字，它帶來隨後語言的盛開期（Nash, 1997）。幼兒的呼吸系統提供必要能量，因為說話時空氣向上移動，呼出氣息。喉振動起伏產生聲音，稱為**發聲**（phonation）[22]。喉嚨、嘴和鼻子影響幼兒聲音的品質，又叫作**反響**（resonation）[23]。最後修改氣息的流暢使**發音清晰**（articulation）[24]——指透過聲音的模塑、定型、靜止、釋放出語言及非語言的聲音，這反映出在幼兒的環境中所聽見的語言。

---

[22] 發聲：呼出的空氣透過喉振動起伏並且產生聲音。

[23] 反響：使用嘴、鼻子、竇和咽的腔擴大喉嚨聲音。

[24] 發音清晰：涉及產生清楚的口頭溝通在於嘴和下巴的肌肉調整和移動。

孩子咿呀不停地說著音節重複的聲音，像是 ma、da 和 ba，會持續發生直到一歲為止。如果 mama 或 dada 或者較接近的複製音被說出，父母會表現出注意和高興。語言，特別是在言談發展領域中的語言，是一個雙向過程；回應是對行動的一個重要回饋。

protoword 這個字經常用於幼兒在學說話到說話的過渡期間所創造出的字。在這過渡時期，幼兒已經獲得一個困難的概念：聲音有其意思。

通常，幼兒第一個發出的字是名詞或食品、動物或者玩具的名稱；這些字可能包括「去」（gone）、「那裡」（there）、「噢噢」（uh-oh）、「多一點」（more）和「什麼」（dat，即 what's that）。問候、告別或者其他社交用語，例如「peek-a-boo」（註：躲貓貓，喊著 peek-a-boo 並反覆遮臉又露臉的遊戲），也在幼兒首先認識的字彙中。

幼兒平均在十一個月左右時可以用單語（monolingual）發出他們的第一個話語，大約是從九到十六個月大期間。Gleitman（1998）估計十八個月大時，嬰兒每三天就能粗略地學習一個單字。Reznick（1996）相信，兩歲時的獨自交談是沒有思想發展的連接，但是幼兒的話語「理解力」是一流的。Cowley（1997）說，沒有證據指出遲

說話者比早說話者的講話更不流利。有些孩子在最先學會的五十到一百個單字裡包含許許多多物件的名字，第一個會講的話通常包含 p、b、t、d、m和 n（嘴前面母音），需要用到舌頭和氣流的控制。他們會用縮短版本，例如 da 代表「daddy」、beh 代表「bed」、up 代表「cup」。當嘗試說兩個音節的單字時，他們經常一同串連使用相同的音節聲音，例如：dada、beebee。如果第二個音節是有聲的，幼兒會再重複那些聲音，例如 dodee 為「doggy」，或者papee 為「potty」。

在這個階段，話語的單音在幼兒的生活裡會被擴充。幼兒的詞 ba 可以描述一個最喜歡的、經常使用的玩具（例如一個球 ball）。當幼兒經驗成長時，任何在食品雜貨店看見的圓形物體，也會被辨認，並且稱它為 ba。這個現象稱為過度擴充（overextension）。幼兒認為「所有圓的事物都稱為球」，相較成人對「球」的定義來說，幼兒的定義更為寬廣。Gopnik、Meltzoff 和 Kuhl（1999）認為，語言的創造與學習是一樣多的。

嬰兒不只簡單地吸收、連結名稱和事情，或模仿成人所使用的文字；而且，他們積極重新建構適合自己

的語言。如果他們需要有關「消失」或「失敗」的詞語,他們會很高興用「不見了」或「噢,噢」這詞語;如果他們需要「動物總稱」的詞語,他們將以「狗狗」來代表動物的總稱。

Lee(1970)描述幼兒從第一個與情境連結(situation-tied)的字,到後來更廣泛運用的發展。

在剛開始學習詞彙時,所有單字都處於相同的抽象層次。以經由經驗所發展出來的類別加以標籤。

緊接著嬰兒從八到十二個月的階段,就是一連串理解常用字的過程,包括:爸爸、媽媽、再見、寶貝、鞋、球、餅乾、果汁、瓶子、不要,還有幼兒自己的名字及家庭成員的名字。

幼兒會發現話語能開啟很多道門,他們幫助幼兒得到東西,並且引起照顧者用很多方式來回應。詞彙量迅速從物品名稱擴展到指稱行動的字詞,慢慢地,孩子在溝通時對情境脈絡(一個特定的位置和情勢)的依賴逐漸減少,對文字(抽象思考工具)的依賴則逐漸增加。幼兒不僅學習物體名字速度很快,也引出其他方面的行動,並能表示個人

的態度和感覺。

學步兒的說話

從學步期開始,幼兒渴望知道事物的名稱和尋找其他人的名字,好像在玩令人愉快的遊戲,幼兒會盡力回聲(echo)和重複,即使有時候幼兒並不明白父母所說的話。與年幼的說話者互動時,成人必須仔細聆聽、留意非口語的跡象和情況,並使用很多猜測去了解孩子及給予適當的回應。伴隨著手勢、動作和語調的幼兒話語,稱為**全句字**(holophrases)[25],通常是描述一個完整的想法或句子。

當幼兒學走路時,說話的發展可能為了發展運動技能而暫時趨緩。在這個時期,幼兒可能更專心聆聽其他人說話。

在迅速的語言發展時期過後,會以緩慢的步調學習新單字(圖1-12)。孩子短暫地暫停、聆聽、消化並儲存能量,為將來成為一名流利的說話者而預備。

---

[25] 全句字:用一個詞語表達一個完整的想法說話模式,約十二到十八個月大的幼兒語言獨有的特徵。

▶ 圖 1-12 「你做得到，只要你邁出一小步。」

對嬰幼兒中心工作人員的啟示

　　嬰幼兒中心的工作人員應該了解「回應」的重要性。安慰、鎮定、襁褓、搖動、同情和回應嬰兒的行為，使得專家幫助嬰兒保持安全感、放鬆、平靜和均衡。

　　Weissbourd（1996）描述幼兒需要的成人類型：

　　　每位幼兒都應該有一位與之有持續關係和關心他，能提供個別需求的照顧者。並非他們是這世界的另一群居民——而是因為他們能引發刺激和吸引力。

　　有反應的母親——很少忽略片段，並且幾乎不會延遲回應的時機——使幼兒能用更多樣、微妙、清晰而非哭泣的溝通方式……若母親用嗓音說話且經常微笑，會發現嬰兒也是如此。

　　Greenspan（1997）論及智力發展所需的情感性基礎，說明其對發展上所產生的後果。

　　　我們對幼兒的觀察認為，即使一般人認為能力是天生的，例如：學習語言的能力、為達目的所具備的情緒性基礎。但除非幼兒十分熟練相互的情感和社會性的符號，否則幼

兒的語言（他們的認知和社會模式）發展是拙劣且經常是片段的。

　　嬰兒大約四個月時，他們開始注視到照顧者眼神所看的位置；同樣地，照顧者也能跟隨嬰兒的視線。訓練有素的照顧者自然能看著那些嬰兒，提供語言的標記，這過程稱為「連接注意力的焦點」（joint attentional focus），並且被認為是提供語言發展的框架（McMullen, 1998）。當成人知道嬰兒還沒有理解語言時，大多數成人表現得就好像幼兒的回應是對話過程中的一種輪替。

　　如同 Honig（1981）指出，「促進嬰兒語言的照顧者，賦予嬰兒極大的力量」，結果，嬰兒受益於敏感、警醒

而熟練的成人。成年的照顧者需要察覺非口語和用嗓音說話的線索，並且給予適當的回應（圖 1-13）。他們需要被注意和疼愛，學習察覺彼此表達的訊息是關係的基本特質。大量的觸碰、抱、微笑和注視能促進幼兒語言，同時讓嬰兒感覺週遭世界是安全又迷人的。了解幼兒的個性、察覺其非口語的行為，且以有目的的行動來回應，是嬰兒專家的期望，即注意到活動的程度、風格、憂傷指數、節奏、強度、冒險程度（adventuresomeness）、分心的情形、適應程度，和注意力的長短。以下幾個建議能幫助嬰兒發出聲音，並在其發出第一個話語時使用。

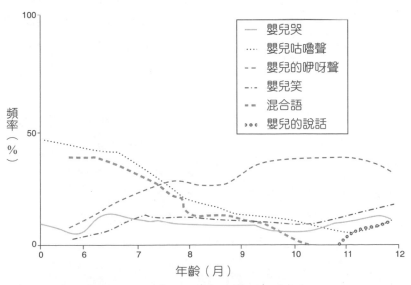

圖例：
— 嬰兒哭
⋯ 嬰兒咕嚕聲
-- 嬰兒的咿呀聲
-·- 嬰兒笑
-- 混合語
∘∘∘ 嬰兒的說話

Y 軸：頻率（%）
X 軸：年齡（月）

▶ 圖 1-13　六到十二個月大嬰兒口語的大約頻率

嬰兒期的早期

◆ 當親密地抱著嬰兒平穩走動時，要堅定而溫柔地抱著嬰兒，並用輕柔的聲音說話。

◆ 用令人愉快和安慰的聲音交談；使用簡單的語言；頻繁的眼神接觸。

◆ 強調並期望雙向「對話」。猶豫的、暫停動作等待嬰兒的回應。

◆ 當嬰兒敏感時，用嬰兒的微笑、聲音和運動來玩遊戲（make a game）。

◆ 當嬰兒四到六個月大的時候，模仿他喋喋不休地說話、咕咕聲，或者發出其他聲音，為嬰兒模仿製造新聲音。

◆ 在嬰兒的耳朵旁低語安慰他。

◆ 密切注意哪些跡象是嬰兒需要可能稍微的刺激，或是發出「躲開的訊號」。

◆ 使用嬰兒的名字 —— 例如，用「Scott 的腳趾」來代替「寶寶的腳趾」。

嬰兒晚期須特別注意的事項

◆ 說話清楚。

◆ 解釋正在發生和下一步將發生的。

◆ 當你講話時，鼓勵嬰兒注視著你。

◆ 不要打斷孩子的聲音遊戲、喋喋不休的話語或自我溝通。

◆ 沉浸在話語遊戲中，韻文、詩歌和逗趣而簡短的表達。

◆ 成為一名活潑的說話者和敏感的同伴。

◆ 嘗試簡單的手指遊戲。

◆ 具體計畫有質地、情景和聲音的分享活動。

◆ 鼓勵發出聲音，並提供能製造出聲音的音樂玩具。

◆ 談論你聽到他們說「叩、叩，爸爸在門口」這些聲音。

◆ 記得暫停並且等待孩子的回應。

◆ 標記物件、發生的事情、行動和情感。

◆ 使用吟誦的方式來說話（Cowley, 2000）

◆ 使用高音調。

◆ 用慢速而音調優美的聲音說話（Cowley, 2000）。

◆ 用清楚的發音清晰地說話，能幫助孩子辨識音素。

◆ 強調句子中的一個詞語，吸引幼兒注意力（Cowley, 2000）。

◆ 重複但不使它變得像操練一般（Cowley, 2000）。

◆ 以對話的方式輪流。

◆ 面對面說話。

◆ 透過話語和行動的回應產生回饋。例如：對孩子的「bot、bot、bot」做出回應 ——「是，這是你的bottle。」（Cowley, 2000）

Weiser（1982）建議，偶爾和嬰兒一起使用「唱歌式的對話」，表情隨著音高一起變化，這是說話和之後音樂教育的基礎。錄音和現場音樂的聲音是提供給嬰兒豐富聽覺環境的一部分，欲了解成人的目標和照顧者的活動，請見表1-7。

照顧者如何著手與嬰兒建立對話？首先，思考嬰兒藉由溝通且期望許多面對面的機會其目的何在。Newson（1979）提供一個照顧者嘗試建立對話的例子。

一輛發出吵雜聲音的汽車從外面經過，幼兒會突然轉換他正在進行的遊戲活動。他的母親把這種轉換視為幼兒的一種回應，也表明她已經注意到侵入的噪音。或許她會帶著孩子從窗外望去，看見汽車沿著道路離去而消失。這種突發的雙向溝通之維持，只有在雙方均察覺到這些接連發生的影響事件的情況下才能完成。

要記得，嬰兒們大都很相似卻又各自殊異。有些較敏感的嬰兒可能會被過度驚嚇，需要降低刺激以保持均衡；有些嬰兒則會在提供眾多的人、情景、聲音和新活動的環境裡茁壯成長。每一個嬰兒都有個挑戰，必須「苦思而得

出」（puzzle out），以決定最好的行動步驟──做什麼，不做什麼，以及什麼是最好的。

Greenspan（1997）這樣描述嬰兒的個別性：

另一種新理解思考和情感的觀點是近來發現的事實：給予相同的知覺卻不一定在每個人心裡產生相同的回應。天生的知覺氣質能使聲音的頻率和響度變得不同。高音調的聲音帶給某些人興奮和鼓舞的感覺，卻給另一些人刺耳而尖銳的印象，像是警報器一般。輕快的聲音絕對是明亮的，對一個人來說可能是愉快的，但對另一個人而言則是感到惱怒。溫柔的愛撫可以安慰人，但對另一個人卻是痛苦震驚，像是觸摸曬傷後的皮膚一樣。給予相同的知覺，卻在不同的個體產生十分不同的情感效應，有人覺得愉快，有人卻覺得焦慮。

因為嬰兒的第一個知覺經驗是與照顧者的情感關係，照顧者努力提供發展的照顧，也在每天的互動過程中交換正向的情緒支持。所謂「以幼兒為中心」和「以幼兒為焦點」需要加上易反應的、觀察敏銳的、有趣味的、教養的行為。這類幼兒保育形式幾乎是不可能

❖ **表 1-7　嬰兒期的語言發展之成人目標和活動**

年齡	成人目標	成人活動
出生至 2 個月	1. 建立信任和親密的關係。 2. 樂在成人—嬰兒的相互作用中。 3. 幫助嬰兒平靜並調適自己。 4. 口語交流並促進雙向的回應模式。 5. 保持眼神接觸及花時間面對面。 6. 想辦法創造合適的環境水準。	1. 優先考慮並滿足嬰兒的需要。 2. 在嬰兒面前表現出感興趣、愉悅，並提供具體回應和嘗試溝通。 3. 提供視覺、聲音、碰觸和玩耍性的友誼。 4. 交談、輕唱、低語、唱歌和模仿嬰兒的手勢。 5. 重複嬰兒聲音。 6. 提供滿足孩子幼兒需要的舒適環境。
2 到 6 個月	1. 對嬰兒試圖傳達的痛苦或需求保持警覺。 2. 增強成人和嬰兒共處和探索時間的快樂連結。 3. 了解幼兒獨特的個性、心情和喜好。 4. 鼓勵「你說」和「我說」的行為。 5. 把嬰兒手勢視為可能代表某種意義。 6. 說話時與幼兒的眼神接觸，以生動的說話方式吸引幼兒的注意。 7. 清楚而簡單的說話。	1. 提供成人和嬰兒玩耍時間及參與新經驗。 2. 提供嬰兒探索視覺、聽覺、音樂和演奏材料，及室內、戶外的環境。 3. 提供與其他人「交談」的機會。 4. 在替幼兒換衣服、洗澡和餵食時，為孩子的行動、玩具和發生的事情命名。 5. 和嬰兒玩遊戲，像是「做蛋糕」（Pat-a-cake）。 6. 當幼兒嘗試溝通時，給予話語和碰觸作為回饋。 7. 重複孩子的聲音和手勢。
6 到 12 個月	1. 追蹤嬰兒的興趣，使你的交談適合幼兒。 2. 促進語言用於命名和描述的想法。 3. 在成人和嬰兒的溝通裡玩節奏和押韻。 4. 清楚地說話，在合適的時機強調新詞語。 5. 樂於展現幼兒口語和身體動作的成就。 6. 將說話和行動、事件和主題配成對。 7. 了解並適時回應幼兒的訊號和話語。 8. 確保聲音水準和噪音是適切的。 9. 聆聽是為了目的，而非達到完美。 10. 提供安全的環境有助於幼兒探索和行動。	1. 藉著到附近旅行、人、玩具和經驗來擴展幼兒的世界。 2. 在事情發生時，給予命名，並描述事件、情感、行動和環境。 3. 介紹並閱讀故事給幼兒聽，讓他們可延伸探索。 4. 用口語和動作進行唱歌、手指謠及文字遊戲。 5. 聆聽並追蹤嬰兒的回應。 6. 命名身體部位、顏色和物件。 7. 講簡單的故事。 8. 喜愛這世界且與幼兒一起消遣是愉快的。

的，因為以保育機構嬰兒和成人的比率是無法勝任此任務的。

通常，能促進幼兒語言的成人，即意味著他們留意幼兒的成就、注意到幼兒，且喜愛彼此的相互作用，就好像成人能夠提供新奇的經驗，幫助增加幼兒的興趣。在幼兒三歲的時候，語言表達能力與母親（或者照顧者）在情感和口語上的回應有關。

對早期語言發展的威脅包括：

◆ 喪失聽力。

◆ 缺乏與照顧的成人分享經驗。

◆ 對語言前期的嬰兒說話的頻率過低。

◆ 壓抑嬰兒的好奇（White, 1986a）。

嬰兒遊戲和探索

幾乎每天，嬰兒好像都在增加他們能探索和喜愛口語—身體遊戲的方法。大多數母親或嬰兒教育工作者能創造遊戲和活動，使嬰兒和照顧者都感到愉快。他們容易察覺嬰兒對人、玩具和其他環境的特徵之注意與回應；然後基於孩子的興趣，創造出幼兒感興趣的互動活動。能引發幼兒參與的遊戲往往會讓他們微笑或是咯咯地笑。一些經典的遊戲，像是「躲貓貓」，或是將一個物件隱藏在一塊布底下，然後在孩子面前掀開。可以嘗試將柔軟叮鐺響的鈴掛在嬰兒的腕或腿上，或者用柔軟的緞帶移動嬰兒的腳踝超過頭頂（須在成年人監督下），都是新興發展的活動。

Acredolo 和 Goodwyn（2000）　建議，從嬰兒出生的前幾天，父母在面對面的互動中可以玩簡單的模仿遊戲，保證暫停足夠的時間讓嬰兒接收訊息，並進行回應。根據研究人員指出，此遊戲最好的距離是距離孩子的臉約八到十二吋。父母模仿嬰兒的時候，也要以微笑和口頭鼓勵一起回饋嬰兒的努力。

成人對嬰兒喜歡的消遣和經驗之意見如下：

一般活動	成人可能的陳述
看和觀賞	「看這小貓。」
摸一摸	「爺爺的鼻子。」
誇張地說話	「吃這餅乾。」
發出聲響	「搖這個鈴。」
撿起來	「一塊石頭！ 你找到一塊石頭。」
推它，拉它	「推這個箱子。」
往下掉	「積木滾下去了。」
倒空，裝滿	「衛生紙倒出來了。」
爬上去	「腳抬起來。」
帶著它	「Robert 拿著汽車。」
滾一滾	「球滾向地毯。」

Curry 和 Johnson（1990）建議，成人與年紀較大的嬰兒互動能幫助感覺探索的發展。

表達對環境的態度能培育幼兒的好奇心，及知覺自己和事物。思考你所說的話語，以及它們如何影響嬰兒對探索的感覺。

因為照顧者花太多時間監督活潑的嬰兒，因此，通常沒有精力提供簡短的對話。說話時，暫停就如同交談一樣重要。協同擴展經驗者必須給嬰兒發出信號的時間，然後必須以點頭或話語或回應來嘉許嬰兒。嬰兒在雙向溝通過程中能迅速地理解談話意義。嬰兒的照顧者是主要的方向監督者，若充滿「不，不是的」及少許的其他回應，將錯過驚人的語言機會。

更具知識和互動性的成人會與嬰兒談論週遭環境的個體和事件。當成人的回應是有意義且與孩子話語有關時，幼兒就會受益。這可能因為幼兒會直接模仿或表達一個片語或句子，即成人提供的新奇特徵吸引幼兒的注意，幼兒能藉此改寫更準確形式的句子意思。

社會遊戲

很明顯地，六個月或大一點的嬰兒會觀察和模仿，企圖用身體和各種方法與其他嬰兒及幼兒聯繫。這是年幼的孩子和動物的一種強烈吸引人的地方。大多數年幼的嬰兒喜歡與他喜愛的照顧者待在同一個房間裡，只有到了他們年紀大一點且能自由移動時，他們才開始獨自探索四周的房間和地區。

音樂

Rock、Trainor 和 Addison（1999）相信，嬰兒出生後第一年的發展過程中，音樂（一起唱歌和音樂式的說話）是照顧者和嬰兒之間重要互動的主要部分。他們將成人和其他人的音樂或唱歌的互動模式定義如下：(1)催眠曲模式（lullaby-style），一種溫和或就寢前聆聽的種類；(2)演奏歌曲（play-song）模式，有趣的、明快的、有節奏且讓人發出微笑的。第一種模式是照顧者試圖調節或引起嬰兒特別需求（例如：鬆弛、滿足、睡眠）；第二種模式是情感訊息（例如：相互享受、愛、特殊需求、歡樂）的溝通。

常識告訴我們，音樂的經驗豐富嬰兒的生活，且可以安慰嬰兒和照顧者。Pick（1986）相信，三個月大的嬰兒能分辨主要的旋律。Gordon（1986）描述嬰兒音樂方面的牙牙學語，包括「音調」（tonal babble）和「節奏」

（rhythmic babble）兩方面。音調的牙牙學語是指以單個音調模糊不清地說話，聽起來像是單音調的歌手。節奏咿呀不停是指幼兒的身體或聲音展現出節奏節拍或者質量。

大部分成人提供給嬰兒的音樂都是伴隨著母親的唱歌。而托兒所內的音樂、文化和民謠，則是藉由照顧者的分享，在親密、歡愉的情境下介紹語言。幼兒可以探索簡單而安全的樂器，進而自然地轉移到音樂。Wolf（2000）建議教育者從他們喜愛的歌曲，或自己孩童時的音樂開始。其他人像是 Raffi、Ella Jenkins、Hap Palmer、Tom Hunter 和其他很多著名的幼兒教育工作者，則建議從幼兒音樂的出版商、錄製的幼兒音樂、著名的音樂演奏家和幼兒音樂的製作人中尋找適合幼兒的音樂。

Garcia-Barrio（1986）建議，巴哈序曲和韋瓦第（Vivaldi）的「四季協奏曲——春」是適合嬰兒聆聽的精品選集。

音樂活動對年紀較大的學齡前幼兒和學齡兒童的好處，是提升抽象和**空間—時間推理能力**（spatial-temporal reasoning）[26]（Singhal, 1999）。嬰兒和學步兒的教育工作者現在優先在孩子的

第一年生活增加音樂經驗的計畫，希望找出尚未經研究人員證實的智能優勢和發展的相關性。

Begley（2000）解釋，科學家發現人腦在音樂領域是事先已設有管線的（prewired），且認為音樂能提升嬰兒某些形式的智力。她引用多倫多大學 S. Trehub 的研究，發現六到九個月大的嬰兒能認出旋律的音高或速度的變化。Begley（2000）認為 Trehub 已經發現：

> 當空氣中充滿完美的四度和五度音時，嬰兒就會微笑。完美五度音或五度半音，就像 C 音和 F 音；或者甚至多半音，像 C 音和 G 音。但嬰兒不喜歡令人不舒服的小調，像兩個六個半音階分開的音符，像 C 音和升 F 音。

雖然在幼兒期學習音樂技巧能幫助孩子精通數學的發現目前尚有爭論，但音樂能使嬰兒和托兒所照顧者更愉快，則是幼兒教育專家所承認的。

Campbell（1997）相信音樂能強化孩子的心智，並在學習上成為一項功能性的技能。他相信音樂能夠在大腦中增加記憶力，幫助幼兒語言發展的神經路徑（neuropathways）。Hodges（1996）聲稱，每一個嬰兒出生就擁有一個「音

---

[26] 空間—時間推理能力：心智處理的想法和圖像模式與時間的關係。

樂性的大腦」，能追蹤音樂的元素，像是旋律、和聲、節奏和形式。早療的教育工作者對於音樂和嬰兒有什麼新想法呢？他們將繼續提供音樂的經驗和希望，藉此能改進他們提供的照顧品質，這是適合發展卻或許還帶有「隱藏」而未被發現的好處。然而，Rauscher（2003）在檢視相關研究後，卻發現沒有科學的證據支持聽音樂可以改進幼兒的智能；不過他也注意到，音樂和空間─時間推理能力之間的關係是特別令人注目的。唯有更多與幼兒的相關研究，才能證明音樂是否在認知方面持續產生益處。

對著嬰兒閱讀

有些父母認為在母親懷孕後期的閱讀將有積極的影響效果。很少有專家建議這樣的活動。Fifer 和 Moon（1995）的研究，已引起父母和教育工作者的興趣。他們的研究發現，嬰兒記得並且對在他們出生前給他們讀的故事十分專注。雖然 Fifer 和 Moon 的結論尚未有決定性的研究證據，但是有些父母仍然渴望能夠這樣做。

在六至十二個月大時，有些嬰兒能夠和成人一起坐著看圖畫書。Kupetz 和 Green（1997）提醒教師要吸引並鼓勵嬰幼兒參與照顧者的閱讀活動。

早在嬰兒的焦點能置於圖片之前，閱讀者的聲音更能吸引幼兒的注意力。閱讀時溫暖和安全的懷抱，及閱讀者的聲音之結合是令人愉快的。

幼兒會想要抓書，並將書放進他的嘴裡或嘗試翻頁，或幼兒的頭可能轉過去注視大人的嘴。如果幼兒已經把一本書遞給大人，他通常就是想要坐在大人的大腿上仔細地閱讀。當幼兒快一歲時，他對於翻頁的動作更為熟練。在白色或無花紋背景的大型版面上熟悉而豐富多彩的圖案似乎特別迷人，嬰兒也好像回應得特別好，並享受他們所聽到的故事。

對十二個月以內的嬰兒進行閱讀，逐漸受到研究人員的認可。約翰霍普金斯大學的 P. W. Jusczyk（1997）認為：

當你坐在那裡閱讀時，幼兒學習到話語的聲音模式。這是很重要的，因為他們學習話語如何形成，並且幫助幼兒們在講話之外切分出聲音的模式。

讀書的技巧包括成人喜好讀的書和表達，有需要時用動作來表示，提升幼兒的模仿，讓孩子翻開書本，並且發出動物或其他的噪音。在孩子的興趣減低

之前停止是一種好的經驗法則。成人可能發現，許多嬰兒喜歡坐著重複閱讀同一本書。Jones（1996）的一項研究顯示，有些父母非常擅長閱讀故事書給幼兒聽，他們在書裡發現線索（cues）[27]，像是主題、事件描繪、聲音、顏色等等，這帶給嬰兒快樂：

> 更多成功的父母認為大量用圖來表示細節，視覺和語言的編碼都為嬰兒帶來高情感的掌控。

> 父母花在故事書圖畫與文字的時間通常是不均衡的。因此他們可能會改編故事，凸顯適合其孩子的細節。

　　熟練的父母和嬰兒教育工作者意識到豐富多彩的圖案往往很吸引人，所以他們能將其命名並指出特色。他們會試著將圖案與幼兒的過去經驗相連結。

　　簡單、色彩豐富、裝訂牢固或精裝書的種類很多。定期的閱讀能成為一項愉快的活動。布書、沉重的塑膠書、帆布製的書、紙板書、開洞書、感覺柔軟的毛皮書、感覺粗糙的沙紙書和洞洞書，都提供感覺經驗。自製的相片集也會使很多年輕的孩子感到愉快。Schickedanz（1986）認為，對嬰兒來說最理想的書是簡單、有大量圖片，或設計成鮮明對比的背景，且翻開後可以站立的書籍。

　　多數孩子會接觸到一些文學的經典作品（雖然專家們認同的經典作品不盡相同），其中包含了韻文、節奏、碰觸、動作或者手勢。這些經典作品已經長年累月在不同世代間傳遞，有些是以分享的歌謠方式流傳、呈現。

音樂影音

　　為幼兒製作的 CD、錄音帶和錄影帶數量不斷增加中。嬰兒聆聽時，有時會節奏性地擺動他們的身體。環境和動物聲音的錄音帶可以容易買到。照顧者發現，某些錄音能安撫人並且促進睡眠，幼兒確實被音樂聲音所吸引。研究人員也正在研究幼兒期間聆聽音樂，是否能促進其聆聽的能力和言談的產出。

書寫工具的早期經驗

　　早在嬰兒十至十二個月大的時候，就會專心地觀看某人在表面或紙做標記，他們會嘗試自己做標號。建議可用

---

[27] 線索：當分享圖畫書的圖案時，像父母一邊指著並說「玩具熊」，促使或暗示辨認，這麼做是因為嬰兒熟悉他自己的玩具熊。

白粉筆和厚實的蠟筆或「大」蠟筆來探索。大型紙張（或撕開的牛皮紙袋）的邊緣固定住或使用白板，都是很好的組合。這些活動需要照顧者看顧，以防止嬰兒咬或咀嚼書寫工具。幼兒可能不明白體會書寫工具只是做標記，但也許會模仿和高興地移動手臂。許多人認為，不值得花力氣去監督年紀小的幼兒，這活動較適合大一點的孩子。Healy（1990）推測，書寫時笨拙的姿勢會變成習慣而且日後難以改變，所以她建議等待。成人應以大而短粗的鉛筆或無毒的麥克筆給予技術上的幫助，等孩子發展出做記號的興趣之後，再給予進階的協助。

對家長的啟示

父母親對嬰兒溝通能力的態度也許會影響嬰兒的進展。

> 若母親們相信他們的嬰兒具備成為溝通談話伙伴的潛能，她與嬰兒說話的方式會彼此加強此信念，同時使此信念成真。（Snow, De Blauw, & Van Roosmalen, 1979）

許多美國母親會典型過度簡化和重複「母親談話」，但在不同文化並不一定是典型現象。有些文化情境中，不會將嬰兒視為一個合理的說話伙伴。

父母的期望和感覺形塑出他們對幼兒的反應，這些態度建立於成人和幼兒之間的早期伙伴關係，及幼兒對討人喜歡和能力的知覺。結論是，他們也影響幼兒對自己的評價。

特殊嬰兒計畫的經驗對其他學校在此領域的成功提供資訊。家庭的中介因素包括：

◆ 照顧者須提供許多社會性回應與注意。

◆ 嬰兒與主要照顧者之間在第一年很少甚至沒有情感連結的分裂。

◆ 有足夠的空間和探索的對象。

◆ 良好的營養。

◆ 主動的互相交流和玩耍時間。

◆ 父母對發展里程碑和幼兒技能的顯露之認識。

◆ 父母對照顧幼兒的信心。

◆ 維持幼兒的身心健全。

◆ 互動玩耍時的正向關心和碰觸。

父母（或家庭）的壓力和不具令人滿意素質的親子互動關係，似乎會妨害幼兒的語言發展。大多數家庭都面對壓力，家庭對壓力的反應才是決定性的因素，而不是壓力本身。在現今繁忙的雙薪和單親家庭中，父母的時間運用仍應以家庭中嬰幼兒的需要為優先考量。

透過平常的穿衣服、餵食和沐浴時間進行談話是很好的練習，嬰兒可學會簡單的句子。就像做「打開開關」、「關燈」這些動作時一邊說話，能同時將語音與行動置於嬰兒的記憶中。在對話中暫停，讓嬰兒發出自己的聲音和用微笑打招呼或神色，都會鼓勵嬰兒持續發出聲音。

Fischer（1986）為父母們提供了好建議：

> 不要擔心教學，而是要提供一個豐富和情感支持的氣氛。

他提到的「豐富」是指有豐富的機會，而不是昂貴的玩具和環境。父母也許會認為，父母必須講個不停，或與能言善道的幼兒對話的父母必須擁有很好的教養技巧；然而近來研究指出，父母自發性地談論孩子感興趣的議題，或將談話聚焦在幼兒遊戲的父母，便可稱之為有回應和有效能的父母。同時，早期和稍晚的幼兒「健談者」在三歲前後所表現出的表達能力差異不大。因此，對於不同幼兒之間何時開始有語言、學會說話的個別差異，必須予以尊重。

居住在貧窮區的嬰幼兒

Vernon-Feagans、Hammer、Miccio和Manlove（2003）認為，學校中最值得關注的族群是學習障礙且貧寒的孩子。這些貧窮孩子分布不均地在黑人和西班牙裔家庭中，他們的醫療保健也受到限制。早產、營養不良、健康不良、缺乏免疫力和慢性耳朵傳染，也許損壞神經系統組織、大腦發展和體力。其他環境因素，例如擁擠的生活環境、家庭語言使用不足、缺乏遊戲主題和書籍、父母有限的詞彙量、有限的口語互動，和父母對影響語言發展知識的理解不足，對幼兒語言理解問題的影響最大。

那些能脫離危險狀態的貧窮家庭孩子具有下列的共通性。他們生長於大家庭或延伸家庭，家庭中提供眾多語言刺激支持和鼓勵；沒有其他社會／生物風險的存在，且他們會設法保障嬰幼兒的健康（Vernon-Feagans et al., 2003）。政府補助和社會福利計畫也容易取得。而被孤立的貧窮家庭則存在著多元的危險因子，包括充滿暴戾的家庭環境，這些兒童的情感多被忽視。

摘要

每個孩子在語言能力增長都有獨特的方式。這過程在出生以前，就以知覺的方式發展，而父母在幼兒語言的成長和精熟中扮演重要角色。

經由生活經驗獲取的知覺，是未來學習詞語和說話的基礎。牙牙學語、發

出聲音、出現模仿，且發出第一個詞語。

　　許多環境因素（包括貧窮）可能影響幼兒語言的獲得。成人的態度也是影響嬰兒的智力和溝通能力的因素。多數幼兒經過一連串的語言能力階段和里程碑而進步，並在學齡前成為像成人一般的說話者（表1-8）。孩子學會語言的方式目前並不清楚，因此有許多不同語言習得的理論。

　　科技使神經科學家在研究嬰兒能力方面比以前更深入。研究啟發了教育者透過發現嬰兒的學習能力，進而將人類說話的聲音加以分類。剝奪、惡習和忽視等因素會影響嬰兒大腦未來的功能，像是視力和聽覺靈敏度。

　　早期生活中，嬰兒和父母形成一種相互關係，對對方有特別的反應。父母親關注的質和量在語文發展上成為重要因素。

　　孩子的語言進展由接收到發出，經由姿勢發展到非口語溝通完成。在嬰兒早期，他們是主動的參與者，接著逐漸轉為需要語言與口語雙向過程的溝通。

　　嬰兒中心從業人員的互動技巧能提供嬰兒語言發展上的最佳機會。

❖ **表 1-8　語言行為發展的里程碑**

嬰兒年紀	語言發展的階段
未出生前	聆聽聲音。 對大聲的聲音有反應。
出世時	剛出生哭啼聲是原始的，但具個人性 —— 母音般的。哭啼聲表達慾望（為了食物、得到注意等等）或不愉快（痛苦或不舒適）。 發出吃、吭和小嘶啞的聲音。打嗝聲。在前幾天哭聲變得有節奏和共鳴的。姿勢因緊張、活潑或放鬆而改變。
前幾天	半哭聲變得活潑有力；整體哭聲開始會有深度和範圍。咳嗽和噴嚏。
1 個月	三、四種子音的聲音會變得明顯。會在安靜的動作中注意母親的聲音。吃東西的聲音反映渴望。嘆氣和喘氣。在睡眠中微笑。
2 到 3 個月	咕嚕聲、發出愉快的聲音（牙牙學語）、口哨聲及尖銳的聲音。大部分子音聲都會呈現出來。開始牙牙學語作聲。開始一致調和的聲音，通常如下：b、d、g、h、l、m、n、p、t。哭喊明顯減少。微笑、尖叫聲，也許會有一會兒的咕嚕聲。凝視面孔。成人也許看出哭聲上明顯的變化（即哭泣意味著恐懼、疲倦、飢餓和痛苦等等）。集中注意力在母親的面孔和頭朝向她的聲音。或許因喧鬧或不熟悉的噪音而害怕。會吹泡泡和裡裡外外移動舌頭。
4 到 5 個月	逗弄聲音頻繁。明顯的親密微笑。能嘀咕發出無聊的訊號。會笑。對聲音音調起反應，似乎聽和享受音樂。喜歡成人聲音、遊戲和模仿。喜愛的人似乎會引導語言狀態，同時喋喋不休地講。身體姿態表達舒服或不舒服的狀態。被聲音所吸引。接近六個月大的孩子也許開始表現出理解在家中常用的詞語。頭朝向並看著在講話的家庭成員。母音聲音出現得明顯和頻繁。
6 到 8 個月	牙牙學語說話增加和發出聲音；重複音節；模仿動作和姿態；使用非語言的訊號；會發所有子音聲；話語的加倍；更加分明的語調；增加對簡單詞語的理解。喜歡用玩具及家庭用品物件製造出聲響。重複行動再聽聲音。會吹玩具喇叭。喜歡互換節奏性聲音，特別是那些碰觸和說話的結合。舌頭會轉彎並伸出，用掌拍打，且專心地觀看母親的嘴和嘴唇。也許會看一會兒圖畫書或兒童電視節目。
9 到 10 個月	可能發出親吻聲音，增加對詞的理解，如：不不、媽媽、爸爸、球、帽子和鞋子。也許會玩 pat-a-cake 和揮手再見。可能會遞書給大人。使用許多身體訊號和姿態。開始發出一連串難懂的聲音、哼聲、咯咯聲及啜泣聲。專心聆聽新聲音。模仿。
11 到 14 個月	對增加的詞語有反應。說第一個字（通常以一個音節或重複的音節）。指向被指名的物件或看著被指名的字。製造出任何聲音和聲響。模仿呼吸的聲音、動物聲（像狗的吠聲或貓叫聲），或者環境噪音聲（像「隆隆聲」或火車喇叭）。使用許多身體信號，特別是「抱我」，用手伸出向前到別人的手，意味「陪我」。也許了解多達四十個到五十個詞。在接近十五個月時，一個詞有多個意思。一連串持續難懂的口語聲音。幼兒眼神看的方向意味他了解什麼，而孩子也許有十個或更多的詞彙。用假裝的手勢拿著像湯匙形狀的物件做出梳頭髮的動作，用假裝的杯子喝東西，扮演吃東西和用玩具電話假裝和對方說話。

CHAPTER 2

學步期的任務

目 標

讀完本章後,你將可以:

- 討論學步兒對語音、語法和語意的了解。
- 列舉三項學步兒的語言特徵。
- 確認成人在協助學步兒說話能力時應有的態度和行為。

如果你對嬰兒和一歲兒的能力感到驚訝，那你會對學步兒的能力更加讚嘆！學步期是語言成長關鍵期的萌芽階段，文字絕不會再以相同的速度變成字彙；語言能力也是每天如雨後春筍般冒出。當孩子停下來專注於某件事情上時，不管他專注的是地板上的一個小汙點或是某件大事，專注力都是重要的關鍵能力。

學步期約莫始於孩子第一個生日的前後。學步兒正處於一個大冒險的開始，他們喜歡到處探索，並且嘗試表達他的發現及經驗（圖2-1）。在學步兒這個年紀便已具有獨白和對話的特性，所以，他們知道的事情永遠比口語可以表達的還要多。Harris（1990）指出：

> 溝通發生在幼兒開始學會運用文字表達之前，所以幼兒是透過真實事件來認識第一個字的意義，他們使用的詞彙源自於具溝通性之社會行為。

學步兒是行動派的（action-oriented）。McMullen（1998）指出，學步兒同時影響及知覺他們週遭的環境。她相信人們可以看到學步兒在思考，因為他們的想法會以肢體動作表現出來；只有在年紀稍長後較高層的思考模式出現時，幼兒才會思考先於行動。

▶ **圖 2-1　學步兒正在探索水彩畫在手上的感受。**

兩歲時，學步兒的腦部活動已經和成人一般。腦部變化急速增加，三歲時，學步兒的腦部活動速度比成人快兩倍半，而且十歲前繼續以這個速度發展（Shore, 1997）。Quindlen（2001）比較學步兒和成人的腦部運作速度，就像是賽車之於割草機。

Greenspan（1997）描述學步期是一個很重要的時期，在這時期，學步兒經歷從使用動作和手勢溝通轉換到口語溝通的過程。他相信這個過程是因為孩子的腦神經發展成熟，再加上擁有豐富的情感經驗。Greenspan 相信整個過程的重點是在一份和成人溫暖、親密的關係。這個與孩子溝通的過程本身就足以提供滿足感。Lloyd-Jones（2002）提到，專家們都同意學步兒和嬰兒的

主要需求是「情感連結」(emotional connection)。

　　從學步兒口中說出的少數幾個字，將漸漸變成有意義的口語，以得到他們想要的、操控他人、滿足個人意見，和邀請同儕遊戲。很明顯地，學步兒了解如何真正與他人溝通，也明瞭誰是說者、誰是聽者和回應者——即誰是說服者、誰是發問者。學步兒進而了解所有東西都有一個名稱，並且喜愛以遊戲的方式去探索新的聲音。在學步期初期，幼兒對一些文字的使用，可能與大眾的用法相同，也可能互異 (Dopyera & Lay-Dopyera, 1992)：

> 在這人生階段，人們會逐漸修飾文字對其私人的意義，以與一般大眾的意涵符合一致。

　　Cambourne (1988) 描述學習說話的過程是非常錯綜複雜的：

> 一個人學會一種語言的口語表達前，他已經先學過數千次的對話。今日地球上三、四千年前所講的語言是由一種獨特、多變的符號和規則所組成，再由這些元素創造出新的意義。這些規則無所謂的「正確性」或「邏輯性」，就像開車不是靠左就是靠右行駛，是約定俗成

的。每一種語言都是一套驚奇複雜的組合，它組合了聲音、文字和規則，且伴隨著無數次的社會、個人和認知目的的使用而產生。

　　學步兒有與生俱來的內在動機想學習溝通，他們學習語言時須面對四個任務：(1) 了解「語音」(語言的語音系統)；(2) 學習「語法」(文字使用的規則、文法)；(3) 學習「語義」(字的意義)；(4) 學習「語用」(各種依據社會情況和背景發展出的口語模式)。人們是同時了解這些規則系統的——各個規則間相輔相成。規則系統形成時沒有明確的方向，就像學步兒探索他人的口語、表達他們自己，以及在口語和非口語上影響他人。我們可視學步兒為「假設的測試者」(hypothesis tester)，就像一位思想家在無意識下，不知不覺便制定出語言的規則 (Genishi, 1985)。

語音學

　　學步兒學習母語的語音 (phonology)[1]——它的語音單位、特定的聲音，和獨特的發音。這並不是一項簡單的任務！初期的語言學習者必須先

---

[1] 語音：語言的聲音系統，以及聲音如何與字母符碼一起出現。

將聲音分門別類，而他們可能也同時要經歷不同人在不同情境說的話。因為述說一種語言是一連串順暢聲音的組合，這讓學習語音變得更困難。

學習聲音之後，也同時學聲音的結合。**音素**（phoneme）[2]是聲音的最小單位，可用於分辨不同的語調（utterance）——不同的音素意味著不同的意義。

幼兒園老師明白，在很多時候，他們必須更貼近幼兒去傾聽，並觀察他們的非口語訊息，以了解幼兒想要表達的內容。對幼兒而言，要他們明瞭發聲是要口腔、喉嚨和呼吸控制一起配合才能完成的工作，並不容易。Lenneberg（1971）解釋口語的困難之處在於需要完美的肌肉控制配合，這個精密技巧的發展早於許多其他生理技巧。

> 口說技巧需要無數次精準、快速的舌頭和嘴唇配合……全部和完整的發展，在此同時大部分的技巧還遠落後於口語發展。

許多早期的口語被描述成難理解或是無意義的聲音。學步兒似乎了解對話是一長串的聲音，幼兒可以模仿聲音的韻律，但是僅能發出少數可被理解的字。

學步兒聽到一個字的聲音就如同成人聽到的一般，他們有時候知道字的正確發音，卻無法經由仿說說出該字。幼兒會將「喝水」說成「ㄎㄜ水」，假設家長也說「ㄎㄜ水」，反而會讓幼兒混淆，甚至感到挫折。學步兒的說話內容反映出其最佳的模仿力和表達能力。但是，家長和老師卻迫切地專注於幼兒口語上的錯誤，且認為正確的口語表達代表認知上的學習。

Baron（1989）替成人—幼兒的對話下一個定義，視其為「獨特的語言」或「幼兒主導式語言」，是一組成人（調整其平常用語）用來與幼兒說話的語言模式。她將成人—幼兒的對話分為五種模式：教育、控制、情感、社會互動，和資訊模式。

教育模式的特色是成人將其說話的速度減緩，使用更清晰、強調的語氣來說一或兩個字。這種成人說話的方式是針對一或兩歲的幼兒「量身訂做的」，並試著將口語分割成幼兒可以理解的單位。

父母試著將語言以最容易學、最容易記，且不同於成人的方式，將週遭的人事物表達出來，例如，「ㄅㄨㄅㄨ」代表車子、「ㄨㄨ」表示火車等等。父母對幼兒的其他說話技巧包括：

---

[2] 音素：聲音的最小單位，可用於分辨不同的語調。

1. 說話時，將自己說成「爸爸」或「媽媽」而非「我」。
2. 同一段話應限定於同一話題。
3. 使用短又簡單的句子。
4. 運用重複述說的技巧。
5. 展延或重述幼兒的一字句表達或未完成的聲調。例如，學步兒說「喵喵」，家長以「喵喵的名字叫小花」回應。
6. 以平穩的說話語氣引起幼兒的注意力，以及產生對話的機會。
7. 示範成人─幼兒對話模式。父母自問自答，這個技巧常用於與嬰兒的對話，但也常運用於學步期幼兒身上，父母在自問自答中已做到社會互動的練習。
8. 回應幼兒發明的字。許多學步兒會用特別的字稱呼特定的東西。全家可以將幼兒創造的這個字運用於平常的對話中。

　　當父母覺得嬰兒或學步兒可以溝通時，父母的行為反應可以激發幼兒的溝通能力和對話機會。

　　幼兒教育工作者認為，嬰幼兒照顧者應該認同幼兒具備溝通能力，避免用兒語或故意討人喜愛的語氣和嬰幼兒對話。他們應該盡可能隨時隨地提供簡單的口語和容易發音的單字。

　　成人使用兒語與幼兒交談，會限制其較成熟字詞的發展和依賴性的強調。

　　反之，一開始父母可以提供簡單、容易發音的字來代表某事物，例如，用汪汪代表小狗。稍後當父母覺得幼兒似乎準備好了，馬上轉換成成人較難發音的模式。不過，剛開始多數大人在和學步兒說話時，還是會自然而然運用短句子或強調關鍵字來修飾自己的語言。

　　幼兒以自己的速度且伴隨著對語言不同程度的了解，在語言上持續發展。有些幼兒第二次說的比第一次說的清楚，有些幼兒則要花很長一段時間來讓其他人了解其說話的內容，這些都算是正常的語言發展過程。

型態學

　　語素（morpheme）[3] 是語言中最小的字義單位，它可以是一個字或一個詞。研究語素的科學稱為型態學（morphology）[4]。每個學步兒在表達語素上有不同的速度（圖 2-2），然而遺憾的是，幼兒園老師或家長常試圖比較學步兒的早期口語表現，發展表達好的幼兒就有比較強的學習能力，因此給予較安靜之學步兒較少發展所需的時間。

---

[3] 語素：語言中最小的字義單位。
[4] 型態學：研究語素的科學。

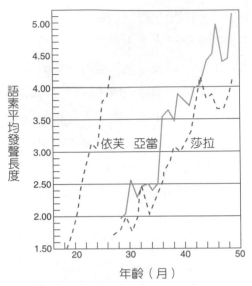

縱軸：語素平均發聲長度（1.50 到 5.00）

橫軸：年齡（月）（20 到 50）

圖中標示：依芙　亞當　莎拉

▶ **圖 2-2　個體語素的使用率**

資料來源：Brown, R. Cazden, C., & Bellugi-Kilma, U. (1969) .

語法學

　　語言有它的順序和規則，幼兒便照著母語的順序和規則表達。幼兒通常是透過與成人正常溝通互動下，輕易地習得**語法**（syntax）[5]。

　　Harris（1990）指出：

句子裡文字的順序並非取決於特定的字，而是取決於字的詞性，例如，名詞、動詞和形容詞。這有其優點，即少數相關的語法規定就可以說明、創造出大量句子的規則。

　　在某一種語言，句子裡主詞會跟隨在動詞後面；而有些語言，則是主詞在動詞之前。**修飾語**（modifiers）[6]在某些語言裡是有性別（陰性和陽性）之分，但是在其他語言又未具性別。複數名詞和所有格在每種語言也有其不同規則。剛學說話者難免犯錯，但成人總是驚訝於幼兒可以在沒有成人的指導下正確學會文法。

　　從所有感官的接收和表達，幼兒注意到語法的規律性，並且無意識地建構出語法，持續進行修正。

　　文法（grammar）[7]牽涉到如何運用聲音去組織，以形成溝通的意義。擁有文法常識的幼兒可以創造和明瞭許多新奇的、文法正確且有意義的句子。

　　Clay（1993）提到幼兒在學齡前開始學說話，會說出很多不合文法的句子，用字遣詞也非常獨特。當兩歲幼兒越能控制語言時，錯誤便會逐漸減少；但是，三歲幼兒會在嘗試新的表達方式時出現新的錯誤。了解文法的一般規則會比明瞭例外的文法規則來得早。當幼

---

[5] 語法：文字在句子中的排列規則和關係。

[6] 修飾語：用來賦予名詞特色的文字（如：一顆「大」球）。

[7] 文法：一種特定語言的使用規則，包括寫與說的表達。並且敘述這種語言的使用方式和說話形式——遵守學校教導的寫作和說話規則。

兒學習新的文法規則時，正確文法形式也可能被改成錯誤的形式。

　　稍後幾年，上小學的兒童會學到母語正式的文法規則。然而在此之前，幼兒學到的語言經驗是很重要的。孩子說話的量非常驚人，且已經符合語言的特定語法和文法規則，他們透過仔細傾聽學到這些，而且在心中重組已接收的語言元素。

　　學步兒與日俱增地透過非口語的手勢學到聲調和變音（infection）[8]，並且非常渴望成人的傾聽。

　　學步兒在嬰兒期後期所用的非口語符號、肢體語言和行為系統，持續擴展並成為學步兒的溝通模式（圖2-3）。許多符號透過母親轉譯給陌生人，令陌生人困惑的是，他同時和孩子的母親觀察和傾聽孩子，但是為何只有母親能解讀出孩子的需求。

　　學習文法規則協助學步兒表達想法（Bellugi, 1977），了解語法後有助於幼兒對語意的了解。

　　如果有人仔細聆聽大一點的學步兒說話，有時候會聽到他們自己矯正口語上的錯誤。學步兒常對自己和玩具說話，這有助於儲存和記憶語言。學步兒

▶ 圖 2-3　教師試著找出每個幼兒各自的溝通模式。

了解成人的語句，因為他已經內化一套有限的規則或文字整合的能力。

語義學

　　語義學（semantics）[9]是一門學習字義和字彙的學問，探究聲音和現實世界、生活連結的關係。學步兒透過口語與非口語的溝通方式來吸收學習字義。非口語溝通是指陳述相關的字彙：節奏、重音、強度、手勢、肢體姿勢，和表情變化等。成人在幼兒透過溝通習得字義和概念的過程中，扮演重要角色。

---

[8]　變音：文法的「記號」，譬如：複數。亦可代表聲音在音調和大小上的改變。

[9]　語義學：是一門學習字義和字彙的學問。

學步兒若來自一個不太強調用語言表達想法的家庭，幼兒也許就相對地缺乏概念陳述的能力（Harris, 1990）。幼兒園所應該提供幼兒機會發展豐富和多元的字彙，藉以陳述其不同的經驗和想法（圖 2-4）。

在學步兒教室中一天的開始，老師有很多機會去命名物體和事件。老師可以使用手勢配合文字（或者圖畫書和雜誌上的圖），協助幼兒在所聽到和所說之間做連結。當觀察到孩子們興趣不大時，可以用自然的方式加重音量重複想要強調的。

以互動和操作經驗來學習字義，會比「請你跟我這樣說」來得容易。一般而言，字彙的意義是來自其意涵而不是符號，它包含感覺、口語和伴隨動作的非口語訊息。例如：「冷」這個字，要實際體驗過才能體會其真正的涵義。學步兒認為，替物體命名意味著替該物體的整體而非部分命名（例如大象，而非象尾），也意味著種類而不是特定品種（狗的總稱，而不是一隻狗）（Cowley, 2000）。

有一段時間，學步兒會以同一個音代表數個不同的意義。

當嬰兒開始學說話，同一個聲音常常代表許多字。例如：ㄅㄚㄅㄚ，可以代表爸爸、汽車（的喇叭聲）或是「按」的動作。有時，嬰兒也會用一個聲音去命名一個物體和表達一個複雜的想法。就如，一個嬰兒可能指著一部摺疊式嬰兒車，並以一個聲音為其命名；但是

▶ 圖 2-4　遊戲讓學步兒在社會情境中學習相處。

之後，可能發出同一個音，卻代表他想要騎車。（Sherwin, 1987）

幼兒建構概念（concept）[10] 的過程，是人類想要了解週遭環境的天性展現。概念的形成需要透過仔細考量事物間的關係、相似和相異處，智商的累積、想法和印象的記憶和存取。伴隨著幼兒發自內心的好奇、本能和慾望去探索和經驗人、事、物，概念將會從中繼續不斷地形成、重新形成，再次修正。

學步兒行為顯現出概念的形成過程，概念的形成是個別的，而且奠基於生活經驗上，試問自己是如何建立起「馬克杯」的概念。你可以列出多少馬克杯的特性？問問另一位成人相同的問題。你們兩者可能會列出一些下列特性。

◆ 有把手。
◆ 可以盛裝液體和固體。
◆ 通常是上大下小的圓錐體或圓柱體。
◆ 在烹飪時，被當成標準量杯（8 盎司，約 225 公克）。
◆ 通常是由陶、塑膠、玻璃、金屬或其他固體材料製成。
◆ 可以用來喝液體。

成人提到馬克杯，其他人都能意會其所指，因為其能了解馬克杯的特性。如果有人請你幫忙拿架上的馬克杯，你不會遞一個玻璃杯給他。但是對幼兒而言，「杯子」通常指的是他個人所使用的杯子。

學步兒可能會在新的情況過度使用其新學之概念，或許哥哥指頭上貼的 OK 繃會被他當成縫紉用的頂針。在很短的一段時期，所有成人男性都是爸爸、一頭母牛會被稱為大狗、所有臉色發白的人都是因為害怕。但是一旦心智成熟、生活經驗增加、概念改變，所有枝微末節和例外的人、事、物頓時都會被注意到。學步兒尚未有將文字延伸應用的能力，用一個字去代表比較小的類別，此用法異於成人。譬如，學步兒用「狗」這個字代表幼兒的寵物，而非所有見到的狗。

在心智發展上，概念通常會跟字彙一起出現，且同時有助於培養幼兒分類的能力。概念字彙可能是一個完整的字、部分的字，或是有點深度的意義。學步兒思考的層級會反應在其語彙上。從一數到三，學步兒可能知道、也可能不知道「三」所代表的意義。文字對他們而言是種符號（symbols）[11]。

---

[10] 概念：一個團體或分類認定的要素；通常會有一個名稱。

[11] 符號：代表人事物的記號（譬如：圖片、模型、文字符號等）。

Pan 和 Gleason（1997）解釋幼兒是如何了解字義，以及像符號一般的文字。

首先，很重要的是必須注意說者。一個字的意義由說者創造，而不是該字。這個字是一個符號、一個象徵指示對象，但是，這個指示對象並不代表該字的字義。

讓我們假設一位幼兒學到「小花」代表他的貓；在這個例子，真正的貓就是小花的指示對象。

幫貓取另一個更適合的名字，對於這個過程並無影響。名字和物體之間的關係是如此多變，只要在一種語言裡約定俗成，大家同意用一個特定的字命名該動物即可。這個介於指示對象（這隻貓）和符號（「貓」這個字）之間多變的關係就是符號化（symbolic）。

但是，某些字和指示對象之間的關係卻是穩定的，「噓」這個字就是個例子。在這個例子裡，「噓」既是文字也是聲音。「滴答」、「叮噹」和「喔喔」都是同一類的例子。

一個學步兒的第一手感官經驗是非常重要的，心裡所儲存的感覺、知覺經驗，會與所學的文字產生連結。Spitzer（1977）指出，字彙的多寡取決於經驗豐富與否，和對於字面背後了解的深度。

我們的社會特別強調幼兒須學習大量的字彙，但是，卻很少想到僅學字彙卻沒有相關的經驗相輔是沒意義的。越多的相關經驗支持字彙的學習，有益於更多的溝通過程發生。

接下來各章的活動將提供更全面、深入的語文內容，以協助幼兒園教師能更清楚了解幼兒學習語文的概念。經由這些為幼兒量身設計的活動中，提供他們語文的背景——提供機會去玩、嚐、聞、摸、看和說。

語用

語言的微妙之處在於其多元的面貌。**語用**（pragmatics）[12] 是研究在一般的社會背景或者實際口頭溝通上，如何有效地使用語言，其研究的內容包含說話的內容、說話的方式、說話的時機、

---

[12] 語用：學習在不同的社會情境下有效地使用語言。不同的社會情境，必須採用不同的說話模式。

地點和說話對象（表 2-1）。語言是用來詢問、命令、陳述事實、揶揄，和參與社會活動的工具。譬如，某人可以用這樣的問句要求人們安靜下來：「你們不能讓這裡安靜片刻嗎？」或是熱切地談論著店裡賣的糖果，以表達想得到的目的：「喔！他們有賣我最愛吃的巧克力棒！」而不是直接提出要求。

　　幼兒會使用語言表達其慾望、期許、擔憂和興趣，也會進一步反映出其社會我（social selves）。學步兒可以有效的溝通是因為獲得回饋。許多時候，積極、正面的活動有助於幼兒建立其能力和自信。學步兒尚未學會微妙地進退應對，也不像較大幼兒能有效使用語言或表現出適當的行為。不過，學步兒會藉由獲得成人的注意取得訊息，並不管誰在什麼情況說什麼話。

❖ **表 2-1　語用的技巧**

1. 在對話中輪流擔任聽者與說者的角色。
2. 當被提問時，知道需要回話。
3. 注意非口頭的肢體語言──符號、手勢、表情，然後再回答。
4. 對聽者述說有主題性的對話。
5. 有能力將對話維持在同一話題。
6. 保持適度的眼神接觸，不可直視對方或眼神游移太頻繁。
7. 會運用不同的溝通模式和不同的溝通對象對話。
8. 明瞭在特定的情況下，說話是不恰當的行為。

依附關係和語言發展技巧

　　依附問題會減緩對話發展，研究觀察在未能滿足嬰兒和學步兒需求的園所，其幼兒顯得害怕、冷淡、混亂和煩躁。若社會互動及成人的回應是不足的、嚇唬的，或是模稜兩可的，嬰兒或學步兒可能表現出缺乏興趣去贏取成人的注意。學步期時，這些幼兒將會在口語發展上嚴重落後。Lally（1997）描述學步兒社會互動的重要性：

> ……嬰兒和學步兒透過照顧他們的成人發展自我，他們從照顧者身上學到什麼該怕、什麼是合宜的行為舉止，及如何應答。學習如何成功地從他人處得到滿足、什麼情緒或情緒強度可以安全地表現出來，並讓他人找到自己的樂趣。

第一個字

　　幼兒通常在十到二十二個月大時開口說第一個字（Acredolo & Goodwyn, 2000）。Lindfors（1985）認為，第一個字就像「堆積木」和「內容字彙」（content words），代表很多意義。這些字來自學步兒週遭重要人事物的名稱，和社會互動常用到的功能字彙，譬如：上、下、晚安、再見（表 2-2）。Pan 和

❖ 表 2-2　幼兒最早期的字彙：
　　　　　二十個月以下幼兒的字彙表

聲音效果
巴巴、喵、哞、唉喲、汪汪
食物和飲料
蘋果、香蕉、餅乾、起司、果汁、牛奶、水
動物
熊、鳥、兔子、狗、貓、牛、鴨、魚、貓、馬、豬、狗
身體部位和衣物
尿布、耳朵、眼睛、腳、頭髮、手、帽子、嘴巴、鼻子、腳指頭、牙齒、鞋子
家具和戶外
籃子、椅子、杯子、門、花、鑰匙、外面、湯匙、樹、電視
人們
寶貝、爸爸、奶奶、爺爺、媽媽、幼兒自己的名字
玩具和交通工具
球、氣球、腳踏車、船、書、泡泡、飛機、卡車、玩具
動作
上、下、吃、走、坐
遊戲和作息
洗澡、再見、嗨、晚安、不要、躲貓貓、請、噓、謝謝、是
形容詞
沒了（allgone）、冷、髒、熱

資料來源：Berko Gleason, J. (1997).

Gleason（1997）認為，幼兒越容易發音的字，越容易在幼兒早期的表達字彙庫中出現。

　　單一個字往往可以代表一個有意義的想法（全句字）。成人的任務就是回應和猜測幼兒要表達的想法。

　　有時候，成人會質疑應答練習的成效，多先以「嗯」的方式回應學步兒。許多學步兒有能力了解成人告訴他們的事，和週遭環境所透露出的訊息，但他們多數是靠非口語的溝通來滿足大部分的需求。這時候，成人需要關心的是幼兒正在學習一項艱難的任務，而口語將會隨之出現。有回應的成人會鼓勵和傳達訊息給幼兒，讓幼兒勇於嘗試早期的說話，這個嘗試可助幼兒成功地與他人溝通，這將有助其語言發展。

從自我中心語言到內在語言

　　在學步期，觀察者注意到成人對幼兒大聲說出的字或詞是不容易忘的。學步兒說「熱」、「不要」、「小貓」時，都會伴隨著動作，或是看一下手上的物品。Vygotsky（1986）稱此為「自我中心」（egocentric）語言，而自我中心語言通常和學步兒的想法緊緊相連。

　　當幼兒成熟一些，這種語言就會慢慢變成內在語言（inner speech）[13]，反映出幼兒的部分思考過程。自我中心語

---

[13] 內在語言：在 Vygotsky 的理論中被視為一種個人的語言，這語言會內化，並有助於組織其想法。

言是可管理的，它有助於幼兒管理其行為。

符號語言

過去認為，幼兒說出第一個字之前無法真正與人溝通（圖 2-5）。研究者協助我們了解，手勢和符號在發聲早期就陸續出現。年幼的學步兒可以比出一個漂亮、有個性的符號，而女嬰時常就靠這些豐富的符號創造出屬於自己的符號。符號被定義為非口語的手勢符號，可代表物體、事件、慾望和情況。學步兒運用這些符號和其週遭的人們溝通，且這些符號可以加倍學步兒的字彙量。

Grey（1996）指出，學步兒樂於學習多變化的手勢符號（hand signal）。經營一個有嬰兒—學步兒的班級，運用手勢符號是學習課程的一部分。Grey

▶ 圖 2-5　　手勢通常代表幼兒的慾望和需求。

發現，有些學步兒使用二十五個寶寶符號表示各種物體，感覺和需求，然而，其他學步兒僅混著使用少數手勢和早期的字彙。Grey 相信兩種情況都算是正常的發展狀況。

表 2-3（Acredolo & Goodwyn, 1985）說明常見符號，以及這些符號在幼兒多大時會出現在溝通行為中、幾歲可以根據符號說出該字。這個字彙表包括父母直接和間接教授幼兒的字彙。

手勢是學步兒表達時不可或缺的方式之一，成人可能在與幼兒互動時示範了手勢。學步兒會「解讀」媽媽的手勢符號，伸出一隻手掌向上，通常被解讀為「把那個東西給我」，學步兒會用行動表現出他們所理解的。

大部分的托育中心期待老師將文字和成人手語做連結、鼓勵學步兒使用符號，和學習回應幼兒個別的符號語言。要這麼做，老師必須隨時警覺幼兒發出的線索，尤其是特別注意環境中吸引幼兒的標的，進而提供相關的字彙，以及提升幼兒閱讀的慾望。老師應該對幼兒努力學習溝通技巧反映出理解、有目的的努力和注意。

學步兒非常樂於探索，老師應該在學步兒互動時「收手」，並且試著不去打斷他們的遊戲活動，提供幼兒主權維護的機會和提升人際關係的可能。

❖ **表 2-3　象徵符號**

符號	描述／行為	了解符號的年紀（月）	了解字彙的年紀（月）
花	聞一聞	12.5	20.0
大的	手舉起	13.0	17.25
大象	手指抓著鼻子舉起	13.5	19.75
食蟻獸	舌頭伸進伸出	14.0	24.0
小兔子	身體跳上跳下	14.0	19.75
餅乾怪獸	手伸進嘴巴啵一聲	14.0	20.75
猴子	手在腋窩上下擺動	14.25	19.75
臭鼬	皺著鼻子聞	14.5	24.0
魚	鼓著嘴巴吹氣	14.5	20.0
溜滑梯	手由上往下動	14.5	17.5
盪鞦韆	身體前後擺動	14.5	18.25
球	兩手揮舞	14.5	15.75
鱷魚	兩隻手掌一起開合	14.75	24.0
蜜蜂	揮動手指	14.75	20.0
蝴蝶	兩手交叉動手指	14.75	24.0
我不知道	聳肩攤手	15.0	17.25
熱	在身體前搧風	15.0	19.0
河馬	頭後仰，雙手上下打開	15.0	24.0
蜘蛛	交織手指，摩擦	15.0	20.0
鳥	伸出手臂，手拍動	15.0	18.5
烏龜	手掌握手腕，拳頭前後移動	15.0	20.0
火	手揮舞	15.0	23.0
晚安	頭低到肩上	15.0	20.0
聖誕樹	拳頭開合	16.0	26.0
槲寄生	吻	16.0	27.0
剪刀	兩指開合	16.0	20.0
莓	「蔓越莓」動作 （嘴巴貼著皮膚吹氣）	16.5	20.0
親吻	手輕碰嘴唇，再指向遠方	16.5	21.0
毛毛蟲	交纏手指，蠕動	17.5	23.0

資料來源：Acredolo, L. P., & Goodwyn, S. W. (1985).

第一個句子

從一個字跨到兩個字（或更多字），十八個月是一個里程碑。在這個階段，學步兒可以說約五十個字；三十六個月大的幼兒字彙量可以增加到一千字。這是很重要的時刻，談到字彙，隨著年紀越大，幼兒不只學到新的字彙，也展延他們對舊字彙的理解。

學步兒自己發明字彙是很常見的，Meers（1976）描述一名十八個月大的幼兒以自己的字「覺覺」來表示「睡覺」這個字。

學步兒—成人對話

學步兒握有參與或離開遊戲的權利，嬰兒也是。大約一歲時，他們認得許多字，並且開始在對話時輪流說話——「你說，我回答」（you talk, I answer）的對話模式。Weitzman（1992）相信，幼兒十個月時合焦注意力（joint attention）[14] 就開始發展了。

十個月大時，嬰兒就已經能進行有目的的溝通，並且樂於分享其對外在世界的情緒、意向和興趣。要這麼做，他必須已有合焦注意力。換句話說，他必須確認你和他聚焦在同一件事上，而他透過下列行為達成其目的：

◆ 獲得你的注意。
◆ 讓你知道他想要溝通的內容（建立對話主題）。
◆ 對話一來一往時，將注意力放在你和話題上。

他的溝通過程包括：看、指、展現、拿、發聲，和改變臉部表情。

學步兒知道說話會受到注意，說話是吸引成人注意最好的方式。他們似乎著迷於努力—連結（joint-endeavor）的對話。

學步兒是很懂得溝通技巧的，他們藉由轉換並修正成人的詮釋來獲得愉悅和滿足感。下面的事件顯現出的不只是學步兒之堅持。

有個學步兒初次到另一個二十個月大的學步兒家裡拜訪，這位小客人最後從椅子上站起來，陪同小主人到廚房拿一杯水，並將水遞給小主人。小主人喝了一小口水後將杯子遞回，滿足地走回客廳。父母並未

---

[14] 合焦注意力：幼兒了解他必須獲得並維持聽者的注意力，以讓聽者了解其所要表達的訊息。

參與這整個過程。口渴本身不是重點，幫助他人的愉悅似乎才是激發他行動的來源。

小客人完成整個行動時，出現下列動作：

小客人的行為

1. 注意到小主人。
2. 了解「說話」的情況正在發生。
3. 傾聽和維持一位傾聽者的態度。
4. 調整自己的行為，猜測小客人的想法和嘗試新的動作。
5. 了解對話已經結束。

小主人的行為

1. 站在小客人面前；尋找眼神接觸；發出聲音；有眼神接觸時，降低音量；觀察小客人的行為。
2. 重複第一個聲音（父母了解而客人不了解），和觀察小客人的反應。
3. 捉著小客人的手，大聲發出聲音並看小客人的眼睛。
4. 拖拉小客人的手，用堅定的語氣和手勢指向廚房。
5. 用一個新字（小客人並不了解）拉小客人去水槽；當小客人拿糖果罐時，小主人透過手勢修正。
6. 更正小客人的猜測（牛奶），手指向水，並伸出另一隻手。
7. 喝完水，將杯子遞回，微笑，離開廚房。

這種行為稱為「工具性表達」（instrumental expression），因為發聲和非口語行為用於達成特定目標。

學步兒尋找想聽他說話的人，並且從他們身上學習。成人根據他們觀察到的幼兒能力調整、採用不同的說話方式。成人直覺地使用較短、較不複雜的意見回應幼兒，這些用字遣詞會隨著幼兒能力增長而改變（圖 2-6）。

Cawlfield（1992）認為，某些學步兒處於「魔鬼粘時期」（Velcro Time），在這個時期，學步兒會特別黏主要照顧者、專心注意成人的嘴唇、對玩具沒興趣或自己一個人玩、經常拿物品去給照顧者，並且試著說一些字。Cawlfield相信在這個時期，每位學步兒會表現出

▶ **圖 2-6** 幼兒會去找對他們行為有興趣的成人。

特有的上述行為。她注意到父母通常會
擔心，如果太關注這個時期的幼兒可能
會寵壞他們，但是，Cawlfield 極力主
張父母要滿足幼兒的需求、傾聽他們，
很快地，幼兒就會表現出比較長的專注
力和新的想法及興趣。

學步兒語言的特色

　　幼兒以雙字句或更長的字表達，這
時候的句子稱為**電報句**（telegraphic）[15]
和韻律句（prosodic）。之所以稱為「電
報句」，是因為一個句子的許多字都被
省略，而且礙於幼兒的表達能力，和無
法記住大部分的訊息，幼兒所說的句子
便斷斷續續的，但是句子中重要的部分
都有被表達出來。「韻律句」是指幼兒
運用變調的聲音和重音去強調特定的
字，或想要表達的意思。

　　其他的學步兒語言特色可能在幼兒
三歲前出現，參考表 2-4。

負面用語

　　只要討論到年齡較大的學步兒語言
發展，沒有不提到「不」字的使用，當
幼兒對任何事情（似乎也在測試底限）

❖ **表 2-4　學步兒語言特色**

- 使用二到五個字的句子
  「寶寶下」、「寶寶澎澎」、「不喜歡」、「不喜歡小貓」、「我帽子不見」、「看我帽子不見」
- 使用動詞
  「娃娃哭」、「我走」、「要餅乾」
- 使用介系詞
  「在車裡」、「上去我走」
- 使用代名詞
  「我大男孩」、「他壞」
- 使用定冠詞
  「這球不見」、「給我一個糖」
- 使用連接詞
  「我和祖母」
- 使用否定詞
  「不要」、「他不走」
- 提問
  「那是什麼？」、「為什麼她睡覺？」
- 讀錯音
  「香（三）阿姨」
- 唱歌
- 說小故事
- 重複字和詞
- 喜愛文字和動作的活動

都說「不」的時候，是很令人惱怒的。
幼兒一開始用「不」來表達不存在的事
物，再來「不」被用來否決和否認事
物。即使當幼兒可以說超過三個字的
句子，「不」往往被放在第一個字。一
個典型的例子是：「不要去上床」（No
want go bed）。當句子長度增長，幼兒

---

[15] 電報句：年幼幼兒句子的特色，就像電
　　報，某些重要的字會被省略。

馬上會將負面的字加在主詞和動詞之間，來做比較長的表達。學步兒的口語特質，除了會使用負面語氣，亦渴望傾聽照顧者的回應。

協助學步兒之語言發展

學步兒快速增加口語的字彙，意味著照顧學步兒者須多加入一些特定的形容詞在他們的口語中。假設有一部藍色卡車，成人可以適當地回以「藍色的卡車開在爛泥巴裡」；又如有個物品放在書櫃底層、上層抽屜或桌子下，成人可以加強「底」、「上」、「下」這幾個字。一種顏色、一個數字或是特別的特質，都可以多加一些字來回應幼兒。

扮演偵探來了解學步兒，永遠是成人的一種對話模式。老師說話時，可以

要求學步兒看著他們的眼睛，如此老師可以更容易聽到幼兒說的每句話和想要表達的意義。

Holmes 和 Morrison（1979）提供成人以下建議，協助其建立理想且能刺激學步兒說話的環境。

- ◆ 使幼兒沉浸在既不太簡單也不太複雜，而是剛剛好適合幼兒現階段程度的語言環境。
- ◆ 去除不合理的口語要求，鼓勵幼兒嘗試說話。
- ◆ 正面的增強比負面的回應有效。
- ◆ 接受幼兒自己的語言概念公式。
- ◆ 提供正確的示範，增進幼兒語言技巧。
- ◆ 回應時要有重點。
- ◆ 跟隨幼兒的興趣去命名物品，並做簡單的討論。

▶ 圖 2-7　教育者隨時留意、了解和評論幼兒的行為表現。

其他建議如下：

◆ 邊工作邊解釋工作內容、方式，解釋正在發生的事情。

◆ 替幼兒的表現感到興奮（圖 2-7）。

◆ 談論幼兒正在做、想要的或需要的。

◆ 說完後，用眼睛和耳朵傾聽。

◆ 鼓勵學步兒模仿手勢和聲音。

◆ 模仿幼兒的聲音。

當兩歲的幼兒有機會參與「真實」的活動，譬如：切香蕉（使用塑膠刀）、用海綿擦桌子、幫忙清潔地板等，皆有助其語言和自助技巧的大幅進步（Poole, 1999）。

下面的成人行為獲得國際幼兒教育協會（National Association for the Education of Young Children, NAEYC）認可為適當的練習活動（Bredekamp & Copple, 1997）。

成人參與許多與學步兒一對一和面對面的對話機會，即使是面對一個不太會說話的幼兒，成人會讓他開始對話，並等待回應。成人替物品命名、描述事件和情緒反應，都可用來協助幼兒學習新的字彙。成人為剛開始學說話的學步兒簡化其口語（不說「我們該去洗手，準備吃點心囉！」成人可以說：「去洗手，點心時間！」），當幼兒習得他們的語言，成人便會進一步擴展學步兒的語言。

透過音樂和體能活動學語言

學步兒是音樂愛好者，如果學步兒聽到輕快的旋律，身體就會跟著擺動，他們從搖擺、拍手和獨唱中獲得樂趣。許多學步兒可以唱短短的兒歌、在兒歌裡重複歌詞，有的則會創造出自己的旋律。他們從重複唱兒歌中學到歌裡出現的字，成人不需要也不適合去更正唱錯的字。不管是幼兒唱著玩或是成人唱給幼兒聽，皆是有助幼兒語言發展的利器。

音樂遊戲裡的社會因素也有助語言的發展，而參與音樂遊戲的樂趣逐漸吸引幼兒，即使是最稚齡的幼兒也不例外。

介紹學步兒一首新歌、聽音樂、參與音樂遊戲和體能活動的經驗，也是增進語言發展的方式。

Andress（1991）建議以「觸覺模式」（tactile model）伴隨音樂和其他教學技巧，譬如：用口語描述某位特定幼兒跟著音樂所做的動作（「小明將膝蓋抬高到肚子的高度」）。

觸覺模式……可用於鼓勵兩歲幼兒隨著音樂擺動身體，在適當的時機應該經常使用。成人可以伸出兩隻食指讓幼兒握（允許幼兒隨時放開手指頭），然後引導他們慢慢跟著音樂擺動。

象徵遊戲

十二到十五個月大的學步兒熱中於象徵（假裝）遊戲，這個急速的發展可讓幼兒的思考能暫時離開正在發生的事件，且能運用符號來表達以往的經驗和對未來的想像（Gowen, 1995）。

我們常見學步兒對著玩具電話或娃娃說話，不然就是抓著玩具車的輪子，口中發出嗚嗚聲。

交朋友

學步兒通常是一起玩，但是有可能並非每位幼兒都在玩，有的可能只在觀察其他幼兒，或是模仿同儕的遊戲行為。然而，在一個井然有序和以分享為目標的遊戲情境中，往往不易發生象徵遊戲行為。學步兒通常在自己的世界探索，在此同時，他們也從其他幼兒處獲得遊戲的點子。社會美德（social graces）可能還沒出現，但是某些幼兒

開始表現出同情心──在講話時輕拍其他學步兒，或是擁抱哭泣的幼兒。Poole（1999）這樣描述學步兒建立友誼時會遭遇的困難：

> 對學步兒而言，學習與其他幼兒相處是一個大挑戰。首先，某些幼兒會檢驗他們的玩伴，如果他們的玩伴多是無生命的物品──洋娃娃或球，他們就不了解捏或戳會傷害他的玩伴。學步兒也總是不能控制他們強烈的情緒。

> 學步兒需要花很長的時間才能體會擁抱的適當強度，或者以說「哈囉」替代猛拍同伴的臉頰。縱使他們開始了解這樣的行為是不當的，他們還是可能繼續探測成人的底線。

十五到十八個月大的學步兒樂於參與聯合活動（joint physical activities），並且很享受他人的陪伴。快兩歲時，幼兒開始兩兩一起玩，並且有好朋友。幼兒的情緒可能在分享玩具時爆發，但這是必要的，因為友誼的變化很迅速。兩歲時，文字可以幫助幼兒吸引和拒絕同伴。兩歲的幼兒開始增加模仿行為，並且使用同伴運用的文字。

跟母親學習

Burton White 的研究計畫影響許許多多的教育工作者，他的著作提及環境和母親的行為再再影響「幼兒成長的關鍵期」——學步期。White（1987）同時觀察不同經濟能力的母親和他們孩子的發展，進一步確定親職技巧取決於母親的觀察力。他相信母親之能力、足智多謀和體力是值得讚許的，White 相信「母親」是一個不容小覷的職業。

White 陳述一些傑出母親的行為：

母親和他們的孩子說很多話，通常這些都是幼兒可以理解的語言。母親讓孩子認為不管做什麼都是有趣的，她們也提供多樣的情境和管道讓幼兒探究不同物品。母親往往因為幼兒的需求為其示範和解釋事件，而非根據她們的想法。她們是很有想像力的，所以當學習機會出現時，她們會提供幼兒有趣的聯想和建議。她們也會很有技巧、很自然地加強孩子內在的學習動機。

越來越多的證據顯示父母和照顧者態度的重要性，而且相信書籍和知識活動對學步兒及幼兒經驗的影響。Baker、Scher 和 Mackler（1997）指出，當幼兒的父母認同閱讀是一種樂趣時，則幼兒對書籍和閱讀經驗也較能產生正面的認同。當父母有這樣的想法時，「學步兒閱讀時間」會是一段快樂的時光，而非僅是想要將書上的資訊教給幼兒而已。

Honig（1999）提供與書籍閱讀和腦部發展的額外相關證據。

你和學步兒說話、輕哼、唱歌、一起讀圖畫書、指出和命名物品的機會越多，越多突觸的連結（腦細胞連結）被增強，這意味著突觸的連結越不會消失。

了解語言發展中的差異

幼兒教育的老師最好能區別十八個月大幼兒的語言發展是早熟、正常或是落後（White, 1987）。造成語言發展落差的原因很複雜，這裡不便全數探討，不過可以推論出某些原因，其他的在前一章已經提及。在幼兒一歲快要兩歲時，母親和照顧者對幼兒的口語回應是決定性的因素。

主要照顧者遲早會明瞭幼兒了解語言的新能力。某些照顧者選擇運用和幼兒多說話來提升其語言發展；而有些則是有效率地利用幼兒對某些字詞有興趣時，提供其特別挑

選的字彙；另外一些則是在有意無意中提供幼兒大量字彙。（White, 1987）

介紹書本給學步兒

學步兒對簡單、色彩鮮明和有圖片的故事書有興趣，也享受成人對其之親密感和注意力。指出和命名物品可以是有趣的遊戲。耐用、易翻的書頁有助幼兒發展閱讀興趣。一本貼有幼兒喜愛物品（貼在厚紙板上）的剪貼簿，提供幼兒個別化的語言經驗；透明的投影片和護貝可以保護和延長剪貼簿的壽命。

厚紙板書（board books，通常是硬的、上膠的、重的厚紙板）可讓學步兒探索於頁與頁之間，也提供色彩鮮明、生活用品的放大圖片，或是類似的插圖。這些書提升幼兒命名物品的能力，並活絡幼兒參與閱讀書籍的時間。這些書可以是關於事實或是想像的主題，最好是簡單、直接、吸引人和寫實的（Vardell, 1994）。要有耐用、光滑、易擦淨的外層，和小於一般圖畫書的尺寸，有利於幼兒的小（髒）手翻頁，但是封面和內頁都不易被撕破。

由於學步兒可能很快就對環境中的其他人事物有興趣，成人提供幼兒最早接觸書本的經驗時，須注意仔細觀察幼兒的興趣，尊重其探險他處的意願。

Kupetz 和 Green（1997）提供其他提升學步兒閱讀興趣的技巧：

◆ 不要期待以一本書使一個喧鬧的學步兒安靜下來。

◆ 選一個幼兒清醒、好奇和有興趣的時間。

◆ 建立一個特定的閱讀時間（但是也允許幼兒隨時想念書的慾望）。

◆ 運用抑揚頓挫的聲音引起幼兒的興趣。

◆ 有回應。

◆ 正面地回應幼兒，當其嘗試於物品的命名、翻頁，或任何形式的口語表達。

假設學步兒過去有閱讀圖畫書的經驗，就可能有和成人分享書籍的經驗。閱讀時，他們可能想要摟個被子、坐在大人的膝上、自己翻頁、指出故事主角、對故事主角提問、命名物品，和閱讀時看著大人的嘴型等等。對幼兒的閱讀需求表現得有彈性，盡量跟隨其閱讀需求，能增強其閱讀興趣的要求。

Kupetz 和 Green（1997）也提醒照顧者，要求一群學步兒坐下一起聽故事無疑是自找麻煩，無法一起閱讀的關鍵在「一群」和「要求」。學步兒的團體時間是一段很短的時間，要規劃幼兒可以主動參與的活動。兩足歲時，幼兒可以有較長的注意力，學步兒的老師可以和幾位幼兒一起分享一本圖畫書。當學

步兒可以坐下和大家分享圖畫書時，他們會盡力去維持和擁有溫暖、舒服及熟悉的閱讀經驗。

　　閱讀圖畫書之初，學步兒可以從中學到什麼？除了每本書封面上的圖片和插圖，他們也從中獲得讀書的樂趣。當幼兒觸摸書上的圖片時，幼兒可能理解到書上描述的圖片，是代表著真實生活中的某樣相似物。幼兒也會注意到書有別於玩具，書不是用來把玩的。

　　接近兩歲時，學步兒可能還是以繪畫內容命名該書，但也可能了解故事內容，亦可能可以理解故事中的主角和事件是捏造的。假設為幼兒重讀一本特定的圖畫書，幼兒可以理解故事情節是不變的、內容是可預料的。有時候學步兒發現，聽故事時，他可以藉由唱歌或重複主角的台詞、做動作配合故事內容，來參與說故事的過程，譬如：敲敲門或是發出「哞」的聲音。

選擇適合學步兒的圖畫書

　　以下這些選書的建議是針對學步兒的需求：

- ◆ 圖、文是反覆的、可預測的。
- ◆ 有韻律的。
- ◆ 插圖是簡單、熟悉、容易辨識的彩色圖片、動物、玩具等等。
- ◆ 提供感覺、觸覺和嗅覺的機會。
- ◆ 耐用、易翻的內頁。

- ◆ 每頁都有幾個新的字彙。
- ◆ 簡短扼要的生活和環境故事。
- ◆ 每頁的插圖和文字須相搭配。

　　另外，適合學步兒的圖畫書還包括以下特色：簡單、不複雜的故事情節；不擁擠的彩色插圖或圖片；有機會讓學步兒指出和命名熟悉的物品；具感官（sensory）特色；有預測性的書（可讓幼兒成功地猜測、預測故事情節）；強而有力的韻文或是反覆性韻文。「觸摸書」（touch and feel book）特別受學步兒喜愛，堅固耐用、厚紙板頁面，可以放進嘴巴但是不會被撕毀。也有一些新奇的書，會發出聲音、有立體圖片，或是有可推拉的零件，都能抓住學步兒的興趣。Weiser（1982）列出可供學步兒探索的「相關閱讀資源」：

- ◆ 提供目錄或雜誌供學步兒看、摸、指、咬，或做其他探索。
- ◆ 布書。
- ◆ 學步兒的第一本書，父母或園所自製──使用厚紙板、透明膠帶護貝製作的書。
- ◆ 一本有學步兒生活週遭人和物（包括他自己的照片）的書或相片集。
- ◆ 父母運用安全材質自製的感官書──包括觸覺和嗅覺。

　　NAEYC（Bredekamp & Copple, 1997）建議：「成人應該多多念（說）故事書給單一個（坐在膝上）或是一

群兩、三個幼兒聽。成人可以和學步兒一起唱歌、玩手指謠、透過幼兒的主動參與扮演簡單的故事——三隻熊（The Three Bears），或是運用法蘭絨板（flannelboard）、磁鐵板說故事，並讓幼兒在板上操作、擺放故事角色。」

電子童書

電子童書提供學步兒另一個接觸書籍的管道，每本書的設計不盡相同，但它們的共同特色是以會動、閃爍、「說話」、音樂效果、發出噪音的彩色插圖為設計的藍圖。點選某個按鈕、圖像或符號，可以有預錄的功能。

大部分的教育者和家長同意電子童書確實吸引學步兒，但是幼兒對電子童書的興趣很快就會消失，除非成人跟著一起閱讀，並做適當的回應。

塗鴉

在家裡，學步兒經常看到家人在寫字，他們也很想自己試試。粗短大枝的蠟筆和無毒性的麥克筆，很適合十八個月大的學步兒拿來寫字。他們通常用整個手掌抓握整枝筆，在紙上用力摩擦。他們通常無法隨心所欲地將圖畫在想畫的地方，所以最好準備大張、厚一點的紙貼在桌上。牛皮紙袋和未經處理的隔板，很適合給學步兒塗鴉。Crosser（1998）相信，塗鴉行為有幾個有意義

的目的，包括：增進小肌肉協調、練習認知能力，提升社會互動的能力和情緒釋放。塗鴉易被視為對符號和字體有興趣的前兆。

Crosser 觀察到一個重點，當幼兒的塗鴉從線性塗鴉（linear scribbles）轉換到完整的形狀（enclosed shapes），稍後進而出現真實、具象的畫作，代表其發展越趨成熟。因為在某些文化（台灣裔、華裔美國人）的父母特別強調提供幼兒畫畫的機會，所以他們的孩子明顯畫得比較好（Berk, 1994）。

早期讀寫素養

在學步期，某些幼兒開始對書有概念，而且知覺到字體的存在。在早期學習環境與重視文化素養的家庭，這被視為自然的過程。學步兒透過模仿、反應與建構其想法，將其與他人（親密的人、幼教工作者等）之互動內化為社會行為。學步兒沉浸於語言活動有助其讀寫素養發展。在幼兒與書籍分享時間之間建立一個正向、早期的連結是可能的——邁向擁有讀寫素養的第一步。某些學步兒一開始對書籍沒興趣，但是沒多久，他們也會像其他幼兒一樣對書籍有興趣。父母必須了解幼兒對讀寫素養的興趣，可能在幼兒期的任何一個時間點被激發。事實上，成人並不需要擔心

學步兒在特定的時期未對書籍或書籍分享產生興趣，這只是單純與幼兒自然、個別的程度，與其專注於一個豐富環境的能力有關。

音樂活動

與學步兒進行下列活動可以提升其音樂技巧：

◆ 傾聽經驗。
◆ 活動強調於區別聲音的大小、強弱、快慢、節奏、反覆模式、聲調、文字等。
◆ 穩定的節拍、反覆的旋律、拍手、輕敲、搖擺、奔跑、步伐、動作、肢體活動。
◆ 動作配合音樂的活動。
◆ 創意和想像的機會。
◆ 接觸各樣簡單、安全的樂器。
◆ 唱與其年齡符合的歌曲。

Singhal（1999）相信，音樂活動可以促進成人─幼兒間的連結，她敘述學步兒參與成人和幼兒的音樂活動如下：

學步兒開始有些肢體動作出現，而音樂是完美的媒介。他們感受到成人穩固的節奏，並將其內化。和一般人的想法相反，學步兒也可以是傑出的傾聽者。他們著迷於蜜蜂嗡嗡叫或豎笛的旋律，也對不同的形狀、簡單節奏樂器的感覺和聲音著迷。可以用節奏樂器（譬如：鼓）敲出穩定的節拍，這對一位樣樣都要自己來的幼兒是很重要的一件事。

即使這個年紀的幼兒無法以同樣的調性與節拍模式仿唱，對他們而言，聽到調性和節拍仍然很重要。這些他們聽過的調性和節拍將「記錄」在腦中，並成為日後的音樂資料庫。

唱歌、聽歌和創作音樂完全是一位小小幼兒自然和愉快的慾求。

玩具

某些特定的玩具類別與學步兒初期的語言發展有強烈的關係。音樂性玩具、可以說話的娃娃，以及可發聲的填充玩具和字母玩具（包括磁鐵字母），皆可視為促進語言進步的玩具。

可發聲玩具或可錄音玩具具有視覺與聽覺的功能，可以吸引學步兒的注意力。學步兒也喜歡歌曲和音樂，這也提供另一個語言輸入的機會；然而，許多老師擔心，這些視聽玩具的數量、品質和主題可以取代成人─幼兒語言互動的可能性。

給學步兒家長的建議

家庭環境中充滿幽默、自由的氛圍、語言交流，以及布置豐富的物品和玩具讓學步兒探索，這些都是有利提升學步兒語言發展的因素。成人可以坐在地板上或是低矮的搖椅上，盡量靠近學步兒的遊戲區，親近幼兒可以增進幼兒的溝通能力，也有助成人從幼兒的角度看事情。

環境中的物品和玩具不需要昂貴，而且可以在家自行設計、動手做。與家庭以外的人有社會互動也是很重要的。學步兒也喜愛和主要照顧者到外面走走逛逛，當地的圖書館或許有提供學步兒故事時間，社區團體贊助的遊戲活動也日益受到歡迎。讓學步兒去管理其他學步兒，給予幼兒當「同儕老師」（peer teachers）的機會，並且增進其社會互動技巧。

某些學步兒可能經常問到物品的名稱，也可能堅持和急切於其本身需求。幼兒將從真實事件中的具體物品學習文字。當他們早期的努力被接受和增強，幼兒會繼續發展其語言（Morrow, Burks, & Rand, 1992）。在正向情緒和多重感官經驗的情境中，亦能提升幼兒的語言發展。

規律地使用教具和簡單的書籍與學步兒進行教育性對話，皆有助於語言發展。耐心和興趣──比笨拙粗劣的教學好──是最好的教學策略。從生活中取材是一項藝術，需要放鬆的教學態度與博取幼兒注意力的能力。照顧學步兒的成人應該將焦點放在包裝禮物的過程，而非生日禮物本身。或是在動物園裡熊的獸籠前，如果幼兒注視著附近的一個水坑，成人可跟幼兒討論水坑的作用。此時可提供與水池相關的文字和想法給幼兒，並且從中獲得樂趣。在多次嘗試之後，自然而然就成了習慣。

有經驗的成人會根據幼兒的能力去調整他們的表達方式，他們會說得清楚、以緩慢清晰的發音、輕輕地誇大聲調、在字和字之間停頓。他們可能會特別將新的字彙放在句子的最後，或是特別強調新字彙的音高和重音。他們的句子長度會越來越長，內容越來越複雜。提供高於幼兒程度一點點的句子，在父母敏銳和有效的建議和教導下，幼兒將漸漸增進其語言發展。

坊間有些參考書，書中提及許多成人─幼兒互動遊戲，父母和老師可作為參考。

父母需要了解學步兒在家中或是幼兒園裡每天所經歷的混亂、不可預期、暴力和驚嚇經驗的結果。Honing（1999）解釋在這樣環境長大的學步兒，易於驚嚇、激動、生氣、蔑視他人、害怕，或是沉默寡言。她認為，他

們腦中的化學變化出現不正常的現象。建立親密、溫暖、信賴的關係，是教導幼兒的腦部解除身體高度壓力最好的方式。她建議教育者必須每天提供每個幼兒可依賴、有秩序、平穩和愛的經驗，以提供腦部最理想的發展環境。

摘要

在學步期，語言能力以最快速的速度發展。幼兒完成艱困的語言任務，他們學習母語的發音（語音學），並且持續地發出許多的聲音。隨著幼兒說話模式越趨成熟，其文法規則會跟著形成與修正。幼兒會聽得更加仔細、注意到規律性和字彙、手勢所代表的意義（語義學）。

分門別類的概念發展，協助幼兒安排生活中的事件。許多的概念會與文字成雙成對地出現。文字符號可讓幼兒說話和被了解以協助溝通和語言表達，父母的對話和幼兒用感官探索的第一手經驗，讓幼兒對新的字彙有深刻的印象。

學步兒喜歡與人對話、聽和說，有時甚至會糾正，試著與家中任何一個願意傾聽的成員傳遞訊息。學步兒會慢慢用一個字，然後兩個（或更多）字對自己和玩具說話。這些句子一開始很難被理解，但是隨著幼兒年紀增長就會越來越清楚。

幼兒的口語能力會因與有回應、敏感和會鼓勵幼兒說話的成人之陪伴而有差異。學步兒書籍可讓孩子得到許多樂趣和助益。

CHAPTER 3

學前階段

目 標

讀完本章後,你將可以:

- 定義學齡前兒童口語表達的特徵。
- 描述學齡前兒童初期與後期語言上的差異。
- 討論學前兒童語言能力的成長。

學齡前兒童的語文不僅反映他們的感覺、生理及社會經驗，也反映了他們的思考能力。家長和老師都能夠接受兒童在語文學習過程中的暫時限制，因為他們知道所有兒童都將會到達成人的語文程度。

在學前兒童階段，兒童快速地經歷連續的語文學習階段。一般人都同意，當幼兒到五歲時，已經幾乎超越所有語文學習上的障礙。

老師應該和兒童互動，並且提供語文發展的機會和活動。理解學齡前幼兒典型的語文特徵，將有助於老師知道如何引導語文學習。

幼兒和兒童的研究中提到的背景經驗，提供老師對兒童語言行為的洞察力。在語文發展的初期階段，各種因素如何影響嬰幼兒的自我表達，這些在前兩章的時候已經談到。本章節將明確指出在學前階段，兒童如何使用語言。雖然語文能力在其他領域中被強調、發展和改變，當這些領域與語言產生關聯時，也一樣適用。

除了兒童的家庭環境之外，和其他兒童一起遊戲也是影響語言發展的重要因素。我們發現，朋友在兒童的年齡階段中，是幫助兒童加入早期童年時期生活中心的重要部分。一個有許多有趣的事情可以探索、討論的地方，可以提升語文能力。

我們幾乎不太可能找到一個孩子具備了他年齡階段所有的說話特徵，但多數兒童在其年齡階段中會擁有一些典型的特徵。

簡單來說，學前階段又可以劃分為兩個年齡階段：二到三歲幼兒組，以及四到五歲幼兒組。

二到三歲的學前幼兒

學前兒童透過說話和行動來溝通他們的需要、渴望和感覺。我們更仔細地觀察幼兒的非語言溝通，可以幫助我們發現孩子真正想表達的意義。例如，舉手、抓取玩具、舒展地躺著，孩子透過這些行為所表達的意義，比他們所能運用的字語還多。抓朋友的手、將玩具遞給一個一直熱切地看著他手中玩具的孩子，或是在屋裡跟在老師身後團團轉，都有著不同的意義。

我們可以預期，幼兒的語文能力會迅速成長與改變。幼兒對於成人表達的理解程度是讓人驚訝的，他們可以一天獲得六到十個新字彙。表 3-1 列出幼兒在字彙上的成長狀況。

尖叫、發出呼嚕的聲音、發出刺耳的聲音，是遊戲的一部分。模仿動物、氣笛或是環境中的任何聲音，是很常見的。幼兒會透過指或推的方式，幫助別人了解他想要表達的意義。二到三歲的

❖ 表 3-1　字彙能力的成長過程

10-14 個月	第一個字	首先學會的單字通常是名詞，而非動詞。
12-18 個月	1 週 2 個單字；到了 18 個月增加至 50 個單字	可以看著某件事物（或人），然後說出一、兩個單字。此時錯誤的發音是正常的。
18-24 個月	200 個單字	有些學步兒會不停地問「為什麼？」，他們會想將每一個物品都命名。
2-3 歲	500 個單字	問問題、問問題、問問題！此時仍會有錯誤的發音。
3-4 歲	800 個單字	學齡前的兒童開始使用介系詞，以及時間單位。他們或許也會造詞。
4-5 歲	1,500 個單字或更多	幼兒可以較清楚地說出單字，並且造出 5-6 個單字的句子，及編造故事。
5-7 歲	11,000 個單字或更多	幼兒會覆誦並討論故事。在他們的單字庫中有許多單字可以運用，而且他們將學到更多的單字。

學前幼兒喜歡和能理解他們想要表達意義的人互動，因為那些大人可以預測、推估他們的需要。少數孩子在學校表現的字彙是有限制的，直到他們感覺學校像個家時，才會表現得和在家時一樣。

　　幼兒的認知性（理解性）字彙〔receptive（comprehension）vocabulary〕[1] 和表達性（生產性）字彙〔expressive（productive）vocabulary〕[2] 之間有個很明顯的差異在於，生產性字彙的發展落

後於認知性字彙。認知性字彙是指孩子聽到一個字，可以預測或做適當的回應；而生產性語言指的是幼兒在恰當的時間和場合所說的字彙。

　　Tabors（1997）提到：

在這個年紀，幼兒開始獲得更多複雜的文法形式。在英文中，包括過去式、嵌入性子句和被動式結構。在這個過程中，常會導致一些創造性的錯誤。例如，「我媽媽打破了（breakeded）盤子」。這表示孩子正注意到一些一致性模式，並在他們理解的時候應用於他們的語言系統中。

---

[1] 認知性（理解性）字彙：理解性的字彙常被使用於一個人傾聽或（安靜地閱讀）的時候。

[2] 表達性（生產性）字彙：一個人用來說話和書寫的文字。

最常使用的字彙是名詞和簡短的所有格，例如我的、小潔的。說話的內容都集中在現在的事件或日常觀察的事物，而這時「不要」這個詞也常被使用。當學齡前兒童在簡短的溝通中有所進步時，他們必須能夠在心中保持溝通的話題，還要能夠連接他人和自己的話題。這對兩歲的幼兒而言是困難的，他們和友伴間真正的溝通是很簡短的（如果真有溝通的話）。雖然他們的話語中仍是充滿停頓或反覆說同樣的話，以便糾正自己的說話，不過，學齡前兒童在交換式的溝通上將會越來越熟練。Garvey（1984）提到，在這個年紀，可以和其他說話者的說話內容進行討論的幼兒僅占了 5% 而已。

當孩子興奮的時候，說話會變得非常大聲及高分貝（圖 3-1），而當他們覺得尷尬、難過或是害羞時，他們的說話會變得小聲或聽不清楚。二到三歲幼兒的說話節奏是很不規則的，他們那些表達出來的意見常是突然迸發出來的，而不像較大幼兒的說話，是如流水般流暢且持續不斷的。

對兩歲的幼兒來說，說話內容的複雜性是語言成長中非常重要的一步。他們會開始表達有關因果的句子或對話，有時候會在說話中，將這些因果的字彙當成連接詞使用。Pines（1983）在其關於兩歲幼兒的說話研究中提到：

▶ **圖 3-1　幼兒的戶外活動常常是喧鬧的。**

幼兒說話的內容大多是關於他們的意圖與感覺，例如，他們為什麼想要做某件事，或他們為什麼不要做某些事情，或者是他們想要別人去做的事情。

Curry 和 Johnson（1990）指出：

兩歲幼兒的說話內容多是在講解、說明他們的行動。例如，「我在畫圖」、「我在爬樓梯」等。

大部分的時間，年紀很小的學前幼兒在遊戲中會將焦點放在家庭活動的再重現，例如，煮飯、吃東西、睡覺、洗

東西、燙衣服、嬰兒照顧，以及家庭中的事件及寵物的模仿等。四到五歲的幼兒在遊戲上有更多互動。幼兒除了持續的自我玩耍（self-play）之外，還探索著其他幼兒、成人、環境和行動。最後，大部分的學齡前兒童了解到當其他玩伴在身旁時，分享與輪流的舉動通常是很有價值的，因為這樣做會得到較多的樂趣。兩歲的幼兒相信，當老師提醒一位幼兒要「分享」時，意味著「要將東西交出去」。當幼兒開始探索其他遊戲的選擇性時，「你發生了什麼事？」在遊戲中成為說話的題材，並伴隨著簡短的口語互動。

幼兒對生活經驗的組織和意義化（make sense）的渴望通常是很明顯的。顏色、數數兒和各種思維上的新概念，開始於幼兒說話中浮現。幼兒會有一種傾向，就是將自己說出的各種動作字彙，或將從別人那裡聽到的話語，實際實踐出來。當成人說「我們不可以跑」，會激發幼兒去跑；相對地，若成人說「走」，可能會更成功地讓幼兒去「走」。這就是為什麼有經驗的老師會告訴幼兒，他們想要幼兒去做的事情，而不是告訴幼兒他們「不要」孩子去做的事情。

順從（被抑制）的兩歲

在年幼孩子的特定團體中，少數幼兒會表現出順從（被壓抑）、安靜的狀況，有點類似我們所謂的害羞。這些幼兒擁有一種自然的傾向，就是會壓抑自發性的說話。強烈的情緒會造成肌肉的緊張，包括喉頸的緊張。有些成人在團體面前說話時也會出現這樣的狀況。這種壓抑也會影響說話的聲音。大部分的幼教老師需要處理與幫助這些說話聲音很難被聽到的幼兒，當這些幼兒在一個不熟悉的情況下，時常會有說話小聲的現象。較大的學前幼兒可能會變得比較外向、多話，或者是和那些喧鬧的幼兒比較起來，他們會繼續維持少說話或壓抑。老師必須重視這些幼兒自然的個性傾向。

關鍵句

就像很多學步兒一樣，兩歲的幼兒省略了句子中的許多字，這些保留下來的字是大人的句子說法中縮減而來的，並且這些字只是為了呈現出他的需要。這些字是關鍵字和表達訊息的要素。在這個階段，幼兒的句子大約只有四個字的長度，會使用一些代名詞和形容詞，例如「漂亮的」或是「大的」。介系詞和冠詞很少被說出來。

代名詞常被錯誤地使用與混淆；對於男生、女生、生物和非生物的概念可能一知半解，就像以下這個例子：

當一個三歲幼兒說她找不到她的鈴鐺時，她會說：「也許它躲起來了。」聽到的人則會納悶，她應該還沒學到，只有有生命的物體才能「躲」起來。（Cazden, 1972）

問題

以疑問詞開頭的問句開始出現在他們的對話中。在幼兒顛頂學步的階段，上揚聲音轉折和簡單陳述的聲音是很典型的特徵。在這個階段，問題的焦點會放在地點、物體和人，並且使用有因果關係、過程和時間的問題。這反映了他們對於事物的意圖和目的有了更成熟的思維。表 3-2 顯示一個幼兒的疑問發展歷程。發問是很頻繁的事情，而且幼兒常常會詢問一件物品的功能，或某件事情的成因。這意味如果男孩子看到一件與他有關的事物，大人們提供的答案會刺激幼兒知道更多的慾望。幼兒所用字彙的範圍從 250 到 1,000 個字以上，平均每個月會有約 50 個新字彙進入幼兒的單字庫當中。

幼兒思考的範疇

透過分類與編排事件類型的過程中，兒童開始組織大量的知覺與經驗。有一項報告指出，兒童在物品分類及思考其分類屬性上變得更複雜化（Gelman, 1998）。較小的學齡前幼兒在思考範疇，與較大幼兒的思考範疇並不相同。這些較小的幼兒會傾向於將焦點

❖ **表 3-2　問句的發展歷程**

2 歲	● 在句尾提高音調：「我去嗎？」「都去了嗎？」 ● 使用簡短的「什麼」和「哪裡」的問句，來表示「那是什麼」或是「我的貓咪在哪裡？」
3 歲	● 問「是或不是」的問句。 ● 開始使用「為什麼」的問句。 ● 開始在問句中使用助動詞：「我可以吃口香糖嗎？」「你會給我嗎？」 ● 開始使用「如何」的問句：「你是怎麼做到的？」
4 歲	● 在字尾附加問句：「那些是我的，好嗎？」「你喜歡他，是嗎？」「那很棒，不是嗎？」 ● 在問句中顛倒附屬動詞的位置：「你為什麼難過呢？」「我們為什麼不和奶奶在一起？」 ● 開始使用複合式和兩部分的問句及陳述：「如果你願意的話，我會告訴他怎麼做。」「當他不來的話，我該怎麼辦？」「我不知道應該怎麼辦？」「當門砰一聲關上時，為什麼東西會掉下來？」

放在外表的屬性上，例如，一些物品的外型，或是在哪裡發現這個物品等等。一位年紀較小的幼兒可能會將焦點放在老師的絨毛毛衣上，透過觸摸、摩擦，然後說出「柔軟」這個詞；年紀較大的學齡前幼兒則會討論扣子的數量、樣式，甚至是比較他自己的毛衣，或是其他看過的毛衣之間的相似處。年幼的幼兒會用感官將一些項目歸放在同一類，而不是根據物品在基本元素上的相似度做分類（Gelman, 1998）。

同時發生（重疊）的概念

普遍來說，二到三歲的學齡前幼兒會將所有四隻腳的動物都稱作「狗」，很大的動物都叫作「馬」，這些狀況反映了所謂「過度延伸」（overextension）[3]的概念，也就是幼兒會過度延伸，並且形成邏輯的推論。因為這些動物有著相同的特徵、相同的體積，而這些特徵可以跟幼兒已經懂得的字吻合。

如同第二章提到的，概念的發展在幼年的時候，幼兒藉由「跳過」或是「連結」，幫助自己認識一個或更多有區別的特徵，而這在有意義的溝通中是不可缺少的。細節、例外和不一致，在四歲幼兒的溝通中是常常被提出討論的。較小的學齡前幼兒在參與關於特徵的討論時是有限制的，常被認為是一個「觀察者和實作者」（looker and doer）。在幼兒的課堂中，探索與發現的刺激（特別是一些新奇的事物）是很顯而易見的。典型的狀況就是幼兒常會聚集在一起欣賞、觸摸、體驗，並且對於這些物品或事件下評論。老師們會發現，當幼兒強烈的關注或是很長時間觀察與觸摸某些物品或經驗時，動詞或問句常會伴隨著這些事件或經驗出現。

連續的評論

當幼兒在遊戲時，他們的動作有時會伴隨一連串的自我評論或是「意識流」（stream of conciousness），幼兒會解釋他們在做什麼或是這時候發生什麼事。這樣的行為可以描述成一種口語思考的過程，就像自我的內在對話。當幼兒解決問題並一直不斷說著話，似乎也增加了遊戲情況的複雜度。

Brophy（1977）針對這種個人的對話提出解釋：

幼兒的自我對話可以提供幼兒方向，這和幼兒用手指頭算數的道理是一樣的。幼兒需要感官的活動作為加強或支持，因為他們的認知基

---

[3] 過度延伸：在文字和意義獲得的初期，是指應用文字來含括其他具有共同特徵的物品，例如，任何液體都可以稱之為水。

模發展還不足以讓他們「沉默地」思考。

自我對話可以幫助幼兒建立活動的順序、控制他們自己的行為、提供思考的變通性方式，或是在遊戲中操控他們想要的目標。

自我對話和與他人對話是交互輪流出現的。玩具、動物或是儲存的項目可以讓他們得到一些字。和對方之間的陳述句通常是不需要答案的。個人的對話很少會考慮到其他人的觀點。幼兒間的溝通聽起來會像是兩個孩子互相在討論著不同的主題，幼兒既不傾聽對方的話語，也不回應其他人所說的話。當很小的幼兒希望命令其他幼兒時，他會對著大人下命令。幼兒可能會對大人說：「我想要卡車」，即使這個玩卡車的幼兒就離他很近。

研究自我對話的學者提出一些可能的發展理由及好處，包括：

◆ 練習新學會的語言形式。
◆ 透過伴隨著文字聲音的遊戲來獲得樂趣。
◆ 探索口語的理解力。
◆ 特別、有意義事件的再經歷。
◆ 創造出所有人類角色的對話，有助於幼兒了解社會角色的界定。
◆ 幻想（fantasy）的實驗，使其適應創造的衝動。

◆ 客觀地專注於語言本身。
◆ 在一些任務或計畫中促進其運動神經的行為。

不管有多少好處，「自我對話」是一種自然、普遍的行為。幼兒到了五歲，「自我對話」是很少見的。對於接近三歲的幼兒來說，「對話」和「獨白」都是很明顯常見的。研究遊戲溝通的觀察者發現，要判定這兩項的出現頻率多寡是很難的一件事。一位帶領二到三歲幼兒進行團體時間的老師，常會發展出一些策略來鼓勵幼兒「輪流」的行為。烹飪用的計時器、讓每個說話者握著乒乓球拍、用手電筒輪流照著說話的人等等，都是老師設計的策略。老師也會試著聚焦在一個主題上，並且引導著說：「愛咪，你說的沒錯，狗都是用牠們的舌頭來喝水。好！現在換小傑來告訴我們有關他家小狗的事情。」

重複

「重複」（repetition）在說話中是很常見的。有時候會在遊戲時隨意出現，有時「重複」的產生是為了某些特別的目的。年幼的幼兒會重複別人對他說的所有事情。多數二到三歲的幼兒會習慣地重複一些字或句子的一部分。當幼兒的語言技巧逐漸成熟，他們會創造出一些重複的韻文，例如，「一角兩角三角形，四角五角六角半……」這些會

讓他們開心的句子。他們很快地模仿他們喜歡的句子，有時刺激感也是一種原因。Chukovsky（1963）指出，押韻的文字或音節可以促進愉悅地模仿，讓幼兒將較大的專注力放在韻文中的反覆字句。關於「重複」的發生，有可能是以下原因：(1) 可以幫助幼兒記憶（就如同大人會不斷反覆唸著一個新的電話號碼）；(2) 減少壓力；(3) 這是一種有趣的製造聲音方式。

　　自由地連結語調與聲音，例如竄改聲調和話語的聲音，常發生在孩子的遊戲或休息時間，我們聽起來可能會覺得有點像含糊不清或牙牙學語。很多時候，學習一個字就如同學習「思考」一樣，幼兒必須欣賞，並且不斷練習這些話語。

缺乏清晰度

　　對二到三歲幼兒而言，他們所說的話語中，每四個字就有一個字是難以理解及被聽懂的。會造成這種清晰度上缺乏的原因，是來自於對嘴、舌頭、呼吸的控制無力，以及無法聽出話語中細緻的不同與區別。在所有的美語發音當中，尤其是子音（consonant）[4]，一直

要到七歲或八歲的時候，才能夠發音標準。只有 40％至 80％的二到三歲幼兒能夠正確發音。幼兒的說話很難被理解或聽懂，我們可以歸咎於控制發音的任務太複雜所致。雖然幼兒在發展上是可以達到正確或準確的狀況，但是有時候他們說的話仍舊很難聽得懂。

　　二到三歲的幼兒在說話的速度、語法、轉調、強音、重音上是有困難的。發音的不當或缺陷也可能產生這樣的問題。當一位幼兒嘗試發出一個最長的音時，往往也是最難被聽懂的。幼兒省略某些音會比扭曲某些音更不容易被聽清楚。通常，二到三歲幼兒的說話中，預期的省略發音、代替發音、扭曲話語等，是很常出現的狀況。

　　Stoel-Gammon（1997）指出，雖然幼兒到了三歲的發音形式並不完全像大人，但是成人發音系統的基本特徵仍然會出現在他們的說話中。大部分幼兒至少在一些少數的字上可以發出所有的母音（vowel）[5]或接近全部的子音，但他們的發音還是無法百分之百正確。

　　年紀小的幼兒常會將字或說話的尾音省略，比較長的字中間的發音也會被省略，即使字母開頭的發音也可能會被

---

[4]　子音：(1) 透過發音器官部分或全部關閉，使堵塞的空氣流動所產生的聲音；(2) 用字母表的字母再現這些聲音。

[5]　母音：一種說話的聲音，不需要透過堵塞或摩擦空氣的流動來製造，而是直接用說話的器官製造出聲音。

省略。用別的字母發音來替代也是常見的狀況，必須等到發音更成熟時，這樣的狀況才會改善。

幼兒無法正確發出所有話語中的音，一般來說是因為無法聽出某些音的差異，例如「ㄓ」和「ㄗ」、「ㄅ」和「ㄆ」。

扮演遊戲

一連串的遊戲都是從家中或學校開始的，如模仿或表演爸爸或媽媽的行為。幼兒所說的話通常會伴隨著重複的扮演活動一再出現。雖然幼兒會肩並肩一起玩遊戲，但大部分這種型態的遊戲都是始於單獨遊戲的時候。一般的遊戲主題包括了媽媽在講電話、媽媽幫嬰兒洗澡、媽媽或爸爸在煮飯等等（圖3-2）。洋娃娃、玩具和裝扮的衣服通常是遊戲的一部分，可以提供作為不同遊戲主題的扮演道具。一些在教室內觀察二到三歲幼兒的人發現，他們很難判斷哪些孩子是加入同一個遊戲計畫中，或只是剛好在同一個區域玩著同樣的東西。當幼兒看到別人在玩洋娃娃時，他們會故意努力得到大家共同擁有的洋娃娃，這樣幼兒就可以「餵」或「搖搖」他們的嬰兒。

給家長及幼兒工作成員的建議

當幼兒說話出現口吃、結巴，或不知如何表達的現象時，家長有時候會很擔心。家長會不斷提醒注意幼兒的話語，或是要求幼兒的說話，這樣的作法常會導致幼兒更緊張，使得口吃的狀況

▶ **圖 3-2**　假如可以提供一個鏡子，扮演遊戲也許會增加吸引力。

更嚴重。對幼兒來說，說話吞吞吐吐、停頓，然後又開始說話，這是很典型的行為。搜尋正確的用字需要時間，而「思考」比想「文字」還來得快，所以成人需要讓自己放輕鬆等待。語言是一種複雜的傳遞與接收過程，成人得保持耐心、樂觀，並且用一種非正式、隨興的態度「聽」幼兒說話，才是最好的方式。許多學校會例行性地寄家庭通知單給家長，告知他們關於不同年齡層的說話特徵。

Cooper（1993）的研究結論認為，老師們可能覺得他們能從幼兒沒有邏輯的話語中猜對他們的意思。其實幼兒有他們的邏輯，只是老師們並不知道二到三歲幼兒內在的思考過程，或是幼兒過去的經驗。Cooper 認為：

> 整體而言，我發現的幼兒是想要更清晰的，但有時他們無法用對等的語言去表達他們的思想。這種心智的階段與自我主義（egocentrism）是非常不同的。假如我們可以理解幼兒心智運作的參考出處及連結內容，或許我們可以更了解幼兒的思考邏輯。

當老師和二到三歲的幼兒一起工作時，有時會覺得聽不太懂幼兒說的話。這種狀況有時會發生在二到五歲幼兒的競爭（互相抗爭）中，他們會將文字放入他們的思考當中。

對那些與二到三歲幼兒相處及工作的成人來說，傾聽並提供有建設性回饋的互動是很好的建議。反應幼兒的訊息背後所隱含的意圖，會比將焦點專注在發音正確性上的幫助要大得多。換句話說，要將焦點放在他們說了什麼，而不是放在他們用什麼方式說。大量的臆測對於理解幼兒說的話仍然是必要的。當他們聽到的話語越來越多時，成人的說話模式將會逐漸超越（壓過）幼兒這種暫時性的錯誤。

藉由為物體命名，成人可以鼓勵幼兒去注意一些不同項目的相似性，如此可以幫助幼兒獲得關於這個世界的新資訊（Gelman, 1998）。假如我們用無壓力的方法幫助幼兒，讓他們在所經歷的事物上看到（發現）細節及關係，這對幼兒而言是很有益的。連結過去到現在的事件有助於幼兒的理解度。

幼兒的聽力是需要常常被檢測的，因為即使是普通的聽力受損也會影響說話的發音。尤其是幼兒特別容易有上呼吸道的感染，及耳朵方面的問題。

二到三歲幼兒的書籍

很多圖畫書可以運用於這個年齡層的幼兒。一般來說，專家們會建議這些圖畫書要有幾個特性：

- 主題、物品、動物或人物是在幼兒生活經驗中會出現，是他們所熟悉的。
- 清晰的故事內容和故事主軸。
- 清楚、簡單的圖示或照片，伴隨著相關背景知識，使他們不會從預設的焦點中分心。
- 關於每天的作息和基本人類所需的主題。

多數二到三歲的幼兒都喜歡積極地參與故事的閱讀活動，但他們往往不是一個很好的聽故事者。幼兒的參與方式，包括指著書本、製造噪音、重複對白，或是肢體的模仿動作。故事書中的反覆性以及可預測性，提供了幼兒預測的樂趣。有些幼兒會習慣在睡前閱讀故事，大人的聲音對聽者會產生平靜的效果，尤其是在閱讀故事時，這樣的效果會非常明顯。第九章會針對幼兒文學的主題進行介紹。

四到五歲的幼兒

當二到三歲的幼兒逐漸長大，大人會預期幼兒出現以下情形：

- 說出較長的句子，而且每句話出現更多的字彙。
- 說話更具體及明確。
- 使用動詞形式的正確性增加。
- 使用更複雜的動詞。

- 更熟悉被動詞的使用。
- 更多有關於被動式的語句。
- 改變被動的句子。
- 改變問話的形式，會從「車子走？」到「車子要開去哪裡？」
- 智力範疇的改變。
- 說話發音的清晰度增加。

在四到五歲幼兒的階段，大部分幼兒已經接近大人般的說話。他們所說的句子更長，而且幾乎可以表達所有的字，不是只說一些關鍵字。幼兒的遊戲是活躍而且暢所欲言的，他們會模仿其他人說話的字句和方法。例如，「怪獸」這個字或是更多生動的字彙，會很快成為一種興趣，並且迅速地在幼兒間蔓延。記得在二到五歲幼兒間流傳的一些片語的那種樂趣嗎，像是「霹哩啪啦碰」、「火箭發射」、「雞蛋雞蛋破雞蛋，看誰買到破雞蛋」。每個世代的幼兒似乎都有著他們自己流行的話語，新世代的幼兒也會出現這些話語。

我們會聽到四到五歲幼兒的社交對話和溝通，而且這些對話更容易被這個年齡階段的其他人所理解及解讀。幼兒學習並練習錯綜複雜的社交溝通方式，包括：(1) 透過眼神的接觸、撫摸、使用一些字或引人注意的話，例如：「喂！你在幹嘛？」來得到其他人的注意；(2) 暫停，然後聽別人說話；(3) 自我連結；(4) 將注意力放在如何不中斷

自己的說話，以防止其他說話者插話或加入；⑸從輪流說話的過程中培養耐心，並且嘗試去聽別人說什麼，而仍然可以將自己想說的話記在心裡。

友誼

　　二到三歲的幼兒可能會找到新的朋友，或發現他們想要親近或一起玩耍的其他小朋友。在二到三歲這個階段，友誼常常是暫時的，會隨著每天而有變化。四到五歲幼兒的友誼則是更穩固與持續的。四到五歲的幼兒似乎想要保持彼此是共同相處的，但又可以做不同的事情，因而他們要有創意地維持讓雙方都可接受的遊戲形式。協商、澄清和一種無私的炫耀（flourish）會出現在遊戲中。

　　幼兒會運用感受性、敏銳性（sensitivity）去處理朋友的需要和要

求，以及彈性的溝通。不需要用說的，吐口水、斥責及伴隨著破壞感覺的拒絕，有時候也會發生。幼兒間的口語互動會使口語輸入及輸出的量增加。

小組遊戲

　　遊戲活動的共同聯合計畫（joint planning）、假裝遊戲及扮演遊戲呈現新的深度。成人常常從幼兒的遊戲中看到自己。四歲這個階段主要將注意力放在如何和他的同伴互動。在四到五歲幼兒的教室或遊戲場裡，二人一組或小團體的遊戲是很典型的現象（圖 3-3）。當幼兒的話語增加，友誼也會提升和蛻變（圖 3-4）。他們發現，說話用在傷害別人的感覺上是很有效的，例如，某些句子「我不喜歡你」或「女生不行！」。幼兒發現，口語的創造力可以幫助他們參與或被拒出遊戲當中。

▶ 圖 3-3　團體遊戲可以鼓勵社會發展和社會連結。

▶ 圖 3-4　知心的好伙伴喜歡同樣的遊戲選擇。

在小組遊戲中，假裝是很重要的。當假裝遊戲出現的頻率極高時，許多幼兒在以下幾方面會有所成長：(1) 口頭言詞上啟發了幻想的新方向與方法；(2) 練習口語的協商；(3) 妥協和解；(4) 爭論；(5) 藉由使用正確的文字成為團體的領導者。受歡迎的幼兒往往是在團體中那個說話最有創意的，或是能快樂相處的伙伴。

有時，我們會聽到一些暴力的話語，例如「我要射你喔！」或「我要殺掉你」，這些趨勢反映出幼兒所看的電視節目或錄影帶節目。這些摻雜真實—幻想的遊戲可能會變成暫時難分辨的狀況，這會造成某些幼兒相當大的焦慮。

當幼兒在規劃他們的戲劇遊戲時，四到五歲幼兒會說出各種角色。假如有一個腳本是安排媽媽對著嬰兒講話，或

青少年間的對話，幼兒會採取適當的說話方式。模仿流行歌手或卡通裡的角色是很普遍常見的。角色扮演是使溝通成熟的重要技巧，表示社會／戲劇遊戲和有效的即興創作是促進溝通能力成長的手段（Pinnell & Jaggar, 1992）。

四歲階段的孩子似乎常常吹噓、吹牛，或是製造很多噪音。然而，表面上看起來自誇的陳述句子，例如「看！我做的！」可能只是幼兒想要表現出他們有多能幹，並且分享他們的成就而已。

雖然幼兒喜歡和他們的同伴玩，他們也很快、很容易就出現爭論和取綽號（name-calling）的狀況，有時候還會出現口頭上的爭鬥。典型上，三到五歲幼兒常常為物品及領域的擁有權起爭執，而口頭的推論和口語的證據可以幫助幼兒解決這些問題，並且讓遊戲持續進行。說話將有助於幼兒在沒有大人協助下處理自己的事情。

在幼兒的遊戲中，常會聽到爭論、說服，或是用某些話來控制別人等等。四到五歲的幼兒已經可以說明理由（圖 3-5）、要求的訊息、給予解釋、為自己的行為辯護、找藉口，以及用口語來保護防衛自己。有時候，在爭論中建立自己的權力與威信，似乎是一種至高無上的讓步與妥協。

▶ 圖 3-5　愛咪向遊戲伙伴解釋為什麼地上感覺涼涼軟軟的。

內在的對話

在早期的學齡前階段，許多幼兒的對話都是關於對自己正在做的事情的評論，尤其當幼兒正在做某些事情，或已經完成什麼事情的時候。在四到五歲幼兒的階段，開始發生一些微妙的轉換。當幼兒有越來越多的計畫、監測和心理評價時，他們的內在對話也變得越來越明顯。雖然幼兒仍然會用一種「看著我」的態度去討論自己的成就，但有絕大部分關於他們對自己的自我評論並未被說出。

探索溝通中的常規、慣例

幼兒學習語言是藉著自我的反覆驗證而來，而不是透過直接的指導。他們會透過揭露和有機會交談，來打破那些語言規則。雖然是無意識的，但他們積極地吸收和發現系統中的規則。幼兒這些說話上的錯誤，常讓大人注意及警覺到語言的內在規則（inner rulers）正在形成中。

「對話溝通」有一些無法訴諸於文字的規則及期待，「你說完換我說」的順序規定就是最明顯的例子。有一些幼兒（三到四歲階段）可能會喜歡違背或「玩弄」對話中的規則。Geller（1985）注意到以下這些情況會在幼兒與幼兒、幼兒與成人的溝通對話中見到：當幼兒的口語回應能力到達更成熟的階段時，一些聰明的幼兒會故意製造出錯誤（通常是開玩笑的戲弄），或使用「忌諱的」廁所之類的對話、胡言亂語，或不被期待的音調。多數的老師察覺到，這些孩子也許想藉由拒絕遵守對話溝通的常規，來顯示獨立自主。有位老師稱這種「進入口語的瘋狂世界」是為了拒絕某些幼兒或成人所說的話，

然後可以改變或控制情況（Schmidt, 1991）。透過違背對話溝通的慣例及規則，幼兒會更清楚如何發生有溝通、對話的交流互動。

表示關係的字彙

當幼兒開始比較、對比，及修改對新事物的儲存概念時，越來越多「關係」的字彙就出現了。以下是一位老師轉譯的趣聞，從一個說故事活動的過程中，我們可以看到幼兒如何企圖將先前所學的倫理規範和新的情況連結，並產生關係。

> 在說故事時間，當麥可聽到故事裡的大野狼說「我要把你的房屋吹倒」時，他就會強力地重複著「他不是好人」這句話。麥可似乎想向我確定這些植基於他內心的合宜、恰當的規則是不是對的。
> （Machado, 1989）

也許是因為大人很強調對和錯，或是因為二到三歲幼兒的內在知覺正在發展對與錯的概念，老師注意到幼兒常常用很狹隘的界線來形容他們的感覺和別人。某個人要不就是漂亮，要不就是很醜；要不就是小氣，要不就是大方。意義的灰色地帶和情有可原的狀況是他們無法理解的。

Beck（1982）曾描述概念是如何成熟的：

> 就像嬰兒使用單字句來命名或是描述物品，二歲時，會使用結合的字形容物品（例如球、洋娃娃、卡車）的特徵；三歲幼兒會表達與描述得更明確；四歲幼兒則會受到知覺的影響，包括嗅覺、觸覺、視覺、聽覺等等。然而，對四歲幼兒而言，很特別的一件事情就是，他們的感官覺知是從概念的分類開始的。他們開始注意功能、如何使用，他們也會用對比的方式觀察事物……他們會觀察很多事物之間的關係，然後拿這個和那個互相比較，他們正在學習概念的分類。

空間和尺寸的關係，以及抽象的時間關係，在大人的世界中鮮少被精準地表達出來。雖然「大」和「小」很常被幼兒所使用，但他們常會過度使用。關於「時間」的字彙常引起啼笑皆非的狀況。數字的字彙對某些幼兒是很難以掌握和表示的。

雖然四歲的幼兒很會說話，但很多「文字或語文上的遊戲」、雙重意義的語言和話中有話，這些在大人語言中很重要的語言使用方式，往往超過幼兒所能理解的範圍。當他們試圖將自己的想法

放入文字中的時候，他們對於語言的創意使用有時似乎是很隱喻、充滿想像及勇敢的。聽一半的字、部分或完全學到的字彙會彼此混合使用，有時，他們會描述得非常令人驚訝。

說話和幼兒的行為

幼兒變化聲音的方式非常多樣化，當他們對著不同的人說話時，他們可能會用不同的音高或節奏來說話，例如嗚咽、耳語、改變音量和扭曲發音等等（Garvey, 1984）。

一些幼兒會發現，透過提升音量或改變腔調可以影響其他人的行為。他們發現說話可以表現出憤怒或害羞，而且可以被拿來侵略地傷害別人的心。幼兒可能會模仿電視節目中「壞人」的說話。從電視上學來的對話和侵略性的動作，會變成遊戲型態的一部分。

有目的的重複他人的話語或是嬰兒般的對話，會引起惱怒或取笑。過度的說話方式，例如頂嘴、反駁，有時是要得到別人的注意；有些幼兒發現沉默就如同放大音量一樣，可以得到大人更多的注意力。和別人閒談可能是確認自己是否正確的一種方式，或是一種有目的性的作法。

透過考驗、犯錯和回饋，幼兒會發現有些字可以傷害、或是贏得朋友、認同或是滿足個人的需求。因為幼兒是充滿情感的人類，他們會根據主題的當下狀況，從表達「你是我的伙伴」或是「你是我的敵人」的話語中來進行分類。

在角色扮演以及扮演遊戲的競爭當中，會發生強烈的對話。對一些大人來說，他們會覺得幼兒的對話可能很大聲或很野。當幼兒在說某些字時，會出現過重的鼻音、或充滿了濕氣，甚至會噴口水出來。年幼的孩童在這個時期也許常會有鼻子方面的毛病，像是感冒或是鼻塞。幼兒會嘗試靠近其他人，當他們對於探索的主題很有興趣時，他們的音量也會增加。

衝擊的字彙

四到五歲幼兒所說的話並不是都能被大人所欣賞。某些活潑積極的幼兒常會用取綽號和有些唐突、活潑的話或片語，來贏得大人和小孩的注意及反應。幼兒發現這些片語、句子和字會讓自己在別人面前顯得很不平凡。他們積極地探索這些語言，並且學習哪些是不當的用語。幼兒學習這些說話的型態會得到「衝突的價值」。假如幼兒說了某些對話使別人笑，或是對方給了這些幼兒一種明確的回報，這樣的對話就會不斷被拿來使用。

廁所的文字（bathroom words）似乎常被幼兒拿出來當成貶損或是得到注

意力的工具。每個家長和老師都知道，二到三歲幼兒會試驗一些與身體相關的語言，特別是關於身體私密的部位、去上廁所這件事情，以及性別這些事情（Rothbaum, Grauer, & Rubin, 1997）。事實上，幼兒使用關於「性別」的字似乎表示他們懂得比他們能做的更多。傻笑和騷動的笑聲可以讓他們確定，當他們使用某些字時，可以增加幼兒們的樂趣，而新老師往往會不知道如何處理這樣的狀況。學校應該有關於這方面主題的工作人員討論會議。一般來說，除非這樣做會造成傷害，不然他們所說出來新的廁所文字應該被忽視。應該告知幼兒這些話是在廁所才能使用的。這些常可治療某些行為，因為孩子說這些話的樂趣是被聽眾所寵壞的。所以，必須在這兩種之中選擇：一是很堅定地告訴他們：「這些話會傷害別人」；不然就是沉著但堅定地告訴他們：「這種說話方式是不正確的。」幼兒喜歡使用被禁止的字，特別是他們在玩遊戲的時候，因此，老師或父母需要控制他們所說的字句。

發音字

在我們的文化中，幼兒不但特別喜愛重複發出一些被認為是動物發出的習慣聲響（如：「嗷嗚」、「喵嗚」、「巴巴」），而且也愛發出一些動作聲響（如「噗噗」、「嗶嗶」等）。當一個幼兒在家玩扮家家酒，「哇哇」的聲音是時有耳聞的；當孩子在室外玩大混戰的時候，伴隨而來則像是卡通漫畫中「砰」、「ㄅㄤˋ」、「ㄕㄚ」的聲音。除此之外，有為數不少的四歲幼兒還可以分辨押韻的字。

創造新字

四歲的幼兒會創造一些有創意的文字，例如，稱鬆餅的鏟叫作「轉個不停的圓鏟」，或是用「泥土挖土機」來稱呼鐵鍬，這些美好的描述偶爾會出現在幼兒的話語中。幼兒會這麼做也許是為了填補或替代他們字彙中的空白，許多舉證說明，幼兒之所以創造新字，是因為他們熱中於環境中物品的使用功能。幼兒熱愛創造新字，包含沒有意義的字和押韻的字，並對於他們所學到的能力洋洋得意。

字的意義

在接近學齡前後期，幼兒常常將焦點放在字的意義，並思索且想知道關於這些字的意思。他們開始了解有些字是特定的符號，和他們原本固有的意義沒有關聯性，不然就是有其典型的意義。二到三歲幼兒會說：「Templeton 有一個大的名字，而我的名字是一個小的名字」，來表現他們對字的長短和音節的辨識。

真實與嬉鬧

　　有些幼兒能夠欣賞在他們經驗中出現的荒謬、可笑、滑稽，並找出沒有預期的幽默。而其他幼兒在認知發展則出現不同方向的範疇——堅持要知道正確的方式：事實、可被接受的、為什麼如此，及理由何在，而且也無法在使他們困惑的事物中，或令他們矛盾的事情順序中找到幽默感。

　　有許多幼兒用一種認真的方式在看待生活和環境，而有些幼兒卻可以用「遊戲」的方式來看待與他們認知相反的事情。就我們所知，這對有些成人而言也是如此，有些成人則不能夠欣賞這些幽默。

　　Calkins（1997）曾描述過這種「語言遊戲」，來顯現許多幼兒這份能力的可能根源。

> 從幼兒期的韻文、童話故事和家庭的故事，使孩子發現一種美妙而有趣的方式來敘述事情，當他們拒絕上樓睡覺，會說：「不睡不睡不想睡。」他們也會在浴缸之間搭座橋，讓泡澡鴨鴨可以「ㄊㄧ ㄊㄚ ㄊㄧ ㄊㄚ」地通過。

　　Geller（1985）告誡老師們要注意一種傾向，就是藉由堅持幼兒要使用精確或字面上的解釋，來壓抑幼兒從荒誕言行中得到的樂趣。他主張老師要鼓勵孩子玩一些胡說或胡鬧的遊戲，去欣賞孩子的發明和無特定意義的建議，如下列的例子。

> 在唱歌的時候……我有時會說：「小狗唱喵喵、小貓叫汪汪。」在一片笑聲後，我的聽眾會尖叫「不是」，然後糾正我，要不就是加入遊戲，發出他認為正確的發音。
> （Geller, 1985）

語言和智力的迷思

　　在這個年紀，孩子開始大量獲得很多成熟的字彙，而且成熟地學會，這可能會使老師認為這個幼兒有較高的智力。用孩子的語言能力來對孩子下定論是很容易犯的錯誤，因為在這當中還有許多因素影響孩子字彙的多寡，特別是當一個人對文化差異的認知、習慣使用兩種語言，以及和孩子是否處於一個「語言豐富的環境」有關。當年齡再大一點，語言的使用似乎才和學校教學是否成功有關聯。

一般語言模式

　　四歲幼兒通常會在玩遊戲中發明韻文，老師常常會加入幼兒當中一起玩。

四到五歲幼兒會著迷於自己的喃喃自語，如同二到三歲幼兒，四到五歲幼兒仍持續會犯一些文法的錯誤。

四到五歲的幼兒可能懂得超過1,500 個字彙。Pan 和 Gleason（1997）指出，幼兒不只學習新的生字和新的觀念，他們也在字和觀念中建立連結，以豐富及鞏固他們的知識。幼兒非常在乎事物正確的名稱，並且可以在言論中找到其他人的錯誤。因為四到五歲的幼兒是積極的探險家，他的問題是在探測物體或行為的完全用途，比如說：「為什麼月亮在天空上？」四歲的幼兒變成一個積極的問題解決者，他們傾向於透過表象的名稱來歸類，然後解釋所有事情；例如，牛之所以叫作牛，是因為牠們有角。

大部分四歲的幼兒都喜歡看書和故事，以及玩語言的遊戲。他們會花越來越多時間在這些消遣上。當四歲的幼兒覺得有壓力或是興奮的時候，仍舊會口吃和結結巴巴，或喋喋不休、突然停止說話。好友間的不成熟言論可能會被抄襲，非口語的表達永遠是溝通的一部分。然而，大部分四到五歲的幼兒是熱心的演說家，他們對於探索真實的世界，和創造一個他們相信的世界，感到非常有趣。Chukovsky（1963）極度推崇孩子的幻想能力，並鼓勵老師和家長接受且重視這個能力。他曾經寫道：「這份能力應該從幼兒早期就被積極培養。」

個人的說話行為在「正常」和「可能」二者間有很大的範圍，知道一些典型的行為可以幫助老師了解小孩們。有些二到三歲幼兒可能有四、五歲幼兒說話的習性，反之，有些年紀較長的幼兒也會有年紀較小的幼兒說話的習性。每一個小孩在學習語言的技巧過程和速度都是獨特的。

統合語言能力的覺醒

老師和家長希望幼兒學習語言的經驗，能讓孩子在時機到的時候，幫助他們比較容易學習讀和寫。**統合語言能力的覺醒**（metalinguistic awareness）[6] 可定義為一種語言的自然知識。Pan 和 Gleason（1997）指出，孩子開始將文字視為一種物件，並且可以操縱他們來學習讀和寫，甚至成為文字的主人。比方說，使用隱喻說一些俏皮話和諷刺，他們觀察到：

在孩子可以開始彈性地運用文字之前，他們必須對文字的對象有一個

---

6 統合語言能力的覺醒：對語言的使用者及語言本身有一個有目的、有知覺的覺醒。

絕對的了解，年幼的孩子常常會認為物體的名稱是來自於它原有的本質。舉例來說，他們相信如果你把一隻馬叫成一隻牛，牠就會開始像牛一樣地叫，之後孩子學習到文字的本身並不是來自天生固有的本質，這樣的發現讓他們開始統合所學到的句子。

四歲孩子的腦部發展

早期的兒童教育學家常常對四歲幼兒的學習能力充滿敬畏，透過新的科技，科學家可以證實這些教育學家的論點。Kotulak（1996）指出：

腦部有三分之一在四到十二歲之間會發生一個複雜的重組變化，教育學家推斷在這個階段發生了一些戲劇的變化，使孩子可以大量學習。

在這個時候，腦部會決定要保持或刪除某些關聯性的連結，在保留這些連結的過程中，腦部會迫切地從感官來尋找資訊。

孩子的經驗會變成他內心世界的架構，而這些架構來自於他保留的那些連結性關聯，有一個無限大的空間存在他們的記憶，而這些關聯的連結如果沒有透過外界的刺激，這些細微的枝節將不會再成長。

基於這些腦部成長和功能的新發現，許多的研究學者強烈主張國家教育的課程應該改變，將重點放在孩子的初期教育，特別是一些關鍵區塊，如：語言、音樂、數學和問題解決。

摘要

認識一些典型和一般的語言發展習性，能幫助老師了解孩子是獨一無二的個體，智慧和語言技巧的快速成長是成長的一部分，二到三歲的孩子在說話時犯錯是可以被理解的，而大人給予正確指令的關鍵字是必要的。孩子在遊戲中的自我對話通常描述了孩子正在做的，並且交替著社交評論。

老師可以在許多方面發揮他們早期孩子的語言發展知識，比方說：提醒員工一個孩子需要聽力測驗或是特別的幫忙，並且協助關心孩子說話方式的家長。

四到五歲的孩子幾乎可能像大人一樣講話，他們探索文字並發現文字的力量，並藉由語言去體驗令人興奮到最高點的遊戲。有些新學到的話語可能會激怒學校老師和家長，但是，這可能代表孩子在生理、心理以及在社群的成長。

探索和享受占據孩子越來越多的時間，在早期的幼兒時期探索這個真實並用語言創造的世界，變成孩子最積極的消遣。

當談到語言的發展，孩子是沒有「平均值」的，獨立的不同始終存在著，需要用接納和樂觀的態度來對待孩子（表3-3）。

❖ 表 3-3　二到五歲幼兒語言相關發展的里程碑

幼兒年紀

2 到 2.5 歲	● 在兩個或更多字的句子中加入字 ● 知道名稱 ● 懂得超過三個以上的字彙 ● 了解長的說話句子和簡單命令 ● 使用複數和過去式 ● 為特別的意義改變音高和音量 ● 使用「to be」的動詞型態 ● 很少使用介系詞 ● 使用「I」、「me」、「you」	● 使用超過25個以上的音素 ● 能發出10到12個母音和12到15個子音 ● 指出圖畫中物品的名稱 ● 說出五到八個身體部位的名稱 ● 享受文字的韻律、韻文、手指謠，及簡單故事 ● 能了解大部分成人的說話並且回應 ● 用歸納的方式把會滾動的物品稱為球等等
2.5 到 3 歲	● 開始使用否定句、命令句和祈使句 ● 表現多樣的問題形式 ● 在平日的字彙中增加二到三個以上的字彙 ● 用符號和書命名項目 ● 使用三或四個字彙的句子 ● 從文字中享受樂趣	● 聽從簡單的指導 ● 當問到身體的部位時可以答得出來 ● 對很多的物品命名 ● 增加動詞、名詞及代名詞的使用 ● 在藝術活動中畫出直線和圓圈 ● 從書、故事歌曲中獲得字彙或線索
3 到 4 歲	● 問為什麼、這是什麼、在哪裡、如何，以及何時的問題 ● 喜歡文字的遊戲 ● 在藝術活動中畫出更仔細的圖解 ● 開始使用助動詞 ● 辨別性別和年齡 ● 用「……和……」、「……但是……」的連接詞」說出複合的句子 ● 沉浸在伴隨著對話和獨白的幻想遊戲中 ● 說出全名 ● 聽從二到三個部分的要求	● 可以獨自閱讀，並且享受閱讀的時間 ● 討論關係 ● 記住短的歌曲、故事、詩歌、手指謠 ● 重複三個數字，或如果你要求，他們可以發出二到三個不必要的音節 ● 正確使用形容詞和代名詞 ● 如果有所示範，他們可以仿畫出可辨認的圓形或正方形 ● 可以模仿拍手的節奏 ● 開始討論物品的功用 ● 可以在一個群體中發現不一樣的物品

❖ **表 3-3　二到五歲幼兒語言相關發展的里程碑（續）**

幼兒年紀

3 到 4 歲	● 使想法和經驗產生聯繫 ● 使用副詞、形容詞和介系詞 ● 回答「是誰」、「是什麼」及「在哪裡」的問題 ● 為一些顏色命名，並對數數兒有興趣	● 可以發現整體中遺漏的部分 ● 使用清楚、簡單的區分來進行分類 ● 知道一般形狀的名稱
4 到 5 歲	● 擁有超過 1,500 個字以上的字彙量 ● 使用超過五到六個字的句子 ● 可能會使用衝擊、攻擊、被禁止的字彙 ● 可能會使用暴力的字彙 ● 適當的爭論、說服和發問 ● 與朋友分享書籍 ● 表演故事的主題，或在遊戲中重新創造生活發生的事情 ● 有最喜歡的書籍 ● 喜歡聽寫文字 ● 注意環境中的符號和繪畫作品 ● 使用有禮貌的字彙，例如「請」或「謝謝」等等 ● 享受不同的寫字工具 ● 知道很多韻文和故事	● 可以在藝術活動中增加字母 ● 創造並說出長的故事 ● 可以用口語表達一天的重點 ● 知道很多顏色 ● 可以複述六個或更多字組成的句子 ● 會假裝閱讀書籍，或可以真正閱讀其他人的姓名標籤 ● 用容易控制的姿勢拿書寫工具精密地描繪物品 ● 依據功能進行分類 ● 詢問字的意思 ● 熟悉很多幼兒的文學經典故事 ● 知道地址和電話 ● 可以再述故事所發生的事情，以及主要的劇情 ● 使用像大人的話語

CHAPTER 4

成長系統影響早期語言發展能力

目 標

讀完本章後,你將可以:

- 描述智能發展的連續階段。
- 列舉三個幼兒園中可發展「知覺—動作」技能的活動。
- 了解幼兒園滿足幼兒社會與情緒需求的重要性。

幼兒是完整的個體，其語言發展與良好的身心、社會情緒密不可分。身體的各部分都需要相當程度的運動，來保持身體的正常運作和刺激腦部的發展。適當的營養，以及充滿愉快與和諧氛圍的生活環境，皆會影響幼兒的語言獲得、健康，和對疾病的抵抗力。因此，想要發展語言能力的幼兒園，會著重於滿足幼兒生理與情緒上的需求，並藉由提供多樣化的適齡活動，給予他們智能上的挑戰與機會（圖 4-1）。

生理發展

生理發展會影響幼兒的自我知覺及別人對待他的方式，幼兒園教師會察覺這方面的發展，例如：幼兒變高、動作肢體協調等。當一個幼兒會騎腳踏車又會踢足球時，很容易受到同儕的喜愛，因這兩種技能在幼兒時期並不常見，但偶爾還是會看見某些幼兒擁有這些能力。

幼兒平均每年長高五到八公分，增重二到三公斤。約在一歲半至兩歲時，幼兒開始使用他的大拇指，因此，繪畫與使用工具能力即會出現。飲食的品質會影響他們的身體與神經的發展，觀察幼兒的飲食、身高、體重及情緒狀態，能讓家長警覺幼兒是否缺乏足夠的營養。

如果幼兒在快速成長時遭遇重大疾病，並且損壞到身體的重要器官，將會影響他們的語言發展。聽覺喪失與視覺障礙會削弱他的溝通及學習母語之能力，腦部的損傷會阻礙幼兒感知覺的分化與發展遲緩。

幼兒園及早期學習課程規劃了多種體能活動，因此，幼兒花了大量時間於室內、室外有趣的設施（圖 4-2）。

▶ 圖 4-1　戶外的器材及設施引發幼兒的體能活動。

▶ 圖 4-2　室外攀爬架可幫助幼兒大小肌肉的發展。

若要有益幼兒身心發展，須在平日課程中規劃適度的體適能活動，而這將有助於幼兒未來課業學習做預備。如同 Pica（1997）提出：

> 體能活動不僅能提供幼兒生理上的學習，更能藉由這樣的經驗建構認知，教師必須提供機會給予幼兒解決活動過程所遭遇的問題，讓抽象的概念具體化，例如：體驗高與低。

知覺

探索週遭環境是嬰兒主要的活動，他們藉由動作獲取知識，而早期的動作發展階段，首要形成他們自己世界的心像（mental image）[1]，與之後口語的習得。

隨著年齡成熟，知覺的敏銳度會提升，大部分十四歲的青少年能達到 20/20 的視力（成人最大限度），不過，在二到五歲，約只有 20/45 至 20/30 的視力（Weymouth, 1963）。根據估計，20% 的幼兒有視力上的問題，如果未加以改善，可能會延誤學習或是喪失視力（Neergaard, 2004）。因此，專家建議父母和老師注意幼兒的視力問題，例如：斜視，當兒童在專注時會閉上眼睛或是偏著頭，逃開有關色彩的活動、書籍，又或者在遊戲時顯得笨拙，或是出現挫折等。可惜的是，學校工作人員所做的視力檢測，並不若小兒科等專家般的精準。

聽力敏感時期是由出生開始至四、五歲的階段（Weiss & Lillywhite, 1981），在這時期，聽覺器官發展成熟就不再變化，除非聽力受到損傷。Ohl（2002）指出，嬰兒在開口講話之前早已能理解語言要素，他們知道哪些聲音可以組成單字，並能掌握字的節奏與韻律。她強調此現象相當重要，因為早期語言發展和閱讀有密切關係：

> 口語表達與閱讀所需要分析的聲音型態是相同的。如果六個月大的嬰兒越能區辨言談的結構，在二至三歲時，則越能掌握其他複雜的語言技巧，到四、五歲時，也較容易領悟聲音與文字符號之間的關係。

Kotulak（1996）曾描述一位天生耳聾的幼兒：

> 對於天生耳聾的幼兒而言，他們那 50,000 個傳遞聲音訊息的腦神經路徑是寂靜的，所以，當腦神經無法

---

[1] 心像：來自記憶中、印象中，感知經驗的心智圖片或知覺展現。

接收人的聲音並學習語言，時間一久，負責聲音的腦神經會轉而尋找與處理其他訊息，例如：處理視覺的訊息。

較小的幼兒喜愛用手碰觸他們感興趣的物品，例如：他們會抓取老師身上閃亮的珠寶。知覺會接收所有感官的訊息。Ornstein 和 Sobel（1987）相信，接收、組織和理解知覺的訊息，是為了對外在世界形成一個穩定的概念。發展意味著改變與轉換，就如同一個人重組他的經驗以適應週遭的環境，一般而言，是由簡單到複雜、單一至多元回應環境之歷程。

從事幼兒視覺偏好的研究者發現，吸引嬰兒至五歲幼兒注意力的方式會產生一系列的改變（Gibson, 1969）。他發現兩個月大的嬰兒，視覺已可由被動的動作、人的輪廓和物體吸引，轉而主動對目標物的探索；而二至五歲的幼兒，則可從無系統的探索轉變成系統性，且仔細地檢驗目標物的每一項特徵。

幼兒變得更能專注於複雜事物的某一面向：他們會選擇性地使用注意力，以及忽略無關與令他們分心的事物。生活中事物若造成幼兒的緊張與焦慮，會干擾幼兒能力的顯現；若減少不必要的干擾，則可提高他們在複雜情境中的專注能力。

每個幼兒都有他們的個別差異，例如：對於環境的探索與問題的回應。Kagan（1971）提出概念速度（conceptual tempo）[2] 來區分衝動型（impulsive）[3] 和沉思型（reflective）[4] 的幼兒。前者會很快地回答問題，但易發生錯誤；而後者則花費較多時間去檢視各種可能的選擇性。另外，認知差異尚可區分為場地獨立（field-independent）與場地依賴（field-dependent）兩種類型。場地獨立的幼兒能忽略情境中較不相關的部分；相對地，場地依賴的幼兒則會顧慮情境中所有的條件。

視覺辨識技巧

某些教育者對於視覺辨識（visual literacy，或 viewing skill）頗感興趣，認為這是人類主要的基礎能力。視覺辨識不僅能幫助學習與解決問題，也能跨越不同的學科領域，例如：數學、科學、音樂、美術和語言等。它相似於 Gardner 的空間—動覺智能理論（Gardner, 2000），包含人際關係以及察

---

[2] 概念速度：Jerome Kagan 的理論，表明不同的個體探索物體之知覺速度。

[3] 衝動型：對簡單或複雜的問題、狀況，會快速地回答、回應。

[4] 沉思型：面對任一處境，會花時間衡量與做選擇。

覺事物特徵與細節的能力，此能力可協助形成計畫及結論。

國際視覺知識協會（International Visual Literacy Association, 2004）為視覺辨識下了定義：

> 視覺辨識是一種視覺能力，藉由眼睛注視的同時，亦能整合其他的感官經歷。此能力發展是人類學習的基礎，它可讓人辨識、解釋週遭環境中之動作、物體、符號、天然或人為的。善用這些能力，幼兒便能與他人溝通，並在過程中理解和享受視覺訊息的交流。

在此，我們運用例子說明上述能力。幼兒園裡的說故事時間，一個四歲的小男生傷心地說：「婷婷老師（一位擅長讀故事的隨班老師）不會在這裡」，他的老師問：「為什麼呢？」小男生回答：「因為，她已經打扮好了！」的確，婷婷老師已經出外看牙醫，當然不會出現在故事時間裡。

視覺感知過程包含運用雙眼接收訊息，理解此過程是重要的，因為它能讓我們領悟視覺影像的力量，而視覺影像會影響我們的情緒、行為與想法。

Reggio Emilia 影響某些教育者，強調幼兒思想必須透過多種媒介與符號系統的圖像藝術做呈現，並藉此提升幼兒視覺學習的能力（Edwards, Gandini, & Forman, 1998）。這些教育者幫助我們對幼兒有更深的了解，並帶出一條探索幼兒的新觀點與道路。

Burmark（2002）相信，視覺辨識是種可以學習的技巧，他討論學習的過程如下：

> 培養視覺辨識的過程就如同學習閱讀一般，當幼兒第一次看到書面上的文字，字與空格是不具意義的，對他們而言，字不過是一堆彎曲與直線的形狀罷了，但經過教導，幼兒開始將文字形狀與父母的語音做連結，很快地，即可破解神秘符號的意義。表達素養（verbal literacy）係指口說語言與文字書寫的使用與理解能力；同樣地，表達素養也與視覺訊息的創造與理解相關，了解並使用所接收到的影像訊息能做更有效的溝通。

圖片、繪圖、各類影像的視覺處理，將是二十一世紀主要的素養（literacy）來源，學生必須學習處理文字與圖像，並轉換兩者間的訊息（Burmark, 2002）。Glazer（2000）提出，如同我們幫助幼兒提升他們口語溝通上的技巧與認知，因此，我們也要協助他們獲得使用與了解視覺影像的技巧。

知覺動作技巧

Jewell 和 Zintz（1986）定義知覺動作智能（perceptual-motor intelligence）是一種行動知識，不能與思考、邏輯的認知混為一談。後者是指在幼兒園與之後的成長期間，幼兒或兒童可獨立思考，而不須藉由身體動作協助。

Piaget 是著名的瑞士心理學家與研究者，他引起幼兒教育界對於幼兒知覺—動作的興趣，Piaget 觀察嬰兒由哭泣、吸吮、抓握的自主動作，發展至可自由控制、有目的性的動作，因此，推估身體動作是智能發展的基礎（圖 4-3）。他提出認知發展階段論（1952），其精簡如下：

1. 感覺動作期（sensorimotor period，出生至一歲半、兩歲）：經由身體

動作與對週遭環境的探索，反射動作變得更加協調與嫻熟。

2. 前運思期（preoperational period，一歲半、兩歲至七、八歲）：有心智符號的表徵出現，也有模仿行為的發生。當年齡漸成熟，符號表徵亦會更加精確與詳細，而身體動作亦會與心智活動結合。

3. 具體運思期（concrete operations period，七、八歲至十一、十二歲）：兒童已漸不須倚靠身體協助或者立即性的感官提示進行邏輯性思考，能有分類、次序性安排、計數、類包含的概念。

在幼兒時期，發展動作技能與發展語言能力同等重要。如同他們可以逐漸控制語言、身體、動作，其他如：接收新事物、組織知覺、記憶、賦予符號意義的能力亦會漸增長（Clay,1991a）。動作技能與思考過程是緊密連結的，顯示幼兒需要有運用五官知覺與使用大肌肉的活動。雖然身體動作之於幼兒心智活動的重要性不可確知，但多數幼兒教育學者認為兩者之間有強烈的關聯性。

動作的發展是次序性、可預測性的「首—尾」原則。嬰兒首先最能控制頭、脖子、上半身的肌肉（大肌肉先於小肌肉），軀幹的發展又先於四肢（手指、腳指），慣用手（左利或者是右利）的習慣約奠定在五、六歲（圖

▶ 圖 4-3　玩攀爬架可挑戰幼兒的能力。

4-4）。Clay（1991a）討論體能經驗受限幼兒的限制：

> 幼兒在學校若不常參與跑、攀爬、使用大量動作技巧的活動，那麼他在參與學校相關「眼睛─動作協調」與「手眼協調」的精細活動時，亦無法展現他的能力。

Montessori（1967a）運用實際物品教導幼兒操作，藉著一系列的操作幫助幼兒學習。她所設計的結構性教具中，有許多提供幼兒觸覺（碰觸）探索的教具，她解釋她的動機：

> 在擴大知覺範圍及提供更穩固的智能發展基礎上，訓練感官知覺敏銳化具有明顯的助益。幼兒是透過接觸與探索週遭環境來建立實際的觀

念，若少了上述觀念，則智能在抽象的運作中將缺乏精確性。

幼兒園須有良好的設備與規劃，以發展幼兒的感官動作技能，此為課程規劃不可或缺的一環。幼兒之後在小學的成就，也會受到幼兒園知覺動作技能發展所影響。

在幼兒園的課程中，似乎沒有一個明確的認可或定義，將知覺技能發展的課程特別區分出來。有些幼兒園將一系列連續的活動視為感知或知覺動能的課程，其主要目標為技能發展；有些幼兒園則視每個活動皆可發展知覺動作技能，一般而言，與身體協調及耐力相關的課程是音樂與肢體能遊戲。其他課程規劃則是運用語言藝術課程來規劃知覺動作的活動。

以下列出一些幼兒園精進知覺動作技巧的目標：

◆ 察覺自己所在的空間。
◆ 察覺自己與其他物體之間的關係。
◆ 適應性。
◆ 肢體協調。
◆ 姿勢與平衡。
◆ 空間關係的覺察。
◆ 身體動作的韻律。
◆ 閉上眼能辨識物體和其表面的能力。
◆ 藉由觸摸感知溫度。

▶ 圖 4-4　馬利歐運用雙手剪紙。

◆ 利用手指摸出輪廓的能力。

◆ 辨識顏色、形狀、相似或相異特徵、大小、質地和聲音的能力。

◆ 配對各式圖案與符號的能力。

◆ 利用形體或是物體的部分,來辨識物體全貌的能力。

◆ 手眼協調。

◆ 熟悉以下詞彙:相同、不同、長、更長、最長、小、更小、最小、大、少、高、矮、寬、窄、高、低、在……之上、在……之下、在……上面、在……裡面、硬、軟、甜、鹹、酸。

◆ 辨識食物味道的能力。

◆ 聞出各種氣味的能力。

◆ 分辨一般聲音的能力。

發展知覺動作的活動

　　幼兒園中的設備、活動或多或少都能幫助知覺動作的發展。表 4-1 列出蒐集自幼兒相關書籍及資訊所提及發展知覺動作的活動及設施,可以由此著手。

認知發展

　　關於語言與思考之關聯主要有兩種相異的觀點。一為語言是思考的基礎,有了語言,人才能體認察覺這個世界;而另一觀點為語言取決於思考,當智能增長,語言也跟著成長,以反映思考。Vygotsky(1980)有關語言為思考的機制、一種心智的工具論影響了幼教者的信念。語言使思考更加抽象、有彈性,且與直接之刺激無關(Bodrova & Leong, 1996)。這些論點中,我們很難判定哪些觀念較接近真實。White(1987)指出:「很明顯地,你無法將這些論題全然區隔開來。」Harris(1990)認為,幼兒在學習溝通的同時,也在學習表達經驗及思考。多數教育者贊同語言及思考是有密切關聯的。

　　身為心理學教授同時也是《搖籃裡的科學家》(*The Scientist in the Crib*, 1999)的合著者 Gopnik 認為,學齡前孩童比之前的說法更有學習力。她指出,幼兒快速的認知發展及學習曲線之所以被低估,是因為幼兒可藉由每天活動及玩耍的普通事物學習。她提議大人不應假設幼兒會自然地從環境中吸收必要知識,而應提供「溫和的課程」(gentle lessons)來建立幼兒語言技能及基本數字的理解(圖 4-5)。某些教育者可能會覺得 Gopnik 的觀點有些爭議,因為他們覺得幼兒是有能力的學習者,教育者應提供幼兒自我發現的機會較為重要。Lyons(1999a)提出幼兒早期經驗及腦力發展的重要性:

　　自出生的第一個小時,腦細胞即開始連接,發展出持續一生的思路。

❖ 表 4-1　知覺活動

處理經驗	可使用的素材或器材
視覺辨識力	
長，比較長，最長	細紙條；棒子；緞帶
小，比較小，最小	盒中盒；積木；鈕扣；量杯組
大，小	積木；罐子；鈕扣；氣球；玩具
高，矮	布製的人形；填充玩具
寬，窄	紙片及布片；木片；箱子
高，低	跳繩；小球；迷你翹翹板
上，下	物品和彩色石頭可以放在盒子的上、下
聽覺辨識力	
安靜，吵雜	兩個盒子：一個裝發出咯咯響的東西（例如石頭或彈珠），另一個裝布或紙
鈴聲	不同形狀及大小的鈴鐺各發出不同的音色
落下的聲音	羽毛；葉子；石頭；木塊；棉花
搖動的聲音	沙球；嬰兒玩的撥浪鼓；裝小卵石的咖啡罐
音樂的聲音	多種節奏的樂器
觸覺辨識力	
材質	砂紙；紙巾；石頭；蠟紙；樹皮；天鵝絨；毛織品；毛皮；棉花
物件輪廓	薄木頭圓圈，正方形，三角形，長方形；砂紙英文字母
物件的認知	四種不同形狀的物件置入襪中，幼童藉由觸摸來猜出正確形狀（時常替換物件）
硬，軟	手帕；石頭；棉絮；指甲；海綿
味覺辨識力	
食物的辨別：甜，鹹，酸	裝有鹽、糖和未加糖檸檬汁的瓶子
嘗試新食物	幼童可能不知道的蔬菜；果汁試吃品；蜂蜜，糖漿，楓糖漿
嗅覺辨識力	
由氣味辨別物件	肥皂塊；小瓶香水；松木枝；洋蔥；小瓶廚房用香料；柳橙
動覺辨識力	
舉高、下坡競賽、游泳、投擲、跑步、攀爬、跳、彎（折），伸展、扭、轉、繞，平衡	戶外及遊樂設施

▶ 圖 4-5　大人適時介入幼兒的活動。

早期頭腦的模擬對學習是不可少的，而情緒在認知發展上亦扮演重要的角色。發展神經網路的重要時間在三歲前。一個三歲幼兒的頭腦已發展至他成年時的三分之二至四分之三。五歲時，幼兒就讀幼兒園，頭腦已發展到具備學習專注與溝通能力，及主動參與人際關係（與他人互相遷就）的能力，若未提供此刺激，會限制腦力的發展。因此，越早提供幼兒發展複雜之神經網路的機會，他們的學習就越容易。

幼兒三歲時的頭腦，活躍程度為成人的兩倍，並且會一直持續至九到十歲（Gopnik, Meltzoff, & Kuhl, 1999）。

幼兒頭腦成長，同時也會受到經驗而重新調整。經驗改變頭腦，但這些改變也修改了其他新經驗對頭腦的影響。幼兒若是生活中被動的旁觀者（看電視、錄影帶等）而非主動的傾聽者（探險者及交談者），那麼，他可能因而缺少聽覺分析、邏輯、因果推理能力的練習（Healy, 1990）。

Greenspan（1997）指出，或許情感所扮演最關鍵性的角色，就是去創造、組織、安排頭腦中許多最重要的功能。他說：「事實上，智力、學術能力、自我感知、意識及道德，都由我們從小到大的情感經驗中源生而來。」

Greenspan（1997）向教育者提出，根據人們對情感經驗的接受能力，他認為心智發展需要根本的一連串基礎，包含下列能力：

- 參加（attend）的能力。
- 從事的能力。
- 有意圖的能力。
- 組成複雜、互動、有意圖型態的能力。
- 創造圖像、符號及構想的能力。
- 連結圖像與符號的能力。

　　嬰兒、幼兒與照顧者彼此對等的情感互動，會影響幼兒的認知發展，此非新的觀念，但幼兒照顧者越來越密切注意與此相關的訊息。

　　Snow、Burns 和 Griffin（1998）描述幼兒的認知發展如下：

　　幼兒前五年的頭腦發展，對世界的理解越來越複雜且去情境化（decontextualized）。在他們成長及獲取經驗的同時，新的神經連結以超乎尋常的速度建立著（Peterson, 1994）。雖然過程有其順序性，但因受生理條件及經驗的影響，每個幼兒還是有其個別差異。

　　解決問題的能力與發展傳統讀寫素養前的「識字行為」（literacy behaviors）有所關聯。McMullen（1998）解釋，一旦幼兒成為較高階的符號思考者，他們就能拼湊出讀寫所需之符號，來解決日常問題使用的心智處理程序。

訊息分類

　　每一位幼兒所累積的知覺及感官動作經驗是智能的根本。當幼兒解析發生的事情，並試著與他已知的事物相連結，若連結順利，表示他們已全然理解。例如：一個九個月大的嬰兒試著讓玩具喇叭發出聲音，起先幼兒不知如何讓喇叭有聲響，當他對著喇叭吹而發現有嘟嘟聲時，那麼，他會一直重複吹它（且通常是高興的），之後他就知道如何讓喇叭發出嘟嘟聲。

　　嬰兒、學步的幼兒及幼兒園的孩童可被視為擁有心智群組（類別及種類）的人。在他們還不會運用文字形容遭遇到的人、事、物時，他們會先做分類（classify）[5] 的動作。雖然九個月大的嬰兒可能無法用文字連結對喇叭的了解，但他們可根據每一心智群組的明顯特徵，檢視尚未被分類的物品。若上述吹喇叭的嬰兒對一個類似形狀的新喇叭玩具做出吹的動作，那麼，我們可以相當確定嬰兒已在心智中形成一個「喇叭」的類別，並且預料他會對任何類似的器物做出相同的動作。之後，一個字或語言符號會附加在一個類別或是種類上，這樣幼兒即可與其他幼兒運用類別

---

[5] 分類：有系統地將事物依其可辨識之共同特徵（例如：大小）分組的行為。

的意義、感受相互溝通。簡單的字詞，像是「狗狗」、「牛奶」、「球」等，是幼兒面對所處環境中最早形成的類別（Gelman, 1998）。Gelman 指出，研究者一致發現，即便新生嬰兒也能將簡單的景象、聲音、味道及氣味組成知覺類別。

幼兒園老師很容易觀察到每個幼兒在感覺與意義的表達是不盡相同的。舉例來說，一個幼兒看到從未見過的大型動物，他馬上可以反應出對大型動物的感覺與所知，而其他幼兒的反應可能完全相反。

將事件及經驗分為不同類別或種類是與生俱來的能力──一個自然心智的處理過程。主動探索環境是人類的本能，在過程中與環境互動使之產生連結與衝擊，讓經驗形成意義。頭腦是期待規律的，它能在經歷的事物中形成知識。幼兒藉由事物間的關聯性，來建構物體與現象的理論或假說。他們的所知不斷改變，因在好奇的驅使下，幼兒會不斷尋求多樣經驗，以避免無聊。新構想或新事件會讓幼兒所知或所感受到的獨特主題加入新知識或改變，因而明顯影響幼兒的認知。

在幼兒語言發展的同時，心智類別、概念會經由字詞象徵性地出現。字詞成為一種與他人溝通的有效捷徑，不需要再藉著肢體動作表達所知的事物。當幼兒逐漸成長，他會分析與衡量自己的思維，此時，若幼兒之間有一共通語言系統，則該語言系統可展現幼兒獨特之自我（圖4-6）。

▶ **圖4-6　幼兒在小組時間可以接觸到他人的見解。**

Piaget（1952）使用同化（assim-ilation）[6]及調適（accommodation）[7]來敘述嬰兒與幼兒遭遇新事物時的反應。打從概念形成開始，每一個體可下意識地建構（自我建造及組織）他所感知的一切。感知的新事物會同化至既存的心智結構，若調整或改變既有之結構（概念或思考模式），新的事物將會被調適。換句話說，幼兒已能注意事物的意義特徵，將新事物涵蓋進已知，或將已知事物進行調整。

Smith-Burke（1985）提供一個幼兒嘗試理解他所經歷事物的實例：

> ……彬彬（四歲）到醫院探望 101 歲垂死的曾祖母後，說道：「爸，你知道布魯克林大橋很老了，它應該快死了！」當他努力了解生、死的同時，他也將布魯克林大橋、百年紀念慶典，及他的曾祖母建立了連結。

雖然幼兒會使用成人所了解且能辨識的字詞，但字詞背後通常帶著不同的意義與意涵。

---

[6] 同化：將新的經歷與之前已存在的心智結構融合之過程。

[7] 調適：因新的經歷或事件而改變既有之概念或是思考模式之過程。

不同等級的成熟

人類大腦皮質擁有兩個不同且各司其職的腦半球。每一腦半球有其獨特的功能、不同的能力及思考形式，包含語言及空間上的思考。不同領域的大腦，專注且控制不同的能力，而每個幼兒有其個別上的差異（Ornstein & Sobel, 1987）（表 4-2）。很自然地，有些幼兒腦部發展比其他同齡幼兒緩慢，或許因而影響他們的學習，也可能造成老師將他們與同齡發展較快的幼兒相比。因此，老師們在比較幼兒時，須特別注意他們的行為舉止，具競爭性、壓力的課程會造成幼兒有一種「我不夠好、不夠聰明」的不健康心態，而這樣的影響是永久存在的。

❖ **表 4-2　幼兒所展現的智能**

1. 尋找資訊（集中注意）。
2. 尋找字詞符號（建立概念）。
3. 心智上經歷將物件、構想等，進行命名、分類、歸類及分組（從籠統到明確；修正概念）。
4. 回應與記憶（記住與回想）。
5. 比較及對照資料（抽象化）。
6. 以一般的方式做出推論、預料（預料）。
7. 歸納（歸納性的思考）。
8. 運用已知資訊於新的情境上（轉換）。
9. 做出假設（有根據的猜測），及以特定方式做出預言（推論性思考）。

學齡前幼兒對事物陳述，就表面上看來似乎是「思考錯誤」的，但經過更深的分析後，就可被視為相當成熟且能理解的，而不是隨機的猜測。當一位幼兒說駱駝是有駝峰的馬，就該被鼓勵而不只是被糾正，因為他能找出兩者相似之處。

幼兒運用語言表達他的幻想世界，應被視為智力的一大躍進（圖4-7）。「假裝」（make-believe）是幼兒內在智力的創作或娛樂。一個學齡前幼童可能假裝成別人──往往是英雄或受到欽佩的大人物，這些角色通常來自電影、錄影帶、電視，或是現實生活中。有時候，幼兒可能會假裝不是自己而是他的朋友或動物，並使用對方的身分與名字。

許多幼兒在幼兒園時期，即可很快地跟隨故事順序，並辨識出故事書中的

▶ 圖 4-7 「快，有大象在追我們！」

角色。關於學齡前幼童與書籍的深入探討，請參閱第九章。

教師們須了解成人的觀念與幼兒的觀念是不同的。幼兒對世界的觀點常以直接、眼前發生的事來思考，以成人標準來評判，幼兒的言詞充滿許多獨特的誤解、結論及錯誤；這些錯誤之所以產生，是因為每個幼兒對所經歷事物的獨特處理方式──他們持續不斷將日常事件條理化，並使其有意義。根據少許事件而出現的錯誤，可能是相當具邏輯的結論，例如，一個幼兒也許會斷定牛奶是來自商店，或看到 n 時，把它當成是「未長大的 m」。

老師的角色

嬰兒、學步兒及學齡前幼童的老師，須察覺到他們接觸週遭環境的人、玩具的知覺動作經驗，為早期智力建構之要素。成人提供之素材及器材會增加他們的探索與試驗，在某個時間點，老師會察覺到幼兒的行為看起來似乎是經過思考後行動。有些十個月大的嬰兒喜歡做丟放及倒空的行為，他們從嬰兒高腳椅的托盤上把東西往下丟，然後看著它落地；或把東西裝進容器、抽屜或是盒子，然後再把東西倒出來，一而再重複裝進與倒出的動作。我們應該笑著把年幼的嬰兒當作勤奮的科學家。

Vygotsky（1980）的著作對於成人應如何藉由口語上的互動來幫助幼兒從新經驗學習，影響了教育者的觀念。老師注意到二到三歲的幼兒，伴隨著遊戲常發出許多口語的聲音。Vygotsky 推論，口語能幫助幼兒整理、組織他的思考，並協助發展計畫與解決問題，終至達成結論。Vygotsky 認為，在幼兒可自行解決問題或面對的經驗，和在成人或更有經驗及知識的同儕幫助下解決或了解的中間有塊區域，Vygotsky 稱之為「近側發展區」（zone of proximal development）。

當成人解釋、命名發生的事物，並且論及關係時，即可刺激幼兒的語言及心智發展。試著實踐 Vygotsky 理論的老師，將自己與幼兒的對話視為催化劑，他會與幼兒一同命名、討論，並提升幼兒探索與表達所發現或是所想出的事物（圖 4-8）。這也代表，當幼兒在遊戲中顯現思考時，成人必須知道何時不該中斷他們的思緒，當幼兒尋求成人的協助，或把成人當成活動的同伴時，對話會變得更有意義。

在提升幼兒學習及記憶事物時，老師要顧及意義性及感受性。在與智力增長有關之接觸及與幼兒的互動，皆起始於成人支持的認同與關心。教師目的性的對話是師生交流的一部分，其目標為提升進一步的探索，或是協助將探索到

▶ 圖 4-8　老師可扮演有趣的「發聲板」（sounding board），以鼓勵幼兒表達所發現的事物。

或是體驗到的轉為字詞。老師須密切地傾聽與觀察，傾聽可以顯現幼兒的思考、邏輯、內在概念、感受的部分。

　　每日與幼兒一起相處，老師們須努力了解幼兒陳述背後所隱藏的邏輯與正確性。老師想要在溫和地指導不正確觀念以及讓幼兒發現自己錯誤之間維持平衡，是件不容易的事。Piaget（1952）鼓勵老師們專注於探索技巧。

> 每一次將幼兒自己可以發現的事物過早教給他，會造成幼兒無法自己創造，亦因此無法全然了解該事物。

　　當幼兒試著理解所發生及體驗的事件時，老師要有心理準備會被問問題。四歲幼兒平均一天問 300 個問題（Leads, 2003）。老師們可以用問題來回答問題，老師們有技巧的提問與敏感的回應，提供幼兒表達有意義構想的保護網，使得幼兒更加樂意去說及分享。以下是一些例子：

◆「小萍，我知道你想要輪到你說，我很想聽。」

◆「彥彥，可以跟我們說說今天早上你組裝起來的那艘船嗎？」

◆「你用了不同的方法在紙上打洞，可以跟我們分享嗎？」

◆「璇子，你想知道我們的天竺鼠是如何跑出籠子的。你有找到天竺鼠可以鑽出來的地方嗎？」

◆「有誰知道小定的鞋子怎麼了？」

◆「我想知道，有沒有辦法讓三個人共用兩把剪刀？」

　　當幼兒說話時，老師可激勵他們，讓他們跨出自己的感知之外，並且在觀察的事物中，察覺到更多、更廣泛的型態（Owens, 1999）。Owens 指出，幼兒自行解決問題的經驗，可協助他們學習提問、預測，及測試各種可能的過程。幼教師應幫助幼兒擁有自己做結論的能力，並盡可能將這些結論與看得到的證據連結在一起。老師也可以讓幼兒在團體討論時，比較彼此所呈現的想法。

　　幼兒在幼兒園時期即可能獲得後設語言技巧（metalinguistic skill）[8] 的能力，然後，他們就能「對語言進行思考」（think about language）。有些幼兒會運用語言、字詞玩遊戲，然後將口語與書寫文字相比較；有些幼兒則會將一句話分析成不同的字，然後判斷哪種組合才是那些字的正確用法。

8　後設語言技巧：視語言為獨立實體之能力。

社會及情緒上的發展

　　與他人的互動一直是幼兒學習語言的主要因素。幼兒正面地看待自己（正面的自我價值及安全感），會讓幼兒較常開口說話，離家在外也可平順地與其他成人做接觸。

　　感受與情緒是人類交談的一部分。幼兒就學前（early school years），對成人的感受可被歸納為對老師的感受。關於親子間聯繫對語言學習的影響，Douglass（1959）做了以下敘述：

> 親子間的情感關係在幼兒學習語言過程，為一重要因素。幼兒不開口是因為怕不被認同，他的感覺無法被了解，而飲食、如廁訓練及行為標準太早加諸在他身上，以及家中緊繃的氣氛，會讓幼兒因應付無法令人滿足及不友善的狀況，而有外在的一些症狀。

　　幼兒自我認同的概念約在幼兒園階段開始形成。若幼兒的自尊一直被傷害，會造成幼兒難以相信自我，或是阻礙語言發展。表 4-3 指出，老師與幼兒溝通的行為及反應可提升幼兒之社會發展。

　　Erikson（1950）指出幼兒社會情緒（social-emotion）之發展階段：

❖ 表 4-3　幫助幼兒社會發展之教師行為

在溝通中，老師應：
- 關懷及願意付出。
- 傾聽，專心了解。
- 當幼童無法表達時，適時說出簡單的字詞。
- 不糾正幼兒的話，以免減低幼兒開口的意願。
- 提供幼兒以下協助：澄清構想、建議新的遊戲、探索各種可能。
- 察覺幼兒感興趣的事物，並引導他們真實的體驗。
- 在問題及衝突發生時，給予協助。
- 花時間參與幼兒的活動。
- 與每一位幼兒建立友誼。
- 針對每一位幼兒的獨特性給予正向評價。
- 是一個熱情且善於表達的溝通者。
- 在導正幼兒不愉快的社會行為或說明規定時，能提供友善的支持。
- 關注且尊重每一位幼兒的作品。

◆（嬰兒階段，0 至 1 歲）信賴 vs. 不信賴（trust vs. mistrust）。信賴由前後一致的關懷產生，關懷意指滿足嬰兒的基本需求（食物、親切溫暖、肢體接觸等等），讓他們擁有穩定且安全的感覺，而非焦慮的感受，形成對生活正面的觀點。

◆（學步兒及兩歲幼兒階段，1 至 3 歲）活潑自主 vs. 羞愧懷疑（autonomy vs. shame and doubt）。幼兒了解自己為獨立個體。在他們還非常依賴的時候，

所能控制的事物、所能做的決定，及所擁有的自由是有限的，會出現無能為力及無助的感覺，也有一些令人傷腦筋的行為，及充滿「不」的語句。

◆（幼兒園階段，3 至 6 歲）自動自發 vs. 退縮內疚（initiative vs. guilt feelings）。此時，幼兒會實驗及積極探索自己的新能力與新領域；在抗拒威權人物及規定時，會有強烈的情緒，但還是會依賴成人的認同。

Werner 和 Smith（1982）針對他們稱為「彈性的幼兒」（resilient children）做研究，發現儘管這群幼兒的童年遇到危機，但他們仍然能茁壯成長且獲得成功。在幼兒時期，即展現出正面的自我概念（self-concept）及擁有健全的發展；成人時期，能與社會充分融合，成為有自信及自主的成人——即「事業有成、會玩、能愛人及被賦予期望」的人（1982）。

在規畫與進行語言活動或是課室管理時，幼兒的社會發展不可被忽略。組織與規則為團體生活所必需。經由分享及欣賞幼兒的想法與成就，可加強幼兒團體中的社會地位；而提供幼兒頻繁的機會，在團體活動中領導或協助領導，亦是一種提升幼兒信心與社會地位的經驗。

老師應關注幼兒的社會連結（social connectedness）[9]——Ornstein 和 Sobel（1987）所定義的名詞，形容以下特徵的人：擁有穩定、安全的生活，以及家庭、朋友的支持；與社區關係密切，並且成為團體受尊敬的一份子；能透過個人特質的判斷度過生活中的壓力。老師在學校應能操控班級之氛圍，並且與家庭及學校附近的社區展開良好的互動。

幼兒開始學習將自己的感受符號化（開始學習懂得標記自己的感受），例如：快樂、悲傷、忌妒、害怕等，也開始注意到他人的感受。善惡觀念正在成形中，會注意到是非的對錯。教師以成人角色說出自己的感受，因而建立榜樣，並且形成一種氣氛，讓幼兒知道，他們的感覺會被了解也會被接受。

大多數幼兒會有探索的社會行為及互動。Perry（2000）相信，幼兒有強烈的慾望想與同儕一起（圖 4-9）。他們想要與朋友一同遊戲，並且學習一同計畫、協商與溝通。幼兒多數行為都伴隨著強烈的情感，以呈現完整的自我。

---

[9] 社會連結：一個專有名詞，關聯著以下人類的特徵：穩定且安全，與他人發展密切關係，擁有家庭及朋友的支援，且被他人認為是可尊敬的人。通常被別人視為能夠超越壓力並擁有個人特性。

▶ 圖 4-9 在幼兒園時期,交朋友是重要的。

當幼兒感覺被遺漏,生活就充滿悲傷的情緒;反之,若被邀請參加派對,則會高興地跳上跳下。

Berk 和 Winsler (1995) 認為,藉由「角色扮演」(symbolic/pretend play)的活動,幼兒最有可能同時發展社會及智力兩種能力。幼兒園應重視幼兒隨興、自發的(child-initiated)社會遊戲,以下所列之活動能幫助幼兒發展自我意識。

這只是一些建議,還有更多的活動可以發展:

◆ 使用鏡子的活動。

◆ 使用幼兒照片及家庭影片的活動。

◆ 描繪幼兒的輪廓。

◆ 製作名牌,並將名字標示在攜帶物品、畫作、置物櫃及作品(project)的活動。

◆ 辨識與討論感受的活動。

◆ 關注個人意見的活動。

◆ 同時展示與他人相同、相異處的活動。

◆ 建立自尊及社會地位的團體活動。

◆ 找出最喜歡的消遣、事物,或個人選擇的活動。

◆ 與合作有關的小組活動。

White(1986a)根據表現傑出、發展良好的二至三歲幼兒之研究,找出幼兒應有的社會能力,他相信這些能力可成為未來學習的牢固基礎。幼兒應能:

◆ 以社會認可的多種方法取得並維持成人對他的注意。

◆ 在適當時機,對成人及同儕表達感情或輕微的惱怒。

◆ 認定某些任務一個人難以完成時,會請求成人的協助。

◆ 對所成就的事顯示自豪。

◆ 引導並能注意到同齡的幼兒。

◆ 與同齡幼兒的競爭。

White(1986a)接著指出:

若一個三歲幼兒獲得上述能力,我們相信在第一年裡,他已獲得「較好的教育」。此基礎可確保幼兒就學時,對於未來的發展已做好準備。

老師須努力提供信任及安全的氣氛，讓幼兒在此氣氛下成長。Danoff、Breitbart 和 Barr（1977）相信，這對每一位幼兒的學習機會是極為重要的。

> 學習過程應奠基於幼兒相信自己能力，及教導他們的成人之上，此為完全交互作用的。幼兒必須相信他人，否則他們將拒絕所有教導他們的人。幼兒學著信賴人，這些人是尊重他們並且接受他們感覺的人。因此，幼兒學著相信自己，在一個信任感的氣氛中，他們會想要學習，並且能夠學習。

受到適當照顧之安全依附的嬰兒，之後會成為有自信、精力旺盛的學步兒，有著開始將自我視為個人的覺察。幼兒兩歲之後開始出現模仿的遊戲、自我假裝的遊戲、情感模式（對玩偶擁抱或打屁股）的遊戲，當他人受傷或是哭泣時，可能會出現同理的情緒。

成長過程中，幼兒會自己談論與評判自己的行為。有一次我遇到一個三歲的小男孩，在他認為自己的行為不好時（例如：故意用腳踏車撞人、推別人、拿別人的玩具），他會坐在椅子上，一會兒之後，再高興地繼續嬉戲。學校人員並未使用這類型的輔導技巧，但在家中，坐「反省椅」的情形常常出現。學校人員會尊重那個男孩的行為，並且根據行為原因而介入處理，讓他使用語言來解決問題；當男孩增進社會能力時，坐椅子的行為慢慢消失了。

幼兒是否將自己視為「重要的個體」，端視他們與照顧者及家庭的互動而定。如同 Curry 和 Johnson（1990）所指：

> ……所有的個體在童年期間，需要許多成人回應的、支持的投入，如此才能讓他們在我們所身處這個複雜、不斷改變、互動漸增的世界中，建構自己成為「重要的個體」。

幼兒的自信起源於他可安全地感受到自己被愛、被重視與被欣賞，這樣的幼兒會持續與外界溝通。成人在幼兒如何看待自己的想法上扮演了很重要的角色！

摘要

身體、智能及社會情緒的發展，與幼兒的說話是同時進行的。了解這些發展系統能讓教師使用適當的技巧及行為。幼兒的特性與教師提供的發展機會列於表 4-4 中。

❖ **表 4-4　發展與機會**

幼兒特性	教師提供的發展機會
● 好奇心	● 多樣，第一手帶有充足感官物質、物體及媒介的經驗
● 學習能力	● 教師具學習的熱情
● 幼兒的興趣受事物的影響	● 自我探索的時刻
● 專注於當下	● 語言藝術活動
● 智能活動	● 適於啟發的活動、適齡的教室及室外遊戲區的計畫課程
● 社交	● 於探究時提供支援
● 體能	● 提供發展幼兒信賴感的環境
● 符號思考	● 有愛心的成人，及安全、安心的環境
（symbolic thinking）	● 滿足體能、智能、社會及情緒的活動及作息
● 語言發展	● 文化上的尊重及尊嚴
● 情緒的緊張	● 與同儕一同遊戲
● 不同領域的單一領域快速發展	● 關注每個幼兒的福利及發展的博學成人
	● 提供幼兒自發完成計畫的機會

註：本表並不盡完整，僅提供本章之重點。

　　知覺動作的相關活動為許多幼兒園整體語言課程的一部分。教育者相信，體能活動與心智發展之間有強烈的關聯。某些教育者會導入視覺辨識的活動，他們相信視覺辨識是一種經由學習而獲得的技能（表 4-5）。

　　成人需要察覺幼兒的想法中看來錯誤的地方，並且適當回應他們。引領幼兒對概念的探索為整體教學的一部分。

　　取得幼兒的信任方能使他們學習。教師必須接納幼兒的感受，並且與他們建立關係。在人與人之間的接觸及對話的氛圍下，創造學習環境。

❖ **表 4-5　視覺辨識活動**

- 閱讀 Ellen Stoll Walsh 所著的 *Mouse Paint*（1999, New York: Harcourt/Red Wagon Books），書中探討顏色的好處。
- 顏色選擇表。提供染成黃、藍、紅、綠色食用色素的通心粉給幼兒，將他們最喜歡吃的顏色製成圖表並討論。
- 簡短形容幼兒的勞作，並以五到八公分高的字卡呈現。詢問幼兒最能代表其勞作的形容。「你的勞作可以用一個字來代表嗎？」「如果你的畫作能說話，它會說什麼？」
- 製作圖表。例如：搭巴士、坐車、走路或騎腳踏車上學的各有多少小朋友？這裡共有幾種寵物——狗、貓、鳥、烏龜？

❖ **表 4-5　視覺辨識活動（續）**

- 使用視覺卡片來詮釋想法。卡片上的地點就是幼兒待會兒選擇要去的地方（書代表圖書館，大樓代表街區，帶筆的筆筒代表畫廊）。
- 在圖畫或是照片中，找出圓形、正方形及三角形的物品。
- 布置一面花園的牆面，在花的正中心貼上幼兒的照片或名字。幼兒可用各種不同的媒材製作花朵。
- 用物體的形狀，像是房子、樹、剪刀、帽子等，製作一個「猜猜我是誰？」法蘭絨板組。形狀使用同一顏色，且沒有細部呈現。
- 將三張照片做排序，猜想照片的故事並說出來。
- 展示代表誠實、同理、仁慈、有益、美麗、工作、責任等的照片或圖片，擴展幼兒對人類特性的了解。每天討論一種特性。
- 在讀過一個故事且熟悉後，看看如何以圖片、舞蹈或是黏土非文字的型態來呈現。
- 蒐集不同文化人種有關快樂、憂傷、驚恐表情的照片或是插圖，找出相同表情，並討論所展現的情緒為何。

PART 2

發展語文教材教法
的方案

CHAPTER 5

理解差異性

目標

讀完本章後,你將可以:

- 詳述標準和非標準的英語。
- 描述老師對使用方言的幼兒所扮演的角色。
- 說明幼兒教育機構的雙語教學課程計畫。
- 定義一般性的說話問題。

美國是一個多元文化的社會。Kantrowitz（2000）描述年幼的幼兒家庭如下：

……一個廣大多元的民族和種族；結婚的、再婚的和單親的；同性戀者和非同性戀者；親生父母和養父母。這些父母和孩子已幾乎打破建立家庭的規則，但仍然堅稱最基本的定義：藉著愛和關心來強化家庭的連結。

全美各地有經驗的老師們認為，現在學生的背景、經驗和能力比以前教過的學生更不同。人口調查估計到2025年，在美國的學校有超過一半以上入學的孩子是少數民族，而不是歐裔的美國血統（U.S. Bureau of the Census, 1995）。

美國教育發展評估協會（National Assessment of Education Progress）提出一個驚人的趨勢。在1996到2000年之間，美國富裕和貧窮的學生在九項關鍵能力指標中，有超過七項的指標出現顯著差異，包括閱讀、數學與科學。在高度貧窮地區的學校，有70％兒童的成績低於基本閱讀程度（Alexander, 2004）。

如同其他教育者一樣，你會尋找多種方法來滿足幼兒的不同教育需求。

對許多語言受到限制或不同語言的幼兒而言，遊戲的機會可以讓兒童開始學習表達，同時，這也是幼兒教育課程計畫中不可或缺的部分。如同 Wiltz 和 Fein（1996）所言：

幼兒擁有很多方法來表達他們自己。透過遊戲、語言、動作和故事，他們展現自己的感覺和想法，通常是自在並且自然發生的。語言是一種表達的方式，而遊戲也是另一種表達方式。

當孩子持續說話或嘗試溝通，他們說話的能力和字彙就會有進步，尤其孩子會企圖用溝通的方式來表達他的需求和目的。

Barrett（2003）重新探討關於幼兒園的入學學生和之後的學習成就。他的發現摘要如下：

幼兒園課程針對一般認知發展和學業能力，包括閱讀成就，可以產生重要的短期影響。為貧窮的孩子設定目標，給予精深、高品質的教育計畫，其效果似乎比較大。

這些長期研究歸納出以下結論：學校的成功有賴於口語的能力，特別是閱讀，這是從教科書和其他學校

作業中學習新知識的重要途徑，因此，閱讀扮演很重要的角色。

一個安全的教室環境——尊重差異和獨特性，具有鼓勵幼兒傳達慾望、恐懼和同情心的能力（Wiltz ＆ Fein, 1996）。

美國幼教協會（NAEYC, 1996）提出以下建議：

> 對所有兒童最理想的發展和學習，就是教育者必須合理地接受兒童的母語，尊重（抱持高度的尊敬）並珍視（敬重和欣賞）他們的家庭文化，促進和鼓勵對所有家庭的積極支持，包含人家庭和非傳統家庭。

Noori（1996）提到，近來的教育觀點鼓勵老師注意個別差異，並且仔細思考他們自己的教學行為和習慣。這些致力於培養幼兒自然好奇心的老師，藉由成為幼兒共同的探險者、回饋的媒介、機會供應者，以及孩子新興語言能力的促進者等等角色，和兒童一起探索、詢問、預測、發現及互動。

老師了解到這些有不同語言技巧和模式的兒童，他們就如同那些說標準英語的兒童一樣聰明及有能力。在討論語言差異之前，澄清本書的意圖是很重要的。本書的目的是要協助老師：(1) 幫助兒童；(2) 用事半功倍的方法來提供協助。老師的敏銳度和對特別文化團體以及不同語言模式的知識，可以幫助一個特別的兒童成長。維護孩子適當和認同的感覺是老師主要的目標；推動孩子走向標準制式的學習是第二目標。

幼教學者透過專業的協會、個人的努力，以及對專業能力的投入，努力提升課程計畫的品質。藉此，每個幼托機構需要檢核本身的課程計畫，確保語言學習不會只出現在語言學習時間，而是從老師每天迎接幼兒入園的那一刻開始。每個幼兒與成人之間的互動都支持幼兒語言學習的潛能。關鍵的問題在於，是否每個幼兒能在團體裡被關心聆聽，能夠和一個理解幼兒的成人在自然情境下，有技巧地透過增強、擴展和延伸等方式進行對話。

語言的獲得不只是學習如何說話；它是一個過程，藉由獲得語言和社會文化需要的知識，去學習如何在特定的社群使用語言，使這些孩子變成一個有能力的社會成員（Gutierrez, 1993）。尤其重要的是，每個人有平等接受教育和經濟的機會，特別是教育、社會、經濟弱勢的團體（Bartoli, 1995）。

標準英語

標準英語（standard English）[1]指的是小學和教科書使用的語言，是美國大多數人使用的語言。越來越多的幼兒園課程正面臨一個狀況：幼兒的語言反映了他們過往的經驗和文化（或次文化）觀點，而這些觀點與主流是不同的。當進入學齡前教育機構，這些幼兒藉著練習和複製團體的說話方式，了解團體的價值觀、態度、食物的偏愛、衣著的形式等等，並且得到團體成員的接受。一些理論認為，團體成員會影響幼兒對於生活經驗的態度。

標準英語的使用有助於整合不同文化之間的力量，因此可以縮小階級差異。

這裡所指的方言（dialect）[2]，意指一種不同於標準英語的語言模式。方言存在於所有語言，且分為兩類：(1) 地區和地理的；(2) 社會和種族的。

幼兒教育專家綜合了各方意見，許多教育者相信，專業老師主要的任務是維護「相信幼兒是有能力的說話者」這個信念，並且在教室裡提供幼兒傾聽大量標準英語示範的機會。語言學者和教育者都極度同意需要教導一些美國黑人的幼兒說標準的英語，但是，對於如何做才是最好卻未有共識（Hale, 1997）。美國黑人英語方言的特徵及其語音體系，對學習閱讀英語會造成另外的挑戰，雖然這個觀點的提出已由來已久，但卻極少人努力直接挑戰這個進行已久的假設。這同時也指出一點，許多美國黑人孩子在說標準英語，而不是美國黑人英語。

來自於一個談話社群的特殊方言使用者，反映了他們的生活方式和職業、國家、家庭或是種族的背景。某種普遍的特色標示出特定語言的成員，但是沒有兩個特定社區的成員會說一樣的方言，因為每個人的言詞都是獨一無二的。遺憾的是，「方言」這個專有名詞，對有些人而言是意指不正確的語言。說話的口音在很多方面都彼此不同，而且是完全不同形式的系統。如同Farr（1992）指出，來自非主流團體的孩子進到學校時，他們會帶著一套自己的語言系統和文化資源，這些方面與學校本身的文化不盡相同，甚至有時是有衝突的。

---

[1] 標準英語：受過教育的人大體上使用相同正式和口語書寫的語言，無論何種情況下英語是被使用和理解的，這是被廣泛接受的語言。

[2] 方言：在一個地區或社會群體裡，一種獨一無二的語言。方言的多樣性可能包含發音或聲音的變化、文法上的變化、語彙或字彙上的變化。

Clay（1991a）描述孩子如何獲得方言，以及其重要性：

一些孩子透過父母和鄰居獲得所謂「非標準」的方言。它具有一種被親愛的人了解的歸屬感，它反映了特定語言團體中的成員關係以及如何在團體中打成一片。這是非常個人且有價值的，而不是標準方言的錯誤說法。

個人對於方言的反應，例如威望、被接受、矛盾心理、不確定感或是拒絕，都是基於某些價值判斷所影響。Stoel-Gammon（1997）相信，大多數美國人對美國南方英語或是紐約式英語的認識，都是根據一些膚淺的刻板印象，這些刻板印象多是從廣播媒體或娛樂媒體中體驗而來。人們會根據個人說話的方式來對他的種族、社經地位做出假設，而且不幸地，這種判別是很常見的（DeGraw, 1999）。

就像孩子遇到一個來自不同口音（accent）[3]地區的孩子時，可能會說：「你說話很好笑」，而這樣其他人就可能會認為方言是粗野的，或是代表沒教養。因此，幼教老師應該保持中立的態度。

說方言的老師、助教和義工（和孩子一起工作，並且熟悉方言者）可以提供孩子一種特別的熟悉感和理解。一個說標準英語的老師可能感覺比較難以親近，但是，可以提供幼兒在我們的社會中屬於優勢語言成長的示範，這對於幼兒的生活機會是很重要的。

雖然方言（或口音）在某個社群可能是一個優勢，但在社群以外的地方，它也可能是不利條件。Farr（1992）相信：

學習主流語言和文化模式，等同於否認和排斥本身的團體。

說非標準的英語可能會妨礙英語讀寫能力的獲得，會在聲音表現上造成更大的誤差，並難以在開始閱讀時，發展出所需的聲音符號連結。

帶有口音的說話，在這裡的討論中，被定義為個人或因地理位置和地區，與個體產生關聯的團體所使用的一種特殊、典型的說話習慣。

[3] 口音：透過一個或多個以下的因素——大聲、改變音高和長音的持續，在一個單字或音節上特別顯著或加強語氣（Harris & Hodges, 1995）。

和說方言的家庭一起工作

許多幼托機構會雇用說方言的教職

員，讓幼兒能容易了解，並且有家的感覺。他們對於說幼兒方言老師的需求通常很急切。能對幼兒文化和文字中的特殊意義有更多的洞察力，通常是與幼兒說相同方言老師的優勢。他們可能比說標準英語的老師，更會與幼兒互動和詳述幼兒的想法。

在幼托機構，對於是否優先教導標準的英語有不同的意見。然而，比起有目的、立即教標準英語的教學，多數學校採用的方法是維持孩子的母語，然後慢慢教導標準英語的文法。結合父母和學校的討論，能幫助澄清教學的目標。

老師的角色

理解方言的差異，對老師而言是很重要的，這有助於他們對每個幼兒的理解與認識。為盡可能給幼兒最好的示範，幼教老師應該說標準的英語。

許多成功的老師除了說話的口音，也擁有其他特徵、能力和技巧，幫助幼兒語言和讀寫素養的發展。老師的說話與幼兒的說話是否有一點差異，這對幼兒沒有太大的關係。老師的態度、親切感，以及對方言與幼兒的接受度，才是極為重要的原因。

老師具有一種獨一無二的身分，他們需要建立文化的橋樑而不是圍牆。老師最主要的任務就是和幼兒創造及分享新的、共有的意義──從教導的知識和技巧上給予文化脈絡新的意義。這個挑戰是為了發現個人的興趣，以及從文化角度上為幼兒創造新脈絡的相關方式。

能力是不會被特定的語言、方言或文化束縛的。

Galda、Cullinan 和 Strickland（1993）提出正確的技巧，鼓勵幼兒使用標準英語。

> 透過接觸大量口語、書寫的課本和口語活動，鼓勵孩子使用標準英語。要記住，標準英語的能力對所有幼兒來說都是值得的目標。它不是指拒絕或代替其他語言和文化。當然，它應該被視為一種語言的擴展，以及對學生母語和英語的補充，給予他們機會和選擇與各種語言的社群溝通。

老師對於不同說話者應有的語言行為模式，並沒有受過太多的指導與訓練，對於要如何增進語言能力成長，或許也沒有獲得太多協助。老師本身就需要進行更多的教室觀察和研究，以確認那些變化及差異性。二到三歲幼兒需要學習家庭或社區期待的社會語言。他們知道何時應該說話，何時應該安靜。在學校，他們會根據所聽到和觀察到的，推論什麼樣的說話是適當的。當幼兒開

始使用第二語言或第二方言時，會傾向使用從他們的母語或方言中發現的文法或句型結構。因為有許多文化，包括中國、越南和一些美國原住民社群，會期望孩子要從聆聽中學習，這些孩子與一出生就被鼓勵多表達的孩子相比，相對也比較沉默。研究員觀察夏威夷幼兒發現，他們通常不喜歡成為個別的關注焦點；而且當我們詢問他們問題時，他們傾向於簡短扼要地回答。

因為衝擊性的文字和詛咒的字眼，在使用時常帶有情緒與加強的語氣，所以這些字常常會是最先學會，並且用在不對的時機。在一些文化裡，會鼓勵幼兒使用「是的」這個字眼來打斷成人說話，以表示他們和說話者是一致的。

在某個文化中，一些臉部表情或手勢是可以接受的，但在另一個文化看來，這樣的表現卻是很無禮的。實際上，不同語言的說話者對於說話者之間的適當距離，也有不同的看法。老師若沒有考慮文化差異，或許會認為不同幼兒的語言（或缺乏語言）是無禮的。幼兒之間形成的誤解，以及或許他們可能只是對老師表達幽默而已，對於這種誤解需要更敏銳地處理。

幼兒在自己的方言或語言裡，或許是一個非常優秀的說話者，也或者他可能只是個初學者。和幼兒一起工作的學校人員，應該尊重幼兒天生的說話方式，而且不要嘗試阻止幼兒使用這些語言。這樣做的目的是要促進孩子使用母語自然地說話。在幼教機構裡，讓幼兒傾聽許多好的說話示範，是教導標準英語時可以採用的方法。關懷的成人、遊戲活動、其他孩童，和豐富的語言活動課程，可以提供幼兒一個自由聽說的環境。老師會避免修正幼兒口語的錯誤，並且探究其意義和目的。他們很強調合作、共同研究，以及頻繁的對話。

老師應該知道學校課程中有哪些部分，是設計用來增加幼兒對於文字的使用。老師可以在和孩子每天的對話裡，由衷地表現出對文字的興趣，也可以在非正式、自然的對話中，使用正確的標準英語形式。用明顯的方式糾正幼兒，可能會讓孩子感到不好意思，因而阻擋幼兒的率真和熱情。

Delpit（1995）指出，老師僵化的糾正和專注在說話的正確性時，會提高幼兒的焦慮感，並且迫使孩子監控他所說的每個字，阻礙幼兒「無意識的獲得」語言。Delpit 提供一個例子，一個四歲孩子抗拒使用老師所教的早晨問候的特定回答「I'm fine, thank you」。Delpit 的例子（1995）如下：

老師：Tony，早安。How are you?
Tony：I be's fine.
老師：Tony，我說 How are you?

Tony：（提高聲音）I be's fine.

老師：Tony，不對，How are you?

Tony：（生氣）我已經告訴你 I be's fine。我不想再跟你說了！

在對話中仔細聆聽、有技巧的回應和欣賞問題，可以幫助幼兒學習將他的想法放進文字中。幼兒可以先依據自己的方言或第一語言進行思考，然後用標準英語來表達。Delpit（1995）建議，老師應該提供學生接觸非主流的形式，並且讓幼兒有機會練習上下文脈絡的機會，而且是有其真正的目的，並且希望本質上是快樂的。

幼教老師必須面對孩子的口音和方言，因為這些口音和方言會影響他們對幼兒的態度和行為。老師可能傾向尋找與他的口音最相像的幼兒談話及溝通。交談和訓練可能需要付出額外的努力。親職會議和額外的計畫必須滿足不同語言模式孩子的需求。在入學申請的面談中集合家長；發音指導可以幫助老師正確說孩子的名字。這是小小的第一步。

和不同文化的孩子一起工作，意指需要很多的教師觀察。在語言互動方面，觀察孩子的喜好或學習方式可以提供許多線索。

經驗豐富、敏銳的老師不會在團體時間裡直接詢問或要求幼兒，使幼兒置於一種尷尬的場面。他們可能會對特定文化的年幼幼兒採用說故事或實物示範之類的方法。在一些幼兒課程中，打擊節奏、吟誦和唱歌的方式占課程的一大部分；在其他課堂教室裡，戲劇可能會是增進語言的另一個方式。可以確定的是，在今日幼兒教育的教室有越來越多的不同與差異性，老師需要更努力達到和擴展每個孩子的語言能力，這不是件容易的任務。

Farr（1992）建議與非主流幼兒工作的老師們應該要：

◆ 理解他們對世界的觀點，或是使用語言的方式，這些不一定要由其他人分享。

◆ 察覺他們所能意識到的範圍，包括相信自己的文化和語言的模式是天生或是有邏輯的，並且了解他們可能會傾向根據他們的文化規範來解釋行為。

◆ 了解語言或其他行為上的不直接表達，在某個文化中可能表示尊敬，但在其他文化中則可能代表不誠實。

◆ 了解老師與學生之間的溝通，對有效的教學及學習是非常是重要的。

Soto（1991）根據自己的觀察和重新研究，提出建議如下：

1. 接受關於語言學習的個別差異，避免壓迫和催促幼兒。年紀小的幼兒

需要時間獲得、探索和體驗第二語言的學習。

2. 接受幼兒想要溝通的企圖，因為實驗和嘗試錯誤都是學習第二語言的過程。應該給予幼兒機會練習母語和新語言建立的技巧。成人不應該控制對話；幼兒是需要被傾聽的。

3. 承認幼兒需要獲得新語言的技巧，來代替已存在的語言技巧。提供年幼的幼兒一個機會保留自己的母語和文化。

4. 提供一個有刺激性的、活躍的、不同的語言環境，在有意義的社會互動中有許多使用語言的機會。

5. 尊重每個孩子的家庭文化，加上參與有意義的活動，將會提高人與人之間的互動技巧，並有助於學業和社會的成功。

6. 對於說其他語言的人，使用非正式的觀察去引導活動的計畫、互動和對話。

7. 提供一個可接受並尊重不同文化和語言差異幼兒的教室氣氛。

其他的提示

老師應該避免：

◆ 使用造成幼兒懷疑自己能力的方式來糾正幼兒。

◆ 給予幼兒一種「他們不夠努力嘗試改進自己說話能力」的想法。

◆ 使孩子說話感到氣餒。

◆ 容許取笑個別語言的差異。

◆ 打斷孩子想表達的想法。

◆ 催促正在說話的孩子。

◆ 把幼兒置於會產生焦慮的情況中。

第二語言學習者

Weitzman（1992）定義，所謂「同步能說兩種語言」（simultaneous bilingualism）是指一個幼兒在三歲以前就同時學習兩種（或多種）語言，「接續地能說兩種語言」（sequential bilngualism）是指幼兒在三歲以後才開始學習第二語言。「接續的獲得」是指這種獲得發生在幼兒已經建立部分的第一語言之後，才開始學習第二語言（舉例來說，當孩子開始上學，而這個學校的語言和家裡使用的語言不同）（Papadaki-D'Onofrio, 2003）。

White（1986b）建議，假如我們在家中使用一種以上的語言，並且要能精熟這兩種語言，則從嬰兒出生一開始，就應該讓他們接觸兩種語言。然而，如同常見的個案，有些孩子在家中只有專門使用第一語言，研究認為，應該鼓勵幼兒發展出第一語言的專門知識，然後，等待幼兒在未來將這些知識更容易地轉換至第二語言（英語）。Snow、Burns 和 Griffin（1998）要求教育者別

將學英文和發展學校的閱讀能力混為一談。

> 學前兒童經驗到自身的語言規則，例如，發展出對音韻的敏感度，然後他們開始理解字母的意義，並且得到學習閱讀所需的知識。我們並不需要提供第二語言某種程度的特別優勢條件，這反而會造成幼兒在閱讀準備度上的風險。

　　一個雙語幼兒的老師需要面對最立即的問題，就是如何幫助幼兒在學習所有的語言時能有良好的發展。一個完整的語言評量應該同時兼顧幼兒的第一語言以及英語的知識，這樣有助於我們發現幼兒學英語的限制與困難。不過，現今從一個多元文化和不同社經地位的教室中評量幼兒已經是一個成熟的方式。Genishi（1993）指出：

> 所謂「文化敏感度」指的是，不論哪種評量都會受到受測者的社會與文化差異影響。因為語言的評量總會反映文化的觀點，以及幼兒童年所處的不同文化環境。所以，我們不可能建立出一個具文化敏感度，並適用於所有幼兒所處文化的單一評量。

當我們在教導學習第二語言的幼兒時，Allen（1991）建議：

> ……很重要的是，學習者不只是接受他們可理解的內容，有時他們能接收的遠超出他們當下所能理解的程度。

　　有些過度熱心的老師會使用一些高壓的策略，造成幼兒的緊張，並延後了第二語言的獲得與學習。

　　Wong-Fillmore（1976）定義出幼兒在學英語作為第二語言時，習慣使用的幾個策略：

1. 他們會假設那些說話的人所說的內容，和正在進行的活動是直接相關的。
2. 他們累積一些詞句以及刻板的說話方式，然後開始說話。
3. 他們找出在語言中反覆循環的模式。
4. 他們使用他們所擁有的大部分語言。
5. 他們需要更努力了解語言的意義，並儲存語言細部的差異。

　　根據她的判斷認為，大部分學習第二語言的幼兒需要四到六年的時間，才能成為一個流利的英語使用者，有些幼兒則需要五到八年。

我們可以將第二語言的學習者在早期學校經驗所面對的困境，稱之為「加倍的困境」（Tabors, 1997）。Tabors 解釋，當那些幼兒在學習新語言時，需要讓那些說新語言的人所接受，然而要被社會接受，他們就必須學會新的語言。較小的幼兒常會使用各種策略來克服這種困境，包括用動作邀請其他人一起玩，並成為伙伴。他們也會試著用哭泣、啜泣、用手指、手勢模仿，或是其他非口語的請求。幼兒藉由觀察、傾聽和推論來蒐集資訊。他們可能自言自語，並且嘗試實驗或練習他們所聽到的聲音，因此會發展出電報式或刻板的語言，包括說出人或物品的名稱（Tabors & Snow, 2002）。他們會使用一些慣用語，例如，「嗨」、「看看這個」、「不要」、「好」和「這是我的」，這都是司空見慣的對話內容。Tabors（1997）相信：

> ……幼教工作者需要知覺到社會隔離和語言的限制是經常發生的。因為這些年幼的第二語言學習者的早期經驗都有個共同特徵，就是他們所處的環境是不能使用母語的。

單語和雙語說話者對社會和語言適當性的推論，是以不同文化環境的持續互動作為基礎（Genishi, 1985）。學習第二語言有許多困難的任務，幼兒必須：

◆ 能發出一些母語裡沒有使用的發音。
◆ 要能理解母語的音調或文字在新的語言中可能代表不同的意義。
◆ 學習和選擇適當的回應。
◆ 分類和修正文字的規則。
◆ 學習不同的文化價值和態度。
◆ 在呼吸和說話時控制氣流。

Tabors（1997）描述幼兒學習第二語言的方法有四個階段。她認為，研究者應該將這些階段定義為一個具有一致性、且符合發展的順序。

1. 幼兒會在第二語言的情境中持續使用他們的母語，這種狀況會經歷一段時間。
2. 當他們發現，他們的母語無法在這些情境下使用時，幼兒會進入所謂不使用語言的時期，直到他們蒐集足夠新語言的資訊，而且可能還會花一點時間嘗試一些發音的實驗。
3. 幼兒開始走入團體，用新的語言發出單獨的字彙或句子。
4. 幼兒開始對第二語言發展出豐富的使用方式。

但 Tabors 也承認，這個學習的過程仍然會受到個別差異所影響。研究者

認為,至少有四個因素會影響幼兒獲得第二語言的速度,包括:刺激的程度、接觸的程度、年紀,以及個人特質(Tabors & Snow, 2002)。Tokuhama-Espinosa(2001)提出其他影響第二語言獲得的因素,包括先天能力、協調性、態度、學習風格、機會與支持,以及家庭環境的個別特質。

以下引用 Papadaki-D'Onofrio(2003)所提出關於獲得第二語言的里程碑:

◆ 沉默的階段。
◆ 混合的語言與轉譯的階段。
◆ 語言區隔的階段。
◆ 一種語言開始支配其他語言的階段。
◆ 會隨著環境改變平衡地轉換語言的階段。

Okagaki 和 Diamond(2000)指出,對第二語言學習者而言,最有效的策略就是透過觀察,並且跟其他幼兒做一樣的事情。藉由連結這些公式化的句型和物品名稱,幼兒會建立獨特的句子,於是他們可能會犯很多語言的錯誤。

幫助幼兒學習雙語有一個重要的教學技巧,就是我們要允許並承認幼兒是教室的資源,當他們用其他方法來描述物品的名稱或物品,或者表達他們的需求時,這意味著他們是需要被老師了解

的。這時候,在教室中準備一些雙語的字卡是有助於這些幼兒的方法。

在幼兒時期,幼兒的語言理解能力有助於兩種語言的學習。在學前工作中,我們常會發現,幼兒能夠在二種語言裡快速流暢地轉換溝通。

研究也發現,雙語的幼兒是更有想像力的,在抽象概念的表現上也比較優異,而且他們的思考會比非雙語的幼兒更有彈性。這些孩子也被認為是比較有創意及解決問題的能力(Tokuhama-Espinosa, 2001)。與非雙語的幼兒比較,雙語的幼兒對語言的本質和運用有較多的知覺,而且證據也顯示,雙語是可以提升認知發展的(Genishi, 2002)。

有些只說英文的家長,特別是家境富裕的家庭,他們會尋找家教或雙語的幼教課程,以提供機會給他們的非雙語幼兒成為雙語的學習者。Papadaki-D'Onofrio(2003)相信,雙語的課程對所有幼兒都有效。

有些研究者注意到,學習雙語可以促進幼兒的自信,並且強化家庭的連結。不過,其他研究者則提出,這樣可能會造成家庭的困擾。Wong-Fillmore(1991)進行一個研究,將雙語的幼兒放置在只說英文的學校,導致幼兒失去母語溝通的能力,會對家庭的關係以及概念的獲得造成不利的影響。

第二語言學習者的課程計畫

Delpit（1995）主張，提供第二語言學習機會的課程設計者，需要考量對幼兒接觸環境的了解度、接受度、刺激、熟悉度，和在真實情境的練習等因素。

幼兒教育的課程發展者會依據那些母語不是英文的幼兒狀況，來決定最適合他們的教學方式，這時常會出現一些爭議。有些人支持母語的使用、本國文化的指導，以及在開始教授英文作為第二語言的學習之前，用幼兒的母語來進行學業的學習。而另一些人則提倡在孩子入學的第一天就使用英文，伴隨著極少部分的母語。這個觀點相信，越早接觸英文，對幼兒的語言越有助益。

介於這二者觀點的教育者，和那些使用其他教學技巧作為課程改革者都同意，那些母語不是英文的幼兒更需要被理解，他們在認知上是有能力的，並且有學業上的優勢。他們的老師對他們要持有高度的成就與學業技能期望，就如同對待所有的學生一樣。

許多幼教機構採取多樣的計畫和方法來幫助雙語的幼兒。他們的工作人員會進行個別的技巧研究和研習，這也是機構內部進修課程的一部分。Soto（1991）描述最理想的幼教雙語課程是支持的、自然的，具有豐富語言的環境，以提供認同和有意義的互動。

大部分的課程會處理家庭和學校文化之間的存在差異，以促進幼兒的二元文化特性。這可以讓幼兒在家庭和學校處於兩種不同的價值和行為期望中獲得成功的經驗（Cohen & Pompa, 1996）。分析幼兒的語言發展，是增加幼兒在學校成功經驗的重要部分。Cohen 和 Pompa 建議一種在文化上謹慎處理的取向，幼兒教育專家必須對不同文化的幼兒進行示範和緩慢的介紹，藉由直接探索來增加教學上的練習，並在幼兒持續模仿時使用特別的口語問題。他們相信，這樣的練習可以增加幼兒的口語技巧和傾聽指示的能力；同時也指出，幼兒教育課程應該「適合」不同學習取向的幼兒。

Padron、Waxman 和 Rivera（2002）定義文化取向的教學應該包括學生每天關注的事情，例如，重要的家庭和社區議題。這種課程的目的是為了幫助幼兒在學校可以感覺到自在和自信。和幼兒每日生活的經驗有關的計畫性活動，對幼兒是有意義且重要的。也可以規劃幼兒一起工作的小組合作學習活動，這些活動都可以發展幼兒的社會技巧與團體間的關係。

這些以幫助幼兒熟練兩種或多種語言，並培養學業成功為目的的課程，有

哪些共通的特質？Papadaki-D'Onofrio（2003）列出以下特質：

◆ 鼓勵母語的發展。透過發展母語可以促進幼兒的認知發展，並且作為學習第二語言的基礎。

◆ 家長和社區的參與是必要的。

◆ 老師可以理解、討論和使用熟練的指導語言，不論是它們的第一語言或第二語言。

◆ 老師是受過良好訓練的，並且有文化的能力和主題相關的知識，同時持續延伸他們的專業訓練。

美國幼教協會（NAEYC, 1996）建議幼兒教育者需要有語言與文化的知覺能力。

在幼兒教育領域，我們需要博學的、受過專業訓練的、有能力並對多元語言／多元文化敏銳的幼兒教育者。能說超過一種以上語言並且有豐富文化素養的幼兒教育者，是幼兒教育環境中很寶貴的資源。在一些例子中，有些老師會說多種語言、鄉土的方言，或者幼兒或家庭所說的方言，這些教育者對地區的語言和不同文化社群的社會文化和經濟相關議題有相當程度的了解，可以協助家庭支持幼兒在家庭中使用母語和習得英文。

Cummins（1979）則提倡徵聘會說幼兒母語的助理教師和教室義工。圖畫書的品質對學習第二語言的幼兒來說，其價值是不能忽視的。說故事時間和一對一、成人唸故事給幼兒聽，都是可以提供字彙和意義的方法，而這些學習並不是單獨的對話示範可以做到的。歌曲和音樂也可以提供語言學習的機會，在學校的環境中使用圖卡，也能促進語言的發展。和說英文的幼兒有大量的遊戲與互動機會，是所有幼教課程幫助第二語言學習者的另外一個重要方向。

教導第二語言最成功的方法和幼兒學習第一語言所提到的特徵是相同的，包括和幼兒每天生活有關係，而且由溫暖、有回應、口語表達清楚的成人、環境提供的親身探索與體驗。

以下為其他建議：

◆ 提供一個安全、可接受的教室環境。

◆ 有耐心地傾聽，並保持眼神的接觸。

◆ 對幼兒的想法給予注意力。

◆ 回應意義而不是回應說話的技巧和內容。

◆ 促進分享和冒險。

◆ 教室的活動要有參與性、意義性，並且有成就的。

◆ 在句子中強調關鍵字。

◆ 當稱呼一個物品的名稱時，盡可能指著實際物品或是觸摸它們。

◆ 學習正確唸出幼兒的名字。

◆ 和其他可作為學習楷模的幼兒分在同一小組（Okagaki & Sternberg, 1993）。

◆ 幫助幼兒了解他是獨一無二、特別的。

Tabors（1997）也提出以下建議：

◆ 讓幼兒學習一些有用的字彙（例如，廁所、吃、停、聽）。

◆ 利用手勢、實際物品和圖片作為幼兒額外的線索，例如，用圖畫表示的作息表。

◆ 提供幼兒一些不需要面對其他人的活動選擇，例如安靜角的活動。

◆ 在活動時間，老師要提供足夠的鷹架（scaffolding）[4]，幫助幼兒更深入地學習教材。

◆ 在互動的過程持續提出註解和說明，例如，「楊正在用紅色顏料上色」、「我在你的毛衣別上名牌」等等。

◆ 選擇分享一些可預測的圖畫書。

◆ 以小組活動的方式來進行故事閱讀的活動。

◆ 在團體時間重複唱一些歌謠。

◆ 運用一些非競爭性的遊戲，幫助幼兒與說英文的幼兒產生連結與互動。

當老師在教導第二語言的學習者時，很多證據顯示，老師會調整自己的說話方式，這種說話方式和父母對年紀較小的幼兒說話的方式非常相似。例如，在說話時提供視覺的線索（真實的物品、活動、正在發生的事情、人物等等）、使用簡單的文法、不斷重複發音及解釋、說話速度緩慢且清楚、時時確認傾聽者的理解程度，以及擴展幼兒提出的主題。

當老師有計畫地引導幼兒學習時，老師需要關注第二語言學習者的狀況、需求、其他幼兒對待他們的態度，以及這些學習第二語言的幼兒在團體中的接受度，這些都是非常重要的。這些幼兒的座位最好安排在可以當「翻譯朋友」的幼兒附近，並讓他們在參與團體的活動時，形成一種共同的伙伴關係，這可以使這些幼兒獲得更親密的關注。

美國幼教協會（NAEYC, 1996）建議老師在面對教室中的各種語言時，可以採用分組的方式。每天可以安排一個特別的時間，讓說同樣或相似語言的幼兒能夠在一起，運用他們的母語來建構

---

[4] 鷹架：對支持語言、理解以及解決問題很有助益的教學技巧。技巧包括教師回應的對話、開放性問題，以及促進幼兒的主動性。

知識。讓幼兒選擇和他們說同樣語言的幼兒一起遊戲是很有用的，之後再讓這些幼兒重新分組，與說不同語言的幼兒互動和遊戲。

我們要鼓勵第二語言學習者的遊戲同伴們，除了了解及認同這些正在學習第二語言的幼兒之外，還要鼓勵他們接近並且邀請這些幼兒加入遊戲。透過討論、舉例和示範，幼兒可以學到運用動作姿勢、逐漸可以慢慢說出簡單的句子，然後反覆練習，或是當朋友們無法理解他們說的內容時，他們會改用不同的字表達。老師可以提醒幼兒這些新同學需要幫助。有的教室會定期在時間表中安排簡短的圖畫書閱讀時間，讓一些父母用不同的語言分享故事。幼兒可以自行選擇是否參與，主教老師會用英文再將這個故事唸一遍，而討論的時間可以幫助我們調查這些幼兒在第一次閱讀時，是如何理解與感受。

對任何一個將學英文當作第二語言的幼兒來說，交朋友是一個很重要的發展階段。教育學者經常會幫這些第二語言學習者與一個說英語的伙伴配成搭檔，或是幫助這些幼兒順利加入遊戲的團體，使他們在社會性及語言上獲得助益。在任何一個第二語言學習者的團體中總會存在著個別差異，就如同這些差異也存在於第一語言學習者一樣。

簡單來說，第二語言學習者很容易在同儕的遊戲中被忽視或遺忘。即使他們嘗試用一些非口語的方式溝通，還是很容易被當成「嬰兒」或是被忽略。他們在扮演遊戲中，常常被分配當「嬰兒」的角色，或是淪為一個想扮演媽媽的幼兒所照顧的物品，而這些關注或許是他們不想要的。其他幼兒可能會用高頻率的聲音、縮短和簡化的語言方式和他們對話。

父母可以做的事情

家庭與學校的教學計畫可以提供書籍、多媒體教材，或可借用的錄放音機等等，幫助那些在家中缺乏說英文示範以及相關圖書的幼兒使用（Blum, Koskinen, Tennant, Parker, Straub, & Curry, 1995）。

Tabors 和 Snow（2002）建議，要鼓勵父母持續在家中維持母語（第一語言）的使用，並提供母語的活動，持續且增加每天的對話機會，以與幼兒建立有品質的語言互動作為目標。他們也建議老師應該要求父母探究幼兒從出生至今所展現的語言形式，以及他們連結了哪些讀寫的經驗和語言。最後，他們也建議評估每個幼兒理解了什麼，以及是用何種語言了解的。

老師可以預期的行為

可以想見,老師和幼兒不免會遭遇一些挫折。不過,幼兒的語言能力常會讓人感到驚奇,老師會注意到幼兒對英文的理解越來越多,但有時說話時又有所遲疑,或是只聽得懂一些剛開始的慣用語。假如老師嘗試學習幼兒的語言,就會發現有些發展順序非常明顯。

當母語不是英文的幼兒進到一所說英文的學校時,通常會有一段時間,這些幼兒會使用他們的母語和其他幼兒及老師溝通;最後,他們會發現,除非有和他說同樣母語的幼兒在,否則這是一個沒有效果的方法。他們會領悟到,有些語言和他所用的語言是不同的,為了能夠了解對方說什麼,他們需要學習新的而且不同的語言來溝通。即使之前這些學習第二語言的幼兒可以適當地在某些情況下使用語言,他們還是會盡可能使用非語言的溝通方式來進行溝通。這些幼兒的非口語溝通方式可能包括幾種企圖:(1) 獲得注意力;(2) 請求;(3) 反對;(4) 開玩笑。但是這些企圖只有在某些情況下有效。

Tabors(1997)提到,在某個階段,第二語言學習者似乎會重複一些字、專注焦點,並且用朗讀的方式唸出字來。這種情況會發生並不是為了溝通,倒不如說是透過反覆的過程來練習,這會讓人聯想到那些二到三歲的幼兒在遊戲的時候私語或自言自語的情形。這些類似朗誦的行為通常都是小聲進行的。

英文的聲調也會被學習第二語言的幼兒理解、練習,並且複製,這些令人難懂的說話方式,可能是這些學習第二語言的幼兒的一種實驗。

文化差異

對老師而言,理解溝通的文化差異是非常重要的,因為在很多幼兒園的教室中,都存在著跨文化的溝通。這些多樣性回應了人類生活中的富足和獨特性,那是一些我們認為有價值,並且與幼兒分享的事物。英文字「multidimensional」(多面向的)可能是最適合描述現代幼兒的字。

融合多元文化的教育希望可以為幼兒在面對多樣化的社會有所準備,這個社會上說著不同的語言,有著不同的價值和習俗。融合多元文化的教育目標,包括溝通彼此的差異性、為共同利益合作、對抗偏見和歧視、尊重其他人的價值,以及對所有人抱持尊嚴及公平的態度。

有興趣研究入學幼兒文化的老師,可以採用 Saville-Troike(1978)所定義的文化要素,這些構成要素包括:家

庭的結構；在人的生命中，階段的界線、週期或轉變；成人和兒童的角色；在權力和禮貌之間的一致性行為；紀律；時間和空間；宗教；食物；健康和衛生；歷史；傳統；假期和慶典儀式。

語言在不同情況使用的方式，隨著各種文化而有所不同。來自不同文化團體的人用不同的方式處理工作；用不同的方式彼此交談；用不同的方式讚美、批評及問候彼此，對於教育下一代的價值觀也有不同的想法。文化造成語言使用方式的差異，反映了文化信念、價值、對社會角色的目標，和在團體間的關係等等的差異。

Thernstrom 和 Thernstrom（2003）假設，許多在美國出生的西班牙裔幼兒，可能會像他們那些在外國出生、新來的西班牙同期的人一樣，對於用英文溝通有困難。他們指出，拉丁美洲人需要經過三個世代，才能到達與亞洲人經過二個世代後一樣程度的英文能力。這些研究者相信，有些墨西哥父母的寄居者身分，以及他們決心保持他們的母語，可能說明了他們為什麼對學習英文缺乏熱忱。

有些文化認為，對成人而言，幼兒不是適當的談話對象。他們並不鼓勵幼兒溝通關於自己的想法和興趣，而成人的說話也不是以幼兒為中心。幼兒必須學習說話時不能直視成人。有些幼兒隨著成長逐漸學習到合作比競爭更有價值；有些幼兒則非如此。

文化是複雜且變動的，所以，了解文化的相似性及差異性就是研究生活本身。文化（culture）[5]被定義為透過個體在社會中的所有活動以及成就，經由世代傳承而形成。

在次文化的群體中，種族的起源經常是一個基本的要素。次文化（subculture）[6]被定義為優勢文化之外的文化。在社會中有階級之分，階級的組成包括上流階級、中產階級和低收入階級。通常，不同文化及階層對養育子女的模式有所不同。家庭會表現出屬於他們的階層和文化獨特的態度與價值觀。舉例來說，在貧窮的群體中，他們的態度和感覺通常包括無力、憤怒、暴力，和對人事物失去信賴等等。

老師要試著判斷這些家庭的背景，注意幼兒的家庭所處社區的個別特質、收入、家庭成員，和文化團體的形式──用這樣的態度去提升對幼兒的

---

[5] 文化：在社會中的個體透過一代代的傳承所形成社會的所有活動和成就。

[6] 次文化：一個種族、宗教、經濟或社會的群體，這個群體展現出他們特有的行為模式，足以和環境中其他文化和社會有所區隔。

了解，並且提供發展的語言經驗。教師回應的能力以及指導幼兒口語表達的能力，將可以大大提升。

　　哪些文化差異會抑制幼兒的說話呢？成人示範者的句子長度，或他們無法修正自己的說話速度來配合幼兒的程度、不確定或否定的環境、家庭的安排要求幼兒必須長時間的獨處，或期待幼兒需要安靜，並且不能引起大人的注意、缺乏書本或閱讀經驗等等因素，都會影響說話的發展。父母是幼兒時期最主要的語言老師，以下常見的情況都可以增進語言的成長，例如，尋求協助或是建立連結的注意力——這些情況可以提供幼兒一個架構，讓幼兒能學習清楚表達他們的意圖，以及學習解釋其他人的想法目的。

　　Okagaki 和 Diamond（2000）建議以下的教師策略：

- ◆ 建立前後一致的程序。
- ◆ 和全體一起學習及吟唱家庭的歌曲。
- ◆ 鼓勵幼兒分享他們的文化風俗。
- ◆ 鼓勵幼兒與其他人分享生活上特別的事物。
- ◆ 將幼兒和老師的家庭照片張貼在公布欄，或是做成教室的書籍。
- ◆ 要求父母提供幼兒最喜歡的音樂或故事。
- ◆ 邀請父母參與教室內的活動。

提升認同度

　　教師也許需要巧妙回答孩子們各樣的問題，這些問題多是有關其他幼兒的說話方式。用準確的訊息，並以開放、誠實的態度回答，可以給予成人一個機會去確認多樣性，或許還能修正幼兒的偏見想法，降低並去除那些否定的刻板印象。在回答之前，先澄清幼兒真正想問的問題是一個不錯的方法。以下為老師陳述的例子：

「是的，帕洛瑪說了一些你不了解的字，他的家庭是來自瓜地馬拉，而且他們是說西班牙語。帕洛瑪目前正在學校學習他的新語言——英文。」

「昆恩不跟你說話，是因為他聽不懂我們的語言，他在家裡是使用不同的語言，他正在聽，而且有天他就會說了。當他在傾聽和學習說話時，表示他想和你玩，可以用你的手勢和話語告訴他你想要他做的，他就會了解了。」

　　老師和多元文化的幼兒工作相處時，更需要仔細觀察和傾聽。幼兒的行為和動作可以給予我們很多線索，去了解他們在團體中的安全感。針對那些說

不同語言的新加入幼兒，當他們表達傷心時，老師要減輕幼兒這種不愉快評論和行為的情況，例如：

> 「李卡多在閣樓裡聽到你們這些男生說了一些不友善的話語，他剛來上學，而且他不知道我們的學校是什麼樣子。我正要試著幫助李卡多在我們教室裡享受上學的第一天。」

　　和多元文化的幼兒一起工作，也意味著教育者應該預防幼兒疏遠他們自己的文化價值。

　　老師需要記住，在幼兒從出生到六歲之間，學習一種第二語言和文法的能力是最重要的（Nash, 1997）。我們要提供如同我們在嬰兒期為了增進語言所做的同樣經驗和照顧——包括大量的語言活動、分類活動、傾聽圖畫書、音樂活動和同儕遊戲，以及對於幼兒在新語言文法的控制力上，成人所給予的時間和信任。就如同我們在嬰兒期需要反覆的經驗一樣，這個經驗將再次被需要。

文化覺知活動

　　在計畫所有形式的語言活動時，我們必須盡所有努力讓幼兒覺知跨文化的相似及相異處。Genesee 和 Nicoladis（1995）主張，語言活動的課程應該納入說不同語言幼兒的語言、文化和個人的經驗，尤其是當我們在計畫指導性的活動時，這樣才能提供他們熟悉的機會。可以邀請他們的父母和其他家庭成員分享家庭故事，或是分享和主題單元、學習區及其他課程要素相關的手工藝品。

　　二到三歲幼兒可以讓他們接觸關於人們的飲食、休閒、穿著、慶典、舞蹈、音樂、團體生活等等事物，增進他們的理解，並且可以用普通的語言彼此交談。而且，他們從事的這些活動要不就是和家庭中所做的相同，要不就是完全不同。有計畫的課程可以互為對照，並以應有的尊重來對待這些差異。膚色、髮型、對食物的偏好、服裝和音樂，都是學習的起點。有計畫的活動可以在文化間展現友誼及合作，用融洽的態度展現個體及團體的相似性。故事存在所有的語言和方言中，有些幼兒園會邀請幼兒和父母提供家庭的照片，在班上製作一本「我的家庭」圖畫書。老師會邀請每個孩子用口述的方式說明每一張家庭照片。這本書可長期放在教室的圖書區，當一名新的幼兒加入時，就會加入新的家庭照片。

　　在第九章我們會討論哪些是優質的多元文化或種族的圖畫書。教室的布

置、公布欄、學習區，也應該反映班級中幼兒的文化多樣性。

語言活動的課程計畫在扮演遊戲、說故事和唸手指謠時，吸收不同文化的風格是很重要的。圖書館員可以幫助老師發現用方言或雙語翻譯寫的圖畫書和其他教材。

遊戲的計畫

遺憾的是，二到三歲幼兒因為缺乏語言和社會互動技巧，所以，常會錯失對語言學習很重要的同儕遊戲互動。教育者需要知覺到，在教室中哪個幼兒是單獨一人，或自己哼唱著歌，或對自己說話。我們更要竭力幫助這些幼兒成為有技巧的遊戲伙伴（Tabors, 1997）。這對於發展和社會技巧的成長都有極大的影響。透過遊戲以及相互的對話，同儕可以成為老師。無法和同儕維持遊戲互動的幼兒，必須學習維繫的技巧來維持遊戲的關係，而這技巧對說話流暢的幼兒來說或許已足夠。解決衝突、分享、共同合作以及談判協商的活動，都牽涉到語言的使用，也是學齡前同儕遊戲的典型方式。

在課程計畫中，安排遊戲的機會和經驗是教師的重要任務。這些任務包括在遊戲的時間觀察個別幼兒，並且為那些遭遇困難的幼兒建立遊戲的團體。

家長成為伙伴

要讓父母理解學校對家長文化與語言的尊重，不是一件簡單的工作。有見識的教育學者了解，一個未來的雙語言和多元文化工作的尋求者對幼兒產生的長期效應。我們應該盡力協助父母，幫助幼兒認識父母親的原生文化，以及他們的語言、文學、歷史、信仰、價值觀和傳統。

在新移民的社區工作，老師應該花費更多的時間與心力來了解這些家庭和幼兒的生活。讓父母在課程計畫中扮演一些角色、在教室擔任助教或老師，學校和家庭可以形成密切的連結。父母可以幫助老師了解可能存在的相似處或差異性。當父母的識字比率不高時，老師在建議父母閱讀給幼兒時需要更謹慎小心。提供一些文字不多的圖畫書，或者是請父母親說故事，都是可以選擇的好方法。我們在第十六章中將會討論家庭讀寫課程。

課程形式

什麼樣的課程對幼兒學習英文作為第二語言是最好的，這個爭議至今一直都存在著。一般而言，常見的課程包括以下幾種：

雙語課程：使用兩種語言進行教學。

過渡性雙語課程：以幼兒的母語作為教學的媒介，直到他們可以流利地使用英文來學習為止。

初學者課程計畫：對那些還不會說英文，或只懂得一點英文的新移民兒童，學校會在一段特定時間內，安排一個特別的學術環境，提供幼兒母語的讀寫技巧以及形式的教育。這種初學者課程同時在小學及中學階段存在。他們提供了一個「歡迎的環境」，老師會使用一些教學技巧，幫助幼兒熟悉美國的生活及文化。熟悉幼兒文化的雙語工作人員會盡可能妥善照顧他們。這種課程的目標是為了幫助幼兒成功學習一個美語、雙語或主要課程。

發展的雙語課程：這種課程是英語及另外一種語言同時並重，目的是為了使幼兒精熟兩種語言。會同時使用英語及幼兒的母語進行學術教學，老師是兩種語言的專家。除了社交時間外，其他時間則避免使用混合或轉譯的語言溝通。

雙語雙向課程：這種形式的課程提供一種融合式的語言和學術教學，將母語為英語的幼兒與母語為非英語的其他幼兒融合一起學習。學生們每天至少有 50％ 的時間是在一起用兩種語言交流，如此可以讓說英語的學生精熟第二種語言。這兩個團體的家庭也必須是對雙語有興趣的。

輔導教師協助的課程：有一位特別輔導者或老師在學校的某些時間陪伴學生。

完全沉浸式教學（full-immersion program）的課程計畫強調提供適合其年齡的課程，給那些說外國語言的幼兒。有些父母，例如 Wardle（2003），相信幼兒時期是學習第二語言最理想的時期，而且在美國的每一個幼兒都應該學習英語以外的其他語言。Wardle 注意到在美國，大部分完全沉浸式教學的課程都是從幼兒園或小學一年級開始，而且參與這些課程的學生可以在二或三年級時，流暢地使用外國語言。

有些課堂會結合某些方法與課程型態，美國聯邦教育部「多元化與卓越化教育研究中心」（Center for Research on Education, Diversity, and Excellence, 2001）定義一個成功的英語學習者課程所具備的一般要素：

◆ 持續並引導家長的參與。

◆ 專門學科教師及主要教師的專業發展。

◆ 提升母語和第二語言的精熟度。

◆ 依據目標擬訂計畫，評量也須與教學目標結合。

◆ 發展合宜的課程。

◆ 對語言的習得及學術成就有高標準。

◆ 強而有力的團隊領導規劃。

◆ 具有保護性的教學，是一種結合語言與實際內容教學的方法。

◆ 用英語進行學術的教學。

◆ 用特別的策略使教學內容（活動）有意義，且能充分理解。

當老師在說話時，使用看得見的訊息（用插圖來表述），可以改善學生聽力的理解力，並減少回應的錯誤。

在幼兒園教室中，由同儕擔任老師的角色是很重要的。我們主張老師應該設計一些課程計畫，鼓勵幼兒一起完成一個以他們共同興趣為基礎，並具有目的性對話的任務。我們也建議讓新移民的幼兒和長期居住當地的第二語言幼兒配對，形成一個伙伴的系統。

雖然那些只用一種語言的同儕呈現出一種比較好的英語示範，但第二語言的幼兒可能還是會說著他的母語與更多其他幼兒連結互動。當我們開始計畫團體活動時，老師對那些非英語系的幼兒需要有更多的了解以及敏感度，意識到他們是否可以與其他說話者和諧相處，或是哪些孩子目前仍舊需要和那些與他說相同母語的伙伴在一起才會有安全感。鼓勵幼兒之間的友誼，對於與非英語系的幼兒相處的教師而言是格外有意義的。

評量

通常，當老師發現幼兒有溝通的困難，或需要提供特殊的教學方式來協助他們時，老師會著手進行評量的工作。學校和課程計畫通常會受到如《沒有一個孩子落後法案》（No Child Left Behind Act）或是地方、中央或州政府單位例行性管理、規定的定期測驗所影響。這些課程計畫中的老師需要為每個幼兒的學習過程製作檔案紀錄。當幼兒沒有進步時，需要為他們規劃個別的學習計畫，以及有系統的教學策略。目的是為了確認哪些幼兒的語言發展比其他幼兒落後，或是藉由比較其社會或認知（語言表現）或是兩種能力，發現這些幼兒的缺陷。這些篩檢工作必須由專業的機構來實施。Kotulak（1996）提出鑑定和矯正的急迫性。

> 糾正語言的失調是非常重要的。幼兒沒有在他應有的年紀發展出正常的語言，其所有的發展都會屬於高風險——包括社會、認知及行為。

在幼兒時期，我們要嘗試評估幼兒是否有可以發現的語言損傷，但學校的

工作人員必須記得，幼兒的語言是從他所處的特殊社群習得的。

有特別需求的幼兒

在大部分的社區，當幼兒出現容易被鑑定發現的溝通缺陷，例如，聽力不佳、視力損傷，或其他明顯損傷時，可以利用特殊的語言發展學前教育機構及專家來協助他們。但還有一些需要特別協助的幼兒，可能並沒有在學前階段被鑑定出來，而且這些幼兒處在一般幼兒之中，常會被當作一般幼兒來看待。在語言的活動中，「學習障礙」是意指在傾聽、說話和閱讀的使用與學習上，有嚴重困難所展現出的一種失調現象。大部分的課程會盡量避免將幼兒貼上語言學習困難的標籤，因為他們缺乏篩檢的專業知識和一套專業、精準的鑑定方法。當幼兒出現屬於特殊幼兒發展的問題時，大部分都會建議父母將幼兒轉介至語言矯正的病理學家或機構、大學附設醫院等，做進一步鑑定與矯正。因為幼教老師並非語言或說話的病理學家，也無法診斷出語言的問題，並提供處方或治療。國際聽語協會（National Association for Hearing and Speech Action, 1985）將溝通失調劃分為兩種主要的範疇：

聽覺障礙（hearing disorders）[7]：其特徵為無法清楚地聽到聲音。從聽力模糊或聽覺扭曲失真，延伸至全聾的狀況，都可歸為聽力障礙的範圍。每一千名新生兒中會有三個出現聽力損傷的問題。在嬰兒六個月「之前」，進行聽力損傷的鑑定及適當介入，可以有效改善語言和認知的發展。表 5-1 為美國聽說協會（American Speech-Language-Hearing Associaiton）印製給父母的資源手冊（ASLHA, 2001）。

說話和語言障礙（speech and language disorders）[8]會影響人們說話和理解的方式；這些範圍包含了簡單的聲音判斷，到完全不能說話和運用語言等。

說話和語言障礙

在美國，超過一千三百萬的人有某種程度的說話表達障礙，大部分常見的問題是發音問題，估計占 75％，其

---

[7] 聽覺障礙：其定義為無法清楚聽到聲音。範圍從無法清楚聽到說話聲音，或聽到的聲音扭曲失真，延伸至完全無法聽到聲音皆屬之。

[8] 說話和語言障礙：溝通障礙會影響一個人說話和理解的方式，其範圍從簡單聲音的替換，到完全無法使用說話和語言。

❖ **表 5-1　傾聽和說話能力之發展表**

	傾聽和理解	說話
出生到 3 個月	• 聽到巨大的聲音會驚嚇 • 當有人對他說話時會安靜或微笑 • 假如在哭時，似乎可以辨識你的聲音然後安靜 • 在回應聲音時，會增加或減少吸吮的行為	• 發出愉快的聲音（咕咕聲） • 不同需求有不同的哭聲 • 當他看著你時會微笑
4 到 6 個月	• 眼睛會跟著聲音移動 • 當你改變聲音的音調時會有回應 • 注意會發出聲音的玩具 • 對音樂專注	• 模糊不清地發出像是在說話的各種聲音，包括 p、b、m • 刺激和生氣時會發出聲音 • 當覺得孤單，或是和你玩的時候，發出咯咯的聲音
7 個月 到 1 歲	• 喜歡玩捉迷藏的遊戲 • 轉頭及尋找聲音的來源 • 當有人說話時會傾聽 • �33解常用的一些名詞字彙，例如「杯子」、「鞋子」、「果汁」 • 開始回應要求（「過來」或「還要嗎？」）	• 牙牙學語中會有長短聲音的組成，例如「tata upup bibibi」 • 使用說話或不是哭泣的聲音來得到注意力 • 模仿不同的說話聲音 • 會說一、兩個字，雖然說不清楚（例如再見、爸爸、媽媽）
1 到 2 歲	• 當詢問他身體部位時，會指出一些部位 • 遵守簡單的規則，並且理解簡單的問題（「滾那個球」、「親親寶貝」、「你的鞋子在哪裡？」） • 傾聽簡單的故事、音樂或韻文	• 會說越來越多的字彙 • 使用一、兩個字詞的問題（「KITTY 哪裡？」「走 bye-bye？」「那是什麼？」） • 將兩個字詞放在一起（「吃餅餅」、「沒果汁」、「媽媽書」） • 在文字的開頭使用很多不同的子音
2 到 3 歲	• 理解相反詞的意義（去─停、進─出、大─小、上─下） • 可以遵守兩個要求（拿書然後放到書桌上）	• 幾乎每件事情都有一個字彙 • 使用二到三個字彙來說話和要求東西 • 多數時候，熟悉的傾聽者可以聽懂他們的話語
3 到 4 歲	• 當你在另外一個房間叫他時，他會聽到 • 可以聽到如其他家庭成員可以聽得到的電視和收音機音量 • 可以針對問題做簡單的回答（誰？什麼？哪裡？為什麼？）	• 談論學校或同學家中發生的事情 • 家庭以外的人可以聽懂他們的話語 • 使用四個或四個以上字彙的句子 • 不用重複音節或字彙就可以輕易地說話

❖ **表 5-1　傾聽和說話能力之發展表（續）**

	傾聽和理解	說話
4 到 5 歲	● 專注傾聽短短的故事，並且回答與故事有關的問題 ● 傾聽並且理解大部分在家裡和學校說的話	● 就像其他幼兒一樣說話清晰 ● 在句子中可以說出很多細節（例如，我很喜歡看我的書） ● 說有主題的故事 ● 可以和其他幼兒或大人輕易地對談 ● 除了一些相似音外，能說出大部分正確的聲音 ● 和家中其他人使用一樣的文法

資料來源："How Does Your Clild Hear and Talk?" Reprinted with permission from the American Speech-Language-Hearing Association.

他大約 25 ％有語言、聲音和流暢度失調，或是這些狀況的結合。大部分的發音問題並不是由身體、知覺或神經損傷所引起，而是對所受待遇的反應。非神經學方面所引起的問題包括：

- ◆ 缺乏刺激。
- ◆ 缺乏說話的需求。
- ◆ 缺少模仿說話的對象。
- ◆ 缺乏增強或增強不足。
- ◆ 不安全感、焦慮、危機。
- ◆ 害羞或是缺乏對社交的信心。

語言遲緩

　　語言遲緩可能與下列一個或更多的區域有關（Taylor, 2002）。

- ◆ 語法、句法（把字放在一起來創造句子）。
- ◆ 語義學（使用單字並了解他人的意思）。

- ◆ 語形學（使用單字的字尾來推論單字的意義與脈絡）。
- ◆ 語用（使用社交語言）。
- ◆ 字彙（解釋和使用單字）。

　　語言遲緩的特徵為：在字彙以及表達思維想法的必要文法上有明顯的遲緩，可能包含理解力及孩子語言表達的輸出和品質。Greenspan（2001）提出建議：

　　如果孩子有言語表達和接收的問題，並超過六個月以上的發展遲緩，就有必要和語言病理學家進行諮商，經診斷後，會建議是否需要進行語言治療。

　　一份孩子的完整研究應該包含先尋找生理原因，例如，部分的聽力喪失和其他結構性（聲音—製造）狀況。除了

仔細評估神經學方面的限制外，也須參考情緒的發展因素，而家庭環境的因素和父母的溝通方式也要一一檢視。Dumtschin（1988）定義出語言遲緩兒童可能的明顯行為：

語言遲緩兒童的表現可能有：使用有限的字彙、簡單的句子，以及出現許多文法的錯誤，他們在維持對話的進行上是有困難的，他們會說很多現在發生的事，卻較少提及未來，並且對於理解別人是有困難的，也難以讓他們自己被他人了解。

除了嚴格的語言學習問題外，語言遲緩兒童可能也有分類物體和辨識相似度和差異性的困難。他們可能很少有時間與別人玩角色扮演的遊戲，並且在課堂的學習上通常有困難，他們需要被關注的程度，將隨著孩子年齡的不同而改變。

教師可能會注意到的其他行為，包含：

- ◆ 句型缺少變化。
- ◆ 只能說簡單的二到三個字彙的句子。
- ◆ 發言次數很少。

- ◆ 常常自己一個人玩。
- ◆ 在與同學共同的計畫中缺少熟練的參與度。

Tabors（1997）指出：

學前教育學者常被要求去評估一個孩子的行為，並針對是否要介入進行更進一步研究。因為孩子愛說話的因素會影響孩子的社交行為，對幼兒教育者來說，針對第二語言學習的幼兒而言，要從某些行為來判定幼兒是表現出真正的發展遲緩，或只是因為來到新環境，孩子與外界接觸太少而造成的壓力遲緩，往往是非常困難的。

Robertson 和 Weismer（1999） 也指出，語言遲緩可能會有社會能力發展的併發症。

因為他們貧乏的溝通技巧，這些孩子在同儕間缺乏有效的互動，而且可能會被同儕拒絕，導致這些孩子減少許多社會互動的經驗，並且缺少練習和琢磨社交技巧的機會。如此一來，語言的不足和社會互動的缺乏產生交互增強的狀況，可能會導致長期的消極社會化後果。

國際聽語協會（NAHSA, 2000）提到語言遲緩的徵兆，包括：孩子在兩歲之前不使用語言，或在三歲前不能說出簡短的句子。另一個徵兆則是兩歲以下的孩子沒有能力回應簡單請求，比如「坐下來」或「過來」等等。

Okagaki 和 Diamond 研究父母對他們的嬰兒和年幼幼兒說話數量的差異研究（2000），估算一個孩子每天可以聽到 700 句話，而另一個孩子則可以聽到 11,000 句話。第一個類型的幼兒似乎擁有較低層次的語言技巧，而這並非先天性的問題所造成，倒不如說是環境所影響。

和語言遲緩兒工作的教師可以使用以下的互動技巧：

◆ 用誘導、引發興趣的活動來獲得注意。

◆ 盡可能在目光接觸的高度面對面接觸。

◆ 與孩子做眼神接觸。

◆ 表現熱情和嬉鬧有趣。

◆ 建立一種「輪流」的互動遊戲。

◆ 以幼兒的口語程度作為基礎，用言語表達單字、簡短片語或者短句。

◆ 暫停、等待，並且期待地看著幼兒，鼓勵他們說話。

◆ 重複教師的陳述，並且充滿期待地暫停。

◆ 重複幼兒的動作或語彙。

◆ 依循幼兒興趣的焦點以及老師的興趣，去複製幼兒的行動或言語表現。

◆ 用有邏輯的問題去探究幼兒的興趣。

◆ 保持親密、認同的身體接觸和溫暖的互動態度。

當幼兒要面對除了他們的母語和方言為主要語言之外的語言學習經驗時，少數幼兒會故意決定不想學標準的英語或新語言。他們的選擇可能有很多種原因。假如其他入學的同學或是老師說他們自己的母語，那麼，他們就會相信自己沒有努力的意義和必要性。家庭無法優先考慮新語言的學習，而且登記入學的時間也只有短短幾天可以考慮決定。另外，在一些特別的社區中，對於「非標準」的方言有一種強大的認同感，這種認同感會限制幼兒要有像個外來者一樣說話的渴望。一個孩子的決定可能是暫時的，也可能是長期的。

與世隔絕的幼兒

有些老師或教育工作者描述一些幼兒由於缺乏與人互動的環境，導致他們出現不當的語言（Costa, 1990; Healy, 1990; O'Rourke, 1990）。「與世隔絕」（cloistered）意味著隔離、分離、受限

制的經驗、貧乏的人際接觸、對世界的
狹隘觀點、家具貧乏的窄小居住區域，
以及時間都花在宗教的冥想和禱告。這
些與世隔絕的兒童被認為會表現出以下
特徵：

◆ 專注力持續的時間有限。

◆ 無法表達想法。

◆ 言語和詞彙有限。

◆ 不能敘述過去的知識。

◆ 不能聽（不傾聽）。

◆ 衝動（心裡首先想到的事物就立刻
說出）。

◆ 缺乏堅持（「這是工作，對我太困
難……」）。

◆ 遲鈍的興趣和好奇心。

◆ 沒有組織。

◆ 躁急，不能等待。

◆ 溝通技巧不良。

　　課程應發展所謂的「遺失的語言和
遺失的經驗」，包括大量的說話、活躍
的參與介入、增加和其他幼兒遊戲的時
間，以及接觸文學。Benard（1993）則
建議，要讓這些孩子有機會去計畫，這
有助於了解自我控制，以及提升尋求他
人協助的智慧。

過度緊張的孩子

　　有許多不同的原因形成有些兒童會
有充滿壓力的生活狀況。當幼兒的壓力

與新的成人、新的情境、同儕團體、閱
讀和說故事時間，和成人對話連結時，
老師會注意到幼兒出現焦慮和嫌惡的行
為。O'Leary 等人（2002）描述壓力的
程度和造成壓力的可能因素，讓老師可
以避免這些因素。

　　適當的壓力可以提升學習，但是過
度的緊張，尤其是過長時間的緊
張，是需要預防的。壓力主要顯
示在情緒學習系統上，而且會以消
極負面的方式運作。極端的壓力是
由於許多不同訊息所引發，或是訊
息快速傳入，或在太短的時間內呈
現，都會增加負面的情緒反應，並
且和恐懼的回應一拍即合。這種記
憶被銘記在潛意識中，並且把對於
這些情境或主題的感覺，變成一種
有知覺的態度來對待。

　　慶幸的是，當他們體驗到一個無壓
力、無焦慮，而且安全的學校環境時，
許多最初對學校某些活動（包括語言活
動等等）表現出厭惡的兒童開始慢慢冒
險，並且改變了他們的態度。許多幼教
老師十分了解有些逃避書籍分享時間的
兒童，會在教室的另外一個區域聆聽，
過一段時間後，他們會慢慢靠近，最後
他們會加入大聲朗讀的團體。他們之前

的逃避和看似無感情變成了期待和享受。這些兒童通常不會逃避與同儕之間的社會接觸，反而是逃避新的團體書本閱讀經驗。

表達和接收語言的困難

教育者開始察覺語言發展的問題。當他們在教室的各種情境中觀察入學的幼兒，包括團體時間、遊戲時間、成人幼兒的交流時間，以及社會互動。在小學的低年級，包括幼兒園，以下特徵會造成老師們的擔憂。這些行為似乎暗示著「語言表達的困難」（Howard, Shaughnessy, Sanger, & Hux, 1998）。

1. 語言的使用受到限制。
2. 對開啟對話和回應對話有困難。
3. 對手勢或非語言溝通有強烈的依賴。
4. 限制或非特殊的字彙。
5. 不適當的語法。
6. 對順序連貫的韻文和故事感到困難。

指導學前兒童的老師可能會認為，這些大多數的特徵是更小的學前兒童的特色，這些幼兒在即將讀幼兒園的年齡時將會被改正。他們的課程計畫和老師—幼兒的互動目標是消除這些困難，並且他們會認為，如果學前兒童的語言能力有所成長，過一段時間這些困難就會消失無蹤了。在小學低年級，「語言接收的困難」可以透過以下行為而發現（Howard et al., 1998）。

1. 口說語言和書寫語言的理解受到限制。
2. 對抽象概念、間接的要求、幽默或者複合字的意義理解有限制。

另一方面，幼教老師並不認為這些特質適用在學前的兒童身上。他們會同意教師的任務之一，是要增加幼兒在學校裡所面臨的文字和概念理解。

構音清晰度

構音障礙（articulation disorders）涉及聲音的形成與互相串連這兩種困難，通常其特徵為：以某一個聲音代替另一個聲音、忽略某一個聲音，或是使一個聲音變形。

假如子音的發音不清楚，這些子音有可能出現在字的開頭、中間或結尾。這個狀況再次指出，正常發展的兒童無法熟練所有子音的發音，必須到七、八歲時才可以完全掌握。

大多數年幼的兒童（三到五歲）在說話的時候會猶豫不決、反覆，並且重說一些字。發音瑕疵是由於以下幾個原因：(1)兒童的注意力不如大人準確，特別針對某些高頻率的子音；(2)兒童可能無法區分一些聲音；(3)兒童對發音機制

的協調和控制可能不夠完善。例如，孩子能聽出「Sue」和「shoe」之間的差別，但是卻無法唸出它們的差別。大約60％被診斷出有發音問題的孩子都是男孩（Rubin & Fisher, 1982）。

發音問題可能歸因於物理條件的音素，例如，顎裂或者喪失聽力，或者可能和口腔的問題有關，例如，牙齒的變異。而許多沒有明顯身體或生理殘障的發音問題，則可能與不熟悉語音有關。

有些兒童需要特別的幫助和直接的訓練，以消除全部發音的錯誤，而有些似乎等到發展成熟後，便會自己修正他們的發音問題。

教師介入協助並不是要打斷兒童的對話，或者經常糾止兒童，而是要保證其他人不開他玩笑或者貶低兒童。正確示範發音錯誤的字是一個很好的行動與步驟。只要持續你的對話，並且把正確的發音清楚地加入你的回答意見中就可以了。

發音障礙

教師有時候會注意到兒童發音品質的差異，這些差異包含音高、音量、共鳴和一般的音質（例如：呼吸聲、嘶啞等等）。幼兒的話語要被人聽懂理解，端賴兒童可以理解多少字而定。至少有80％的幼兒要到三歲左右，我們才能聽懂他說的內容。

口吃和雜亂的聲音

口吃（stuttering）和雜亂的聲音被歸類為流利度失調的問題。口吃與講話的節奏有關，而且口吃是一個錯綜複雜的問題。其說話特徵以異常、無聲的停頓，重複，或者延長聲音和音節為特點；而且，說話也常會結合臉部和身體的動作當作輔助。在處理口吃的問題上，男性是女性的四倍。所有年幼的幼兒都會不斷重複單字和片語，而且會因焦慮或者壓力而增強，這只是典型屬於年齡的問題，並不是真正的口吃。老師應該有耐心等待孩子完整地自我表達，並且要克制自己不要一直想要提醒幼兒「慢慢說話」。大人可以用一種緩慢而放鬆的速度，並且在句子之間停頓，就能給兒童反應的時間，更流利地回答。保持眼睛接觸，並且不急於打斷他們的說話，或者讓兒童說完話再給予建議。此外，也要禁止同班同學戲弄口吃的人。

Trautman（2003）定義口吃的原因如下：

> 大部分口吃的情況與四個因素有關：(1) 遺傳（大約 59 % 口吃的人，其家庭成員也有口吃的狀況）；(2) 兒童的發展（有說話、語言、認知，或者其他發展遲緩的兒童也很可能有口吃）；(3) 神經生理

學（與沒有口吃的人相比，研究顯示，口吃的人在說話過程中是使用不同的大腦區域）；(4)家庭的影響（快速的生活模式和高期望也會導致口吃）。

她指出，大多數的口吃開始於二和四歲之間，而且這個年齡層中有大約20％的幼兒會受到口吃的影響。在這個年齡層的其他多數幼兒，則會經歷一個短暫的「不流暢」時期，但是過了就好了。她指出，如果口吃的時間持續超過三個月甚至更久，以及在三歲才開始口吃的幼兒，可能需要治療來加以糾正。

教師需要耐心而仔細地聽孩子在說什麼，而不是他如何說一句話。語言病理學家是做評估和計畫改進活動的適合人選。

迅吃（cluttering，又稱語暢異常）[9]與說話的速度有關，並且包括音節、重音和停頓等錯誤在內。講話似乎會說得太快，使得音節和單字混雜在一起。傾聽者的回應和良好的說話模式，是缺乏流利度的關鍵觀點。Bloodstein（1975）建議那些和年幼幼兒一起工作的大人：

◆ 請不要批評、糾正或幫助孩子講話；除此之外，也要避免消極回應，或者把注意力放在認為幼兒有「說話的問題」上。

◆ 盡可能改進親子關係。

◆ 消除任何在流利度上會增加問題的因素或者環境。

◆ 強化孩子在作為說話者時該有的正常流利度和自信的期望。

所有幼兒當中，大約有25％會經歷口吃的發展階段（Kay, 1996）。孩子會出現語言的問題，可能只是正在經歷學語言時伴隨而來的不流利階段而已。

美國教育部國家親職教育調查（National Household Education Survey, 1993）發現，大約每十三個四歲幼兒中，就有一位幼兒會被他們的父母評論為說話結巴、口吃，或者對陌生人用一種難以理解的方式講話。

Yairi 和 Ambrose（1999）觀察，越來越多證據證實，只有少數嬰幼兒有口吃問題，口吃是暫時的，並且是一種短期性的短暫紊亂，會在沒有任何介入下自己消失。與男性相比，女性的恢復速率更高。

選擇性的緘默症

偶爾，幼教教師會遇到沉默的孩子。沉默可能是暫時的，或者一直持續，直到老師開始關注這個問題為止。

---

[9] 迅吃：快速、不完整的說話方式。這種話語常常是急促、含糊不清、突然爆裂出來的說話聲音，是很難以了解的、神經質的說話方式。

簡單來說，**選擇性的緘默症**〔selective（elective）mutism〕[10]是孩子能說但卻不願意說話。他們在特定的情況下（通常在家）表現講話的能力，或選擇只與某些個人（經常是同伴或者相同語言的發言者）講話。研究人員相信，選擇性的緘默症通常在三和五歲之間。因為虐待（辱罵）孩子可能促使語言遲緩，或者產生阻礙溝通的心理混亂，像這樣選擇性的緘默症的孩子，教師尤需要關心（Angelou, 1969）。學校會推薦語言專業人士來主導評估和個人處置計畫。學校主管喜歡與父母約談，並且為父母提供本地的資源。

教師能藉由提供描述孩子在教室的行為和回應的觀察數據來幫助專業人士。有很多因素會造成孩子變得特別沉默或者少說話，因此，也常常提醒教師要避免一次就做出緘默症的診斷。學前機構的教育工作者對於孩子的戲弄，或是因為語言或說話不同造成兒童的困窘，應該迅速而堅定地處理。

在學年的開始或者孩子剛入學時，有些孩子可能只喜歡在一旁看或觀察，而不願意互動。使用非英語系語言的說話者剛開始只會選擇和那些懂得他們語言的孩子和成人遊戲及說話；當英語使用量增加，孩子在學校感到舒適和安全後，這些行為也會改變。

其他教師可能在意的問題

頻繁的哭泣

偶爾，受挫的孩子會透過哭或者尖聲喊叫來傳達他的需要，藉由哭來獲得支持者的注意和關心，以作為調整新情勢的方法。孩子用連續的哭和尖聲喊叫，是為了獲得某樣物體或者特權。換言之，教師可以使用下列敘述來要求孩子：

「我不明白當你尖聲喊叫的時候，你想要什麼。你要用說的，我才知道你想要什麼。」

「比利，莎拉不知道你哭的時候是想要什麼。用你的話告訴她：『請你把拼圖片放下。』」

這能讓孩子知道什麼行為是被期望的，並且幫助孩子理解說話是可以解決問題的。

渴望說話和大吼大叫的孩子

偶爾，孩子可能發現不停對談能讓

---

[10] 選擇性的緘默症：是指幼兒會選擇性的針對環境或某些個體表現沉默或缺乏說話的行為。

他們拿到他們想要的。為了使孩子安靜，其他人就會屈服。這情況並不同於平常孩子在每日對話中「施與受」的狀況，或者也不同於孩子辯論並且陳述他們情況的能力。

語言成為一種社會工具。孩子發現大聲講話也許能威嚇其他人，並且勝過反對的聲音。此外，也要審慎地確認孩子是否有聽力的問題。

愛問問題的孩子

有時，孩子會一個接著一個問許多問題。這可能是一種獲得成人注意的好策略，例如：「為什麼還沒到午餐的時間？」「是什麼使小鳥唱歌？」或「蟲會睡覺嗎？」這些問題讓成年人感覺似乎永無止境。因為大多數問題是孩子天生的好奇引起，教師會盡可能幫助孩子搜尋答案且努力滿足個別孩子的需要。順著這樣的方法，很多問題可能會難以回答或者甚至無法回答。

學習障礙

1996 年，有 260 萬個孩子（占全美學生的 4.36％）被安置在公眾募款所成立的學習障礙計畫。Wingert 和 Kantrowitz（1997）列舉學前時期可能表現出來的學習生理障礙如下：

◆ 比其他孩子晚開始交談。

◆ 有發音問題。

◆ 緩慢的詞彙發展；經常不能找到正確的話。

◆ 對於學習數字、字母表、一週天數等的理解困難。

◆ 對押韻文字的學習有困難。

◆ 極度坐立不安和不專心。

◆ 常與同儕發生糾紛。

◆ 對於遵守指示或者常規有一種匱乏的能力。

◆ 不喜歡猜謎、畫畫和剪東西。

Bregman（1997）相信，就如同其他許多人做的，一個問題越快被發現並且盡早處理，結果很可能越好。

聽覺

年幼幼兒的聽覺敏銳度篩選可以發現聽力的損失。Rones（2004）估計，每一千名嬰兒就有二到三個嬰兒天生有重大或永久的聽力喪失，在離開醫院之前，大約 70％的嬰兒需要再檢查耳朵。聽力損失的嚴重性，對聽力損失程度及聲音頻率的範圍這二者影響最大。越早診斷出來，越能及早治療。因為年幼孩子經常會有耳朵傳染病，所以，當一個孩子的聽力行為有減弱的狀況出現時，學校會提醒父母警覺。

中耳炎（otitis media）[11] 泛指任何中

---

[11] 中耳炎：中耳的發炎或傳染。

耳發炎症狀的醫學術語。中耳炎有兩類：(1)非傳染性的流體填滿中耳；(2)中耳受到感染。研究人員相信，中耳炎可能會影響口齒的清晰度，並且干擾一個嬰兒是否有足夠的記憶空間，持續發出一連串有意義話語的能力（Mody, Schwartz, Gravel, & Ruben, 1999）。即使中耳炎引起的聽力喪失可能是短暫的，但是它可能對一個學前孩子在學習說話和語言時有嚴重影響。當一個平常的感冒嚴重影響孩子的耳朵時，教師就能預期接下來的日子，每三個幼兒中就有一個幼兒會被感染。

如果未能發現聽力失真，或長期持續的聽力損失，孩子的學習可能會落後。每三個進行語言治療的孩子中，就有一個孩子有中耳疾病的病史（Mody et al., 1999）。一般不會注意到的地方，例如，想要靠近一點聽聲音、方向感不佳、容易生氣，或者拉扯耳朵，都可能是教師要注意的徵兆。其他可以發現的徵兆，包括：

◆ 難以聽到英文中字尾如 ed、ing 和 s 的字。

◆ 對於音調模式、轉音和重音的理解有問題。

◆ 易於分心。

◆ 粗心。

◆ 要求大人重複。

◆ 對於大人的命令會出現混亂。

◆ 對於口頭複誦有困難。

◆ 對問題有不適當的回應。

◆ 用眼睛從其他孩子身上發現線索。

◆ 關於耳朵的抱怨。

◆ 持續透過嘴呼吸。

◆ 尋找聲音來源很緩慢。

◆ 比其他人說話更輕或模糊不清。

◆ 具有侵略性。

◆ 發脾氣。

Barrio-Garcia（1986）估計，有 84,000 名小於六歲的幼兒被評估為聽力受損。聽力喪失可能是暫時性或永久的。及早發現和處理是很重要的，並且新生兒的聽力檢測要有適當的正確性。

最先注意到孩子將相似的聲音混淆的幼教機構工作人員，可能會是第一個察覺孩子有聽覺處理（auditory processing）[12] 困難，或是輕度至中度聽力損失的人。

中度聽力損失的孩子可能會出現下列狀況：

◆ 頑固。

◆ 缺乏興趣。

◆ 學習的生理障礙。

---

[12] 聽覺處理：心理活動的所有範圍，涉及對聽覺刺激的反應，尤其是說話的聲音，並且思考其意義與過去經驗相關性，以及未來的使用（Harris & Hodges, 1995）。

由於間歇性的**耳聾**（deafness）[13]，孩子可能很難理解口頭的語言。

重度的聽力障礙會妨礙語言發展，而且會比中度聽力損失更容易被發現。大部分受到感染的耳朵常會引起劇烈的疼痛，提醒父母注意尋求醫學的幫助。不過，如果耳朵未受到感染，或者耳朵受到感染卻不會痛，將很難被發現與辨認。

尋求協助

如果幼兒的說話能力或者語言遲緩，比幼兒實際精神年齡（精神成熟）應有的發展落後，機構工作人員應該觀察，並且更仔細地聆聽孩子及蒐集資料。當孩子說話常常難以理解、有明顯的節奏問題、聲音充滿變形，或者常常聽不到，這都顯示出嚴重的問題。父母可以經由許多專業資源得到幫助。大多數城市都設置有說話能力和聽力中心，也有專攻語言病理學和聽力學的公立或私人開業醫生。

其他資源包括：

◆ 縣市衛生部門。

◆ 大學和醫學學校。

可以提醒機構的主管去觀察一個被教師認為可以從專業幫助中獲益的孩子。重要的是，學校或機構要有一個轉介系統，幫助父母為他們的孩子找到適當的測試和治療。在諮詢之前，主管必須先與治療學家或者代理機構處建立關係。在許多州的語言學領域中，有很多具有碩士學位或者博士學位領有執照的合格語言病理學家。

專家給予家中有聽力受損幼兒的父母下列建議：

◆ 幫助孩子用「正確的語調」來學習語言。

◆ 交談。

◆ 提供刺激。

◆ 閱讀圖畫故事書。

◆ 在嬰兒期就讓孩子參加嬰兒知覺刺激開發課程。

◆ 為孩子安排醫生檢查。

◆ 參加以聽力受損的孩子為主題的組織。

◆ 視孩子為一個孩子，而不是「聽力受損的孩子」。

進階語言成就

每個孩子都是獨一無二的。很少幼兒能說話清楚，並且在二到三歲或四歲之前，可以使用長的、複雜的、類似大人的對話。他們獨創、熱情地表達自己的想法，而且喜愛個人和小組的討論。

---

[13] 耳聾：聽力嚴重受損以至於如果沒有將聲音放大，個體無法處理聽覺的語言訊息。

有的孩子可以閱讀一些貼有教室文字標籤的簡單入門書（或其他書）。通常運用於幼兒園或者一年級孩子的活動，可以引發他們的興趣。就像沒有同樣一模一樣的孩子，有語言才能的孩子也是獨特的個體。要推論這些語言早熟孩子在其智力表現上也是天才，並不在此討論範圍中。有進階語言發展的幼兒會表現出以下大多數特性，他們：

- ◆ 可以長時間參與一個長期任務。
- ◆ 專注於焦點上或者沉浸在自己正在做的事情。
- ◆ 說話成熟，並且能使用比一般字彙更長的詞彙。
- ◆ 表現搜尋探索的好奇。
- ◆ 問的問題可以超越目前發生的事情。
- ◆ 對單字、字母表字母、數目或者書寫工具表現渴望的興趣。
- ◆ 記得過去經驗中的小細節，並且將其與目前的事情比較。
- ◆ 透過記住圖或者文字來閱讀。
- ◆ 有時更喜歡單獨活動。
- ◆ 經常並且容易提出想法。
- ◆ 當接觸富有語言的環境時，在雙語環境下能迅速獲得英文的技能。
- ◆ 詳盡地講述故事。
- ◆ 對於年齡表現出一種成熟或者不平常的幽默感。
- ◆ 具有特別的記憶力。

- ◆ 表現高的集中力。
- ◆ 注意細節。
- ◆ 表現廣泛興趣。
- ◆ 證明一種社會責任的判斷力。
- ◆ 展現豐富的想像力。
- ◆ 擁有一種懷疑的態度。
- ◆ 喜愛創作詩或者故事。
- ◆ 在交談中使用豐富的描述來表達。
- ◆ 是記憶特別好的專注傾聽者。
- ◆ 會閱讀教室環境裡的各種印刷品。
- ◆ 會寫認得的字或是結合認得的字。
- ◆ 有複雜的電腦技能。
- ◆ 在說故事、運動和視覺藝術過程中，表達感情和情感。
- ◆ 在非正式語言中使用豐富的形象描述。
- ◆ 在解決問題過程中，表現獨創的想法和持續性。
- ◆ 表現高度的想像力。

學齡前兒童很早就可以認出單字，並且很早就會注意印刷品。他們可能對外語感興趣，也在他們的母語方面展現正確的發音和句子架構。二到三歲幼兒可能顯示更多的詞彙量，並且可能在入學前就開始閱讀。

但令人遺憾的是，那些安靜、非競爭性和不肯定的年幼兒童；那些公開表達感情很遲鈍的幼兒；以及那些很少做眼神直接接觸、問問題，或者挑戰他們所知道某些是錯誤的東西，並且根據他

們家庭文化做出適當行動的幼兒，可能無法被鑑定為出是否有天賦或者有才能（Hartley, 1991）。

Kitano（1982）建議，在課程內設計促進孩子創造性思惟的活動，包括提供下列機會：

◆ 流暢表達的機會。提供很多不同的回應，例如，「你能想到哪些方法……？」

◆ 靈活性機會。改變一種心態，或者以另一種觀點來看待事情，例如，「假如你是一棵聖誕樹，你覺得如何……」

◆ 表現創造力的機會。例如，做一樣沒有其他人會想到的東西。

◆ 精心計畫的機會。美化想法或增加細節，例如，展示塗鴉或草字，並且問：「這可能是什麼？」

Schwartz（1980）注意到教師能幫助進階的學生用言語表達問題，並且提供建議：

◆ 把孩子與其他高能力的人分組或者分享興趣。

◆ 安排一些狀況使孩子的天賦或者才能成為團體的資產。

◆ 使用特別的任務和各樣的計畫。

如果教師相信 Gardner（1993）的多元智能（其中一項是語言的智能）理論，並且有具體經驗出現時，那些教師會注意到，這些年幼兒童對特別的興趣和一些有吸引力特質或者特徵的語言活動有明顯回應。這些孩子會傾向於沉浸在自己的世界裡無法自拔。這就是為什麼有些孩子特別喜歡扮演遊戲、蒐集字彙，沉溺於書籍和字母表中、創作每日的韻文，或者表現相似行為的原因。孩子可能堅持並且花費時間努力在他所選擇的事情上，展現出他的天賦。

摘要

教師在幫助幼兒語言發展的過程中，會接觸到許多不同的幼兒。教師的角色之一就是透過活動和每日的互動，提供幼兒標準英語的示範，以增進幼兒對文字的使用。教師應該小心避免讓幼兒有「他們的言語不如其他人有價值」的印象。

教師應該清楚理解課程的目標，幼兒對語言發展的興趣和需要不同於學校的語言。文化差異是存在的，因此教師要知覺這種差異，然後理解幼小的幼兒。教師能根據幼兒的當前水準提供活動，幫助孩子成長，知道更多，並且能說標準英語和他自己的母語。

說話的差異有賴透過幼托機構人員的研究和觀察。各種不同的語言行為被視為說話和語言障礙。可以提醒父母警覺他們的孩子是否需要更進一步的專業協助。

CHAPTER 6

透過活動設計達到語言和讀寫素養目標

目 標

讀完本章後，你將可以：

- 為「讀寫素養」（literacy）下定義。
- 描述幼兒期的早期讀寫素養。
- 探討幼兒園所的語言活動設計。
- 描述活動發展的評量者角色。
- 撰寫一份語言活動計畫。

本章將語言分成四個相關的領域——聽、說、寫和讀，也探討**視覺素養**（visual literacy）[1]，視覺素養被視為一種主要、基本與其他語言領域最相關的人類能力。幼兒越了解語言如何與每日的園所活動結合，越能提升其語言的使用和**素養**（literacy）[2]。

Stanchfield（1994）描述了讀寫素養（聽、說、寫和讀）間的相互關係。

> 基於過去三十年閱讀的教與學經驗，我相信，閱讀的教與學最重要的是持續了解聽、說、寫和讀之間的關係。近十五年，我堅信我們無法單獨教授閱讀能力，我們僅能將閱讀視為「完形」（gestalt）讀寫素養的一部分。有能力傾聽、討論和思考文字意涵的學生，將越具備閱讀能力；相反地，缺乏字彙量、有限的句子結構、短暫的注意力，和擁有少量語言陳述經驗的學生，在學習閱讀時幾乎都有無法克服的障礙。今日，大部分的教育者都強

調認字（word literacy）而非閱讀素養的培養。

我們建議一個教授閱讀的方法，教師應該將教授重點放在聽、說、寫和讀之間的互動關係（圖 6-1）。

以往的練習和園所活動設計，試著以不同的語言領域教授不同的語言能

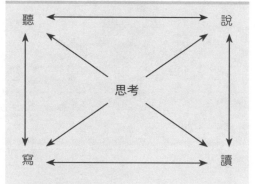

聽（接受式語言）
　一個人聽到別人說話
　一個人可以傾聽別人讀的內容
　一個人可以傾聽和書寫他所聽到的
說（口語表達語言）
　一個人可以對一位聽者說話
　一個人可以將口語轉換成書寫模式
　一個人可以閱讀
寫
　一個人可以寫下他所說的、所聽到的
　一個人所寫的可以被讀出來
　一個人所寫的可以被讀出來和轉述
讀
　一個人可以讀被寫下的文字
　一個人可以傾聽別人讀的內容
　一個人可以將別人所寫的讀出來

▶ **圖 6-1　幼兒期語言能力的相互關係**

---

[1]　視覺素養：以視覺符號理解和溝通的素養。

[2]　素養：牽涉複雜的讀者、內容、背景知識和新資訊之間的認知互動過程，它同時包括技巧、知識和目標的擬訂。讀寫素養以不同形式呈現：散文、文件、量化的、學術的、工作場合和功能性。

力，來提升讀寫素養。教育學者現在相信分開教授不同語言能力，搭配統合、技巧性的活動，可以視為平衡式語言活動方案（balanced language arts program）。

MacDonald（1992）觀察到：

語文發展在聽、說、寫和讀中發生。當一個嬰兒翻書頁時，或是學步兒將圖畫書從拿顛倒轉到對的方向，你的點頭示意正鼓勵他們對讀寫素養感興趣。當你專注地傾聽四到五歲幼兒向你解釋他所畫的一張圖，並鼓勵一位兒童向其他同儕解釋，他如何發現一個不熟悉的字之字義時，你正協助幼兒對成為閱讀者與書寫者產生好感。

視覺素養

為數不少的幼兒早期讀寫素養研究者和專家相信，有第五語言領域的存在——視覺素養。教導視覺素養領域的目標在於提升幼兒的視覺感知技巧。視覺感知技巧包括參與行為、辨別、分析視覺圖像與對其分門別類的能力。換句話說，就是知覺、接受多樣化的視覺特徵。這些視覺特徵包括線條、形狀、顏色、數字、材質、動作和尺寸，以及其他特徵。第五語言領域的研究將標準的閱讀視為視覺思考、視覺智慧、視覺知覺、視覺敏感度和視覺藝術。第五語言與幼兒對這個世界的感覺有特別的關聯；幼兒對所建圖像做何反應；幼兒所看到、感覺到和理解到情緒如何發生；和其如何洞悉視覺媒體（Weismann, 1970），均屬於視覺素養之範圍。

視覺素養把視覺圖像當成一種語言，將其定義為一種了解和產生視覺訊息的能力。視覺素養有助提升幼兒的認知、閱讀和創造力。

視覺素養現在是教育學者研究和學習的領域，它是鼓勵年幼幼兒接觸電視、影片、電玩、電腦和其他大眾媒體的依據。能對圖像做批判性和視覺性思考是一種重要的能力。

Stieglitz（1972）指出，視覺素養是一個人關心週遭環境最重要和基本的能力。視覺素養不僅是用到眼睛，也是用腦部看東西。視覺知覺過程牽涉到視覺刺激、視覺特色、以前的經驗和想法、個人的意圖、興趣，和特定時間內的感覺等。假設所有與幼兒一起工作的工作者，觀察幼兒對一個穿白色外套或是牽著一隻大狗的人之不同反應，他們很容易就會有類似的對話。Piaget（1970）提到獨立的個體並不只是簡單記錄發生的事實，而是藉由智能的運用將觀察內容轉變為事實。

Morrow 和 Asbury（2003）相信，視覺素養領域應該與寫、聽、讀和說的能力做整合。他們也建議以自動自發、有效的方式來教導，並且讓幼兒參與問題解決的過程；另外，他們還建議運用直接、明確和有系統的教學方式來教導視覺素養。

運用照片或圖片說故事，我們在看完封面後，可以引出幼兒對該圖畫書的想法，並討論幼兒的創意手工和故事中的細節，或是其對故事的感受——可以讓老師洞察幼兒的想法，這些活動也展現幼兒解讀視覺線索和符號的能力。

Barry（1999）相信，當幼兒與成人看一張圖片或是經歷一個事件時，並未有批判性分析的過程。相反地，他們專注地想從看到的圖像和經歷的事件中找出意義來。假設他們對教室內一隻新的動物有興趣，幼兒會密集地發問，並且也會有許許多多後續的疑問。

當幼兒被鼓勵運用平面藝術去展現他們的學習成果時，他們正在將其所學「建檔」（documenting）。在瑞吉歐教學法（Reggio Emilia approach）中，老師經常鼓勵幼兒將其所學做建檔工作（Edwards, Gandini, & Forman, 1998）。幼兒會追蹤、再訪他們的發現，並且將其發現化為行動，做成可見的成果。當幼兒討論其創作時，這種練習是自我反省和語言發展的工具。自我反省可以引

導幼兒改進其想法，或做進一步的探究和發現。這就好比科學家撰寫其研究成果，其研究成果通常會引出更進一步的問題。

DeMarie（2001）探討瑞吉歐教學中之幼兒，並相信：

> 學習是一個重複探究並使用不同語言呈現幼兒所學成果之過程（Edwards, Gandini, & Forman, 1998），這些幼兒開始以不同的觀點看世界，並成就幼兒更高一層的思考階段。

視覺是二十一世紀最重要的讀寫素養，圖片、照片和各式各樣的圖像被加工處理。幼兒需要文字轉換成圖像、圖像轉換成文字的經驗。視覺素養無疑成為新興的學習趨勢（Burmark, 2002）。Burmark 指出，好的老師知道視覺圖像可以幫助學習者了解和記憶複雜的資訊和概念的摘要。

讀寫素養目標—— 技巧和知識

所有的讀寫素養探討始於一個操作性定義，Hillerich（1976）下了一個定義：

……示範溝通能力可讓個體運用、表達出適當的年齡發展、獨立的人際互動，以及社會上可能的行為表現。

讀寫素養可以被概念化為相對來說範圍較小的學術探索和教育練習（譬如：閱讀），或是可被視為一種包含所有溝通模式的能力，包括數學、科學和藝術的模式（Graue, 1999）。Leu（1997）相信讀寫素養的定義之改變，反映著不同的歷史、文化和科技的發展。在「資訊爆炸的時代」（information age），他視讀寫素養為個人基本的能力，以期在最短的時間內獲得最好的資訊。讀寫素養也讓他們有區別和解決重要問題的能力，並可與他人分享此重要訊息。他相信，閱讀和書寫是使用網路時不只是最基本、也是最複雜的能力。

幼兒通常藉由發展 Gordon Wells（1981）提的「讀寫素養的識別」（a knowledge of literacy）而進步，讀寫素養的識別包括口語技巧、書寫符號的認識，和字義的了解。Wells 相信，早期對圖畫書初略的了解和閱讀，可以引導幼兒更深一層的閱讀興趣——有目的的閱讀。心理語言學理論強調人類語言的自然與獨特——人類內在搜尋秩序、架構和意義的需求（Itzkoff, 1986）。以心理語言學為基礎，人們可以看出幼兒如何踏出他們對讀寫素養的第一步，尤其是當他們沉浸在一個豐富的語言環境時，如何以正向的態度發展其語言活動。

Cambourne 對讀寫素養的定義（1988），強調一個人在日常生活中使用語言的能力。

……讀寫素養是一個描述行為、技能、知識、過程和態度的專有名詞，它與我們使用語言和這個世界談判的能力有關。……閱讀和書寫是兩個用於談判的技巧，說話、傾聽、思考、反省，和眾多與認知、批判思考相關的行為，也是談判的技巧。

Hirsch（1987）將文化素養（cultural literacy）[3]視為每個人該獲得的基本資訊，且需要在現代的世界成長茁壯，而這也是文化弱勢兒唯一逃離社會決定論（social determinism）的管道。他指出，出身貧寒、文盲家庭的幼兒，會一直處在貧窮的環境和不識字。他們需要教育機會去「打破這個循環」。Gutierrez（1992）描述人可以

---

3 文化素養：素養反映一種文化對特定想法、事件、價值觀和文化認同的要素。

「因社會化而識字」（being socialized to literacy），由此過程可發展出以下行為，譬如：知道如何及在何時發問、如何拿好一本書或是聽一則故事，以及何時與如何參與活動。

早期讀寫素養

早期讀寫素養（early literacy）[4]指的是學齡前幼兒的語言行為、概念和技巧，這些會進而發展成其讀寫素養——包括閱讀、一般的書寫能力（conventional writing），和稍後對讀寫素養的了解。讀寫素養會隨著時間改變，以及幼兒如何看待讀寫素養的重要性，與其採用何種策略去了解或產生口語或書寫語言的不同，而有相異的讀寫素養（Teale, 1995）。

幼兒寫出符合基本邏輯的字體形狀和「假裝閱讀」（pretending to read）行為，皆被視為早期的閱讀和書寫模式。Teale（1995）認為，需要另外的研究去探究幼兒由早期閱讀和書寫階段過渡到一般閱讀和書寫階段的轉捩點。了解過渡期的教學策略和行為技巧、確認幼兒了解讀寫素養的深度，和幫助幼兒從早期讀寫階段過渡到普通階段的技巧，都可提升學校活動設計的能力。

早期讀寫素養最易發生在與同儕有社會合作行為的氛圍中，和有讀寫素養的幼兒相處一室時（Morrow, Burks, & Rand, 1992）。Vygotsky（1978）相信，提供幼兒有利且足夠的支持——「鷹架」，有助其學習。

表 6-1 顯示一位成功學習者在學齡前會出現的特定語言成就（Snow, Burns, & Griffin, 1998）。這些作者聲明表 6-1 並非全然詳盡，也不是完全無可置疑的，但是，它藉由研究結果掌握了許多學習讀寫素養過程的重點。

藉由提供早期經驗，包括父母的身教和態度，早期家庭生活可以啟蒙幼兒的讀寫素養。家庭環境可以是處處充滿刺激或了無生趣，也可有豐富的讀寫活動，或是嚴重缺乏讀寫活動。幼兒積極搜索環境中的意義，許多幼兒處在充滿文字的環境中，且對圖畫書很熟悉。假設幼兒有觀察或參與家中的閱讀或書寫活動的習慣，他們進入園所時，通常會對閱讀和書寫表現興趣和正向的態度。他們也喜愛參與象徵遊戲，並試著以藝術、積木和園所中的其他事物，重新呈現他們所學的符號。這些幼兒會陳述其想法、討論事物的意義，並從成人和其他幼兒身上獲得資訊。

---

[4] 早期讀寫素養：說、聽、認識字體、書寫行為、閱讀英文字母、文字和其他技巧，隨著時間發展、改變，在有一般讀寫素養前達到高峰。

❖ 表 6-1　習得讀寫素養的發展性成就

出生至三歲幼兒的語言技能	三、四歲幼兒的語言技能
● 從封面認出特定的書籍	● 明瞭文字是一種特別的視覺圖像，而且可以各自被命名
● 假裝讀故事書	● 注意當地生活週遭的文字
● 了解正確的拿書方向	● 認識圖畫書中的文字
● 和主要照顧者有分享書籍的時間	● 了解不同功能性的字體（譬如：購物清單），會以不同的內容形式表現
● 在嬰兒床玩發音遊戲，譬如：唸韻文或無意義的發音遊戲等	● 對於可分離和重複的聲音特別感興趣
● 替書中的物品命名	● 說話時加入新的字彙與文法結構
● 談論書中主角	● 可以了解和跟隨口語指令
● 觀察書中的圖片，並了解該圖片代表某種真實物品	● 對於故事中系列發生的事件有感覺
● 傾聽故事	● 對於書籍和閱讀有興趣
● 要求成人讀或寫	● 讀故事時，會將故事情節和生活經驗做串連
● 可能開始對某些特定的字感興趣，譬如：名字	● 以發問和評論故事內容，顯示其對故事的了解
● 畫出越來越多有目的的塗鴉	● 呈現閱讀和書寫的意圖，要他人注意其創作的故事
● 偶爾可以區分出畫畫和寫字的不同	● 可以認出十個字母，特別是他自己名字中的字母
● 畫出一些類似文字的形式，和塗鴉出一些具母語書寫特色的作品	● 將「書寫」（塗鴉）訊息當成有趣的遊戲
	● 可能開始嘗試用特別的字來玩押韻遊戲

資料來源：Reprinted with permission from *Preventing reading difficulties in young children.* © 1998 by the National Academy of Sciences. Courtesy of the National Academy Press, Washington, DC.

　　幼兒生活體驗的增加和對讀寫素養的了解，是語言成長明顯的證據，包括所有語言區域——讀、寫、說、聽，和視覺呈現。

　　擁有識字能力可說是語言技能的再延伸。大部分幼兒並不是正襟危坐學習說話的；儘管每個幼兒的語言程度不同（除了生病或有傷口妨礙的幼兒），他們都成了說話者。反之，幼兒不會無緣無故就具備讀寫素養，或是從社會中習得。讀寫素養要求一個共享的共同體，通常牽涉一般口語和書寫材料的探索，以及足夠程度的聽、說、讀和寫的環境。Snow、Burns 和 Griffin（1998）指出，我們觀察到沒有具備閱讀素養的學生越來越多，而且調查顯示，十個學生中四個有閱讀困難。讀寫素養的培養必須投入大量的時間、精力加上機會。在學齡前階段，老師的任務就是設計活動，這些活動可以同時提升語言素養，並提供一個適合學齡前幼兒共享的共同體。

二十世紀初，在小學教學生閱讀教科書是很典型的教學活動，了解學生閱讀程度的想法並不盛行。但是，閱讀的目的是為了讓每位幼兒可以習得資訊和技巧，以期成為一位有民主素養的選民，並發展成為一位真正受過教育的男人或女人所必需的能力。讀寫素養在今日對某些人而言，仍只是閱讀和書寫，但是許多研究者和幼教學者更為關心的是讀寫的基本素養，這基本素養可能發展於學齡前期。

在電子資訊的時代，有意義的參與越來越依靠讀寫素養。很少有學者否認數以百萬計的美國成人在讀寫素養上有嚴重的問題，尤其是少數族群和貧窮的成人受此影響最多。

一位有讀寫素養的人必須有分享、評論資訊的能力。不管是寫在紙上的資訊或是口頭溝通的訊息，有讀寫素養的人都應該對聽到與讀到的資訊有基本了解。這個觀點可以充分以一個類似的情境來描述：一位局外人傾聽一個已經學了特定技術性字彙的團體成員們的說話內容。舉例來說，我們對電腦迷的了解有一定的困難，我們知道他們也跟我們說同樣的語言，但是我們無法理解他們大部分的對話內容。當他們談論位元（bits）、霧件（vaporware），或是傳輸控制協定（TCP）／網際網路通訊協定（IP），我們完全摸不著邊際；我們會說自己是電腦文盲。

通往文化傳承概念的真正途徑是延伸、與成人進行有意義的個人對話、在家大聲唸出故事，和幼兒基於愉悅選擇書籍閱讀。

語言教學——歷史的淵源

檢視語言教學的歷史根源時，第一位應該談到十七世紀的理論家 René Descartes（1637），他是位法國哲學家，認為上帝必須對幼兒內在的知識負責。對照 René Descartes 的論點，英國哲學家 John Locke（1690）則主張，幼兒出生時是一張白紙。Locke（1974）也強調學習經驗的重要性。

十八世紀時瑞士的 Johann Pestalozzi（1764）和德國的 Friedrich Froebel（1782）根據他們與幼兒的互動提出另一個理論。Pestalozzi（Rusk & Scotland, 1979）和 Froebel（1974）都建議提供幼兒「自然的環境」（natural environments），在自然環境中，由感官經驗產生學習和自然呈現學習的題材。他們認為，遊戲（play）是通往學習的道路、提升智商的成長，並且伴隨著社會、情緒和生理的發展。Froebel 提到，我們應該以和藹、愛心和同情心對待幼兒。許多學校提供教具

稀少又無趣的教室，幼兒還須排排坐或是坐在書桌後面；老師更要求死記硬背、重複朗誦、模仿和嚴格要求學生遵守規則。

二十世紀的美國

　　二十世紀在美國，幼兒園所複製小學課程模式，包括要求幼兒硬背死記、背誦，並只提供簡單的監護照顧。Froebel 的信徒開始影響東岸的教師，John Dewey（1916）則開始在中西部推廣實驗性幼教環境。John Dewey 相信，由老師選擇活動主題、進行主題研究、遊戲區配合主題擺設，皆有助課程內容的提升。他的觀點也影響語言教學的實務練習。今日教室內依然可見角色扮演區和圖書區，主題教學也沒消失。應避免正式的技巧學習活動，但是，別錯失任何可以學習（或教學）的機會。

　　Gesell（1940）也是極富影響性的學者，他提出發展是有「標準」可循的，相信幼兒的成長與發展是基於每個人的成熟度。有效率的老師要會判斷每位幼兒是否已做好學習的準備。

　　同時身為醫生也是一名教師的 Maria Montessori（1967b），1907 年開始實驗將教育帶進羅馬貧困的地區，這個動作引起美國某些幼教學者的注意。她的教育觀點以系統的操作性教具和特別的師生互動聞名。她相信安排一些團體活動是必要的，但是，主要的活動是幼兒從老師提供的活動中自由選擇、決定自己的學習速度並獨立工作。Montessori 教學法強調秩序（order）和自我控制（self-contained）。活動（任務）有明確的開始與結束，包括將操作完的教具放回櫃子。許多 Montessori 活動以感官的方式學習，某些教具則有顏色線索。

　　在 1930 和 1940 年代，普遍相信應該等到幼兒已具備必要的學習技巧，才能正式接觸閱讀，一般認為大約是六歲半左右（Morphett & Washburne, 1931）。這些不可或缺的技能，包括聽覺、視覺辨識力、手眼協調，和大肌肉技巧。

　　1960 至 1970 年代，幼教實務界發生一個重大的改變，幼兒開始被認為會從經驗中建構自己的語言知識。與其將幼兒推向更高的發展階段，老師必須配合幼兒現階段的發展狀況。Piaget（1876-1980）是一位瑞士的心理學家，以觀察自己的孩子和研究孩子的認知發展聞名。Piaget（1952）提出的理論認為，幼兒的成長須經歷一系列的階段，除非他已具備現階段的所有發展特徵，否則無法晉升到下一階段。學習會在幼兒對探索和操作環境有感覺時發生。

Chomsky（1968）關心語言發展的議題，他相信習得語言技巧，有助幼兒了解官方語言（govern language）的使用規則。除非多與比他會說話的人聊天，否則幼兒無法學到這些語言的使用規則。Chomsky 推論我們腦中有一個很特別的語言操作裝置，他稱其為「語言獲得裝置」（language acquisition device, LAD）。

Vygotsky（1978）是一位社會文化理論家，他認為學習在與「社會接觸」（social contact）和「喃喃自語」（private speech）時發生。他強調幼兒與成人和同儕的互動有助其認知的發展。成人（或同儕）藉由注意下一可能符合邏輯的步伐，協助幼兒往發展的下一階段前進。

Morrow 和 Asbury（2003）列舉了不同建構學者和哲學家對語言教學設計的共同影響如下：

◆ 提供特別準備和自然的環境以供幼兒學習。

◆ 同時強調社會、情緒、生理和認知上的發展。

◆ 支持成人鼓勵幼兒參與社會互動以助學習的重要性。

◆ 焦點在於如何學而不是如何教。

◆ 意識到幼兒主動參與學習的重要性。

二十世紀的研究提供教育學者口語、初期寫字意圖、初期閱讀技巧的發展、英文字母學習，或字母發音學習等額外的資訊，大多強調初期的閱讀行為。這些研究支持讀寫素養應該從出生就開始培養的論點。教育學者傾向於相信幼兒身處豐富的（讀寫素養）環境，可以引出其自然的興趣，環境中提供可以協助幼兒讀寫素養的活動，比提供直接的教導閱讀技巧有效率。全語言風潮協助幼兒找到學習高品質讀寫素養的管道，包括傾聽、討論、主動參與角色扮演、說故事、唸詩和繪本時間。初期書寫活動和進行與字體相關的語言藝術活動廣受歡迎。

隨著 1990 年代來臨，大家將注意力轉移到美國幼教協會提出之「適性發展」主張（developmentally appropriate practice）（Bredekamp & Copple, 1997），教育學者漸漸了解可透過教導學齡前幼兒早期發展技巧來預防閱讀困難（Snow, Burns, & Griffin, 1998），幼兒語言教學策略又再次出現改變。許多教學法皆想發展出一套平衡的教學方法，結合能促進發展的環境和適當的讀寫經驗，伴隨以研究為基礎、提供技巧學習的活動。平衡教學的目標就是希望能讓幼兒具備讀寫技巧，並協助其從無讀寫素養、開始閱讀，到可以獨立閱讀。

美國現況

　　過去沒任何一個時期像現在一樣，如此專注於幼兒的閱讀和書寫成就，以及教室裡的閱讀和書寫教學（McGee, 2003a）。

　　國家閱讀委員會報告書（National Reading Panel Report, 2000）主張學校應該提供一套有組織、有系統的教學法，和高教學品質教師的教學。Morrow 和 Asbury（2003）描述一個能令人充分理解的幼兒期讀寫素養教學法。

　　……在一個豐富的讀寫環境，包含了精確與複雜的學習閱讀和語言之過程。譬如，一個了解讀寫過程的形式（音素的、覺察、語音的和結構）及功能（理解、目的、意義）之重要性的環境。並且理解學習通常是整體—部分—統整（whole-part-whole）內容的學習，學習不是片斷的。這種教學法的特色是以有意義的讀寫活動，提供幼兒所需的技能，和成就足夠的、終身的讀寫學習慾望（Gambrell & Mazzoni, 1999）。只要教學方法適合幼兒，提供適合幼兒讀寫素養的教學技巧和學習讀寫素養的機會即可。在這種教學法裡，老師會提供無數的讀寫經驗，整合閱讀、書寫、說話和觀看的活動。

　　藉由促進已被忽略大半世紀的幼兒讀寫素養之發展，來探索最適合和最有效的教學法（New, 2002）。現今讀寫萌發（emergent literacy）已被早期讀寫素養取代。從這個觀點來看，讀寫素養的發展始於出生，持續不斷受社會文化背景影響和理解。新的建議提醒著，身為一個國家，我們已遠離早期讀寫認知能力所專注的意義或目標了。

　　1990 年代後期，閱讀專家和幼教學者試圖找到對讀寫素養的一致看法，並找出最能協助幼兒發展其讀寫素養的方法。Goldenberg（2002）建議，須將強調生產作品的早期讀寫經驗和有效率的讀寫教學做個區別，並探討其與幼兒讀寫素養（聽、說、寫、讀）的相關性。

◆ 了解和使用字體的功能性（為了溝通、表達的目的而閱讀、書寫等）。

◆ 了解和使用「字母原則」〔**語音覺識**（phonological awareness）[5]、字

---

[5] 語音覺識：對於口說發音、韻文、韻腳、聲音相似度，及最高層次的音節、音素全面性的基本了解。

母名稱和聲音、有效和自動的解碼，譬如：寫作）。

◆ 有使用字母的動機和興趣。

◆ 語言、認知技巧和知識是了解和溝通的必備條件。

雖然對於該加強聽、說、寫、讀哪一部分，大家並無一致的看法；但是，一個成功的讀寫活動課程應該在聽、說、寫、讀這四方面皆有深廣的設計，以期在早期啟發幼兒的讀寫興趣，往後他們也能對讀寫始終保持一定的興趣。

Goldenberg（2002）指出，雖然大部分的專家學者同意語音覺識是幼兒學習閱讀的必備條件之一，但對於幼兒應該接受直接的讀寫教學和訓練，還是應該將語音覺識放在自然的語言活動中（譬如：讀詩和歌唱等）的看法是不一致的。以發音為主的教學法（phonics）和語音覺識訓練的擁護者建議的方法，不同於比較強調讀和寫的訓練方法。大部分幼兒教育工作者尋找有意義、有功能性的讀寫活動，但是，許多還是以介紹幼兒語音發展技巧居多，這些課程鼓勵幼兒以有意義的活動創造韻文和部分的語音。

國際閱讀學會（International Reading Association）和美國幼教協會（NAEYC）在 1998 年共同發表一份「學習讀和寫」（Learning to Read and Write）的聲明，這份聲明被視為幼兒語言活動發展指南。它描述了從嬰兒期到小學低年級階段適當的語言發展活動，建議以幼兒的年齡來設計教學活動。它也提倡成人與幼兒的關係；充滿文字的環境；每日閱讀和討論高品質的圖畫書；注重發音和意義的口語機會；音素覺識活動；遊戲，包括探索讀寫工具的遊戲；沉浸在電腦遊戲中的字體、圖像和文字；和第一手拓展知識和字彙的活動。根據這份聯合聲明，沒有任何一種教學法對所有幼兒都有效。同時建議不管老師採用何種教學法，最重要的是，要符合幼兒的差異性和個別性。

美國早期讀寫素養小組

美國早期讀寫素養小組（National Early Literacy Panel）最近正在進行讀寫素養研究調查。這個專題小組認可建立幼兒讀寫素養的重要性，並了解這方面的需求更甚以往（Shanahan, 2004）。這個專題小組希望能研擬出適合幼兒的語言課程，並且探究其他必需的相關研究。

這個小組努力追求許多問題的答案，包括：

◆ 幼兒期（出生至五歲）的何種讀寫技能可預測往後的閱讀、寫作和拼字成就？

◆ 何種環境和設備促進或限制了幼兒的讀寫技能，這種促進或限制與未

來閱讀、寫作和拼字成就間的關係為何？

◆ 孩子的何種人格特質促進或限制了其讀寫技能，這種促進或限制與未來閱讀、寫作和拼字成就間的關係為何？

◆ 何種活動設計和介入促進或限制了幼兒的讀寫技能，這種促進或限制與未來閱讀、寫作和拼字成就間的關係為何？

這個小組已經發現許多與往後讀寫成就有關的強烈因素，在他們檢視許許多多相關的研究和幼兒之後，發現下面數個影響因素。

有力的可預測因素：

◆ 對字母的認識。

◆ 字體的概念。

◆ 語音的覺察。

◆ 拼字的發明、創造。

◆ 口說語言（表達、接受和字彙量）。

◆ 名字的書寫。

◆ 快速、自動的命名／語詞運用。（Strickland, Shanahan, & Escamalia, 2004）

語言相關理論

將相似的理論結合在一起，或許可以幫助語言活動設計者明瞭他們語言活動選擇的理論基礎。

先天論者（nativist）[6]相信成人不直接教導，讓幼兒自然呈現是最好的學習方式，包括 Rousseau、Pestalozzi 和 Froebel。這些專家被認為是引領之後提出成熟理論——研究年齡、階段和基準行為的學者和研究者。

心理社會發展論（psychosocial theory）[7]強調人類階段性的發展，與 Freud 的理論有關聯性，但跟傳統先天論者的想法相異。Erikson 的心理社會理論強調，人需要解決不同人生階段所須面對的特定任務。學步兒和學齡前幼兒的主要任務是學習自治力和培養進取心。沿著這個方向思考的理論，發展出另一個幼兒自主學習（child-direct learning）的哲學思想，譬如：傳統的 Montessori 學派。

Locke 的後天論者（nuturist）[8]被視為提倡高度教導學齡前練習的先驅，雖然他也致力於提供促進幼兒學習的機

6　先天論者：支持幼兒出生時即伴隨著其生理性的學習性格，這性格會在自然情況下發展、成熟的論者。

7　心理社會發展論：由 Erik Erikson 建立的一個心理學支派，認為一個人從幼兒期到成人期共有八個發展階段。

8　後天論者：主張幼兒的腦部是空白和未成型的，需要教育的輸入或直接教導，以助其「輸出」知識和適當行為的論點。

會。行為學派（behaviorism）[9]的活動模式除了將老師提升為知識施予者，當然他們也提供活動。

互動學派（interactionist）[10]認為，幼兒的發展和學習在其與環境互動時發生。活動設計者將互動學派的理倫推展成建構學派（constructivist theory）[11]，並相信社會和環境的互動有助幼兒創造其內在知識。Piaget 將這互動關係稱為同化、調適和平衡的過程。Vygotsky（Berk & Winsler, 1995）則強調語言和社會性分享的重要性〔社會建構理論（social constructivist theory）[12]〕。他建議提供協助、建構學習，和鼓勵幼兒運用自我對話協助其解決問題。

美國國家研究委員會（National Research Council）2000 年指出，儘管各個理論有其強調的重點，但是，它們都將幼兒視為有能力設立目標、計畫和修正的主動學習者。他們了解幼兒的認知發展，而其認知發展與語言發展息息相關，並在幼兒習得記憶、了解和問題解決能力時逐漸發展成型（Machado & Botnarescue, 2005）。

哲學

不同的讀寫教學方法呈現不同的哲學觀點，以致在實務教學上有不同的教學技巧、教材和評量方式。Miller（1998）相信，截然不同的觀點可能會持續很長的一段時間。最近教育者在有效的教學方向和幼兒中心課程（child-initiated curricula）[13]有所辯論，而全語言以及自然發音教學是最近持續受到注意的論點。在辯論中，「平衡的」、「折衷的」、「自然的」、「中立的」哲學觀點逐步形成，也是常被提出來建議老師的觀點。

Marcon（1999）描述一個幼兒自學課程的範例，由老師協助幼兒指導自我之行為。

在這種教學法中，老師協助幼兒學習，藉由：(1) 提供幼兒廣泛的經驗；(2) 鼓勵幼兒選擇和計畫其學

---

[9] 行為學派：B. F. Skinner 提出的觀點，認為行為由環境壓力塑造而成，特別是對獎勵和處罰的反應。

[10] 互動學派：語言的發展是基於天生的因素和環境的影響。

[11] 建構學派：就像 Jean Piaget 的論點，基本上相信幼兒會自己建構其知識，而不是靠外在資訊的輸入。

[12] 社會建構理論：譬如 Vygotsky 強調語言和社會分享、鷹架互換，和幼兒的自我語言之重要性。

[13] 幼兒中心課程：這種課程的基本信條是相信真正的成長發生在幼兒可以自由、自然地去發展其內在的興趣。

習活動；(3) 提出可以刺激和延伸學習的問題，以鼓勵幼兒從事主動學習；(4) 需要時，引導幼兒學習技巧性活動；(5) 鼓勵幼兒思考其學習經驗。

每個幼兒園所的老師根據自己認為適合、有效率的個人理論，規劃出一套特別的教學計畫。假設語言活動設計聚焦於正確的語言形式，譬如：有計畫、連續地學習字母名稱和聲音等等，這種活動設計稱為「傳統式」教學法。這種教學法極力主張教授對幼兒有意義和有用的語言、提供豐富的文學環境和教授平衡、互相有關的內容。這種教學法相信，幼兒在每日的聽、說、寫、讀活動中能增強其學習語言的動機，同時讓所學有意義化。一個適當的教學決須考量入園幼兒的族群、需求、能力、興趣，和父母所期待的教學結果。

幼兒園所已將注意力特別放在 NAEYC 發行之《幼兒適性發展指引》(*Developmentally Appropriate Practice in Early Childhood Programs*)（Bredekamp & Copple, 1997）。對於幼兒課程設計，適性發展指引認可三個部分：年齡的適當性、個別的適當性和了解、尊重幼兒的社會文化背景（Kasten, Lolli, & Vander Wilt, 1998）。許多幼兒園所採用適性發展的理論來設計課程和成人與幼兒的互動活動。適性發展的中心思想認為，幼兒天生就有想要學習的傾向，並會透過與材料、同儕和成人的探索及互動，主動建構自己的知識（Kasten, Lolli, & Vander Wilt, 1998）。教育學者也明瞭學習成就低的學生通常需要有計畫和有系統的教學來學習技能，這些技能將提升其語言能力，也終能讓幼兒輕鬆自在地學習閱讀。

Hand 和 Nourot（1999）陳述實施適性發展課程的可預期結果如下：

> 以認知發展的觀點而言，運用適性發展教學策略有助幼兒創意之發展，也與較佳的口語技巧、接受性語言有關，並且有助於更高層次的認知發展。

Weaver（1998b）是一位專攻閱讀方法的專家，她相信，一個有品質的幼教語言活動設計應具備以下條件：

> 確認所有幼兒接收到有品質的學齡前經驗，包括聽成人說故事、一起閱讀分享書籍的經驗、指導性書寫活動、盡其所能地讀和寫，和隨時隨地運用口語表達。可將注意力透過口語放在發展自然發音法和語音覺知，但是，這樣的教學在與書寫活動有足夠的連結時將最有效率。

這樣的經驗將提供弱勢幼兒一個與其他同儕以一致的步伐上小學一年級的機會。

圖 6-2 提供了幼兒在有計畫與無計畫的教室活動中,可能發展出的語言學習順序。

將語言活動運用於所有課程領域

除了園所設計的課程,日常作息、與同儕玩耍,和未經安排的活動,皆可刺激幼兒的語言發展。教師在平常的上課日,運用每個機會以自然、對話的方式,增進幼兒對文字意義的了解。通常以幼兒每日一早進入園所的打招呼道早或溫柔親切的接觸開始。「你好」和閒聊是園所每日一早的開場,目的是確認每位幼兒抵達的時間。

日常作息是園所每日規律的活動——點心時間、廁所時間,和團體活動時間。在日常作息中,語言扮演聯繫的功能。小組和大團體活動可以用來宣布事情,或進行老師準備的讀寫活動。

Gundling(2002)描述一個支持早期讀寫發展活動的園所:

好的活動支持早期讀寫發展,開啟照顧者和幼兒之間親密和依賴的關

幼兒有觀察和參與富有語言藝術學校環境之經驗。

幼兒專注於教室活動、示範教學、他人的行為模式、老師的教學,或其他教室的活動。幼兒從中理解有用、有趣和值得進行的活動。

幼兒在這樣的情境中覺得舒服和安全,並且覺得有能力做到,而且喜歡成功的喜悅。幼兒也明瞭教師期待適當的教室行為。

幼兒繼續專注於進行中的活動。

探究事物時,幼兒會蒐集和選擇資訊、發展起頭的想法、提問題,並且觀察、聽和觸摸。

幼兒可能觀察或描述關係、成立假設或下結論,並討論其想法。

幼兒可能測試其想法,或與教師和現場的人確認其想法。

幼兒可能從老師或其他幼兒處取得回應。幼兒可能不確定或感到迷惑。

幼兒可能發展出一個明確的想法,並且「適應」活動中的新經驗。學習在這個時候發生。

▶ **圖 6-2 可能的語言學習順序**

係。好的照顧者照護幼兒,並對其興趣和天生的好奇心有回應。當成人意識到幼兒是主動的學習者,且

樂於參與有意義的活動，會提供他們多元的探索機會，以協助創造有利的早期讀寫基礎。

　　活動設計應有幼兒可以理解該活動的目標，並且須與其以往的經驗有某些程度的關聯。大部分的學習能與幼兒的生活做結合，幼兒教育實務工作者盡其可能在教室提供真實和可以實際操作的經驗，二手活動是第二選擇。

　　在一項種植春天種子的活動中，教師可以讀種子包裝上的種植方法給幼兒聽，再一起找出特定的栽種方式。假設種在個別的盆栽裡，幼兒或是老師可以將名字標籤貼在自己的盆栽上。

　　Klein 和 Starkey（2000） 的「Berkeley 數學準備就緒計畫」（The Berkeley Math Readiness Project）鼓勵幼兒園所教師將數字和測量名稱用在園所活動中，譬如：在計畫或隨機的活動中，進行數數兒、比較、加法或減法。他們相信，參與相關的數學和數學專有名詞的活動，可以顯著降低低收入戶與中產家庭幼兒間的差異。

語言活動設計

　　設計語言活動前須確認活動目標：學校打算教授的知識、技能和態度。幼教老師也會教授他們覺得最好的、正確的、適當的和實用的技能。另外，教學目標也與教師看待幼兒在何時、何地，以及如何學習運用語言溝通的觀點有關。下述的語言學習觀點為參與語言活動設計的教職員普遍認可或應用。

◆ 語言散布在所有計畫和隨機的活動中。

◆ 一個有活力、充滿機會的教室會激發溝通和想法交換的機會。

◆ 盡可能提供實際經驗。

◆ 老師應該增進自然探索和發現的機會。

◆ 遊戲提供許多學習的機會。

◆ 教師的教學須有技巧，並且留意幼兒的需求。

◆ 強調物體、事件和經驗之間的關係，是有用的教學技巧之一。

◆ 個別和團體活動設計皆是需要的。

◆ 活動設計須以幼兒的興趣為中心。

◆ 熟練的讀寫技能（學齡前程度）是活動設計的重要要素。

◆ 所有教職員應該認同且熱中其所設計的活動，也應該了解州政府的教學目標。

◆ 統整教學協助幼兒將不同區域的語言活動連結起來。

◆ 閱讀和書寫活動最好以持續性的發展為概念來設計。

Ayres（1998）相信，最佳的讀寫技能提升計畫，是把握足夠的想像、主動參與和刺激，來激發和探究更進一步的讀寫活動。

Okagaki 和 Diamond（2000）注意到幼教老師了解其對入學幼兒之目標迥異於父母的目標。支持和肯定父母的努力是學校的責任，而非僅告訴父母該如何做。有時候，需要社區人士的協助來縮短學校和家庭之間的落差。

理想的幼兒語言課程提供有品質、有意義的幼兒對話、傾聽、早期書寫和閱讀活動，來增加接觸文學的機會。這些活動鼓勵、支持、提供成長的機會，並且進一步確認協助提供幼兒成功的幼小銜接和往後的學習之路所需的基礎知識和技能。

教師訓練

教師應該持續提升自己的教學技巧和分析課程優劣的能力。提問和研究是教學的樂趣之一，Bruner（1996）也將其視為「創新的洞察力」。尋找課程設計的想法時，保持開放的想法和內省以喚醒啟發自己的識字發展過程之記憶。千萬別漠視你專注於孩子並察覺他們每日的日常生活，或是成為一位語言課程活動革新者（提出每位幼兒的需求和興趣）的能力。

研究已界定出明確的「關鍵性」語文教師行為如下：

◆ 對孩子使用新的字彙。

◆ 教師針對幼兒的想法提問以延展其想法。

◆ 讓幼兒的注意力放在分析為其閱讀之書籍上。

◆ 參與挑戰既有認知的對話。

◆ 將重點放在幼兒參與團體活動上（Dickinson & Tabors, 2001）。

◆ 獲得和維持幼兒的注意力（Dickinson & Tabors, 2001）。

◆ 相信教育及社會的目標同等重要（Dickinson & Tabors, 2001）。

◆ 提供識字學習機會，並且有意地運用教學技巧延展幼兒的想法（Dickinson, 2001）。

◆ 支持幼兒寫字的意願（Dickinson & Tabors, 2001）。

其他的建議還包括：

◆ 提供知識、語音敏感性，和熟悉唸書給學齡前幼兒聽的基本目的和技巧（Snow, Burns, & Griffin, 1998）。

◆ 給予幼兒足夠的說話機會（Schickendanz, 2003）。

◆ 計畫和實施小團體活動（Schickendanz, 2003）。

◆ 參與大量的對話（Schickendanz, 2003）。

◆ 在圖書或寫字區參與個別幼兒和小團體的活動（Schickendanz, 2003）。

幼兒園大班語言課程的實務練習和教師的示範技巧為何？

◆ 多樣化引起讀寫學習動機的教學策略。

◆ 對學生的學習成就有高的期待。

◆ 以多樣化的教學結構符合幼兒之個別需求，譬如：大團體、小團體和一對一教學。

◆ 有豐富、可操作教材的讀寫環境。

◆ 小心仔細組織和管理教材。

◆ 讓幼兒練習已教過的技巧。

◆ 提供技巧學習的課程指南。

◆ 提供幼兒獨立工作或團體合作的機會（Morrow, Tracey, Woo, & Pressley, 1999; Pressley, Rankin, & Yokoi, 1996; Ruddell & Ruddell, 1995）

學前特殊兒課程設計

美國教育部將語言和文化背景不同的幼兒，定義為完全不熟悉英文（non-English proficient, NEP）或英文能力有限的（limited-English proficient, LEP）幼兒。教育學者明瞭許多不同文化背景的幼兒進入幼兒園所面臨不熟悉語言的學習困境。

高品質幼兒園所可促進幼兒的全方位發展和學習，他們的目標是希望能讓所有幼兒成為有能力、成功和有社會責任的成人。

幼兒園所招收低收入戶幼兒需要考慮以下建議：

學齡前無法發展足夠的字彙、字體概念或語音覺識，將導致某些閱讀困難的風險。因此，我們建議介入性活動設計以促進其成長。然而，同時我們提醒學校介入的焦點不應該單獨局限於克服這些風險因素，而應更寬廣地設計一個富有語言的環境。方法上包括增加字彙、了解字體概念和語音覺識。（Snow, Burns, & Griffin, 1998）

不同文化背景的音樂經驗

童年聽到的歌謠和音樂是我們文化傳統的一部分，流傳至今的民謠，和父母、教師提供的地區歌謠，提供每位幼兒部分的文化認知。幼兒園所試著與幼兒分享不同族群的音樂，此類經驗給予幼兒機會開始關心不同族群的音樂和語言。

我們對音樂活動有新的認知，視其為語言發展活動。Jaffe 的研究指出，

在積極鼓勵音樂活動的文化中，幼兒在早期即獲得較佳的動作和溝通技能（Jaffe, 1992）。

教室環境

Yetta Goodman（1990）認為一個識字環境應如下所述：

在充滿校外刺激的時代，教室更需要呈現豐富的文化環境。替幼兒將教具貼上名稱；在幼兒的置物櫃貼上名字；朗讀的書籍和雜誌；準備各種大小、形狀和顏色的紙，供幼兒在遊戲、烹飪和單獨活動時可以寫字用。

所有學習經驗需要靠教師規劃安排，所以，教師需要邀請幼兒參與讀寫活動。

有效的讀寫活動必須配合幼兒的學校作息：

◆ 每天點名，老師才知道誰有到學校。

◆ 將教具放在適當位置、在教室使用指示牌，或在置物櫃貼上名字。

◆ 烹飪時，唸食譜、讀菜單，學習健康的營養活動；玩醫院遊戲時，開處方箋；在扮演區，記下電話留言。

◆ 讀圖畫書、寫信和做觀察紀錄。

教育者的目標是為幼兒創造一個溫暖、舒適、友善，並且能完全放鬆的環境。

教師的觀察

許多園所鼓勵教師持續為進園的幼兒觀察語言技巧。每位幼兒和團體有其不同的需求，園所試著滿足其需求，並提供一個促進且豐富幼兒語言的計畫。可以利用許多不同的觀察法和觀察工具，有些可能是學校自行設計，而有些可能是商業產品。

表 6-2 為教職員自行設計的語言和讀寫素養檢核表範例。

一位熱中於觀察和傾聽的教師可以蒐集到許多資訊，這些資訊可以引導老師的行動和教學計畫。在努力開發一個切題的活動時，教師觀察進園幼兒的需求、期望和興趣，就幼兒已知的知識、態度和語言技巧做個人判斷。Lunt（1993）相信，藉由觀察幼兒學習的方式，和與他人的互動評量其往後的表現程度，提供教師更貼切的了解，亦遠比界定其（語言）技巧之程度來得有意義。當教師觀察幼兒時，試著回答下列問題：

❖ **表 6-2　語言和讀寫素養檢核表範例**

幼兒姓名：＿＿＿＿＿＿＿＿＿＿　　　年齡：＿＿＿＿＿＿　　　填表日期：＿＿＿＿＿＿＿＿＿＿

1. 可以從印刷品上分辨插圖和照片等	21. 認識名字的第一個字母
2. 可以指出書的封面和封底，封面＿＿＿＿ 　　封底＿＿＿＿＿	22. 試著寫名字或其他字
3. 會留意環境中的字體	23. 可以說出幾個或是很多英文字母 　　幾個＿＿＿　　很多＿＿＿　　全部＿＿＿
4. 對書中的內容和插圖感興趣	24. 示範他可以聽出押韻的字
5. 了解插圖可以說故事	25. 創造一首韻文
6. 了解成人正在唸圖畫書中的字	26. 可以說一個有開始、過程和結果的故事 　　開始＿＿＿　　過程＿＿＿　　結果＿＿＿
7. 了解書中的字，包括名字和想法 　　（故事情節）	27. 有一本最喜歡的書
8. 了解故事是人編寫的	28. 可以認得有相同起始音的字
9. 了解他創作的故事可以被印出來	29. 知道從每一頁的左上角開始讀 　　（此指英文書而言）
10. 認得自己的名字	30. 知道字與字之間有間距
11. 可以在一組名字中找到自己的名字	31. 要求在作品上寫上名字
12. 會經常在圖書區選書	32. 可以辨別字母的形狀 　　一些＿＿＿　　很多＿＿＿
13. 假裝閱讀	33. 可以分辨不同的兩個音
14. 創造故事	34. 可以完成二或三個步驟的指令 　　兩個＿＿＿　　三個＿＿＿
15. 可以演出故事	35. 看故事封面的插圖可以預測故事內容
16. 可以回答故事中的問題或提問	36. 可以在一個三音節的字中分出音節，並打 　　出節拍
17. 聚精會神地傾聽一本故事書	37. 了解字母有大小寫之分
18. 小心翻書、拿書	38. 了解愚蠢的口語錯誤是不合邏輯的 　　（例如：老鼠吃掉大象）
19. 假裝寫字	39. 可以預測簡單的語言（聲音）模式 　　（例如：AooAo？）
20. 在美勞作品或創造的作品中使用英文字母	40. 運用小肌肉控制書寫工具

❖ 表 6-2 語言和讀寫素養檢核表範例（續）

41. 有試著了解對話、故事、詩，和其他口語表達的能力	61. 運用語言開始與同儕玩遊戲
42. 單字量（三歲超過二千字、四歲超過四千字、五歲超過五千字） 一般＿＿＿＿＿　複雜難懂＿＿＿＿＿　多樣＿＿＿＿＿	62. 做選擇和決定，並可將其表達出來
43. 問問題	63. 清晰的發音符合其發展期待
44. 陳述感覺、想法、意見、需求和期望等。 經常＿＿＿＿＿　不常＿＿＿＿＿	64. 發展多樣的思考技巧
45. 好的交談者 接納＿＿＿＿＿　傾聽＿＿＿＿＿　回應＿＿＿＿＿	65. 對於有意義的概念有符合年齡期待的了解
46. 發音清晰符合該年齡期待 清晰＿＿＿＿＿　一般＿＿＿＿＿	66. 寫名字時，開頭會用大寫
47. 增長口說句子的長度	67. 空間覺察，有上、下、左、右的概念
48. 偶爾使用複雜的句子	68. 運用視覺線索，譬如會跟隨圖卡上的指示
49. 能區別字彙的聲音	69. 明瞭電腦圖像是有意義，並知道某些圖像之涵義
50. 能分辨兩個字間發音的異同	70. 可在口述故事和視覺呈現中發現異同
51. 知道自己名字的第一個音	71. 可以替一般物品命名
52. 嘗試複述相似的字	72. 可以知覺文字中的標點符號
53. 會寫名字	73. 接觸、使用電腦
54. 了解一般環境或人們使用的符號	74. 參與歌唱活動
55. 開始了解名字是一連串聲音的混合	75. 知道一種有別於自己的文化
56. 可以看出字母間的差異	76. 試圖寫字
57. 明瞭字母是一種特別的視覺符號	77. 慣於使用圖和表，並了解圖和表是用來將資料視覺化的工具
58. 在小團體教學能維持其注意力 （符合適當年齡和維持一定的注意力時間）	78. 了解符號是用來代表物品和事件的
59. 擁有團體社交技巧，譬如舉手、輪流、提問、說話切題、等待答案等等	79. 可以分辨環境中的聲音
60. 了解團體時間規則，並可參與其中	* 備註：此檢核表內的項目蒐集自美國各州的州標準和目標。這並非一個無所不包的完整檢核表，但是，比以一個學校的目標評量幼兒是否準備好上幼兒園大班來得客觀。

◆ 個別語言特徵的呈現為何？

◆ 活動該如何設計以吸引和維持幼兒的興趣與熱忱？

◆ 我的行為會如何影響幼兒的語言行為？

◆ 哪些幼兒對室內／室外區域感興趣？

◆ 我有注意到哪些語言行為模式？

◆ 幼兒熱中於討論和探索哪些主題？和誰討論、探索？

◆ 對於他們剛獲得的新知，我可以提供哪些經驗或探索？

◆ 哪些幼兒可以快速表達自己？哪些幼兒很少這麼做？

◆ 哪些幼兒是社交高手，並在遊戲中學習語言？

評量是一個持續進行的過程。觀察所得的資料是機密的，且通常用於輔助活動設計。記錄幼兒間的對話有其困難，因為成人的在場有可能會影響幼兒的自發性（對話）行為。而且，幼兒的注意力持續時間和移動性，再再使得替學齡前幼兒記錄幾分鐘對話都是一件不可能的任務。許多老師每天在便利貼上記下一些幼兒的用詞或說話特徵；對某些老師而言，有時間觀察幼兒已經是一件很奢侈的事了。然而，觀察的重要性不可小覷，且被視為教師進行所有教學時的附帶責任。

為了維持語言計畫的品質，計畫必須隨著幼兒的進步和教職員的評量及觀察，隨時改變、更新和修正。一個規劃良好的語言計畫要富有活力、機能性、吸引人，並且要不斷修正和全面檢視，以求適切合宜。

寫字目標

在讀寫素養的發展過程中，幼兒可以從了解字體所扮演的角色中獲益。寫字能力，包括記錄和傳遞訊息、記錄自我的創作、提供娛樂等，對一個人的生活品質而言是很重要的。知道寫字的好處，讓人更能理解閱讀學習的價值所在。寫字和閱讀開啟每個個體擁有自己想法和創意的機會，並可藉此與許多在世或已逝的人產生互動。這段討論並不想鼓勵正式的早期寫字教學，而是提醒規劃語言活動者應該將寫字活動考慮在內。

幼兒對書本的熟悉度（閱讀經驗）和讀寫素養間有很強的關聯性。在文字旁繪插圖的理由，和寫字的慾望如何被滿足，都可放入園所促進讀寫素養成長的目標中。

閱讀目標

閱讀技巧是多元且複雜的，通常需要其他技能的配合。下述閱讀目標將會促進日後的閱讀技巧：

◆ 讀圖片。

◆ 表現出對故事和書本有興趣。

◆ 可以將圖片照順序排列，並說出故事（按圖說故事）。

◆ 找出隱藏在圖片中的物品。

◆ 根據內容線索做猜測。

◆ 唸出自己和他人的名字。

◆ 預測事件。

◆ 認得自己的名字。

◆ 知道英文書的閱讀方向是從左到右。

◆ 猜漏掉的字以完成句子。

◆ 選出最愛的書中角色。

◆ 小心對待書本。

◆ 口述編書。

◆ 可以分辨細小的差異。

◆ 偶爾可以認得和唸出字母。

◆ 喜歡上圖書館。

◆ 喜歡練習（字母）發音。

◆ 喜歡觀看或用玩偶表演簡單的故事。

◆ 對於傳統文學有符合其年齡的認知和技能。

◆ 發展音素覺識。

促進早期讀寫素養的目標

園所教師計畫與實施可以提升幼兒語言發展的方案，試著提供「典型的」讀寫經驗，和提供來自許多文化、區域的教具。以此為觀點的課程將提供幼兒對於人類的基本文化認識，以及大量的口語、傾聽材料和活動：書本、詩集、語言遊戲、木偶戲和說故事。多數老師相信，早期的語言（經典文學）經驗有助幼兒理解事情，並對日後可能面對的文學、媒體和學校事物學習亦有助益。

社會文化語言目標

在民主社會，教師需要關注哪些重要的目標？ Powell（1992）建議如下：

目標一：在一個多元文化的社會，所有學生必須可以和任何人有效溝通。

目標二：所有學生學習尊重與他們不同的人之不同語言和文化的表現。

目標三：所有學生了解語言和文學對其生命的重要性。

幼兒教育者可以盡量避免將自己的基本和管理態度設定在只說主流語言的教師。

一個語言課程的規劃應該包括接納不同文化的語言活動。家庭與社區的語言活動被視為同等重要，家庭故事、讀寫素養提升活動和生活事件，都可放在

學習區當主題。與父母合作更增進家庭和社區對幼兒讀寫素養發展的獨特貢獻。

語言課程

　　幼兒教育有許多**課程模式**（curriculum models）[14]，有些為人所熟知，有些則鮮為人知。課程模式通常提供完整的架構，來引導園所進行課程活動，幼兒發展理論是這些課程模式的背景基礎。不管是選擇一種特定的課程模式、結合型，或是折衷型的課程模式，幼教老師總是不斷挑戰為幼兒檢驗、省思和提升每日的語言經驗。

　　各個園所各有其課程（curriculum）[15]發展模式，然而一般有兩種最常被採用。第一種是單元或主題教學。教師從學生的興趣中選出教學主題，譬如：家庭、季節、動物等等。採用此種教學法，許多園所會以圖畫書或是經典兒歌作為一開始的主題。其他園所則提供建議的主題給小團體討論，這個建議根據每日入園的幼兒而定，並且讓老師有探討幼兒過去經驗、知識和興趣的機會。幼兒提的問題和運用的字彙，皆有助於教師主題單元的發展。從教職員和父母團體的討論，也可以發掘不同的看法和資源。園所也將教學目標放入考量，並將教學活動照時間順序安排。許多教師相信，這是一種強調個人化的課程模式，藉由提供許多相關、有序和強化的學習；當然，也允許幼兒自行選擇有興趣的活動。

　　另一種教學模式是先訂出傳統的幼教教學領域，例如：語言、科學、數學、藝術和烹飪等活動。接著規劃出將進行的活動，可以考慮將所有領域安排在同一個主題，或是各自有不同的主題。有些教師認為，這是比講授更有系統的教學法。

　　進行這兩種教學法時，要在課程發展之前確立教學目標。幼兒的年齡、師生比例、可利用的資源和其他特定的因素，皆會影響教學活動的規劃。課程活動實施後，教師會評估該活動是否達到教學目標、做修正，並寫上建議。也為團體或是個別幼兒設計額外或延伸的活動。

主題探究模式的語言教學

　　想像一間教室變成了披薩店或一座花園，同時，一定有許多活動在進行著──小團體、大團體和個人活動。教師會參與這些活動，教室規劃也便於幼

---

[14] 課程模式：指的是一種有概念性架構、組織性結構的抉擇依據，用以決定教育重點、管理政策、教學方式和評量標準。

[15] 課程：是一份有完整教學內容的計畫。

兒繼續他們的探索。可以用前面提到的兩個主題事先安排藝術、歌唱、數字、肢體活動、科學、健康、安全相關的活動。感官活動也可以包含在各主題內，幼兒能藉此體驗嗅覺、聽覺、視覺和味覺等。採用此種教學法時，可讓教師運用創意和想像力，教師也應該有足夠的時間去蒐集和準備學校儲藏室沒有的材料。教師很容易在活動中觀察到幼兒說話、傾聽、閱讀和書寫文字等行為。大部分的教師相信，採用主題教學法是一個令人興奮的挑戰，也是值得老師們付出時間和努力的教學法。他們將這種教學法視為一種鼓勵師生對話的教學法，更進而可延伸幼兒語言的使用和知識。

教師們可以三個步驟的規劃策略發展令人興奮的主題：(1)腦力激盪；(2)設計一個履行主題的計畫；(3)為團體和學習區設計特定的活動。

架構一個主題時，通常會採取下列步驟：

1. 觀察和記錄幼兒的興趣，或教師從過去的經驗推斷出幼兒的興趣。
2. 訂出一個主題（可以是書、詩、戲劇，或其他類別）。
3. 試著找出幼兒已知和想要知道的人、事、物。
4. 想像可能的活動（校內或校外活動）。

5. 依據教學目標做決定。
6. 設定特定的範圍、領域、字彙、主要想法和活動。
7. 討論教室環境規劃、教職員、訪客和協助者（愛心媽媽）的安排。（在教室、戶外遊戲場或學習中心裡，將會發生哪些行為？）
8. 為個人或團體設計特定的活動。
9. 列出所需的材料和資源。
10. 規劃一個高潮活動（通常是整個活動的重點回顧或是大結局）。
11. 如果需要的話，設定一個時間表（可以提供每日計畫表）。
12. 訂出評量標準。

Williams（1997）運用一個四步驟的師生互動過程，來引出四歲幼兒團體的單元計畫。這四個步驟描述如下：

1. 老師問：「你想知道關於什麼（任何特定主題，譬如：海洋）的事情？」老師在牆上的表（貼在幼兒眼睛可以平視的地方）用不同顏色的筆寫下幼兒的答案或問題。最後，老師再將自己的答案寫上去。
2. 老師問：「我們可以怎麼做來找出這些答案？」接著，老師將幼兒的想法寫在第二張表上。如果沒人回答也沒關係，老師可以將活動過程中幼兒可能會有的問題和想法列在表上。

3. 老師問：「我們需要哪些材料？」在第三張表上，將幼兒建議的材料記下。幼兒可能想到一個老師沒想到的相關子題。

4. 老師問：「你要帶什麼材料來學校（你要怎麼做）？」「你希望老師帶什麼材料（你希望老師怎麼做）？」老師和家長確認幼兒要帶的物品和材料。準備一份通知單，邀請家長分享或攜帶額外與主題相關的物品到教室。

要提升幼兒的讀寫素養，老師們必須想想怎麼將傾聽、口語、閱讀和書寫活動放入主題中，以及如何將這些領域與正在進行的活動做邏輯性連結。

主題／文學本位教學

許多州的小學被規定和建議採用文學本位教學，文學本位教學和幼教學者所謂的主題教學是很類似的教學法。兩個教育階段的教師了解文學的重要性，及其和讀寫素養之關聯性。幼兒教室裡的主題，可以是任何幼兒感興趣的題目。讀寫素養本位教學法通常使用一本經典圖畫書或是資料書當中心主題（圖6-3）。對幼教師而言，運用一本書作為主題的開端是沒有問題的；另外，也可以規劃討論、戲劇、藝術、音樂、玩偶，和其他語言活動來加強各種概念。

主題網

某些幼教老師喜歡用**主題網**（webbing）[16]進行課程活動設計（表6-3）。主題網是用圖示來呈現所有可能與某主題或單元有關的概念。圖6-4呈現一個研究小狗的主題網架構。在「照顧與需求」的格子底下，可以列出許多相關的項目。事實上，當老師運用它來呈現所有與狗有關的概念時，老師可以將這個主題網寫得更詳細。教師開創一個主題，是為了能確認該主題是建立於特定團體的興趣和需求上。然後，這個計畫（主題網）可以用來解釋說明幼兒

❖ 表 6-3　為什麼做主題網？

為什麼要做主題網？它提供教職員機會去探究各種材料、想法的可能性。並依此決定：這值得做嗎？這是符合一般發展性原則的活動嗎？準備其他材料或是問題時，我們怎麼豐富這個活動？幼兒的興趣可以持續多久？

主題網是一個「暫時性」的計畫，它無法準確告訴你接下來要發生的事，或是發生順序，那大部分取決於幼兒的回應。所以你先寫好計畫，然後試試你的想法，將注意力放在發生的事情上、評量，和繼續下一個活動。

資料來源：E. Jones & J. Nimmo (1994).

---

[16] 主題網：以視覺或圖像畫出課程可能性之方法。

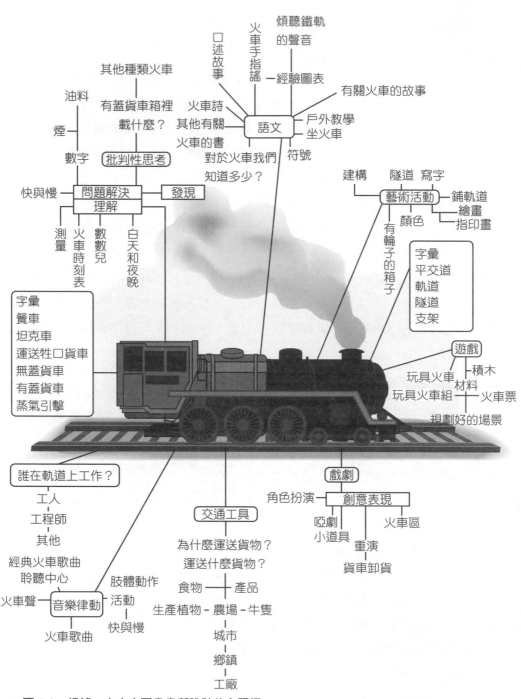

▶ 圖 6-3　根據一本火車圖畫書所設計的主題網

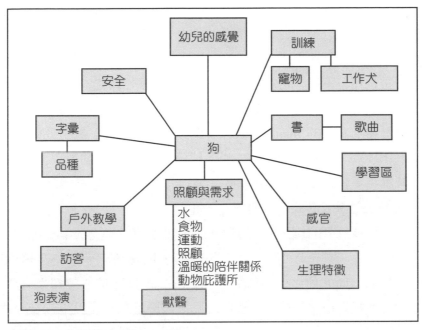

► 圖 6-4　主題網——狗

每日主動參與和探索的活動。主題網的目的是希望提供鼓勵幼兒興趣和想像力的活動、激勵他們尋找答案的慾望、反思自己所提的問題，或是創造自己的答案。教學的回饋之一是呈現一個幼兒渴望選擇的活動，並且對該活動有上萬個疑問；換句話說，就是一個可以捉住他們、吸引他們心智的活動。

　　一位教師將主題網描述如下：

為了進行一項計畫，我們先選一個主題，腦力激盪一下我們可以提供幼兒玩和操作的活動。將所有活動放在主題網上，可提供你一個充滿可能性的指引。就像你買了一張三個月的公車或火車通行券，想到哪裡都行。這和擁有一張從洛杉磯到西雅圖不能退票的直達車票大不相同。

我認為主題網的形成過程比結果重要。（Jones & Nimmo, 1994）

教學目標的達成

每日活動計畫

　　理解幼兒的興趣能激發和持續幼兒注意力的活動計畫點子。教學的挑戰在於每天都可以變出有創意的活動計畫。

雖然兩位主教老師根據相同的目標教學，但是他們可能以不同的方式達成目標。教案的撰寫通常比主題（單元）教學法更常被採用，不過，主題教學也常被個別的老師用來引出主題計畫。

做**活動計畫**（activity plans）[17] 讓老師可以預知環境、教材和人員上的需求。某些教師將重點放在哪些字或是概念，該在活動中強調或該問哪些問題；而有些教師則寧願採用比較自然的教學法。

Jacobs 和 Eskridge（1999）陳述一位教師對於課前準備和教學計畫心態的改變。

> 一位受過完整訓練的新老師氣憤地表達學校對教師教學計畫準備的期待。因為她天真地記得一個她最愛的小學教師那自然天成的教室，她相信教學計畫阻礙教室中自然的氣氛。再和她討論過她記憶中的老師，和似乎「很自然的」教室活動後，她了解到許多教室中可以發揮創意的機會，都是源自詳盡的計畫——有老師的先見之明才能讓活動看起來和感覺起來很自然。在澄清她的記憶後，這位年輕的教師終於理解教學計畫的目的和重要性。

某些語言活動可能需要老師事先練習，另一些則可能需要事先準備視覺協助（圖片或影像）或是教材。一定要預留活動計畫的時間，課前準備可以減輕老師的緊張，並且讓幼兒的活動順利進行。

教師應該致力於維護幼兒的安全和舒適，也應該試著維持合理的刺激程度——介於非常無趣到太過興奮的活動，鼓勵幼兒在愉悅和有效的情況下處理資訊。有經驗的老師知道幼兒什麼時候是有興趣和主動參與的，許多老師認為，這是教學最大的樂趣之一。

進行活動規劃時，班級大小是一個很重要的因素。對教師而言，設計大團體活動比較容易，而且有時候老師就是需要團體活動。然而，許多老師探究讓幼兒忙碌的方式和管理小團體的方式。小團體活動允許較多的近距離接觸、深度對話和回饋的機會。研究證實，幼兒和成人都比較喜歡在小團體中分享想法。對小團體有「立即的回應」是可以計畫和協調的。一開始，幼兒園老師可能無法看到其他老師規劃的小團體活動，但是這段討論可以給他們一些建議。

---

[17] 活動計畫：詳細寫下一步步的教學計畫，通常包括評量的部分。

活動進行時，老師們致力於維持幼兒的專注力。Perry（2000）提醒教師專注力經由特定的腦部區域傳達，但是神經系統很容易疲勞。專注於活動三到五分鐘後，幼兒需要休息，但也可以在數分鐘內恢復專注。在一個熟悉又安全的教室，如果幼兒傾聽四到八分鐘的事實陳述後，老師又未及時提供新穎的點子，幼兒的腦部便會自己去找尋刺激。Perry 建議在教師的講課中加入「情緒調味料」（emotional seasoning），譬如幽默和同情心；並且在活動中將事實資訊融入幼兒已習得的概念，以取代人類腦部尋求新穎刺激的特性。他相信，這對於幼兒園教師和大學教授而言都是一個挑戰。

規劃詳盡的活動計畫讓幼兒覺得老師是有準備且放鬆的（表 6-4）。一段時間過後，大部分的新老師將活動設計內化成活動要點，雖然他們持續使用檢核表和課程概要，但是已不再繼續寫詳盡的活動計畫。

謹慎地觀察班級，在口袋放一本小記事簿，記錄任何微小的觀察。任何觀察紀錄皆有助教師記得幼兒的興趣。探究一個班上對新事物之興趣的好方法，就是觀察那些抓住幼兒注意力的事物、幼兒最常談到的話題、最常接近哪些事物、活動有無激起幼兒提問題的興趣、哪個學習區等待的人最多、幼兒是否熱切地用手去探索特定物品、誰想要分享他們發現或是創造的東西等等。舉例來說，假設蝴蝶引起某群幼兒的興趣，便可將探索蝴蝶的經驗放入課程中。

活動設計與教師的生命熱忱和成長、技能、天分、習慣和休閒活動有關，這些教師特質能充分與語言目標結合。父母和社區的資源，包含物品出借、教外教學，都能提升園所活動設計的生命力。

評量

回顧活動設計協助教師分析沿著同一條線或是主題，發展出額外活動計畫的可能。活動計畫常會差岔，活動可能往出乎預期的方向發展。活動過後的覺察（省思）是評量活動計畫時有用的工具（表 6-5）。

園所通常會問下列問題來評量自己的活動設計：

◆ 幼兒會和同儕或老師分享個人的興趣和發現嗎？

◆ 老師加入對話時，是否不會切斷幼兒主動說話的想法？

◆ 幼兒參與課程和學習中心規劃嗎？

◆ 幼兒是否有聽得入神的情形？

◆ 語言活動是否自然融入每日活動中？

◆ 幼兒說很多話嗎？

❖ **表 6-4　活動計畫格式範例**

語言活動設計指南

1. 語言活動主題
   _____

2. 所需教材
   _____

   _____

3. 活動地點
   _____

4. 幼兒人數_____

5. 語言目標
   _____

6. 課前準備（教師所需的準備工作，包括拿材料或物品、視覺媒體等）_____

   _____

7. 活動開始的準備（課程介紹或是動機說明）_____

   _____

8. 呈現和探索（包含老師可能提出的問題、提升語言能力的聲明）_____

   _____

9. 討論重點、發現、結論，和進一步研究的主題（哪些字彙和概念可以包括在內？）_____

   _____

   _____

10. 活動實施（包含幼兒練習或應用新學的知識或技能）_____

    _____

11. 課程銜接（如果活動計畫須停止或是第二個活動接踵而至）_____

    _____

12. 評量：(1) 活動；(2) 教師；(3) 幼兒的參與；(4) 其他方面，如：環境、材料和結果等。

    _____

    _____

摘要

　　傳統上來說，語言藝術的教學和計畫來自教育學者認為最好、最有效的教育理論。以歷史的觀點來看，教育理論隨著時間而改變、發展和蛻變，理論家和研究者的想法被接受，並且蔚為風潮。最近以研究為基礎的教育資訊，更影響了聯邦的立法和公立學校。

　　語言是每個園所都有的課程。本章建議一種融合式的學齡前語言藝術教學法，這是一種包含聽、說、讀、寫和觀察的教學法。公立園所透過整體表現和國家的語言課程標準，訂定各個園所的語言課程目標。然後設計課程，從教學方法到課程設計皆需要重新檢視、每日的課程應該實現預期的目標，評量工具需要被評估，並以這個評量工具是否被採用來決定課程。教師的觀察提供幼兒能力、興趣和技能的紀錄，也為課程設計提供另一個觀點。每個學習區有自己獨特的一套目標，所以可以用各種不同的方式設計，讓幼兒體驗不同的活動。

❖ 表 6-5　回顧

1. 我計畫過什麼內容？我如何執行？
2. 我的行為造成什麼影響？
3. 我做了什麼？
4. 這個計畫造成什麼影響？
5. 我下次可以用哪些不同的方式做？

園所的課程設計需要考量幼兒的興趣與需求。

　　在課程實施後評量該課程設計可以顯現其優缺點，也可作為下次課程設計的依據。

CHAPTER 7

語言與讀寫素養的提升

目標

讀完本章後，你將可以：

- 舉出教師在幼兒的語言教育中所扮演的三個角色。
- 討論教師行為中須注意的地方。
- 說出教師提升幼兒語言發展的方法。

有技巧的幼教老師應該是機伶、反應迅速的，喜歡探索，能建立並維持一個溫暖、充滿支持的環境。為提升幼兒語言學習，幼兒與成人間或幼兒同儕間的互動關係，應在平等、尊重、信任與誠實對話（真正的溝通）中發展。Calkins（1997）指出，說話是幼兒一生學習的基礎，教師們應該在教室內創造出一種氛圍，讓幼兒期待體驗成功的滋味，將老師視為重要的人物，知道自己有權選擇或犯錯。理想上來說，孩子應該積極參與規劃好的活動，而這些活動應該在幼兒的注意力耗盡前結束，讓幼兒覺得老師願意傾聽、願意予以回應，並且尊重幼兒想溝通的意願。

集體的閱讀經驗、挑戰認知的對話、教師使用廣泛領域的字彙，都與學習環境的品質、幼兒日後的語言與讀寫素養發展息息相關。Kontos 和 Wilcox-Herzog（1997）強調成人與幼兒互動的重要性，他們反對幼兒在幼兒園中與教師的互動太少，甚至鮮少或完全沒有獲得注意。

Barnett（1995）認為，幼兒教育對幼兒早期的智力成長有很大助益，但這些幫助也會隨著時間慢慢消減。參與強調學齡前語言與認知發展之「啟蒙計畫」（Abecedarian Project）的孩童，持續到八年級都表現出優於同儕的閱讀能力（Campbell & Ramey, 1994）。

Barnett（2003）發現，此計畫正面影響的幼兒語文能力，一直到青少年階段。

教學策略與行為

本章節討論三項鼓勵語言與讀寫素養發展的教學功能。

1. 教師以身作則，時時刻刻「示範」如何使用語言，並且將重點放在溝通些什麼，以及如何溝通。

2. 教師成為經驗的「提供者」，細心規劃一些情況，以及日常活動所遇到的事情。

3. 教師擔任一個「互動者」的角色，與幼兒分享經驗，並鼓勵彼此對話（圖 7-1）。

這三項功能應取得平衡，呼應到孩童的程度以及個人需求。教育者常常須

▶ 圖 7-1　與幼兒一起讀書可以鼓勵他們談論個人的興趣。

做出決定：何時應該提供或保留訊息以幫助孩子自己探索發現，何時該說或傾聽（表 7-1）。基本上，保持敏感的心，可以讓老師們成為孩子語言技巧成長過程中最好的朋友。Calkins（1997）強調，教師對於孩子所說與所思考的事情表現出認同的態度，是非常重要的。Kontos 和 Wilcox-Herzog（1997）研究師生間的互動，發現受過越高教育的老師越能展現回應孩子的意願與敏感性。美國佛羅里達州對於照顧學齡前孩童的人員須接受的訓練，有著更新、更嚴格的規定，因此明顯改善了師生互動的品質（IIowes, Smith, & Galinsky, 1995）。研究一致指出，對於投入且親密的師生對話，訓練是一項重要指標（Kontos & Wilcox-Herzog, 1997）。

觀察幼兒的行為與進展，需要用到觀看、傾聽與記錄等技巧，仔細觀察可以發現孩子遭遇的困難、孩子的天分，以及各式特殊需求，而這些可納入教學計畫與日常心得交換之中。

教師作為觀察者的角色是一項持續的責任，它影響著平日的師生交流，並讓教師藉此知道該如何對每個幼兒採取行動。了解幼兒的興趣、外在行為，以及發展的技能，可協助教師根據幼兒集體與個人的需求，展現前面所述的三項功能。如同 Ayers（1993）指出，教師必須時而像偵探，時而像研究者，細查幼兒留下的任何線索，並且蒐集資料、測試各種假設，「透析幼兒真實的內在」，因而豐富他們的成長與發展。

建議教師們要認真地傾聽，因為幼兒的發展取決於教師與其溝通是否處在

❖ **表 7-1　教學行為的持續**

非指令式的			中庸的				指令式的
承認	規範	促進	支持	鷹架	再建構	示範	指示
給予關注與正面的鼓勵，確保幼兒融入某個活動中。	透過行動、暗示或其他形式的指導，向幼兒展示一項技能，或在教室裡應有的行為。	提供短暫的協助，幫助幼兒達到下一階段的行為（例如：當孩子騎腳踏車時，大人扶著腳踏車的後方）。	提供一個協助的輔助車輪，可幫助幼兒學會下一個動作。	提供一個協助的固定形式，如同腳踏車的固定形式，如同腳限。	就幼兒目前所具之能力設下一些挑戰，或是幫助他將能力施展到極	學著與幼兒合作解決問題或難題，例如，蓋一個模型或是堆積木。	活躍地在活動中展現一些行為，讓幼兒觀察。	提供幼兒行為上特定的方向指引，不要定義出太多錯誤範圍。

資料來源：S. Bredekamp & T. Rosegrant（1995）.

同一頻道上。與孩子的對話最好是基於孩子本身的思路，做出回應與提問。教師提供的活動必須能增加幼兒思考與反覆思考的能力，使其能理解遭遇的事物。

如果老師認為沒有事先規劃好的談話，比教師給予指導（teacher-guided）的談話來得不重要，這種想法就會限制自己幫助幼兒發展解決問題、探索發現，與傳達訊息的能力了。傾聽與觀察可讓老師在溝通互動的品質上有所精進。

教師的示範

老師的示範不限於口說，聽、寫、讀的態度與行為也同樣重要。幼兒會觀察、聆聽成人如何使用文法、語調以及句型，將之視為範例，並進而模仿。

請思考老師與幼兒互動語言的相似與相異處（表 7-2）。在研究英國家庭後，Bernstein（1962）提出理論證明，不同社會階層在語言上互動的型態也有顯著不同。Bernstein 相信，勞工階層的人語言的使用傾向於限制型符碼（restricted code），而中產階級在語言上，則同時能使用精緻型符碼（elaborated code）及限制型符碼。所謂限制型的符碼特色描述如下：

❖ **表 7-2　成人的口語形式**

範例 A
孩子：「這是雞湯。」
老師：「是的。」

範例 B
孩子：「這是雞湯。」
老師：「是的，我看到雞肉塊還有一些其他的東西。」
孩子：「是麵條。」
老師：「對呀，這些是很長又很滑溜的麵條，這跟昨天的蕃茄湯不一樣。」
孩子：「很好吃，這是『王』色的。」
老師：「是像花瓶一樣的『黃』色。」（同時指著花瓶）

範例 C
孩子：「寶寶哭。」
大人：「是的，寶寶在哭。」

範例 D
孩子：「寶寶哭。」
大人：「你聽到寶寶在哭嗎？」
孩子：「嗯。」
大人：「她可能餓了，想喝牛奶。」
孩子：「要瓶子。」
大人：「我們試看看喔！我把瓶子放進她嘴裡。」
孩子：「她餓了。」
大人：「是的，她正在吸，牛奶正流進她的嘴裡，看，快要喝完了。」

◆ 針對當下發生的事物。
◆ 受限制的。
◆ 一成不變的。
◆ 濃縮扼要的。
◆ 不明確的。
◆ 廣泛不清的。

◆ 句子簡短。

◆ 模糊、不確定的。

精緻型符碼的語言是指：

◆ 更明確。

◆ 更絕對。

◆ 不針對某個獨特的狀況或是環境，保留更複雜性思考的機會。

　　說話者的溝通方式對 Bernstein 來說，是年幼孩童建立認知架構與溝通模式的有效因素，他相信只接觸到初級說話技巧者的幼兒，將來接受學齡教育時，將處在一個較不利的位置，因為學校的環境是以高階技巧為主。此觀點背後主要的假設是，中產階級對孩童說話的方式，將有助於孩子讀寫能力的發展，而勞工階級的方式則會對讀寫能力的發展給予限制。

　　許多其他的研究者探究父母與幼兒之間的口語互動，強調成人說話與幼兒口說、思考與讀寫能力之間的關聯性。Sigel（1982）區別了父母的高層次與低層次語言策略。高層次策略包括：

◆ 形成結論。

◆ 推論因果關係。

◆ 計畫。

◆ 評估事情的結果。

◆ 評估事情的效果。

　　低層次策略則包括區別、製造訊息與觀察。Sigel 假設社會階級並不是唯一可以預測孩童認知及語言發展成果的因素，一些持續觀察幼童的教育者也同意這點。

　　Beals（1993）認為，幼兒園教師應著重自己在師生間使用「講解式談話」（explanatory talk）的能力。講解式談話是講者對他人說明一連串有關物件、事件、概念或結論所組成的談話。幼兒園老師們經常典型地對孩童解釋他們的意圖與動作，並且對幼兒提出的評語與問題提供解釋。這在教師間是普遍被接受的語言互動模式。

「積木要放在層板上，這樣當我們想用的時候，就知道放在哪裡，而且才不會有人被絆倒。」

「窗戶是開的，風吹進來，將我們用來種種子的小杯子弄倒了。」

「我用完點心後，會把我的點心盤放進桌上的碗槽裡；點心時間結束時，廚房阿姨會來把碗槽帶走。她會清洗我們所有的盤子。」

　　這類講解的模式有時會延續到教師個人的生活，教師們表示，家人常對他們說：「是的，我能了解你為何這麼做！」

成人應該以某種速度及語調,清楚並且完整地說話,使人容易理解,發音也應該盡可能明確。Weiss 和 Lillywhite（1981）提出嬰兒期與學步期的適當範例。

> ……要成為一個好的模範,不只需要說話清晰、平緩而且恰當,並使用各種臉部表情,以及其他非語言的溝通技巧;話語中要包含愛心、理解、情感;說話時要營造快樂、愉悅的經驗;展現清楚傳達話語的重要性。好的示範是懂得掌握各種即時狀況的反應……

至於嬰兒期,Weiss 和 Lillywhite 認為:

> 一個好的示範是會模仿嬰兒所說的話,或者重複嬰兒發出的聲音,並且提供許多機會讓嬰兒感受語言的運作,以及他們付出所得到的回報。

了解自己呈現出來是怎麼樣的範例很重要,如此才知道哪些地方還有進步空間,讓老師越來越專業化。Hutinger（1978）建議:

> 錄下你說的話……聆聽自己提出的

問題、句型結構,以及發音。

形塑一個正確的字或是句子,不需用矯正的語氣,只要用放鬆、自然的方式說出來即可。老師們的舉止有很大的影響力,當一位老師使用禮貌性的詞語（例如,「請」、「謝謝」、「對不起」）,這些字彙就會出現在幼兒的語言當中。教師為一個未完成的字加上結尾或者開頭,對於非常年幼的孩童來說是很適合的（例如,孩子說「na na」,則教師接著說「banana」）。完成一個句子或者以標準語言方式重新說出完整的句子,則適用較年長的學生身上。雖然成人示範在面對自發性學習時效果有限,卻是學習語言重要的第一步。

在聽到正確的示範後,幼兒可能不會立刻修改文法與用法,還需要老師與大人時時重複提醒。重要的是在這過程中,教師展現了對於幼兒語言上的接受與認可,並且延續他們的思路提出意見。

當成人專注在說話的文法上而非其中的意義,他們就錯過了增加幼兒學習興趣的機會。過度的糾正經常會讓師生間的對話提早結束,應該給予幼兒肯定,著重在所要傳達的訊息上。

有一項增進語言技巧的教學方法是,單純的文法形塑或者填入遺漏的字詞,並且完成一個簡單的句子,這叫

作「擴充」（expansion）[1]。在經過一段時間的練習後，就可自動發揮。當使用「擴充」技巧時，成人以擴充句型架構的方式回應孩子所說的話語。例如，當幼兒說：「很冷」，成人可接著說：「當你把鼻子貼在窗戶的玻璃上，也會覺得很冷。」教師擴充的內容來自於對幼兒體驗的直接回應。當使用擴充技巧時，教師也可以延伸更深更廣的意涵，或者提供一些建議或想法，藉此激發幼兒的興趣，進而想探索更多，由此就可能展開更多的談話。

　　教師在聆聽方面的示範之重要性與說話相等，語彙、表達、發音與姿態都會被模仿學習，聆聽的行為也是。一個安靜的老師很可能會有一間安靜學生的教室；而一位熱情、健談也願意聆聽的老師，就可能有一群喜歡說話、聆聽與分享經驗的學生。幼兒對自己的感受會反映在行為上，當老師認真仔細地聆聽，幼兒將感覺到自己所說的一切是有價值的。

　　老師們對於書本的使用以及重視，甚至對於故事與非小說類文學的態度也具示範效果，幼兒藉由觀察老師的舉動，開始建構應該如何對待書本，以及存放書本的概念。

　　欲建立起說故事模式的老師，可將一大張紙分成八個部分，每個部分畫上自己不同的成長階段，將此展示給學生，請他們挑一個圖案，接著再分享自己的故事（Mallan, 1994）。老師們也可以讀詩和提供詩、戲劇、布偶戲，以及其他許多語言藝術的相關活動。

教師作為提供者

　　作為供應者，幼教師提供可以提升讀寫能力的各種經驗，幸運的是，這些有趣的語言藝術活動，數量幾乎是沒有限制的。老師可運用自己的創意以及許多資源，規劃不同的體驗活動，像是幼教資源書籍、雜誌、工作坊以及研討會，都可以成為靈感的來源。

　　建議蒐集活動靈感，並以分類儲存的方式做成資源手冊，因為我們不太可能將所有活動靈感完全記在腦海中。一本活動手冊可包含新的或者經過實驗證實的活動想法。建立一本有用的手冊要從區分種類（檔案標題）開始，並且當檔案越來越多，標題也隨之增多。有些老師使用大的檔案卡片，有些則是使用檔案夾，無論檔案的大小，老師們發現製作檔案非常值得，尤其是要安排每日、每週以及每月的活動時。往往在面

---

[1]　擴充：一種教學技巧，包含成人（教師）用字或文法的示範，將幼兒話語中漏掉的字填空，或者提出想法讓孩子去探索。

對特殊主題，或者當幼兒展現某方面特殊興趣時，這些檔案尤其重要。一本活動手冊並非作為規劃活動的基礎，而是創意想法的整理。

活動手冊中的標題區分建議如下：

◆ 視聽活動
◆ 公布欄創意
◆ 幼兒戲劇
◆ 童書世界
◆ 團討時間（circle time ideas）
◆ 教室環境
　－ 聽力中心
　－ 閱讀天地
　－ 寫作天地
◆ 戲劇模仿
◆ 戲劇化遊戲主題
◆ 經驗故事
◆ 校外教學
◆ 手指遊戲
◆ 法蘭絨板遊戲
◆ 免費與廉價的材料來源
◆ 語言遊戲
◆ 聽力活動
◆ 聽力中心之創意點子
◆ 幼兒雜誌活動
◆ 圖案
◆ 感知活動
◆ 詩欣賞
◆ 書寫文字遊戲
◆ 玩偶
◆ 閱讀
◆ 猜謎圖畫故事書
◆ 季節性活動
◆ 說話活動創意點子
◆ 故事
◆ 資源人士

Greenberg（1998）生動地舉出幼教者可以參考的活動：

……哼唱輕快的童詩以及輕柔的催眠曲；享受歡笑擊掌的遊戲，以及雋永的鵝媽媽童謠；吟誦愉悅的詩與童年歌曲；加入合唱以及一起吟誦的曲子，和有趣的詩；觀賞影音的音樂卡帶（包括字母歌）與進行專家設計的樂曲活動，然後跟著唱和、搖擺、拍手、踏、舞蹈；玩傳統遊戲，例如，倫敦鐵橋垮下來、誰從罐子裡偷走了餅乾等活動；閱讀高品質的書本──包括令人開心、有趣的韻律、豐富的字彙，及重複特殊的詞或句子；面對四歲、五歲、六歲、七歲以及八歲的幼兒，表現出笨拙有趣的一面，抓住幼兒所說的某個字，然後重複利用它；或者與一些幼兒和一個團體玩娛樂性的文字遊戲。

作為一個材料提供者，教師必須了解教室的每件物品都可以變成有用的工具，藉此刺激語言發展。從牆上的時鐘到門把，每件安全的物品在某些層面上都可以加以討論、比較，並且探索，因為學校大部分的預算都有限制，幼教師應盡量找尋可以滿足需要的材料。

教師可依照自己的興趣與能力策畫一些獨特的活動，大部分教師會很開心地發現，老師們設計的課堂能夠回應本身的個人興趣。

當老師分享自己課後的興趣、習慣、旅行與個人才藝時，可傳達一些重要的知識給學生。所有適合幼兒的內容幾乎都可以在課堂上呈現，無論老師是個歌劇迷、潛水員、美食廚師、集郵者，或者會演奏小提琴，這個分享活動應該以安全的方式，將對這項興趣的熱愛傳達給學生，同時，應提供與這個內容相關的材料、字彙。熱情是激發教學的關鍵。

讓孩子玩得豐富

充分的遊戲機會對於幼兒的語言獲得是相當重要的，許多研究指出，幼兒的遊戲事實上比一般人所想的更複雜。這些遊戲提供豐富的經驗：與其他幼兒溝通、口語習慣、話題培養與維持、依序輪流、與朋友的悄悄話，以及許多其他的語言交流。同儕之間的遊戲有助於培養許多的溝通技巧，除非有安全上的顧慮，否則幼兒喜愛假扮的天性值得被鼓勵，老師不應該阻止。幼兒會想跟老師討論這些遊戲，而老師適時的涉入則是為了表示感興趣。

如果幼兒期望老師加入談話而不是玩，或在遊戲的過程中想與老師說話，老師須同時扮演聆聽者以及有技巧的對談者。並且，應該很快讓每個幼兒公平獲得遊戲的機會，以及成人與幼兒有延伸的、溫暖的以及私人的對話機會。

年幼的幼兒總是在探索，他們總想嘗試其他人在做的事情。遊戲機會通常會牽涉到安排某些事情，遊戲中，在孩子尋找意涵的同時可能暫時表現出驚訝的反應，但他們會很快地轉向大人詢問問題或說出想法。

當你觀察幼兒在遊戲時，可以看到他們之間正在彼此學習大量的語言。他們靠近其他孩子、詢問是否可以一起玩，或不發一語就加入正在進行遊戲的團體中，在這期間，幼兒正學習著各種技巧。他們開始了解什麼東西會讓別人感興趣、如何模仿其他幼兒的動作及語彙、如何表達感情或敵意、如何取得領導地位、如何協調談判，以及如何順應或拒絕朋友的要求。這許多技巧將幫助他們在一個遊戲團體中能參與得更久。

遊戲中的學前幼兒甚至可能為了語言正確的使用而產生爭執。有些觀察者

相信，在一個四歲孩童的教室中，最主要的教學是源自於孩子彼此間的互動。

一位資源豐富的教師會努力在校園內的各角落（和設備）提供各種各樣安全與適當的遊戲，每一寸空間都能發揮創意。

在老師用心並體貼準備的環境中，幼兒需要一段長的時間，用以建構知識，並且活躍地探索解決問題的選擇（McMullen, 1998）。

提供各種恰當與明確的說話方式

雖然本文專注於語言藝術範圍內的師生互動部分，但其他領域，例如數學（數字）、社會、健康安全、藝術、音樂、律動等等，都可以是師生間談話討論的內容。教師用以增進幼兒語言能力與字彙的方式，也同樣可以用在這些領域，每個領域都有自己的字彙與常識，並與其他領域部分重複。例如，老師可以討論藝術課裡「塗」顏料，以及在傷口上「塗」抗生素的異同。如果幼兒是注意盤子裡鬆餅的數量，或者剪刀的數量夠不夠分配，老師所回應的內容應包含數字。

老師的評語應該恰當明確，並且是根據老師認為學生正在體驗的事情。有目的的教師談話，會在幼兒已知的事情上再多加一點資訊，增強並加深孩子使用字彙。當言談中提及數字或者其他主題時，老師應該在幼兒能理解的程度內使用專用的術語。例如，老師可能說「讓我們一起來數數鬆餅」，或者「你手上的工具是個打蛋器」，又或者「掛牆上的金屬圓柱是個滅火器，滅火器裡裝的東西可以噴出來把火熄滅」。在律動或音樂活動中，老師的示範與談話可以加入許多形容詞，例如扭、跳、伸直、放鬆、大聲、高的與低的，當幼兒在體驗時最容易理解。

教師應鼓勵幼兒使用老師用過的語句，有時候老師用了新的詞彙後，會立即小心地解釋。在數字活動中，數字與眼前所見的物品數量相對應，而在律動課程中，語言通常也會伴隨著動作的示範。

在自然的情況下引介新的字彙，比在課堂的模式下更重要。領導一個或一群孩子去探索發現，讓老師有機會使用正確恰當的詞彙，同時讓孩子感覺老師是他們探索的伙伴。

在單元課程裡，與主題相關的詞彙很容易辨識出來，教師們有時候會特別描述這些在單元內遇到的詞，並且盡量在對話中使用。

教師擔任互動者

所謂的互動者，總是對幼兒在說的話或做的事情感興趣，鼓勵幼兒對所選

擇的主題做進一步的對話；一位互動者永遠不會因為忙碌而拒絕對話、分享興趣，他會認真傾聽讓自己能理解，而這種理解讓互動者的回應更有教育價值。每日規劃一些時間跟幼兒談話。當老師在談論他們正在做的事情，解釋為什麼會發生這樣的結果，然後讓幼兒針對程序與結果提問題，幼兒將會更能接觸並體驗到因而延伸出來的會話類型（Snow & Tabors, 1993）。如此親密、私人一對一的接觸，讓孩子感受到自我價值所在，進而樂於與人溝通。會話可以從早晨的問候開始：

「小瑜，我正等著跟你說說話，告訴我你去芝加哥的旅行。」

「艾艾，你的玩偶今天感覺如何呢？」

「這雙新的藍色球鞋很適合讓你在庭院裡奔跑，到處蹦蹦跳跳。」

在與幼兒的相處中，教育者察覺到這種「交換的機會」一直存在著，作為一名教師，應該認真聆聽幼兒口語的溝通，並且感知到非口語的訊息。他們給予幼兒全心的注意力，讓幼兒體會他們是被看重的，同時也鼓勵幼兒對使用語言及開拓社交接觸所做的努力。一名教師應該有技巧地回應，首先，他釐清自己聽到的是什麼，接著加入談話，嘗試讓幼兒使用更多的字彙，探索發現一些新的特徵或細節，或者事物的其他觀點。孩子使用口語表達自己的想法、感受、要求，或其他目的時，除非是違反社會原則，否則都應該被接受。

Tough 對於師生互動的研究（1977）發現，有些老師令人感覺溫暖且樂於接受，但是卻很少讓學生說話。「老師們發現安排好學生所需的一切，教學將會比較容易也比較快，因而喪失了讓幼兒提出需求，以及想說話的慾望與機會。」

McMullen（1998）相信，一些強調心智層面或是特色的活動，可以鼓勵幼兒將想法變成句子說出來，或是幫助幼兒辨認遇到的困難。

Tough（1977）建議老師需要提升自我與幼兒互動的體認，換句話說，在拓展孩子的詞彙上幫自己的能力打分數。Clay（1991a）提醒幼教者，成人與孩童的語言互動是很重要的。

前五年，幼兒的語言發展完全仰賴旁人對他說的話——端視旁人對他說了多少、關於什麼事情，是聽起來很溫柔又具解說性，或者是決斷又專橫。

Clay 相信：

> 幼教老師提供的東西，讓他在幼兒面前更有價值。

> 幼教者的努力與參與將是持續的、個人化的、親密的，並且充滿力量。

Hendrick（1998）提醒我們，最好能隨時理解學齡前兒童會感興趣的東西，當前受歡迎的玩具、卡通人物、社區大事、運動與個人家庭的活動，經常是幼兒交談的重點。

當教師擁有一些背景知識，例如，幼兒最近熟悉的迪士尼人物，或者家裡多了一個小弟妹，當幼兒要與老師談論這些話題時，老師就可以適切地回應，分享孩子生活中所有新事物。

幼教師可使用一種叫作「延伸」（extension）的技巧，以幼兒所說的東西為基礎，再加上更多資訊、確實的數據、意涵，這樣可同時增加字彙，亦可釐清對談過程中產生的觀點或概念。幼兒說「這打翻了」，老師可以這樣回應：「是的，小云的手把杯子撞倒了。」

有些教師則使用另一種稱之為「結束」（closure）的交談互動技巧。這是一種暫停的技巧，特別是在句子的中間或結尾時遲疑不說，這個技巧激勵幼兒去猜想，而老師應樂於接受任何答案。多數時候，幼兒所猜想的都符合邏輯，卻不是老師期待的答案。總是有幼兒古靈精怪，說出荒誕的答案，老師仍然應該要接受，這經常可產生更進一步的對話。例如，老師說：「太陽消失在……後面」，或許會得到「丘陵」、「山」、「房子」、「樹」、「雲」的答案，或者其他幼兒所能想到的東西。當老師說：「外套掛在前門的……」，則是句型中間停頓或者填空的範例。

Covey（1989）提醒我們，每個幼兒都應該被視為一個特殊的個體，獨立且是有價值的。在幼兒之間做比較，會掩蔽我們的認知，老師們認為負面的特徵，很可能是從我們文化中培養出來的，或是相對於我們認為正確的學生行為而言。根據 Covey 所說，一個教育者的職責是辨識出學生的潛力，培養它，讓這潛力以自己的速度發展。Weitzman（1992）鼓勵老師等待的行為。

> 當你等待時，給了幼兒時間去發起或者加入某個活動，事實上，你正給他一個訊息：「事情操之在己——我知道你可以溝通，所以自己決定想說或做什麼，我給你需要的時間。」

成人與幼兒互動的研究指出，成人只給幼兒大約一秒的時間對問題做反應，一秒後，大人立刻重複問題或直接提供答案。一秒鐘！大部分的幼兒需要更長的時間理解問題，並且思考如何回答。

　　成人的話語包含相當高比例的陳述，這與加快幼兒的語言發展有關（Harris, 1990）。在成人與幼兒的對話中加入適當的新資訊，可將對話拉長，例如，面對幼兒所說的內容，你回答：「真的嗎？」或者「我了解了」，會使對話進一步發展。

　　當老師在回答幼兒時表達感興趣，即可鼓勵幼兒多說話，這種正向的感受讓人不由自主地繼續進行正在做的事情（Ornstein & Sobel, 1987）。Vygotsky（1980）的文章指出，老師應該能引導學生，並且協同一起練習解決各種問題的能力。大多數老師表達感興趣的方式為聽著、看著、微笑、輕撫，或者是回答幼兒，甚至對幼兒的行為表示贊同。

　　老師很可能習於問重複的問題，並且尋求「正確」的答案。Sanders 稱為「記憶性問題」，這類問題並不能激發批判性的思考，他提出其他類型的問題，如轉換、詮釋、應用、分析、綜合與評估，要回答這些類型的詢問，需要批判性的思考、評斷與解決問題的能力。試著分辨以下問題屬於 Sanders 指出的何種類型：

1. 如果佑佑未經同意就拿了小思的顏料，會發生什麼狀況？
2. 在我們的故事中，鈞鈞將所有雞蛋放在同一個籃子裡，我們可以用什麼東西把積木帶到戶外去呢？我們手邊沒有籃子。
3. 恩恩說，他很抱歉推倒了小玉的積木塔，他還可以做什麼來表達對小玉的歉意？
4. 在故事中，什麼事情讓小依這麼生氣？你會做出跟小依一樣的事情嗎？
5. 當人們圍著寵物小黑的籠子時他感到非常害怕，我們該訂下什麼規矩呢？
6. 鼎鼎說：「螞蟻吞下一頭大象」，而你們都笑了，為什麼？
7. 當小宣說：「你這樣做是行不通的」，他是什麼意思？為什麼剪刀在這裡沒有用？

　　雖然以上不只屬於一個種類，你應該同意這些問題比起純記憶性的問題能引發更多思考。

　　想要磨練詢問技巧的老師們，可以利用表 7-3 自我測試。另外，Tough（1977）提供教師們延伸對話的技巧。

◆ 藉由成為一位好的聆聽者 —— 微笑、點頭、說「嗯嗯」、「是的」、

❖ 表 7-3 評估你對問題回答與反應的能力

回答以下問題，A= 總是，S= 有時候，N= 需要加強，U= 無法決定

1. 我總是百分之百回應幼兒主動說出的話嗎？_____
2. 我會不會專注幼兒的話題，並且做出反應？_____
3. 我會不會提出刺激幼兒觀察或思考他們前所未見的新觀點？_____
4. 我有沒有注意每個幼兒喜歡的話題，並且延續著詢問他們問題？_____
   從幼兒發展程度的觀點而言，我問的問題是否適當、合宜？_____
5. 我是否經常以老師的語調回答幼兒的問題？
   孩子：「我去了動物園。」
   老師：「喔！你有去動物園。」
   或者，我的答案比較像是：「你看到了什麼動物？」_____
6. 我問的是否通常是開放式問題？_____
7. 我問的問題會不會激發思考，還是僅止於等待答案？_____
8. 對於幼兒的提問，我是否提供了明確的回應？_____
9. 我所問的問題是否以友善的態度、無條件的接受、溫暖、同理與興趣，建立在中立的互信
   與尊重基礎上？_____
10. 我問的問題是否把幼兒推到焦點中心，或者使他慌亂？_____

「真的嗎」，讓幼兒樂意發表意見，告訴他們可以繼續說，你會聆聽。

◆ 回想幼兒剛剛說了什麼，表達你的理解。

◆ 使用間接的問題，並讓幼兒決定要不要回答。

◆ 利用以下問題讓幼兒知道回不回答都沒關係，「你想不想告訴我……？」或「如果你願意，我想知道……」

◆ 當幼兒很想說話時，使用直接開放式的問題：「你看到什麼？」

老師往往像個詮釋者，特別是面對學齡前兒童時，當幼兒說「給我辣（那）個」，老師回答「你要紅色顏料」，不要擔心做了錯誤的詮釋。大部分孩子會試著讓老師知道是否接收到正確訊息，或者重複再試一次，老師就會有機會修正說：「你要的是藍色顏料呀，小斑。」

Harris（1990）提供了許多含有語言構成的教師談話互動方式，可加以應用在與幼兒對話時。

1. 使用比幼兒語言再複雜一點的句子。
   孩子：「那些是餅乾。」
   老師：「是的，它們叫作 Gumdrop Moutains（餅乾名），因為頂端是尖起來的。」

2. 與年幼或者語言受限的幼兒說話時，提及一些正在發生或當下的動作、物件、人物或事件。

老師：「你正在爬樓梯。」

3. 將對話的基礎建立在幼兒想說的事情上，有三種方式：(1) 重複（「摸摸狗」對應到幼兒說的「摸狗」）；(2) 擴充（幼兒說「玩澡」，老師說「你想在浴缸裡玩玩具」）；(3) 重組（孩子說：「你不可以進來」，老師說：「不，我不可以進來，我可以進來嗎？」）

4. 利用「我懂了」、「是的」，或者類似的表達，讓他知道你在聆聽。

Harris（1990）也建議對話應該盡量像成人一般，讓幼兒可以評論、形容正在發生的事情以及他們的感受，並且交換資訊，這在整個學齡前教育中都可以用上。

相較於喜歡對話的活潑學生來說，老師可能覺得和安靜的學生在語言互動上較困難。教師應該及早發現這樣的狀況，每日努力讓情況好轉，讓每個幼兒體會到老師陪伴的用心。Morrow（1989）提醒老師們，自己的角色是讓幼兒在連結語言時，覺得開心、有趣。

教師會隨著幼兒的年齡、能力的不同，而調整自己語言的成熟度，並依照每個幼兒的理解程度與他交談。對嬰兒、學步兒與外國孩子使用簡短、簡單的字，與較多的手勢和非語言的訊息；一般來說，隨著幼兒的年齡成長，他們可以理解更困難複雜、更長的句型。

有時候，老師暫停或不談話是明智的。當幼兒跟自己對話、描述自己的動作時，他們存在於自己的小世界中，並無預期成人的介入，而成人的介入也沒有必要。幼兒通常會很入神地徜徉在自己的內在世界中，成人的介入會是種打擾。

老師每日與幼兒互動能幫助幼兒增進建立關係的能力，雖然目前對於老師協助增長知識了解過程的能力還未有定論，但確定的是，可以藉問與答訓練幼兒專注力。通常老師會讓學生連結他已知資訊與新資訊的關係，老師說的話也會在幼兒心理產生一些心像（mental image），語言之所以能幫助記憶，正是因為這些心像的連結。

提供有關智力的經驗需要老師或家長的參與，大人可以歸類、形容、比較、分辨與詢問，藉此支持幼兒的智力發展。這類型的互動舉例如下：

兩歲大的小妮提到有關馬戲團的事情，母親說：「不是，你沒有去馬戲團，你是去看遊行。」小妮說：「我有去看遊行。」母親說：「你看到了什麼？」小妮回答：「大女孩們。」母親微笑說：「大女孩，

然後還有什麼？」小妮說：「喇叭手。」母親說：「對，還有消防車，你記得消防車嗎？」小妮說：「你有抓著我的耳朵。」母親微笑說：「對，就像這樣。」母親用手捂住小妮的耳朵，兩個人都笑了。（Carew, 1980）

當教師因應狀況提供字彙時，應該記得新字彙必須在不知不覺中被重複提出。有人說，成人需要重複使用三次才能熟練一個新字，年幼的孩子當然需要更多的練習。老師也經常聽見學生為了要熟悉而不斷重複一些字，當老師引介新字時，應該有目的地一直重複。

有些時候，老師會以答案的方式提供一些資訊，藉此導引幼兒提問。對於有些類型的問題，幼兒並不容易理解，例如「今天叫作什麼？」或是「為什麼那個人用一根好玩的棍子，上面還有個碗？」問題的明確性與適齡很重要，例如「今天是星期一，五月九號」，以及（伴隨示範）「這是一根叫作馬桶活塞的棍子，將空氣與水推進排水管內，讓水槽裡的水可以排光。」作為資訊的提供者，老師擔任的是參考與資源提供的角色，滿足孩子的求知慾。如果老師不希望直接回答問題，可以鼓勵孩子去問其他人，或是幫助他找出答案在哪裡。

孩子：「午餐有什麼？」
大人：「來吧！我們去問廚師。」
或
「我必須去看看公布的菜單，來吧！我們去看看菜單上寫什麼。」

老師要幫助幼兒專注在一些感興趣的事情上，藉此鼓勵幼兒的求知慾。重複說明字彙以及一些相關的遊戲，會幫助幼兒形成想法或概念。幼兒在老師的鼓勵之下，甚至願意嘗試、碰觸一些全新的東西。

教師們的反應即是對學生行動的回應，老師的責任是加強新字的學習，並溫柔地讓幼兒學習到談話時的良好態度。

老師們可以利用每天未預期發生的事情，幫助學生的語言發展。Landreth（1972）提出一些想法。

當幼兒坐在一個說故事團體中，小傑注意到天花板上掛著的一個活動藝術品正在旋轉。「看！」小傑指著說，「它在動！」另一個孩子說：「怎麼會呢？」「一定是有人碰了它。」小美說。老師說：「小美，你站起來，試試看能不能碰到。」一面自己站起來朝著藝術品伸長手。「我摸不到。」小畢說：

「也許是它自己轉起來的。」另一個幼兒接著說：「不可能，它不會自己轉。」老師說：「讓我們來瞧瞧。」老師拿起一條紗繩，底下串著一顆珠子，吊在學生們面前，繩子是靜止不動的。接著，她將繩子挪近藝術品懸掛位置旁的窗子附近，繩子就輕柔地搖擺了起來。幼兒們說：「窗戶，窗戶是開著的！」小傑說：「是啊，風從窗子吹了進來。」其他孩子也開心恍然大悟地接著說：「然後讓繩子動了。」老師把繩子拿在手上讓學生吹動它。其中一個孩子說：「看！我是風。」那天下午，孩子在戶外利用皺棉紙做成長紙條，探索風的流向。他們也讀了《風喜歡和我玩》這本書，內容講的是當風吹撫船帆，以及風吹著風車、煙囪飄出來的煙，還有孩子的帽子與頭髮時，會發生什麼事。

善用預期外的事件是種很有價值的技巧，技巧地轉化一些狀況，幫助幼兒探索發現新事物，並且懂得敘述它，也是協助語言成長的一部分（表7-4）。

可教育的時刻

也許你曾在受訓時聽過「可教育的時刻」（teachable moments）這樣的詞語，或者，你正在工作上應用這項技術，這項技術包括四到五個步驟。

1. 觀察一位幼兒或一群幼兒自由選擇下的行動與努力。
2. 假設幼兒正在追求、探索、發現、遊戲的究竟是何事物。
3. 對幼兒所選的主題，以老師的身分決定介入、採取行動、提供、延伸，或者任何一種得以促進知識成長、提供教育機會的方式。
4. 決定到底你該做些什麼，然後行動。通常這一步可以是發起一個簡單的問題，例如，「你把一些小紙碎片放進安安的籠子裡，你認為安安會怎麼樣呢？」或默默地將楔型積木遞給正在建小賽車坡道的幼兒們，或者也許你決定讓一直在觀察廚師用手打蛋的幼兒，自己去試試看。
5. 最後一步，讓幼兒嘗試述說、表演、溝通，或以任何方法呈現他所體驗到的事情，只要一切是恰當的。

當老師善用可教育時刻的技巧，將有助於提升幼兒的讀寫技能。

時間控制

以下這些評語：「你完成了」、「那是黃色的」、「好多顏色啊」、「這很重」、「我也喜歡那個」或「一件新襯

❖ **表 7-4　教師口語互動範例**

常見教師用語	可能的結果
「多告訴我一些。」	擴充
「你的意思是……？」	釐清
「你在哪裡看到……？」 「誰說……？」 「什麼時候腳踏車……？」	確定
「我該寫誰的名字……？」 「這個屬於……？」	確定歸屬
「請告訴小真……」 「選出一個人來幫你。」	與他人交談
「你可以示範……嗎？」	提供資訊
「再告訴我一次……？」	重組句子或重複
「如果這樣的話會……？」	猜測與解決問題
「小亭認為……」 「樂樂說……」	評估別人的想法
「我們可以嘗試……？」 「我們應該放在……？」 「什麼名字適合……？」	解決問題 創意思考
「誰要最後一個說話……？」	輪流
「用手示範給我看。」	釐清
「你需要去……？」 「你會先做……？」	確定
「你要問我問題嗎？」 「有發生什麼我沒看見的事情嗎？」	釐清
「有人聽到任何聲音嗎？」	聆聽技巧
「你想說話時請舉手。」	輪流

* 此並非完整的表列，與孩子互動的用語會依情況不同而有所轉換。

衫」，可能可以引起注意，表現出接受，提出鼓勵，並且加強這個行為。這些評語聽起來像是自然適切的評語與回應，而且經常下意識就說了出來。在一間忙碌的教室裡，這些句子可能都是因為教師正忙於照顧幼兒，無法做更多延

伸對話而脫口說出，因此，教師最好都能做好時間的控制。

　　有意識地明確和擴充的談話需要專注、用心，以及迅速的思考，但是經過練習，這些可以成為老師的第二天性。這樣的句子像是：「你把自己的椅子推進桌子底下」、「在你的畫中我看到紅色與藍色」、「你幫朋友朵朵找回他的書」、「那些是有燈光效果的鞋子」、「多說一些有關你貓咪的事」，以及「把蠟筆放回箱子裡，好讓其他人可以容易找到」。老師獨特的敘事評斷能力可以幫助幼兒的語文學習。

鷹架

　　Curry 和 Johnson（1990）形容鷹架是具挑戰性的支持，這是指一種包含回應的對話、開放式問題，以及在幼兒剛起步的時候給予幫助的教學技巧。鷹架理論為 Vygotsky（1987）所提出，成人可評估究竟需要多少必要的口語協助，並且隨時對幼兒提出挑戰性的問題，目的是促進孩子的理解與解決問題的能力。隨著孩子的成長，逐漸能夠獨立自主，而減少對成人的依賴。作者想起一名四歲幼兒形容蒸汽火車頭的情況，他對於火車方面的知識遠超越了同齡的幼兒，甚至老師。在幼兒生活中的某個人對他提供了鷹架（具挑戰的支撐），讓這位幼兒得以深入研究他喜愛的火車。

　　Vygotsky（1978）認為，孩子內在語言（inner speech）的發展是孩子在學習使用語言，首先是思考，接著在自己腦中推論演化。老師搭起的語言鷹架，幫助幼兒利用內在的語言釐清他們的思考。善於互動的教師會依照幼兒的成熟度，提供語言的幫助，輕推幼兒觸發探索。

　　在鷹架理論中，教師們需要哪些特殊的語言技巧與行為？舉例如下：

- ◆ 提供回應與誠懇的對話。
- ◆ 讓幼兒想做的事情變得更容易達成。
- ◆ 使用開放式問題。
- ◆ 激勵。
- ◆ 使用稍成熟一點的語言模式，以及對一些幼兒來說新的語言模式。
- ◆ 邀請幼兒用言詞表達思想與感受。
- ◆ 鼓勵幼兒做出更長更明確的評語。
- ◆ 歡迎不同的反應。
- ◆ 在問題或宣告中給予提示，幫助幼兒蒐集進一步資訊，例如，什麼、誰、為何、因為、所以、與、下一個、但是除了、如果、何時、以前、之後等等。
- ◆ 誘導生動的討論，與更多求知的需求。

◆ 增加大人與幼兒合作式的溝通機會。

鷹架可能不像老師們一開始所認為的那樣簡單，對某位幼兒來說是充滿機會與挑戰的，不見得適用於另一位幼兒。在鷹架理論中，老師總是要持續做各種複雜的決定。

使用鷹架理論的教育工作者相信，理解、探索與解決問題是可以被導引的。事實上，幼兒正逐漸發展出獨立思考，而非總要仰賴成人的協助。在家中或學校裡陪伴幼兒的大人，可以嘗試用鷹架理論來說話或規劃活動，例如：擺設桌面、清潔水槽、整理出一個可用來自由蓋手印的藝術區，或是照顧學校寵物這類簡單的事情。

Langer 和 Applebee（1986）舉出更多鷹架理論的方針，認為應該鼓勵幼兒自己想法的主導權，對或錯都比不上幼兒能表達自己的結論來得重要。幼兒應該將頭腦裡眾多的「為什麼」具體說出來，例如，「雅雅認為兔子會吃紙，是因為她看見小白在籠子裡將紙張咬碎成小碎片。」

完美的師生合作是持續研究、行動與探索的動力。小組活動通常是幼兒遊戲時自然產生的一部分，亦可利用於每天的遊戲與課程之中。例如，讓一群幼兒來經營賣檸檬水的攤位，或者共同寫張卡片寄給生病在家的同學。

教師的互動模式

教育工作者的一項重要任務是，在幫助幼兒學習新知識以及給予幫助成長的挑戰之間找到平衡。

Barnes（1976）認為教學方式有兩種——傳達與詮釋。傳達式教學為傳統派，相信孩子的學習來自老師的解說、分享書籍、解釋課堂活動，以及各種經驗。詮釋型的教學方式則建立在幼兒對於所汲取資訊的再詮釋，而老師的功能在以對話支持孩子努力將想法與體驗到的事情說出來。

我們不難理解，要成為傳達型的老師非常容易，在老師本身所受的教育中，就可以清楚看到雛型。而一位詮釋型的老師需要認真傾聽，並且不以自己所知主導談話。達成這兩種模式的平衡是關鍵要點，真正的教育工作者必須懂得傳達與詮釋。

在提升幼教發展語言藝術與讀寫能力時，詮釋型的教學不僅可以幫助幼兒講述他所知道的，同時也讓他們將想法與印象，透過講述與書寫，清楚表達出來。在此，老師的責任是創造一些機會、資源，並營造出鼓勵追求個人詮釋的環境。

教師有時候可以變成有趣又好玩的互動者，讓幼兒感受到他們對人生，以及陪伴孩子的那份愛與熱情。這樣的轉

變對部分人來說相當自然容易，但對有些人而言卻非如此。或許某些人童年記憶中大人的模樣，就是非常樂意與孩子有美好的遊戲互動。注重語言發展的幼教者在這樣的時刻，要小心不要主導談話，而是讓自己成為有良好反應的同伴。

象徵遊戲中的互動

　　想像（象徵）遊戲中的互動需要教師同時展現體貼理解與手腕技巧。老師可能希望保留幼兒選擇玩的方向，而不願意由他們主導想像性的遊戲，但同時又希望給予幼兒注意力以鼓勵遊戲活動，進而讓幼兒得到所要的。當幼兒深入參與活動時，老師的加入經常被視為一種侵犯，這樣的情況下，老師應該保持距離觀望。而在其他的情況下，特別是對學齡前兒童來說，老師的互動都能豐富孩子的體驗。

　　Smilansky（1968）首先嘗試訓練那些較無法融入想像遊戲中的孩子，透過大人的身教，以及角色扮演模擬實際生活中的經驗，再加上遊戲之外的指導，例如，給予建議、指引方向、詢問問題與界定行為，Smilansky 成功地教會一些幼兒加入這種社會戲劇遊戲。

強調語言連結

　　對於強調課堂語言活動的連結感興趣的老師們，無論採用綜合的方法或是全語言的方式，經常會有目地地出現以下評語：

「我正寫下你的想法。」

「我在唸的這些字是『請敲門』。」

「你想要我唸牆上寫的東西給你聽嗎？」

「我會寫那個字。」

「你家停車場的告示上要怎麼寫？」

「你似乎正在聽我唸的故事。」

「是的，S 是你的名字的第一個字母。」

「你希望我幫你在作品上寫下名字，是嗎？」

「我會讀這個盒子小紙條上的字。」

接受「差不多」

　　如同父母們總是樂意接受孩子不完全正確的話語，或者有錯的文字，老師們也應該注意這類事情，鼓勵他們，因為這是幼兒成長的記號。活潑有趣的環境，並且對於他們所犯的小錯不甚在意，讓幼兒在分享自己的想法與意見時感到安全。遠離批評與對文法的挑剔，可以促使他們願意冒險向前。

處理干擾

進行計畫好的活動時，經常會被幼兒打斷，因為他們一旦有想法就立刻想要分享。這些干擾證明了他們認真地參與活動，並且感到興趣，或者表現出他們對於不相關的想法與情感有舉一反三的能力。老師們通常會承認這種干擾，接受它，並且平靜地提醒幼兒，如果小組活動時間想要說話，應該先舉手。也有些老師覺得，學齡前幼童想說話的衝動很自然，並且帶有個人色彩，他們認為，說話前先舉手這樣的規範最好等晚一點再學習。這類干擾讓老師必須做出控制活動流程關鍵的決定，干擾會打斷活動進行嗎？還是能夠加入討論的議題？或是等一下再談呢？如果老師決定推遲這個干擾，則可以使用下列幾個方法。若老師接受暫時轉移話題，並且短暫地跳脫原本的主題，甚至擴大成為討論，就如同前面 Landreth（1972）提出的範例。其他範例如下：

狀況：老師正利用法蘭絨板講述一個關於一隻松鼠為了過冬，而在樹上儲藏核果的故事。

孩子：「我的貓會爬樹。」

老師：「小麥，我有看過貓爬樹。」（短暫的認同）

或者

老師：「小麥的貓會爬樹，而松鼠正在爬上樹，將核果藏起來以度過冬天。」（展現認同，但引導聽眾回到主題）

或者

老師：「小麥，等我們說完這個故事後，你可以告訴我那隻會爬樹的貓的事情。」（將這個干擾拖延至另一個時間）

由於孩子都是充滿著活動力，他們喜歡可以與書本、交談及日常生活中學到的字彙連結的活動，老師可以鼓勵他們把這些字彙以自己的方式表演出來。一些形容用的詞彙比較容易表現：猛撲、跺腳、偷溜、滑行、爬行、滑下來，以及許多其他有趣的動作字彙，還有像是巨大的、沮喪的、愛睏的、疲勞的，這類可以與視覺畫面聯想在一起的形容詞。

將幼兒的想法與建議加入團體談話中，並給予幼兒讚揚，可呈現對他們意見的重視。

「凱凱的想法是要……」

「安安認為我們應該……」

「欣欣建議我們要……」

「這是小泰會做的方式……」

依序給予指導

老師需要清楚知道幼兒學習字彙與概念的方法，表 7-5 列出老師對於幼兒在學習新事物時，應配合的話語及動作。

Maria Montessori（1967b）提出一套三階段互動法，指導老師如何在已規劃好的活動中與學生互動。這個方法顯示幼兒從感知的探索，到表示理解，再將理解到的口述出來。以下是範例。

● 第一步：將感知與字彙連結

拿出切好的檸檬，讓幼兒品嘗，大人說「檸檬嘗起來是酸的」，將酸這個字與感知體驗結合。重複這類連結可加強印象。

● 第二步：探求理解

切許多黃色的水果給學生看，老師說「找出哪個是酸的」，讓幼兒以反應來說明他是否理解。

❖ 表 7-5　語言學習與教學互動

孩子的活動	教師的行動
● 專注在一個物件或活動上	● 告知物件的名稱，或形容一下動作與狀況（提供字彙）。
● 以眼耳鼻舌口等感官，操作、探索物品與情境。	● 以簡單的對話試著把這個物品或動作連結到他過去的經驗（在新舊之間建立橋樑）。
● 應用到他已知的事物上，建立某些理解。	● 幫助幼兒透過簡單的宣告或提問觀察細節（著重在辨認特徵）。 ● 使用「秀給我看……」或「給我……」等詞，刺激幼兒以非語言方式應對（刺激）。 ● 描述幼兒的動作（例如：小傑碰了紅色的球）（示範）。 ● 請幼兒口語回答。「這叫什麼？」、「當……的時候會怎樣？」的問題（刺激）。
● 使用一個新字或句子，將物件或動作的某個特徵以及整體，做命名、分類或總結。	● 以口頭回應，並指出真實的特徵。「是的，那是一顆紅色的球」或「牠像馬一樣有四隻腳，但是牠叫作牛」（糾正或加強回應）。 ● 如果需要，將只有一個字的回答延伸成為簡單的句子（示範）。 ● 建議去探索該物件或狀況的另一個特徵。 ● 提出一個記憶或觀點的問題，「當……的時候，我們會發現……」（加強與評估）。

● 第三步：傳達理解

　　給幼兒看切好的檸檬與葡萄柚，問：「這些味道如何？」若幼兒能形容這水果是酸的，就證明他已能善用這個詞彙，並且對這些意義有了概念。

　　使用這三階段互動法時，Montessori（1967b）建議，如果幼兒不感興趣，成人應該就此打住；如果孩子回答錯誤，成人也需要保持沉默。這代表幼兒尚未準備好要學習，而不是無法學習。

　　這個口說的互動方式對某些人來說，可能較為固定與機械化，但這卻能清楚地描繪出幼兒從無知到有知的過程。

　　接下來的例子顯示出 Montessori 三階段的變形，包含一些額外的步驟。在這個教學步驟中，幼兒詢問老師如何打開沙坑中玩具工程車的後擋板。

老師的意圖	老師用語
1. 集中注意力。	「看看這個小把手。
2. 創造動機、界定學生是想要做還是想要知道（注意，在這個例子中不需要，因為學生正感興趣）。	「你想要打開這個後擋板。」（用手指著）

3. 提供資訊。　　「轉這個把手，然後打開後擋板。」（示範）

4. 鼓勵幼兒嘗試與練習。　「試著轉動把手。」

5. 給予正確的資訊或者正向的強調。　「把手需要被轉動，試著在轉的時候按下去。」（示範）

或

「你辦到了！後擋板打開了」

　　下列狀況中用到了第一步到第五步，狀況是老師要幼兒了解廁所裡紙巾的用途。

1.「這裡是紙巾架，你有看到嗎？」

2.「你可以自己做做看，洗完手後擦乾你的手。」

3. 示範。「首先拿取一張紙巾，擦乾手，然後將紙巾丟進垃圾桶裡。」

4.「你試看看。」

5.「很好，拉下一張紙巾，擦乾手，丟進垃圾桶裡。」

「現在你知道髒紙巾該丟哪裡了，沒有人會從地上撿起你用過的髒紙巾，現在你跟其他同學一樣，可以不需要人家幫忙自己辦到了。」

　　這樣的過程，幫助幼兒同時理解這個動作與字彙。提供幼兒所需的資訊而不必說太多話，是成為一位優秀教師所需的技巧。大部分學者認為，能成功完

成一項任務，本身就是一個獎勵，而有些人則相信口頭上的鼓勵是恰當的。

前面所述的玩具工程車範例，也可用探索的方式處理，而非由教師主導，例如下列的提問：「你有看到其他人在玩這個工程車嗎？有沒有按鈕或是把手可以控制後擋板呢？如果你用手去開後擋板會怎麼樣？」

激發成人與幼兒之間的對話，目的是想讓幼兒將想法表達得更清楚，面對更年幼的幼兒會有些許不同，如以下範例。

二到三歲的學齡前幼童：

孩子：「餅乾。」

大人：「你要餅乾嗎？」

孩子：「餅乾。」

大人：「你要這個棕色的餅乾嗎？」

四到五歲的學齡前幼童：

孩子：「我要那個餅乾。」

大人：「你要一片餅乾嗎？巧克力或是糖霜的？」

孩子：「巧克力的。」

大人：「自己來，你可以選擇坐在這裡或美雅旁邊的椅子。」

教師對孩子語言發展的程度與品質，是否真能發揮作用呢？

老師說話、回答孩子的頻率，與孩子語言整體發展的成績來說，兩者間有非常顯著的關聯性。（Tizard, Rankin, Shonic, & Cobb, 1972）

師生互動需要老師表達強烈的探索意願，當他們顯現自己的好奇心，同時也注意每個幼兒想知道別人為何這麼做，以及想了解這個世界的慾望。

老師要如何做，才能有技巧地互動？

◆ 延伸幼兒感到興趣的話題。

◆ 在感興趣的話題上增加資訊。

◆ 回答並釐清幼兒的問題。

◆ 幫助幼兒弄清楚事情的重點、問題，降低混淆感。

◆ 督促幼兒將所學的新知或新發現運用在語言上。

◆ 讓幼兒習慣每天固定一起參與師生的討論、交談時間。

處理幼兒過去的經驗

作為一個互動者，老師經常要面對幼兒過去在成人與他們溝通所形成的習慣，幼兒的家人或是過去被照顧的經驗裡，很可能讓他的一些行為定型，如此一來，老師可說是在與一整個家庭或是社會群組努力對話。有些家庭希望幼兒勇於打斷別人，有的則希望能保持禮貌。狂野興奮的舉動與搖晃的肢體動

作，是某些幼兒的特徵；而肢體退縮與幾乎聽不見的微弱聲音，則是另一種幼兒的典型。教導來自不同文化背景的新學生，即可很明顯看出溝通模式的強烈對比。有些幼兒習慣開口求助，而有些覺得這困難極了；有的習慣開放地談論感受，有的孩子卻很少分享。

為提升幼兒的學習，老師需要考慮如何帶領這兩類學生，並且讓他們相處。

> 學習的意義是將新知連結到已知的經驗，學生們一定要有機會將自己獨特的見解陳述出來，以激勵日後更進一步的學習。（Healy & Barr, 1992）

過去所受的照料與經驗可能在幼兒身上留下影響，四歲的幼兒小律過去被照顧的不好經驗，讓老師體會到對幼兒說話能力的戲劇性影響（Busy Bee Children's Center, 1989）。以下是這名老師的觀察與結論：

> 上學第一天，小律安靜地坐在靠近幼兒園前門的地方，忽視所有遊戲的機會，緊抓著自己的小毯子，直到當天媽媽來接他回去。當老師一再想與他談話時，他只說了幾句或

者看了幾眼；當大人想安撫他時，就安靜地坐在大人腿上。用餐時，他很快吃完東西後，又回到靠近門邊他等待的角落。過了幾週後，真正的小律才顯露個性，變成一個愛說話、喜愛交朋友的幼兒。我們語言與行為上的互動，專注在重新建立他與大人及其他幼兒的信任上，成功之後，才可能進行語言發展的部分。

在小律的案例中，幼兒有可能感覺很難與大人對話，如同 Garvey（1977）寫道：「尋求老師的照料以及確保自己有被關注與回應的權利，需要長時間的堅持與一點心機。」而小律可能很久以前便放棄嘗試了。

幼兒的坦率好問

年幼孩童很少限制自己的問題，也很少像年長一點的孩童那樣，為了隱藏自己的無知而修改對老師的答案。在對話中，希望得到答案的年幼孩童對於想知道的事情充滿熱情。老師們經常讓幼兒猜測，或欣然接受他們犯的錯，營造教室信任的氛圍。他們以對話互動提升幼兒的專注力，設定問題，指出狀況，建議其他方法，且在適合教學的時刻提供資訊（Smith-Burke, 1985）。

以 Vygotsky 的理論與學生互動

一位實行 Vygotsky 幼兒語言獲得理論的老師，可能與其他教師表現得不太一樣。他相信社會性的互動可幫助語言學習，老師將會延伸幼兒的所知，並且讓幼兒以自己的力量持續建立。Vygotsky（1980）建議：

> 孩子今日透過團體會做的事情，明日就可以完全靠自己，因此，唯一最好的指導原則是，孩子擅長什麼就讓其帶領。

Vygotsky 的社會互動模式中，幼兒與其他人涉入了一場有意義的互動，透過這樣的互動，內在語言才會顯露出來（Bartoli, 1995）。

教師作為平衡者

無論何種角色，老師都要維持平衡，這是指：

◆ 給予，但當幼兒可以自我探索與實踐，就該暫停。
◆ 互動，但不過分干涉或支配孩子訓練思想與動作。
◆ 給予協助，但不猶豫。
◆ 說話，但不過多。
◆ 聆聽，但保持適度的回應。

◆ 提供幼兒許多說話的機會。
◆ 有耐心與同理心。如 Fields 與 Lee（1987）指出：「當大人已知答案，我們發現在等待幼兒弄清楚答案時，很難保持耐心。」

要維持這樣的平衡，教師應該是一個典範、一位提供者，以及一位互動者，讓幼兒得到行為及語言上最好的教育。作為一個模範，老師即是學生想進步到達的下一階段──但不致太遠，而且是幼兒已經在嘗試的方向。如此，老師工作時會注意幼兒的個別性，並且從幼兒做對或做錯的事物上學習。對於喜愛和幼兒說話的老師來說，不一定要教學，這也代表老師已準備好要善用每個狀況，讓師生能享受共同學習的時光，而反對過度干涉學生。

有個關於兩位幼兒園男孩在庭院裡找到蚯蚓的老故事：

第一個孩子：
「天啊！好癢，你看他！（將蚯蚓捧在手中。）」
第二個孩子：
「我們拿去給老師看。」
第一個孩子：
「不要，老師一定會叫我們畫出牠的樣子，然後練習寫『蚯蚓』兩個字！」

老師們對於幼兒的語言發展應該保持樂觀的態度，提供最好的學習環境，了解只要幼兒準備好了，就會自然成長學習新的語言技巧。幼兒園應盡可能提供促進語言成長的最佳空間，老師們要成為典範，在活動中不斷提供訊息與互動。

Sheldon（1990）主張，老師們在進行評論或與幼兒交談時，須謹慎地用字遣詞，盡量避免帶有性別偏好或者是男性導向態度的用字。如果老師提到玩具熊或者是班上的寵物小豬（當未知其性別時），應避免用「他」或「她」，而用「牠」來稱呼。

讓幼兒有機會去表達他所發現到、感覺到，或從課堂裡學到的藝術素材、積木、遊戲玩偶等等，是提升語言發展的另一個方式。

摘要

教師的功能是做示範、語言發展機會的提供者、合作伙伴與互動者，孩子則從大人與同儕身上複製行為。教學的技巧包括延伸與擴充孩子的對話，而對話是語言成長的關鍵因素。延伸的意義是加上新的資訊，至於擴充，則是完成孩子的句子，使之符合文法。

字彙是物件、想法、動作與情況的象徵，老師藉著讓孩子了解過去與現在的連結，增加孩子對於新字彙與想法的學習。

教師們應觀察並認真聆聽，以提供幼兒一些雋永的評論話語。師生之間的互信氣氛，以及接受幼兒的想法，其中無論正確與否，都值得鼓勵。

本章所討論的教師角色是擔任示範者、提供者以及互動者，在教學功能間維持完美的平衡，任何決定都影響著孩子的學習契機。

PART 3
傾聽：讀寫能力的開始

CHAPTER 8

發展傾聽的技巧

目 標

讀完本章後，你將可以：

- 列出五種傾聽的形式。
- 討論如何增進好良好傾聽習慣的教學技巧。
- 說明如何設計一個增進傾聽技巧的活動。
- 在幼兒的團體中呈現傾聽的活動。
- 說一個能吸引幼兒傾聽的故事。

這個世界到處充斥許多聲音，每天轟炸著孩子。雖然沒有人正式教一個嬰兒去聽聲音，但從一團混亂中，某些聲音開始變得熟悉且產生意義。幼兒開始聆聽聲音。

傾聽（listening）[1]的技能是第一個學習到的語言技巧，而且它在幼兒說話之前就已發展了。許多幼兒在幼兒時期就發展出仔細聆聽別人說話的能力；但有些幼兒則尚未開始發展。因為語言的成長被描述為一個接收然後傳遞的過程，因此，幼兒「傾聽」的能力對於說話和未來的讀寫成功是很重要的。

聽見和注意傾聽是相當不同的。「**聽見**」（hearing）[2]是一個牽涉神經和肌肉的過程，幼兒到四、五歲時，就能達到與成人一般的聽力能力。而注意傾聽則是一個學習來的行為，它是涉及聽見、注意、區別、理解和記憶的心理過程，可藉由練習而進步。注意傾聽會影響社會互動、個人的運作程度，甚或一生的成功（Weiss & Lillywhite, 1981）。Nichols（1984）估量認為，我們「聆聽到」的占「聽見」的50%，而「理解」只有占「聽見」的25%。

「注意傾聽」的技巧可以形容成被動和接受的，但是它也牽涉到主動的思考和解釋。當幼兒感覺到可以自由自在地運用口語去表達他們生活上發生的事情時，成人與幼兒之間的日常對話將可以促進聽和說的能力。在學校環境中，當幼兒是處在一個小的、輕鬆的團體，而在這個團體裡所提的評論，是被接受和欣賞的時候，幼兒會提供更多口語的意見。較年幼的幼兒有時會學習到，在有些教室裡最好保持安靜；而在其他教室，每位幼兒的意見都可被認同，而且課堂中的討論是時常發生且活躍的。

在幼兒園裡，幼兒經常有許多機會去聽。老師所設計或幼兒發明的遊戲是各種聲音的來源。有品質的課程計畫有助於幼兒清晰「傾聽」的能力，並提供多種經驗。傾聽不是偶然或碰巧發生的，而是有計畫、程序，且可發展的技巧。

傾聽的研究

雖然目前針對「傾聽」和「直接教學對於聽力技巧是否有效」的現行研究很有限，但在1950和1960年代所進行的研究已經顯示，聽力的指導教學對**聽力理解度**（listening comprehension level）[3]上具有很大的效益。主動參與的

---

[1] 傾聽：包含了注意、聽見、區別、理解和記憶的心理過程。

[2] 聽見：察覺聲音的意識或能力。

[3] 聽力理解度：我們將教材大聲讀給幼兒聽時，幼兒能夠理解這些教材的最高程度。

聽力活動，其助益勝過被動的聽力活動（Pinnell & Jaggar, 1992）。

「傾聽」不是抽象的技巧或是廣義的能力，但它是一組特定的能力，而且這個能力和閱讀任務所需的能力是緊密相關的。幼兒教育的學者應該注意幼兒聽力理解程度的發展。

傾聽的類型

「傾聽」常以許多方式出現。一個人不會總是為了理解而傾聽，但卻可能會去「聽」使人愉快的聲音。當幼兒第一次發現瓶瓶罐罐發出的聲響，他們會為此著迷。幼兒常常利用任何東西，來製造讓他們自己愉快或是有節奏的聲音。

根據過去的經驗，人的聲音對於幼兒來說，可能是有趣的、具脅迫性的或是單調的，甚或安靜也是有意義的。有時老師會懷疑某個幼兒有聽的問題，結果卻發現其實是幼兒沒有注意聽。

幼兒可能有傾聽但沒有理解聽懂。他們可能忽略聲音的差異，或是沒有檢視他們所聽到的聲音。「傾聽」牽涉到種種技巧和程度。為了提供成長的機會，老師必須知道各種聆聽的技巧，如表 8-1 中所描述，幼兒會依循並連結這些技巧。

一個好的幼兒語言活動課程的目的，是為了引導幼兒發展不同程度的聆聽能力。一個有效的聆聽過程包含三個階段，如圖 8-1 所示。

當聲音出現時，它會藉由聲音的特色、指示、音高、強度和新奇等等特徵而被記憶。

❖ **表 8-1　幼兒不同層次的聽**

欣賞的傾聽：幼兒在聽音樂、兒歌和故事時，發現趣味和娛樂。這種形式的聽是最佳的開始，對每個幼兒來說，它是被動的、個人的。

有目的的傾聽：幼兒跟隨指示並予以反應。

辨別的傾聽：幼兒覺知聲音高低和大小的改變，能辨別環境中的聲音，和辨別人們說話的聲音。

有創意的傾聽：聽的經驗激發幼兒的想像和情緒，幼兒透過語言或行動自發地自由表達他們的想法。

批判的傾聽：幼兒了解、評論、做決定和形成意見，老師可提出問題（如：「當大家都立刻說話會發生什麼事情？」或是：「如果每個人同時都要在遊戲屋玩，會怎麼樣？」），激發幼兒的思考和決定解決問題的方式，並表達自己的想法。

資料來源：Scott, L. B.　(1968).

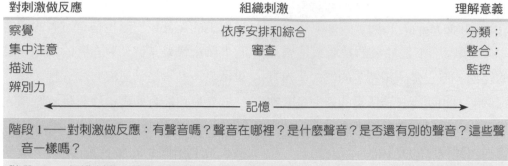

對刺激做反應	組織刺激	理解意義
察覺	依序安排和綜合	分類；
集中注意	審查	整合；
描述		監控
辨別力		
←	記憶	→

階段 1——對刺激做反應：有聲音嗎？聲音在哪裡？是什麼聲音？是否還有別的聲音？這些聲音一樣嗎？

階段 2——組織刺激：聲音的順序是什麼？聲音之間的時間長度為何？以前是否聽過這個聲音？在哪裡聽過呢？

階段 3——理解意義：這些聲音和文字有什麼意義？

▶ **圖 8-1　聆聽過程的階段**

學步兒的傾聽經驗

　　父母和幼教機構的人員會用一些刺激聆聽能力的活動來吸引幼兒。肢體遊戲、簡單的韻文和反覆的唸誦，都是值得推薦的活動。連結玩具或物體所發出的聲響，並鼓勵幼兒模仿及表現出來，讓幼兒覺得好玩。有節奏的拍、敲和連續的打擊，也可以是充滿樂趣的，音樂性的玩具和唱片能增加聲音的多樣性和樂趣。鼓勵幼兒透過不同人的聲音去觀察人的臉部表情，和當時環境的聲音，都是發展幼兒傾聽技巧的其他方法。

　　成人需要小心運用聲音的音量和品質；在所有年齡層中，突然大聲、刺耳的、振動或緊急情況的警示聲音，都會讓人受驚嚇。

有目的的傾聽活動

　　有目的的傾聽練習是為了增加幼兒跟隨指示、執行任務，和合宜回答的能力。老師可以使用三階段方法，幫助二到三歲幼兒獲得傾聽的技巧。

1. 告訴幼兒你將要告訴他們一些事。
2. 告訴幼兒事情的內容。
3. 告訴幼兒你剛說過的事情。

● 舉例

1.「我會給你一個信封，而且告訴你在哪裡拿。」
2.「把信封拿給廚師柯莉太太，然後回來教室。」
3.「你拿信封給柯莉太太然後回來，謝謝。」

有目的、注意的傾聽需要專心。老師可以表現出「我所要說的話很重要」的腔調，因而創造幼兒想聽的慾望。有些說明，如：「你可能想知道為什麼」、「你仔細聽就可以發現」、「假如你想要驚喜，注意看和聽」，可以提供更仔細聽的刺激。

有計畫和目的的傾聽活動，包含鼓勵幼兒去聽的活動是為了：

◆ 為自己做一些事。
◆ 告訴其他人怎麼做。
◆ 操作一些玩具或設備。
◆ 傳達訊息。
◆ 回想細節。
◆ 以特別的順序或次序擺放東西。
◆ 看他們能記憶多少名字或事物。
◆ 學習新的技巧，像是唱新的歌曲或是吟唱手指謠。

欣賞的傾聽活動

欣賞的傾聽是關於輕柔、輕鬆的傾聽，因此輕鬆愉快是最重要的。多樣化的錄音或現場欣賞的傾聽經驗是很合適的。背景音樂可以伴隨幼兒喜愛的幼兒園事物。吟唱一段記得的文字片段，或是和諧的齊唱和團體的歸屬感，都會帶給幼兒雙重的樂趣與體驗。一些欣賞的傾聽能營造氣氛、碰觸情感，並增加其他範疇的體驗。這世界充滿美麗和或許不那麼悅耳的聲音。

欣賞的傾聽活動包括：

◆ 隨著音樂擺動。
◆ 探討音樂、節奏和聲音。
◆ 討論喜愛的聲音。
◆ 討論聲音給人快樂、悲傷或是有趣的感覺。
◆ 隨音樂或有節奏的聲音輕敲、拍打或律動。

Cole 和 Cole（1989）列出對幼兒進行音樂課程的好處：

> 音樂提供幼兒口頭表達的另外一種意義……建立字彙、建構內在的節奏、發展出對聲音音高、語調的知覺，以及發展語言理解的概念，例如，「大聲的」、「輕柔的」、「快速的」、「緩慢的」。提供唱歌的練習可促進幼兒對語法和記憶技巧的發展。

幼兒學習任何歌曲都有一個可預期的模式。文字是最先被學會的，然後是韻文或其他元素。傳統托兒所的歌曲很豐富，很適合幼兒的音高，而且包含旋律和節奏的重複性。音樂可說是「語言的建構者」。

受歡迎的傳統兒歌

「王老先生有塊地」
「小星星」

「兩隻老虎」

「三輪車」

「醜小鴨」

「大象」

「妹妹背著洋娃娃」

「娃娃國」

「只要我長大」

「火車快飛」

「造飛機」

以下列出部分從歌曲中可以發現的語言特徵

字彙

預測的能力

故事的軸心和序列

押韻

反覆

文學意義

有節奏的拍子

概念的發展

欣賞的傾聽

有目的的傾聽

有辨別力的傾聽

有創意的傾聽

文字和身體動作的協調

「批判的傾聽」活動

「批判的傾聽」要求幼兒能對他們所聽到和理解的做出評論。這需要深思熟慮，而一些幼兒在這個領域中能發展重要的技巧，並且頻繁地使用。這些幼兒似乎能對他們已經知道的做出考慮、感受，和討論其中的差異。而有些幼兒則很少有意見或特別的觀點，不然就是沉默沒有想法。關於「批判的傾聽」之活動可以是：

◆ 一個可討論的問題，並能提出和評論答案。

◆ 可以提醒幼兒可能會發生的結果或推論。

◆ 使用一些標準來準確判定是真實或偽裝的特徵。

◆ 討論個人喜愛或厭惡。

◆ 團體表決可以再次回顧，而結果是可以期待的。

◆ 發現和察覺某些形式的錯誤。

◆ 可預期其他人的感覺。

◆ 可聆聽不一致的聲音。

「辨別的傾聽」活動

「辨別的傾聽」漸受重視是導因於近來的許多研究，以及全國努力立法以增進美國幼兒閱讀能力所致。為了分辨聲音的模式是否相同，必須使用辨別的傾聽技巧。當幼兒試圖想在早期的閱讀做譯解時，「辨別的傾聽技巧」是必需的。

幼兒園老師設計「注意聽和找錯誤」的活動時，即是在呈現辨別的傾聽之練習。在團體已經了解「三隻小豬」

的故事內容後，幼兒便能在老師講述故事過程中發現錯誤，例如：「大野狼深吸一口氣，然後用力吹，把樹吹倒了。」模仿節拍也是另一種方式，像是找出押韻的韻腳，或是找出和木琴相同的聲音等等。

「有創意的傾聽」活動

許多課堂的讀寫活動創造出一種情緒的回應和互動，視聽媒體也具有相同的效果。閱讀之後的討論或許可展現出幼兒的感覺，和有想像力的想法，並鼓勵幼兒在之後的藝術、戲劇或其他表達方式中產生感覺和想法。

「有創意的傾聽」用來作為開發創造性潛能的策略。當聆聽或是體驗一段音樂所構成的心理圖像形式時，我們之中誰沒有「啊哈」（aha）的經驗呢？

老師的技巧

在學校環境中，良好的聆聽習慣是很重要的。老師必須在每天的工作中，對於幼兒的聽力習慣和能力做出評價。假如老師期望幼兒專心，老師也必須對幼兒專心（Jalongo, 1996）。在教師培訓過程中，教導老師們要蹲下或彎下身來，說話時與幼兒視線同高。但是老師聆聽幼兒說話時，有多少次是如此做的呢？

有兩個因素可能會減損老師聽的能力和建立聆聽的習慣：(1) 他們在自己的學校中，可能沒有遇到對「聆聽和重視幼兒問題」很有經驗的老師（包括學校教授）。(2) 老師們忙著傳授知識，以至於遺漏了幼兒所關切的問題或意見。根據 Grant 和 Murray（1999）觀察，這種互動的型態都教導幼兒要消極地坐著，並且是退縮的。這顯然常讓老師懷疑他們所傳授的是否被幼兒接收。

老師給予的說明應該是簡單明瞭的，像是首先、再來、最後。通常給予說明時，需要清楚、簡短地說，不需要一直重複。在必須引起團體的注意時，可以使用一個信號。任何特殊的、容易聽見的、令人愉快的聲音或是視覺信號，都能提醒幼兒注意聆聽。活動開始前的安靜也是有效集中注意去聆聽的方式。

老師也可以使用一首短短的歌曲、手指謠，或是肢體活動，來引起團體的興趣。這樣的方式能幫助幼兒在接下來的活動中專心。

每天隨時的鼓勵和微笑可以激勵個別的傾聽。針對我們所期望的傾聽行為要有積極明確的說明，例如，「雷蒙，在你說話之前，注意聽珍妮說話」，或是「現在很安靜，我們都能聽到故事要開始了」等話語，讓幼兒知道並回應我們的期望。接下來的例子，老師的說明

可促進團體的傾聽能力。

活動開始時

- 「當我看見每個人的眼睛，我知道你們已經準備好要聽……」
- 「當我們都聽見時鐘滴答滴答的聲音時，活動才會開始。」
- 「我會一直等，直到每個人都聽見。我們需要安靜才能讓每個人都聽見。」
- 「看來大家都聽到了，我們可以開始了。」
- 「我們輪流說，史凱是第一個，然後是……」

活動進行中

- 「華特舉手了。你想告訴大家你的點子嗎？」
- 「輪到瑪麗亞告訴我們了。」
- 「當只有一個人在說話時，我們才可以聽得最清楚。路易斯你先，下一個是克麗絲。」
- 「伊森，我知道當你想說話時，要你等一下很困難。但是海斯現在正在說話，所以你是下一個。」（稍後加上，「伊森，謝謝你等海斯說完。現在我們要一起聽聽看，你想告訴大家些什麼。」）
- 「每個人都想告訴大家關於自己的寵物。舉起你的手，我會幫大家照

順序排在名單上，好讓我們可以聽到每一個人說話。」（快速將名單做好並舉出。）「愛絲，你是第一個。」

活動結束時

- 「我們都靜靜聆聽，所以大家可以聽到故事裡的每一個字。」
- 「每個人都聽到他朋友所說的。」
- 「當我們聆聽時，我們發現許多關於……」

老師說的話可以幫助學生聆聽的例子如下：

- 「聽好，我現在要做兩件事。注意，拿起你的正方形積木，這是第一件要做的事情；然後把這個積木放在桌上這一堆積木上。波麗，你很專心地聽，謝謝你。」
- 「仔細聽，你就會知道誰負責打開這扇門。今天這會是露比的工作。再聽一次，這是誰的工作？是露比的工作。」
- 「眼睛張開，嘴巴閉起來。現在是專心聽的時間。」
- 「如果每個人都在說話，我會聽不到。馬力歐，請告訴我們你剛剛說的。麥可，你要等一下，你是下一個。」
- 「現在是愛德恩的時間，意思是其他人現在不可以說話。」

◆「我們等到大家安靜了，然後我們再來說故事。」

◆「當每個人都看著我的眼睛，我就會知道你們準備好要聽了。」

◆「我們要專心聽。當珍妮在分享她的畫時，每個人都要很安靜。」

◆「喬許有重要的事情要宣布。讓我們一起來聽聽看，他要告訴我們什麼。」

◆「克雷爾，我知道這很難熬，但是瑞克正在說話，等一等，下一個就輪到你。」

◆「當我們倒完牛奶之後，接下來要做什麼？是的，布蘭達，我們說要用湯匙攪拌。你聽得很仔細，布蘭達。」

◆「現在我們可以想一下，如果我們走到窗戶旁邊聽，我們可能會聽到什麼？」

◆「現在輪到我說，換你聽。」

被獎賞的行為通常會一直重複，直到成為一種習慣。老師們應該不斷糾正孩子的傾聽行為，並給予孩子適當的指令。我們要如何知道怎樣才是良好的聆聽習慣？以下是孩子聆聽時的特性，孩子會出現這些行為：

◆ 看著主講者的臉。

◆ 會過濾分散他注意力的事情。

◆ 專注於說話者的訊息。

◆ 可以重複主講者說過的話。

◆ 很少插嘴。

◆ 問一些釐清性的問題來幫助自己了解。

◆ 看起來像在思考剛剛所說的。

表 8-2 為老師企圖提升孩子聆聽技巧和其他語言發展策略的例子。

聽覺接收

耳朵會回應聲波。這些聲音會經過腦部，並和過去的相關經驗組織在一起。這樣的過程同樣適用在稍早的幼兒期，和之後當孩子學習閱讀時。語言的發展有賴於聽覺的過程。

給予練習和熟練的聽覺練習教學活動通常會以下列的目的來進行：

◆ 練習專注一段時間。

◆ 跟隨指示和命令。

◆ 模仿聲音。

◆ 辨別和聯想聲音。

◆ 使用聽覺記憶。

◆ 區分聲音不同（強度、音高、節奏）。

聲音的強度是指聲音的能量大小，音高是指高音、低音，節奏是指聲音的速度，換句話說，指的就是引人注意的節拍。

聽覺的活動

大部分的聽覺活動是可以有所計畫

❖ **表 8-2　麗莎的團體活動**

　　在團體時間，幼教老師麗莎召集孩子們，並安靜等待孩子就定位。「我們來看看今天有誰跟我們在一起，如果你聽到你的名字，請拍手一次，喬治。」喬治拍手一次。「喬治聽到他的名字，而我聽到一次掌聲。接下來，我會用悄悄話的方式叫下一個名字。如果你聽到你的名字，請拍手兩次。」大家聽到了兩聲掌聲。「聽得很專心，娜雅。」麗莎繼續這個活動，直到每個人都聽到自己的名字。

　　接著麗莎拿起一本故事書。「在這本書中，有阿男和尼基想要的東西，但是他們看不到。讓我們一起看這本書的封面，並唸出書名，然後你們可以猜猜。」老師將她的手放在每個字的下方，並唸出「阿男的釣魚之旅」，孩子們的手踴躍舉起，紛紛猜那是「魚」，其他小朋友也同意。「露露寫了這本書。」麗莎繼續，她翻到目錄，「仔細看這個圖案，你看到尼基了嗎？他有一個長長的名字，但他是一隻非常小的老鼠。」老師把書拿得更靠近一點，好讓大家都可以看到。麗莎開始說這個故事，但是會簡短的中斷，好展示釣勾的形狀和彩色的魚餌，書中第三頁提到「釣勾」和「魚餌」這兩個詞。當麗莎談到釣勾的形狀有多尖時，她沿著釣勾畫出釣勾的形狀，這個故事的閱讀分享就這樣進行直到結束。

　　閱讀的討論包含了確認「魚」是一個很好的猜測。麗莎提到牠是一種特別的魚，是一條鱒魚。她問孩子們，為什麼阿男和尼基決定放走鱒魚，孩子們提出他們的想法並討論。然後麗莎說：「阿男和尼基的名字開頭都有一個ㄋ」，她很快在一張白紙上寫下「ㄋ」，並舉起來。

　　接下來是麗莎事先準備好的一個釣魚遊戲。她解釋洗臉盆裡有一些魚，上面有寫ㄋ，有一些則沒有。「想輪流玩釣魚遊戲的小朋友舉手。」麗莎說。麗莎準備了一份候補名單，同時選了一個孩子，並問：「你想找一個朋友陪你一起玩嗎？」那個孩子指定了一位小朋友。麗莎劃掉他們名字，並唸出下一個小朋友的名字。

的。下列目標常常被當作課程的基本目標，由簡單的技巧開始漸漸進入困難的。

- ◆ 當說話時能認出自己的名字。
- ◆ 不斷重複兩個簡單的字、短句、順口溜、詩、手指遊戲，或任何字串。
- ◆ 說出在家聽到的任何聲音。
- ◆ 模仿玩具、動物、下雨、警報、教室裡的聲音、鐘聲等聲音。
- ◆ 分辨聲音的遠近、大小、快慢、高低、相同或不同。
- ◆ 分辨人的聲音。
- ◆ 分辨和重複聽到的節拍。
- ◆ 重述一個故事、一首詩，或其中的部分。
- ◆ 試著表現出第一個或第二個指令。
- ◆ 記得一連串的聲音。
- ◆ 依照被要求的方式，協調聆聽技巧和身體的動作。
- ◆ 享受音樂、故事、詩和許多語言的藝術，不管是個人或是在團體活動中。

傾聽活動的設計

準備傾聽活動時，老師可以在教室的某個區域內進行傾聽活動，並且要有計畫地限制環境中令人分心的聲音和物品。屏幕、書架等區隔物，對於讓孩子們專心是很有幫助的（圖 8-2）。環境中的空調和光線也需要考量，而團體大小也是需要考量的。一般來說，年紀越小的孩子，團體要越小，活動時間要越短。

聆聽是無法被強迫的，但是有些經驗可以用來作為創造聆聽渴望的方法。有些學校讓孩子選擇要參加團體的聽力活動，或是在附近安靜地遊玩。老師們發現，有趣的經驗可以吸引在一旁玩的孩子。當活動有趣或成功的時候，比較猶豫的孩子可能會期待有一些新的經驗。若是需要，老師可以藉由結束、改變、修改活動，來吸引或結束孩子的注意力。老師應該小心留意孩子的回饋，這將會幫助孩子發展積極的聆聽。一個有技巧的老師會在團體還未不耐煩前完成他的學習活動。在進行以聆聽為主要目標的活動時，考量一個積極的幼兒能在椅子上坐多久是很重要的。

評估老師的行為

老師在設計活動時，應考慮以下問題。為什麼孩子會注意聽這個活動？包含了什麼因素和特徵？老師什麼樣的行為、言談或行動會鼓勵孩子聆聽？身為一個老師，我如何培養孩子的聆聽習慣，和建立特殊的聆聽技巧？當我獲得孩子的注意時，我是否能知道？我是否能判斷哪一個孩子是認真聽，哪一個孩

▶ **圖 8-2**　在這間教室增設書架，形成一個安靜的角落。

子是心不在焉的？這許多問題需要有答案，而你甚至可以想到其他更多的問題。分析你的課堂經驗也是個好的開始，但願你曾有難忘的課堂經驗，或某位老師曾讓你熱愛去上他的課，列下這堂課的上課內容，或這位老師之所以特別的因素。通常被提到的是老師的人格特質、教學的風格、教學的技巧，讓學生覺得自己是特別、被稱讚的、聰明的、被接受的等等。另外，教室的活動空間和進行的活動也常常被提及，這些活動往往是非常有趣，同時也會提到一起玩的大人或小孩。筆者猶記得學校的文法老師總是很有技巧地在下課休息後，唸一些有趣且令人興奮的故事給大家聽，他是以充滿熱情和活潑愉悅的態度來唸書。讓我們再回到討論的問題，我們要仔細檢視每一種狀況。為什麼孩子會聆聽參與活動？這有許多可能的原因：

◆ 活動與過去的經驗在某個部分有關。

◆ 孩子對新事物的好奇。

◆ 因為孩子想知道一些切身相關的事，所以有動力去聽。

◆ 孩子非常享受參與者的呈現。

◆ 他們可以在沒有雜音的狀況下很清楚地去聽，或是可以很容易就看到正在進行的部分。

◆ 他們的身體處於非常舒服的狀態。

◆ 在他們需要專注時，他們沒有任何身體、情緒、社交或私人的生活問題，例如，飢餓、睡眠不足、情緒的痛楚等等。

老師的哪些行為、言談或行動可能會影響孩子聆聽上的專注力？

◆ 熱誠。

◆ 活潑。

◆ 接受度。

◆ 辨別孩子的名字。

◆ 建立一個你說完換我說的互動。

◆ 目光的接觸。

◆ 聆聽的技巧。

◆ 耐心。

◆ 講授時清楚且適當的速度和音高。

◆ 用眼神給予團體斥責來規範幼兒的過度熱心，或引起孩子注意並適當地糾正。

◆ 聲音的變化性。

◆ 適當的音量。

◆ 水平的視線接觸。

◆ 安排充足的時間，避免匆忙的感覺。

◆ 排除會分散注意力的事物，例如兩個可能很調皮的孩子坐在一起，或是其他在教室內會影響聽力的噪音。

◆ 用低音量來獲得孩子的注意。

◆ 一開始就規定輪流、舉手、中斷的
規則。

◆ 在遊戲的一開始使用能吸引孩子注
意力的小活動。

　　我如何判斷我得到孩子的注意力，
或是活動有得到孩子的注意力？很簡
單，如果你觀察，你會知道他們何時是
跟你在一起，是否每個人的耳朵都在聽
你說話。這是教學的樂趣之一，溝通的
感覺永遠不會乏味，不妨問問正在教書
的老師們！

　　我能評估哪些孩子聽得很好，哪些
孩子需要發展聆聽技巧嗎？如果你注意
看，答案是可以的；但是，有時候最好
的聆聽高手也會分心。

說話和傾聽的團體時間

　　幼兒園和一些幼兒課程計畫會提供
幼兒練習「說話」和「傾聽」社交技巧
的團體。這個活動的目的是給想參與的
幼兒，讓他們有機會在主題活動的時
候，討論幼兒和老師選擇的主題。這個
經過設計的活動目的是為了提升「積極
的傾聽」。在小學，像這樣團體討論的
經驗通常稱為「積極傾聽」時間或「社
群圓圈」（community circle）（Curran,
1994）。

　　幼兒會坐在圓圈中，以便他們可以
看到說話的人，並且容易聽到每個人的
討論。幼兒園的團討時間通常會盡量

保持簡短且氣氛融洽的、屬於幼兒的小
團體。老師可以依據以下步驟建構「說
話」和「傾聽」的時間：

1. 老師宣布今天的活動中會有「說話
　—傾聽的圓圈」這項活動。

2. 老師會先設定一個主題作為引導，
　可能是一隻貓，因為之前分享的書
　中有提到，或是從有人抓到的一
　隻蟲開始討論，又或者是一個開
　放性的陳述：「放學後我喜歡回家
　和……」。

3. 用圖表向參加「說話—傾聽的圓
　圈」的幼兒說明，並且回顧參與
　時應有的行為，例如：「我們要看
　著說話的人，然後用耳朵仔細聆
　聽。」老師也可以選擇在第一輪時
　只是看著其他人，然後在其他時間
　就是傾聽。

4. 老師可以告訴幼兒：「每個人都會
　輪到，如果你不想說，可以說『跳
　過』。」

5. 老師可以先說一個句型：「我的貓
　是灰色的，喜歡在有陽光的窗戶前
　睡覺……」

6. 當全部輪過一回時，可以做一個小
　小的評估。例如，問幼兒：「等待
　輪流說話對你來說簡單嗎？」「當
　你在說話時，有看著別人的眼睛
　嗎？」讓幼兒輪流回答。

如果討論仍然很熱烈且意猶未盡時，老師可以繼續這個活動。例如，告訴幼兒：「我們全部輪過一回了，如果你還想要說，請舉手。任何一個人都可以選擇繼續，或離開說話—傾聽的圓圈。」

在幼兒的討論時間會有許多狀況出現。一個說著單調無聊的話的幼兒，可以使用蛋型計時器來限制他的說話時間；同樣地，也可以用於日復一日都講同樣話的幼兒，或是一直選擇參與傾聽—說話圓圈的幼兒身上。幼兒說的話可能和主題不相符，但是，老師對所有觀點都要表示感謝及接受。

對幼兒來說，仔細的聆聽和討論可能是新的經驗，因為每個人發展的程度不同，幼兒也許可以立刻或很慢才能抓到社會聆聽的技巧。為了鼓勵幼兒可以積極地聆聽和說，有些課程活動會利用硬紙板剪成嘴唇和耳朵的形狀，作為限制他們說話的道具。當聽的人拿著有耳朵圖案的棒子時，說話者就持著有嘴巴圖案的棒子。

當然，在幼兒園裡，常會有許多計畫外的討論。這種有結構的團體時間形式，是鼓勵幼兒的社交討論能力，而這個技能對於未來的學習將會非常受用。

傾聽的角落（學習區）

這是一個特別的傾聽區域，有時我們會稱作「情報站」（listening post），這個區域可以成為幼兒教室的一部分。在這個區域中，可以獨自一人享受較安靜的時光，或是聆聽一些錄音教材，這樣的活動令幼兒深深著迷。使用插在插座上的耳機或電腦主機，可以阻隔室內干擾的噪音，分隔板則可以阻擋令人分心的事物。透過這些設計使幼兒願意待在那裡，讓這個區域成為幼兒最喜歡的地方。傾聽的角落會有：

◆ 很大的箱子、柔軟的墊子和枕頭。
◆ 老式、柔軟的扶手椅。
◆ 有一個小小的閣樓或是臥舖。

在傾聽的角落中，會提供錄音機、錄影機、CD、照片、圖片和書本。老師可以錄下自己講的故事，或是錄下幼兒最喜歡的故事，讓幼兒可以隨時拿出來聽。這些錄製品有時候可稱為自己閱讀的教材（read-alongs），而且可以從一些廠商出版的資源中購得。他們的品質多樣而且內容廣泛，可以在購買前先試聽或閱讀。

當老師理解許多未來的教育經驗有賴於如何提供好的語文學習過程，而好的語文學習過程則奠基於聽力時，傾聽的活動和傾聽的角落顯得更加重要。如同 Healy（1990）指出，現在許多幼兒會主動聽很多的電視節目，但是在聽力分析及邏輯推理方面，卻缺乏主動和參與的練習。

在大人的幫助下，幼兒可以透過繪畫或一起看照片的活動，記錄及建構他們的描述內容。例如，針對特別的書，可以使用「我為什麼喜歡這本書」這個問題進行討論。幼兒可以記錄他們對活動片段的註解或評論，一本小小的旅遊剪貼簿可能已經出現幼兒的觀點。錄好的手偶劇本或法藍絨板的故事是很受歡迎的，當幼兒移動那些角色時，他們也會專心傾聽故事。幼兒在聽故事時，他們可以探索塑膠動物的小模型。錄音活動的可能性，會因準備時間以及老師的興趣而有限制。

幼兒的年紀永遠是使用試聽設備時需要考慮的因素。傾聽的學習角需要老師的介紹、說明和監督。

● **錄音產品**

有些公司專門出版幼兒專屬的錄音帶或 CD，作為輔助幼兒聽力技巧的材料，這些錄音產品會使幼兒想獨自聆聽，並去聽出訊號、說明或是一些聲音；有些錄音產品會包含利用傾聽的能力來移動身體的活動。並非所有錄音產品都是適合幼兒的主題，所以在為幼兒購買前，老師應該先聽過，並判斷它們的品質。

● **卡帶錄音機**

卡帶錄音機會讓幼兒著迷，這是傾聽活動中很有價值的工具。在老師的監督下，當幼兒熟悉了操作方式後，他們可以探索和享受傾聽的樂趣。

● **有聲書**

傾聽與主題有關的有聲書是討論傾聽技巧很好的起點。

音樂作為傾聽的活動

有一種傾聽的形式，Wolf（1992）稱之為「集中注意力的傾聽」（focused listening）。這在許多音樂活動會出現。幼兒可以注意那些有特別指示的聲音或單字。唱歌的遊戲中，常會要求幼兒練習回應或保持安靜（或是暫停）。記得一首歌，並把它唱出來（或唱出一部分），並且要跟得上節奏和聲音，這些活動不只需要專注的傾聽，還需要有聽覺辨識的能力及智能上的發展。以下是給幼兒園音樂活動的建議：

◆ 提供指示或說明的歌曲及錄音帶。
◆ 提供一些歌曲或錄音帶，當成在說話或移動中回應的暗號。
◆ 在音樂中利用鼓聲、鈴鐺聲等更多的聲音來特別強化某些節奏。
◆ 利用環境的聲音製造音樂。
◆ 提供有歌曲的音樂來提升幼兒做出有創意的反應。
◆ 在遊戲和探索中提供背景音樂。

幼兒的傾聽能力有差異嗎？

幼兒的聽力有很大的差異。當老師熟悉班上的幼兒後，可能會注意到有些幼兒具有辨別聲音的能力，而某些發展正常的幼兒則要到年紀再大一點的時候，才會展現出這樣的能力。

有些研究者相信，男生在傾聽字彙的能力上具備較少的優勢條件（Brimer, 1969）。有些理論試圖說明男生比女生較晚會說話，而且傾聽的辨別能力通常需要較長的時間來獲得較多的技巧。學者們也相信，媽媽對男嬰兒發出的母音聲音反應越多，將給予男嬰兒更多的母音輸入。很可能幼兒園老師也沒有辦法發現男生和女生之間有任何有意義的差異。

音韻覺識

音韻覺識（phonological awareness）的技巧被認為是預測幼兒在學習閱讀能否輕而易舉的關鍵。學者已經開始研究如何在幼兒進入幼兒園前，增進幼兒這方面的技巧。押韻、將一個字分割成語素和音節、使用有辨別和批判的傾聽、音素的對照比較、強調一個字的起始字母聲音的音素遊戲、解釋字母的發音，和其他諸如此類的語言發音活動，都可被歸類為建立音韻技巧的機會。這些類型的活動可以幫助四到五歲的幼兒，尤其對處於學習危機中的幼兒特別有價值。如何使這些活動適當而且有趣，是教學上的一大挑戰。這些活動可以變成每天日常生活中的自然產物，在本章結束前會將這些傾聽活動做一分類介紹。

Opitz（2000）解釋所謂的音韻覺識是發展而來的，具有發展的階段性。第一步也是最早發生的是，知覺到我們的語言是由字彙所組成的。語言學習者在學習的過程中，會意識到單字是由字母所組成的；而最後也最困難的階段，就是知覺到音節是由獨立的音素所組成。在回顧相關音韻覺識的文獻後，國家閱讀委員會報告書（National Reading Panel Report, 2000）提出以下幾點：

- ◆ 教授語音的知覺，使幼兒專注並熟練運用每個字的聲音教學是有效的。
- ◆ 語音的指導在各種教學狀況和面對不同學習者時都是很有效的。
- ◆ 在語言的表達方式中，教導字彙中的發音可以幫助幼兒學習閱讀。
- ◆ 音韻覺識可以幫助幼兒將新的字解碼，同時還要記得如何閱讀相似的字。

◆ 可以促進閱讀的理解。

◆ 音韻覺識可以幫助各種幼兒，包括正常發音的讀者，和在未來有閱讀問題的學習障礙兒童、殘障的幼兒、學前幼兒，或第一次學習英文和其他語文的幼兒等等。

◆ 可以幫助幼兒學習用英文和其他語言進行拼音。

◆ 當幼兒在小團體中，指導幼兒運用字母表的字母發音是最有效的。特別是指導的重點要明確聚焦在一到二種的音素運用，而非複合式的形式。

◆ 指導應該適合幼兒的發展程度，年幼的幼兒要給予簡單的功課。

◆ 教導字母表的字母很重要。

◆ 教導幼兒練習混合音素，將有助幼兒譯解及理解。

◆ 教導幼兒字母的形狀、名稱和發音是很重要的。如此一來，幼兒才能使用字母表來獲得語音的知覺。

◆ 使幼兒明確地將語音的知覺運用在閱讀及功課上，這樣的訓練是有效的。

◆ 這樣的訓練是短時間就可以產生效果的。

◆ 電腦可用來教導語音的覺知力。

◆ 語音的覺知幫助幼兒學習了解如何使用字母的系統來讀和寫。

◆ 語音的訓練是關鍵的基礎。

◆ 訓練的時間應該是在短時間進行，並盡可能切題。

◆ 提早開始語音學的訓練，並不能保證日後會有成功的讀寫能力。

音韻覺識一般來說是從三歲開始，並且在之後許多年逐漸提升改善（Snow, Burns, & Griffin, 1998）。音韻覺識指的是一般傾聽語言聲音的能力，以及如何區別意義的技巧。**音素覺識**（phonemic awareness）[4]的定義是，理解「語言可以被分析成不同的單字，而單字可以被分解成一連串的音節和音素」這個概念。幼兒開始注意他們所聽到單字中的相似聲音，他們喜歡玩押韻、用文字玩語言遊戲、重複的音節和頭韻（alliteration）[5]，在說故事時間仔細的傾聽，是發展音素覺識的方式之一。

通常到幼兒園或一年級初期，幼兒終於可以聽出所有的聲音，並且能把一個單字分割成它的音素（McGee, 2003a）。在音素覺識的發展中有先後順序嗎？大部分教育學家同意，同步的學習是更關鍵的。

Barone（2003）提出，學習單字發音的最小單位並不是新的概念，新的是

---

[4] 音素覺識：能根據每個說出的字判斷音素順序位置的洞察力。

[5] 頭韻：重複唸誦相鄰字或重音音節的第一個字母的音調，例如寶貝、拜拜和爸爸。

將單字分割成最小單位的重要性。老師們背負了沉重的壓力，要確保幼兒知道如何使用音素覺識來譯解。Barone 認為，成功的發音訓練成就是在幼兒園中產生。

> ……老師必須將建立發音的訓練鑲嵌在自己的語言和經驗中。他們從學生已知的能力進展到未知的領域。他們期望全部學生的參與使用，和團體課程的評量結果是一樣好。從這些活動中，進而滿足小團體中個別學生的需求。

　　幼兒教育的課程應該包含音素覺識嗎？音韻覺識的訓練對四到五歲且有閱讀障礙的幼兒有用嗎？Snow、Burns 和 Griffin（1998）在《預防幼兒的閱讀困難》（*Preventing Reading Difficulties in Young Children*）一書中指出，上述問題的答案為「是的」。他們引用了 Brady、Fowler、Stone 和 Winbury（1994）的研究。

> Brady 等人（1994）研究了 43 個四到五歲的貧民區幼兒，不到一半的幼兒可以發出節奏，而且沒有幼兒可以將簡單的單字分割成最小的語言發音單位，或是讀任何字。他們再將幼兒分為 21 個受過訓練的

幼兒，和 21 個沒有受過字彙及最初音韻能力訓練的幼兒。在過去的實驗中，控制組中有 12 個幼兒仍然無法發出任何節奏，並且，只有一個幼兒可以將單字分割成單字發音的最小語言單位；在受過訓練的對照組中，全部幼兒只有一個無法發出節奏，並且有六個可以全部成功地將單字分割成單字發音的最小語言單位。

　　這個音素覺識的訓練要包括哪些練習呢？

◆ 指導幼兒意識到節奏。
◆ 切割音素和音節，例如，ㄅㄧㄥ可以分為「ㄅ」、「ㄧ」、「ㄥ」，或者冰淇淋可以切分為「冰」、「淇」、「淋」。
◆ 將語音分門別類。
◆ 確認音節。
◆ 圖解音素的對照。
◆ 讓幼兒用動作表示與發音有關的經驗。
◆ 玩分割和確認音素的遊戲。
◆ 使用「唸出音素，然後移動每個音素」的發音方式，將音素切分成二到三個小音素。

　　教育學者計畫為處於弱勢的四歲幼兒加入音素覺知的訓練，他們主張提出類似「啟蒙計畫」（Abecedarian

Project）的研究計畫（Campbell & Ramey, 1994）。

音素覺識技巧

一個有音素覺識的幼兒可能會具備音素分割的技巧，這個技巧可以讓幼兒從一個字當中聽出音位間的單一音素。「音素」是人類說話中能區分彼此語調或說話方式的最小單位。

音素領域的研究會被重視，是受到一個眾所公認的推論所啟發，這個推論就是：當他們無法從字句中聽出聲調的順序時，將會在學習閱讀上產生困難（Clay, 1987）。

一個丹麥的研究團隊（Lundberg, Frost, & Peterson, 1988）採用一種讓幼兒聆聽音素的暗示來猜謎的遊戲。遊戲方式是透過輪流唸出他們當下接受到的聲音特徵，然後說出正確的字。在英文中，會是這麼進行的：例如，唸 d-o-ll、c-a-r 等等。而在這個遊戲活動中，是不提供字母表的。

要能夠聽出獨立的音素並不容易，要從一個句子中聽出「分割」的字也非常困難。Weaver（1998b）相信，當研究者或教育者在討論如何發展幼兒的音素覺識時，主要是針對如何發展幼兒聆聽分辨這些聲音，特別是從分割的聲音中去分析字音的能力進行討論。Venn

和 Jahn（2004）指出，幼兒從**連續音**（continuant）[6] 或持續的音先開始聽，並將字母從語音當中抽離出來。有些聲音是鑲嵌在字母中的，如 a、e、i、o、u、f、l、m、n、r、s、u 和 z，相較於鑲嵌在字母中的斷音（stop sounds），如 b、c、d、g、h、j、k、p、q、t 和 x，前者這些音是比較容易確認的。然而，對幼兒來說，能聽出一個字的連續音（例如 mom），是比聽出一個字中的斷音（如 b-a-t）容易得多。

Adams（1990）定義出至少五種音素覺識的層次：

1. 最簡單的層次——透過常聽到的童謠韻文（nurscry rhymes）知識中來進行評量，這並不涉及字句中語音的辨音能力。

2. 第二個層次是給予幼兒特別的任務，就是要求幼兒有條理的比較及對照字中韻腳與頭韻的音；這個活動需要具備區分字中每個音的相似處及相異處的敏感度，還需要能分辨聚焦出在這些語音中造成這些音相似或相異的構成要素的能力。

3. 第三個層次為混合或分割音節，要求：(1) 幼兒要能夠輕易地熟悉字是可以被細分更小、無意義的聲

6　連續音：在一次的呼吸中持續或延長發出子音和母音而不用換氣。

音，這是音素的概念；(2) 當他們可以發出獨立的音素，或更好的是伴隨著他們自己製造語音的行動，幼兒可以更自在地熟悉音素的發音。

4. 音素的分割任務，不只要求幼兒要能夠完全理解每個字都是可以被分析成許多連續的音素，而且更進一步，幼兒要能夠完全依照要求來分析這些音素。

5. 音素的運用任務，仍然是要求幼兒要能對字句中的音素結構有足夠的熟練度。就是幼兒可以增加、刪減或移動任何一個指定的音素，並從結果中重建一個字。

音素覺識必須從單一字母系統中的字母和聲音間建立連結，這是學習閱讀的第一步或第一個技巧。一些幼兒可以讀出同學的名牌，或是許多他們曾看過並記得的字，但是對於處理他們沒看過或聽過的字，若沒有音素覺識能力是做不到的。

Weaver（1998c）相信，有效的教學技巧會將焦點放在許多語言的特徵，包括尾音（rime）[7] 和頭音（onset）[8]。在說話的音節中，「頭音」指的是任何一個在母音或韻母之前的子音或韻母，「尾音」指的是在一個音節中後面的母音和任何一個子音（表 8-3）。

許多研究者表示，幼兒有能力可以從說出的話語中分析出尾音和頭音，但當尾音和頭音的組成超過一個音素時，他們卻無法分析出音素（Moustafa,1998）。而通常在尾音或頭音（甚或二者）至少都含括超過一個以上的音素。Moustafa 給我們一些例子，就是幼兒在心智上將「ㄨㄟˊ ㄒㄧㄠˋ」分析出「ㄨㄟˊ」和「ㄒㄧㄠˋ」，卻分析不出ㄨ、ㄟ、ㄒ、ㄧ、ㄠ這些音。Wylie 和 Durrell（1970）曾定義與分析 500 個最基本的主要字彙，發現這些字彙都是從 37 個尾音中衍生出來的。

事實上，幼兒可以從說話的字彙當中分割出頭音和尾音，這比分割音素來得容易許多（尤其當音素是頭音

---

[7] 尾音：在一個音節中母音和任何一個母音之後的子音。

[8] 頭音：在一個音節中任何一個在母音之前的子音。

❖ **表 8-3 頭音和尾音**

原字	頭音	尾音
back	b-	-ack
stale	st-	-ale
pick	p-	-ick
same	s-	-ame
play	pl-	-ay
click	cl-	-ick

和尾音的一部分時）。這個事實增加了一種可能性，就是幼兒在學習新字彙時，是用頭音和尾音，而非音素來發音（Moustafa, 1998）。Moustafa 從這個研究發現中提出建議：(1)閱讀指導手冊的設計是基於一個假設，也就是幼兒使用音素來學習不熟悉的文字。而這在語言發展上是不適當的。(2)幼兒是使用頭音和尾音的知識，而非使用音素的知識來學習不熟悉的字彙發音。

在提供音素覺識活動之前，幼教的實務工作者會有哪些討論呢？(1) 最普遍的問題就是「這是發展合宜的嗎？」(2) 不採用直接教學法，幼兒可以發展出音素及音韻的知識嗎？Weaver（1998c）觀察認為，直接教學法並沒有辦法幫助大多數的幼兒強化發音或是發音系統化上更有效率。至少四分之三的幼兒是不需要太多直接教學，就可以發展出音素及音韻的知識。(3) 有些幼兒在發展音素覺識時，需要提供額外的協助嗎？許多資料建議，約有15％至20％的幼兒需要提供額外的指導，不論是在教室或其他地方（Lyon, 1996）。(4) 在有意義的活動情境及語言遊戲中，有哪些指導技巧可以幫助幼兒獲得音韻的知識和音素覺識的能力呢？Weaver（1998c）在回顧許多教育家及研究者的工作時，提出以下幾點：

1. 閱讀及重讀幼兒最喜歡的韻文童謠，並且一起享受各種語言的遊戲。

2. 重讀最喜歡的詩、歌和故事。討論內容裡出現的頭韻和韻腳，並用音素進行遊戲（例如，從「冰」ㄅㄧㄥ開始，拿掉「ㄅ」，會有什麼不同，或增加什麼音會變成哪些其他的字，如ㄊㄧㄥ、ㄆㄧㄥ等等）。

3. 和幼兒一起閱讀字母的書，以及一起製作字母小書。

4. 討論字彙並列成清單、字彙銀行，或是討論關於趣味拼音的書籍。

5. 討論幼兒名字或字母中相似的聲音和字母拼音的模式。

6. 在幼兒面前寫出字母，並向幼兒強調某些字母聲音的關係。

7. 鼓勵幼兒玩有趣的字母遊戲，並且探索字母聲音的關係。

8. 幫助幼兒將聽到的字彙拼音寫出來。

9. 與幼兒一起閱讀時，幫助幼兒運用前備知識和情境知識，再根據最前面的子音預測這些字怎麼唸，然後再留意這個字的停頓處來確認是否正確。這個練習對於幫助幼兒協調情境的先備知識與字母／音素的切割特別重要，這個練習不僅是讓幼兒學會確認字彙，並學習從文本

中建構意義，這也是閱讀的首要目標。

Weaver（1998a）強調指出，音韻的教學是被鑲嵌在豐富的語文情境當中，在課程中應該充滿有趣的閱讀、書寫，以及可以增進口語練習的文學作品。這些活動要求幼兒去思考，而不是被動地完成作業練習題，或只是把時間沉浸在技巧的練習而已。要幫助幼兒把焦點放在語言的模式，而非語言的規則上。

音素覺識的活動

幼兒教師應該認清一個重要的角色，就是透過遊戲可以建構幼兒的音素覺識，並理解音素覺識可以成為許多語言相關活動下的自然產物，而不是被當成「一天一次」的活動。

在發展合宜的課程中，這些活動可以出現在日常生活的情境裡。音素覺識活動的目標是為了促進幼兒的知覺力，亦即「說話是被建立在一連串的聲音上」這個概念。文字的遊戲或比賽等活動，很容易被歸類為音素覺識的活動範疇。

運用書籍討論發展音素覺識能力

老師可以針對一本書下評註。例如，老師可以大聲地讀出故事，然後明白指出並分析音素的特徵。例如，「這些字的開頭是很像的。這個作者是這樣寫的！聽聽看這些字：湯、彈、單」（Yopp, 1995）。

傾聽的活動

傾聽的活動可用來增加樂趣、字彙以及技巧。在這一章中，這些活動是透過聽和回應的互動來進行，主要是將焦點放在聽力技巧的發展上。

每個教室都有一些訊號，用來提醒幼兒轉換活動。在教室內，可以用樂器發出更有創意的訊號，作為轉換的聲音線索。通常，短暫或引起注意的陳述可以刺激幼兒的好奇心，例如：

◆「今天蓋爾在地毯區有一個新遊戲要和你玩。」
◆「完成的時間到了——請結束手邊的活動，然後到故事角。今天要分享一本故事書是《大紅狗》。」
◆「我們的拍手歌在兩分鐘內就要開始囉！」

在一些角落，我們可以要求幼兒完成他們正在進行的活動，然後到特別的角落加入他們的朋友。活動開始前進行的手指遊戲、唸歌謠、歌曲或活動，是充滿樂趣的形式。藉此能獲得幼兒的注意力，並且吸引他們加入活動中。這時

是個很好的時機，我們可以運用點名活動來讓幼兒互相認識，如同以下這個例子。

　　「蘇西在這裡，YES，YES，
　　　YES！」

　　「麗拉在這裡，YES，YES，
　　　YES！」……

　　（在 YES，YES，YES 時可以拍手，像這樣一直持續到所有幼兒都認識了，我們可以用以下這個方式結束。）

　　「我們在一起，
　　我們在一起，
　　我們在一起 YES，YES，YES！」

作者的專屬椅和幼兒圖畫書的分享

　　促進韻文學習、幼兒口語表達、說故事，或作者溯源的課程計畫，可以運用設立「作者的專屬椅」這個活動來進行，這是一種「傾聽與討論」的活動。通常老師會在一天中特別布置一張幼兒的椅子，並且標示這是作者和閱讀者的椅子。老師會邀請幼兒坐在這個椅子分享他們的成果，或是特別喜歡的事物、他們帶來學校的圖畫書。老師在進行這個活動時，可能需要對漫談的幼兒限制時間，或是允許幼兒當他們想離開時，可以選擇安靜地離開。

聽謎語猜猜看

身體部位的猜謎

　　假如你要聽到鳥叫聲，你要用
　　＿＿＿＿聽。（耳朵）

　　假如你想要挖沙子，你要用
　　＿＿＿＿拿剷子。（手）

　　假如你想看到天空的飛機，請張開
　　你的＿＿＿＿看。（眼睛）

　　假如你想聞玫瑰花的香味，請用你
　　的＿＿＿＿。（鼻子）

　　假如你想上街逛逛，請將鞋子穿在
　　＿＿＿＿。（腳）

　　假如你想唱歌，你要用你的嘴巴和
　　＿＿＿＿。（舌頭）

　　要感覺所有的一切，要用到你的
　　＿＿＿＿。（身體）

　　描摹自己的手，或是畫下任何一個自己選擇的身體部位（在一些缺少手或腳的圖畫上加上手和腳），這些對於四歲左右的幼兒來說，是有趣的接續活動。

傾聽並跟著指示做的遊戲

起立／坐下的故事

　　告訴幼兒：「你們要仔細聽，當我說到某些字的時候，你們要起立或坐

下。注意聽：當我說站起來，你們全部要起立；當我說坐下時，你們全部要坐下。嗯，很好。好！我們要開始囉！」然後告訴幼兒以下這個故事：

當我早上起床的時候，我把腳伸進我的拖鞋裡，然後站起來，但是滑了一跤。接著，我想走下樓到廚房，我打開冰箱拿出牛奶，然後坐下來喝。當我喝完的時候，我試著想站起來，但是我被黏在椅子上，我一直拉一直拉，但還是一直黏在椅子上。

「不要坐那張椅子，我才剛漆上油漆。」爸爸從樓上喊著。

「太遲了！我已經坐在上面了！」我回答他。「趕快下來幫我啦！」

爸爸下來一直拉一直拉，但是我仍然黏在椅子上。

「我去找鄰居格林先生來幫忙，也許可以幫你從椅子上拉起來。」爸爸說。

爸爸和格林先生一直拉一直拉。

「我可以做什麼？」我說。「我的同學已經在學校等我了！」然後我想到一個點子，「去拿劇子。」然後他們用劇子把我挖起來。

你們看，我想我也被黏在椅子上了。某某某（孩子的名字）和某某某（孩子的名字），請來幫幫我。其他人請先坐下來等。

在我說完這個故事後，讓我們來看看，某某某（孩子的名字）和某某某（孩子的名字）是否可以用他們的手來表現「起來」和「放下」的動作。

一個好的延伸活動就是和孩子討論在教室中，看看哪些東西放在孩子的頭頂以上，哪些東西是在頭頂以下，或者是一起唸誦以下的詩歌：

當你往上時，你就往上，
當你往下時，你就往下。
當你在上下的中間時，你就不上也
　不下。

摘要

傾聽的技巧是學習而來的行為。雖然幼兒在傾聽的能力上有所差異，但傾聽的能力可以提升經驗和表達自我的能力。傾聽的能力可分成幾種類型：欣賞的傾聽、有目的的傾聽、辨別性的傾聽、創意的傾聽，和批判的傾聽。

　　有計畫的活動、教師的互動，以及
多媒體設備，可以提供幼兒發展發音及
音素覺識的機會。

　　傾聽是不能被強迫的，但是經驗的
提供可以增加傾聽的渴望與需求。教師
的鼓勵有助於幼兒建立傾聽的習慣與

能力。有限度的刺激以及控制團體的大
小，對於傾聽是有幫助的。老師可以從
觀察中發現，幼兒在有計畫性的活動中
似乎靜不下來，或對活動不感興趣時，
「傾聽」卻仍然持續進行著。

PART 4

文學作品的介紹

兒童與圖書

目 標

讀完本章後,你將可以:

- 說出對幼兒閱讀圖書的三個目標。
- 闡述選擇圖書的標準。
- 依據本書建議的技巧,為一群幼兒朗讀。
- 在教室中設計圖書角。
- 描述高品質圖書的特徵。
- 討論圖書在不同文化與種族間的運用。

　　圖畫書（picture book）對兒童文學之路是一個重要的起步，同時，它也是幼兒傾聽活動的絕佳素材。看、觸摸，以及與圖畫書互動，均是幼兒教育中的優質課程。書本在兒童的語言發展亦扮演重要的角色。*Becoming a Nation of Readers* 報告中明確建言，若希望創造兒童未來成功的閱讀能力，最重要的就是要提供大聲閱讀（read aloud）的活動（Anderson, Hiebert, Scott, & Wilkinson, 1985）。

　　Cox（1981）描述，兒童最初的在家閱讀經驗即是一種課程：

　　它是富含豐富趣味的課程，不論是在成人膝上、洗澡間，或舒適的床上……這種初始的文學課程讓不可能變成可能，以不尋常的方式說尋常的語言，活絡兒童的知覺，滋養其好奇心，也拓展記憶與想像力。

　　若能謹慎運作，家中及學校的閱讀經驗可以創造出兒童對文學的積極態度，也刺激兒童學習閱讀的動機。在幼兒階段，最容易建立對文學正向的態度。

　　許多家長在家中會讀書給孩子聽，但有些則否。低收入家庭的兒童對學校文學經驗的仰賴，高於中產階級家庭的兒童（Alexander & Entwisle, 1996）。

　　事實上，教師能讓這些孩子初次接觸故事與圖書，教師與孩子也能一起分享這些愉快的經驗。Trelease（1995）論及閱讀對孩子與家長的重大意義：

　　大聲閱讀可能是家長投入孩子生活中，僅次於擁抱孩子最能持久的經驗。大聲閱讀之所以重要，乃因為言語不但能啟發、指引及教育孩子，也能聯繫並溝通彼此的感覺、希望及恐懼。至少，在最初期，你給予孩子的是自己的心靈與時間，孩子是與真實的你相處。

　　Snow 和 Tabors（1993）描述，在成人閱讀圖書的過程中，可能會有以下的文學經驗：

　　當教師閱讀圖書時，是幫兒童建立字彙、擴展語音知覺，以及親近各種文學體裁的絕佳時刻。

　　大聲閱讀讓兒童與書寫語言的文法形式接觸，也展現文學對話的規則，而這些都是日常對話無法做到的。

　　Snow 和 Tabors（1993）敦促教師帶領兒童，鼓勵他們分析文本，而且相信這些討論對複雜的口說語言、字彙、

故事理解的發展有重要影響，而這些都是兒童未來面對各種文學任務時必備的關鍵能力。

當兒童專心沉浸於閱讀圖畫書的樂趣中時，他們會了解到文學的力量，也理解身為一個樂趣分享者的責任。因此，有技巧地提供經審慎選擇的書本，其價值是顯而易見的。

究竟圖畫書提供給幼兒的經驗是什麼呢？它開啟通往文學之門，創造出影響幼兒態度、增進理解、品味多元、戲劇性的替代經驗、延伸想像力、獲得字彙與訊息、聆聽語言及文字的節奏，並浸淫在視覺與美學經驗的機會。

Clay（1991a）提到另一種益處：

> 幼兒從故事中學到回應故事訊息的方法，而這也是他們未來學習閱讀時會使用的方法。

Cullinan（1992）認為，故事的形式是一種全球的文化，藉由提供有意義的架構，故事幫助我們記憶。故事讓事件成為可被記憶的。

在書中，可以找到一種特殊的語言。口說語言與書寫語言的形式有著很大的差異。儘管許多幼兒能溝通得很好，字彙也運用得宜，但他們並不能說出類似圖畫書中的句子。知道書本是「怎麼說的」，讓他們在早期閱讀中，對文字有較佳的預測。

每一個孩子從圖畫書的經驗中會獲得獨有的意義。書本不能被當作兒童真實生活經驗、人際互動，或探索行為的替代品，因為這些都是幫助兒童理解圖書內容的必需品。圖書所提供的是在兒童真實生活之外，另一個向度的資源、訊息與趣味。

儘管大部分的教師均相信，閱讀書本在學前教室中是一項重要的文學活動，Dickinson（2001）的研究發現，有三分之一的學前教室每週大團體閱讀書本的時間少於二十五分鐘，只有四分之一的教室每週大團體閱讀五十分鐘以上。個別閱讀或小團體的閱讀更是少見。

年齡與圖書經驗

當我們為孩子選擇書籍時，年齡的因素應該被審慎納入。三歲以下（或比三歲大一些）的孩子喜愛親密的肢體接觸、視覺圖像的變化，以及成人閱讀書本的聲音。節奏或詩句的圖畫書能引起他們的興趣。Beck（1982）指出，幼小的孩子是「仰賴句法」（syntactic dependent）的，當他們發現文字的規則時，會明顯感到欣喜。對十分年幼的

孩子而言，圖畫書中的聲音語言也許比其代表的意義來得重要。兩歲或三歲幼兒的教師從觀察哪一本書最受孩子歡迎便可了解。四歲的孩子比較關心內容與人物之**個性**（characterization）[1]。幻想、**現實主義**（realism）[2]、人類情緒、**非小說類**（nonfiction）[3]，以及具有其他特色的圖畫書，都對他們極具吸引力。

兒童文學的簡史

兒童需要或應該獲得娛樂消遣的想法，是晚近發展出來的。直至十八世紀中期，才有專對兒童設計的書籍，內容多是針對他們的道德與精神層面。

遠古時候所傳頌的民間寓言，或先人的經驗故事，亦是兒童可接觸的。說故事者通常試圖要減輕不安和緊張、滿足人類的需求、激發想像力，或增加故事主角倖存的機會。而口語一旦被記錄下來，寓言便成為世界地理、歷史與文化的紀錄。許多現代小說（fiction）[4]故事所反映的元素，就源自於傳統寓言或故事。

早期的美國兒童文學深受英國與清教徒的生活及信仰的影響。在 William Caxton 於十五世紀發展出印刷術之前，英國的書本以手抄的型態提供給家境富有的兒童。Caxton 翻譯法文版的《伊索寓言》（1484），並出版其他成人的書籍，這些文學作品讓英國的兒童深感興趣。首刷的《伊索寓言》談的都是動物的故事，到了維多利亞女王時代（Victorian England），其他圖書的主題包含了俠義的愛情及冒險故事、穿著盔甲的騎士故事、與巨人間的戰爭、拯救佳人公主，或其他受壓迫者等題材。

維多利亞時代的家庭中，成人將故事讀給兒童聽，或由受富人贊助的吟唱詩人在家中表演故事說唱。當時這些英國清教徒的觀念被強烈地說服為宗教信仰是全體人類的基礎。

廉價書籍（chapbook，紙本的小冊子）在 1641 年的英國出現。剛開始是為成人而設計，但最終傳到兒童手中。這類廉價書有細小的木刻裝飾，稍後，木刻則被用以解說內文。銷售員（叫

---

[1] 個性：作者呈現某一個人物特色的方式，包括口語、動作、思想，或經由其他角色對此人物的說法或想法。

[2] 現實主義：主張將真實感受的自然世界不加裝飾的生活經驗呈現、表達出來的學派。

[3] 非小說類：將事實、爭執或描述平鋪直述呈現的散文。

---

[4] 小說：與非小說類相反，是指用以增進娛樂的任何一種具想像力之述說形式的文章。

賣小販）當時遊歷英國，向較不富裕的人銷售這些大小僅 4×2.5 吋的書。接著，當銷售量及閱讀族群日漸增加時，廉價書也開始為了娛樂及教導兒童而寫。

John Newbery 和 Thomas Boreman 被公認為英國最早為兒童出版書籍者，雖然廉價書籍出現的時間較早。當時，大部分書籍都是教學用的（Nelson, 1972），然而，卻有一本名為 *A Little Pretty Pocket-Book*（Newbery, 1744）的書，主打其為兒童的娛樂書（圖 9-1）。1765 年起，Newbery 和其他出版商陸續出版少年刊物，主題包括：幫助孩子推理、運用道德判斷選擇正確行為等內容。

美國早年，許多兒童無法就學亦無法閱讀。少數能閱讀者，通常以閱讀給成人聽為工作。農業社會不認為閱讀對兒童是重要的事，到了 1800 年代，工業社會需要識字的勞動人口時，才開始重視教育兒童，將更多注意力集中在以兒童為族群的圖書上。

圖書在美國早期學校的運用，多半包含宗教與道德本質的內容。

1800 年代中期，Mark Twain 於 1876 年為大男孩而寫的冒險故事《湯姆歷險記》（*Adventures of Tom Sawyer*）受到廣大歡迎；而 1868 年 Louisa May Alcott 所創作的《小婦人》（*Little Women*），則是屬於女孩的書籍。

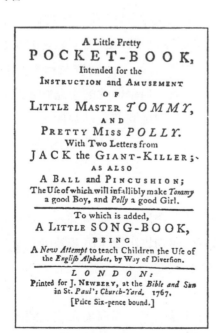

▶ 圖 9-1　1744 年 John Newbery 出版的 *A Little Pretty Pocket-Book* 部分內容。

圖畫書

接近十九世紀末期，開始出現精美的圖畫書。英文及法文出版商出版了具有豐富圖解、迷人、高品質、鉅細靡遺的圖書。

Lynch-Brown 和 Tomlinson（1998）認為，圖畫書獎項的創設促進美國圖畫書的發展。

> 1920 年代左右，不同於一般的道德改造者、教師或神職人員，有一群專業的作家專注致力於撰寫兒童書籍，他們創作了大量高品質、多元的兒童圖畫書，頗受重視。這方面的發展在 1922 年更是神速，在美國圖書館協會（American Library Association）的贊助下，首屆美國兒童圖畫書大賞——紐伯瑞獎（Newbery Medal）頒獎。1938 年，美國圖書館協會成立了凱迪克獎（Caldecott Medal）插畫獎，讓越來越多的藝術家投身兒童圖畫書的領域。往後至二十世紀，圖書的各種獎項被有效運用在啟發大眾對兒童圖畫書的重視，也促發對特殊領域圖書的知覺。競爭性越高的獎項，能引發出越優質、原創的作品。

美國的兒童圖畫書開始反映出兒童文學的世界觀。學校用書開始出現色彩豐富的插畫，為兒童而撰寫的外國故事在 1930 年代廣受讚揚。

1920 到 1930 年代間，許多大學及機構發起的探究兒童運動（child-study movement）及研究，讓一些知名的研究者相信，幼小兒童的興趣焦點為「此時此刻」（the-here-and-now）。此想法最後被轉化成，居家與環境中的物品、社區的環境、飛機、火車、在地的勞工或專業人員，都鉅細靡遺地呈現，而且「天天都是題材」（everyday matters）。直至 1913 年為止，家長選擇幼兒園用書時都還有一張建議清冊。

有人認為，1940 到 1950 年代期間，俄國的資訊以及「怎麼做」（how to）的書籍，讓當時美國社會的寫實圖畫書增加了。關於機械及機械如何運作、昆蟲、科學概念的書籍數量開始增長，使用的插圖還包括照片。

1960 年代，圖畫書出版界的變化來自於部分個人作家，包括 Nancy Larrick（1965），她注意到故事的題材與插畫中總是不見非裔美人，當時的公民權利運動也影響了許多教師與家長的社會意識。

1970 至 1980 年代間，只有少數為墨西哥裔美人、亞裔美人或美國印第安人而寫的圖畫書。

此時掀起一股熱潮即隨著學校與社會的多元化，持續呈現出更多不同的聲音與觀點的圖畫書（Lynch-Brown & Tomlinson, 1998）。

1970 至 1980 年代的圖畫書開始大量呈現與幼兒日常生活有關的事實，包括他們的家庭，生活中的難題（壓力、恐懼、行動，以及各種現象）。這些內容都被認為能增廣幼兒的見聞，也符合他們的興趣。許多這類圖書都被歸類為「具療效的」（therapeutic），常是試圖建立自尊心，或幫助幼兒因應各種困難的情境。

一些有創意的科技也被運用在兒童圖書的領域，例如閃亮、耀眼閃爍的顏色。部分電腦化處理的圖畫書還有聲光音效，並呈現出過去從未嘗試的互動效果。數量驚人的新科技圖書大量出版，這些書不但能捕捉幼兒的注意力，更能維持注意力，同時也具有教學及娛樂的功能。幸而，許多幼兒很快就厭倦這些新奇的效果，轉而尋求傳統的、與特殊對象有所互動的大聲閱讀書籍。幼兒多麼聰明！因為有人為你逐一解答問題、為你將圖畫書與自身獨特的生活經驗聯繫在一起，也願意將時間花費在你身上、從活動中獲得快樂，這些是不能被取代的經驗。

現代的圖畫書有其歷史的淵源。有些圖畫書經歷許多世代的淬練，仍能展現出高品質的經典價值，這些書將是身為幼兒教師的你所致力尋求，並與幼兒分享的「未來的經典」。

品質

評斷書本的品質，意味著必須從其文字及圖畫中，找出值得記憶或重視的部分。一旦找到一本書，你可能會費力地閱讀，也想知道作者是否具有與幼兒相處的經驗。記得，適合四歲幼兒的題材不見得適合更年幼的幼兒。

你選的每一本書必須具備一項以上下述所列的特性：

◆ 人物角色的發展。
◆ 色彩。
◆ 展現人類的勇敢、聰明智慧或勇氣的範例。
◆ 藝術感的呈現。
◆ 文字遊戲。
◆ 聽覺上的趣味性。
◆ 天馬行空的想像。
◆ 擬聲。
◆ 懸疑。
◆ 幽默或風趣。
◆ 幻想。
◆ 驚喜。
◆ 重複性。
◆ 希望。
◆ 迷人的。

◆ 敏感度。

◆ 真實性的對話。

◆ 文化上的洞察。

◆ 動作。

◆ 可預測性。

　　有些兒童會忘記部分讓自己著迷卻又擔心的情節，但他們在成人閱讀故事的當下，仍處在一個想像的世界中，甚至在故事讀完後仍深陷其中（Bettelheim & Zelan, 1981）。

　　Cooper（1993）談及以文學為基礎的課程時，曾為高品質的圖書下了定義：

> 教師必須看故事能否「扣人心弦」，故事要能滿足對人性意圖的刻畫，或表達出對發展性的關懷之情，或引起讀者的好奇心。這些故事都應該能發展出說故事的課程，或者能延伸至書寫、戲劇，以及讓兒童複述故事。

　　一開始，你應該選取經典的圖畫書，讓兒童有機會欣賞文學。時至今日，不見得每個人認為的經典圖書都是一樣的。

　　了解個別家庭的生活型態、家中所用語言，以及所處社區，有助於圖書的選取及規劃。有些學校的書籍中有50％是學生家中所用的語言型態。對農場的兒童來說，農場主題的圖書一定會與他們的生活產生與眾不同的關聯；但是對人類普遍性的描繪與刻畫，不論對都會區或郊區的兒童而言，都具有吸引力。

　　Neuman（1999）提及，跨區及跨社經地位的學前教室或兒童照顧場所的圖書館資源，高品質的圖書數量不足以符應所有幼兒的需求。她還提及，許多時候得仰賴家長或社區成員的慷慨提供，才能讓圖書館擁有高品質的文學作品。她又提到另一個問題，那就是對家長與老師來說，缺乏合宜的指引來教導他們如何選擇高品質的書籍，以幫助兒童建立發展合宜的文學技巧。

插圖

　　在很多高品質的圖畫書中，故事本身就很完整，插圖只是在文字之外的一種視覺呈現；但在其他的書中，插圖扮演著決定性的角色，且整合了整體內容。Glazer（1986）將圖畫書定義為：「插畫與敘說（narrative）[5]完整整合的書籍。」幸運的是，許多圖畫書的插畫是由極富天分的作者所創作的。

　　通常，幼兒可能無法抓住圖書插畫是由真實的作者經由手繪、創作或攝影

---

[5] 敘說：通常指真實或科幻的故事，以口頭或書寫的方式呈現。

的方式處理的。下面這個例子，發生在 Evergreen Valley 學院兒童發展中心的一個實習教師身上。

圖書閱讀活動時，實習教師拿出 *The Wild-Mouthed Frog* 這本書，翻到封面唸出書名及作者名，接著他說：「這本書的圖是由 Jonathan Lambert 為我們畫的。」一個四歲的小女生質疑說：「他是青蛙還是人類？」這本書的封面插畫是一隻彩色大青蛙。

圖畫書的插畫有許多種美術的形式，包括線條畫、版畫、水彩、拼貼、色鉛筆、粉蠟筆、油畫或照片。其藝術型態又可區分為具象派、印象派、現實主義、卡通、抽象畫、非寫實的、超現實主義；或者如同 Poltarness（1972）所描述的：真正藝術家的作品可以引領讀者進入其所創造的領域中，且進出間悠遊自如。於是，藝術家能呈現給讀者前所未見的世界。

插畫讓文字轉化為真實。對幼兒來說，插畫增進了視覺素養。Cox（1981）列出插畫的益處：

1. 提供樂趣。
2. 是想像力的補給品。
3. 促進創意的表現。
4. 促進形象描述的發展。
5. 呈現並開發出許多不同型態的溝通點子。
6. 增進對語言功能的覺察。
7. 獲得後設語言的覺知（即所謂對印刷語言的內容給予判斷或感覺）。

圖畫書插圖的場景通常與生活情境十分類似，而且對人物線條更是強調。針對幼兒的圖畫書設計較為簡單、貼近真實生活，且描述性高；但對年紀較大的幼兒，富想像的插畫或情節便較為詳盡。

Morrow（1990）提出幾項在大聲朗讀活動中，教師可能會出現的互動性行為：

在大聲朗讀的活動中，已經被分辨出來的互動性行為，包括提問、鷹架、對話與回應、提供稱讚或資訊的延伸、澄清訊息、訊息的再述、直接討論、分享個人的反應，及與生活經驗有關的概念。

依據他的描述，為兒童閱讀的時間絕不會是一天中最輕鬆、簡單的活動，儘管這個活動可能是教師最喜愛的。

版式

書籍的版式（format）被認為是其最顯著的特質，亦即書籍被組合的方式。書商與作者／插畫家所關心的版式

項目，包括：封面與內頁的大小、形狀、紙張品質、印刷顏色、排版、每一頁的內容、裝訂方式等。書籍的版式能強化其外觀與內容、樂趣感，或者有可能使讀者混淆、受挫，或有格格不入之感。書籍的版式也能反映出不同的思考模式：使其成為一本有價值的經典圖書，或為了銷售利潤而犧牲其品質。

文體（genre）[6]是另一種分類書籍的方式，主要關注於書籍的內容。敘說（narrative）可能是詩作或散文的型態。散文又可區分為非小說類或小說類兩種。小說類又區分為全然偏離現實的故事，或過去曾經發生、可能發生的故事，後者可被歸類為現實小說類。

選擇圖畫書與閱讀相關的活動

許多幼兒教師擔心忙碌的父母或經濟困難的家庭，沒有足夠的時間及資源充實幼兒的閱讀生活，因此，他們會額外提供書籍與閱讀相關活動。讀寫萌發的相關研究已經提醒教育工作者，有閱讀經驗、或對圖畫書與故事有興趣的學前幼兒，進入小學前幾年較有成就，閱讀能力也較佳。Raines 和 Isbell

（1994）建議教育工作者應注意多少孩子選擇教室中與圖書有關的活動，多少人選擇圖書區，也計算每個孩子投入在閱讀的時間總量。

教師的規劃與體貼的分析能增進兒童的興趣。思考教室課程表，將圖書閱讀時間視為關鍵活動，將能引發一些活動呈現上的改變、創意與想像。花時間對兒童閱讀圖畫書，僅是對書本的基本介紹而已，緊接著要做的工作才是重要的。教育實務工作者必須詢問自己以下的問題：這本書與孩子生活的相關性有多高？我要如何增進孩子投入及感興趣的程度？怎麼做才能讓孩子積極投入故事時間？如何發掘孩子對聽過故事的想法，並架構隨後的經驗？故事說完能做些什麼？孩子會提供線索嗎？換句話說，如何讓這本書成為孩子生活的一部分，同時又讓人感到樂趣十足？當回答了以上的問題之後，你就能發現，光是閱讀給孩子聽不足以達到教師的真正目標。

讀給幼兒聽

因為孩子從書本中獲益很大，因此，教師呈現書籍的方式十分重要。大聲閱讀活動的主要目的，應是在於以下兩種意義的建構，首先是發展成人與兒童互動的過程，其次是發展對這項活動

---

[6] 文體：一種用以歸納文學作品的分類方式，通常以形式、技術或內容來決定。

的正向態度。

　　欲達成上述目的，教師必須視兒童為主動的學習個體。例如，當一個教師準備在團體中閱讀給兒童聽時，應該先思考以下幾個問題：

- 這個團體在這主題上有何舊經驗？
- 讀完故事，能進行哪些延伸活動？
- 教師要提出哪些問題，才能引導兒童的討論，探究兒童的感覺與想法？
- 我如何讓兒童故事討論滔滔不絕的經驗成真？

　　教師的目標應該設定在讓每個兒童都了解到圖畫書可以很有趣、很吸引人，能提供新的經驗、能獨自享受，也能和同伴一起閱讀。

　　喜歡聽大人閱讀的兒童會尋找書本。Fraiberg（1987）激勵學前階段的教師必須將幼兒這幾年視為關鍵的階段：

　　想讓兒童著迷於圖畫書，這是一個關鍵的時期。此時期兒童閱讀的欲求十分強烈，而教師提供的圖畫書經驗又能切合此欲求。教育工作者若想在此年齡階段增進兒童對圖畫書的著迷程度，必須及早進行，且不斷重複滿足兒童聆聽與閱讀圖書的需求。

　　你也許會將某些圖畫書排除在外，因為它們不適宜兒童閱讀，或對幼兒來說不具吸引力。你可能判斷它們不具社會價值、枯燥乏味，或內容充滿暴力、呈現不幸的訊息、資訊不清楚，或在行為上是不良示範。一本圖畫書的內容結構或版式有可能品質並不佳，目前坊間印行超過七萬本以上的兒童圖畫書，其中可能有許多無法達到你設立的標準。

　　大部分的教育工作者都可望學到更多關於兒童圖畫書的新知，且也具備充足的知識為孩子的特殊興趣挑選書籍，為某些特殊的教室、特殊事件選擇合適的圖畫書，是教師不斷肩負的課題。

　　處在一個多元的社會中，為幼兒提供多元文化、種族的文學是必需的。雖然目前已經具備了依年齡推薦的書單，然而，大部分的教師仍會積極尋求其他出版品，圖書館員、出版社、兒童書商都是很好的資源。反對偏見、性別平等等主題的圖書，都能讓每個孩子有機會視自己為有價值的個體。

　　越來越多的銷售人員為富裕的家長提供圖畫書，這些家長希望給孩子（文字上）有利的教育機會。然而，沒有人真的確定孩子是否都讀了這些書（Healy, 1990）。

　　鼓勵兒童對圖畫書感興趣是每個教師的責任，因為並不是每個幼兒都對圖

畫書有興趣，或將之視為可享受的事物。雖然不能強迫兒童喜歡圖畫書，但他們對書本產生正面的感情，而有一部分的正面感情，端賴兒童是否在閱讀時間擁有成功、能勝任的經驗。是以，教師能否有經驗地和幼兒互動、仔細計畫圖書的段落是重要的。想吸引原本不情願閱讀的幼兒，關鍵就是讓故事時間成為重要且迷人的時段，幼兒根本無法忽視它。

閱讀給兒童聽的另一項目標是呈現知識。書本能讓兒童獲得新的單字、想法、事實、感覺，以及其他不尋常的事件。這種經驗和口說對話是不同的形式。在圖書中使用的是完整句，但對話中就不一定是完整的句子，且圖書中的故事與插畫都依循一連串的邏輯。

身為一個教師，應該關心兒童是否理解其閱讀的內容。為了確定這一點，圖書中提供的特殊內容必須與兒童每天的生活經驗有關。例如：幽默及幻想是普遍受到喜愛的圖畫書元素，但通常這些書中並不是只有愚蠢可笑而已，在仔細閱讀後，你會發現其中處理的是人類共通的情緒或想像力。開放的討論能增進兒童的理解程度，透過自由提出問題，能幫助兒童將書中的事件與過去自身的生活經驗相連結。越是外向或健談的兒童，在團體討論時越能澄清其他人的誤解。幼兒教育工作者經常會注意到，兒童具有嘗試讓生活中事件合乎情理、產生意義的內在傾向。

教師同時也能證明，圖書能作為一種資源。當兒童想要找出某個特定事項，教師能參考字典、百科全書或解說特殊物品的圖畫書，教師示範的是從圖書中找到事實。當兒童詢問教師某個特殊的問題時，而老師回答：「我不知道答案，但是我知道在哪裡可以找到答案」時，即是在示範圖書如何幫助人們找到答案。教師明白地告訴孩子，從哪裡找，或循著哪些步驟，便能在書中找到資訊。透過這個過程，師生分享了探索的樂趣，同時也為尋求更多答案開啟了一道門。

另一個目的是教師必須鼓勵兒童聆聽技巧的發展。在聆聽故事的時間，兒童的注意力更為聚焦，許多不同型態的傾聽：區辨的、欣賞的、有目的的、創意的、批判的，都能在閱讀的經驗中呈現。

相反地，「高壓鍋」（pressure cooker）是一個提供四歲幼兒入幼兒園前的閱讀方案，重點在培訓孩子發展閱讀技巧（例如：解讀單字）。一旦這些對孩子來說無聊又無意義的培訓課程與圖畫書相連結，通常會殘害孩子對圖書萌生的感情。

當孩子們越來越熟悉書本時，他們的閱讀知識與技能便會隨之增強。他們

能看出書中插圖與文本的規律處、差異處，而這能增進他們解讀閱讀密碼的欲望。最初始型態的閱讀便是所有教師在幼兒園內進行過的閱讀活動，Paul Copperman（1982）稱之為「模仿的閱讀」（imitative reading），他將這種行為定義為「依照書中圖畫閱讀，或完全依照文本朗讀超過一頁以上」。以下技巧可以運用在模仿的閱讀上。

◆ 每天對兒童閱讀圖畫書。

◆ 有計畫地重複閱讀兒童所喜愛的新的或舊的故事。

◆ 在討論時間重溫孩子們喜愛的部分。

◆ 注意孩子們在閱讀時有哪些需求。

◆ 將你從孩子分享中得到的樂趣當作一項令人振奮的鼓勵。

◆ 對某些有創意但偏離故事正題的孩子抱持期待的態度。

◆ 建議或提供幾種額外的、兒童能夠「閱讀」某一本書的方式，例如：以錄音帶錄音。

◆ 看到兒童讀寫萌發的積極、主動行為，並視這些行為為有價值的里程碑。

另一個可考慮的目標，是當你計畫一項課程時，能鼓勵兒童學習對書籍的關懷，並知道在何時、如何運用一本書。在童年的早期，就應該讓兒童逐步建立書本是個人有價值的資產之態度。當孩子越來越喜愛書本時，你將注意到他們萌發出許多行為與技能。學習閱讀是一項複雜的技巧，它是許多更細微技巧的組合，而這些小技巧的發展，是兒童從故事時間或自行翻閱書籍中獲得的。

運用文學增進解決衝突技巧

有鑑於當今社會的暴力程度日益升高，幼兒教育階段的教師試著運用圖畫書與故事幫助兒童定義、澄清問題，這也是衝突解決的第一個步驟。書本是種有價值的工具，書中的插圖與文本能幫助兒童視覺化（visualization）[7]，建立同情心、為故事中的糾紛提供非暴力的解決方式、描繪衝突的各種型態，並且提供有效的和平解決範例（Schomberg, 1993）。

書籍的選擇

教師有責任篩選高品質的圖書，以符合學校宣示的目標。通常，教師會被要求為學校選擇一系列的新書作為藏書，但這並不是件簡單的工作。McCord（1995）指出：

---

[7] 視覺化：將個人實際經驗（物體或事件）運用心像而成的過程或結果。

身為照顧者或教師，我們有責任為每一個特別的兒童審慎選擇書籍。我們必須敏銳地察覺到兒童如何將我們選的這些故事個人化。因此，當我們選擇書籍時，必須兼顧在教室中發展對於不同家庭的狀況、文化、宗教以及社會對於「小團體」（smaller community）的尊重。

有些書籍或許能完全符合教師的需求，但有些則只能符合部分教學目標。此時，地方上的圖書館就是借書的好地方，讓教師確保說故事時間的有趣與新鮮感。此外，兒童書區的圖書館員亦是一項有價值的資源。

即使教師已經在選書上用盡心思，仍會發生一本書不受到所有兒童喜愛的情形；且有些故事在某些兒童群體中會較受歡迎，而這些孩子喜愛的故事最後通常成為兒童熟悉的最愛。對一個故事熟悉的孩子，經常會去翻閱書中他熟悉的部分或人物角色。MacDonald（1992）指出，教師選書時應該符應兒童的需要。

兒童需要能反映其多變興趣的書籍。他們需要的書籍須由簡到繁，而且必須與社會、文化、每天日常生活、多元的文化、族群與人種有關。

兒童圖書館員通常知道哪些書是吸引兒童的，亦即這些書能讓兒童不斷反覆閱讀，能連結兒童的興趣、了解兒童的幽默感，與他們發展的階段性。

在專業的書籍與期刊中，有許多探討兒童最喜愛書籍的想法。有些作者相信，簡單的童話故事書、以擬人化的動物為主角的故事最受到喜愛；有些則指出，有部分兒童喜愛的是「真實」的故事。而大部分的作者都同意 Self（1987）的看法：

許多成功吸引幼兒的圖書，乃因為它呈現了幼兒能理解、知覺到的人類基本任務、需求及關心。幼兒不需要那些高高在上難以接近的書籍，或對複雜問題提供簡單答案的書本。相反地，幼兒需要成人、圖書以及其他材料，支持他們身為幼兒的權力，呼應幼兒普遍性與個殊性需求，並了解幼兒在這世上創造意義的努力。

James 和 Kormanski（1999）提供了一串選書標準，用以考量圖畫書是否能同時敏銳描述或表現兩代之間的關心，這些標準分別是：

1. 人物性格必須刻畫真實，具備兒童能立即分辨、相信的經驗與情緒。
2. 故事的順序與結構必須依序開展，

必須有緊張情節或衝突有待解決或降低。書中也必須呈現簡單的情節，讓兒童能立即參與成為行動者，發現問題，並了解解決之道。

3. 故事主題的要素必須提供令人滿意的情節或替代品。主題應該與兒童的需求、理解及興趣有關，即便是簡單的故事也能發展出獨特的主題。

4. 除了時間、地點的建立之外，營造具有氛圍、強調象徵意義場景，亦是介紹文化或歷史時期的關鍵。從前的人物必須被整體呈現在其文化歷史的年代當中，兒童亦是如此。插圖必須能仔細呈現場景中各種相關的細節。

5. 圖書形式（style）可包含韻文、重複的語句，文字使用也必須謹慎。形式的元素包含：清晰的語法、韻腳、含蓄的措辭、重複的疊句、聲音模式、誇張的語言等，以上種種都能讓兒童感到圖畫書的生動與多元之處。

Bettelheim（1976）建議，不論童話故事或寫實故事都應該提供給幼兒：

當真實故事與童話故事中相結合時，兒童接收到的是同時論及兩種萌發人性（budding personality）的訊息：理性與感性。

許多父母與教育者十分關心某些民俗、**童話故事**（fairy tale）[8]中出現的暴力本質；但有些人則相信，兒童早已了解世界本是一個危險甚至殘忍的地方。Tunnell（1994）解釋，許多過去的故事包含了正義：好人有好報，壞人則有不好的下場。Tunnel 指出：

已經流傳好幾世紀的故事，主要因為其談論了人類經驗中深層的關切。善與惡都是人類最基本的特質，因此，兒童從很小開始便關心行為好壞帶來的結果。在想像故事的類別中，好與壞的等級不多：壞的人物角色通常真的很壞，且無法轉惡為善。同樣地，善者始終為善。這些故事都在談論正義的議題。

某些教師或教育團體可能認為部分民間故事過於暴力、血腥，或不適合生活在當今環境下的幼兒。但每一本書都是需要解釋的，而不同的時間點，教師的解釋也將有所不同。

有些初任教師擔心某些人物角色，例如：會說話的熊、兔子等想像的情

8　童話故事：指與真實生活問題有關的民俗故事，通常具有想像的人物及魔幻的事件。

節。然而，想像（make-believe）對學前階段的幼兒來說，是其永不停止追求的樂趣。Beck（1982）建議：

> 假如熊所說的話是幼兒能認同的，幼兒並不介意熊是否會說話。另一方面，即使故事看起來真實，但人物主角所面對的問題與幼兒感情生活無關的話，則幼兒依然會排斥這個故事。

許多具有清楚界線的民間或童話故事禁得起時間考驗，這些書本都成為初任教師閱讀給學前幼兒的建議書單。Bettelheim 和 Zelan（1981）認為：「好的文學作品對任一年齡層的讀者都有某些意義，即使他們的理解與賞析的程度不同。」每個孩子都會依據其獨特的經驗，從不同的觀點解釋一本書、與這本書互動。

Blaska 和 Lynch（1998）力薦學前教育工作者將描繪特殊需求人士的書籍含括進來，如此幼兒更能接納與理解不同能力的他人。他們認為，沒有一個特殊團體能被忽略，或不適合被呈現在幼兒書籍與大眾印刷媒體當中。因此，必須慎重選擇此類圖書。

書籍的種類

兒童圖書出版業是正在蓬勃發展中的事業。如同表 9-1 左邊欄位所述，許多形式的書籍都可看到。此表列出多種學前教室使用之兒童圖書主要的文體與形式，但不包括詩作（此部分將在其他章節談論）。許多書籍無法確切歸納為哪一類，而有些書則能同時被歸納為兩類或兩類以上。

有為數驚人的新奇圖書正在付梓中：洗澡讀的漂浮書、睡前聆聽的可愛書、口袋書、大型如同畫架的書（教育用書）、可垂吊拍打的書、如同電影一般的翻動書（flipbook），或是黑暗中會發光的書、會唸故事的書、如廁訓練書，甚至還有書中書。

超尺寸圖書（大書）

出版商大量製作大尺寸的書籍（24×36 吋），因為學前教育工作者及致力於全語言課程者的需求大增。

由於大書在團體時間有助於兒童閱讀，因此，它們也被納入教師課程必備之列，新書與經典書籍都有大書的規格。因為它的文本內容加大，因此兒童能遠遠地觀看。平裝或精裝大書的封面一定都有亮麗的插畫，部分還附有錄音帶或版面較小的書本。教師可運用黑板前的溝槽或畫架，作為大書的支撐架。

Strickland 和 Morrow（1990）推薦人們使用大書，並提出以下建議：

❖ **表 9-1　兒童圖書的類別**

類型	教師喜愛的特徵	兒童喜愛的特徵
故事性圖書（圖畫書） ● 家人與家庭 ● 民俗寓言與傳說 ● 具幻想性的故事 ● 童話故事 ● 動物故事 ● 其他	分享的時刻 看到兒童是熱中而專注的 模擬書中角色的聲音 介紹人類真實與想像的冒險經驗 分享自己的最愛 對兒童來說有容易辨識的小動物	想像力與幻想 能辨識出人物角色的人性 須被滿足的願望與需求 冒險 刺激 動作 自我實現 視覺上的變化 字彙上的樂趣
非小說類書籍（訊息類）也稱之為內容書（content books）	擴展個人與團體的興趣 發展出「閱讀能增廣見聞」的態度 鼓勵兒童一起找出答案 具備科學化的內容	提供事實，允許兒童揭開事實與想法 討論實際情況，及事件是如何運作的 回答「為什麼」與「如何」的問題 提供新單字與新意義
無字書	提升兒童的說話能力、創造力及想像力	提供機會讓兒童以自己的字彙說故事 促進對意義的探索 包含了多元的色彩、動作及視覺元素
互動書（設有能與兒童互動裝置的圖書）	保持兒童的參與及注意力 建立傾聽與教導之技能	提供動作及群體感 提升個人的創造力及表達 發揮感受力 具有操作的特徵
概念書（具某種主要概念、談論或強化某個特殊論題的圖書）	提升分類的能力 提供「知」的機會，並發展概念 提供許多例子	增進知識 以視覺呈現抽象概念
參考書（有圖案的字典、百科全書，或特殊題材的圖書）	提供機會讓兒童看到問題 促進個人化的學習	提供答案 能與教師一起使用（分享時間） 是一項能解答問題的資源
字母與字彙書（在物體附近或上方印有字彙的圖書）	提供字母與字彙的示範 將字彙與物體配對 有效增進兒童對於字彙與字母的興趣 包含字母與字彙的遊戲	發覺字母與字彙的意義 從插畫中可以看到物體名字

❖ **表 9-1　兒童圖書的類別（續）**

類型	教師喜愛的特徵	兒童喜愛的特徵
新奇的圖書（驚喜書、摺頁書、電子書、貼紙書、活動書、拼圖書、刮刮書與嗅覺書、畫中藏物書、對話書）	增進多元的感官探索 激發創造力 提供許多不同尺寸與形狀 發動兒童參與 經常包含幽默趣味	鼓勵碰觸、動作、情感、嗅覺、會話、著色、剪紙、黏貼、聽指令行事、聆聽機器的聲音等探索，且能得到立即回饋
平裝書或雜誌	價格不貴 內容十分多元 當中有許多經典作品	包含與讀者互動頁
教師與兒童的手創書	增強班級的學習 建立對作者工作的了解 允許表現兒童的創造力 可作為個人、團體方案、校外教學或派對聚會的紀錄 促進兒童表達關心的議題與想法 建立兒童的自尊心	讓兒童看到自己的名字成為印刷品 提供機會，能與他人分享自己的想法 能夠自我獎賞
治療系圖書（幫助兒童理解、因應各種事件的圖書，包括離婚、死亡或嫉妒）	呈現真實生活的某個面向 提供正向的解決之道與洞見 呈現出家庭團體成員的多元性 處理生活中較難處理的事件	幫助兒童討論自己真實的感覺
四季或節日的圖書	伴隨著兒童的興趣 幫助兒童理解節慶背後慶祝的源由	建立令人期望的快樂氣氛及節慶的細節
結合視聽媒體的圖書（可自己閱讀）	增進多元性 提供個人獲得群體體驗的機會 刺激讀者對圖書的興趣	將插畫內容投影出來 能個別享受
學步兒圖書及硬板書（持久頁）	防止弄濕或撕破	使用容易（翻頁簡單）
多文化與跨文化的圖書（文化意識書籍）	增進兒童對人我間異質性、同質性能夠關心的正向態度	介紹各種不同的人
超尺寸圖書（大書）	以特大的文本內容與插畫強調社會中的各種事實	在團體中容易閱讀 具有大書的特性

加大的文本內容讓兒童在團體中能看得清楚、與內頁互動，就如同書本被朗讀出來一般，而這也是親子共讀被認為有效的關鍵因素之一。許多教師認為，在課堂上閱讀大書的經驗，是最近似於家庭故事閱讀時間的一項活動。

可以鼓勵積極和一致的參與，當教師閱讀文字，並以手指劃過字彙時，兒童的注意力將集中在印刷文體及其含意上。

字母書

吟唱與學習「字母歌」通常是最早介紹給兒童的字母形式；另外，也可以加上字母書以引發兒童興趣。

非小說類書籍

教師也許曾使用或以非小說類書籍來回答兒童的問題，也許與課程主題有關，也許為了教學上的目的：如提供插畫的資訊。非小說類書籍能教導與許多題目、人物、地點、事件有關的概念和用語，這些可能是兒童在真實生活中不曾遇過的。一本簡單介紹水如何從水龍頭流出來的書就是其中一例。非小說類書籍通常被認為更適合高年級學生，但近幾年也有不少專為幼兒撰寫的非小說類書籍。

教師們也許會忽略資訊類的圖畫書，認為這些書無法引起兒童的興趣，他們不知道這可能是許多故事累積而來的形式、有些還是無字的，或者有些具備韻文或詩的特徵。而這些書大部分的主題都十分有趣、讓人好奇，也提供了科學性與精確的字彙。表 9-2 所提供的就是挑選過高品質的寫實類題材。

Casbergue 和 Plauché（2003） 建議，相片、寫生的素描、油畫、拼貼，及其他種類的圖像，應該更為準確，因為幼小的讀者受到插圖直接的影響很大。如果資訊書不具備這些準確度，那麼就必須捨棄。

❖ **表 9-2　選擇資訊類圖書文本的提示**

語言

書中的素材：
- 是否使用簡單、直截了當的字彙？
- 是否包含特定的科學或科技用語？
- 是否呈現出特定的或科技的用語或內容？
- 是否運用簡短、直接的語句？

想法與結構

書中的素材：
- 是否一次呈現一種想法？
- 是否提供特定或具體的訊息？
- 各概念間的關係呈現清楚或模糊（例如：因果影響、次序、描述說明等）。

圖樣與版式

書中的素材：
- 插畫或圖片是否與內容相輔相成？
- 文本與插畫之間是否有清楚的關係？
- 字體大小是 14 級字或更大？

若將資訊書同時列為兒童選擇閱讀的題材之列，兒童對它們的喜愛應該會和小說類圖畫書一樣（Kletzien & Szabo,1998）。因此，資訊類書籍應該是所有兒童圖書館必須具備的。雖然 Casbergue 和 Plauché 指出，在研究中，幼兒對資訊類書籍寫實類圖畫書的入迷程度尚未被完全證實。大部分實務界中，教師仍知道兒童已經具備這方面的能力，也知道如何使用這類書籍。

故事歌曲

有越來越多的圖畫書將令人喜愛的音樂或歌曲出版成冊。成人不再只能照歌本唱，而是能夠介紹這些文學經驗，並鼓勵兒童參與。視覺上的呈現能誘使孩子們加入歌唱。教師吟唱一本書的新奇性，增加了兒童選擇此類書籍的興趣，因為他們對歌曲覺得熟悉或有所記憶。

互動科技

一些公司將互動科技與兒童的圖書相互結合。幼兒只要運用手指或一支觸控筆，就能輕易翻頁、聽見某一個字的發聲、聽見唸書的聲音，也能隨意選擇頁數、玩遊戲、聽見某字的解釋或笑聲；有些書還有燈光裝置與麥克風。這些書部分教導自然發音（phonics），鼓勵兒童發音、讀字或句子，也鼓勵兒童錄下自己的名字，讓名字出現在故事中。另一些書則是致力於書寫技能，讓兒童描寫英文字母、走迷宮，或參與連線遊戲，及其他書寫練習。

選擇的標準

選書時，教師必須考慮到目標兒童的專注力長度、成熟度、興趣、個人特質及年齡。另一個重要的面向是發展廣泛的文學與藝術素養。

以下一系列問題，提供教師選擇書籍時參考。

1. 我能以熱情歡愉的心情閱讀這本書嗎？
2. 圖書的內容對我任教的兒童來說合適嗎？
   (1) 內容能與兒童的生活或過去經驗相關嗎？
   (2) 兒童能辨識一個或一個以上的人物角色嗎？
      看看一些兒童圖書經典，例如鵝媽媽（Mother Goose），這些故事大部分都具備許多兒童熟悉的特徵，讓他們容易辨識。同時，教師也發現，不同孩子對不同角色的認同感並不一致，例如，在三隻小豬的故事裡，有些孩子認同大野狼，有些孩子則認同小豬。
   (3) 書本中是否有直接引述的

對話？

假若有，則能增進兒童的興趣，例如，牛說：「你是我的媽媽嗎？」

(4) 從這本書中，兒童能獲得正向的態度或榜樣嗎？

許多圖書中呈現的行為並不適合年幼的孩子。另外，以下問題可用以分析一本書是否存有不合宜刻板印象或性別歧視。

(1) 誰是主動者？誰又是被動的觀察者？

(2) 這些人物的成就都是基於自發性、見解或機智嗎？

(3) 是誰展現出英勇或重要的行動？

(4) 這些價值觀或準則與膚色或經濟上的資源有關嗎？

(5) 在言語或情境上是否譏笑或貶低某個群體中的獨特性？

(6) 是否將個體個別對待，而不是被視為某團體的一份子？

(7) 某個種族或其獨特性是否被視為團體中的每個人都有同樣的天分、能力、食物偏好、髮型、穿著品味、弱點或特性？

(8) 其插圖是否捕捉到多元種族的自然外貌？

(9) 這本書是否能擴充學校多元文化圖書系列中的某項元素？

(10) 這本書是否真實且精確描繪出某個個體或族群？

3. 這本書撰寫人物特色的程度適合學前階段的幼兒嗎？

(1) 內容會不會太長？文字是否太多？

(2) 插畫是否有足夠的色彩，是否有令人興奮的圖片，或是插畫能維持注意力？

(3) 書本的尺寸是否容易取握？適合團體閱讀或個人閱讀？

(4) 兒童能藉著說或任何動作參與這個故事嗎？

(5) 若是童話故事或民間故事，會不會過於複雜還是太過簡單？或意義上容易讓人混淆？

4. 作者的風格讓人喜愛嗎？

(1) 這本書是否運用清晰的字彙與順序，讓兒童容易理解？

(2) 是否運用字彙、動作、韻腳，或部分故事的重複性。

(3) 故事是否以令人滿意的事件或高潮結束？

(4) 書中是否具幽默的部分或有趣的名字？幼兒的幽默感經常來自於自然的打鬧。

5. 此書是否具有教育上的價值？（幾乎所有書都合乎此標準）

(1) 它能以任何一種特殊的方法擴充知識嗎？

(2) 書中是否提供新的字彙？是否增進或擴展了理解？

6. 書中的圖片（或插畫）與文字內容相互解釋或配合的程度如何？

某些書能符合以上大部分的標準，但有些則否。學校經常選擇年代久遠的童書經典作為收藏，這些書籍通常被認為是文化遺產，是大部分美國學前幼兒一定知道、也曾經有過的經驗。

文化意識與多元文化類圖書

Yokota（1993）將多元文化的兒童文學定義為：能藉由精確的描繪與豐富細節，展現任一文化群體之區別的文學作品。她並且敦促教師運用以下兩個標準評估多元文化兒童文學的使用：(1) 文學作品的品質；(2) 文化的意識。

Cai 和 Bishop（1994）在為多元文化文學尋求定義時，發現許多人的定義皆同意多元文化文學關乎許多其他可定義的，指個人或群體在任一處與美國白人文化的差異性（例如：種族、語言、族群、文化）。

至於可信賴度（authenticity）的問題，更確切地說，是什麼組成了某一文化的描繪，已經讓兒童文學家苦惱了數十年（Harris, 1993）。而教師則致力於自他們選出的書中，呈現出可信賴的真實文化描繪。

國家英語教師協會（National Council of Teachers of English, 1994）指出：

> 文學不但教育智能，更滋養了心靈。它促進同理心，也邀請讀者接受全新的觀點。它提供機會讓兒童學習、認同我們的相似處、重視我們的差異性，更尊重我們普遍共有的人性。就某種重要的意義上來說，兒童需要文學提供一扇窗，讓他們得以窺探不同的生活方式與經驗；同時，文學也可視為一面鏡子，反映出兒童自己的文化價值、態度與行為。

提供多元文化書籍給幼兒時，我們建議不要給予這些書籍特別的地位。就讓幼兒和討論其他有興趣的書籍一樣提出問題，並加以討論。這些圖書不應只在特定時機或特殊節慶時分享，而應該包含在教室一般的課程規劃中。

Harris（1993）相信，具備以下特質的文學作品，就是可信賴的多元種族／文化圖書。

◆ 書中應包含各文化中人種所具有的角色，儘管一本書中並無必要如

此。而這個角色不應是理想化的，或有任何先前的刻板印象。他們應該包括各種職業別：醫生、教師、卡車司機、廚師，或其他工作。

◆ 插畫不應該將某族群的身體特徵誇大化，而應該反映出每一群體中成員的多元之處。

◆ 人物角色所說的話應該有所依據。

◆ 人物角色的姓名應該反映該群體的文化傳統。

◆ 食物不應該作為迅速記住某一族群的方式，例如：「米飯」不是亞洲人或亞裔美國人的記號。

◆ 角色人物對世界觀或價值信念，應該同時能反映出該群體內的多元性。

◆ 作者應該了解家庭角色及家庭結構的重要性。

◆ 應將某群體中的一員描繪成有智慧的問題解決者。

◆ 源自於某一文化內在知識的可信賴度，應從該文化的一員，或額外的研究、觀察及互動而來。

西班牙兒童文學不僅單指某個文化，而是代表一種凝聚的中心，及南方美國人的文化。雖然西班牙人是目前美國本土最大、成長最快的人口，但在兒童文學作品中卻很少被提及。現今存有的通常是民俗寓言或作者的童年記事，而這些書或題材通常被階級、性別、描繪無助者、消極被動的誇飾手法所遮蔽了。

在描寫亞洲文化的圖書書中，可以看到包括中國、日本、韓國、台灣、寮國、越南、柬埔寨，以及菲律賓等經驗的內容，而有更多出版中的亞洲書籍處理亞洲人融入美國主流的議題。此外，你也可以找到許多亞洲民俗寓言的圖書，還有許多越南、柬埔寨、寮國文化的圖畫書等待被譯寫，但是它們問市的速度都很慢。

關心本土美國人的圖書比較容易尋得。大部分都是民間寓言，但有些是關於儀式、慶典、生活方式、家庭歡樂與問題等內容。描繪中東文化的圖書則是少之又少。再次強調，教師必須加以檢視角色人物刻板印象的部分。

道德與零暴力教育

許多教育者提供大量討論道德兩難或衝突解決的圖畫書，供班級或團體討論。因為許多故事都包含道德或衝突問題有待解決，因此，從中不難找到角色人物正向的動作、言語或行為。Koc 和 Buzzelli（2004）建議在選擇圖書時應該找：

◆ 具備容易定義的兩難問題。

◆ 書中主角的模範或推理層次應該接近或略高於讀者（兒童）。

◆ 應具備許多合宜的後續行為。

◆ 具有優質具張力的情節、生動的角色人物，以及令人滿意的結局。

◆ 能描述清晰且具邏輯性的因果關係。

◆ 能促進關鍵性的思考技巧。

◆ 書中人物能具體展現身體、社會與情緒特徵的混合，並且對善、惡的呈現能有所平衡。

圖書治療

圖書治療（bibliotherapy），依字面解釋，意為以圖書作為治療。教師偶爾會尋求資源幫助兒童面對生活上的困難、問題、恐懼或痛楚。有些專家相信，書籍能幫助兒童因應情緒上的關注點。在童年的某個時候，兒童可能面臨遭同儕拒絕、迎接新誕生弟弟妹妹的猶豫、父母離異、不幸或死亡所伴隨而來的強烈情緒。

幻想的寓言故事能夠將兒童正面臨的創傷情境，以沒有衝突及苦難的形式展露出來。在一個充滿安慰與支持的環境中分享這些故事，能提供兒童治療式的經驗。

閱讀給幼兒聽

教師會在室內或戶外對兒童閱讀，也會對個別或團體的兒童閱讀。只要當兒童想聽故事，而教師也有空時，即是分享圖書的時候。有計畫的閱讀活動，也就是所謂的故事時間，亦被視為高品質幼兒教育課程的一部分。

正因為閱讀對兒童十分重要，因此，教師的教學技巧必須謹慎組織與評估。Adams（1990）建議：

> 閱讀對兒童產生的變化，乃在於與書本所反映的形式、內容互動後所產生的愉悅感。藉此，不但能發展出兒童對書本內容，及其與世界有關想法的好奇心，也能對兒童展示出成人所重視的價值觀及閱讀的快樂，而後者也是我們希望兒童能擁有的。

教師必須衡量自己的能力，問自己是否能讓圖書與閱讀時間對每個孩子來說都是興奮的、與孩子有關的，而且是有益的。在一個成功的教室裡，你會發現兒童有以下的行為：積極出席閱讀時間、愉快的參與、生動的對話，以及自我選擇性的探索、花許多時間在圖書學習角。

教師如何達到以上的目標是個關鍵。你我都見過許多本意良善的教師，在教學上運用一些令人質疑或有損成人閱讀目的的技巧。Bettelheim 和 Zelan

（1981）強調以下所列的幾項重要教學技巧：

> 若我們希望讓兒童成為具文學素養的個體，那麼教學方法必須符合兒童口說語彙的豐富程度、智力、好奇的本質、學習新事物的渴望、欲發展心智的願望、其對世界的理解、對刺激想像的熱中渴求……簡言之，讓閱讀成為具有內在趣味的活動。

讓閱讀變得有趣的任務落在教師身上，教師必須努力讓書中的內容與每個兒童有關，也就是盡可能將故事中的元素，與兒童的生活及過去經驗相連結。就好比建造一座通往圖書世界的橋樑，而這座橋能讓兒童急著想通過，因為它通往樂趣及讓人滿意的溫暖情緒。建立這些正向的態度需要一些技巧。以下幾個步驟對建立團體故事時間有所幫助。

● 步驟一

考慮兒童的年齡、興趣、團體的特殊喜好，並兼顧本章所提的選書條件。花足夠的時間閱讀這本圖書，先培養自我對書中人物及故事軸線的感情。練習書中的對話至熟練為止。

● 步驟二

規劃一個讓兒童與教師心靈都能舒適的環境。插畫應該符合兒童眼神的高度。教師閱讀時，兒童的座位應該是舒適的。有些教師喜歡自己與兒童都坐小椅了，有些則喜歡席地而坐。在教室中尋找一個不會阻擋走道，也不會受到干擾的地點，利用分隔板、窗簾或家具阻擋視覺上的干擾。

對學前兒童來說，四個人的團體是最能獲得語言學習的人數（Whitehurst, Epstein, Angell, Payne, Crone, & Fischel, 1994）。

● 步驟三

想一個能引起動機的介紹性論述。而這一番話要能創造出聆聽故事的慾望，或鼓勵兒童聽故事。「書裡的小男孩想送給媽媽一樣生日禮物。」「猴子有時候很有趣，而且這本書裡的猴子很好笑喔！」「你有沒有想過，晚上的時候動物都到哪裡睡覺呢？」「這本書的最後有一隻友善的怪獸喔！」以上的簡短介紹能用來介紹作者以及插圖繪者。

● 步驟四

將圖畫書拿在你的右側或左側適當的位置，讓兩邊的頁面都能看得見，而書本的高度要合乎兒童的視線。

● 步驟五

開始閱讀；以視線餘光掃過書上的句子，並將你的視線盡可能與孩子們有所接觸，好讓你的聲音能傳達給每一個人。同時，注意每一個人的肢體反應。用足夠的音量、適當的速度來說故事，讓每個人都能邊看插圖，邊聆聽閱讀的內容。與孩子一同感受故事裡的熱情。強調書中具有戲劇張力的部分，如果你覺得舒適的話，依據書中人物的特性改變說故事的聲調。一個好的故事總是能讓人目不轉睛，並且能激發出問題或相關言論。品味每一個故事，並將每一個字句傳遞給孩子。不要過於匆促，除非有助於書中的緊張氣氛。

● 步驟六

認同地討論、回答兒童的問題。如果你認為中斷故事會降低兒童對故事感受到的趣味性，那麼可以要求兒童等到結束之後再進行討論。另一方面，若大部分的孩子都很有興趣，就可以先暫停故事進行討論，然而要避免在誘人情節上做過長又會打斷故事的談話。有時候，兒童在聽故事時會吸吮大拇指，甚至想睡覺，也許是他們將故事書與上床時間做了連結，因為父母經常在睡前閱讀故事。只要你仔細分辨，很容易能看出孩子的注意力是否繼續維持著。有時

候，你能以直接的問題例如：「盈盈，你有沒有看到貓咪的尾巴？」或是增加模擬動物聲或聲音的變化，來喚回孩子的注意力，大聲地問接下來會發生什麼事也有所幫助。

● 步驟七

在故事的結尾，你也許想詢問幾個開放性的問題。記住要維持它的自然性與自發性——避免假設性的問題。問題能夠澄清想法、鼓勵兒童運用字彙，並將特別有趣的部分凸顯出來。「有人對消防車有任何問題嗎？」從問題中，你能決定下一本閱讀的書籍。它也能幫助你記住這群孩子能專注多長的時間，故事時間應在充滿熱情的註解後結束，讓孩子能繼續尋求下一本書。給予一段空白的時間思考，可能有助於恢復思緒；或者，有時孩子會有一連串隨之而來的想法與討論。

許多兒童對故事的評論來自於他們對事物的個人見解，同時也道出故事內容對他們的意義（Miller, 1990）。當兒童與他人分享自己的解釋時，這些個人意義都得以更明確、更擴展、更精練。而這也是閱讀後討論之焦點所在，討論的目的在於「將內容意義化」。

評斷自我在團體時間是否具備捕捉、維持兒童注意力之能力是一大關鍵。許多因素都可歸咎於兒童的注意力

散漫，因此，必須分析哪些事物干預了教室中兒童的焦點。這些因素包括團體的大小、座位的舒適度、氣溫、燈光強度，或有一個總是與隔壁同學聊天或肢體接觸的孩子；當然，也包括教師呈現故事的技巧。有一位不喜歡兒童分心的教師立了一個告示牌，上面寫著：「說故事時間，想進教室的人請稍等。」此外，對故事本身也需要詳加檢視。

獨立的閱讀

　　教師應確保每天的課程均讓兒童有足夠的時間與自己喜愛的書本接觸，並探索新書。不允許孩子有自我選擇的機會，或不給予時間，讓他們依照自己的步調欣賞教師介紹的書籍，是很荒謬的。

額外的圖書閱讀提示

- ◆ 在開始閱讀前，確保每一位兒童都能看得清楚圖畫書。
- ◆ 在開始之前重新規劃座位。注意他們與鄰座的組合是否會相互干擾。
- ◆ 一開始先有短暫的暫停時間，讓兒童注意力得以集中。
- ◆ 當某個兒童無法專心時，教師能安靜地建議其替代性活動。讓全體工作人員清楚了解這些替代性活動。
- ◆ 當有外來事物干擾時，在回到故事前給予一個過渡性的談話，重新吸引兒童的注意力。「你們都聽到那個吵鬧聲了嗎？那是從我們故事裡電鑽發出的聲音，仔細聽聽看！」
- ◆ 適時將圖書個人化，「你曾經掉過東西，再也找不到了嗎？」
- ◆ 當某一本書明顯無法維持兒童興趣，就應該快速瀏覽圖片，做一個結束，省略部分內容。最好隨時有一個備用的替代活動。
- ◆ 兒童通常在唸書時想要拿著書本，盡可能將此點列入考量。快速地將每一個想獨自欣賞這本書的兒童名字列出來。
- ◆ 將閱讀的時段安排在放鬆的時候，切勿安排得過於匆忙。
- ◆ 溫柔、謹慎地拿書。
- ◆ 一旦出現新的、多音節的字彙，應反覆重複並強調音節。以拍打的方式唸出音節。例如：節慶（fes-ti-val）與解釋（in-ter-pret-er）。此方式可以規律地使用，但不一定在遇到每個新字時都要用，以便維持故事的流暢性。這個技巧主要能用在接近幼兒園年齡的兒童。
- ◆ 記住，重點不在你閱讀了多少，而在你如何閱讀。
- ◆ 挑選同時適合你自己與兒童的素材，找一本自己喜歡的書。
- ◆ 隨著故事內容降低或提高你的聲音，加快或放慢你的步調。延長戲

劇性的暫停，讓聆聽者品味書中的文字與想法。

◆ 閱讀你選的書籍之前，先唸兒童從家裡帶來的書籍（必要的話，可選擇只分享部分）。

◆ 以「我以前也有聽過」、「不要告訴我故事的結尾」或「你現在能看出哪些不同？」來處理兒童的論述。

想加強兒童對故事主軸之理解的教師，可以誘導孩子預先設想新書中發生的新鮮事。將焦點放在圖書封面，並展示幾張書中的插畫，增進孩子的預測力。之後，教師可將孩子的說法畫在一張圖表上，並標示出哪一句話是誰說的。看完整本書之後，再回頭針對他們的預測進行討論。預測的正確度並不是重點，重點在於每個預測都可能成為下一個故事的開端。

Teale（1995）特別提到，幼兒教室中文學教學實務的關鍵在於回應文學式（response-to-literature）的活動，包括：討論、藝術、音樂、戲劇、重新扮演、將幼兒的想法書寫下來，或任何因教師大聲朗讀圖書而引發的象徵性企圖。

故事時間兒童插嘴或打斷的情形

說故事時間兒童問問題與評論的程度，究竟是破壞或增進所有人對故事的經驗理解，目前仍存在著些微的辯論。

有一派人的立場主張，圖書應該在絲毫無損於內容及影響的情況下，才能讓人盡情享受；而另一派人的立場則是 Bos（1988）所主張的：「就算不能讓故事完整說到結束，最重要的是，在過程中保持對話。」我們針對教師和學校歸納出幾項技巧，如下所列。建議你最好先在你任職、擔任義工或授課的學校內，先行討論出行動的方針。

教師可以決定的有：

◆ 將所有的評論保留到最後。

◆ 當他們覺得對故事已經滿意時，在某種程度上回答問題，並接受評論。

◆ 將特定幾本書列為「不討論」的禁忌之列：「等這本書說完，才能進行討論。」

探討幼兒在說故事期間所提出問題的研究指出，通常而言，最主要的問題來自於書中插圖，其次才是有關書中含意的問題（Schickedanz, 1993）。

讓故事更容易理解

釋義（paraphrasing）是指用自己的話解釋作者的文本。若教師隨意擅改文本，可能會干預了一本書的意圖、訊息或作風。許多專家認為，這種方式是讓人反感的，因此力勸教師確實依據書本的文字朗讀，勿天馬行空，要尊重原始的文本內容。一旦發現某本書無法引

起讀者的興趣，應該保留至下一次、另一個場所，或另一個群體再說。有些教師相信，維持兒童對圖書的興趣，保有正向的態度是最重要的事。

建立參與度

兒童都喜歡自己成為故事中的一員。好的教師在挑選圖書時，能夠事先規劃兒童的參與。當教師意圖讓兒童盡可能參與時，通常會先讀第一次，隨即馬上再讀一次。許多書本讓孩子深深著迷，讓教師覺得須多花時間閱讀，才能進行下一步的參與活動。在大聲朗讀的時段中，我們鼓勵聆聽的技巧，而這些技巧在兒童成為一個主動參與的聆聽者之前，都是必備的。

Miller（1990）主張團體閱讀有五項明顯的益處：

1. 鼓勵文本內容的討論。
2. 討論有助於意義的引發，且能藉此檢視每個個體建構出的意義。
3. 藉由文學作品的分享，得以引發社會經驗。
4. 兒童可與他人分享知識。
5. 同學也能夠像老師一樣回答問題。

Miller（1990）指出，對三歲幼兒來說，需要一段時間才能夠表現出合宜的聽故事行為。他發現，一群幼兒會「動手搶抱枕、腳隨意亂放，或將玩具放到嘴巴」。

非小說類書籍就不是可供兒童參與的題材。

進一步檢視故事的軸線，能讓教師產生提供兒童活動參與的點子。在成人對孩子閱讀的時間內，幾項開放孩子參與成人閱讀的策略，對孩子非常有幫助：

以下幾個策略被證實對兒童特別有幫助：及時回應、對兒童的回應給予示範或鷹架、將他們的回應與真實經驗連結、提出問題、對他們的回應提供正增強或問題。（Strickland & Morrow, 1989）

以下的清單，提供幾項促進兒童參與及積極聆聽的建議方式。

1. 邀請兒童說出他們熟悉的書中對話或聲音。在需要反覆的句子中很容易就能做到，小毅說：「我不在乎。」
2. 默劇式的動作：「我們一起敲敲門。」
3. 利用暫停：「杯子掉到……」（地板）。暫停的時候，如果孩子回答的與書中不同，試著說：「它有可能掉在地毯上，但在故事裡，它掉到地板上了。」
4. 預測結果：「你想靜秋會不會打開箱子？」

5. 詢問意見：「你最喜歡的派是哪一
　種？」

6. 回想故事的前一段：「記得剛剛大
　熊先生對小兵說什麼嗎？」

7. 詢問相關的經驗：「小華，你家的
　狗不是也叫來福嗎？」

8. 將書中有趣的部分或整本改編成
　戲劇。

更年幼的兒童通常較年紀稍大者更
需要不會隨意亂動的位置、視覺上的
接觸。

對個別兒童閱讀

教室中缺乏義工或資源的教師，也
許很少有空與兒童個別分享一本書。一
對一的閱讀時間是最有益、且最有助於
文學發展的時段。對話量與個人互動亦
超過團體時間。在大團體時間，有些孩
子總是不情願地發表，或獲得較少的關
注與回應（因此建議小團體進行）。

忙碌的父母可能端賴學校提供圖
書，許多幼兒園能運用方法帶動家庭中
的閱讀。公布欄、借書的規劃、要求父
母參與教學，都是最常見的方法。

成人與兒童間的閱讀不只是「我
讀，你聽」這麼簡單，它包含了成人可
運用廣泛的口頭對話，也提供機會讓兒
童建構出「人們怎麼使用圖書」的整體
知識。學校應該不間斷地與家長溝通，
並提供閱讀相關技巧。

教師規劃部分的時間待在圖書區或
閱讀區（不論它的名稱為何）。教師的
出現能引發孩子的興趣，並允許兒童能
個別閱讀、問問題、與他人互動，而這
些都是團體時間做不到的。

重複唸故事

當幼兒懇求父母或教師反覆唸同一
個故事時，總是讓大人們感到驚訝。初
任教師遇到這種情形，會解釋成自己故
事說得很好，即使是經驗豐富的教師
也坦承，幼兒的反應讓自己感覺很好。
Ornstein 和 Sobel（1987）強調，年幼
的孩子比大孩子或成人更喜歡重複。而
一個教師能反覆唸同一本書，每次都能
維持初次朗讀的熱忱與欣喜，是令人敬
佩的技巧。兒童一再要求重複故事，乃
因為他們知道接下來將發生什麼事，這
讓他們覺得自己有能力，又或者他們只
是單純想延續愉快的情節。教師是否能
滿足幼兒的要求，影響決定的因素可能
有以下幾個：教室的課程表、幼兒是否
具備端坐再聽一次的定力。我們建議圖
書可以反覆閱讀，而教師可在「我很
想要再讀一次，但……」之後接著說：
「如果你們想再聽一次故事的話，午餐
以後，我會在庭院的大樹下。」

Holdaway（1991）相信，「再唸一
次」的想法來自於想重新聽到對書中特
別部分與整體部分的自然要求，兒童的

行為也讓教師意識到，哪一本書能持續維持、吸引兒童的目光焦點。教師可將此類行為視為兒童正在選擇自己研讀的課程。同時，可能需要更多類似的圖書對兒童更為有益。

在 Martinez 和 Roser（1985）對四歲兒童所做的研究中，兒童對反覆唸過多次的故事書仍提出許多好奇的反應。研究者試圖分辨反覆閱讀熟悉的、讓人愉快故事的後果。結論是，兒童能針對故事人物、事件、題目、故事主題、場景、使用語言做出更詳盡的評論。另外，研究者也發現，當兒童了解故事中某個特定部分後（透過多次反覆閱讀後所獲得），焦點將轉移至故事的其他面向。

Spencer（1987）認為，成人重複閱讀兒童最愛的故事還有以下幾項好處，兒童將會經驗：

- 故事基模。
- 情節的結構。
- 預期事件的發生。
- 從先前的閱讀中，記得故事中發生的事。
- 學習到創造出驚喜、高潮、幽默等效果所用的語言。

在一份相關研究中，Morrow（1988）發現，參與一對一、大聲朗讀的活動，能增加兒童反應的量與複雜程度。

根據此研究的建議，欲增進文學發展的幼兒教育工作者，不論對團體或個別的兒童，都應該規劃重複閱讀兒童熟悉、喜愛的故事書。

「老師，我自己會唸」

幼教實務工作者應該曾經有過這種經驗，兒童想自己唸給老師或同學聽。老師經常微笑著認為兒童憑著記憶唸故事，但事實上，他們經常是以自己的說法在說這個故事。Holdaway（1991）指出，仔細端倪兒童的表現，將發現他們表現出來的是對故事意義的深層理解。若比較年幼與年長兒童「我自己會唸」的行為，會發現兩者都是以他們口說語言的程度在說故事，且他們並非靠記憶書中的詞彙或文法來說故事，而是藉著對故事意義的記憶。

在故事時間運用視覺效果

教師是否以其他物品或視覺效果來介紹一本書，決定的因素有幾項。教師戴著一頂廚師帽肯定能引發更多人對書本的好奇。一顆萵苣或一個馬蹄鐵亦能闡明某個故事的特徵，以及任何可能性。近來由於論題（theme）或單元（unit）教學取向的盛行，一本圖畫書可能擴展、詳盡闡述某個主題內所進行過、介紹過的探討內容；若是如此，要介紹一本新書時，便可強調視覺效果。

當教師穿上某一件衣服，例如先前提過的廚師帽，能幫助兒童抓住人物角色的特性。也因為兒童喜愛表現出故事的對白或場景，因此在故事的結尾可介紹一些物品，促進兒童下一步的行動。預讀故事書之後，便能容易找到增進故事經驗的相關物品或人物。

曾經有一位幼教機構的教師想將故事書的插畫放大，首先，他以高架投影機將放大的大輪廓畫在海報紙上，在閱讀故事時呈現出來。同時，他發現將放大的故事人物貼在教室中，能引起孩子的興趣。另一本受喜愛的書籍，教師則是以拍照做成投影片的方式，選擇教室較黑暗的角落講故事，放出投影片，這方式讓孩子深深著迷。有一個孩子還問，他們能不能再去「看一次電影」！

閱讀後的討論

閱讀過故事之後，應該隔多久進行相關討論，以增進兒童對故事的理解呢？很顯然，討論也許會破壞兒童對故事的美好回憶，教師若不願意破壞這些有魅力的時光，也是可理解的。

Cochran-Smith（1984）將教師在說故事時間扮演的角色視為「媒介者」，以兩種方式幫助兒童：(1) 幫助兒童學習將閱讀圖書以外所得的經驗與知識，運用在理解圖書文本上；(2) 幫助

兒童將取自於書中的意義與訊息，應用在自己的生活中。教師往往想知道，哪一類型的問題能刺激故事書的討論。開放性的問題有很好的效果：「你覺得遠遠應該怎麼做？」「你會怎麼找出丟掉的鞋子？」「你的玩具跟平平的玩具有哪裡不一樣？」與兒童感覺的故事特色有關的問題也有所幫助。我們建議你邀請兒童回應，並給予親切、接納性的聆聽。教師所推測、連結、欣賞、沉思、挑戰與提問的，都會對兒童展現出成人與故事文本互動的方式。

更貼近來看圖畫書，教師將發現它們具有：

◆ 開端（beginning），介紹場景、人物與地點。

◆ 渴望的目標、結果或問題。

◆ 一連串為完成某目標或滿意結果而做的努力，而這些通常是主角所為。

◆ 解決問題或達到目的。

了解這些順序，給予教師中肯的提示，讓他們閱讀故事後的討論具有更大的教育價值，而非只停留在詢問：「這隻狗叫什麼名字？」「喜不喜歡這個故事？」的層次。教師的討論應該建立在兒童所說的話上，別只試著想傳授或傳達訊息。那麼幼兒教師應該對兒童提出的問題抱持怎樣的期望呢？

◆ 問題應該以插畫或圖片為主。

◆ 與意義有關的問題通常比較少。

◆ 與字母、單字或發音的問題也在少數。

◆ 有關作者、繪者、書名、書本版式的問題也鮮少被問及。

若一本書在反覆閱讀後，兒童對它已經具某種程度的熟悉，也將文本與插畫做相當的連結，那麼兒童對於書本的評論將會增加。

教師在閱讀後討論詢問問題的焦點，不是要檢閱兒童的知識，而是要從兒童的身上學習。Cochran-Smith（1984）將學前教師的故事討論時間描述為溝通，教師須從這些沒有明確焦點的互動中，察覺幼兒表達出來的道理。

此過程有賴兒童將自己困惑、闡釋、理解的部分說出來，並與教師對團體對此故事的意義創造之回應相融。相信兒童能「建構」自我知識的教師願意嘗試這種討論方式。

在兒童聆聽也參與過故事後，教師應假設他們理解這個故事，同時也產生部分疑問。Schulz（1999）提醒我們，當成人發現某本書讓人印象深刻時，會怎麼做？——會想要談論它！我們會分享且經驗到他人給予的回饋。對文學的回應也包括提出問題。假若教師進行得當，那麼，閱讀後的討論將能專注於學生的反應與問題上。Langer（1992）建議教師採用以下的問題：「你對故事的結局有什麼感覺？」「你想要討論哪些問題？」「你對書裡的圖畫有任何問題嗎？」

Anderson（1988）指出，小學階段的閱讀應該「須十分強調對教學上的理解」，但對學前階段的教師而言，有時應考慮詢問一些所謂「巧妙的問題」，將注意力放在角色化、故事情節、道德上，或故事更深一層的寓意上。許多教師最喜歡的方式就是等待，等到孩子們急著想發表、討論，或表示不同意見，這些行為均可視為其下一步理解的前導。這類時機可能在反覆唸過幾次故事後出現，也可能在第一次閱讀時便出現。教師們希望兒童能夠放聲思考，與同儕分享自己的想法。兒童所有的表現都有機會得到回應、獲得更多評論，也引發更多個人經驗。至於其他兒童感興趣的部分，則可以暫時忽略。討論就如同一個小群體（包含教師）分享想法一樣。運用閱讀後分享的教師相信，圖書的內容、文字的意義與想法經由討論後，較容易被記憶。

教師應該特別注意，避免在閱讀後討論的時間問出像測驗的問題，因為它會妨礙討論的開放性與自然程度。然而遺憾的是，許多成人在小學階段都曾經被問過類似的問題，因此會自動、不自覺地複製這類問題。

有些幼兒園指定故事後的討論為

「故事談話時間」。在這時段內，他們將兒童的想法記錄在「語言圖」上，這個活動看重兒童的想法、以標註姓名的方式說明兒童的貢獻。兒童也可從事與圖書相關的藝術作品，有些學校以平價的塑膠（或其他素材）製作書中的人物角色、動物、房子、物品等，與書本互相搭配。幾個老師手工縫製的故事娃娃也十分受到歡迎。

討論能增進兒童對印刷品的知識，McGee（2003a）指出：

> 兒童對於印刷品的概念包括書本的取向、了解拿取書本有一定的方式、翻頁必須從頭到尾。他們學到一個故事的開端與結尾，有封面、作者與繪圖者，他們會發現，教師與其他大人都將文字唸出來。同時，兒童也能獲得印刷的概念——英文印刷必須從左到右，從上到下的閱讀；同時，他們也學到字母與單字的概念，單字乃由字母組成，而且單字與單字間會有空格。

將故事編成劇本

有些幼兒教育工作者鼓勵兒童將喜愛的圖畫書或故事編成劇本。當劇本完成後，幼兒對此故事的細節、對故事特徵的理解將會更進一步。

將書本內容規劃為劇本，意味著教師必須以簡短的故事開始，展示出不同的道具、物品、服裝等物品，來引發動機，並幫助兒童融入角色。在先前預覽圖畫書或故事時，教師應習慣性地尋找可重複的單字、句子或動作。這些部分都應是故事中容易學習的部分，就像反覆說過幾次三隻小豬故事之後，幾乎每一個孩子都能說出：「我深呼吸、用力吹，將你的房子吹倒！」

圖畫書是主題教學的基礎

許多幼兒園都曾經以圖畫書作為主題式（theme）課程的基礎。此取向的課程，教學會從圖畫書中呈現的概念或字彙而發展。通常都會強調故事的意義，接著，許多與書本有關的探究和活動便陸續進行。

教室的情境若能布置成彼得兔最喜愛的甘藍菜園，也能受到孩子的喜愛。此外，數算外套上的扣子、唱一首關於兔子或花園的歌曲、到菜圃或花園校外參訪，或進行蔬菜種植等科學活動，都是活動的例子。「玩具日」邀請兒童在故事時間，將最喜愛的玩具帶到學校。若這些值得記憶的活動能與經典圖畫書相互結合，將能促進兒童文學方面的發展。近來運用此取向在兒童語言藝術課程的幼兒園，有逐漸增多的趨勢。

以文學為基礎的課程

以文學為基礎的閱讀教學，從 1980 年代起蔚為風潮。當時美國許多州均建議或授權小學進行此種教學。提倡者例如 Huck（1992）曾經寫了一份詳盡的文學課程計畫，在當時廣為流傳。計畫中包括的活動有：對兒童大聲閱讀、運用訊息類書籍，鼓勵兒童以戲劇、藝術以及兒童主導的書寫活動等方式與書本互動。

那麼，學前教育工作者能實施以文學為基礎的語言藝術課程嗎？大部分的學前教師都會回答：「可以的，如果這些活動是發展合宜的，文學作品也能融入課程規劃中。但也有許多教育工作者同時在尋求更新、更具研究基礎的教學技巧。」

對同一個題材或主題而言，圖畫書通常會開啟另一扇門，為教學注入新活動或遊戲。不論是談論熊、飛機、家庭或其他題目上，都有許多可能性。

許多教師試著以有創意的方式介紹某一本書，可能是將書中人物加以放大、整週都展示同一本書，或將這本書放置在教室中某個特別明顯的角落。此時，進入教室內的父母便可能成為特別的讀故事者。Bos（1988）提及，在早晨迎接幼兒入園的時間，「好幾次我會將新書放在膝上，與他們分享書的封面，為故事時間事先做準備。」

圖書館相關技能與資源

幼兒園經常計畫參觀在地的圖書館。而在圖書館內進行的故事時間，通常能讓兒童意識到圖書館是一項資源。兒童能從中選出個人喜愛的一本書，是一項令人振奮也十分重要的里程碑。大部分的幼兒園也都極力提倡家庭進行此類親子互動。

許多圖書館員具備了熱忱，並發展出一系列的好書清單，他們能規劃出許多相關活動激發兒童的文學能力。在圖書館，除了書本之外，你還能使用電腦、找到幫助語言發展的電腦軟體、錄音帶錄影帶、有聲書、幻燈片、電影、兒童百科、外文圖書、小書系列、拼圖，或其他與語言有關的素材或機器。

尋找兒童文學作家有關的書籍，能提供教師更多洞察與背景知識。語言藝術教學的其中一項目標，就是讓兒童意識到，圖畫書是由真實的人們創作出來的。大部分的兒童在看到作者或插畫家的照片時都感到新鮮，討論作者或作者的創作過程都能鼓勵兒童嘗試親手製作書籍。

兒童和老師所做的書

兒童或老師手創的書極具價值，因為它們：

◆ 促進兒童對教室內一系列圖書的興趣。

◆ 幫助兒童在口說語言與書寫文字間做連結。

◆ 教師與兒童能共同選擇有興趣的材料。

◆ 使圖書閱讀個人化。

◆ 鼓勵個人化的表達。

◆ 建立自我能力與價值感。

Hostetler（2000）提及她教室中的兒童創作書。

我教室內的四、五歲兒童喜歡口述自創書的內容，並自己畫書中的插畫。而這些自創書也成為教室中的瑰寶。

孩子們第一本自創的書通常會寫到我們的農場之旅。自從參訪回來之後，我們鼓勵每個孩子描述他們在農場的見聞。然後再將文字寫下來，加上照片。

她更建議班級可以製造屬於全班的一本書，讓每個孩子占有其中的一頁。這本書的焦點可以專注在某個重要的事物上，例如，孩子最喜歡放在口袋的東西，或父母親的工作。另一個建議是，請較大的四歲幼兒，在進入幼兒園之前，為即將入學的弟弟妹妹自創一本書，書中可為他們提供一些建議、預告上學會發生的好事情，或如何與同伴一起玩等等。

如果兒童的自創書也成為學校的圖書之一，那麼圖書區就成為展現兒童成品之處。在這些書放上書架之前，教師可以針對書名或書本內容做一重點介紹。

想讓兒童自製圖書，教師必須進行前置作業。若能提供不同的形狀或尺寸，將能增進兒童的動機與興趣。封面採用壁報紙或以包裝紙包覆硬紙板也都很耐用。書本的內頁應該包括兒童的畫作、口述的話語，通常會以電腦打字的方式成行，並將字體放大。訂書針、扣環、紗線或是角釘，都能集中並固定內頁（圖9-2）。兒童口述的內容只要將它轉成文字，並不需要教師幫忙編輯。

教師手創的圖書能分享教師的創造力，以及個人獨特性。從創作書的過程中，能一再重溫自己喜愛的論題與美好的經驗。與兒童、教師、工作人員、家長或學校寵物的相關主題都十分常見。內容場景若包含熟悉的學校、鄰里或家庭，都是引發對話的好素材。校外教學及特殊的場合也能作為圖書的形式。

書的裝訂

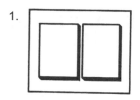

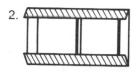

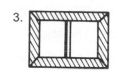

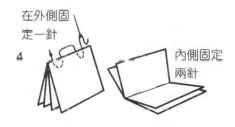

在外側固定一針

內側固定兩針

在封面貼上有黏性的膠帶

▶ **圖 9-2　固定內頁的方式**

Lentz 和 Burris（1985）建議，對幼兒採用一種他們稱為「為圖片加說明」的書。這種書將打印的字仔細放在左頁上方，同時，在照片旁邊加上可當作線索的文字訊息；同時，運用簡短、有意義的句子重複後續的內容。

　　他們同時也建議教師將這種方式運用在自己的手創書上，記錄大自然中散步、四季的變化，或慶祝活動等事件。Lentz 和 Burris（1985）的建議還包括：敦促兒童以自己的藝術創作為喜愛的故事進行插畫。

　　集體創作則是另一種點子。讓每個孩子都為這本書貢獻其中一頁或更多頁，這是讓人著迷的方案與探索過程。

圖書區或圖書角

　　當教室擁有圖書收藏區域，總能吸引許多好奇的瀏覽者。教師必須將圖書瀏覽區變成一個視線容易搜尋、舒適、燈光佳、容易親近、視覺刺激足夠的地方。

　　一個教育工作者若想吸引兒童到圖書閱覽及展示區瀏覽，就必須花點心力推銷「瞧瞧這些書」（look-at-books）的活動。Heath（1987）建議：

> 盡力將想介紹的書擺放出來，不論是靠牆放、置於桌面、舊書櫃，或甚少使用的角落都可以。

　　主題化或依照季節進行的擺設，一個盆栽、聚光燈或檯燈都能吸引兒童的到訪。Heath（1987）發現，在圖書區

附近設計一些擺設，彷彿能呼喚、捕捉經過者，讓他們停下腳步，並注意欣賞。同時，她也鼓勵教師將書錄成錄音帶，或摘錄部分圖書內容，讓經過的兒童聽或看到部分，進一步探索鄰近的圖書。

書本的封面應該與兒童的視線齊高。圖書封套與真實大小的人物展示（以投影機投射出來，並將之畫在壁報紙上）可在另一處單獨展示，並讓它們看起來舒適、有吸引人的顏色。觸感柔軟的地墊、抱枕、舒適的座位、能讓人隨意伸展的空間、足夠的時間，都是圖書區必備的條件。若有低矮的圓桌、飽滿的抱枕當座位，也能吸引許多小讀者。安靜私密、能阻擋外來聲響與讓人分心事物的空間、明亮的燈光，都能讓兒童閱讀時更為專注。若能有一個可隱藏的角落，讓幾個好朋友躲在一起分享喜歡的圖書就更為理想。

學校應該建立一套圖書閱讀的守則，並將之公布出來。內容應該鼓勵兒童將閱讀過的圖書放回架上、小心翻閱、保持安靜。仔細規劃圖書區的區隔有助於圖書留在圖書角。教師應該倡導使用圖書區是一種榮譽，隨時注意圖書區內兒童的舉動，尤其對年幼的兒童也須多留意。

教室裡的圖書應該以哪一類書為大宗？端視學校的預算以及優先順序而定。經典圖書、最受一般教室內幼兒喜愛的圖書，應該列為優先考量；之後，建議依據主題或分類採購全面性的圖書。有些幼兒園重視非小說類書籍，並以此為主要的教室圖書收藏。他們的目的是，希望能提供更多寫實與訊息類的資源。

可反覆移動並收納的旋轉書，能讓圖書區域更具趣味性。有些幼兒園將這類書歸類在一起展示，並以明顯的圖片、繪畫或記號（如動物、火車、藍色的東西等等）進行標示。從圖書館借到教室的書籍應有特別的使用規則。尤其是節令與慶典的書籍應該盡可能提供。部分圖書只需要平裝版本，但若考慮到幼兒，就必須準備多元化的版本。因為閱讀翻閱的比率高，因此，大部分的教室圖書需要不斷修補。一個教室若有「圖書醫院」，能顯示出教師對書本的重視，及對圖書的尊重。

在時間及教學責任均允許的情況下，教師應該常到圖書區翻閱書籍，表現對圖書的興趣與熱忱。想到可能有兒童晃進圖書區，選了一本書，試著自己從插畫中捕捉故事的意涵，但最後卻放棄接近這本書的機會，無疑是一件讓人傷心的事。許多教師採取一個作法，就是在教室成立「我想知道這個故事」的箱子，讓兒童表達他想聽某個故事（或寫實類書），再將兒童的姓名卡放在附

近。他們可以選一本書，將姓名卡插進書中，再把書放進箱子裡。較小的幼兒也能找到附有照片的姓名卡，進行同樣的動作。如果全體工作人員能持續並找出時間分享孩子自選的圖書，就能夠運作得十分成功。

團體的情境

大部分的教室都有適合唸書給大團體聽的區域；此外，也應該有適合個別閱讀、個別翻閱，或幾個孩子能聚在一起看書的區域。假如都沒有這些場所，那麼就應該設法規劃出來。閱讀的區域應該具備舒適的環境、良好的燈光，而且盡量遠離吵雜或讓人分心的事物。通常光源來自兒童的背後比較合宜，若書本背後有強光進入，會讓人看不清楚。有一個幼兒園在團體閱讀時，閱讀區的地上擺　個檯燈，同時將頭上的燈調暗。這種設計能成功阻擋分心，也讓團體的焦點聚集在閱讀上。另一個教師則帶了一個大整理箱到教室，掛上一盞燈，放進舒適的抱枕、做了一個門，並將這地方稱為「閱讀箱」。大型的馬蹄狀抱枕能讓兒童更為舒適，許多幼兒園使用舒服的方形小地毯，區隔出個人的空間。在遊樂場若能有個陰涼的地點，天氣好時也可作為教師說故事的好地方。

團體中兒童的人數多寡是一個重要的考量點。當人數增加，師生間的親密度、視線清晰度、肢體親近程度、對每個孩子回應的程度都會減低。最理想的聽故事團體人數大約在五到十人左右。然而可惜的是，幾乎所有的師生比都超過此數目。有些幼兒園採取「快速重演」的方式——將採取一連串小群體閱讀，取代大團體的時段。

許多幼兒園均發展出一套規則來規範兒童的行為，不論是讓兒童選擇參不參與說故事時間，或他們是否到故事結尾才能離開。假若幼兒園認為應給予兒童選擇的權利，通常這個規則會以這樣的方式敘述：「你必須在教室某個角落安靜地從事活動，直到故事說完為止。」

圖書的照料與收藏

經過示範並清楚說明圖書使用規則，能幫助兒童養成良好照顧圖書的習慣。然而，在長年累月的使用後，即使再堅固的書都會有所耗損。

當自己喜愛的書被破壞、亂塗，或被當成積木堆疊時，教師應很快表現出傷心難過的樣子。有些教室會列出這樣的標語：「書是我們的朋友——小心取用」或「書是拿來看、討論和分享的」。教師應該口頭讚賞會小心翻書、會將書收回書架與收藏區的孩子。

可尋求閱讀素材的資源

圖書館

許多圖書館備有學前幼兒的建議書單。通常，與節令有關的書籍會集中特別展示。可詢問圖書館員關於新書、特殊服務，或影片、投影片等資訊。

兒童書店與玩具店

有些商店會準備較多受歡迎的新書或有舊書存貨，有些店的存貨高達15,000 冊。

教師供應社或學校供應商

通常，在這裡有廣泛的圖書存貨，有時還會針對學校特別折扣。

兒童圖書出版商

書商會分類列出新書，做內容摘要，提供讀者詢問。

讀書會

讀書會通常每月舉行不同的圖書主題，這些讀書會通常會給予免費書籍作為學生的獎品，並提供海報或教師版本送給教師，每個月更會提供購買表格給家長。這種服務讓家長能容易為兒童選購書籍。

兒童期刊

有一本參考書針對將近九十本兒童雜誌進行評比，並簡述其內容，這本參考書名為 *Magazines for Children: A Guide for Parents, Teachers and Librarians*，作者為 Selma Richardson，由美國圖書館協會出版。

學校與家長間的借書服務

部分幼兒園為了促進圖書的使用率、鼓勵家庭享受閱讀，會提供家長借書的權利。他們採用紙類分類文件夾或信封，封面印上幼兒園的名稱，保護書本在運送過程中不致受損。這種服務在極少的教師督導下便可運作。當家長完全了解學校借書的規則與系統後，可將寫有書名的卡片放進袋子中，讓兒童帶回家。

父母對兒童類閱讀行為的影響

我們必須考量父母對兒童抱持的圖書態度，及閱讀時間造成的影響。在首次的故事時間，兒童表現的行為即反映出他們過去的經驗。

父母通常從嬰兒時期就會開始閱讀給兒童聽，從此會建立出一個圖書閱讀

的例行程序。專家建議親子閱讀時，應提供肢體上的親近、舒適的座椅，並且要將嬰兒視為對話互動的另一方。家長應該認同嬰兒最初的回應，包括注視、指點、模仿成人語彙、翻頁等行為。家長可能會這麼說：「這是什麼？一顆球，對了，這是一顆球。」當孩子有所回應時，家長應敏銳地詢問更多，並接受他們所有的嘗試。隨著兒童的發展，兒童在閱讀例行程序中的角色將有更多互動與責任。隨著孩子參與度與能力的增長，有些家長會鼓勵兒童發音，調整他們的語調。如此，兒童將體驗到許多親子閱讀時被期望的行為，何時應說話、何時應傾聽、何時要翻頁、如何回答大人的問題、是否要加入動作或語言、何時要提出問題等等。Bus（2002）試著研究影響父母高品質故事閱讀的因素。她相信，這些父母運用的閱讀方式，能否反應出兒童的興趣、個人經驗、概念與知識，是最重要的。

在適當的環境下，發展出對書本的喜愛之幼兒，會與 Doake（1985）所描述的類似：

在幼兒初期便能規律地聆聽成人的閱讀，他們很快就能展現出對這類經驗的喜愛。他們的注意力時間長度會增加，喜愛的故事會變多，而且會要求成人反覆閱讀。想窩在親近又安全的父母身邊聽故事的渴望，對父母與兒童來說，已經成為一種深層的獎賞、溫暖與經驗……兒童很快就能發展出對圖書及閱讀的高度期望。

兒童開始視書本為個人樂趣的來源之一，而且從中能得到其他方式無法獲得的滿足感。

Doake（1985）針對父母閱讀的技巧、選書的標準提供了精闢的見解，以促進兒童正向態度的發展。

當具備強烈的內在學習動機與自然的天賦，搭配家長不僅只選可高度預測的故事（Rhodes, 1981）讓孩子閱讀，而且是邀請兒童一起參與。接著，經由類似閱讀的行為學習重新複製故事，便會成為一種簡單的過程。這種情境下的學習，將比提供一個無糾正、無挫折、單純鼓勵孩子「閱讀」的環境下更為簡單。當這種情況成為一種常態時，兒童便有機會開始並主導自己的學習。

教師也可運用先前提及的家長閱讀技巧，尤其當聽故事的人數極少，或在一對一的情境下。究竟 Doake（1985）明確指出的技巧為何？

1. 無糾正、無挫折的環境。
2. 邀請兒童參與。
3. 鼓勵兒童試著以自己的方式「閱讀」。

至於所選擇的圖書類型呢？是可預測的書。

類閱讀（reading-like）的行為包括對自己或他人「閱讀」一本書。翻閱書本時口齒不清地說話，父母說故事時選擇性參與某一頁、某段或某個人物的聲音，成人閱讀時重複韻腳，或複製成人的說話。對已知的故事，兒童可能會加油添醋，或故意脫軌，最後再回到原始的內容。

Doake（1985）提到，另一種類閱讀行為叫作「完成式的閱讀」（completion reading），當閱讀者暫停時，兒童將會主動完成這個句子或故事。父母似乎能直覺知道在何處應暫停，好讓孩子能完成句子或片語。

類閱讀的行為也包括幼兒對印刷方面的知識。父母可能會指著書本上的印刷，解釋：「書上說在這裡……」或「這個字就是……」。小學低年級的教師或父母在閱讀時，會將手指置於單字底下，專注於印刷字體上。如此也給兒童字體閱讀方向的線索。父母可能會邊指邊問：「他說什麼？」兒童也可能會指著某個字，問成人同樣的問題。許多兒童後來了解書上的字具有特別意義，而且與成人閱讀的內容具有關聯性。如此，兒童將努力地理解，有些孩子甚至會完成不可能的、令人難以置信地記住許多單字。在上幼兒園前，少部分兒童已經能閱讀簡單的故事書與初級讀本，讓他們的教師對幼兒心智發展讚嘆不已。

摘要

教師對幼兒閱讀時，有其特定的目的：

◆ 增進兒童的樂趣，以及正向態度的發展。
◆ 讓兒童認識高品質的文學作品。
◆ 知識的呈現。
◆ 發展兒童的聆聽技巧。
◆ 鼓勵早期的文學（表 9-3）。

慎選圖書能使上述目標輕易達成，而且提高閱讀活動成功的機率。圖書的種類與形式非常廣泛，有所準備的教師可藉由引人入勝的語言，展現熱情與兒童互動，如此也能增進兒童語言的發展。

良好的圖書閱讀技巧需要不斷研究與練習。專業的互動對目標的達成、兒童是否喜愛圖書均是關鍵。

團體故事時間的情境必須去除讓人分心的事物，具備理想的舒適環境與燈光，而圖書的照顧則需要教師的示範引導。

❖ **表 9-3　幼兒文學指標**

較小幼兒（二到三歲）

- 當有技巧地閱讀一本好書時，能坐下並維持興趣
- 能從封面翻閱圖書
- 有自己最喜歡的書
- 在個別閱讀的時段，能指出、談論某樣事物、人物或插畫的特徵
- 能說出故事角色的名字
- 會拿書給成人閱讀
- 大部分的故事閱讀時間都想參加
- 帶書到學校分享
- 有時會討論或將故事的情節表現出來
- 溫柔的拿取書本
- 喜歡圖書館之旅
- 會指出單字或字母
- 為自己的作品命名

較大幼兒（四到五歲）

- 明顯地沉醉在閱讀時間
- 詢問單字的意思
- 找到自己的名字標籤
- 知道少數幾個單字的開頭字母
- 想將自己的想法或評論寫下來
- 有最喜愛的一本書與人物角色
- 能將書中事件串連在一起
- 了解每一本書有其開頭、中間與結尾
- 知道什麼是作者
- 能解釋部分文字與記號的功能
- 想知道自己名字開頭的字母
- 能憑藉著記憶說一個故事
- 恰當地拿取與照顧書本
- 與他人討論及分享書本
- 在不同的單字中尋找類似字母
- 知道單字與單字中間有空格
- 認識幾個單字
- 嘗試解釋書中的單字
- 知道故事不會因為反覆閱讀而改變
- 對字母遊戲、玩具或活動感興趣
- 想從書上複製單字或字母
- 知道字母代表發音
- 對印刷單字或字母的機器或玩具有興趣
- 想製作自己的一本書
- 知道圖書有其書名與作者
- 能創造自己的故事

CHAPTER 10

說故事

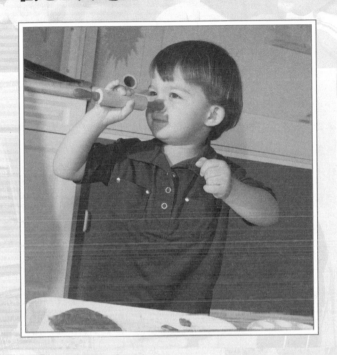

目 標

讀完本章後,你將可以:

- 陳述說故事如何幫助語言成長。
- 列出教師說故事的技巧。
- 示範創造一個故事的能力和符合建議的標準。
- 描述幼兒故事創作的源起。

說故事是幼教老師用於發展和增加幼兒語言樂趣的一種媒介。當一位很會說故事的人說了一個好故事，幼兒會專注傾聽，在心理產生故事圖像。Fountas（1999）相信，說故事是幼兒的語言資源。

當幼兒一次又一次聽到一首韻文或是一個傳說，幼兒會越來越注意故事情節（plot）[1]、角色、主題結構和文字。某方面來說，他們替自己創造可以用各種方式一再呈現的語言資源。

說故事讓教師可以分享他們的生活經驗，並且可以用自己的方式創造和述說故事。

Rivers（1996）描述說故事時可能的個別性和即興創作。

你知道你必須說到某些故事重點，但是怎麼說這些重點，就由你決定了。

新手老師無須擔心他們所說的經典故事或其他故事與別人的版本不同。

Breneman 和 Breneman（1983）替說故事下了一個定義。

……與一個或數個人分享看似簡單、自然優美的故事：說故事者講述圖片、想像、發展故事過程和建議的角色，透過聲音和肢體將故事表現出來，讓自己和傾聽者參與整個故事。

說故事本質上是一種讓人類富有人性的行為表現，我們所聽到的故事會形塑我們，使我們具有人類的特色。說故事時，幼兒會暫時離開當下，並且遠離所看到的和手邊的事物。他們體驗到語言文字符號之可能性，故事的意義主要來自其被單獨陳述的時間和空間。

幼教老師理解說故事在整個語言課程中的重要性。從久遠以前，說得精采的好故事就已深深吸引幼齡的傾聽者。Chambers（1970）認為，說故事是一種的藝術表現。

說故事的藝術保留一種最古老和最有效的藝術形式。口說藝術因其具有的美學和教育性意義而頗負價值。說故事和想聽故事似乎是人性中的一部分。說故事者的藝術在幼兒的生命裡是很重要、很有價值的部分。

在許多文化中，口述故事傳遞習俗、累積的智慧、傳統、歌謠和傳說。

---

[1] 情節：一個故事的活動結構。

故事的講述就像語言本身一樣古老。

　　在沒有使用故事書或圖片時，教師的表情、手勢、用字和聲音會說故事。整個說故事的過程也都有眼神接觸，幼兒則在腦海裡想像故事情節。

說故事和讀寫素養

　　提升口語能力是幼兒園所活動設計者的一項重要考量。口語能力包含背景分享和口說故事的知識，加上一定程度的了解。有能力說好一個故事需要數個因素配合，其中包含觀察技巧。若真有天生的說故事者，和受過說故事藝術訓練的人相較也會相形失色。某些求職的成人發現，說故事的能力也是在應徵工作時須具備的部分，這能力被用來評估應徵者的智能、溝通技巧和知識。

　　園所一定都會提供繪本讀物，但是卻可能忽略了說故事的部分。有些教師因著各樣的理由而怯於說故事，包括無法維持幼兒的注意力。幼兒可能太習慣於插圖和圖片（書籍和電視），以至於他們對原始的說故事經驗是很陌生的。

　　幼兒觀察和傾聽教師說故事時，會注意一般的故事元素，包括開始、過程和故事結局。他們發現，故事會因說故事者而有些許不同。他們會模仿說故事者運用手勢和肢體語言、臉部表情和不同聲音的說故事技巧；他們也會學故事

主角的對白（dialogue）[2]，甚至模仿戲劇性的停頓。他們也可能會試圖讓聽眾笑或是增加懸疑的情節。

　　Acredolo 和 Goodwyn（2000）針對幼兒應從何開始「故事的點子」，提出以下的建議：

> ……他們聽生活中重要他人談論過去：「記得我們今天做了什麼嗎？我們去了動物園！你還記得我們看到哪些動物嗎？」很顯然，這些成人樂見幼兒本身也記得當日所見所聞。

> 成人架構自己的故事，再有結構地逐字教幼兒故事的開始、過程和結局。「記得經過大門時，首先看到的是紅鶴嗎？ 接著我們進去蛇屋，然後大家都很害怕。」

　　分享口述故事，以及將每日發生的事情由口述轉化成文字，可將當下幼兒的想法記錄下來 —— 建立思考和想像的區塊，描述、創造、陳述想法和日後寫作，及閱讀技巧的獲得。Gallas（2003）指出，說故事時不只說故事者全神貫注，聽眾也是。

---

[2] 對白：兩人（多人）之間的對話，或是個人和事物的對話。

多年來，我看過無數在分享時間成功創造出故事的例子，我看到說故事的幼兒在做需要技巧和想法的想像和綜合工作。而聽故事的幼兒則為了成為故事的一部分，進行另一種想像和整合的工作。那是個人的、社會的且需要智力的工作。

教育者每日嘗試實地致力於和幼兒對話，並鼓勵對話的發生。放棄靜默的教室吧！致力於營造充滿談話聲的教室，再安排適當的安靜時間。

《意義的創造者》（The Meaning Makers）的作者 Wells（1986），費了十五年的時間運用縱貫性研究三十二位幼兒。在六個專注於幼兒日後學習成就的個案研究中，她發現，故事是他們理解自己生活的方式。她觀察到故事藉由其與現實世界的連結賦予事件意義。上學前，幼兒聽到的故事量對其有長期的影響。

Trousdale（1990）發現另一個成人說故事的好處——創造幼兒的故事。

說故事提供管道帶領幼兒進入故事創造，是和孩子一起創造故事，而不只是給孩子或是為了孩子創造故事。

其他可能增進幼兒的能力和理解力的說故事經驗，還包括培養：

◆ 個人的故事。
◆ 對其他故事感到好奇。
◆ 戲劇性。
◆ 一個故事的力量。
◆ 音素覺識。
◆ 文化的相似性和相異性。
◆ 說故事時的人際和團體樂趣。
◆ 在溝通想法、感覺和情緒時出現的手勢和動作。

許多近期研究鼓勵教師提升幼兒口述自創的故事，和之後的編劇活動。接著，教師將幼兒自創的故事唸給幼兒團體聽。口說和書寫除了這個明顯的好處之外，也是建基在與幼兒相關的材料之上。人們相信自創故事可以開啟幼兒的內在感受、思考過程的改變和成長、增進幼兒的自我認知，和自己與他人關係的認知。總而言之，自創故事是一種很有效的語言學習方法。

Gainsley（2003）描述了一位教師口述一個到消防隊校外教學的活動，幼兒被問到他們可能會看到什麼。教師列出一份清單，在參觀時一一核對，稍後並再討論其他幼兒觀察到和記得的。Gainsley 舉出其他教師口述的清單，還包括購物清單、替歌曲創造新的韻詞、寫信和卡片。

不用圖畫書說故事

第九章談到使用圖畫書的優點。不用書說故事有其獨特的語言樂趣。說故事是一種直接、舒服的對話。Arbuthnot（1953）指出，會說故事的力量足以讓幼兒著迷（圖 10-1）。

這是舒服的、有個人特質的說故事，也是故事本身的力量完成這些小奇蹟。為了讓說故事的魅力展現，必須知道、記住，並且愉悅地述說一個故事，以捉住和維持大部分在教室動個不停的幼兒之注意力。

教師要觀察幼兒的反應。幼兒臉上出現疑惑的表情，有助於教師適時提出澄清，或是換成幼兒可以理解的措辭；當幼兒全神貫注時，教師的聲音某種程度上可以增加故事的戲劇性。

許多人已經注意到，透過聽故事，幼兒很快也很容易就記得一個概念和新字彙。這是額外的收穫。幼兒藉由說故事來熟悉令人愉悅的口說藝術，他們通常對說教或是講授事實的故事沒興趣。

說故事可能發生在一天課程活動中的任何時間，室內或是室外。幼兒從行為顯現出他們對故事最感興趣的部分，說故事者可以強調這些部分來增加幼兒對故事的喜愛。

目標

教師的目標就是成為一位精通說故事技巧的說故事者，教師可以示範說故

▶ **圖 10-1** 說故事通常針對幼兒小團體進行，但是這位老師技巧豐富，並有足夠的職員協助她對大團體說故事。

事的技巧，並提供幼兒另一個發展口語能力的管道。另一個目標是學得自創故事的技巧，提供幼兒各式各樣的經驗。

教師的目標包括：

◆ 增加幼兒使用口語的樂趣。
◆ 讓年紀小的幼兒熟悉口說故事。
◆ 鼓勵幼兒說故事和自創故事。
◆ 增加幼兒的識字量。
◆ 增進幼兒說話的自信。
◆ 增進幼兒對故事順序和結構的認知。

Cooper（1993）另外提出一個目標：

……透過故事，幼兒可以面對他們個人和想像的世界，藉此了解他們個人和想像的世界。

說故事是一個能增進了解聽眾和表演者行為的好方法，教師的說故事技巧結合了故事帶給聽眾樂趣和愉悅，教師也會經驗到獎勵的感覺。幼兒說故事者對表演藝術、自己的能力和口說相關故事的影響力，有很深刻的了解。多數的閱讀專家同意，口語能力有助閱讀學習和提升對閱讀內容的了解。

有人質疑在故事時間裡不宜讓幼兒太沉浸於插圖，繪本作者相信，不讓幼兒透過繪本去發展其心像（mental image）可能會影響幼兒對故事之個人

意義的獲致（Bettelheim, 1976）。另一方面，與幼兒討論在照片或圖畫中看到了什麼、猜測發生了什麼事、他們所看到的細節、他們自身或是畫中人物的感受，以及接下來會發生什麼事，皆是一種視覺素養經驗，並能鼓勵誘導幼兒說故事的方法。幼兒可以從中獲得「視覺」和「非視覺」的識字經驗。

用圖畫書說故事

有時圖畫書是說故事的資源。說完故事，老師介紹這本書，並且將圖畫書放到教室的圖書角，讓有興趣的幼兒可以再到圖書角翻看閱讀。透過這個方法，說故事引發幼兒對書本的興趣。

然而，許多圖畫書並不適合靠口述說給幼兒聽，因為插圖是整個故事經驗中不可或缺的部分。可以成功用來說故事的圖畫書，也應可以用獨特的方式呈現。Schimmel（1978）將她說故事的經驗，與 Slobodkina 寫的《賣帽子》（*Caps for Sale*）做結合：

我喜歡讓聽眾參與故事。我對著猴子揮拳頭，受到我小小的鼓舞，聽眾也對著賣帽子的商人揮拳頭。

有越來越多的課堂會在說完故事後將它演出來，在這立即演出的經驗之

後，幼兒往往迫不及待想創造他們自己的故事。成人可以將幼兒創造的故事拍下，或是事後將故事整理或寫出來。這些幼兒故事可以照著原本的故事上演，也可以由老師挑選的角色或是自願演出者演出故事。

故事資源

我們可以從藏書、選集、百科全書、幼兒雜誌、影片，或是故事帶發現故事的題材，或者從另一位說故事者那兒得到靈感。當然，也可以自己自創故事。

教師自創的故事可以填補幼兒的空虛感。任何一個幼兒團體都有他們特別的興趣和問題，故事可以延伸興趣，並在一個主題上提供幼兒更多資訊。此外，問題也有可能在說故事時和對話中得到解決。

新手教師可能對其說故事的技能尚無足夠的信心，所以，學習一些基本的選擇、創造和說故事的技巧，可以幫助新手教師建立自信心。學習基本的說故事技巧，伴隨說故事給幼兒聽的經驗之獲得，應該可以說服教師：對幼兒而言，說故事是一個快樂的活動，教師也能從中得到回饋。

教師對幼兒述說關於他們生活中的故事，實際上也是在「示範」說故事的技巧。他們也讓幼兒知道，他們的動作和語言也是故事的一部分，孩子會觀察到手勢、臉部表情、肢體語言，和各式各樣的聲音、腔調。這類型說故事型態是一種自然的社會互動模式。對幼兒而言，簡短的軼事紀錄和幽默的生活插曲都是故事題材。「每日新聞」（News of the Day times）通常也包括在日常作息課表中。

故事歌謠

很多故事都可以用歌謠介紹，許多我們耳熟能詳的故事歌謠，例如虎姑婆等等，這類歌謠可能包括讓幼兒有口語、肢體和創意表現，或是參與說故事的機會。一位有創意的老師可以運用故事歌謠補充、延伸，和增強許許多多的教室學習。學習故事歌謠時，歌謠中字彙的意義對幼兒而言是明顯易懂的。

老師在對話中提供簡單、快速的定義，想像一首故事歌謠中，唱著一個麵團變成一條麵包的故事：「……他們推我、拉我。喔！他們是這樣推我和拉我」，或是「爐裡暖暖的，我越來越熱。瞧！我越來越大、慢慢變成金黃色」的樂趣。

選擇

選擇一篇故事和選擇一本書同等重要，因為故事似乎更有個別的性格。選擇一則吸引說故事者的故事，說故事者會熱切地想要分享故事，是最符合時間效益的選擇。一些經過特別挑選和準備，且適合個別教師特質的故事，對教師和幼兒而言，幾乎可說是一次成功的說故事經驗的保證。下面是一般用來選擇故事的標準。

適合年齡

故事是否以簡單易懂的字彙述說？是否從幼兒的角度和生活經驗出發？是否會讓孩子受到驚嚇？幼兒可否從主角學習到正面的人格特質？

情節

場景是否為將要說的故事創造一個舞台？有動作嗎？有什麼有趣的事要解決嗎？故事以某些情節或事件開始嗎？有創造一些懸疑的高潮嗎？有適時、令人滿意的結局嗎？主角出場時有做介紹嗎？

你想要找的是有一個核心情節的故事；次要的情節會把幼兒弄糊塗。內容豐富有趣的故事中，一個事件成功地引出另一個事件，可以吸引聽眾的注意力。

形式

這個故事是否用重複、韻文，或是無厘頭的字彙？故事有驚奇的結局嗎？有包含直接引用的對話，或是讓幼兒參與說話或是做動作嗎？語氣（或是氣氛）有助情節發展嗎？

價值觀

故事呈現的價值觀和模範適合今日的幼兒嗎？應該避免選擇有種族、文化和性別刻板印象的故事，或是和幼兒一起討論刻板印象產生的問題。

令人印象深刻的角色

尋找幾個個性鮮明、與主角特徵明顯對比，或是彼此之間個性不同的角色。故事中至少需有一位可以定義和辨識出其特性的角色。

感官和視覺圖像

故事喚起的感官和視覺圖像會增加聽眾的興趣。譬如，「熱呼呼、金黃色的薑餅人餅乾」就比「餅乾」更能引發想像，「柔軟的天鵝絨毛皮」和「毛皮」也創造出不同的心像。味覺、嗅覺、視覺、聲音和觸覺的描述，增加故事的豐富性和深度。

其他選擇標準

讓故事列入候選名單中的因素，還包含：

◆ 洗練的文字──精練的品質。
◆ 普遍的事實。
◆ 懸疑和驚奇。

主題和故事結構

許多眾所皆知且受人喜愛的故事，都是將焦點放在一個問題上，而主角運用其睿智解決問題。故事以介紹場景和主角人物開始，有一個事件主體，讓故事往快速和令人滿意的結果發展。故事線很有張力、清楚，且符合邏輯。其中一種告誡類的故事，大都是藉由教導事實真相或道德寓意的設計來保護幼兒安全，進而幫助幼兒做明智的決定。

說故事者的熱忱

說故事的人很喜愛這個故事嗎？說故事者覺得很自在嗎？這是一個說故事者熱切想分享的故事嗎？

找一則你喜歡的故事，或許比較容易讓幼兒享受你所說的故事。

最容易幫幼兒開啟的一扇門，就是將幼兒帶領到某些你自己很喜歡的事情上。所有好老師都知道最終的回饋：最美好的時刻就是將火星吹進火焰中，從此火就會自己燃燒起來。（Gordon, 1984）

MacDonald（1996）建議：

跳進去就對了。說故事就像游泳，你無法坐在岸邊就學會游泳，你必須跳進水裡，開始游狗爬式。找一則你喜歡而且認為說起來一定會很有趣的故事，然後就開始說吧。繼續這麼做，直到你成為一位好手。就是這麼簡單！但是你必須跨出第一步。你永遠不可能坐在岸邊就學會游泳。

故事的類型

某些故事（特別是民間故事和神話故事）經過世代相傳，已經被潤飾到近乎完美。經典的故事和傳說可能出現陳舊的文字和詞句，但這些可能是故事的重點，增添故事吸引人之處。再重述這些故事給幼兒聽時，稍加簡短解釋這些用語可能是必要的。

寓言（fable）[3] 是一則簡單的故

---

[3] 寓言：用散文和韻文所寫用來教導道德的簡短故事，通常用會說話的動物或無生命的物體當故事主角。

事，經常以動物指出故事的教訓（寓
意）——往往是在故事的最後。

有許多好故事提供活潑的幼兒參與
故事和使用道具的機會，稱之為**參與
故事**（participation stories）[4]。像是圖
片、服裝和其他物品等道具，可以激發
和保持孩子的興趣。講述美國西部傳說
時，教師戴著一頂牛仔帽可以增加故事
氣氛，之後也可以讓幼兒在角色扮演
時，或是幼兒嘗試說故事時戴上帽子。

重複的詞句或是韻文，被用在所有
的故事型態中，而且在說故事時，或許
也需要吟誦或是歌唱。大部分故事都是
足智多謀的主角來解決問題，教師可以
在自創的故事中探究這樣的故事順序。

不同種族孩子的故事應該放進課程
中。 Mooney 和 Holt（1996）鼓勵教師
尋找他們自己文化和種族的故事，並且
相信適合的故事將符合幼兒的情緒、智
能和生理上需求。

練習和準備

當教師選了一則故事，可依循幾個
步驟謹慎閱讀。試著找出故事的主要訊
息和意義，接著仔細閱讀開場的場景和
主角描述。研究圖10-2，並分析如何

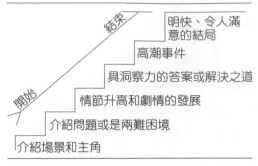

▶ 圖 10-2　一般和經典的故事模式

選擇符合這個模式的故事。一開始的場
景通常會安排一個問題或是兩難推理問
題。可以將故事大綱寫在 4×6 吋或更
大張的提示卡上，在練習時喚起你的記
憶（表 10-1）。建議你記下開始和結局
的用詞，和故事裡的吟誦或是歌曲。

一旦故事輕鬆自在地流洩而出，就
要練習對話、停頓、手勢和臉部表情。
接下來，應將重點放在故事主體的情節
升高（rising action）上，以便一個事
件建立在另一個事件上，直到一個明快
且令人滿意的結論出現為止。

許多文化習慣中會有說故事之開端
的作法，如魔術般、輕柔的煙霧揮舞餘
燼，也成為說故事經驗的一部分。非洲
的說故事者會以「一個故事，一個故
事，讓它來、讓它走」，作為故事的開
始（Sivulich, 1977）。點個蠟燭、戴一
頂特別的教師帽、朦朧的燈光、吟唱一
首曲子，或是加入一首特別的手指謠，
這些都可以加以安排好，帶來對故事的

---

[4] 參與故事：故事中有某些幼兒可以透過動
　作、口語表達，或是運用兩者的角色。

❖ 表 10-1　提示卡範例

開場介紹：
「從前從前，有四隻小兔子名叫小福、小毛、小白和彼得。他們和媽媽住在淺灘的一棵大冷杉樹根下。」

故事主題：聽媽媽的話。
問題：
彼得違反媽媽的規定跑到麥先生的菜園。

情節升高：
彼得從花園的門下鑽進去，並且吃了好多菜。
麥先生看到他。
麥先生追趕他，他掉了一隻鞋。
彼得被麥先生用網子捉到，夾克掉了。
彼得藏在工具房一個裝滿水的罐子裡。
彼得打了一個噴嚏，差點被抓到，但是後來他從一個窗戶跳出去。
彼得哭了，還看到貓（另一個危機）。
彼得急衝出菜園門口，逃離了現場。
彼得回家時，衣服掉了，鞋子也掉了，然後上床睡覺，錯過了晚餐。媽媽給他一杯茶。

結局台詞：
「但是小福、小毛和小白晚餐吃了麵包、牛奶和黑莓。這就是彼得兔故事的結局。」

學一個你喜歡且適合你團體的故事，下一步是讓故事「活起來」。最重要的過程是迫切想要說這個故事……可以把說故事當成是「文學閒談」！

Stewig（1977）建議用下列步驟準備故事。

第一將整個故事分成幾個單位的情節。讀故事時，你會注意到最常將劇情依連續的情節或是事件分成幾個單位；可以簡單列出大綱，幼兒也可以學習（故事發展的先後）順序。第二個任務是找出需要逐字背誦的部分，可能是某些字、重複的詞彙，或是一大段落。一個眼光敏銳的說故事者學習逐字重複這些部分，因為說故事者重複朗誦台詞時，會鼓勵幼兒參與。

參與故事能吸引幼兒的注意力。MacDonald（1993）指出：

學齡前幼兒需要你的注意。你的眼神要不停在團體中環顧，注視到每張臉，一次又一次將聽眾帶進故事裡。

期望。有位熟練的教師自己做了一個故事袋、手伸到袋子裡，開始說故事前，慢慢將手舉到嘴巴；而另一位教師則是用一個簡短、有趣、有許多身體動作特色，且能吸引三歲幼兒團體的故事。

Sivulich（1977）為說故事給幼兒聽的人提供建議：

選一個比較不會分心的地方，每個人都可以聽得見、坐得很舒服。等到聽眾都準備好了再開始說故事。坐在可以和幼兒有眼神交流的高度，並且準備一個可以引起幼兒興趣的開場。Norton（1993）建議可以運用道具、述說故事的來源或是作者、討論相關事件或是問問題。

其他技巧

下面的技巧和提醒應該時時牢記在心：

- ◆ 一個好的開場白。
- ◆ 用詞太過謹慎聽起來就顯得呆板。用你自己的方式說故事。
- ◆ 熟悉故事的主要觀點，知道主要的事件和發生順序。
- ◆ 製作故事順序圖卡。
- ◆ 在鏡子或是另一位教師前練習。
- ◆ 用你自己的用語說故事，並且享受你說的故事。使用手勢輔助。
- ◆ 說故事時，眼睛不時來回環顧聽眾，與他們保持眼神接觸；觀察幼兒感興趣和坐立難安的情形。
- ◆ 講到興奮之處或是快動作的部分，可以稍稍加快說的速度，說到嚴肅的部分則可放慢說的速度。探險故事也許代表未知或是出乎意料之外的情節，並包含興奮和驚奇的元素。
- ◆ 用一種清晰、肯定的聲音。試著改變音量和聲調配合故事；在故事的某些段落，吹口哨可能是最有效的音效。如果你覺得舒服的話，可以改變你的聲音配合主角特色。
- ◆ 說故事時，比手勢是最自然的輔助工具（為年幼的幼兒做誇大的和描述性動作）。
- ◆ 如果故事是這樣設計的，順著故事，時時讓幼兒參與複說、韻文、動作、無厘頭的用字，或是適當的問題。
- ◆ 坐得靠近聽眾；確定大家都坐得舒服再開始。
- ◆ 在教師自創的故事中，加入老師和幼兒的名字、社區中大家都熟悉的地方，以闡明意義或是增加趣味。
- ◆ 如果你是新手老師，先以你個人的小故事開始，談談你的家人、寵物和日常發生的事情；之後再說一些有許多重複語句的簡單故事。
- ◆ 調查幼兒之文化背景，試著找一些可以反映這些文化背景的故事。
- ◆ 在社區裡找優秀的說故事者觀察你說故事，或是邀請他們到教室當說故事的客人。
- ◆ 熟悉故事中每個字的唸法，包含專有名詞、外國字，或是陌生的用字。

◆ 運用戲劇性的暫停、尖叫，或是故事間的過場建立懸疑的氣氛。

◆ 試著傳遞主角的態度和動機。

◆ 考慮到故事中傳統的特色和用語。

◆ 說故事來自我們的想像，將你腦中出現的影像說出來。

◆ 說慢一點。說故事者最好用比平常說話速度慢一半的速度（最佳的故事分享速度）分享故事。

◆ 每個說故事者說故事的方法都不盡相同，每個人會有自己的觀點（MacDonald, 1993）。

◆ 跟著故事移動你的身體。

◆ 有自信地做結尾。

Sierra 和 Kaminski（1989）認為，當幼兒已經對故事失去興趣，說故事者可以根據直覺和對幼兒們的認識改變故事內容。或許有人可能不同意更改著名的經典故事，但是他們確實建議調整說故事者的說話方式、速度或是音量，將聽眾吸引回故事中。

切記，即使是優秀的說故事者有時都不免失敗。如果說故事者無法將聽眾的注意力帶回故事，就快點將故事結束，稍後用不同的版本再試。

教師自創的故事

許多老師發現他們有創造故事的天分，並且發現故事裡受歡迎的角色，可以在下次的故事裡做進一步的探險。要記得，故事裡的「大壞蛋」和「大好人」一樣受到歡迎。許多有名的故事，都是以一個待解決的問題作為故事的基礎。

當教師無法找到一個為特定幼兒團體量身訂做的故事時，可以自己創造一個故事。教師採用自己的故事時，他們會依據幼兒的反應增減故事內容。注意故事主題不要老是繞著「媽媽知道什麼是最好的」打轉，創造故事時，還要小心避免性別歧視和刻板印象。

有教育目的的故事

一個好的教師故事包含五個重要元素：聽眾、內容、動機、時間的安排，和符號語言學（semiotics）[5]（O'Lcary, Newton, Lundz, Hall, O'Connell, Raby, & Czarnecka, 2002）。如果要說一個有教育目的的故事，教師可以想想這些元素。

沒有考慮到「聽眾」，說故事就不是說故事了！不管故事包含分享行為，或是其他重要的學齡前概念，「內容」都必須表達得有創意，且內容要有趣。故事可以因為和幼兒的生活相關而變得

---

5 符號語言學：對於信號與符號觀察敏銳，研究人們如何分享意義的學問。

有趣。當幼兒參與某些故事元素時，就會提升「動機」。O'Leary 等人指出互動式的說故事模式，幼兒在某些部分可以說說他們的想法，鼓勵沒有動機的學習者。

「時間的安排」牽涉到說故事從開端、過程到結尾的順序。適當的速度可以吸引幼兒的注意力。「符號語言學」是考慮文化和認知上的差異，故事設定在一個類似幼兒自己教室之想像的幼兒園教室，一個熟悉的「積木區」或是「腳踏車道」皆可藉以幫助幼兒做連結。Vivian Paley（1990, 1994）的著作中，有許多富含教育目的之故事實例。

幼兒自創的故事

說故事可能是幼兒第一次沒有對話對象支持的獨白（monologue）[6]情境。這是一項複雜的認知努力，牽涉到「故事的意義」和「故事的文法」。想要在兩者間取得協調，一個幼兒的故事便不能像剛開始學說故事的幼兒一樣，說一些毫無關聯性的系列事件。Miller 和 Mehler（1994）提醒教師一個事實，對於某些幼兒來說（包括來自低收入戶家庭和少數民族的幼兒），會說個人的故事是他們的強項。

當幼兒沉浸在聽故事和讀故事的情境下，他們會建立自己對於說故事的語言學特色之想法。他們把自己的故事當成某種抒發情感的管道，全神貫注在故事上，象徵性地管理或是解決這些故事的基本主題（Nicolopoulou, Scales, & Weintraub, 1994）。

Cooper（1993）認為，儘管我們已經盡了最大的努力，仍無法碰觸到幼兒內心隱藏故事的地方。她說明：

無法觸摸到幼兒內心真正的悲劇在於，甚至連我們照顧的最年幼幼兒，我們都無法碰觸其內心世界。這不是幼兒造成的，也不是對學校生活「缺乏準備」，或是還「沒準備好要學」，而是我們缺少對幼兒個人和發展的歷史回應——換句話說，就是對他們是誰和他們怎麼想沒有概念。

觀察幼兒的戲劇演出，教師會看到故事被「演出來」而不是被說出來。他們自發的、有創意的、自然的演出，似乎比說故事容易且有趣。教師可以從他們自創的腳本、即興演出、扮演他們自選或是被指派的角色中，欣賞幼兒在戲劇情境下的演出。有時，戲劇表演看似一連串毫無相關的事件串連在一起，但

---

[6] 獨白：即字面上的意義——「獨自說話」。

是出人意料之外，教師將見證到許多既合邏輯又順暢的情節。

　　鼓勵幼兒當作者，幼兒就可以和老師攜手一起創作故事，這是發展幼兒流暢和精緻語言不錯的方法。Calkins（1997）強調，幼兒的「我是作者」之感覺，會連結到幼兒的自我概念。她相信，這會協助幼兒培養成為一位作者所需的習慣和知識。其中一項建議是：提供圖片或道具來引起動機。幼兒的創作意圖是不用被編輯或評論的，只要接受就好。不該對其邏輯質疑，也無須在意事件的發生順序是否正確。每個故事都是特別的，老師可以將幼兒口述的故事當成字體覺察活動。Cooper（1993）提供教師進一步理解口述故事的好處。

> 年幼的寫作者並不是創作的內容，而是他們要說的內容，寫東西是為了說明他們想要表達的，他們的想法就在玩積木和戶外遊戲場時湧出。這就是為什麼我認為，口述行為對年幼的說故事者而言是相當重要的。很微妙地，一段時間過後，口述行為讓幼兒認知到，寫故事只是將口述的變成文字寫在紙上。

　　說故事的道具箱或許可以幫助幼兒更易進入角色。如果老師已經講過「金鎖姑娘和三隻熊」的故事，準備三隻填充玩偶熊、一個金髮娃娃、三張娃娃床和三張娃娃屋椅子。這些道具提供機會讓幼兒使用相同的道具述說屬於他們自己的故事。

　　附有紙夾的筆記板可以用來列舉一整天下來所創造出的故事。故事創作以假設性身分出發，而且故事分享是每日必做事項。只有在幼兒同意下才會做故事分享，而且幼兒會決定是由自己或是老師說故事給大家聽。

　　幼兒第一次說故事通常欠缺順序、沒有清楚的情節、漫談且牽涉冗長不相關的事件；當幼兒成熟一些並有沉浸在故事和書本中的經驗後，其所扮演的著作者身分會進步。我們的目的不在於成就一位很會說故事的幼兒，而是鼓勵他們喜愛說故事，以及對說故事有正向的態度。

在理解上下工夫

　　正式閱讀教學的一個重要目標是，提升幼兒對閱讀教材的理解。早期理解**故事（story）**[7]的經驗出現在幼兒園，在討論口述故事和圖畫書時發生。目的是協助幼兒組織並了解說故事時產生的想法、事件和感覺。當幼兒想到故事的發生順序、因果關係、虛幻和真實、不

7　故事：一個想像的描述，有情節、主角和場景。

協調，及其他故事元素時，會運用到邏輯思考。由老師引導的說完故事後的討論，可能集中於：

◆ 做一張有某些故事元素的視覺圖片（猴子是否吃葡萄、香蕉或是哈密瓜等）。

◆ 詢問是否有人對故事內容有疑問。

◆ 在表上列出鱷魚的出現傳遞了什麼訊息。

◆ 詢問是否有人聽到新的字彙或名字。

◆ 詢問故事裡出現的聲音或是情節。

◆ 討論幼兒可能如何改變主角在故事中的某些作法。

◆ 讓幼兒改編結局。

◆ 討論幼兒如何解決故事中的問題。

◆ 詢問幼兒是否可將故事發生的先後順序，以圖卡排出來。

◆ 繪製一張**故事地圖**（story map）[8]顯示故事主角的歷程。

◆ 詢問幼兒對於故事主角行為的意見是好的還是壞的，並解釋理由。

◆ 詢問故事主角在故事事件中的可能情緒反應。

● **說故事時使用圖片檔案**

鼓勵幼兒使用視覺圖片或是照片說

___
[8] 故事地圖：顯示事件發生先後順序的時間表。

故事，這牽涉到觀察（視覺覺察技巧）和刺激創意思考的產生。最讓老師覺得有趣的是，說不同的故事，卻可以讓一起聽的幼兒描述出相同的視覺圖像。圖片檔案在許多語言活動中常會使用到，也很值得花時間蒐集、準備和護貝。

故事順序卡

故事順序卡是很受歡迎的教學輔助工具。故事順序卡有許多的使用目的，它們可以當成說故事時的提示卡，也可以是幼兒的視覺輔助工具，幼兒用故事卡學習故事從頭到尾的發展過程和事件、情節發生的順序。如果能為幼兒製作故事順序卡，幼兒可以利用它們說故事和重述故事。他們通常會先將圖卡排成一行，然後再「看圖說故事」。

製作故事順序卡時，可以將兩本圖畫書撕開貼在厚紙板上，加上文字或是不加文字皆可。也可以是老師的畫作、照片，或是其他的圖片呈現方式。

成功的口述經驗

Weitzman（1992）建議下列教師口述技巧。

◆ 鼓勵幼兒在非課程結構情況下說故事，譬如，自由活動時間、創意感官活動時、戶外遊戲、用餐和點心時間。

◆ 仔細傾聽故事。

◆ 邀請所有的幼兒說故事。

◆ 引導說明邀請幼兒說故事。

◆ 對幼兒的故事下註解。你可以運用像是「在超級市場走丟感覺一定很可怕」的註解，鼓勵幼兒將故事說下去。

◆ 真心誠意地問一個問題，協助幼兒繼續他的故事。

◆ 問一個讓幼兒對不清楚或是遺漏的訊息有所察覺的問題。

◆ 不要把幼兒的說故事活動變成一個大團體活動。

◆ 不要打斷或是改變故事主題。

◆ 不要把故事變成一個「課程」或是「測驗」。

Cooper（1993）建議教師扮演抄寫員和促進者雙重角色，她認為這是一個複雜的角色。提問適當的問題協助幼兒澄清他們陳述的想法。年幼的幼兒多說一點故事，可能十分鐘後就精力用盡，而有些可能說不到兩分鐘就結束了。

下列的說法可協助幼兒開始口述故事：

◆「告訴我你要我寫在紙上的字，我要把它們寫上去。」

◆「你有故事要說嗎？」

◆「我要把你說的寫下來。」

◆「讓我們寫下來，你告訴我們有關你新寵物的事情。」

◆「你想要告訴我什麼故事呢？」

◆「你在故事裡要告訴我們哪些字？」

Kirk（1998）建議，口述故事時可以指導幼兒發展順序概念，或是協助幼兒找到故事的開始和結尾。和語言程度超前的幼兒相處時，她建議老師鼓勵幼兒使用對話或是發展描述性語言。

口述故事時，幼兒心理上的決定是很複雜的，幼兒可能暫停、開始和停止，所有的動作都反映了幼兒對正在進行之工作的注意力。

Nicolopoulou、Scales 和 Weintraub（1994）研究四歲幼兒的口述故事內容，發現男孩、女孩大不同。男孩的故事和女孩的故事，在選派角色或是銜接順暢的情節上差異性很大；另外，男孩不像許多女孩一樣主題發展平穩、具有條理。而女孩的故事專注於創作、維持和詳細說明故事結構；男孩的故事則著重在動作和令人興奮的事情上。男孩的主角通常是人高馬大、有利器和嚇唬人的；反之，女孩的主角以描述真實穩定的家庭生活為主。女孩的故事創造柔軟、可愛的動物；反之，男孩的動物典型都是暴力、粗野和嚇人的。

對沒說故事意願的幼兒伸出援手

幼教人員可能會遇到一些幼兒似乎說不出故事，或是沒有意願與聽眾互

動。接觸這些幼兒可說是個挑戰。述說一個人的故事牽涉一些風險在裡面。對這些幼兒而言，要在一個團體前自在地談論個人天生的特質、家庭文化，或是過去的經驗，或許有些困難。一個教室是到處都有「故事」、戲劇和表演的，當說故事的趣味、興奮及社交連結成為教室生活的一部分，一間充滿「故事」、戲劇化以及表演的生動教室會慢慢觸動這些孩子。在團體裡總是會有一位熱中於說故事者，不管他是在學習說故事的技巧或是創作故事，都能取悅他的聽眾。這些是有說故事的意願和熱忱的模範。

有些幼兒能用肢體或是舞蹈自在地表演，這個特質也融入他的說故事模式中。幼兒教育者介紹說故事的技巧，以及探索虛幻和活潑的想像，都會深植大部分幼兒的腦海中。

對只懂部分英文的幼兒說故事

用手勢示意吃晚餐、上床、穿衣服、洗臉、刷牙、用鑰匙開門、哄寶寶在懷裡入睡，和其他手勢示意的動作，可以激起英語能力有限的幼兒之好奇心。手勢示意可以包括英文和其他語言，這由幼兒和成人決定。道具有時候也會有幫助，猜測手勢的意義也深具樂趣。使用手勢可以用來介紹故事，增加說故事世界的吸引力。

一個邊剪邊說的故事

熟練的老師創造一個邊剪邊說的故事（cut-and-tell story），馬上吸引幼兒的注意力。說這類故事時，老師會剪一個和故事有關的紙型。下面是故事 *The Boy in the Boat* 的例子。

準備

● **步驟一**：對摺一張 9 吋 ×12 吋（或更大）的紙。

● **步驟二**：將上面的兩個角往中間摺。

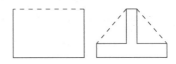

● **步驟三**：將紙張的下半部往上摺，蓋過兩個三角形。

● **步驟四**：翻面將紙往上摺。

知道水手帽怎麼摺的，應該也會記得這幾個步驟。拿起手邊的剪刀，開始說故事。

　　從前有一個男孩（或女孩）想要成為水手。他有一頂水手帽（給幼兒看你摺好的形狀），也有一艘船（把帽子顛倒過來變成船的形狀）。有一天他爬上他的船，漂到一面大湖的中央。天氣很熱、太陽很大。他脫下上衣和長褲，把它們丟到水裡。他在衣服裡面穿了泳衣，他覺得涼多了。他的船撞到一個大岩石，船的前面破了一個大洞（把船的前面部分剪掉）。

然後一條大魚朝船底咬了一大口（把底部剪掉）。

當一隻大鳥飛下來坐在船尾，船的後半部垮了（剪掉船的底部）。

男孩只剩一小艘船，水淹到他的腳指頭，所以他往船外跳，游向岸邊。他看著船沉下去，然後他看到有個白色的東西漂向他。你想那是什麼東西呢？（打開看看這艘船剩下的部分）。

　　是他的衣服！

尋找外在的協助

　　許多大城市都有說故事俱樂部和協會。致力於維護文化和種族故事與技巧的個人和團體也日益增加。其中一個眾所熟知的說故事資源是「國際說故事保護和永續發展協會」（The National Association for the Preservation and Perpetuation of Storytelling）。

父母、志工和社區說故事的人

　　父母、志工、社區裡的小學生、青少年和成人想要參與說故事的人數令人驚訝。

　　隔代說故事及其好處已逐漸受到關注，值得我們在此思索。在與志工和年長的說故事者做過適當的時間長度、環境、故事主角等簡報後，祖父母或是其他年長者可能會說一些跟他們背景有關的故事。目前正發生的事情也是值得說的故事。許多故事可能包含多元文化和隔代的主題，並且提供多年生活累積的經驗，故事也可能用說故事者的母語呈現。

摘要

老師們說故事可以提升幼兒的讀寫素養，激發其語言興趣及口語能力的發展。說故事的其中一個目標是要透過故事中的文字達到團體的感覺（一起唸）及語言樂趣。發展傾聽能力、字彙的增長及興趣的擴展是其他的重要目標。

說故事用的故事可以從已編製的讀本尋找，或是向其他老師借用，老師也可以自編故事。根據本章建議的技巧和標準，想要經營一個教師和幼兒雙贏的活動是可行的。

教師用自己的話述說記憶中有特定情節的故事。觀察幼兒對故事的興趣和反應，讓教師了解幼兒對故事的接受程度。所有的技巧都是因熟能生巧，說故事的技巧也是越運用越能得心應手。

教師藉由鼓勵幼兒和認可其對說故事的努力，提升說故事的能力和興趣。

CHAPTER 11

詩詞（作詩技巧）

目標

讀完本章後，你將可以：

- 找出詩的要素。
- 展現作詩的能力。
- 能創作出具吸引幼兒為特色的詩。

童詩讓幼兒快樂地發展傾聽技能。詩詞相關的活動將文字與樂趣結合，提供許多提升幼兒語言及讀寫能力發展的機會。詩詞為一般字句之濃縮，可顯現出每一字詞的重要。經由知覺的形容描述，詩詞能提升想像力，且能引出迷人的故事。

Glazer 和 Burke（1994）指出：

> 詩詞重複的押韻使人朗朗上口。重複是一種愉快學習的策略，將期望的事物具體化，增加了想聽更多的渴望。

> 詩詞的語文變得更容易牢記，可成為幼兒一生語言及智力資源的一部分。

詩詞可視為一種測試語言功能的理想工具，因為詩詞中全是字詞的運用。詩人總是以特別的方式使用語言，在詩詞中，我們有了探索文字運用之媒介，也就是選出完美符合詩詞韻文那特別的字（Booth, 1999）。

我們要與幼童分享所謂的「文字之妙」——能夠讓人舌頭發癢、逗弄你的耳朵、在腦海中創造影像、使人發噱的計謀，及讓人發笑的複雜事物或猜謎（Moore, 1985）。

適合幼兒的詩是豐富多元且變化萬千的。除了快速的情節及語氣的建立外，在詩（poem）[1] 中，每一個押韻字詞的運用都有其樂趣。有些詩以古典的韻腳律動著，律動強烈到可以刺激幼兒擺動身體或是拍手。有名的例子如童詩「Jack and Jill」、「Twinkle, Twinkle, Little Star」及「The Little Turtle」。Norton（1983）提到：「韻律促進孩童口頭的參與，以語言來體驗，而且向有節奏的聲音移動。」有些詩訴諸情感，有的則訴諸理解力。

一個讀寫萌發階段的學齡前幼兒可被形容為熟習鵝媽媽童謠（流傳在英國各地兒歌童謠的總稱）、現代及古典詩詞，而且知道押韻字詞發聲的幼兒。三歲幼兒常在純真及玩笑的詩文中尋找歡樂（Miller, 2001）。

學習良機

詩讓幼兒學習新字詞、概念及態度，並經由詩人所見來體驗生活。為了記住每個月有幾天，許多人仍然背誦幼兒時期所學的一首簡單的詩；若被問

---

[1] 詩：韻律類型的作品，透過精挑細選字詞的呈現，營造聽者心中強大及美妙的印象，且於幼兒心中產生愉悅的律動反應。

到要說出英文字母，則孩童時的經典 ABC 歌謠通常會在腦海中浮現。

　　詩有其形式與規則，是可靠且易學的。如同大多數的父母見識到小孩記得電視廣告的能力，他們學習簡單的韻文也很快就可以上手。幼兒在幼兒園時，會樂在記住短**兒歌**（verses）[2]所帶來的成就中。如同他們想要唱歌（通常是帶有音樂的詩）一般，他們會想要與教師分享他們學到的詩。

　　教師應該對詩文有興趣的幼兒，給予鼓勵、關注，以及正面的評價。如同閱讀圖畫書、說故事和其他相關語言活動一樣，教師設定詩文的目標，應在於提升幼兒對語言藝術的享受及樂趣，同時也擴展他們的知識與興趣。

　　於是，詩文因種種原因流傳著，包括：

- ◆ 讓幼兒熟悉並接觸到我們文學傳承中的古典與現代詩文。
- ◆ 讓孩子體驗聽到聲音的喜悅。
- ◆ 藉由滑稽的字詞及幽默的詩，提供幼兒樂趣。
- ◆ 激發幼兒的想像。
- ◆ 增加字彙及知識。
- ◆ 建立自我價值及自信。
- ◆ 鼓勵對韻文的了解。

---

[2]　兒歌：不須使用想像力或概念上能力的詩文。

詩文與早期閱讀能力

　　詩、韻文及童謠可讓幼兒以愉快、重複的模式及動聽的節奏熟悉語言的表現，如同「約克大公爵」（The Grand Old Duke of York），將字詞以押韻的方式詠唱出來。運用 da-Da、da-Da、da-Da 等方式呈現，就可察覺到韻文中重讀的字詞、音節，並發現很容易將其區隔開來。Acredolo 和 Goodwyn（2000）指出，押韻的字詞可讓幼兒知道，不同的字詞可以共用某些相同的發音。

　　專家們相信，幼兒在分辨、創造押韻及察覺字詞韻律的能力，與早期的閱讀能力有著密切的關係（Healy, 1990）。

　　Goswani（2002）提醒教育者，大量的證據顯示，幼兒對韻文的早期體認及對韻文知識的培養，有助於讀寫能力的獲得，這對於日後閱讀及拼字能力的進展，是一項顯著的指標。Chaney（1992）則找出對韻文的早期體認與日後語音體系（phonological）技能發展的關聯。

　　其他相關研究包含 Baker、Fernandez-Fein、Scher 和 Williams（1998），相信幼兒開始閱讀時，對韻文知識的培養可作為閱讀及字詞識別技能的有力指標。幼兒對韻文的體認，與

其後對讀寫能力相關技能的取得之間的關聯，顯示一條與韻文相關的閱讀之路（Goswani, 2002）。**童韻**（nursery rhymes）[3] 詩詞中重複出現的子音，像是 cock-a-doodle-doo、dee-doodle-dee doodle-dee doodle-dee-doo，明顯展示出韻腳及**頭韻**（alliteration）[4]。

兒童在年幼時就具有辨識押韻的能力。韻腳單位與相押韻的字詞之間的關聯很明顯：押韻的字詞擁有共同的韻腳單位（Peterson & Haines, 1998）。可參考之前第八章所述音素覺識與韻腳。Bryant、Bradley、MacLean 和 Crossland（1989）注意到，幼兒對童詩的了解，將決定他們兩、三年後拼字能力的展現。

教師可以選擇他們熱愛且幼兒喜愛的詩文。當詩適合聽眾時，展現文字的樂趣是自然的結果。教師要找尋有品質的詩文，好的詩文應具有三項元素：可分辨的**發音**（diction）[5]、細心挑選帶有豐富感知的字詞及片語，以及有意義的內容。許多古典韻文有著歌曲般的品質及自有的旋律。可以運用詩文向幼兒講述事情，使他們覺得高興、回想快樂的時刻或事件，或是鼓勵他們探索。

Geller（1985）的研究發現，傳統十八世紀的童謠至今仍深受三歲幼兒的喜愛。帶有強烈四拍（four-beat）**對句**（couplets）[6] 的韻文（如「Humpty Dumpty」和其他韻文），在教師誇大節拍（像幼兒一般）地重複，這種方法很能吸引團體的興趣。

受到多數幼兒喜愛的韻文，具有以下一種或多種特性（Geller, 1985）：

1. 簡單的故事情節（如「Jack Be Nimble」）。
2. 簡單的故事情節帶著手指遊戲（如「This Little Piggy」）。
3. 以重複疊句的歌謠呈現故事（如「London Bridge」）。
4. 無意義字詞的詩文／故事（如「Hey, Diddle, Diddle」）。
5. 日常活動的描述（如「Little Jack Horner」）。
6. 朗讀時，幼兒可以用押韻的字詞加入一起朗讀（如「To Market, to Market」）。

充滿樂趣、風趣及智慧的鵝媽媽童謠，可說是每個幼兒都不會錯過的。某種程度上，讀寫素養取決於幼兒對文化傳統的體驗。只要將鵝媽媽故事中的角色列出來，你會驚訝地發現有許多角色你都記憶猶新。

---

[3] 童韻：給幼兒聽的、押韻字詞的民俗諺語。

[4] 頭韻：重複開頭的子音。

[5] 發音：說話的清晰，清晰的發音。

[6] 對句：詩的一節，由兩行韻文所組成。

Galda（1989）分享選擇詩文的標準：

> ……以使人高興的詩作為開始：有著強烈節奏及韻腳的詩、玩弄聲音的詩、幽默的詩、講述故事與幼兒生活週遭事物有關的詩……一旦幼兒被詩文所吸引……專注於節奏與韻腳，以及探索不同詩人運用發聲的手法，例如頭韻或是擬聲。

詩的類別

詩的類別描述如下：

歌唱類（lyric）：旋律優美的、記述的詩文，通常有歌曲的形式。

敘事類（narrative）：講述故事或是描述事件經過的詩文。

五行打油詩（limerick）：五行韻文的詩文有特定的押韻模式，通常是幽默詼諧的。

自由詩類（free verse）：不押韻的詩文。

無意義的詩（nonsense）：通常是荒謬滑稽且異想天開的詩文。

詩的要素

一首詩的韻律受到聲音、重音、聲音高低，以及帶著口音與非口音的音節所影響。運用這些特色可創造出一個特別的想法、感覺或是訊息。韻律不一定都是有規則的，鵝媽媽童謠中令人快樂的韻腳，來自其強烈的韻律及節拍。在詩文中，作者使用韻律來強調字詞或是片語，因此立刻獲得幼兒的注意。令人興奮及吸引人的韻律，與放鬆和平靜的韻律，可在同一首詩中出現。詩文的韻律能讓幼兒感覺他們積極地參與其中，而不僅是在傾聽。

與幼兒相關的文學作品中，充滿著押韻的字詞與名字。詩的韻腳可出現在句子中，或是出現在句子的結尾。幼兒在遊戲裡，通常會很自然地在話語中押起韻來。亂編的韻腳為數世代以來的幼兒帶來樂趣，像是 stomper-chomper、icky-sticky，還有 Dan, Dan, elephant man，在幼兒當中會很快流傳開來。

頭韻〔兩個或多個字詞有著相同的起首音、**準押韻**（assonance）[7] 或是母音〕通常使用在詩文中。各類的重複方式是童詩的特色。

詩人所用的知覺字詞及**比喻語法**[8]（figurative language，無法用文字表達的含義）能給予視覺上的圖像。詩人利用不相關事物的比較，提供新的角度來

---

[7] 準押韻：重複相同或相似母音而跟隨不同的子音發音的字詞。

[8] 比喻語法：充滿著字詞所造的影像與比喻說法的語言。

看事情。**明喻**[9]（simile，將兩件某方面相同，但實質上不同的事物做直接的比較）或**隱喻**[10]（metaphor，將兩件某方面相同，但實質上不同的事物做暗示的比較）通常會出現在詩中。將無生命的物體或是動物賦予人的特色及情感——**擬人化**（personification）[11]——也是很常見的，像是會說話的碗盤、火車、鳥、熊及薄煎餅，也在童詩中大量出現。

詩文的列印方式（字的大小、字體、頁面安排、標點符號，及大小寫字母）可用來提升樂趣，並點出主題。我們會發現，有些詩文以樹的形狀，或是以寬窄不一的段落來呈現。

教學技巧

倘若詩是以談話的方式來唸出或朗誦出，而不是以歌唱的方式展現，其韻腳將是微妙且帶有樂趣的。歌唱方式的吟詠及朗誦詩文可能會令人厭倦且難以了解。

---

[9] 明喻：將兩件不一樣的事物做比較，常用字為「好像」（like）或「如同」（as）。例如：「愛，如同一朵紅色的玫瑰花」。

[10] 隱喻：以類推的方式做比較，有暗指的味道。

[11] 擬人化：比喻的語法，將動物、構想、事物等，以人類特質的方式表現出來。

大多數的教師了解背誦詩需要一些練習，因此，他們只會將最喜歡的部分詩文背起來。但熟記會產生機械化的品質，教師恐怕會注重背記而不是享受其中。通常教師會將詩文製成展示板，並藉由朗讀展示板上的詩文做分享。一首詩應該被流暢地朗讀出來，摒除不必要的躊躇。這意味教師必須預做準備，將詩文多唸幾次，好讓自己可輕鬆說出並享受詩中的字詞。

就如同其他文學作品，欣賞詩文的樂趣可藉由導讀人的熱情而增加。Glazer（1986）提出，要仔細朗讀一首簡潔的詩文，使其中的一字一句都發揮其重要意義。

在鼓勵幼兒加入並說出最喜愛的詩句時，需要謹慎處理。教師可以提議「讓我們一起來唸」，或「如果你喜歡的話，我們可以一起來唸這首詩」。幼兒不應該被單獨挑出來，或是在強迫下朗誦詩文。一些幼兒會想分享他們學到的詩文；特別喜愛的詩句需要重複閱讀才能完全牢記，幼兒通常以幾個字詞或是片語作為開始。

Stewig（1977）提供下列的準備提示：

> ……不只對聲音高低及重音要小心注意，對連接處更要特別注意。也就是說，我們在詩文中所做的停頓

點，會決定展現這首詩的成敗。我們習慣在書面文字句子的尾端做斷句，但在詩文中，這樣會導致人為的切割，而非詩人的原意。

John Kinderman Taylor（1993）提出一個對「步調的變化」（a change of pace）相當有用的技巧。教師可以在朗誦詩或自己創造出來的押韻句時，加入帶著強烈、重複節拍而沒有歌詞的音樂當作背景，那會創造出歌唱或饒舌般的詩文情景，促使幼兒參與，有時甚至會加入拍手。

將詩文以掛圖的方式掛在教師身旁，也是個有效的方法，這能吸引幼兒的注意，並且讓教師可以隨意地注視幼兒。在唸詩文掛圖時，很快掃視過一句然後轉向幼兒，確保字詞已傳達給幼兒。

幼兒有時會創造出自己的韻文。教師可以記下展示出來，或是讓幼兒帶回家給父母看。一個幼兒創造出來的韻文「Amber, pamber, big fat bamber」可能會引起其他幼兒的興趣，而教師可記下來，在團體時間以玩伴的角色，將創作分享出來。

幼兒口述的詩文應該逐字記錄下來，不加任何編輯或是教師的建議；每一個創作都是特別的。Lionni 所著的《費得瑞克》（Frederick）是一本精彩的圖畫書，有助幼兒了解押韻。本書的最後兩句為：

> 「但是費得瑞克，」他們說道，「你是一位詩人啊（You are a poet）！」
>
> 費得瑞克紅著臉，鞠了個躬，害羞地說：「我知道（I know it）。」

介紹詩文給幼兒的方法

將詩文置於引人注目的地方能引起興趣，特別是照片或是圖畫伴隨著詩文出現。一棵詩文樹——以石膏製成的樹幹，及以背面寫著詩文的紙張為樹葉，其詩文可在團體時間選讀。在某些班級，「每日一詩」（或「每週一詩」）的告示板也相當有用。

利用圖片及法蘭絨板來介紹詩文可以吸引孩子的興趣，並幫助幼兒專注在字詞上。其他與詩文有關（像是泰迪熊或是警察戴的帽子）的道具或是戲服，也會吸引幼兒。某些最好的詩集並沒有圖片；有些詩集則每首詩都有插畫。

一首詩可在室內或是戶外欣賞，而在活動與活動的轉換時間，教師也可以用詩來填補。

利用雜誌剪下的圖片，讓幼兒想像與圖片事物押韻的字詞是許多教師偏愛的一種韻文活動，像是「這是一個蛋糕，我們把它給……」（Here's a cake, let's give it to…）。

童謠著重於押韻、韻律、頭韻以及嬉戲的樂趣。童謠有著可預期的樂趣，當幼兒參與唸誦或是加入動作時，能獲得一種立即的成就感。

來源

手指遊戲、身體與律動遊戲、童謠、歌曲以及詩，雖然都與押韻及韻律有關，仍舊有所區別。

許多優良的繪本可以提高幼兒園詩文課程的品質。文集、文選以及童詩的書都可在公立圖書館、書店、學校的書局，以及與幼兒或是教師有關的雜誌中找到。

教師也可以依自身的經歷創作詩文。下列建議為早期經典詩文及現代詩文的特色，以幫助教師詩人創作童詩。

◆ 每一句都含有精神的寓意（mental image）。

◆ 運用強烈的節奏以激發歌頌、動作及歌唱的慾望。

◆ 頻繁的押韻。

◆ 多使用與動作相關的動詞。

◆ 使每一句都有其獨立的思維。

◆ 韻律的改變。

◆ 適合幼兒所能理解的字詞。

◆ 幼兒熟悉的題材或主題。

教師創作詩文會促進幼兒創作詩文。許多教師尋找不同種族的詩文，以提供不同文化的詩文類型。Jenkins（1973）指出：

> 沒有任何文化群體可以壟斷想像力、創造力、詩的品質，或是哲學的觀點。每一文化群體在對國家及世界上的整體文化都有其重要的貢獻。

回想個人年幼時所接觸到的詩及韻文，可以使教師對某一特定詩人的作品有深入的了解。回憶當年動人的童詩，也能幫助教師找到帶給今日幼兒快樂的詩文。

摘要

詩和韻文為孩子提供了重要的文學經驗，接觸經典文學是每個孩子都不可錯過的。對幼兒來說，詩和韻文也是歡樂和學習的來源。押韻、文字想像、節奏都是用來促進聆聽的技巧。

簡短、容易記住的詩，能夠提升幼兒對文字的自信。當孩子展現出興趣時，教師要給予鼓勵和關注。可以有各種不同的來源選擇適合的詩，所創作和選取的詩的特徵能夠吸引幼兒並使幼兒感興趣，將會使幼兒對這些詩歌牢記心中。

PART 5

說話能力的發展：
會話、表達與戲劇

CHAPTER 12

理解說話的目的

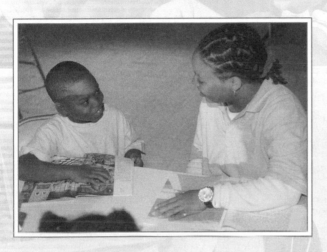

目標

讀完本章後,你將可以:

- 說明五種有計畫性說話活動之目的。
- 描述在日常生活中與幼兒溝通時,教師該有的合宜行為。
- 舉出三種發問技巧的例子。
- 說明老師在扮演活動中扮演的角色。
- 描述促進幼兒說話能力的活動。

在一個規劃良好的教室裡，孩子有許多說話的機會。口語化的語言是讀寫素養的基礎（Pinnell, 1999）。然而有些活動是計畫好的，有些則是恰巧發生。教室中的討論是很重要的，請你拋棄關於保持教室安靜的想法，以一個討論熱絡有活力的教室為目標來取代。在這樣的氣氛裡，真正的讀寫素養才會萌生。幫助幼兒理解說話能力的使用是在每日生活的社會互動中，而且聯繫著表達和閱讀的活動。學齡前幼兒在學習溝通上的表現常常出人意表，當他們說得越多，他們說話的能力就越進步。

幼兒的學習活動可分成三類：已建構的、無特定結構的，以及孩子自創的。已建構的活動通常是老師設計和準備好的。老師可能花一段時間，以老師為主的引導方式，藉著激發、提供意見和論證，來引出幼兒的想法、評論，以及促進他們的會話能力。另一方面，無特定結構的活動，可能仍是由教師所準備，但幼兒可透過自行主導的遊戲來決定一舉一動，教師是一群同伴、好朋友，或是小組的成員之一。教師會持續和幼兒對話，並提供支持。最理想的幼兒學習是老師與學習者間相互的關係，必須植基於平等、尊重和信任上，而且老師能夠欣賞並提供真正的交談對話，以及真正的人類溝通（Bartoli, 1995）。對於應答介入以及應答對話很有技巧的

教育者，會在幼兒的生活中帶來不同差異。溫暖、敏感、觀察敏銳、充滿興趣的傾聽者，會鼓勵及提出建議、促進幼兒口語表達，並且偶爾成為語言活動的嬉戲伙伴，這些方式將有助於幼兒語言經驗的品質。

幼兒自創的活動是隨著幼兒的興趣和探索而來。老師可以提供材料或是活動，增加幼兒的機會。並且可以藉由扮演提供資源者，和幼兒分享、討論發現，也能協助幼兒記錄他們的研究。老師會透過各種可能的途徑，增加和促進幼兒意見的表達。

課程目標

以下是大多數課程能接受的目標，這些目標可以作為教師規劃言談活動時的基礎，和每日對話的訓練。我們應該幫助每個幼兒達到以下目標：

◆ 有自信使用語言和別人說話。
◆ 享受在遊戲、會話、團體中說話的經驗。
◆ 接受其他人不同的想法和意見。
◆ 對於一個新的文字意義有更高的興趣。

另外，也應該在以下幾方面幫助每位幼兒增進他的技巧：

◆ 使用語言表達想法、感受和需求。
◆ 使用語言解決問題。

◆ 在遊戲時使用有創意的語言。

◆ 說話和行動一致。

◆ 輪流等待說話。

　　Tabors（2002）提醒老師，幼兒談話技巧的重要性超越基本的會話。談話的技巧（discourse skill）[1]牽涉幼兒建構性語言的使用，像是述說一個關於過去事件的故事、解釋東西如何運作、使用文字建構一個有趣的世界、向同伴解釋教室規則，以及口述一個「編造」的詩等等。Tabors 相信，刺激思考和開放式的大人與幼兒間會話，能支持幼兒談話的成效。

　　在語言活動中，言談溝通發展的所有目標是為了讓每個幼兒在他們已經具備的能力上，提升語言使用的能力，並且在幼兒準備好時，幫助他們開始使用標準的英語。這些課程目標主要會透過每天活動的安排、校內人員與幼兒的互動、幼兒之間的互動，以及設備和材料的使用來達成。

　　Skarpness 和 Carson（1987） 提到，當某種程度的說與聽的技巧已經養成，將有助於幼兒在幼兒園裡表現出適當的行為。

> 鼓勵幼兒表達自己，練習說話的技巧，仔細聽別人說話，這些可能可以幫助幼兒更快適應教室裡不斷改變的情境。

　　各種不同的經驗可以提供許多學習的機會。接在上一個活動之後，新活動可以接續進行、複習和增加深度，並且必須考慮到是否有足夠的時間練習。

　　在安排每日的計畫時，每個幼兒特殊的興趣或需求都要考量到，那麼課程計畫將變得更有價值和有意義。

日常的溝通

　　一旦老師將焦點放在「幼兒的議題」上時，和幼兒的日常對話會變得出乎意料地簡單。當教室總是過於喧鬧，以至於無法和孩子有眼神接觸，及聆聽、追蹤幼兒的興趣時，這樣的計畫、環境和教學情況需要被評估和詳細檢視。因為在這樣的教室中，氣氛融洽的對話常會受到嚴重的限制，甚至鮮少出現。另外，有些極端的情況，當教學總是要以教導或是讓幼兒增加新的字彙為目標時，老師會對這些目標感到挫敗。

---

[1] 談話的技巧：意指用建構性的方式使用語言，此種技巧是超越基本會話的。舉例來說，說故事、解釋步驟、創造幻想、口述意見，和詳細說明來提供更佳的理解能力。

溝通的關鍵是確認幼兒的興趣，文字才會變得有意義。當幼兒是全神貫注的，他將會連結老師教過且令他有興趣的字彙（Nelson, 1985）。

傑出的老師會讓他的學生感覺自己是有用的、能幹的和有真實價值的。以下是老師應該在會話中培養的行為和態度：

◆ 關心每位幼兒的福利。

◆ 不想為了回應大人而打斷一個幼兒的對話。

◆ 在忙碌的教室中，樂意分享孩子片刻的小成就，有時甚至以非語言的方式表揚幼兒的成就。

◆ 將幼兒口語的意見認定為值得貢獻的，並尊重個人的意見。

◆ 尊重每位幼兒的潛能。

◆ 特別注意幼兒是否會成為未來的領導者或是發現家。

老師的言行、問題或是說明，將導引出聽者真正的興趣，並引出大量的口語。

當老師注意到幼兒或是團體注意的焦點，並利用機會去擴展興趣、知識和樂趣，一些很棒的活動就會發生。一道彩虹、一台貨運卡車，或是任何機會的發生，都能變成學校裡幼兒談論的主題。

不論是詞彙有限或是說話程度很好的幼兒，他們的語言都是該被欣然接受的。老師小心看顧和保護每位幼兒的自信，藉著耐心的等待、察覺非口語的線索，老師便成了有理解力的聆聽者。

老師應付出每份心力來給予合理的回應，讓孩子知道老師在溝通中找到價值。觸摸、提供安慰的臂膀或一雙手，或把全部的注意力都放在孩子身上，通常能讓幼兒感到輕鬆，並增加幼兒說話的成效。

當維持適合的教室氣氛時，幼兒會更有意願說話。

◆ 教室氣氛溫暖和輕鬆，而且幼兒有選擇的機會。

◆ 說話是出於自願的，而不是命令的。

◆ 說話的群體是小組。

◆ 小組的成員會注意聆聽。

◆ 任何言語的嘗試都是可被接受的。

◆ 欣賞幼兒的努力與成就。

當老師有自覺地使用輕鬆愉快的對話，可以使幼兒更開放地說話，並將說話當成有樂趣的事情。一旦環境被營造成探索的氣氛時，老師會積極地尋求答案，在幼兒的探索及表達經驗中小心地引導幼兒。

那些強調事件發生的理由、採用詢問、有思考性、有系統性的態度作為解決問題途徑的成人，會成為探索的示範者。在分享活動時，將想法大聲說出來是有用的手段，例如，一位老師可能會

這樣問：「假如你將積木放在那裡，會發生什麼事情呢？」在幼兒的對話中，二到三歲的幼兒常常在討論他們身邊發生的真實事件，老師的言談也要植基於這個基礎上。

在回應幼兒偶爾出現的不熟悉、斷斷續續，或錯誤的說話時，成人會直覺地提供有用、正確的回饋。幼兒的輸入系統會不自覺地接受，並且正確地回答：「是的，這些積木是要放在架子上。」有經驗的老師會傾聽字句背後想表達的內容和想法，並且就事論事、平穩流暢地示範正確的用法，以至於幼兒不會直感覺到自己所說的話是有缺點的。老師必須知道如何使用靈活、細膩的評論，使幼兒感受到安全感，並能持續將老師視為一個有回應及肯接納想法的成人。 表 12-1 為在不同類型的語言中，幫助老師支持幼兒說話的建議。

二到三歲的幼兒喜歡討論什麼呢？他們喜歡討論關於自己，以及他們正在做的事情。幼兒對周圍的世界有自己的觀點及看法，當與社會的連結增加時，他們會與其他的幼兒交換彼此的想法。到了四、五歲的年紀時，幼兒會出現批評、命令、要求、威脅、發問及回答等說話形式。當老師聽到幼兒間的對話時，必須辨別自我興趣的說話，以及顯示社會智力關聯的說話這兩種說話型態。大量的幼兒對話反映了幼兒的主

動、探索及協商的心智，並且也反映了幼兒企圖藉由嘗試、試驗、熟練操作、控制和發現可以使用的說話形式，在扮演遊戲及幻想中也非常明顯。

在互動中，幼兒需要他們的交談伙伴提供與談話有關的主題訊息，並且要與他們的語言層次是有相關性且適當的，這樣就可以使用這些對話在他們已經知道的事物上繼續建構。老師應該嘗試避免以下行為，因為這些行為無法鼓勵健全的語言發展。

◆ 使用不恰當或沒有相關的教師評論。
◆ 不停地對孩子說，而不是和幼兒交談。
◆ 使用控制或命令的互動方式。
◆ 經常自我重述。
◆ 批評幼兒的說話。
◆ 主要與教室中的其他成人說話。
　這些都是非專業作法的特徵。

幼兒的對話形式

Weitzman（1992）鼓勵幼教工作參與者觀察及注意幼兒的對話形式。她指出，幼兒從自然地與他人接觸、開始對談、互動到回應這個過程中，呈現出多樣的能力。她相信對話的形式牽涉到幼兒過去與其他人的生活經驗及互動，這些經驗及互動使他們在傳遞者的角色上形成自己的觀點。從你與幼兒相處的

❖ **表 12-1　在不同類型的語言中，幫助老師支持幼兒說話的建議**

表達個別想法、感受和關心的事的個人語言
老師的行動包括：
1. 提供時間和機會讓大人對孩子以及孩子對大人能夠分享個人的想法和感覺。
2. 聆聽時與幼兒視線高度相同，在學校一天的生活中即興和幼兒對話。
3. 接受個別幼兒的意見和感受，而且表達自己的想法。
4. 支持家庭訪問，參與教室活動與事務和人際互動。
5. 分享文學作品激發幼兒個人的語言回應。

幫助幼兒得到滿足和需求的語言
老師的行動包括：
1. 聆聽和回應幼兒的要求。
2. 促進幼兒請求需要的能力。
3. 增加幼兒給予口語指示來幫助別人的機會。
4. 按順序一步一步解釋來滿足需求的方式。

可促進並維持互動的語言
老師的行動包括：
1. 安排分享使用的材料、區域，或是大人的幫助。
2. 安排小組討論和解決問題。
3. 在計畫的活動中，包括混齡和不同性別的幼兒。
4. 在教室裡舉行幼兒和成人之間社會化的活動。
5. 設計重視自我價值和差異的活動。
6. 設計合理的談判與協商的活動。

表達出有想像力之看法的語言
老師的行動包括：
1. 為有創造力的個人或小組回應提供計畫。
2. 設計激發幼兒在遊戲中假扮的活動。
3. 提示幼兒描述有創意的想法、行動和解答。
4. 提供改編的劇本、角色扮演的機會，並且提供場地和教材。
5. 能夠一笑置之，並欣賞幼兒開玩笑和嬉戲的語言。

6. 提供道具和老師的注意來鼓勵幼兒有創意的扮演。
7. 使用視聽設備來保存幼兒的創意，並促進幼兒團體討論，且誘導出其他創造力。

提高幼兒描述能力和學習的語言
老師的行動包括：
1. 提供活動以引起幼兒的興趣和好奇。
2. 創造幼兒和小組解決問題的機會。
3. 每天在老師說的話語中加入一些片語或詞組：
「我想知道……」
「假如……的話，會……」
「讓我們來看看如果……」
「這是一種方法，有沒有人有其他想法？」
「關於……我們知道什麼？」
「我們來試試其他方法？」
「當……我們會知道什麼？」
4. 根據事實提供建議，而不是設計問題來讓幼兒解決。
5. 仔細聆聽幼兒的發現，並提示幼兒將想法化成文字。
6. 注意幼兒的興趣，在更進一步的活動中建立幼兒的興趣。

具象或資訊性的語言
老師的行動包括：
1. 持續記錄幼兒的活動。
2. 計畫涉及仔細觀察、分析、描寫結論的活動。
3. 從幼兒身上引出額外或明確的資訊。
4. 記錄教室裡難忘的事件、慶祝活動，或其他曾經發生的事。
5. 公開發表幼兒的生日、個人特質，或是其他事實和數據，來提高幼兒的自我價值和尊嚴。
6. 以圖表表示教室組成成員的要素（像是身高、體重、偏愛的食物），或是呈現關於學校或是鄰近區域的簡單地圖。
7. 比較在教室中與時間有關的因素。
8. 提供一些可以在小組中報告的個人經驗活動。

經驗中，你曾注意幼兒有哪些對話風格的形式嗎？例如，生氣、害羞、忸怩不安、自信、清楚表達、沉默、發問、嘮叨、喧鬧、說話老成，或其他形式？一個幼兒可能需要複合性的描述，例如，善於社交卻表達含糊不清、害羞的但當接近時會交談。教師每日與幼兒一起工作時，可以在心中記下或寫下紀錄，幫助自己決定哪些可能進行的活動及與成人的互動，以提供幼兒說話能力成長的機會。初任教師需要意識到老師對話的技巧，並且花時間和幼兒相處，讓他們感覺到舒適自在，因為幼兒往往會有自己特別的對話形式、文化背景、種族血統和個人特質。

符號系統

幼兒教育學者意識到二到三歲的幼兒有許多種方式表達自己，老師了解這些字彙只不過是二到三歲幼兒用來建構及表達意義的複合式符號系統中的一種系統而已。符號系統，如音樂、戲劇和數學，是獨特且不同於語言，但卻有關聯的符號系統。非口語的符號，例如手語，與幼兒的個人經驗結合成特別的意義，這些意義會因為個別的幼兒而有很大的差異。

老師可能會遇到一些幼兒，他們擅長以運動、藝術或戲劇表達自己，勝過於使用語文來自我表達。有時候，活動可以傳達的勝過幼兒語言能力所能允許的。

鼓勵用唱歌、戲劇表達或藝術媒體的使用等活動，來表達幼兒知道的，可以擴充語言的限制（confines），這個觀點支持 Newkirk（1989）所說的「符號編制」（symbol weaving）。

幾乎所有活動都涉及溝通和表達。老師的職責就是將這些用來激勵及提供的文字，視為成人—幼兒互動中自然的一部分，這樣隨機發生的字彙增進才變得可能。在所有課程的領域裡，老師與幼兒之間的討論可以增加及擴充共同體驗的意義。

有效率的教師

「有效率的」（authentic）教師對於幼兒堅持的任務、幼兒活動中產生的創意或新元素、衝突問題的解決，以及幼兒活動或行為中的其他特徵，都能很快提出欣賞的評論。他們善於發現每個幼兒的進展和成就，在必要時，他們也提供誠實的評論，而這可以運用特別的、細膩的文字來擴充幼兒的理解。他們鼓勵幼兒在日常衝突的過程中，用文字來表達他們自己的感受。

對大部分教育者來說，其中最主要的重點目標是，提升每個幼兒的自尊、自我價值感與重要性。教師每天都朝著

這個目標努力，他們試圖延伸語言的技巧，而且明白一個有自信的幼兒會自由地交談，對於新的經驗也會勇於冒險與嘗試。

在社會衝突的情境中，老師會將幼兒的問題導向衝突的那一部分，這樣在幼兒之間口語的解決方法才可能發生。他們安靜地站在一旁，盼望透過對質可以帶來令人滿意的解決方法，只有幼兒的溝通失敗時，老師才會介入仲裁。

對老師而言有一點非常明顯，就是許多幼兒會尋求自我能力的認同。幼兒會要求大人「看看我」，或是「看看我做的」。這些要求可以用語言的擴充和自我價值的建立等兩種方式來回應。「喔，那很好！」或「是的，我知道」，是比較不好的成人陳述方式。一個特別的評論會更為有效，例如，「你的長積木站在尾端的一小部分，你很小心地搭建你的橋喔！」或「要做貓的尾巴，你必須剪一段很細長的紙。這樣看起來很像貓的尾巴，因為這個小小尖尖的」，這是比較有價值的教師評論。

幫助幼兒成為團體一份子

老師在幼兒眼中是一個說話的示範者，因為幼兒在能力上有所差異，以下給老師的每日口語對話目標，是以每個幼兒的理解層次為著眼點。當指導年幼的、非口語的，或具備簡單口語能力的幼兒時，這些指導方針可以幫助幼兒發展說話的能力。

◆ 讓幼兒清楚地看到你的臉和嘴唇，蹲下你的膝蓋，在幼兒的視線範圍和他們說話。

◆ 使用簡單的手勢來表達意義。

◆ 留意非口語的反應。

◆ 對非口語表達的幼兒說話時，要放慢速度，強調關鍵字，例如名詞和動詞。

◆ 假如你不了解某個字，可以用輕鬆的方式請幼兒再重說一次。

◆ 如果幼兒說「ㄨㄤˊ色」，你可以說，「對！那就是ㄏㄨㄤˊ色」。發音會隨著年紀而改進，並且可以示範正確的表達。

◆ 用 表 達 的 行 話（expressive jargon）[2] 回答，例如，「你正在告訴我（You're telling me）。」

◆ 讓幼兒玩模仿聲音或字的遊戲。

◆ 注意領先的孩子。假如他對某些活動或物品有興趣，可以讓他用簡單的句子談論那些事物。

◆ 給予直接的例子，當你說某些字時，可以用暗示的動作。

2　表達的行話：是一個術語，指幼兒第一次試圖將文字放入講的話當中，使這句話看起來像是大人的說話。

◆ 鼓勵幼兒模仿，不管是口語或非口語的。表現出孩子這樣的努力是值得肯定的。

◆ 對幼兒的回應能耐心等待。

以下這些指導方針可以幫助那些只說單字句或簡單句子的幼兒發展說話的能力。

◆ 擴展幼兒的單字句成為有意義的簡單句子，例如，將「球」的單字句擴展為「這個球彈起來」。

◆ 使用命名的字來描述物品或活動，例如，「這個紅色的球是圓形的」。

◆ 使用連接詞（例如：和、但是、或者、然後、也……）、所有格（你的、他們的、我們的、大衛的），以及否定句（不是、不要、不會等等）。

◆ 幫助幼兒談論自己的感覺。

◆ 使用過去學習的字來說明新字，如，「這個黑色的糖果叫作巧克力」、「你的狗是獅子狗；這隻狗是小獵犬」、「這種帽子叫作棒球帽」。

◆ 當幼兒對一件事物有高度興趣時，問一些簡單的問題幫助幼兒找尋或發現，例如，「你在哪裡發現這個圓形的石頭？」

◆ 對一些圖片或物品進行貼標籤的遊戲。

◆ 藉由實際在句子中說正確的字來修正說話的錯誤，例如，修正英文中「wented」或「goed」的文法錯誤。例如，「昨天你去（went）商店」的句子（省略矯正聲音的音調），幼兒可能仍然與他之前回答的方式一樣，但是你必須示範正確的用法，好讓幼兒及時學習正確的用法。

◆ 以耐心及感興趣的態度，接受幼兒遲疑或是結巴的說話方式。當幼兒太興奮或是處於壓力下，他們的想法無法完全用字彙表達發展出來。

◆ 當幼兒試著說話的時候，要耐心等待，並且安靜地保持眼神的接觸。幼兒的想法很容易遺失，假如你是一個好的傾聽者，並且對於幼兒所說的內容是以充滿興趣的回應時，幼兒會願意再嘗試一次。

當幼兒可以說出一整句話，並且說話接近成熟時，老師可以這樣做：

◆ 在句子中含括適當的分類和類別，以幫助幼兒建立概念，例如，「狗和貓都是動物」。

◆ 問問題以幫助幼兒準確地判定特徵，例如，「牠有尾巴嗎？」

◆ 問問題以幫助幼兒分辨相似與相異處。

◆ 在對話中示範一個句子的模式之後，問一些簡單的問題，這樣一

來，幼兒可以模仿這個適合的形式，使這個模式仍然可以鮮明地保留在他心中。例如，「我想這個檸檬吃起來是酸的，你覺得這個檸檬吃起來是什麼味道？」

◆ 幫助幼兒有次序地記住想法。開始是怎麼發生的？接下來又是怎麼發生的？最後結果是什麼？

◆ 以一個、兩個或三個部分的指示，清楚地說明，例如，「首先要先洗手，然後你可以選一塊餅乾。」

◆ 在句子中使用命令句，在說的時候加上手勢，例如，「將玩具放進櫃子，謝謝。」「把這個積木放進箱子（同時用手指出你說的位置）。」使用形容詞（大的、少的、亮的、紅的、軟的等等）和比較級（更多、更少、更亮、更重、更短、最高的），例如，「告訴我關於那個橡皮娃娃的事情。」「好的，這個粉紅的娃娃比較大。」

◆ 要求幼兒傳遞簡單的口語訊息給教室的另外一位工作伙伴，「告訴布朗太太，準備點心的時間到了。」告知你的工作伙伴，你這麼做是為了促進幼兒口語的記憶和自信心。

◆ 幫助幼兒發現因果關係。例如，「老師，我很怕蟲子。」「比利，為什麼這隻蟲子會讓你覺得害怕？」

◆ 當你在回應幼兒時，記住他們所說

的，這可以幫助他們在很多方面真正的傾聽。盡可能回答每個幼兒，當幼兒同時說話時，你可以說：「我想聽到每個人的聲音。」「瑪莉，請再說一次。」「強生，下一次換你告訴我們。」

◆ 將所有權給予提供點子的幼兒，例如，「昨天南西告訴我們……」「凱特的想法是……」。

Dumtschin（1988）根據 Fujiki 和 Brinton（1984）的研究，提出一種在成人—幼兒對話中出現的技巧，稱為「重鑄」（recasting）[3]。這和擴展及回饋非常類似。重鑄可以在大人回答的評論與擴展幼兒的想法時，取代遺漏的，或是溫和地改變幼兒不正確的語言使用方式。例如，一個幼兒說：「我喜歡蘋果」，老師可以這樣回應：「蘋果很好吃，不是嗎？」或「我喜歡青蘋果，你呢？」

當老師積極地傾聽與觀察，發問及老師的回應會比較適合個別的幼兒。老師可以逐漸了解孩子說話和概念上的錯誤、誤解，以及某些幼兒用來表達自己的方式。隨著更深入的觀察，老師開始

---

[3] 重鑄：一種涉及老師如何根據幼兒的口語陳述，提供幼兒遺漏的字或文字正確用法的溫和示範，或擴充幼兒想法的教學技巧。

建構伴隨著幼兒的個人與文化的歷史。有些幼兒可能曾經到處旅行過，有些幼兒甚至不曾離開過自己的家附近，這兩者都充滿了豐富的字彙，但卻是不同範疇的參考資料。一段關於樹開花的交談被帶入教室當中，老師可能會問：「你曾經在你家附近看過樹開花嗎？」「告訴我，當你把花瓣輕輕放在自己的臉頰上時，你感覺如何？」或是「假如你很近地看著你手上的花瓣時，你會看到些什麼？」

Goodman（1985）對於老師對幼兒的口語互動，提出以下幾點建議：

1. 當幼兒在一些溝通的環境上表現不錯時，老師可能要發現一些新方法，將幼兒這些成功的經驗擴充到新的、不同的環境中。

2. 幼兒進行探索的活動時，老師可能要增加一些問題，例如，「我在想，為什麼這會是這樣？」或「你認為這裡發生了什麼事？」

3. 當你觀察到幼兒在他們的經驗中遇到困難時，老師可以走近和幼兒討論這個情況，並且領導他們去做一些他們覺得無法自己完成的事情。

4. 老師需要信賴幼兒的學習，並信任自己有能力和幼兒一起學習。

表 12-2 當中，老師可以有許多額外的選擇來擴充幼兒的對話。

❖ **表 12-2　針對擴展幼兒對話，老師可以做的選擇和方法**

當幼兒將注意力放在物品、活動、動物、人等等時，可以嘗試以下幾種方法：

● 使用你的五官探查特質。
　—討論可看見的特質（顏色、光澤、形狀等等）。
　—評論觸覺的質感（質感、舒適度等）。
　—觀察辨別聲音（大聲、輕聲、重擊聲等等）。
　—描述聞起來或品嚐的感覺。
● 建議幼兒用他的感覺「描述」。
● 提供相關的資料或訊息。
● 評論有意義的事實或特徵，例如：功能、益處、種類、新奇、起源、時效性、角色細節、意義、移動性、重量、高度、體積、面積、動作姿態等等。
● 和相似的事物比較。
● 建立過去、現在和未來的聯繫。
● 探查事物和其他事物的關係。
● 根據線索來猜測哪些事物獲得幼兒的注意。
● 討論自己的主張、感想、結論，以及可能或明顯的問題。
● 提出自己喜歡和不喜歡的。
● 想像、幻想、假裝和夢想。
● 討論幽默、荒謬及不一致的特徵。

評估你的技巧：
幼兒正在後院觀察一個大冰塊融化的情形，回顧上述表格，並且擴展老師的意見與評論。

智力行為的覺知

過往，很多學者嘗試定義出有效的思考和智力的行為。想成為教師者觀察

幼兒，並且推論二到三歲的幼兒如何「變成知道」，而不是記憶或陳述他們已經知道的。大部分班級會招收那些被老師認為是「成功的學生」的幼兒。透過更仔細的觀察幼兒，老師會記下一些行為，從這些行為可以發現幼兒的推理能力、洞察力、策略、堅持度、創造力和技巧。

許多指導者觀察幼兒的說話行為。Costa（1991）概述了智力行為的特徵，但也提到以下所列這些可能並非最完善的。

1. **堅持**：當問題的情況不是立即顯而易見的時候，會表現出堅持的態度。在學前階段，有些幼兒會問大量的問題，有的幼兒則會嘗試各種不同的途徑達到目標。假如有一位老師承認自己不知道問題的答案時，孩子可能會問過教室內所有的老師。許多幼兒會探查事情發生背後的原因，並且堅持要得到更多的資料來解釋發生的事情。

2. **減少衝動**：我們觀察到有些幼兒會暫停下來思考，而不是很快地回答和行動。

3. **用理解與同理的態度傾聽別人**：有些二到三歲的幼兒會聽出其他人的觀點，並且解釋同理其他人的想法；而有些幼兒則如同Piaget 對這個年齡層的觀察，可能無法克服自我中心。兩個團體都表現出發展合宜的行為。第一個團體在思考的過程中已經達到成熟，而且他們通常會表現出戲弄、取笑，或是推翻別人想法的行為。

4. **思考的彈性**：無論老師或家長告訴幼兒多可靠的理由，幼兒可能還是不會相信或接受這個訊息。這是思考上的缺乏彈性。然而在幼兒時期，許多幼兒至少還是會認定新的可能性，並且懷疑先前的想法。

5. **後設認知**：自我思考的覺知。幼兒可能可以描述他們如何完成一些結果的步驟，但是他們鮮少能夠將腦海中進行的思考用文字表達出來，或描述這些步驟。當大部分幼兒被問到：「你是怎麼做的？」他們會保持沉默，或是說：「我剛剛做的。」這都是發展合宜的回答。

6. **確認正確性和精確性**：一個幼兒展示他印出來的圖卡問老師說：「我做出一個 A。」這是簡單說明他看到的事實；其他幼兒可能會說：「這不是 A 嗎？老師。」這是幼兒在確認準確性。在討論

中，幼兒也會尋求正確性。相信有許多老師已從熱愛恐龍的幼兒身上學到了這一點，而且他們確認的狀況會比老師好。

7. **發問及解決問題**：這是許多幼兒都有的特徵，他們會問很多事情的原因，並且靈活地注意到其中的不一致，以及不常見的現象。

8. **提取過去的知識應用於新的情境上**：有時候，老師很難了解幼兒是如何將過去連結現在的狀況所形成的普通原理原則；而有時這個連結則是很快速且明顯的，例如，當幼兒看到一個穿白色衣服的工作者時，會表現消極的態度。

9. **語言和思考的精確度**：當接觸到含糊或不精確的成人語言時，二到三歲幼兒會使用大量的描述文字，並且用類似的評註。

10. **使用所有的感官**：二到三歲的幼兒可以很快地探測、運用，及欣賞展現給他們的感覺機會。

11. **獨特、原創、新奇的創意**：幼教專家很重視幼兒在這個領域的嘗試與行為，並且大部分老師都可以直接引用他們觀察到的例子。

12. **對解決問題充滿驚喜、好奇與樂趣**：一種關於思考者效能的感覺。幼兒對於問題、思考遊戲、猜測及障礙的態度，可以增加或阻礙幼兒尋求知識和解決之道。成人可能會示範如「放棄」、「這個太難」或「我從來沒有做對」的態度，而不是「讓我們一起來發現」、「看看我們做的」這樣的態度。當遇到困境或挑戰時，成人也可以示範尋求解決方法的樂趣。當成人在尋求困境或挑戰的解決方法時，他們也可以是樂趣的示範者。

根據 Costa 在上述列表的第六點，當一個幼兒說：「蘇珊沒有喝完她的果汁。」時，老師可能認為，她是想要確認關於果汁喝完的規則是否存在，而不是閒聊。老師可以這樣回應：「在學校，我們可以選擇我們要喝多少果汁，但是每個人都應該喝完倒在自己杯子中的果汁。」

幼兒可以理解超過一種以上的解決方法或答案，或做事情的方法，並且要蒐集到更多的資料，然後仔細考慮何為好的策略。可以要求幼兒針對他們選擇的活動來分享計畫和結果；也可以聊聊

日常發生的事情和真實的困境，並且可以透過那些重視每個幼兒想法的活動和討論來解決問題。

老師可以設計教室的活動來支持幼兒的思考、問題解決能力，及創意的想法和想像力。幼兒可以發展出「他們所提供的想法是有價值的」的態度。當教師聆聽、清楚解釋幼兒的評註，並且嘗試學生的想法，幼兒會感覺到他們說的是有意義的。例如，「也許學校的寵物鳥會吃紙，或者也許鳥兒剛剛才撕破它，假如我們仔細看，我們會找出來的，是吧？」

提供一個充滿探索機會的有趣教室是必需的。教室充滿直接操作的經驗和回應的成人，是學前機構活動最廣泛的公認目標。

制式教育最主要的失敗原因是，我們不是從真實、具體的活動中開始語言（Costa, 1991）。在學前機構層級，這個意思是，有些老師傾向告訴幼兒關於真實的狀況，而不是提供讓幼兒遭遇真實情況的探索經驗。老師也需要效法孩子們的智能行為，以及對學習的熱忱，沒有任何方式比一個具體的實例還要好。

為預先計畫的說話活動進行布置

幼兒在教室內、教室外，甚或當他們在動的時候，說話的活動就在發生了。當幼兒和老師彼此都覺得舒服、自在、不急促，或沒有焦慮時，預先計畫的活動比較容易成功。同儕將是字彙和意義很有價值的來源。

幼兒在團體時間時，要更注意團體的大小，以及幼兒之間的座位空間。在小的討論團體，比在大團體中更容易創造出包容及親密的氣氛，從而可以支持幼兒自願分享他們的想法。在教室中，指引和刺激也需要納入考慮，舒適的材質和抱枕可以增加溫暖和舒適感。半圓形的座位安排，老師在中心，提供老師和幼兒一個很好的視野。

良好的視線高度和座位安排才能看得舒適自在。如果可能的話，幼兒所看的物品最好放在他們的視線高度上，老師常會坐在幼兒尺寸的椅子上，引導幼兒進行語言藝術活動。屏障、隔板和書架可以減少注意力的分散。

一位有創意的老師在一個家長—幼兒的「親師座談會之夜」，想出一個方法來提升幼兒說話。他讓孩子們畫出一張自己的畫像。在各式各樣的畫筆和紙張旁邊放了一面很大的鏡子，幼兒不可以在自己的自畫像上寫出自己的名字。在座談會之前，幼兒的圖畫被貼起來，並且標示著「你能找到我嗎？」的記號，這些記號也會以來參與幼兒的母語標示出來。這個活動提升幼兒自我和同

學間的口語認同,並且凸顯幼兒為父母扮演一個教室口語嚮導的角色。

發問技巧

　　老師的問題常會促進幼兒的仔細思考及好奇心。「發問」是很平常的,老師會用發問來確認自己是否了解幼兒陳述的內容。「發問」可以提供幼兒關於老師注意以及感興趣的回應,而且證明幼兒想表達的訊息是否能被理解。發問給予幼兒一個機會糾正老師,並且釋出更多的資料,或解釋澄清更細微的溝通。發問也可以幫助我們保持溝通的流暢,並且展示在幼兒的活動進行中老師感興趣的那一部分。

　　許多專家建議,老師在發問策略上需要協助及特別的訓練,這樣才能幫助幼兒辨識矛盾衝突、透過省思採取行動,以及概念的發展。老師要問一些很快可以理解的問題,也需要每個二到三歲幼兒的簡單回應,和更有能力的四、五歲幼兒更有挑戰性及思考性的回應。也就是必須依照語言的層次來修改發問的問題。

　　發問問題在所有對話的開端中是最精細的,老師可以藉由詢問孩童從事的活動或興趣,以及用熟悉的表達方式展開較不具威脅性的發問。

　　教室裡出現了一個狀況,當窗戶被風吹而關上時,其中一個幼兒說:「老師!有人在打窗戶。」一個有技巧的發問可以引導幼兒發現新的結論,例如,「有人站在窗戶旁邊嗎?」「有人可以從下面碰到窗戶嗎?」或「你可以想一想有沒有什麼東西可以砰一聲把窗戶關上?什麼東西可以推動那個窗戶?讓我們來看看這個窗戶,是不是有什麼東西在推這個窗戶。」

　　接下來的例子說明了老師在遊戲中觸發孩子思考所扮演的角色,老師在學習中藉由提供和安排設備創造出一種氣氛。老師看到一名幼兒在一個用積木建構的斜坡上玩車子,老師知道,假如一輛車子放在積木做的斜坡上,傾斜的速度和到達的距離會受到斜度和斜坡的長度所影響。於是老師問:「強尼,這個藍色的車會跑得比紅色的車快嗎?」老師也可以介紹新的字詞給幼兒,例如,斜、斜度、慢、更快、在……上面、在……下面、高、更小,並且在對話中使用和引出這些字彙(Danoff, Breitbart, & Barr, 1977)。

　　老師們要敏於察覺有些幼兒可能會產生焦慮。在過去的經驗中,假如幼兒的答案被過度糾正,或大人的問題和懲罰有關聯時,老師的問題可能會造成幼兒保持沉默或是緊張。

老師有時會運用「選擇性」的問題，當幼兒專注在某件事情時，老師會省略一些特別或描述性的字句。例如，「你要紅的（用手指紅筆）或藍的（用手指藍筆）？」

在問問題時，老師是否認同幼兒的話也很重要。因為每個幼兒在回答問題時，都是根據自己的生活經驗，因此幼兒可能會說出一些特別的答案。以下透過一段對話（在 San Jose City College 兒童發展中心進行的觀察）來展現老師如何處理非預期的答案。

（對話主題圍繞在電視機）

老師：「我們可以到哪些地方買到電視機？」

查斯：「梅西百貨。」

裘伊：「在 SOGO 百貨商店。」

曼達：「賣電視機的店。」

老師：「查斯說梅西百貨有賣電視機；裘伊認為我們可以在 SOGO 商店買到電視機；曼達認為要去賣電視機的店。也許我們可以在這三個地方買到電視機。裘伊，你曾經在 PEAR 商店看過電視機嗎？」

裘伊：「在 SOGO 商店裡有很多電視。」

老師：「你去過 SOGO 商店嗎？」

裘伊：「我們的電視機壞了，我們就會把它拿去 SOGO 商店修理。」

老師：「我也會把我壞掉的電視機拿去那裡修理。是的，修理店可能會賣電視機。」

老師的任務就是要保持說話和回答是持續的，並且鼓勵每個幼兒表達自己的想法。有時候，一個問題可以回答另一個問題。當孩子說：「小白兔都吃些什麼？」老師可能會說：「我們怎樣可以知道呢？」老師知道真正的體驗更勝於快速的答案。

當使用問題時，應該組合不同難度的問題。幼教老師要小心地問問題，以發現幼兒理解的程度。老師試著幫助每個幼兒在活動上可以成功，同時也提供挑戰給他們。即使是點心時間，也可以是學習語言新技巧的時間。

「開放性問題」是非常有用的，老師試著透過問這類問題來增加幼兒的能力。開放性問題的定義為，一個問題有很多可能的答案。Almy（1975）指出：

有些老師很急切地想傳授知識給幼兒，反而忘記評估這個方法能否被理解及吸收。這些開放性問題，例如，「你可以告訴我有關……」、「你在思考些什麼？」的答案比將問題的答案聚焦在特別的主題上，更容易展現與揭露幼兒的想法。他

們可以藉由「多告訴我一些吧」或是「有些人認為……」、「你覺得呢？」這樣的問題來加以引導。

老師的問題可以分為八種主要類型：

1. 回憶：要求幼兒去記憶訊息、名稱、字彙等等。回憶的問題是最常被詢問的問題類型。Gall（1984）研究指出，教師問的問題中有 60% 是要求幼兒回憶事實，有 20% 的問題要求幼兒去思考，另外 20% 是屬於程序的問題。老師強調事實的問題，而且從研究中指出一個重點，就是更高、認知性的問題可能是更有效的。在大部分的小學中，這種問題類型是常常被使用的嗎？例如：「這個球是什麼顏色？」

2. 聚斂性思考（convergent thinking）[4]：要求幼兒去比較或對照相似處或不同處，並且找出其關係。例如：「這兩部玩具車有哪些地方很像？」

3. 擴散性思考（divergent thinking）[5]：

要求幼兒去預測或推論。例如：「假如那個男孩踩在大理石上，會發生什麼事情？」

4. 評價：要求幼兒提出自己的觀點和想法，或要求幼兒探究自己的感覺。例如：「假如你可以吃你最喜歡的食物，什麼食物會出現在你的盤子裡？」

5. 觀察：要求幼兒觀察及描述他感覺到的。例如：「窗台上的這隻螞蟻怎麼了？」

6. 解釋：要求幼兒陳述原因和結果、理由或描述。例如：「這塊黏土今天看起來不太一樣，你想發生了什麼事？」

7. 行動：要求幼兒移動身體或表現身體的動作。例如：「你可以為我們示範像鴨子般的走路方式嗎？」

8. 開放性問題：有許多答案都是可能的。例如：「早上小朋友都是如何從家裡到學校的？」

Hendrick（1998）也建議，某些老師的發問形式可以促進幼兒的思考歷程，包括：用問題探究幼兒的「想法」、用問題讓幼兒以言語表達他們的「選擇」、用問題促進幼兒的假設、用問題解釋「因果關係」、用問題來探求「解決之道」。她鼓勵老師要依照現在發生的事情去詢問幼兒過去發生的事，以幫助幼兒了解關係。

---

[4] 聚斂性思考：是一個分析的過程，整合想法來推論出適當的結論，或從給予的資訊中找出特別的解決策略。

[5] 擴散性思考：是一個詳細列出所有想法的過程，可以從給予的資訊中引出新的想法和可供選擇的解釋。

老師應該避免像是將問題重心集中在切割的瑣碎知識，或被用來當作學習成效或記憶的測驗這類「低品質」的發問問題。但遺憾的是，在一些大人心中，老師和老師用發問作為測驗的行為是互相搭配的。他們頑固、持續地詢問幼兒問題，認為這樣做才是一位好老師該有的行為。當一個成人靠近一個在沙箱旁邊的幼兒，並且問他：「你在做些什麼？」這樣的問題會讓幼兒懷疑，為什麼大人看不出他做的東西，或他被期望應該做些什麼。對某些成人來說，要真正把焦點放在幼兒的活動和做出適當的評論是很難的。例如：「你做了一個很大的沙山。」或「撿起一個玩具杯子並且說，「請放一些沙子在我的杯子裡。」

學前教師有很多機會可以透過發問，探究幼兒對書籍、事件和教室發生的事情的創意回應。他們的問題可以是以幼兒為中心的，並且促進幼兒的創造力和說明幼兒的回應。老師可以從被照顧者所說的內容改善他們停頓、傾聽和學習的能力。

問題表達的方式可能會產生簡短或冗長的回答。使用「這是什麼（What）」和「在哪裡（Where）」的問題，通常會得到單字或片語的答案。很多問題，就像「你要不要……？」「你可以……嗎？」「你是不是……？」「你有沒有……？」孩子通常都會回答「是」或「否」。這種問題形式適合二、三歲幼兒的程度。

幫助幼兒對照或連結想法的問題可以從以下開始：

假如……會發生什麼事情？

哪一個比較長？

這兩樣東西有哪些相同的地方？

為什麼你認為它們是不一樣的？

接下來會發生什麼事情？

如果那個東西從桌上掉下來，會發生什麼事情？

你可以猜猜看誰是第一嗎？

這個球可以放進罐子裡嗎？

我不明白為什麼這個和這個很像？

你認為發生了什麼事？

以下有些問題的例子可以用來鼓勵解決問題或刺激想法：

假如你手上有一把零錢，你想要買什麼？

可以告訴我，當你變成像你父親一樣是個大人的時候，你想要做什麼事情？

你可以想出打開椰子的方法嗎？

我們要如何發現螞蟻住在哪裡？

這些問題可以被更成熟的說話者回答。透過仔細的觀察，老師可以創造出幼兒想要回答的問題。

使用 Vygotsky 和建構主義的方法

根據 Bodrova 和 Leong（1996）的論點，運用 Vygotsky 觀點的老師不管面對二、三歲和四、五歲幼兒時，都應該：

◆ 可以用口語詳盡描述他和幼兒的行動。列舉出他和幼兒發生或遭遇的所有行動。例如，「給我藍色的積木。」

◆ 當他在解決一個問題時，可以大聲地展示想法和策略，並且說出他們正在想的。例如，「我可以把這兩個東西放在一起。」

◆ 當介紹一個新概念時，會確實地把概念和行動結合在一起。如，「當我們想要測量這件物品有多長時，我們可以把尺放在物件的尾端，並且唸出尺上的數字。」

◆ 用說話來檢視幼兒對於概念和策略的了解時，要用思考的方式。讓幼兒習慣說出他們怎麼想的，以及他們是如何解決問題的。

◆ 鼓勵使用非正式的說話。這種自我對談的方式對幼兒有重要的意義，並且不該被勸阻或遏止。訓練幼兒把自己在做的事情說出來，如「轉動圓頭把手，然後按下按鈕。」

遊戲和戲劇中的說話

在幼教機構中，幼兒的遊戲機會是需要計畫、提倡並廣泛的分類。檢驗一個幼教機構是否在平日建立對話和討論的時間，可以反應出教保人員是否鼓勵幼兒說話和口語上的表達。Calkins（1997）稱之為「對話習慣」的建立。可供對話的午餐時間是一種慣用的、有計畫的「小談心時間」範例，這樣做主要的好處是增進幼兒在語言活動的成長。

在遊戲中，幼兒可以透過手勢和言語，以及與朋友間的相互合作，表徵他們的想法和感受。幼兒再次檢視生活的經驗，增加他們的想像力，有時候可以控制發生的事件、場景和人。

遊戲

遊戲可以刺激許多幼兒對幼兒（child-to-child）的溝通，其中有些遊戲比其他遊戲更能提升幼兒的說話能力。安靜的活動，例如畫畫或玩拼圖，當幼兒全神貫注在其中時，可能會傾向限制說話。

假如老師仔細觀察幼兒遊戲的過程，他們會注意到許多幼兒起動（child-iniciated）的遊戲，包括畫圖、閱讀、動作和書寫等等。當戲劇活動展開時，可

以即興使用道具。藉由書寫、藝術或隨手可得的材料，幼兒會吸收這些元素成為幼兒創造（child-created）和幼兒導向（child-directed）的狀況。

老師為幼兒製造在大團體或小團體遊戲的機會。和其他幼兒或團體遊戲時，幾乎都會要求幼兒說話。學步兒可以不使用語言的方式彼此遊戲，並且透過不同的聲音、尖叫或大哭來模仿一些態度。和其他幼兒互動會提升幼兒的說話能力。

Bergen（2001）注意到，並不是所有幼兒都能從簡單的遊戲順利轉變到複雜的社會假裝遊戲（social pretend play）。Rubin 和 Coplan（1998）回顧所有關於幼兒在幼兒園中非社會化或孤立的遊戲行為發現，這些行為在後來的幼兒時期是同儕關係、社會焦慮、寂寞、沮喪和負面自尊的重要預測指標。老師的額外幫助和鼓勵是必要的，如果學校教育不成功的時候，幼教工作伙伴的個案研究、討論和交付給診斷專家是必要的。

在生命的初期，幼兒會扮演以及重複某些字與其他活動。到學前階段，這稱為「**戲劇遊戲**」（dramatic play）[6]，而且在幼兒教育中心的幼教工作伙伴會

為此活動做計畫及準備。一般認為，戲劇遊戲對幼兒有極大的助益，並且可掌握許多學習的機會。戲劇遊戲可以幫助幼兒：

- ◆ 發展會話技巧和用單字表達想法的能力。
- ◆ 了解其他人的感受、角色或工作。
- ◆ 連結行動和文字——行動和文字在遊戲中總是相伴而行。
- ◆ 發展字彙。
- ◆ 發展創造力——幼兒在遊戲過程中假裝、行動和虛構一些事物。
- ◆ 致力於和其他幼兒的社會互動。
- ◆ 複製生活，有時候透過模擬一些有困難的情境，從而為情緒提供一個出口。（舉例來說，在幼兒教育中心，當幼兒在玩扮家家酒的遊戲時，大部分的洋娃娃都會被打屁股。）
- ◆ 取得領導地位和團體參與的角色。

Griffing（1983）在仔細觀察後，曾經這樣描述戲劇遊戲：

戲劇遊戲含有許多象徵的活動——自我的轉換、在角色中的物件和情境，以及只存在想像中的事實。在遊戲的組織中，遊戲是認知的綜合體，是一連串相關的想法和事件的組合，而非孤立的假裝行為。有延

---

[6] 戲劇遊戲：表演生活的經驗，或在遊戲中創造戲劇的插曲。

伸性的社會互動和口語溝通，使幼
兒能合作地完成遊戲。

或許在不識此道的人眼中看來，假
裝遊戲（pretend play）看似容易，但
假裝遊戲並不是一件容易的工作，它在
發展上是重要的里程碑。假裝遊戲需要
具備轉換事件和象徵性主題的能力。
Bergen（2001）曾描述假裝遊戲是相互
作用的社會性對話和角色扮演、編輯知
識和即興創作的協商。大量的字彙成長
在這個時期發生。舉例來說，當幼兒在
玩扮家家酒時，他們可以從祖父的角色
演到一個寶寶或家裡養的狗。在每個角
色中，幼兒同時混合了真實與虛構的因
素，將他們的想法、言談和行動用遊戲
的方式表達出來，並且依照劇本的需要
表現適當的情緒。使用語言學的技巧來
參與計畫和解決問題也經常發生。在幼
兒時期，許多時間和精力都貢獻在這類
遊戲上，幼兒會熱中於這類活動，並且
擁有輕易從現實跨足虛構世界的能力。

老師看著戲劇性遊戲的發展，從學
步兒的簡單模仿動作，到四歲幼兒精細
設計的戲劇遊戲，語言的使用就像花朵
般逐漸綻放。老師依據主題的發展提供
必要的道具，以及增進戲劇插曲的材
料。為了更有效率，老師必須觀察並察
覺哪些成人的動作和情境得到幼兒足夠
的興趣，讓他們可以迅速重新演出。有

位實習教師想出刮一刮的活動，利用鏡
子、刮鬍膏及安全剃刀完成活動，並且
發現男孩們捲起褲管刮他們自己的腿。
這指出兩個有趣的議題：第一，幼兒使
用剃刀的知識，即使是不銳利的剃刀也
可以變成遊戲的項目；第二是戲劇遊戲
如何啟發老師。幼兒的安全永遠是衡量
活動是否適合幼兒的最高準則。

四歲的幼兒精力旺盛地熱中於超級
英雄的扮演遊戲，如牛仔和印第安人、
好人和壞人，或是怪獸和鬼的設定，這
充斥於世世代代以來美國幼兒的想像
中。新的英雄會從電視卡通和電影中不
斷出現。機器人和太空生物對四歲幼兒
是很一般性的戲劇扮演主題，幼兒在
行為和文字上變成有權力的選擇者。
Segal（1987）探究這類遊戲會受歡迎
的原因在於：

> 超級英雄的扮演是幼兒根據自己的
> 規則重建他的世界的一種方式，藉
> 由扮演成超級英雄，四歲的幼兒可
> 以突然獲得強大的能力和令人敬畏
> 的力量。這種扮演遊戲可以讓幼兒
> 重新獲得在日常生活中受大人的控
> 制下所失去的強大力量。

許多老師會感到矛盾，因為他們目
擊到許多暴力在這類扮演遊戲中上演，
而這類角色扮演是需要特別處理和監督

以維持幼兒的安全。大部分老師會為有關超級英雄的團體對話設定時間，以至於現實和幻想可以在團體討論的掌控下，作為整堂課或團體中可能學習的機會，討論是要能被看見並處理的。而有些老師們則擔心這類角色扮演主題重複性太高，會使幼兒缺少創造的察覺力。

豐富的家庭和學校經驗（到各地去做各種事情）會為扮演遊戲提供建構的要素。假如幼兒沒有先前的經驗，他們可能在扮演「餐廳」和「婚禮」遊戲時會遇到困難。幼兒教育中心會提供活動和物品來促進扮演的遊戲，例如：

- ◆ 校外旅行。
- ◆ 藉由拜訪者和客座演講者的討論和閱讀。
- ◆ 書籍。
- ◆ 以圖畫為基礎的討論。
- ◆ 照片、錄影帶、幻燈片和投影片。
- ◆ 扮演遊戲用的成套工具、裝備和布置。
- ◆ 父母親職業的呈現。

在戲劇遊戲中，幼兒常使用象徵性的符號和語言來呈現非真實存在的物件。一個矩型的積木可能變成一個奶瓶、一個派的盤子、廚房的時鐘等等。在虛擬實境中，角色應有的行為是朝向讀寫素養發展很重大的一步。幼教老師的象徵性遊戲和閱讀成就之間存在著別具意義的相關性。幼兒在象徵性戲劇遊戲的技巧可以增加他們了解文字和句法架構的多變性。

Smilansky 和 Shefatya（1990）列出在戲劇扮演遊戲中促進成長的領域和可能性，包含動詞變化、字彙、語言的了解、持續的注意力、想像力和解決問題的策略、合作、注意力、刺激的控制、好奇心、同理，和團體的參與。Vygotsky 的研究（1986）針對幼兒遊戲對智力構成要素進行很重要的分析：

在遊戲中，幼兒的行為總是超過他的年紀及他日常的行為之上；在遊戲中，所展現的遠遠超過他自己本身的能力。遊戲相當於一種全神貫注的方式，如同放大鏡的焦點，可以看到所有的發展趨勢。

戲劇遊戲的布置

有著兒童尺寸的火爐、冰箱和桌椅的玩具屋區域，能激發幼兒的戲劇扮演。一艘舊的船、一個服務台和電話亭，都是幼兒可以在戲劇遊戲中開心使用設備的例子。

在幼兒教育中心，家具位置的擺設可以隨著房間的擺設，例如一輛公車、一間房子、一條隧道或一間商店等等而

被移動。大的厚紙箱可以變成各種道具，上面可以寫上標籤（或不寫也可以）。大的紙袋、繩索、毛毯、不要的工作服和華麗的衣服，也可以刺激扮演遊戲。在戲劇扮演中所需的項目，可取材自學校合作的供應公司、二手商店、跳蚤市場和車庫拍賣的廉價出售及其他來源。

戲劇遊戲的工具箱

　　建議將同一類型的遊戲項目放在同一個盒子裡以便使用。一個完整的擦鞋工具箱中，要包含數罐的天然擦鞋油、一塊軟布、一個鞋刷、玩具錢幣，和一份雜誌或報紙，這樣就非常受歡迎了。幼兒對於活動的理解非常快，但可惜的是擦鞋店並不常見，所以，老師可能必須示範這個工具箱如何使用。

　　在戲劇扮演中，社區主題的道具箱建議可以有麵包店、花店、銀行、修車店等，以此類推。幼兒使用這些來決定社區的人做什麼或想什麼，以下包含符合戲劇主題的材料，以提升額外語言範圍的技能。

　　在戲劇扮演中，工具組有以下使用方式：

　　　　郵局：大張索引卡片、舊的明信片和信紙、郵票墊、打印器、文具、信封、問候卡、蠟筆或鉛筆、郵票（聖誕節或野生動物圖案）、郵筒（在鞋盒的前面割一條縫隙，並清楚印上名稱）、老式的肩背手提袋作為郵袋，以及男生和女生的 T 恤。

　　掃除組：幾支掃把、拖把、抹布、防塵布、畚箕、海綿、有商標的襯衫、圍裙、塑膠瓶、噴霧器、擦窗戶的紙巾。

　　下午茶派對：幾組茶杯和茶托、塑膠大水壺、餐巾、花瓶、桌布、塑膠湯匙、墊子、卡片、茶壺、邀請卡、小的食物空袋如麥片盒，以及黏土和塑膠做成的餅乾和小點心。

　　醫生：聽診器、繃帶、膚色貼布、給扮演傷患用的紅色小貼紙、鴨舌板、溫度計、檢查報告的核對清單、便條紙和鉛筆當成處方箋、帳單表格本作為帳單、膠布、棉花球、紅十字的臂章、可攜式的袋子、紙做的醫生長袍、白色襯衫和兩性生理構造圖等等。

　　老師：筆記本、鉛筆、塑膠杯子、粉筆、鐘、黑板、出席記錄本、老師桌子的照片、椅子、尺、書本、整組的法蘭絨板、關於第一次上學的書本。

洗車：毛巾、裝有泡泡水的噴霧器、海綿、水桶、長絲襪、窗戶、橡膠清潔器、舊塑膠雨衣、雞毛撣子、清潔噴霧器、打蠟罐，和一台舊車（可在溫暖、晴朗的日子到戶外去進行活動）。

超級市場：出納收銀機、玩具錢、報紙廣告、便條紙和鉛筆或蠟筆、打洞機、店名的標籤、購物目錄、紙袋、空的食物紙盒、玩具水果、雜貨店的小推車或滾輪的洗衣小推車、手提包和皮夾。

美髮沙龍：塑膠刷、梳子、棉花球、粉撲、領巾、擦指甲的瓶子裝上有顏色的水、吹風機（沒有電線和插頭）、捲子、水噴霧瓶、髮夾、男性和女性髮型書、鏡子。

加油站：輪胎千斤頂、管子、海綿和水桶、短的軟管、圓桶容器（瓦斯幫浦）、帽子、塑膠計費卡、注射筒、紙巾、紙張、鉛筆，和一個汽油大減價的牌子。

釣魚：帽子、附有繩子的釣竿（約三呎長）且尾端綁上磁鐵、釣魚盒子、臉盆；金屬製作的小物件，例如，用夾紙張的迴紋針充當魚，或是用紙剪出魚的形狀，再用迴紋針黏在每條魚的後面（為了吸附磁鐵）；水桶。

禮品店：舊的壁紙書、各式各樣可供包裝的空盒子或木盒、打好的蝴蝶結、膠布、剪刀、卡片、緞帶、蠟筆和日曆。

露營：舊茶壺、平底鍋、塑膠盤、背包、毛毯、睡袋、泡泡橡皮墊、手電筒、短木材、玻璃紙、大紙箱或帳篷、食物盒、折疊式桌椅、舊的露營爐、軍用水壺、手提收音機、保護兒童的防曬乳和墨鏡。

飛機：一排排的椅子、托盤、塑膠用具、玩具食物、頭戴式耳機、小枕頭、毛毯、機票、雜誌、手推車、杯子、塑膠瓶、餐巾、空服員服裝、背包和快餐包。

以下有更多的組合可以使用：

電視維修人員	郵差
烘焙師傅	消防員
野餐	飛行員
畫家	馬戲團
餐廳	生日派對
結婚	太空人
警察局	機場
建築工人	水電工人
電腦維修人員	

　　上述建議的工具箱想法是許多可能主題中的一小部分，而父母親是工具箱項目的最佳資源。

為喜愛的故事蒐集道具，並且把它們放在儲存袋或箱子中，而這個袋子或箱子上面有貼著故事的圖案或插圖，也不失為另一個好方法。

服裝

服裝和衣服道具可以讓幼兒快速進入角色。耐用、堅固、幼兒可以控制的繩索和彈簧，可以增加幼兒的自助性。有鬆緊帶的腰帶可以容易穿脫。衣服要剪裁合身（才不會拖到地板上），使幼兒可以在身上穿久一點。幼兒喜愛的項目如下：

- 各式各樣的帽子（注意：帽子、假髮、頭套在有頭蝨的狀況下不能使用）。
- 鞋丁、靴丁和拖鞋。
- 制服。
- 配件：例如，領帶、圍巾、手提包、皮夾、舊珠寶、圍裙、徽章和鑰匙圈。
- 不要的皮毛夾克、柔軟布料和花稍的布料。
- 假髮。
- 工作服。

使用大的手提購物袋製作幼兒的服裝，是一個不錯的點子，只要把袋子的底部剪掉，讓幼兒可以穿過去，把提帶當作肩帶來使用，幼兒就可以裝飾這個袋子，並把它當成道具。

老師在戲劇扮演遊戲中的角色

戲劇遊戲是由幼兒主導而非老師，扮演的點子來自幼兒的想像與經驗。

老師可以在退到幕後之前激發戲劇遊戲，幼兒是要小心注意的，但並非猶豫徘徊的。有時候，一個新的戲劇遊戲方向是由老師建立的，以避開不安全或暴力的遊戲。劇本的走向最好是由幼兒來決定，當情況變得不安全或超出控制時，老師要適時出現，或是用言語制止或改變他們的行為。如果一切順利，所有的想法、用字，或演戲的所有動作，都會是幼兒自己發展出來。

老師適時的建議和材料的介紹可以擴展並豐富幼兒的整部戲，老師要留心注意但並不是控制支配，我們寧可老師是像一個可以隨時提供各種資源的朋友。

戲劇是讀和寫的開始。在戲劇遊戲中，幼兒了解他們所扮演或是模仿的類型（雖然在某些遊戲的狀況，偶爾會有幼兒混淆戲劇的現象）。

四、五歲幼兒的戲劇遊戲開始增加成熟、深入度、複雜度，並且充斥抽象符號的再現。

Smilansky（1968）試圖訓練那些無法在適當的假裝遊戲中參與的幼兒。先請老師示範，由老師假扮一個角色重

演真實生活的經驗，同時老師會介入像是提供建議、給予方向、問問題，和釐清發生的行為。在學的幼兒則鼓勵他們參與社會戲劇扮演，老師讓幼兒決定劇情的方向和內容，老師的行動幫助幼兒在他們選擇的扮演主題中增加精緻度。

傳統上，在幼兒的戲劇扮演中，大多建議老師要限制或省略成人式的指示和控制。但有研究（Schrader, 1989）建議，老師的行為應該包括示範、建立幼兒觀點的表達方式（如寫紙條、選擇菜單的項目、看標示等等），而且老師對於遊戲的建議可以幫助幼兒增加讀寫行為。老師時而介入、時而抽離的行為被認為是適當的。這種介入可以增進幼兒的想法，並且給予幼兒選擇權，建議可讓幼兒在沒有指導和控制下，考慮想法和遊戲的流暢性，但是也要顧及幼兒的安全性。

戲劇遊戲是對書中事件之智力上的反應

幼兒的戲劇遊戲和角色扮演是綜合並連結圖畫書和他們日常生活所發生的事件。任何一位觀察入微的教師都知道，幼兒在戲劇的遊戲中反映了他們實際的生活經驗。一位幼兒進入戲中的劇情時，當飾演爸爸的人走進來，幼兒說的第一句話是「你有沒有帶錢回家？」從而可以觀察及體驗幼兒的背景事件。

那麼，按照書依樣畫葫蘆表演會有什麼好處呢？除了重新創造書中的段落和主題外，這個經驗會提供一些智能和文學上的好處，可能可以理解更深入及更清楚的意義。早期的幼兒教育工作者判定，這樣的活動可以幫助幼兒建構一些層次上的知識。

提供一些小道具給幼兒時，幼兒常常可以重述更多的細節和複雜的故事，例如，小的物件或照片圖案（McGee, 2003a）。McGee 也建議使用一個故事曬衣繩綁在家具的兩端，上面掛有六到十個圖案（自創或選擇的皆可），用來刻畫出主要的故事和書中的情節。故事「圓衣領」（story collars），這代表了故事角色穿的布料，例如，當一個農夫要穿工作圓領衫，或扮演動物角色時要戴人造的皮毛，也是建議的方法之一。

和圖書有關的道具（像是帽子、服裝、物件和布置），可以由老師來製作。老師可以先確認某本書是否能夠呈現一些可建立簡單規則的特徵，例如「三隻小豬」，這樣才容易與學校內找得到的物資和設備建立橋樑。

大部分細心觀察的老師會發現，幼兒最愛重聽故事或是對圖畫書深深著迷，不管是在團體閱讀或是獨自一人的時候。重聽故事、再扮演，會使圖畫書的訊息深刻地印入幼兒腦海中，成為他們知道的知識。

在老師的協助下幼兒重演一本圖畫書，或許會讓老師感到驚訝，對幼兒而言，在重演時，他們通常會將生活中的物件鑲嵌入故事的文本中（Ferguson & Young, 1996）。

McGee（2003a）相信，證明直接教學的活動是正當的這件事情，對老師來說造成很大的壓力，除非他們被描述為研究導向的。她注意到有研究支持「書本的活動」，並且節錄以下文章：

> 相較於那些只畫圖或只討論故事的幼兒，經常專注於奇幻主題戲劇遊戲的幼兒有較多的字彙可供使用，並有較多的複雜語言，對故事也有較深的了解。（Pellegrini & Galda, 1982; Saltz & Johnson, 1974）

McGee 也提到，在老師不斷的反覆閱讀下，幼兒更有可能把故事演出來。McGee 提到其他的技巧包括：

◆ 提供成人的支援協助和建議，以加強語言的學習和故事的理解。

◆ 為了促進幼兒分享故事，讓幼兒擔任說故事的角色來增進幼兒的表達能力。

◆ 為幼兒創造出更多的聆聽活動，並且重述故事中獲得的資訊。鼓勵幼兒回應這些訊息，並且使用在書寫訊息中發現的特別語言和句型。

◆ 當老師重述故事來增進幼兒的理解時，須維持團體的人數。

◆ 提供故事書和資訊書的趣味性和戲劇性。

根據 McGee 的想法，這些技巧可以幫助幼兒：

◆ 創造推理能力、綜合貫穿全文的知識。

◆ 使用獨特的讀寫素養和特定內容的單字。

◆ 說出比較複雜的文法結構的句子。

◆ 遵守團體的規定、協調、聽取他人的觀點、結合觀點和更複雜的對話，整合入他們自己的故事觀點中。

平日的作息

時間的規劃（尤其針對對話的部分）亦包含在幼兒教育的課程當中。在每天的開始，集合以及團體時間是用來鼓勵幼兒個別的表現和說話能力。點心和午餐時間則被設定在用餐時增進愉悅的對話，有計畫和架構的活動提供幼兒盡可能說話的機會。

● 展示和說

在日常的作息中，最常見的就是「展示和說」（show-and-tell）。在這裡必須提到，有些幼兒教育學者相信，這個例行公事是過時而且被過度使用的。因

此寧願從日常的作息中刪除。相反地，提倡「展示和說」的人則相信，這個活動鼓勵幼兒在其他人面前談論他們特別的興趣，幼兒可以從家裡帶東西，或分享在學校裡做好的東西。下列是有助於設計「展示和說」的一些有用暗示：

◆ 鼓勵而非強迫幼兒去說，如果他們不想說，就只要秀出他們的東西就好了。

◆ 讓展示東西的幼兒站在團體中間或是坐在老師旁邊，以友善的膀臂環住幼兒的肩膀或許會有幫助。

◆ 啟發其他的幼兒提出問題：「馬克，你似乎想問他們關於藍色大理石的問題？」

◆ 利用煮蛋的計時器來限制愛說話幼兒的時間。

◆ 限制活動的時間以免幼兒感到無聊。

◆ 感謝每位幼兒的參與。

◆ 嘗試一些新的東西，例如：

　(1) 展示全部的物品，然後大家一起猜是誰帶來的。

　(2) 讓幼兒交換（如果可能的話），因而他們可以討論彼此的物品。

　(3) 帶一個令人驚喜的物品來和幼兒分享。

　(4) 在每個物品上標示，並且展示在桌上（例如，貝蒂的綠色石頭）。

　(5) 要幼兒將物品藏在背後，並向其他人描述，然後其他幼兒可以猜猜那個物品是什麼。

　(6) 敏於察覺到種族和教養上的文化溝通模式。

Oken-Wright（1988）指出，「展示和說」的時間可能會使人厭煩而且有壓力，不過一旦設計完善，它們也可成為：

◆ 一個結束的活動（滿意的結束活動紀錄）和評量，並且沉澱各種感覺。

◆ 表達和個別語言發展的場合。

◆ 腦力激盪、捕捉想法，和擴展想法的場合。

◆ 反應並且解決團體問題的機會。

◆ 作為課程的想法和教材的一種資源。

◆ 進入幼兒思想和情感的窗口。

「展示和說」的物品通常會放在幼兒拿不到的地方，以避免物品損壞。老師可以把學生分成數個小組，並規定那天要帶什麼東西，或允許幼兒帶他們想帶的東西。「展示和說」幫助幼兒發展字彙、負責任，和在其他人面前說話的能力。在讓父母和老師了解這些目標的同時，要向他們解釋又對要分享的東西有選擇權，而且那些物品不用每天帶來學校，或是成為日常必需品。

一個幼兒園老師（Edwards, 1996）會先從她的教學時間開始實施「分享時間」的主題活動，並且事先通知家長。分享時間必然會成為集中注意力、較少閒聊的時間。幼兒帶來的東西如果與主題無關，可以在之後的時間分享。

● 每日新聞或重點重述時間

許多幼教機構致力於每日新聞，或在團體時間重述每日所強調的重要事項，或有趣事件的重點。老師和幼兒可以分享家裡及學校發生的事和生活。老師可以在開始這個活動時這樣說：

「小潔告訴我在他們家發生的新鮮事，你想要分享你的新鮮事嗎？小潔？」

「小亮和小芬今天蓋了一樣東西，是我以前沒有見過的喔！告訴我們關於你蓋的東西吧，小亮，或是你希望我告訴你的同學呢？」

和所有團體活動一樣，老師必須注意團體的反應和回應，有些時候，可能有令人感到興奮的回應和對話，有些時候可能只有少許的回應，那麼，這時活動就應該保持簡短。為了給幼兒有機會談談他們的問題和情況，可以將一部分的重述重點時間提供給幼兒表達成就，或是將這時間省略下來，提議後續的活動或計畫的方向。

「文翔今天要嘗試做一艘太空船，文翔，你想要聊聊這個嗎？」

「孟玲今天完成了她的書，你想告訴我們發生了什麼事情嗎？」

● 促進日常的說話

以下的建議可以使幼兒在每天的計畫中有更多的發言。

◆ 要幼兒常給其他幼兒口頭上的訊息和方向：「派弟，請告訴法藍怎麼使用畚箕，並且掃地。告訴他要如何把地板掃乾淨。」（然後謝謝他）

◆ 讓幼兒講述每日的計畫：「丹尼，告訴我們關於你的太空梭的事情。我知道你很努力在完成它。你第一步先做什麼？」

◆ 盡可能將幼兒現在的想法、發生的事情和過去做連結，「尚恩家也有一隻新的小狗，你的小狗會在晚上哭叫嗎？你做了什麼讓牠停下來不哭？凱斯也養了一隻晚上會叫的狗。」

◆ 促進幼兒去解釋。「誰可以告訴我們，在吃完午餐後要做什麼事情？」

◆ 促進老師—幼兒的對話，這些對話的內容是老師記錄幼兒對於藝術作品、建構活動，或任何發生的事情或主題的話語。

◆ 定期製作徽章（給老師和有興趣的幼兒），如圖 12-1 所示。

◆ 玩「解釋遊戲」。將一個與團體有關的物件放在桌上，並要幼兒解釋可以如何使用這個物件，例如，三組不同項目的物品組合：(1) 鏡子、刷子、梳子、洗衣板、肥皂、裝水的臉盆；(2) 鞋子、白鞋擦亮劑、鞋帶；(3) 堅果、一個胡桃鉗和兩個碗。鼓勵幼兒自願解釋，並且在團體面前示範如何使用這些物件。其他可以作為示範的物件，包括剝橘子、製作有兩種果醬或奶油的三明治，或是打電話。

◆ 設計並創造激勵幼兒說話的遊戲。

帶領活動

在活動中，如果幼兒很熟悉活動的內容和流程，可以選這名幼兒出來帶領其他人。這位幼兒可以藉由說出正確的字來引起注意、呼叫需要這個項目的幼兒名字，或是下一位輪到誰。不只一位幼兒可以在團體的前面帶動唱或玩手指謠遊戲。幼兒常會被選為說話者，用文字來指揮流程。而且，老師可以藉由要求一位幼兒去告訴另外一個幼兒某些事情來促進說話。「告訴比利，你想要他把那個垃圾桶傳過來。」或「如果你已經結束，問潔特是不是要下一個。」

今天我的字是
_____

今天我很高興，
因為
_____
_____

猜猜看
我是什麼動物

我想告訴你關於
我的一些事，
就是_____
_____

想知道我今天
為什麼戴這個
徽章嗎？

停下來
問我有哪些新
鮮事！

▶ **圖 12-1　徽章**

　　一個謹慎的老師會使用許多方法來鼓勵學生說話。如果幼兒的言論被注意到，他會傾向於多說一點。而且，他們的說話可以幫助他們達到目標。在團體時間中，指出老師和幼兒是需要聽到每個人的說話是有助益的，也因為如此，幼兒們應該輪流說話。

摘要

　　每一個幼兒教育計畫都有其目標。目標能使幼教中心建立他們期望幼兒可以發展出來的態度和能力。有計畫的活動和每日教師—幼兒的對話，可以幫助學校達到這個目標。

　　老師為團體和個人的需求設計計畫，他們很有技巧地和不同發展程度的幼兒交談。有些特別的教師技巧可以促進幼兒表達想法。

　　幼兒和老師都可以被問問題，藉由觀察、聆聽和興趣交流，老師較能鼓勵說話的能力。

　　一個輕鬆的氣氛伴隨著有興趣的教師和很多活動時，會產生更多的對話。和其他人遊戲可以幫助字彙的發展，並且透過布置一個幼兒感興趣的真實和假裝的情境，來幫助幼兒語言的獲得。

　　老師在戲劇遊戲中的角色是布置一個舞台，但是老師仍然要保持在幕後，以利幼兒創造出自己的活動。戲劇扮演的布置和工具箱要能夠方便取得，而有一些要裝箱，並且由老師保管。

　　教師職責的一部分是要鼓勵幼兒分享他們的想法，並給他們機會來帶領說話活動。老師要確認幼兒是互相對話而非單方面對話，並規劃團體對話時間，帶領活動和遊戲，以促進口語常規的建立。

PART 6

書寫：文字覺察與使用

CHAPTER 13

文字——
早期的認識和新興的興趣

目 標

讀完本章後，你將可以：

- 討論幼兒精細動作的發展。
- 列出幼兒寫出第一個可辨識字之前可能發生的先後情形。
- 描述手寫字體的特徵。
- 教導幼兒仿寫大小寫字母。
- 描述教室中有助手寫發展的布置和設備。
- 設計認識文字的活動。

教師常問關於字體和教幼兒寫字的兩個問題是：這個年紀提供認字和認識字的組成之課程（活動）適當嗎？以及怎麼教寫字？藉由本章的討論可以讓你更容易找到答案。

近年來，教育學者對於幼兒寫字（writing）[1]發展的看法有很大的轉變，他們認為學齡前幼兒可被視為作者。之前他們認為，學前幼兒不應該學習寫字和閱讀，必須等到上小學發展成熟後再開始學習。因為讀寫技巧截然不同於聽與說，幼兒早在襁褓時期就開始說話，而不須直接或是正式的教導。如今，教育學者已修正他們的想法。

讀寫能力的概念，建議讀寫發展的基礎來自幼兒早期與文字相處的經驗，並且應先於正式的閱讀教學活動之前。Calkins（1997）建議正視幼兒的寫字活動，傾聽他們想傳達的訊息和支持寫字活動的發展。

Dyson（1993）觀察指出，「符號創作是該符號對人類有何意義的要素」。幼兒通常會說他們做了、建構和畫了什麼？大人須「讀出」他們創作的意義，一個他們希望可與他人溝通的意義。透過與他人的對話，幼兒賦予符號意義（Dyson, 1993）。對幼兒的作品感興趣，可以鼓勵幼兒將他們作品想

傳達的意義翻譯給有興趣的大人聽。Vygotsky（1978）相信，這類型的幼兒語言——「圖像語言」，如同他所命名的，為幼兒最終的寫字型態鋪設了一條路。

從某個角度來看，幼兒理解到文字與環境中其他的視覺型態是明顯不同的，最後他們會學到符號的書寫，知道任何人都可以創造符號語言（Adams, 1998）。Calkins（1997）強力主張，父母和教師須協助幼兒觀察文字所蘊含的意義、想法、故事和計畫。

Snow、Burns 和 Griffin（1998）提出近期學齡前幼兒研究的回顧：

(1) 成人與幼兒一同閱讀會刺激口語互動的發生，並且增加語言（特別是字彙）發展和認識文字的概念。(2) 引導幼兒注意口語中聲音結構的活動（像是在歌謠或詩裡變換字的聲音），連結文字與說話之關係，皆有助於閱讀的學習。

學齡前幼兒已經從環境中學到文字的世界。大部分的幼兒開始對印刷體和手寫字體字母、文字和訊息產生簡單的假設。West、Denton 和 Germino-Hausken（2000）研究五足歲的幼兒園幼兒，發現 37％ 的幼兒對文字有基本的熟悉度。這大大支持了學習閱讀和

---

[1] 寫字：使用文字與他人溝通的能力。

寫字對於在豐富讀寫經驗園所的幼兒而言，比讀寫經驗少數或有限的幼兒來說簡單易學的觀點。

　　幼兒大部分的寫字是一種探索遊戲，在所有符號媒介發展之初是很常見的。**文字覺察**（print awareness）[2]和開啟寫字技巧，及閱讀覺察（reading awareness）和開啟閱讀技巧，現已被視為應該在幼兒期發展，如同幼兒成長中其他符號一般，文字覺察道出幼兒對環境中文字使用的敏感度。如同 Sulzby（1992）所指出：

　　當在支持的環境下……幼童會使用長久以來他們對寫字的傳統想法所浮現的方式，把相關的隻言片語文字組合起來。

　　Sulzby 繼續提到：

　　……孩童的潦草筆跡、塗鴉式寫字、不合語音規律的字串，以及自行發明的拼字，現在都公認為能夠反映孩童對寫字的基本認知。

　　這樣的線索已經存在一段時間。幼兒園都會有一些喜愛發問的幼兒，以及早期就顯示有興趣嘗試寫字、閱讀、數字觀念，或是繪畫出栩栩如生的物體。學前幼兒能夠回應和學習寫字的視覺功能，認識一些字母，寫一些單字，寫出虛構的文字，例如，寄給別人的信件，而且在他們開始考慮如何把他們說的語詞，特別是如何把說出的聲音轉換成書寫的文字之前，就能夠先說出他們想形諸文字的故事（Clay, 1993）。透過每天非正式的識字活動，以及成人和幼兒之間的互動（例如，製作有用的標示牌），幼兒在他們和成人的生活中學習寫字的各種目的和功能。成人認為，幼兒應該在能夠閱讀前先學會說話，但是可能沒有注意到他們在能夠閱讀前，就顯示出對寫字的興趣。

　　字母會出現在四歲幼兒的圖畫中，幼兒透過閱讀書籍以及對數字、大小的熱中，支持他們從生活中接觸符號系統的了解。

　　幼兒並非突然從不識字，跳到了解我們的書寫系統是按照字母順序的。他們可能經過許多假設，而且在釐清文字和口語之間的關係後，試著用自己發明的文字來寫字。

　　專業培訓可以提升教師了解幼兒的努力，且接受幼兒對於文字正確與不正確的認識，如同他們接受幼兒正確與不

---

[2] 文字覺察：在讀寫能力發展的早期，幼兒正在發展對書寫語言規則和特徵的了解，包括認識的閱讀方向（從左到右和從上到下）、文字和口語的關係、文字間的空格和其他特徵。

正確的口語。有些老師可能會忽略或是拖延教導寫字的時間，而且認為上小學之後，老師就會教了。教師被鼓勵要對幼兒發現和發展他們自己寫字理論和符號系統的能力有信心，如同幼兒能教自己說話般有信心。這會在豐富文字和有回應的成人之環境中發生。Roskos 和 Christie（2001）提醒教育者，在教室裡提供太多的「識字道具」取代其他玩具和材料的擺設，會讓識字「遊戲」變成識字「作業」。

教師應樂於介紹、示範和討論文字之間的關係，並且運用日常活動激發幼兒的興趣。最理想的發展經驗莫過於身處於準備就緒，且富於豐富文字的環境。Adams（1998）提到一個有助文字覺察的環境，是一個認為文字是重要的，而且將與文字互動視為滿足幼兒個體與週遭人們社會和智力增長之地方。

學齡前幼兒在豐富文字的環境中觀察，並與敏銳、有回應的老師做以下探索：

◆ 文字不同於其他形式的視覺符號和樣式。
◆ 文字會出現在所有物體和表面上（圖 13-1）。
◆ 文字到處都看得到。
◆ 成人大聲唸圖畫書，有時候也小聲地唸。
◆ 用文字表示口語。
◆ 文字可成為訊息的架構。
◆ 許多不同的成人和幼兒知道怎麼寫字，以及文字代表的意義。

透過經常性的閱讀，學齡前幼兒可能知道：

◆ 從哪開始讀。
◆ 橫寫方式之文章應從左讀到右。
◆ 讀到一行的結尾，讀者知道要繼續從左邊開始。

▶ 圖 13-1　文字貼在幼兒的視線高度，教室裡到處都有字。

◆ 書中的頁數是有順序的，通常是從第一頁開始。

◆ 字母、單字和句子是有差別的。

◆ 字與字之間是有空格的。

◆ 標點符號有不同的名稱和意義。

◆ 英文字母有大小寫之分。

學齡前幼兒也會探索其他與文字相關的概念。譬如，他們會理解到可以用文字來標記、溝通、提醒、請求、記錄和創造。

Ohl（2002）指出：

> 單是透過會 ABC 的成人或是享受閱讀的成人，幼兒是無法學會「A」、說出「A」或是寫出「A」的。幼兒學會這些關鍵性的概念，是因為成人用興奮、吸引和了解的態度，花時間努力教他們的成果。

寫字的覺察及嘗試開始寫字，對已經體驗過完整語言藝術教學方式的幼兒較有意義。聽說讀寫的領域是互相關聯的。學校的教學目標中常提及，幼兒如何將這些領域視為一體的能力。成人在教室中每天透過口頭或書面的方式與他人溝通。日常書面的溝通使教師能夠指出印刷字體的用途，可以與幼兒討論並分享印刷字體的重要性。

美國對幼兒早期閱讀成功所提供的關注，提供了早期書寫與閱讀關係研究的額外推動力。越來越多的專家認為，幼兒以早期對文字（書面）的概念作為開始寫字與閱讀嘗試的基礎。Calkins（1979）提出，幼兒在進入幼兒園的第一天就能開始寫字，而且90％的幼兒是懷著他們會寫字的信心來上學的。她指出，大多數幼兒的第一件草稿多專注於訊息的表達而不是盡善盡美。世世代代以來的幼兒在學會書寫或閱讀之前，就被要求學習字母系統中的字母、發音—符號的相對應，以及所見的字彙。若學說話也用這種方法，幼兒將被要求在說話之前，先學會在七或八歲所有字母的正確發音。Throne（1988）提出文字覺察有助讀寫能力的發展。

> ……幼兒……開始了解到閱讀因文字而有意義，並開始覺察到書面語言不同的功能及用法。

幼兒是由生活的經驗而自己組成口說語言的規則，教育者認為，如果給幼兒時間及協助，他們可以藉由注意規則性和不一致性，找出寫字與閱讀的規則，因而創造自己獨特的規則。幼兒會以自己的速度進步，做對他們而言重要的事，也做他們看見別人所做的事。不需要正規的指導，他們會對寫字過程的各種面向進行試驗與探索。他們修飾字母，並且自創符號——甚至在已經能

夠分辨、複製不同且可辨識的字母時，有時還是會回到他們的自創發明。有些幼兒期望其他人能夠了解他們所寫的文字，不論他們使用何種規則。

天生的好奇心引導幼兒建構他們生活中對文字及其用途的概念。Schickedanz（1982）提出，我們通常假設幼兒在得到正規的指導之前，對書面的語言不是一無所知，就是不甚了解。但是，證據顯示出，幼兒對書面語言的某些方面有著廣泛的知識。

有些幼兒可能發展出「音韻覺識」（phonological awareness）及「音素覺識」（phonemic awareness）能力。Chaney（1992）指出，在他們研究的群組中，14％三至四歲的幼兒能夠辨識出特定音素開始的單字，25％的幼兒能正確辨識出押韻的單字。文字覺察所設計的測驗可以用來預測未來閱讀的成就（Adams, 1998）。

處在一個豐富文字環境中的幼兒，會假設口語與書面語言是相關的。當幼兒與讀寫相關的物件及能讀寫的社會成員互動時，他們會創作書面語言，以反應自己在社交與文化方面的需求（Goodman, 1990）。

有關完整準備書寫（writing readiness）的概念開始於昔日的一些重要人物，他們影響了幼兒教育的方向（Charlesworth, 1985）。當一般的幼兒

獲得能力、技巧及知識，得以完成任務時，「完整準備書寫」也開始成為常被探討的話題。表 13-1 比較了傳統、完整準備，以及「自然」的指導方式。要找到一個在教導課程中完全不使用這三種方式的幼兒園，是不容易的。

❖ **表 13-1　比較不同的寫字教導方式**

傳統方式
- 提供遊戲器材及自由活動時間。
- 提供美術材料、紙、寫字工具、字母系統玩具與遊戲、黑板。
- 閱讀圖畫書。
- 排除命名或是排列字母表字母的教學課程。
- 提供關於印刷字體即興且自發的教學。

完整準備方式
- 提供寫字的材料與模型。
- 規劃介紹摹寫、字母命名，及形狀命名的課程。
- 閱讀圖畫書。
- 提供一個語言藝術的中心教室。
- 經由支援協助，將有興趣的幼兒導向寫字及字母系統的活動。

自然方式
- 提供寫字及閱讀的材料與模型。
- 規劃強調日常生活中文字的課程。
- 規劃含有文字的戲劇表演主題，例如，雜貨店、餐廳、運報車、印刷店及辦公室。
- 在教室中創造一個書寫區。
- 提供字母系統玩具與模型。
- 回答問題，並支持幼兒的努力。
- 將讀寫說連結在一起。
- 閱讀圖畫書。

從不同的地方開始

在十六至二十個月大時，有些幼兒會對塗鴉發生興趣，常見他們手中抓了筆，然後揮動整隻手臂來做記號。Crosser（1998）發現，這樣的體驗好像提供幼兒知覺上的樂趣。揮動方式是強有力的、有節奏的、亂擦的，及重複的，而且有可能因為戳刺而撕破紙張。大人可提供大張堅固耐用的紙，並用膠帶固定在一個能承受這種壓力的平面上，建議可使用大且壓平的牛皮紙購物袋。

塗鴉包含了做決定，與幼兒新興的自主感同時發生。Crosser 指出：

> 幼兒不只對線條、顏色及位置做決定，藉由使用與控制工具（蠟筆、麥克筆、鉛筆及紙張）這類文化的重要活動來體驗自主權。

在語言及讀寫上，教師須將每一個入學的幼兒都視為準備好學習，且會進步的；每個幼兒都擁有各自的經驗，過往的經驗可能對幼兒讀寫的行為及語言能力有戲劇性的影響。教師希望擴展幼兒原具有的語言能力，並加入新的活動與體驗。

大部分幼兒寫字是探索式的。當他們展現出興趣，並且在討論中分享寫出的符號時，他們開始了解文字的意義及使用功能。

在自我激發、自我的指導與錯誤之下，幼兒不斷摸索──此為他們讀寫發展上一個必要的條件，來嘗試多種寫字過程（Morrow, 1989）。他們有時會與讀寫能力更強的同儕互動且合作（圖 13-2）。有能力的他人可提供如同 Vygotsky（1978）所謂的「鷹架」，慢慢地，幼兒在無人幫助下可自行完成。

寫作發展的研究

在《學前的讀寫能力》（*Literacy before Schooling*, 1982） 一 書 中，Ferreiro 與 Teberosky 在幼兒文字知識及寫字的發展方面，徹底改變了教育者的想法。有關幼兒自我建構字母及文字知識方面的研究，Ferreiro 與 Teberosky 在研究過程中使用了人類學、心理學，及其他調查的方法，找出三種發展的層級順序。

第一層級

幼兒

◆ 尋找區分畫畫與寫字的準則。例如，指著他們的畫問：「這是什麼？」

◆ 發現文字是直線、曲線及點以不同的方式組合而成。例如，畫中一排

▶ 圖 13-2　教師鼓勵個人及團體合作的文字活動。

排彎曲的圖形、線條或點。

◆ 得到「印出的表格是制式,且以直線形狀排列」的結論。

◆ 接受他們週遭環境中字母的形狀,而不會自己去發明新的字母形狀。例如,多列單一字母以線狀的方式呈現在畫中。

◆ 在豐富讀寫材料的環境中,他們第三年時可領悟文字符號是一種「替代的物件」。例如,「老師,這是什麼意思?」或「這是『大雄』的意思」。

第二層級

幼兒

◆ 在一連串不同的文字中找出目標。

◆ 尚未能了解到聲音與文字間的關係。

第三層級

幼兒

◆ 認同特定的一串字母實際上是代表他們的名字,並且對於這種現象尋找一個合理的解釋。

◆ 可能創造出音節主音的假設。

◆ 可能畫出字母來代表聽到的音節,例如,I C(I see)。

◆ 可能發展出有關特定音節,及可能代表該音節字母的知識。

◆ 可能尋找相似的字母,將相似的聲音片段寫下來。

◆ 開始了解文字用字母來表示聲音;因此,為了了解文字的內容,他們就必須知道字的發音型態。

Ferreiro 指標性的研究得到何種結論,可能對語言藝術課程的規劃及幼教的互動技巧產生影響?無疑地,教師將會注意到,班上幼兒主動嘗試了解文字

的內容。教師會察覺到每個幼兒會建構自己的概念，而且當他們注意並接觸到更多的文字時，會修正自己的判斷。

　　教室課堂中關於文字的討論，幼兒提出看似奇怪的問題，或是異於尋常的答案，可視為他們對文字知識中一些重要的內在想法反射。

　　當教師看幼兒的畫時，會看到更多簡單的初期文字形狀。Ferreiro 的研究也認同教育者對於提供一個富於讀寫及文字環境的努力。

　　有些學齡前幼兒已知道字母的名字及形狀，或是知道字母可組成字且代表聲音，也可能領會說出的字可寫下然後再被閱讀的概念，在日常中，也能表現用手寫字。為什麼幼兒會寫或假裝在寫字呢？那並不是一個簡單的機械工作，他是在模仿嗎？又或者，為了成人的反應而做？還是，因為內在的求知驅力，或者想要變得更有能力？研究尚未找出相關的解答。教師針對他們所遇到開始發展書寫技能的幼兒推測出一些原因，但這些原因並不如教師的反應，及規劃更多機會以擴展幼兒既有的能力來得重要。

幼兒的進步

　　Dyson（1993）指出，在書面語言發展中，並沒有所謂的線性進程。

相對地，這種發展是與幼兒整個使用符號的技能有著複雜的關聯；當幼兒探索並逐漸掌握新的方式，來組織與呈現他們的世界，並與其他人互動時，此發展就涉及功能與符號型態的轉換，及社交上的意見交換。

　　某些方面，幼兒學習到書面的記號有它的意義，如同他們尋找事物的名字一般，他們開始尋找符號的名字，並探尋其意義。因為每一位幼兒都是獨特的，上列事項不一定都會在學齡前發生。有些幼兒可能試著畫出字母或是數字；有些幼兒可能不了解文字的形狀或不感興趣；許多幼兒則介於這兩種類型中間。

　　學齡前幼兒可能在他們認識字母的名稱前，就辨識出環境中出現的印刷字，這稱為**視覺閱讀**（sight reading）[3]。某些學齡前幼兒可以辨識出同組大多數幼兒的名字。許多研究人員相信，在幼兒構想出某些字母用來代表一個人或物件時（例如，所有「B」開頭的字讓幼兒想到自己的名字），是需要一段時間的。此時，幼兒可能會說：「『B』，那是我的名字。」幼兒也許不了

---

[3]　視覺閱讀：能夠立即辨識出一整個字而不須將其發音讀出。

解全套字母是許多字母的組合，用在書寫中來表示說話時的發音；他們反而可能會對**字母系統的原則**（alphabetic principle）[4] 有著部分且原始的看法。表13-2 說明幼兒對於字母系統的原則可能會有的了解。

書寫（印刷字體）是複雜的。需要了解過程中許多次要的構成元素，因幼兒不同知識領域的加速或遲緩情形，而有不同的發展速率。除了視覺上學習字母的特徵與形狀，用手寫出形狀的能力，以及對書寫所涉及訊息的認知，寫字的人必須聆聽他們內在符號的發音，並找出相對應的字母。因為在文字中，字母是跟著字母的，幼兒需要持續做出理智的選擇與決定。

Atkins（1984）也詳述幼兒三到五歲間會發生的事。

……幼兒開始改變他們的行為模式由模仿轉換成創造。他們創造了真正字母、模仿字母，與創新符號的混合版，寫出訊息並期望大人可以閱讀，由幼兒的創作可看到幾個他們新的發現。

❖ **表 13-2　字母系統的原則**

幼兒可能會：
- 了解字母有不同的形狀。
- 藉由名字來辨識出字母。
- 注意到某些字是以相同的字母開頭。
- 察覺到字母代表聲音。
- 正確地將字母與某些聲音配對。
- 具有視覺字彙——通常是他自己或同儕的名字。
- 察覺到字母系統中的字母是一類特別的印刷字體。

◆ 他們處理寫字的細微特徵，注意到形狀及特定字母。

◆ 他們發展出早期對於符號的概念——察覺到符號是有意義的。

◆ 他們辨識出書面語言是有差異的。幼兒藉由寫字的玩耍來改善並擴展這些概念，他們畫、描摹、複製，甚至自己發明新的字母形狀。

文字覺察通常以下列的順序來發展：

1. 幼兒注意到大人使用寫字工具來做記號。

2. 幼兒注意到書中以及招牌中的文字。如同 Chomsky（1971）指出：「當這個時刻來臨，幼兒似乎突然注意到環繞在他世界中所有的文字——街牌、食品商標、報紙頭條、紙盒上的印刷物、書、告示板、所有的一切。當他試著去讀每

---

[4] 字母系統的原則：察覺到說出的話可被分解成一串分開的字，而每個字都是一系列的音節及音節中的音位所組成。

樣東西時,已擁有好的基礎將發音轉為文字,在他提問時提供協助,他就能理解得很好,對他而言,這是極其興奮的時刻。」

3. 幼兒察覺到某些可區別的符號是他的名字。

4. 幼兒學習到某些符號的名字——通常是他名字的第一個字母。當他因視覺辨識而儲存大量的文字時,累積越多視覺的線索,越能對文字做出細微的分辨,他會開始注意單一字母,特別是首音的字母。

幼兒對於文字形狀的模仿順序如下:

1. 幼兒的塗鴉像是文字,而不像畫畫或是純粹的探究(圖 13-3)。

2. 線狀的塗鴉通常是水平的,且可能帶有重複的形式。幼兒對線的定向性知識可能在遊戲中展現出來,像是排列字母積木、剪下字母並將它們黏成一列,或是將磁鐵字母在白板上由左至右排成一列(圖 13-4)。

3. 創造出獨立的形狀,通常是封閉的形狀以及有目的的線條來呈現(圖 13-5)。

▶ 圖 13-4　線性的塗鴉。

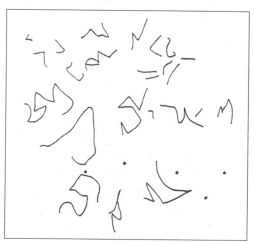

▶ 圖 13-3　塗鴉有時像是寫印刷體。

▶ 圖 13-5　這個男孩剛使用有目的的線條完成一個封閉形狀的字母。

4. 創造出像是字母的形狀。

5. 寫出可辨識的字母系統字母，可能是左右相反、倒向一邊的、上下顛倒的，或是筆直的（圖 13-6）。

6. 構成以空白字元隔開的字，或是字母系統字母的群組。

7. 出現自創拼字（invented spelling）[5]；這可能包含圖案與字母系統字母（圖 13-7）。

8. 創作出拼寫正確的字，並以空白字元將文字分隔。

自創拼字（啟發的拼字）

自創拼字是幼兒常做的事，不過只是暫時的現象，之後隨即被正常的拼字所取代。直到 1980 年代中期，教師還是給予幼兒一些想法，在學習閱讀之前，幼兒只須寫出他能記得或複製的字即可。研究改變了與教育相關的哲理及方法，研究指出，幼兒的讀寫能力會在幾年內慢慢顯現，當幼兒開始了解字母的意義與該如何組合時，有些幼兒就會出現自創拼字。通常，孩子容易寫出某些特定字的起始子音，不久，單字母的拼字就會接著出現。

自創拼字階段讓教師扮演偵探的角色，試著了解幼兒視為理所當然的自創拼字真正意義。在幼兒早期的書寫嘗試中，幼兒創造了一個拼字系統，在學會傳統字型前，他們依循著邏輯與可預測的規則來拼字。

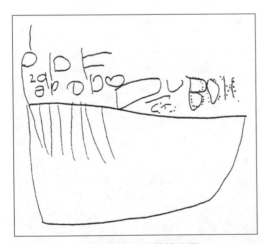

▶ **圖 13-6** 可辨識的字母系統字母。

▶ **圖 13-7** 幼兒寫「**Blast off rocket to the moon**」（向月亮發射火箭）的文字。

---

[5] 自創拼字：書寫者根據對於拼音系統以及其運作方式方面的知識，試著拼出一個不知道如何拼字的結果。

根據 Sulzby（1996）所言，大多數幼兒園的幼兒在寫字時會用畫畫、塗鴉，及非關語音的字母串；她相信，只有少數幼兒能運用自創或傳統的拼字，而且主要是在寫單一的單字才會這樣做。

母音字母通常在自創拼字中被忽略。出現的單字可能看起來像外國話——dog 寫成 dg，而 dragon 寫成 jragin。

在自創拼字中，某些幼兒會依循幾個可被識別的階段，在此列出供教師參考：

1. 拼字的體認——字母系統字母代表字。例如：C（see）、U（you）。

2. 與字無關的簡易拼字——區分出數字與字母。例：tsOlf..DO。

3. 語音前的拼字——字首與字尾的子音字母可能是正確的。例：KT（cat）、CD（candy）、RT（write）、WF（with）。

4. 語音拼字——發音與符號幾乎是完美的相配。能使用某些母音字母；可以正確拼出某些明顯的字，例：SUM（some）、LIK（like）、MI（my）、ME（me）。

5. 正確的拼字。

自創拼字在處理書面語言的發音—符號系統中，是一個重要的階段（Fields & Lee, 1987）。此時，語音對

幼兒而言是重要的，一開始，幼兒在自創的拼字中，會選出與字發音稍微相關的字母，例如：幼兒會用較大且較多的字母來表示「大象」，因為他們覺得大東西需要更多的字母來代表（Ferreiro & Teberosky, 1982），一個非常合邏輯的結論！字母的名字可代表字（u 代表 you）或是字的一部分。Atkins（1984）將年幼孩童的自創拼字定義為，使用自己的邏輯而非標準拼字相關的邏輯。Atkins 指出，幼兒使用字母名字策略有其受挫的一面。

字母系統中只有二十六個字母，但音素（音位）或是發音單元幾乎是兩倍之多。當幼兒遭遇到一個沒有對應字母名字的發音時，該如何做？他們運用一套拼字邏輯系統，這系統主要根據他們所聽到及潛意識中使用語言的一般規則知識，及說話時如何由嘴發聲的方式而來。

如果在幼兒的作品看到自創拼字，教師該如何因應呢？——對幼兒要有信心，並且相信給予他們協助，他們會逐步朝向正統拼字邁進。如同 Sowers（1982）所描述：

自創拼字帶給幼兒書寫控制的早期力量。專職作家在他們第一版的草

稿中，不會在乎拼字是否正確，自創拼字者也不會。

許多教師在幼兒自創拼字的下方寫著字的標準拼法，如此，教師不僅尊重了幼兒的原始創作，還可以讓幼兒體驗自創拼字與一般標準拼字間的資訊張力，讓幼兒對兩者產生興趣並做比較。當自創拼字幼兒察覺到，他們的拼法與書中及週遭世界的文字不同時，他們可能會感到沮喪與困惑，教師可藉此「大聲唸出」他們書寫的單字導入音素（音位）拼字。

Calkins（1997）提出另一種行動方針。她描述在有著自創拼字的紙上寫下字的解釋。

> 在獨立拼字的第一年（或許是幼兒四、五、六或七歲時，大多取決於幼兒所接受的教導），幼兒所寫的字可能難以知曉其意義，有些教師會將幼兒的原意（或是將幼兒寫下的東西轉譯），以成人小草書寫在紙上一角。我發現這是一種令人滿意的安排，因為成人可以偷瞄一下翻譯，然後指著幼兒寫下的字母，與幼兒一同解譯字母代表的訊息。

這樣，當家長檢視「回家作品」（sent home paper）時，也許能夠了解孩子書寫訊息的思考過程，並了解他們的偉大成就，通常需要透過親師溝通讓家長明白，最初的書寫嘗試並不會馬上正確。

對於較大的學齡前幼兒，教師需要小心地使用這些技巧，留心幼兒的創造力，及他們對自己作品的自尊心。許多學齡前幼兒不喜歡教師在他們的作品留下任何記號。

當幼兒要求教師寫一個特定的字時，教師就有機會協助幼兒依據字母發音（不是字母的名字），邊寫邊唸，例：d-o-g。若時間允許，教師可加上「這字以 d 開頭，像是 Dan，D-a-n」。

教導目標

提供幼兒興趣與能力相配合的經驗，是許多幼兒園的目標。多數學校會針對發問的幼兒或是準備好的幼兒規劃活動，只要幼兒感興趣，活動就會持續進行；有些學校會針對幼兒各自的基礎；也有些學校認為，提供豐富文字的環境，讓幼兒對文字產生興趣，並能知曉文字在日常生活中的運用，與成人一同自然地進步。教師應該規劃與真正書寫有關的活動，也就是在「真實世界」中的書寫，而非僅是學校有規劃目的的書寫活動。一則真正的書寫訊息通常涉

及幼兒的需求或慾望，不妨可以結合這兩者。

　　如同其他的語言能力，目標包含了對興趣及探索更進一步的刺激。在執行時不應運用太高階或是無聊的方式，來造成幼兒的困擾。

　　如同之前所言，關於文字覺察的一個重要目標就是，將書寫與其他語言藝術領域做結合，幾乎不可能不這麼做。教師應該自覺地提及這些關聯，如此，幼兒就會了解書寫如何使用於整個的溝通交流中。表 13-3 為幼兒進入幼兒園前，幼兒教育者努力提升幼兒對印刷文字與圖書覺察了解的表列。

　　教師的目標應該包含能夠漂亮地寫出每一個字母的大小寫，盡可能提供幼兒最佳模範。

全語言理論

　　全 語 言 方 法（whole-language approach）[6] 指出，閱讀是一種多面向的過程，不只涉及學習閱讀，也涉及藉由

❖ **表 13-3　文字與圖書覺察的目標**

幼兒應了解：

- 藉由閱讀圖書可以獲得資訊。
- 書寫可交流想法及概念。
- 文字可傳遞訊息。
- 字母與數字不同。
- 書中的插圖有其意義。
- 文字可被閱讀。
- 圖書是由作者創作書與書名。
- 英文文字是由左至右由上到下閱讀。
- 字母系統中的字母可組成單字。
- 字母系統中的字母有名字。
- 每個單字是以空白字元分隔。
- 說出的字可被寫下。
- 文字有其日常功能性的用途（例如，購物清單、訊息、食譜、招牌）。
- 我們可以用眼睛逐字跟隨朗讀的文字。

學習寫字來閱讀。採信全語言理論的幼兒教育者會特別注意幼兒在寫字母及自創拼字的興趣。此方法中教師為提供幫助的角色，聚焦於意義的對話，及協助幼兒將他們所想的東西寫出來。教師可配對相同興趣的幼兒們，鼓勵他們之間的合作。全語言方法的幼兒教室裡有配備齊全的書寫中心，內含充足的輔助學習教具。

　　教師鼓勵幼兒自己「找出原因」。教師會接受、賞識幼兒近似字母系統的字母與單字，並維持、鼓勵幼兒的嘗試。幼兒接觸更多的字母，並發展出能更精確控制的能力時，他們將會創作出更近似可被辨識的字母形狀。

---

[6] 全語言方法：一種哲理與閱讀指導的方法，整合了口述及書面語言。提倡者認為，當給予幼兒大量的文學作品與富於文字的環境時，他們會依循著天生的好奇心，並在他們學說話的同時也學著去閱讀。使用了主題的聚焦點，教師掌握良機連結並融合不同的語言藝術領域。

協調

　　幼兒在控制肌肉的發展上有其特定的時間，控制特定的肌肉取決於許多因素——飲食、運動、遺傳，及行動方式等等。嬰兒在能控制腳之前，早已能控制他的頸部及手臂。幼兒的肌肉控制能力是由上而下發展的，接近身體的肌肉早於手及手指的控制；大肌肉的控制先於小肌肉的控制（圖13-8）。如同每一個學步兒練習走路，腿是由臀部擺出，在不同的年紀他們開始走路，並發展控制肌肉的能力；精細的控制能力發展亦同樣影響幼兒控制書寫文具的能力。

　　Schickedanz（1989）表示，如果學齡前幼兒被「過於熱切」的教師要求寫字母系統的字母，可能會遭遇一些問題。

……準確的寫字對三、四歲的幼兒是十分困難的，他們通常用拳頭握筆，然後以肩膀、手肘或是手腕的移動來寫字。當控制的中心點與筆分得這麼開，幼兒就只能寫大字了……此外，因為學齡前幼兒的空間能力本來就有限，要他們依課程的要求畫線並組合起來是困難的。就算是具有精細操作能力的四歲幼兒能運用手指、拇指將鉛筆握住，他們可能還是會以不同於慣例的方式將字母概念化（圖13-9）。

認知發展

　　察覺到手寫符號的存在是寫字的第一步。發現書寫語言就是說出的話語、想法或是溝通交流，則是另一步。在幼

▶ 圖13-8　孩子控制小肌肉來描摹樹葉，在開始書寫時，她也會需要這樣做。

▶ **圖 13-9**　這個幼兒展示控制良好的握筆姿勢。

兒能夠書寫之前，心智的成長將使幼兒觀察到手寫符號的相同及相異處，幼兒辨識出手寫符號是一種用線條組成的形狀。

Donoghue（1985）列出七個寫字領域必需的重要能力：

- ◆ 小肌肉的發展及協調。
- ◆ 手眼協調。
- ◆ 能正確握住筆。
- ◆ 能有基本的筆觸（圓圈及直線）。
- ◆ 對字母的感知。
- ◆ 熟悉書面語言，包含寫及溝通的慾望，也包含寫出自己名字的喜悅。
- ◆ 由左至右的理解力。

最後三項能力與幼兒的認知發展有關。

扮演與書寫

文字、標誌及寫出想像的訊息，通常成為戲劇扮演的一部分。在扮演中，幼兒可能會假裝閱讀及寫字、寫詩、寫故事和寫歌，而他們真的會在紙上寫出一連串的符號。扮演（play）鼓勵幼兒假裝他們早有能力稱職地控制思考之活動（McLane & McNamee, 1990）。經由扮演的活動，他們可能覺得自己已經是讀者及作家了，至少往最終的讀寫能力邁向第一步。幼兒觀察父母、教師及年長兄姊在日常生活中的讀寫行為，這些是隨手可得的經驗。教師可以藉著示範，並提供書寫相關的戲劇扮演機會，營造幼兒對文字的早期態度，有助於幼兒在同儕之間書寫上的合作。

繪畫的經驗

若是給幼兒一張紙及書寫文具，他就會開始塗鴉。當幼兒長大，塗鴉在控制下變成畫在所要位置的線條（圖13-10）。漸漸地，幼兒會開始畫圈圈，然後是臉，再來就是整個人了。幼兒畫出自己的符號來代表他們所看到的週遭事物。Clay（1991a）極力主張教師在數個星期中持續檢視同一個幼兒的畫，並發現幼兒從事的一項基本計畫。

他的想法是經過組織的，並且一次又一次畫出同樣的樣態或輪廓，幼兒彷彿學到一個行動計畫畫出這些

▶ **圖 13-10** 幼兒藉由塗鴉開始書寫，之後稍長，會以符號畫出週遭的世界。

▶ **圖 13-11** 無毒的粗頭筆（麥克筆）是幼兒園中標準的文具。

樣態或輪廓，這會讓幼兒擁有足夠的控制力運用鉛筆與紙玩弄不同的變化，進而引領至新的發現。

這樣的歷程，因應幼兒的個別差異，時間有其長短不同。

繪畫的經驗、能力、興趣與書寫能力之間存在著全然的關聯性（圖 13-11）。畫畫及塗色不僅交流幼兒的想法（當幼兒繪畫能夠表示週遭環境的程度時），通常也顯示對於創作出符號的早期努力。成人能辨識出某些符號，有些符號則是獨一無二的，幼兒以自己的方式表現這個世界。幼兒通常想要敘述他們的創作，並且以伴隨圖畫的形式來創作故事。

因為字母比典型的繪圖抽象，一些教育者建議，繪畫應在寫字之前。Brittain 的研究（1973）發現，幼兒在畫中呈現封閉圖形及可辨識的字母，寫字時也會有封閉圖形及可辨識的字母。Durkin（1966）在她的研究調查中發現，較早開始閱讀並且在閱讀上領先的幼兒有種特性：父母形容他們是「紙筆小子」，他們對書面語言好奇心的起始點在於塗鴉及繪畫的興趣。

書寫與書籍的接觸

幼兒對文字有興趣，通常因為聽到並看到的圖畫書唸過一遍又一遍。經由重複的接觸，幼兒就會期望文字與被描述的圖案併在一起，或是在同一頁上。二至三歲的幼兒會認為，書中的圖案就是故事，當他們經驗更多時，才發現閱讀者是在讀文字，而不是圖案（Schickendanz, 1999）。Throne

（1998）指出：「幼兒開始了解文字的規則，與故事如何經由熟悉且有意義的文字來運作。」幼兒記下的情節引導他們對書中的文字產生問題，一旦一個字被辨識出來，幼兒將字複製到另一張紙，或是運用白板的磁鐵字母把字拼出來，就是一種自然而然的發展了。這種行為通常會引起父母的注意，並認同他們進一步的嘗試。塗鴉小子、亂畫小子、畫畫小子及紙筆小子等等，研究者用這些稱號來描述對書寫較早產生興趣的幼兒，他們大多數的書寫都是在最喜歡的書中看到的文字而有所激發。

　　Clay（1991b）以及 Ferreiro 和 Teberosky（1982）試著找出幼兒對圖片（插圖）與文字，及二者之間關係的想法。在這兩個研究中得到相似的結論。Ferreiro 和 Teberosky（1982）描述幼兒行為上連續的改變。

◆ 最早，幼兒認為文字與圖片並無差異。

◆ 接著，幼兒認為文字是圖片的說明標籤。

◆ 第三階段，幼兒會認為文字提供線索，證實他們根據圖片所做出的推測。

　　幼兒對於文字逐漸了解所獲得的重要概念為：

◆ 描述故事的是文字而不是圖片。

◆ 這屬於字母系統的字母。

◆ 單字為群聚的字母。

◆ 單字有字首與字尾的字母。

◆ 字母有大小寫。

◆ 文字中的空白字元有其意義。

◆ 標點符號讓字更有意義。

　　幼兒可能會注意文字由左至右、由上至下的方向，以及左邊的頁次為先的方向特徵。

　　獲得書寫與閱讀能力，以及樂於閱讀的態度，並不單只由學術或技術上的學習。這些能力在身體與情感帶來的溫暖樂趣及親密分享基礎下點燃。大部分專家都有相當程度的認同，認為口說語言提供一個學習寫字的基礎。在各種語言藝術領域中，成人與幼兒間情感充分互動的重要性是不可被低估的。

字母書

　　在二十世紀之前，出版的童書絕大多數都是與資訊給予、說教有關。有關字母系統的書即是當時主流的觀點，認為好的童書應協助幼兒學習。現在，有關幼兒字母系統的圖書還是學校重要的收藏。雖然許多出版物還是傳統經典的特別受到喜愛，但新的書仍然陸續出現，幾乎每位兒童文學作者都渴望開發出一本獨特的字母系統書。

當幼兒被問到字母的名字，且字母出現在畫作或寫字中，字母系統相關書籍就會深受幼兒喜愛。教師注意到幼兒最早對字母產生興趣，通常出現在當幼兒看到自己名字在朋友名字中也有相似的字母時。

將活動字母系統相關書籍更進一步作為教室資源的方式如下：

◆ 印出巨大的字母形狀。

◆ 把字母藏在一幅大的畫作中，讓幼兒去找出來。

◆ 製作一本班級的字母系統書，書頁中描繪字母大的輪廓，並且鼓勵有興趣的幼兒裝飾這些字母。

◆ 創作出一張「今天誰看過這本書？」的圖表，把翻閱過這本書的幼兒名字登記於圖表上。

規劃有關文字覺察與書寫能力的課程

課程的規劃通常是個別訂定的。若規劃團體教學，則須處理一些幼兒在學校時寫字的使用，以及書寫如何與幼兒日常生活相關聯的資訊，包含在家及社區內文字的使用。

大量的自發與非規劃中的教學方式出現，教師利用幼兒在郵件、包裹、號誌、標籤方面的問題而得到靈感。大多數幼兒園的布置中，文字自然成為生活的一部分，當教師將注意力聚焦在文字上時，幼兒會發現並注意到文字具有的許多有趣特徵。

多數教師發現，幼兒會自行探索圖形符號，在探索的過程中，他們會自行發明、建構及修正他們的認知。Martens（1999）描述一種支持性的教室環境，讓幼兒自己設計更進一步有關文字知識的學習路徑。

讓幼兒擁有一個豐富讀寫知識的安全環境是不可或缺的，此環境為一個真實場合，幼兒在其中可創造、嬉戲，及對書面語言進行有目的的試驗，同時間也與其他有知識的人互動，讓幼兒經歷問題及處理困惑，以對自己有意義的方式建構概念及理解力。

當幼兒將他們的創作與週遭的書面語言做比較時，特別是他們的名字，加深了他們對書面語言系統複雜的理解。

在此需要求幼兒討論字母，並練習字母的形狀。規劃個人或團體這方面經驗所遇到的危險是多樣性的。我們必須考慮幼兒在生理及心理上是否能達到要求、他們對練習是真的有興趣，或是純粹取悅成人。

Adams（1998）認為，對於學習字母的合理發展，應為先學字母的名字，後學字母的外形。當幼兒擁有穩固的幫助記憶的方法，認知字母外形即可連結之前所建立的。Hand 和 Nourot（1999）主張，遊戲活動（像是唱字母歌、讀字母書、玩字母磁鐵或是拼圖）有助於學齡前幼兒認識字母。Adams（1998）指出，研究顯示，大寫字母較易區別每個字母的不同，因此對學齡前幼兒較容易。

當幼兒要求父母書寫時，通常他們只寫大寫字母。在學習閱讀前，幼兒需要知道有大小寫的兩種寫法。幼兒園會將大小寫字母一併呈現於學校的視覺環境中，當幼兒進入幼兒園時，大多能辨識出大寫字母，教師會將幼兒名字的第一個字母用大寫，而其餘的用小寫字母的文字寫下來。

當幼兒對寫字產生興趣，教師會鼓勵幼兒在畫作中「寫下」他們的名字。每個幼兒的嘗試都應被認出，並給予關注。有時教師會說：「我可以將你的名字寫在背面嗎？兩個名字，一前一後，離開學校時，我們可以更快找到你的作品。」教師會將名字寫在幼兒作品的左上角，因為在任一英文書頁中，這是閱讀的起點。

早期書寫指導並不是一個新的構想。知名教育家及教具設計家 Maria Montessori（1967b）以及其他許多的教師已提供了學齡前幼兒或寫字的指導。Montessori 鼓勵幼兒用食指、中指摹寫字母的外形，當作書寫前的練習。她發現這種柔和的接觸有助於幼兒實際使用書寫工具。Montessori（1967a）設計了特殊的字母圖形教具，協助幼兒做寫字前的練習，這些教具有助幼兒發展小肌肉，並因視覺及觸覺的知覺，將字形牢牢記住。

在十七及十八世紀的英國，發展出一種有關字母的薑餅教學法，當幼兒正確說出一個字母餅乾所代表的字母名字，或是餅乾所組成的單字時，他就能吃這些餅乾。此例只是說明過去教育者所使用的方式，而不是建議現在也該如此做。

本書建議對書寫活動的規劃應專注於文字的覺察，以及在日常生活中的使用，並加上教師如何鼓勵對書寫持續有興趣的幼兒進行有益的互動。當幼兒尋求有關書寫的資訊，或是要求知道如何寫時，他正顯出興趣並自訂學習的課程內容。

如何適當的啟發字母學習

一個豐富文字的教室環境中，包含書本、圖表、標籤、幼兒的名字文字，及其他日常生活中文字實際的使用，幼兒就會自然而然將字母當作他們世界

中的一部分，並且對這些字母產生好奇心。

　　教師檢視活動並善加利用可施教的時機，教育者對於字母系統的知識會幫助對發音的覺察。教師幫助幼兒流暢地說出字母的名字，所謂流暢是指速度及正確性。對字母的名字說得非常流利的幼兒，能毫不猶豫辨識出字母及說出正確名字，顯示出他們對字母的名字學得相當好。

　　字母系統書籍可能是教導字母名字最常見，及專業上最能接受的媒介，再來就是字母歌了。字母活動可以是有樂趣且如遊戲般的，或可以在作息中安排及自然的發展。

　　下列為字母相關的活動範例。

● **本日名字**

　　在團體時間輪流討論幼兒的名字，說出幼兒名字的第一個字母，並在教室尋找哪裡有這個字母。

● **字母對應遊戲**

　　教師提供一個箱子，以及自製完整字母系統字母的卡片，箱上有字母，字母下有狹長的開口。幼兒可以決定卡片對應至哪個箱子，結束後清空箱子中的卡片，其他幼兒可以繼續玩。箱子用大的硬紙板箱子製成，可豎立站著，箱上的字母接連著狹長開口。這遊戲需要簡

單的介紹及示範。

● **字母遊戲**

　　教師在教室周圍貼大字母的紙張，幼兒可以自己決定從所在的地方到一個字母的所在碰觸字母，然後再到下一個字母的地方（每一個幼兒都能輪到）。教師剛開始或許可以這樣說：「讓我們輕聲慢步走到 C 那裡。」「誰能想出如何到『M』那裡 ？」

● **設計遊戲活動**

　　設計能夠適當啟發的遊戲，有以下條件：

◆ 每個人都有機會輪流。
◆ 清楚地講解規則。
◆ 沒有輸贏。
◆ 不要有競賽的性質。
◆ 鼓勵合作。
◆ 不須表揚或有獎品。
◆ 運用音樂會更有趣。
◆ 需要活動的遊戲盡量在結束時是平靜的，減少移動的機會。
◆ 納入所有想參與的幼兒。
◆ 遊戲的道具或是視覺效果需要經久耐用。
◆ 避免使幼兒受挫的遊戲。

　　另外請注意，上述的遊戲是為了提升聽的技巧與解決問題的能力。並且可以開始教導字母，大多數教師會精確地

特別設計要出示的第一個字母，並確認幼兒能說出大小寫的字母。教師須根據幼兒的年紀、興趣及能力，以決定如何教導字母的發音，而且學校須判斷是否只能運用一對一的策略、幼兒是否受到適當的啟發。

環境與教具

幼童對畫圖工具——奇異筆、粉筆、鉛筆、蠟筆、水彩筆——的取得方式是很重要的，以便幼兒可隨時畫出自己想要的圖案（圖13-12）。教師應布置一處能讓幼兒舒適地使用這些工具的地方。

下列早期幼兒教具有助於孩子在準備寫字前，對於手臂及手指精細肌肉的使用和控制技巧。

▶ 圖 13-12　有些幼兒發展出獨特的畫畫及寫字的握筆方式。

◆ 拼圖。
◆ 釘板。
◆ 小積木。
◆ 建構玩具。
◆ 剪刀。
◆ 滴管工具。

大多數的學校規劃活動使幼兒能夠組合、安排或操作小的物件。有時稱為桌上活動，幼兒隨時可玩，教師可以將物件更吸引人地布置於桌面，或是放在接連的架上，鼓勵幼兒操作。

下列為豐富文字教室中常見的教材例子。

◆ 標示——對應文字的圖片或是照片。

◆ 圖與表——有排序的圖，作為學習資源（以字母順序排列的圖片與幼兒的名字）、班級的組織（學生名冊或是班級行事曆）、將備忘錄的書面語言展示出來（幼兒的簽到表）。

◆ 教具及活動——各式各樣的教具，包含字母玩具、拼圖、圖章、磁鐵字母及遊戲，來自教師自己的巧作（圖 13-13），或是市售商品，像是積木、字母形狀的枕頭、字母地毯，及牆上吊飾。

◆ 書籍與其他資源——種類繁多的書籍與雜誌、詩歌、報紙、電腦軟

字母歌 ABCD EFG HIJK LMNOP QRS TUV WX & Y & Z		A a airplane	B b ball
C c cat	D d duck	E e elephant	F f fish
G g glass	H h heart	I i ice cream	J j jack-o-lantern
K k kite	L l leaf	M m mouse	N n nest
O o octopus	P p pig	Q q queen	R r rabbit
S s sun	T t turtle	U u umbrella	V v vase
W w wheel	X x x-ray	Y y yo-yo	Z z zipper

▶ 圖 13-13　字母歌圖表

體、有圖片的字典、謎語,及新奇的書,還有其他的印刷品。

幼兒園可營造幼兒能清楚看到符號、字母與數字的教室,也可放置許多

有圓形、正方形、三角形、字母，及其
他常見形狀的玩具。教室中的文字反映
出教師與幼兒的興趣。一般建議遊戲室
所展示的符號尺寸，至少需 2 到 2.5 吋
（約 5 到 6 公分），或是更大。

標示的應用

　　標示活動應著重在日常生活中標籤
與標誌的目的及功能，教室中有許多地
方可以應用。一個「腳踏車停車處」的
標誌，使騎乘的幼兒注意到正確的停車
位置，且可能避開意外的發生，也方便
幼兒找尋腳踏車。

　　教師運用標記活動解說道路及環境
號誌的必要性，將幼兒導向一個由標誌
尋找適當文字的活動。

　　教室中常見的標示如下：

◆ 藝術品。

◆ 名牌。

◆ 置物櫃及存放區（圖 13-14）。

◆ 攜帶物品。

◆ 教室中的常見物品，例如，剪刀、
　紙、蠟筆、魚缸、椅子、水、門、
　窗及水槽。

◆ 校園，例如，大樓、圖書館或閱讀
　中心、遊戲屋、藝術區及科學區。

◆ 點心位置牌。

展示區

　　展示區通常包含下列事物：

◆ 附有說明的雜誌圖片。

◆ 展示大家感興趣的事物，例如：
　「我們走路時所發現的石頭」。

◆ 告示板以及牆上的展示物。

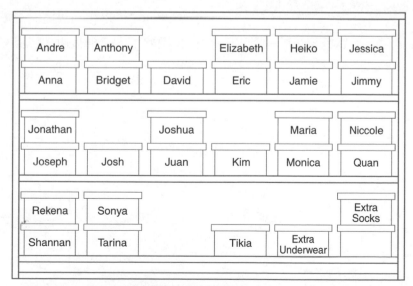

▶ **圖 13-14**　用大的印刷體字母來標示盒子。

◆ 牆上的字母指引（Aa Bb……）。

◆ 圖表。

◆ 幼兒的作品及解說，例如，「可可的積木塔」或「小丁的黏土鬆餅」。

◆ 運用手風琴摺疊的方式展示作品（可放置於桌面，圖 13-15）。

◆ 幼兒活動會用到的標誌，例如，「商店」、「醫院」、「油漆未乾」及「售票處」。

輔助訊息的傳送

班級的信箱、意見箱及留言板可激發孩子的興趣且很有用，寫短的便條給幼兒，讓他們對便條的內容產生興趣，使用大尺寸便利貼是個好方法，並且能貼在鏡子、盤子、玩具等上面。

教師自製的教材、遊戲與玩具

◆ 用法蘭絨板、厚紙板、砂紙與皮革製成色彩明亮的字母。

◆ 與字母、數字或符號有關的遊戲。

◆ 字母系統卡。

◆ 與名字及單字有關的遊戲。

◆ 賀卡。

◆ 印有單字的帽子或徽章。

書寫區

書寫區為教師規劃、布置用來提倡書寫的區域。書寫區可以是教室中一個隔開的區域，或是設立在語言藝術中心裡。舒適及適當的照明是不可缺的，同時也要減少注意力的分散，可用隔板或是屏幕來降低外界的干擾。教具與器材的存放處須離幼兒近一些，好讓他們可自行取放。激發書寫的展示區或告示板也須靠近書寫區；若要提供水性奇異筆，最好是明亮、明顯的顏色。

透過在課桌上或是書寫區的對話與探索，幼兒得以在一個提供支援的小型社會環境中，建構有關文字及文字意義的新概念。

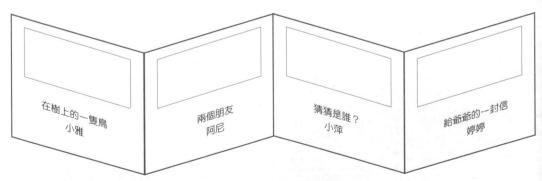

在樹上的一隻鳥
小雅

兩個朋友
阿尼

猜猜是誰？
小萍

給爺爺的一封信
婷婷

▶ 圖 13-15　運用手風琴摺疊的方式展示作品（可放置於桌面）。

書寫區須提供各式各樣的紙與書寫工具。最好有字母章、文字蓋印、打孔機及無頭釘；舊的表格、目錄、日曆、電腦報表紙、回收紙（單面已使用過）或有線條的紙，以及放在一旁的蠟筆，可用來吸引幼兒；大多數的商店或是辦公室所丟棄的回收紙，足夠供應書寫區使用。

白色或是有顏色的粉筆很具吸引力，可用在紙上、黑板上或是水泥上。為求多樣性，紙上的書寫工具可用顏色明亮的油性粉蠟筆或是軟性鉛筆。多數幼兒園裝設有幼兒高度的黑板；運用五金行或是油漆行所賣的黑板塗料，以及廢棄的木片，很容易就可以製成桌上型黑板。畫架、牆壁沒在使用的區域，或是家具的背面，都可製成黑板。

打字機與電腦能引起幼兒的興趣。字母形狀書（shape book）內含空白頁與可用來複製及描寫的單字，對某些幼兒頗具吸引力；大的描摹字母或字母的貼紙（教師可利用壓按貼紙來製作）也是；對字母及拼字有興趣的幼兒常提到，磁性白板及磁鐵字母組是他們最喜愛的玩具。

字母、單字及展示須以幼兒眼睛高度布置在告示板。書寫區的陳列會引發並鼓勵幼兒的書寫活動。

學校的第一組字母系統

父母親教導幼兒書寫多以大寫字母為主。幼兒園會介紹小學一年級所教導的字母形狀給有興趣的幼兒。

幼兒園或一年級多是寫正體字，有時稱作手寫字體（圖 13-16），或是另一種叫作 D'Nealian 的草寫字體（圖 13-17）來書寫。書寫區應與當地的小

▶ **圖 13-16** 正體字母系統。

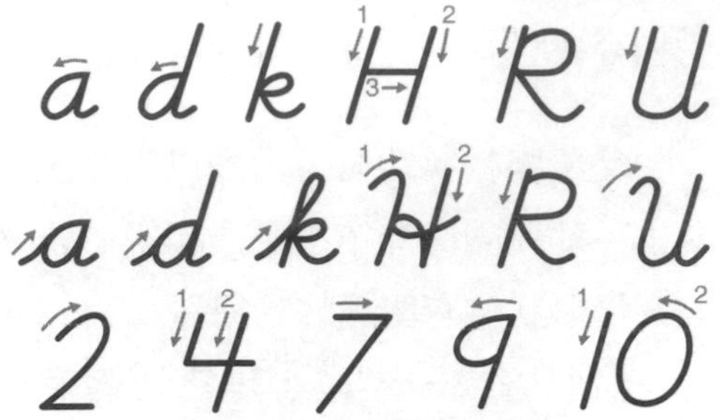

$$\bar{a}\;\bar{d}\;\bar{k}\;\overset{1}{\underset{3}{H}}\overset{2}{}\;\overset{1}{R}\;\overset{1}{U}\overset{2}{}$$

$$a\;d\;k\;H\;R\;U$$

$$\overset{1}{2}\overset{2}{}\;4\;\overset{\rightarrow}{7}\;\overset{\rightarrow}{9}\;\overset{1}{1}\overset{2}{0}$$

▶ **圖 13-17** D'Nealian 草寫體字母及數字的
例子。

學溝通一致，因不同區域的字母形狀也會有所不同。

教師須熟悉正體字型（或任何本地所使用的字型），讓幼兒以正確的方式學習，勝過日後的糾正。學齡前幼兒在學校應見過所有的文字，運用大小寫的正體字或是 D'Nealian 草寫體。教師所寫的名字、告示板及標示，應使用正確的字型。正體字是以直線、圓圈及圓圈的一部分所組成。在圖 13-16 中，小的箭頭及數字表示組成字母須依循的方向及順序。

D'Nealian 草寫體是由教師─校長 Donald Neal Thurber 所開發的，並於 1978 年發表。目前大家對它的接受度有日漸升高的趨勢，普及化的部分原因來自於字體中傾斜及連續筆法的特色，這使得在二年級之後所導入的草寫寫法（字母之間無連接的寫法）中，傾斜及筆畫的使用變得容易。Thurber

（1988）指出，寫正體字需要下筆 58 次，但 D'Nealian 草寫體只需 31 次。若需要相關字母系統及教導更進一步的資訊，可聯絡美國的 Scott, Foresman, Glenview, IL 60025。

印出的數字外形稱為數字（numerals）。幼兒會玩數字玩具，例如積木組。幼兒可能會伸出手指表示年齡，或是告訴我們他能數數。他們可能在表現對字母的興趣之前就會寫數字符號。小學中也能提供數字符號；在一個地域中所使用的數字符號，可能會與其他鄉鎮、城市或是州所使用的數字符號有些微不同。

初次嘗試寫字

幼兒在初次嘗試寫字的時候，一般都會緊握書寫工具，並且會因為用力寫而戳破紙張。經過長時間的練習和掌握小肌肉的使用，孩兒緊繃和未受過訓練的肌肉得以放鬆，而且能夠開始畫出類似字母形狀和可辨識的形狀，可以看出他們注意力非常集中，而且很努力學習。由老師辨認和鑑別出來的所有幼兒意圖，可作為幼兒成長的興趣和能力的象徵。

圖 13-18 把手寫字母按照對於幼兒的難易度列出，由最容易使用和學

1. l	14. V	27. Z	40. Y
2. o	15. c	28. t	41. d
3. L	16. x	29. B	42. R
4. O	17. T	30. Q	43. G
5. H	18. h	31. s	44. a
6. D	19. w	32. n	45. u
7. i	20. J	33. z	46. k
8. v	21. f	34. r	47. m
9. I	22. C	35. e	48. j
10. X	23. N	36. b	49. y
11. E	24. A	37. S	50. p
12. P	25. W	38. M	51. g
13. F	26. K	39. U	52. q

▶ 圖 13-18　字母辨識難易度從最容易到最困
難的列表。

習的程度到最困難的程度。**拼字覺察**
（orthographic awareness）[7] 是能夠察覺
和使用書面文字等圖形符號重要功能的
能力（Pinnell, 1999）。Pinnell 指出，
孩子學習如何寫出獨特的文字，而且這
些特徵通常會很細緻地描寫出來。在字
母 n 和 m 之間或者 n 和 h 之間，看起
來差異很小，但是許多學齡前幼兒辨識
起來卻沒有困難。Lyons（1999b）相
信，每個幼兒的知識完全是個人的學習
問題，幼兒可以用自己的方式來組織對

字母的了解，幫助他們記住並且再寫出
來。

計畫活動——基本了解

在學校期間，大部分有關語言藝術
領域的計畫活動，以及非計畫的幼兒和
大人的互動，幼兒都有基本的認知。有
關平面藝術的規則和說話的規則類同，
幼兒會形成這些規則的想法。

書寫文字牽涉到使用代表聲音和複
合聲音的圖形符號。結合符號然後按照
既定的文法規定，就可構成詞彙和句
子。文字的字母都是以大寫和小寫字母
排列，從頁面的左邊至右邊書寫和閱讀
文字。每行文字的開頭和結尾都留有空
格，而每頁則是從上到下排列每行文
字。每個句子以句點結束，而段落之間
則是以開頭縮排表示。令人驚訝的是，
幼兒在進入幼兒園之前，會自行或者在
老師的幫助下，發現許多有關書寫文字
的規則。

日常的交流互動和教學方法

本章節中談到的教學方法都是老師
在教文字時，所運用的有目的行為和言
詞說明。老師要使用自然的交談方式，
而不是古板的口吻上課。

---

[7] 拼字覺察：能夠察覺和使用書面文字的圖
　形符號重要功能的能力。

日常最常寫文字的地方就是將幼兒的名字寫在他們的作品上。老師詢問幼兒是否想要把他們的名字放在作品上。因為許多幼兒認為他們的創作完全屬於個人的，因此可能不想加上名字。當一份創作因為沒有寫上名字而找不到的時候，幼兒就會明白寫上名字的好處。

如果可能的話，所有名字都可寫在幼兒創作的左上角，或者應幼兒的要求寫在背面。這樣做是要訓練幼兒在準備閱讀和寫字之前，先檢查這個地方。對於幼兒作品的意見，可以寫在他們創作作品的底端或者背面。

老師可以在手邊或者口袋內準備一支黑色蠟筆或者簽字筆，記錄幼兒口述的句子，老師對於內容不需有太多的更改或者建議。老師可以告訴幼兒，他會盡可能依照他們用字的順序寫下他們的想法。有些老師較喜歡在幼兒文字的前後，加上以下的敘述：「周，你在 2006 年 5 月 2 日把這些詞彙唸給郭老師聽。」大多數老師都會把幼兒寫的「老鼠門溜進了鼠洞」（mouses went in hole）改成「老鼠們溜進了鼠洞」（mice went in the hole），這只是英文複數形用錯字的小錯誤。所有老師的批改文字必須是印刷字體，並使用大小寫字母以及適當的標點符號。

當幼兒要求老師教他寫字的時候，如果可能的話，老師最好站在幼兒後面，伸手繞過孩童肩膀上方指導他寫字，這樣幼兒能看到字母在正確位置描寫出來；如果老師坐在幼兒對面，幼兒看到的字就會上下顛倒。有些老師會一邊寫字，一邊唸出字母的名稱。

寫給幼兒看的字母應該夠大，以便讓幼兒能夠區別形狀，大小要超過 2.5 公分高。這對成人來說也許稍大一些（圖 13-19）。

如果幼兒說：「教我寫字母 a」或者「教我寫我的名字」的時候，有些學校會要求老師先在有橫線的紙上示範。其他學校則建議老師在寫字母時，同時能夠發出字母的聲音。也有許多幼兒園希望老師能夠透過交談，以及在字母圖表上搜尋字母，回應幼兒的要求，這樣可以鼓勵幼兒在老師寫出字母之前，能夠自己模仿寫出字母。

老師的教學方法通常要看當時的情況，以及學童個別的程度而定。所有幼兒園都運用一種共同的教學方法，就是

Maryellen
Donald

▶ 圖 13-19　字母應該夠大才能讓幼兒看清楚。

支持性協助以及口頭稱讚幼兒的努力。老師對於幼兒類似寫字的意願感到欣喜，正如同我們看到初學走路的小孩含糊地嘗試說出新字一樣高興。

當幼兒向老師表示他們想要寫字，或者指出他們認識的字母名稱，老師可以使用如下的正面語言鼓勵幼兒：「對了！那就是 *a*」、「我可以看到 *a*、*t* 和 *p*」（當老師指到每個字母時），或者「瑪莉！你真的會寫出字母 *a* 和 *t* 了」。

藉著這些評語，老師可以鼓勵和表揚幼兒的努力。通常，幼兒可能拼不出正確的字，或者寫錯字母的形狀。老師可以這樣評語：「它看起來像一個字母。讓我們看一下牆上的字母圖表，應該是哪一個字母？」或者直接說：「你看，你寫的是 *w*。」

Atkins（1984）描述支援性協助的含意，如下：

> ……幼兒需要……成人提供他們寫字需要的工具，以及練習使用這些工具的時間和機會。他們需要大人確保有助於探討和體驗寫字的良好環境。他們需要成人能夠接受他們寫出的字，並且體會他們學習寫字的成果和努力。而且，幼兒尤其需要成人能夠了解，他們犯錯是學習過程中的重要部分。

藉著引起幼兒的注意，可以鼓勵、允許和保持幼兒對生動的寫字課程感到興趣。幼兒需要多年才能熟練他們的技能，在這個早期階段最重要的就是，讓幼兒對字的形狀感到興趣，因此，需要提供他們正確的學習模式，並且鼓勵他們。

對於想了解字母形狀的幼兒，有個方法就是讓他描摹正確的字母字帖或者符號，可以使用蠟筆、簽字筆或其他的書寫工具。若要說明描摹字帖的意義，老師也可以加以示範。

當老師在朗讀圖表或者書籍給幼兒聽的時候，可以把手指沿著文字的下方移動。這樣做是要強調閱讀和書寫的方向是從左向右，以及詞彙之間要加上間隔。不斷地介紹作者的名字，可以幫助幼兒體認到他們也可以創作，而且他們所創作的故事也能形諸文字。

Vygotsky 理論的倡議者 Bodrova 和 Leong（1996）建議老師可採取下列方式：

◆ 即使幼兒寫的字還停留在塗鴉，仍可以鼓勵他們以書寫文字來做溝通，然後老師對幼兒書寫方法或寫字的意見可寫在作品下方。

◆ 重新檢視幼兒的作品與想法，討論他們還可以增加的內容。

◆ 將幼兒的寫作編成遊戲。扮演遊戲可能需要編劇，教師鼓勵同學一起創作故事，也鼓勵他們使用語言和寫作。

日常生活中的書寫環境

老師可以在日常上課內容安排寫字課程，這並不困難，但確實需要老師的認知和自發的行為。寫字課程可從寫幼兒的名字開始，或是從辨識衣服、鞋子、食物、玩具上的文字，以及教室中的每個物品開始，包含燈光開關和水龍頭，讓寫字成為班級生活的一部分。

幼兒須學習如何利用寫字來滿足自己的需求，這樣寫字便會成為一件實際的事。如同 Throne（1988）所說的：「當幼兒在說、寫故事、標示積木區、閱讀工作表上的名字、寫短文、尋找『出口』標示、閱讀食譜、與同學交談和討論，或者聽故事的時候，他們藉著這些實際和有意義的目的，能夠體會寫字的意義。」幼兒在認識文字的用途方面，需要老師的協助。在每天的課堂上，都會有許多講解或者閱讀書面文字的事情。舉例來說，因為文字通常可以保護個人的安全，老師可以找機會討論和指出這種功能的詞彙。

在下頁表 13-4 中，列出扮演遊戲的主題，包含文字以及扮演主題的標

示。建議老師不要在遊戲背景中，加入其他「可能排斥」幼兒喜好和偏愛的遊戲情節（Roskos & Christie, 2001）。

老師找出一些實用的活動，像是：

◆ 跟幼兒一起準備必要的幼兒名字清單。範例：老師準備一份等待玩遊戲的名單。

◆ 製作節日或特殊活動卡片。

◆ 大家一起繪製將來要用到的牆壁裝飾和標示。範例：老師使用生動的詞彙或者幼兒的想法（珍說：「這看起來像一隻貓。」）。

◆ 編寫「發現之旅」的遊戲活動。可以利用許多的發現經驗完成。範例：哪些東西會飄浮，而哪些東西又不會呢？

◆ 將經驗分類。範例：「鞋子有各種不同的種類」——老師可以讓幼兒從觀察別人所穿鞋的種類開始，然後列出這些鞋子的名稱。

紅鞋	帶花邊鞋	涼鞋
小營	小貝	小麥
丁丁	甜甜	派克
阿如	小君	丹丹
小玄	云云	曉翠

◆ 藉著討論圖表或黑板上的文字，分享午餐或點心的菜單。

◆ 將課堂的消息公布在幼兒眼睛高度的一張大紙上，範例如頁 398：

❖ **表 13-4　扮演遊戲主題和活動可以促進幼兒對寫字的認知和使用**

扮演的主題

教室郵局
建議準備的遊戲用品：
郵票（許多是從雜誌廣告信剪下來的）、舊信件、信封、郵寄用的包裝盒、秤、蓋過郵戳的郵票、封箱膠帶、細繩、遊戲用代幣、郵寄袋、有投寄口的信箱、字母標籤條、書桌、簽字筆、櫃檯、郵局員工襯衫、郵局海報、集郵冊、濕海綿、由老師製作按照住家街道地址和郵區代碼列出的幼兒名單圖表、貼上所有印有幼兒個人名條的包裝盒，以及每位幼兒的信箱。

炸玉米餅攤子
建議準備的遊戲用品：
接待顧客用的櫃檯、標示價格和炸玉米餅項目的海報、遊戲用代幣、點菜單、貼有標價彩色紙製炸的玉米餅籃（包括起司、肉、生菜萵苣、辣蕃茄醬、酸乳酪、鱷梨、雞肉絲和洋蔥）、顧客用桌、托盤、服務叫人鈴、編上數字的摺疊卡片、訂購炸玉米餅的收據簿、塑膠杯和水壺、收銀機、餐巾、桌巾、塑膠花瓶內的塑膠花、廚師上衣、服務生／女服務生圍裙、打雜衣服和清潔用品、錄好的民族音樂、塑膠器皿、鉛筆或者簽字筆、衣夾排供夾訂單之用、紙盤子
漢堡攤子或者披薩店等其他可能的遊戲。

雜貨買賣
建議準備的遊戲用品：
購貨清單、書架、鉛筆或簽字筆、老師製作的圖表（其中有從雜誌剪下的圖片，或者從罐頭食品或蔬菜取下的標籤，供幼兒模仿上面的文字）、空的食物紙箱和罐子、塑膠製食物樣品、購物車、錢包和皮包、遊戲用代幣、褐色購物袋、紙板製作的收銀機、裝扮顧客和商店店員的衣服。

教室寫信中心
（供寫信給親戚和朋友）

文字覺察的活動

教室自編報紙
製作一份班級報紙。在與幼兒共同讀過當地報紙後，記下幼兒唸誦的消息或者有創造性的言語，幼兒對於上述消息所繪的圖畫也能加入，加上老師和家長的消息、詩詞、標題、繪圖等等。有些幼兒可能想要記下他們自己的短文，也許包括潦草寫出和可辨識的字形和詞彙。

運動衫簽名日
在運動衫簽名日（T-shirt autograph day），可要求每位家長攜帶一件任何尺寸的舊運動衫到學校。在老師監督下，幼兒可以使用無法擦拭的油性簽字筆（也能使用可洗掉的水性簽字筆，但是老師必須以電熨斗燙一下，或者把運動衫放入乾衣機內烘乾五分鐘）。並且準備運動衫形狀的厚紙板模型，教材必須繃緊在紙版模型上，如此才容易在上面寫字。讓孩童穿著塑膠圍裙是一個好主意，以免衣服不小心被油性簽字筆畫到而洗不掉。幼兒可以用他們喜歡的任何方式在運動衫上寫字。展示一件上面畫有圖案和文字的運動衫，可以提示幼兒在自己的運動衫上寫哪些字。大部分老師都有或者可以借到有字的運動衫。

可可的家已經搬到一間新的公寓。
班太太正要去芝加哥旅遊。
玲玲飼養的母貓生了三隻小貓。
我們新朋友的名字叫安安。
陽台上正開著藍色的花。
我們的甜姊兒以琳到底藏在哪裡？
今天柔柔有點想家。

書桌或者寫字區域

許多教室為幼兒平常自由的探索活動，準備有書桌或者寫字的區域。提供不同種類的紙張、各種書寫工具、字母模板、字母印章和字帖，這種安排可以提供日常的使用，而且頗為吸引人。然而，只是準備寫作中心是不夠的。作為推動者和資源提供者，老師需要每天經營它。有些寫字區域使用次數頻繁，有些教室，老師則很少花時間經營或者根本不關心（Smith, 2001）。不論書寫區能否吸引幼兒、抓住幼兒的注意，或者提供幼兒許多用途，這都要依賴老師的巧思。

期望幼兒能夠「我要用我的方法去做！」

體認到幼兒需要時間和機會練習，老師要依據每個孩童的學習程度和興趣為基礎，注意參與讀寫課程的投入程度。當幼兒發現因某種理由而培養出個

人對寫作或者閱讀的興趣時，他會依據自己的步驟學習。此時，幼兒似乎存在著一種需求驅使他以自己的方式學習，保持早期讀寫行為的自主性。他們在檢視教室字母表，並且抄下字母的形狀後，可能選擇和其他幼兒分享而避開老師；而另一個同齡的幼兒可能會喜歡和老師討論；其他的幼兒可能會問：「這是什麼意思？」或者「這叫什麼？」在各種情況中，老師的教學目標是要維持並幫助每個幼兒擁有自己寫作或閱讀的能力。

慣用左手的幼兒

幼兒習慣使用右手或左手，是在幼兒神經系統發育成熟的時候決定。當幼兒握筆的時候，老師應該注意幼兒喜歡用哪一隻手；有些幼兒似乎雙手輪流使用，並未偏好使用哪隻手。大部分的左撇子使用右手的頻率會比右撇子使用左手的頻率還高。幼兒園的寫字桌面應該能夠容納所有的幼兒使用，而且要準備適用右手和左手的剪刀。

老師應該容忍幼兒習慣使用哪隻手，不要嘗試改變或者甚至挑明幼兒的自然選擇。在活動的時候，可能的話，讓左撇子的孩童坐在書桌的兩端，或者確定左撇子的幼兒不會和慣用右手的幼兒相鄰而坐，這是較為謹慎的安排。

老師的實施規範

　　老師應該主動運用印刷字體。如果幼兒無法順利和正確地寫出全部的大寫和小寫字母，就可讓幼兒多加練習。

畫有橫線格子的紙張

　　有些幼兒要練習小肌肉的控制能力，可利用加上印刷橫線的紙張（圖13-20），因此有些課堂會提供橫條紙讓幼兒寫字。

　　老師可以在黑板上輕鬆畫出橫線，提供幼兒一個足夠大的寫字空間，這樣幼兒才有機會寫出大尺寸的字母。

掛圖的構想

　　有些老師會在遊戲室懸掛介紹印刷字體的掛圖，掛圖的設計可以提高幼兒主動認識文字的意願。在掛圖加上可移動的口袋、零件或者紙片，可提高幼兒的學習興趣。利用較厚的厚紙板或者卡紙板製作掛圖，再使用透明的膠紙貼在掛圖的表面，可以延長使用時間。掛圖可包含：

- ◆ 體驗圖表（圖13-21）。
- ◆ 顏色或者數字圖表。
- ◆ 指針可以取下的大時鐘。
- ◆ 四季掛圖。
- ◆ 連續漫畫掛圖。
- ◆ 日曆。
- ◆ 教室工作表（值日生表）。
- ◆ 織品掛圖（讓幼兒可以觸摸）。
- ◆ 韻文掛圖（圖13-22）。
- ◆ 含解說步驟的食譜掛圖。

▶ 圖 13-20　一位五歲幼兒的手寫文字和繪圖的例子

> 野餐
>
> 我們在公園
>
> 吃中餐。
>
> 我們坐在
>
> 草地上。

▶ 圖 13-21　體驗圖表

混合煎餅的麵皮
攪和煎餅的麵皮
平底鍋中煎著餅
煎餅滋滋響
拋起煎餅打個轉
煎餅乖乖落回來
你能嗎？

▶ 圖 13-22　詩歌掛圖

▶ 圖 13-23　謎語掛圖

- ◆ 分類或者配對概念的圖表。
- ◆ 生日圖表。
- ◆ 身高和體重掛圖。
- ◆ 字母掛圖。
- ◆ 圖畫謎語掛圖（圖 13-23）。

　　Cromwell（1980）建議製作「關鍵字」圖表。「關鍵字」主要是選自畫冊的書名、特色等等，以及蒐集幼兒的用語，或者是形容教室所發生事情的語彙。選取的語彙由老師寫在圖表的頂端。然後，老師會問一組幼兒：「當我說這個字的時候，你想到什麼？」或者「把鹽和胡椒粉混在一起。我們可以在廚房餐桌上的胡椒鹽罐上看到它們。我們可以從這個『關鍵字』聯想到什麼？」或者「在圖表頂端的字是『樹』，可以說說我們遊戲場的樹嗎？」等類似的引導式問題。幼兒的回答記錄在圖表關鍵字的下方。這個活動適合四歲以上的幼兒，尤其是會指著文字問：「這是什麼意思？」的幼兒。

　　許多教室運用幼兒當地語言的歌謠或詩歌掛圖教學，效果相當不錯。志工

家長很高興將新的或喜愛的古典文學翻譯成他們的母語作品。*Uno, Dos, Tres Inditos* 是「十個印第安人」（*Ten Little Indians*）的西班牙文版，經常用來教唱並且容易學習。

當把幼兒的個別說法記錄到團體聽寫圖表時，Willams（1997）採用的方法包括使用色碼系統。

> 我時常以不同的顏色記下每位幼兒的問題（意見），或者把幼兒的名字記在旁邊，如此幼兒可以回頭找到他的作品。

想想看，所有圖表都可以包含幼兒的選擇、投票或者決定！這些圖表的功用是無限的。幼兒可以使用橡皮圖章和印台，在各種不同的標題做上記號、加上他的名字，或者把他寫的名字移到相關的問題，或者如圖 13-24 所顯示的圖表，以指明他個人的選擇。

如果文字旁邊有小圖片，則更容易明白並做選擇。老師繪製的簡單圖片效果不錯，最好的圖表則是與上課主題或發生的事件有關。

在製作圖表時，首先決定語彙和圖片的位置。利用長尺和鉛筆輕輕畫出一

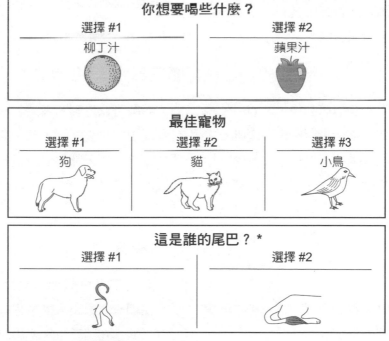

▶ **圖 13-24**　圖表範例

＊註：老師寫下幼兒的答案，可大聲地讀出來，之後再展示完整的動物圖畫以便討論，例如：「小敏說是一隻狗。」

條條的標線，或者使用圖表畫線筆畫出線條。然後，使用簽字筆或黑色蠟筆加上印刷字體的文字，雜誌、用過的小學練習本、以前幼兒的書本和相片，都是圖表圖片的實用資源。利用無頭針或者迴紋針夾住移動的紙片，書袋或者厚信封可作為放置圖表物件的保管處。

體驗圖表和故事

這些圖表的目的是要讓幼兒體會口語的詞彙可以變成文字形式。

教材

大張用紙（新聞用紙）。
簽字筆或黑色蠟筆。

活動

在經過有趣的活動後，例如戶外教學、訪問特別演講者、集會、慶典，或者烹飪經驗，老師可以提示如何撰寫相關經驗的故事。在幼兒可看見的範圍掛上一大張的紙張或者圖表，由幼兒描述事情的發生經過，老師協助在紙上寫上內容，幫助幼兒整理事情發生的先後次序。

圖 13-25 和 13-26 說明了其他詞句和圖片的圖表例子。

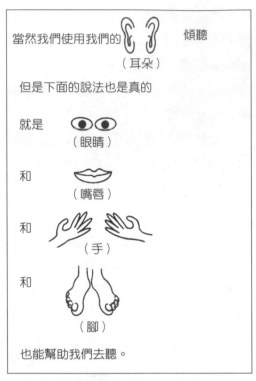

當然我們使用我們的 （耳朵） 傾聽

但是下面的說法也是真的

就是 （眼睛）

和 （嘴唇）

和 （手）

和 （腳）

也能幫助我們去聽。

▶ 圖 13-25　聽覺謎語掛圖

圖表架

老師可以自製圖表架。學校福利社有賣商用圖表夾、圖表架、圖表環，以及長尾夾。每天都要使用圖表的老師較喜歡商用圖表架，因為可以隨意移動和固定。

字母模紙

商用字母模紙或者老師自製的模紙，在編寫遊戲用來描摹都很好用，或者也可展示在牆壁上。使用結實的紙卡或者重磅厚紙製造，可以快速且容易地描摹它們。

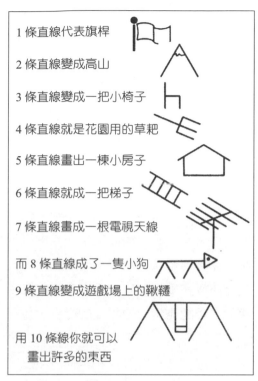

1 條直線代表旗桿

2 條直線變成高山

3 條直線變成一把小椅子

4 條直線就是花園用的草耙

5 條直線畫出一棟小房子

6 條直線就成一把梯子

7 條直線畫成一根電視天線

而 8 條直線成了一隻小狗

9 條直線變成遊戲場上的鞦韆

用 10 條線你就可以
　　畫出許多的東西

▶ **圖 13-26　利用直線繪圖的圖表**

掛圖圖書

目前有出版掛圖圖書（chart book）、大本圖書或者開架圖書。這些大尺寸的圖書都是海報大小，印刷精美，非常容易吸引幼兒的注意。有創意的老師利用可以放大小插圖的簡報投影機，編製出他們自己的圖書，也可使用圖表紙或者海報紙板。另外，還可在書店和老師用品商店購買到豐富的大本圖書。

幼兒園老師 Throne（1988）指出使用大本圖書和圖表的優點。

……這些分享的經驗將幼兒聽床邊故事的優點帶入教室，因為大字和清晰的印刷讓整個班級都能在我們一起讀故事的時候，看清楚書中的文字。

雖然幼兒園較喜歡安排小組教學，Throne 對於大字和印刷清晰以及小組分享故事的建議，仍是希望老師能夠開啟幼兒對文字的覺察。

產生故事的句子

寫作故事句子的活動與製作圖表活動類似，讓幼兒或一小組的孩子能成為作者。在經過教室的活動或者體驗之後，老師鼓勵幼兒寫出相關的故事（寫出句子）。活動是以孩童為中心，然後由老師記下幼兒或者群組的建議。老師可以在詞彙之間安排較寬的空間，強調某個詞彙的結束，以及詞彙之間的間隔，並且可以討論幼兒名字開始或結束的字母，或者字母的發音。對於群組中的四歲幼兒來說，認識班級中所有學生的名字並非不尋常的一件事。老師可以接受、體認和辨識出幼兒個別的想法和說法，創作的句子就會在群組中朗讀和重複朗讀。可使用長條的圖表紙或者捲紙，故事的句子要貼掛在幼兒眼睛的視覺高度。

互動式和架構式寫作

許多幼兒園和小學一年級都採用互動式（或分享）寫作（interactive writing）[8]課程。此處所描述的情形，可以讓學前教育的教學機構熟悉將來的教學內容，知道少數個別孩童在閱讀（不是背誦）圖畫書中的簡單文字，以及在學前教育期間寫一些短文時，哪些教材應該改編、變更或者個別設計。

這種經營幼兒園的策略逐漸受到各種教育機構的注意和運用。McCarrier、Pinnell 和 Fountas（2000）定義互動式寫作的教學內容，就是老師與一群學生逐字逐句和象徵性地使用一枝筆，共同寫作和架構一篇書面短文。幼兒參與寫作過程中的每一個步驟，包括決定主題、考慮寫作的一般範圍和形式、決定要寫作的特定文字，以及逐字和逐字母的書寫。在寫作期間和完成之後，都會進行重讀、修改以及校正工作，通常會讓幼兒唸誦詞彙、片語、句子，和整篇完成的短文。

在互動式寫作的過程中，老師注重在字母發音、字母名稱、形狀、從左至右以及從上到下的閱讀順序、詞彙之間的空格、大寫字母、標點符號和拼字規則。McCarrier、Pinnell 和 Fountas（2000）相信，對於所有語言背景的幼兒而言，互動式寫作是一種很有效的教學策略。

觀察熟練的幼兒園或一年級的孩童寫一篇短文，發現他必須先在心中思考和記住該篇短文，選擇第一個詞彙，決定應該放在紙張的位置，考慮應該使用哪個字母能夠發出他想要的聲音，想起該字母的形狀，用手寫出字的形狀，決定是否用到其他的聲音和其他的字母，知道何時該詞彙結束，並且知道在下一個詞彙之前要加上一個空格。很快地，幼兒教育者能夠看到幼兒已經完全了解有關寫作的基本認知了。

家長的溝通

面對孩子已經開始準備學寫字、認字的家長，可以和家長溝通下列事項：

- ◆ 老師已經注意到幼兒對寫字母、數字或文字感興趣。
- ◆ 若家長想要教幼兒認識字母，老師可以把如何寫印刷字體和數字的指導方式與家長分享。

---

[8] 互動式寫作：(1) 這是在美國幼兒園很流行的教學策略；(2) 過程中包括老師以拉長放慢的聲音唸出每個詞彙，好讓幼兒能夠區別聲音和字母，也就是所謂的分享寫作。

◆ 幼兒園鼓勵幼兒寫字，但不會要求每位幼兒都學印刷字體。有些幼兒是不感興趣的，而有些幼兒以他們現有的程度而言，學習對他們而言太困難。

◆ 家長可以準備紙張和書寫工具讓在幼兒家寫字，並且隨時注意幼兒寫好的文字以給予意見。

◆ 很早開始寫字的幼兒經常在他們的繪畫中加入字母和數字。我們預料這樣的幼兒所寫的文字，可能前後反轉、上下顛倒或者斜向一邊（當發現這些現象的時候，許多家長都會沒來由地煩惱起來）。

對於老師全然接受而未經校定、改正的聽寫考卷或者書寫文字，幼兒的家長可能也會想聽聽老師的看法。

在學前教育期間，幼兒園計畫召開家長會，共同討論寫字教學的適當性。如果園所的立場很清楚，員工可以清楚回答關於園所教學計畫的問題。當老師向家長解釋幼兒的聽寫考卷只有少許的更改時，大多數家長對於孩童早期寫字的意願都會很擔心。當幼兒更熟悉寫字的時候，老師就可幫助更多的更正工作。老師提供家長保證，他們將個別提供可以滿足家長要求的基本經驗和機會，讓家長了解學校確實關心每個幼兒的學習進度。

摘要

字母和手寫文字是學前教育上課內容的一部分。幼兒園目標很少要求所有的幼兒寫字，但會嘗試提供幼兒豐富文字的環境。對於絕大多數幼兒園的學前幼兒，以答對坐下（sit-down practice）的方式來學習字母是不適當的。另一方面，有些學前幼兒必須不斷學習字母形狀，而且以他們自己的方式，或者在老師的指導下練習書寫字母的形狀。然而，許多幼兒對於寫字和書中的文字表示初學的興趣。

幼兒也對數字感到興趣，這些符號每人都會出現在學校、家庭和生活週邊。

書寫的能力要看幼兒的：

◆ 肌肉控制能力。

◆ 辨識符號能力。

◆ 注意符號中線條位置的能力。

印刷字體使用於學前教育、幼兒園和小學一年級。字母是由直線和圓圈構成，分成大寫和小寫字母的一些符號。

幼兒適合學習印刷字體的年齡不盡相同，他們學習字母的速度也不同。在幼兒園，可以使用文字作為展示和其他活動之用。

幼兒園可提供幼兒探討書寫文字的設備和環境。教材安排放在每個幼兒可

觸及的範圍內。掛在牆上，可讓幼兒看見的展覽品和圖表上的文字，以激發他們的學習興趣。

　　印刷字體可以各種方式使用。最普遍就是使用於規劃的活動和加上標示的插圖。名字或句子應該從紙張的左上角開始，然後向右移動。

　　更新老師的教學規範，以提供優良的書寫模式，即使孩子沒有寫出正確的字母形狀，鼓勵幼兒並且體認他們的努力也很重要。

　　應通知家長有關幼兒學習寫字的意願，以及幼兒園對語言藝術能力的政策和實施規範。

PART 7

閱讀：
語言的藝術與技巧

CHAPTER 14

閱讀與學齡前幼兒

目 標

讀完本章後,你將可以:

- 描述閱讀的技巧。
- 列出三種常用的閱讀教學方法。
- 討論幼教老師在閱讀中的角色。

過去人們認為小孩子到了某個年紀就會準備好，可以「坐下來」聽老師教閱讀；現在則認為每個階段的幼教師即使未提供正式的閱讀教學，也應該被視為是位閱讀的教師。學術研究及理論建議幼教師應積極提供經驗，建立孩子的語言能力，最後帶領他們成為讀者。Stahl（1998）指出，當孩子學習閱讀時，他們會使用所知道的口頭語言去理解書面上的語言。假如老師能將這些孩子的經驗和個別孩子的語言程度發展相配，並提升新的口語及書面語言的能力技巧，老師便提供了孩子適合的閱讀經驗。

適齡的活動範圍廣泛，包括口語的理解、圖片的認識、深入地體驗圖畫書、戲劇表演、傾聽、音樂性活動，及多樣化的語言性討論活動，提升早期的讀寫能力，並為幼兒預備探索閱讀的能力。

某些幼兒在幼兒園時已會閱讀，有些已經自己學會閱讀技巧；還有一些則是有年長的兄姊、父母或是其他人陪伴閱讀。雖然閱讀被視為第四語言藝術，但是本章並不建議對幼兒實施閱讀教學，甚至也不鼓勵為那些1％到5％在幼兒園時已經學會閱讀的幼兒教授正式閱讀方法。

研究報告指出，學習閱讀的過程是漫長且開始得很早。許多老師致力於建立輕鬆的學齡前閱讀環境。Adams（1990）論述了「閱讀的傾向」，這傾向可定義為一種慾望；一種表現在閱讀行為上的積極態度；或覺得閱讀是值得做的、享受的，及有趣的活動。

現今的實驗證明，前讀寫能力經驗的差異與小學早期階段不同程度的閱讀表現是相關的（Bodrova, Leong, Paynter, & Semenov, 2000）。幼兒帶著有限的經驗和不足的讀寫能力，在一年級時是無法迎頭趕上正規閱讀教學之要求的（Snow, Burns, & Griffin, 1998）。

給予學齡前幼兒發音的知識和練習，有助於其日後對閱讀的了解（Adams, 1990）。學齡前幼兒對字母的認識，是一年級閱讀成就最好的預估指標。Strickland（2003）相信，幼兒有能力寫自己的名字也是一種預估閱讀成就的指標。為了孩童早期語言和讀寫能力的發展，他們需要額外的支持，而這些支持應該盡可能越早提供越好（Snow, Burns, & Griffin, 1998）。幼兒園的實務工作者應留意孩童學習困難的警訊。

需要特別協助的幼兒

美國國家研究委員會（The National Research Council）在1998年出版的書《預防幼兒的閱讀困難》（*Preventing Reading Difficulties in Young Children*）

指出：那些上學準備不足的幼兒特徵包括：

1. 生長在低收入戶家庭或貧窮的地區。
2. 英語能力有限。
3. 將入學之小學的閱讀成績是長期性低落的。
4. 所說的方言大大不同於在學校使用的語言。
5. 本身有特定認知上的缺陷、聽力損傷，或是早期語言的損傷。
6. 父母有閱讀困難的問題。

　　幼教工作者對小學兒童閱讀成就的增進是有幫助且重要的貢獻者。幼教工作者現更留意他們個人提供的語言課程，以及如何提供支持性的幫助，給那些他們認為有閱讀危機的個體或是家庭。

　　幼教工作者近距離觀察他們各自的語言課程內容，以及如何為那些他們認為可能有問題的幼兒或家庭提供個別的支持性協助。

　　根據理論而來的研究指出，對閱讀能力發展潛在問題的指標，包括：

◆ 嬰兒或幼兒期明顯在語言表達、字彙的接受力或智力上有遲緩現象。
◆ 在進入幼兒園或小學時，閱讀能力的指標包括以下幾項（Snow, Burns, & Griffin, 1998）：
　－字母的認知能力。

－對字體功能的理解。
－對故事或句子的口頭記憶。
－語音覺察。
－詞彙技巧，例如列舉單字。
－在句法及型態學領域上的接受性語言技巧。
－表達語言。
－全面的語言發展。

　《預防幼兒的閱讀困難》（1998）書中認為，某些先前的經驗對幼兒習得閱讀技巧是必要的。他們認為：

◆ 在幼兒時期就有閱讀經驗，及提供接觸讀寫能力使用的機會，有利於培養閱讀動機。
◆ 幼兒藉由接觸字體獲得資訊，學到字母，並了解口語詞彙的結構。
◆ 幼兒得到口語與文字上的相呼應解釋。

　理想的托兒所及幼兒園環境，要求老師在閱讀方面有充分的準備、豐富的知識，和持續性的行政支持（Snow, Burns, & Griffin, 1998）。

閱讀

　　語言文學法和全語言法在閱讀上認為閱讀是溝通過程的一部分。語言藝術是有互相關係的——不是分開及孤立的技巧。老師有責任將語言文學不同領域的關係呈現給學生。換言之，老師的目

標是幫助孩童了解，溝通是一種全面性聽、說技巧、使用書寫符號，並且閱讀這些書寫符號，將這些能力連接起來的過程（圖 14-1）。

過去，聽、說、讀、寫間之邏輯性的連結是被忽略的。這些技巧常常被分開來教，所以技巧間的關係並不清楚。在語言文學、全語言或自然教學法（這些領域是結合在一起）的技巧，是強調聽、說、讀、寫間的關係。

早期的聽力和講話學習有助於增進幼兒進一步的語言與溝通技巧。幼兒對字體、書寫和閱讀的概念是同時發生的，幼兒也許可在這些領域上表現出其理解的程度和習得的技巧。

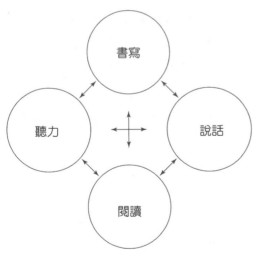

▶ **圖 14-1　這四種語言文學是互相影響和互相獨立的。**

＊註：有些教育家接受第五種語言文學──觀察能力及視覺表徵。

幼兒園教師了解，幼兒某些特定的技巧和能力會比其他技能早出現或是同時出現。Barone（1994）針對四到五歲的幼兒（母親在其胎兒期有用藥）進行一項讀寫能力發展之研究（表 14-1）。她相信這些幼兒的讀寫能力發展，與那些在胎兒期母親沒有使用藥物的四到五歲幼兒相似。

早期的聽力和講話學習有助於增進幼兒進一步的語言與溝通技巧。幼兒對字體、書寫和閱讀的概念是同時發生的，幼兒也許可在這些領域上表現出其理解的程度和習得的技巧。

幼兒的閱讀活動可從初期容易的傾聽、講話、觀察或是字體的使用，轉換到初期閱讀的嘗試：從被動到主動的參與。對每天接觸名牌的幼兒而言，可以讀出班上大部分幼兒的名字並不罕見。

現今關於早期閱讀教學想法

國家閱讀委員會報告書（The National Reading Panel Report, 2000）及《小學法案》（Elementary Education Act），包括 2002 年通過的《教好每一位孩子法案》（No Child Left Behind Act），都是有關提升早期讀寫能力教學，及幫助幼兒做好幼小銜接的法案。

❖ **表 14-1　四歲孩童的讀寫能力大綱：「獲得閱讀與書寫的觀念」**

	名字	書本的概念	閱讀	拼字法的知識	概念／單字
Jose	密密潦草的	了解書本結構	重述／口頭的和書的關係	沒有字母的知識	沒有／注意插圖
Jamal	開始字母／尚無法寫出字母	了解書本結構	使用說故事的策略時，才聽故事	沒有字母的知識	沒有／注意插圖
Anna	有	了解書本結構	重述／口頭的和書的關係	知道名字裡的字母	邊唸邊指出來，但無法點出正確的字
Mark	有	了解書本結構	重述／口頭的和書的關係	知道名字裡的字母	認字／無法跟讀
Billy	有	了解書本結構	重述／口頭的和書的關係　記得預測的文字	開頭的子音半音素的	初期的
Jennifer	有	了解書本結構	重述／口頭的和書的關係	開頭的子音半音素的	初期的
「獲得閱讀與書寫的觀念」					
Mario	有	了解書本結構	重述／喜歡書中用語	開頭的子音半音素的	邊指邊唸／無法指出字
Donette	有	了解書本結構　缺乏文字的覺察	重述／喜歡書中用語	開頭的子音半音素的	邊指邊唸／無法指出字
Melisha	寫簽名縮寫並圈起來	開始／結束　上面／下面　頁碼順序	重述／口述書中用語	開頭的子音半音素的	邊指邊唸／無法指出字
Melina	有	了解書本結構	重述／口述書中用語　可預測書本的用語	開頭的子音半音素的	初期的
「初期的閱讀者和書寫者」					
Ray	有	了解書本結構	流暢的　非預期的　文字／字接著字	知道字母名稱	完全
Curtis	有	了解書本結構	流暢的　非預期的　文字／字接著字	知道字母名稱	完全
Josh	有	了解書本結構	流暢的　非預期的　文字／字接著字	知道字母名稱	完全

資源來源：Barone, D. (1994).

Morrow 和 Asbury（2003）敘述法案中建議的方法。

報告書建議在早期讀寫能力的教學上，需要加以組織化和系統化。其中也確定了數個應該納入教學中的領域，包括：(1) 音素的認識；(2) 自然發音教學；(3) 理解力；(4) 字彙；(5) 流暢度。

報告書也強調合格教師在培養成功讀者的重要性。

大約 30％到 40％的幼兒到了小學時無法輕鬆地閱讀，這些幼兒通常需要更專注的教學支持。老師須做更多的評量及檔案記錄，確認孩子個別的需要及學習過程。老師們的付出包括注意適性發展練習的指導方針和標準，他們須為這些幼兒計畫一個全面且各方面平衡的幼兒語言藝術課程。

研究文獻主張，幼兒園老師在語言教學應採用融合教學方法。理想的閱讀環境的教室應該是「充滿豐富語言」或「讀寫能力發展中」的教室。主要的理念是強調：教學應提供有意義的內文，協助幼兒發展閱讀策略、習得他們認為有用的閱讀技巧。

許多學者同意，早期的學校經驗在孩子未來的讀寫能力發展上扮演重要的角色。他們相信，老師們應該藉由帶領孩童真正使用語言，找出有效的方法以幫助語言的學習。

幼兒專家們想要確認在孩童的讀寫能力上，他們提供了最好的課程活動，而不是減弱幼兒對語言的興趣。有種見解認為，經典與現代的文學作品和語言相關活動，皆會引起幼兒對文學產生興趣。藉由教師的討論和指導，對文本之意義與理解力，這是老師隨時注意提供幼兒適當的訊息所致。

幼兒園正規閱讀教學的壓力

某些家長有著錯誤的觀念，認為假如孩子在幼兒園接受了正規的閱讀教學，將會有學習上的優勢。家長通常在註冊面談時出現此言論，幸而，老師們通常回以基礎的讀寫經驗和活動是高品質幼兒園課程標準的一部分，而且會根據每位幼兒的發展能力設計個別的成長活動。Durkin 的研究在 1960 年代被接受、宣揚，後續的研究也被引用在上幼兒園前就會閱讀的幼兒之例子上。某些家長和教育學者被這個觀點所困惑，認為教幼兒閱讀應該是要三、四歲的幼兒規規矩矩地坐下來學。Cullinan（1977）解釋一些早期閱讀研究的錯誤在於：

……早期的閱讀研究一個主要的謬論在於提早閱讀的幼兒，實質上並沒有從正規的閱讀教學上學習。研究發現：越早有閱讀興趣的幼兒，會對閱讀、紙筆活動，以及在視覺符號及標籤的區分上感興趣。他們的家庭視閱讀為重要活動。有人會回應孩子的問題，讓孩子從中學到文字中的訊息可以被轉譯或讀出，且代表每個字母的音會在說話時出現。

換言之，那些很小就學習閱讀的幼兒通常是從有回應的成人和豐富文學家庭環境中探索學習。

Gallagher 和 Coche（1987）以及 Piaget 和 Inheldder（1969）害怕太專注於早期閱讀技巧的教學，可能減少遊戲時間，並取代增進接觸符號的時間。遊戲提供想像、模仿和語言間的互動，這些是建立閱讀技巧的基礎。

幼教工作者對實施正規的閱讀教學活動感到壓力，因為這違反大部分幼兒教育者的教育信念（Winn, 1981）。在少數幼兒園會要求幼兒要先完成練習單才可以遊戲，這項可悲的事實也引發了許多回應。對於早期閱讀課程比較有利，或是晚點教比較好的研究，尚未有確切的答案。但 Elkind（1988）相信，太早開始正規的學校課程帶來的傷害比

好處還多。他指出，在丹麥正規的閱讀教學遲至七歲才開始，但是他們文盲的比率卻是非常低的。Kelly（1985）發表了類似的觀點：

研究發現孩童被迫提早閱讀，在較年長時——當閱讀對他們而言很重要的時候——比較不會成為喜歡閱讀的人；然而，那些較慢開始閱讀的同學，較年長時更常自動自發地閱讀。

指標、標準和行為

《早期讀寫教學指南》（A Framework for Early Lliteracy Instruction. Aligning Standards to Developmental Accomplishments and Student Behaviors: Pre-K through Kindergarten, Bodrova et al., 2000）一書，可幫助幼兒園課程規劃者了解學前閱讀和寫字課程的指標與標準。指標在書中被定義為代表一位幼兒（學生）在上幼兒園前應該了解和學會的知識、技巧，或是兩者。標準則被定義為指標的子目標。作者們強調，他們的指南並不是想要列出一份測驗清單，且課程也不應該是要求全部的學生都有好成績標準的版本。在閱讀與寫字標準旁，列出對幼教工作者有益的支持性知識，和清楚

的活動目標與日常活動。讀完這份指南，幼教師將更充分了解學齡前幼兒的行為。

成為閱讀老師之標準

國際閱讀學會（International Reading Association, IRA）所出版的《專業閱讀老師之標準》（*Standards for Reading Professionals*, 2003），是給社區大學、一般大學，以及各州教育部門參考的資料。這份標準是用於設計培養專業閱讀老師之訓練課程，以及評量專業閱讀老師候選人之用。

剛畢業的閱讀專業人員必須表現出能夠符合全部學生的需求，以及擁有以下的能力和態度：

1. 候用教師要有閱讀及寫作程序和教學法的基礎知識。
2. 候用教師要會使用廣泛的教學練習、方法、途徑和課程教材支持閱讀及寫作。
3. 候用教師要會使用多樣化的教學評量工具和練習計畫，來評鑑有效的閱讀教學。
4. 候用教師要會創造一個可讀寫的環境，經由融合基礎知識和教學練習、方法、途徑及課程教材，並使用適當的教學評量，來培養閱讀及寫作能力和興趣。

5. 候用教師會將專業發展視為終身職業的努力及責任。

教師察覺幼兒的興趣和理解力

對於閱讀，每一個小孩可能擁有完全不同的看法（圖 14-2）。學齡前幼兒可能理解包括：

◆ 圖畫和文字有不同的功用。
◆ 文字述說著故事。
◆ 讀者表達的話語是來自圖片。
◆ 故事有預測性的特徵。
◆ 想要表達的訊息是可以被寫出來的。
◆ 故事裡有文字，及文字是由字母組合成的。

▶ **圖 14-2** 對書感到興趣，可以進一步引導到對文字感興趣。

◆ 字母的排列是由左到右。

◆ 字由線性表現，代表該字發音的順序。

◆ 字與字的間距代表字的範圍（界限）。

◆ 字母有大寫、小寫、印刷體與書寫體之分，但是皆代表相同的意義。

◆ 某些符號是用於表示文字的開始與結束。

有能力閱讀代表當幼兒看到字可以明白該字的意義，並有適當的行為反應。換言之，幼兒必須能夠了解這些概念：(1) 全部的「事物」都有名稱；(2) 事物的名稱可以被寫成文字；(3) 事物的名稱和文字是可互換的；(4)「文字符號」可被讀出來。

大部分教師已經讓孩童「讀」他們最喜歡或記得的故事書給老師聽，一般來說，如果將書中的字抽離故事，幼兒將無法辨認該字。但是，這個行為——模仿閱讀——可視為一種早期讀寫能力發展的象徵。

一位幼兒可因對字體產生興趣發展出認字能力，其他的孩子也許可從傾聽學到字母的發音和發現相同字首的字彙。書和故事也能引起孩子早期閱讀和認識字彙的興趣。有些小孩經由觀察可以分辨字跟字之間的不同，並能夠輕易記得該字；其他孩子就要大一點才有這種分辨能力。

有閱讀慾望的幼兒可算是初階小讀者，他們會與那些可以回答他們問題並且啟發他們興趣的人互動。少數孩子在四到五歲之間就會開始閱讀，但是多數孩子在這個階段尚未有能力或興趣自己去閱讀。Kelly（1985）估計一百名幼兒中，僅僅有一到三位幼兒能夠讀簡單的故事書。教師應該了解每一個幼兒的能力。Fields（1996）提醒教師，讀圖片是閱讀的開始（圖 14-3）。在每日觀察和口語會話中，幼兒的反應給予教師珍貴的線索，錯誤的答案與正確的答案一樣重要。

在一項由 Strommen 和 Mates（1997）共同帶領長達三年的研究中，試圖確認幼兒最早的閱讀行為想法。幼

▶ 圖 14-3　讀圖畫書（插圖）是閱讀的開始。

兒三歲時被問到什麼是閱讀，這個研究持續進行到幼兒五歲或六歲。以下的發展順序是研究的結果：

1. 明白閱讀是一種人與人之間的日常活動，書本被視為與父母或喜愛的人在一天某個時間（通常是睡覺時間）的部分情境連結，孩子會和父母討論故事內容，或是會注視圖畫書和翻頁。

2. 注意到讀者會專注在書上。要求閱讀，研究中的幼兒會翻頁（從前面到後面）、安靜地看著書、為物體或情節命名、繼續書中的對話、問不需答案的問題、給普通的訊息，和陳述他們偏愛的書中主要角色。

3. 閱讀有先後順序的圖片時，讀者會自行發展建構一個有意義的順序。某些幼兒手指著字，但卻是從圖片「讀出」內容，而有些幼兒則是口頭上模仿和跟著唸故事內容。

4. 相信讀者對每一本書皆可重新建構出一個獨特的解釋說明。他們知道每一本書都有一個特定故事，說故事者可以用自己的話來說這個故事。有些孩子相信書必須被逐字背誦，並且相信許多閱讀相關的能力是「大人」會做的事。

5. 發展出字體提供書寫語言文字線索的概念。幼兒可以發出簡單字彙的音，有些幼兒會放棄譯解書中的字義，因為無法藉由閱讀了解書中意義。幼兒唸自己的名字，並且試著或真的寫出他們的名字。

6. 使用不同的策略解讀文字。孩子開始應用圖示音素線索、句法和語義的資料提示，或是由圖畫提供（或由合作的人）的線索解讀文字（Strommen & Mates, 1997）。

幼兒園教師面對不同語言能力的幼兒，常用字母的辨認、音素覺察（聲音─符號的關係）、字卡、字的概念，以及寫字的技巧評估進步的情況。一般型的幼兒園班級中，幼兒的讀寫能力及技巧也許有五年的差距；也就是，有些僅有三歲的讀寫能力，有些則已有八歲的讀寫能力（Riley, 1996）。

非正式的閱讀測驗是很常見的，有些常見的測驗問題如下：

1. 用大寫及小寫字體書寫的字卡一個接著一個呈現。
   「你看到什麼字母？」
   「你可以告訴我這個字母的音嗎？」
   「你知道哪一個字是由這個字母開始的嗎？」

2. 給幼兒紙筆。
   「請寫出你所知道的字。」
   「告訴我你寫的這些字母。」

3. 要求幼兒寫下他知道的字。
   「寫出你知道的字。」

「你可以寫你的名字嗎？」

4. 展示給幼兒一組常見的字。

「你知道這些字嗎？」

5. 要求幼兒描述最喜歡的書。

蒐集評量的資料時，一對一的評量活動會比較容易進行。

Cambourne（1988）確認幼兒的「似閱讀」行為如下：

1. 靠記憶重新創造故事內容和隨意翻書。

2. 藉由圖片重新創造故事內容（每一個圖畫代表一個完整的內容——沒有連續的故事線）。

3. 採用第一和第二點的技巧，用連續的故事線說故事，內容也許符合或未符合原內容。

4. 藉由記憶、將眼睛和／或手指聚焦在文字上（但不是一對一符合字義），重新創造故事內容。

5. 只是翻書，從前面翻到後面，從後面翻到前面，卻顯然只對圖片有興趣。

6. 坐在某個人的隔壁，表現第一到第五點的行為。有時會有合作閱讀，或是介入其他幼兒的似閱讀行為。

幼兒對字母的認識

比較兩位幼兒——一個認識字母並且會讀幾個字，另一個只會寫歪歪斜斜的名字，和編造令人難以理解的故事，也許有人就認為第一個孩子是聰穎的。但是，創造力及邏輯對讀寫能力的發展是重要的，第二個孩子進步的速度也許會大大超前第一個孩子。讀寫素養在任何年紀皆非僅僅在學會命名字母或文字。Adams（1998）補充了這樣的觀點：

首先，這不只是能正確說出字母而已，他們可以容易或流暢地說出字母——這是幼兒與字母的基本熟悉度。因此，個體學會辨認字母的速度，是優秀的「前閱讀者」（pre-reader）的成功預測因子，也與開始閱讀者的閱讀成就有高度的相關性。

Adams 繼續陳述：

能快速且正確地說出字母，是幼兒已學會這些字母自信的表現。

Adams（1998）指出，輕易就能認出字母，可能代表幼兒將字母群視為一個「整體」，並且將文字視為字母的模式。她也推論認得字母會加速其唸出字母的音。

Mason（1980）提及學會說出字母名稱的能力是很重要的。幼兒泰半從字母歌曲，如「小星星」的旋律

（Twinkle, Twinkle Little Star），或是從字母書上開始學習字母名稱。幼兒通常先是背誦一些字母的口語名稱；之後，孩子發展出一種認知，就是不同形狀的字母有不同的名稱，並容易讓幼兒理解他們與朋友的名字在字體上是不同的。當幼兒在環境中看到一個跟他名字的第一個字母類似，或是相同形狀的字母時，也許會說「那是我的字母」。

Adams（1990）主張，幼兒園教師及家長應了解年幼的孩子在進入幼兒園前，有二到四年的時間熟練字母的形狀，她主張應該在幼兒進入小學之前就開始認識字母的教學。

> 目標是要確認在他們面對學習字母的發音，或是在學習讀字的任務之前，已經非常熟悉且能辨別字母的形狀。

通常只在幼兒非常熟悉字母名稱（D / di /）後，再教他們字母的字音（/ d /）。熟練字母名稱會讓幼兒免於發音的困惑。Adams（1990）指出：

> 幼兒將會了解字母名稱是實際上的名稱。換言之，短暫地將字母分開來唸扮演重要的角色，可讓（有助）幼兒從自己的名字開始學字母的字音。

了解字母的原理涉及字母和字音間是一種系統關係的知識。Neuman、Copple 和 Bredekamp（1999）提到，教師能夠介入幼兒在字母形狀的比較上，並幫助他們在視覺上做區別。他們建議，字母書和字母拼圖可幫助幼兒有效且輕鬆地學習字母。

Adams（1998）相信，幼兒對字母原則的了解涉及字母和字音系統性關係的知識。她指出，許多前閱讀者可以自己理出這套系統。字母─字音一起教，一直是最近和長久以來在閱讀教學專業上被提及無數次的爭論主題。Adams相信，答案可能是認識字母名稱有助某些幼兒記得字音，也助其歸納字音。

越來越多的幼兒教育家正設法藉由指認隨處可見的文字，以及在教室生活上用到的字、充斥教室的文字，和閱讀優良的 ABC 題材圖畫書，尋找或創造新的字母學習方法。過於強調字體教學對幼兒是沒有助益的，教師倒不如將它帶入會話中，並設計一個讓孩子難以錯過、充滿文字的環境。

越來越多幼教師研究並付諸行動，以達到《預防幼兒的閱讀困難》（1998）書中提到的發展成就、州政府的標準規範、《教好每一位孩子》法案中針對學齡前幼兒的目標，和提早學習方案學習成果架構（Head Start Outcomes Framework）（U.S. Department of Health and Human Services, 2003）。這些目標致力於讓幼兒園孩子能認得至少十個字母、了解字母和字音的關係、擁有分隔及重複字音的能力，在幼兒的生活中，將字的使用與字的功能做連結。

認字

典型四歲的孩子依賴有特性的提示來認字，而不是直覺地使用字母的音認字（Mason, Herman, & Au, 1992）。舉例來說，不同幼兒的名牌上貼有不同的貼紙時，幼兒通常是由名牌上的貼紙認名字，而不是由名牌上的字母認名字。

進一步探究提早閱讀的幼兒

研究天賦優異的幼兒和提早閱讀的幼兒後發現：這些幼兒的家長從小孩出生或是從他們學會坐時，就已經讀書給幼兒聽了。如 Strickland（1982）指出，研究顯示，提早閱讀的孩子學習閱讀有一個共通經驗，就是沒有系統性的教學，儘管他們有不同的背景（他們全部在三到五歲的年紀就開始接觸書本）。有研究（Anbar, 1986）提及家長呈現給提早閱讀的孩子的活動，列於表14-2。通常，基本上，會有人大聲朗讀書給這些孩子聽。Elkind（1988）提出：

❖ 表 14-2　六位家長及其小孩的閱讀活動

活動型態	報告頻率
每日指著字閱讀	6/6
指出雜誌上的字	2/6
教字母的名稱	6/6
教讀卡上的字	5/6
用字編韻文	5/6
玩字母遊戲	6/6
幫助學習字母的發音	6/6
幫忙把字母湊成字	6/6
玩拼音遊戲	6/6
玩增加字母的遊戲	1/6
傾聽孩子大聲的朗讀	5/6
讓孩子跟在父母之後讀	1/6
父母與子女輪流交替的閱讀	2/6
將字大聲唸出來	2/6
提供適當閱讀程度的書籍	3/6

資源來源：Anbar, A. (1986).

……蓋洛普民意調查獲得非常明顯的結果，就是有天賦的孩子的家長並沒有強迫他們的子女學習。他們聽從孩子的帶領，著重在遊戲，並且提供一個豐富、有刺激性的環境，而不是正規的教學。

研究提早閱讀的幼兒指出，這些幼兒通常接觸多樣化的閱讀教材，並且享受觀賞有教育性的電視節目，他們花幾乎相同的時間在兩者上（Schnur, Lowrey, & Brazell, 1985）。一個對字的

特徵早早感到興趣的孩子，以及他們父母的描述反應——注意孩子的興趣，並在孩子需要時提供協助。許多以小孩為主的家庭活動，亦是提早閱讀孩子的部分家庭生活型態。這些孩子似乎著迷於字母，他們的父母描述他們回答孩子的問題、讀書給小孩聽，以及在遊戲時加入字母和文字，但是並沒有設定系統性的計畫教孩子閱讀。

Anbar（1986）完成一份提早閱讀的孩子之研究，確認這些小孩學習過程可能的發展階段（表 14-3）。

❖ **表 14-3　提早閱讀幼兒學習閱讀的過程發展階段**

階段一	對書本及字體有初期的認知和一般的認識（開始於第一年的任何時間）
階段二	學習辨認及說出字母的名稱，和學習簡單讀卡上的字彙（大約開始於 12-18 個月）
階段三	學習字母的發音（大約開於始 20-24 個月）
階段四	將字放在一起（大約開始於 24-32 個月）
階段五	對於熟悉的書籍一讀再讀（大約開始於 20-30 個月）
階段六	嘗試說簡短、不熟悉的字（大約開始於 32-34 個月）
階段七	閱讀簡單、不熟悉的書（大約在 36 個月）
階段八	閱讀是為了享受書的內容（大約於 48 個月）

資源來源：Anbar, A. (1986).

假如我們能夠更仔細地檢驗親子故事書的閱讀，光是簡單的大聲朗讀並無法正確描繪出大部分父母的閱讀行為。點出書籍的特色、講述書中所發生的與家人的經驗連結、對字下定義、參與輪流對話（問答）、鼓勵孩子對插圖的識別和命名、傾聽孩子說他們記得的故事，以及參與其他親子互動，都是其閱讀經驗的一部分（圖 14-4）。教育人員使用了相同的方法技巧。

Calkins（1997）在《培育終身閱讀者：父母指引》（*Raising Lifelong Learners: A Parent's Guide*）書中，描述她如何認知與支持那些提早閱讀孩子。

> 正在學習閱讀的幼兒會利用許多支持方法。在著手逐字閱讀之前，他們會先仔細檢查書，試著感覺書的內容，和找出「書中的竅門」。有時幼兒會記住故事的內容。幼兒會一字接一字地讀，像是跟著書中文字唸，但又不是逐字唸，他是靠記憶將內容一字一字唸出來。例如，看著某頁上的文字「我的爸爸在哪？」，而唸出「我找不到『我的爸爸在哪』。」

Calkins 的支持性努力包括：
◆ 尋找好的書籍——圖畫與字是密切符合。

▶ 圖 14-4　和父母一樣，教師常常指出及討論書中的主角。

◆ 適時提出：「你可以邊唸邊指出你唸的字嗎？」

◆ 讓幼兒想想為什麼他們唸的字數和書上的字數並不吻合，並且希望孩子能自我更正。

◆ 當幼兒自我更正時，對他們說：「你更正得很好。」

我的目的是在有（字數）錯誤的頁數上給幼兒足夠的回饋，這回饋可讓幼兒知覺閱讀與頁數上字數不同的問題。這是學習閱讀過程的一大步。（Calkins, 1997）

◆ 當他們遭遇問題時，注意他們的困惑和閱讀策略。例如，停頓一下，看看幼兒是否認同或是重唸他自己唸的，或是可以說：「再試一次，我通常都這樣做。」

Calkins 列了其他早期閱讀者所用的有效策略：

◆ 讓幼兒習慣於接觸書籍。

◆ 觀察插圖，有助幼兒了解書中的文字陳述。

◆ 猜測書中的文字如何描述該頁。

◆ 唸出書中的文字，驗證或是反駁幼兒的猜測。

◆ 用手指點出文字。

為了提早閱讀的幼兒，Calkins 建議書要有反覆性、同一模式用字，並且書中的每一頁要有活潑、有規律的韻文——當文字往下發展時，也許只換

一、兩個字；但是她也提醒，有些書的內容由無意義、乏味的歌謠組成，所以要仔細挑選。謹慎尋找有邏輯性的書且兼具趣味，並且是為幼兒的生活和過去的經驗量身打造的內容。

當一個孩子到了學校或幼兒園，期待學習閱讀的第一天該有什麼事發生呢？Clements 和 Warncke（1994）建議：

> 因為這樣的期待，即使在開學的第一天，教師也許會「想要讓它（閱讀）發生」。不管孩子讀的書對大人的標準是（太）簡單的——甚至假設幼兒在學校的第一天回家後，僅能陳述簡單的「我的名字是_____」。在往後的日子，這看似簡單的閱讀可以用來提升幼兒對自我閱讀能力的認知，也是增進幼兒自信並相信他可以讀和寫的一大步——假如教師確實每天都有讓幼兒讀和寫的機會。

如何分享閱讀

許多幼兒園所和國小低年級班級實施團體閱讀活動，稱作閱讀分享。教師常常用 14×17 吋或大開本的書——稱之為「大書」（big books），或者自製的圖表介紹、討論和閱讀。開始閱讀時，會先提到書的封面及插圖，預測故事或其他可能發生的內容。書本的印刷字體較大，彩色插圖也與文字搭配，文字是重複頻繁的。第一次讀完後，幼兒會很快想要分享他們在書上注意到的。讀的時候，教師把手指放在每個字下面，從上到下、從左到右移動。可以讓幼兒猜字或是預測故事結果。

特別在重複閱讀之後，閱讀分享提升了字母和字音的認識。在閱讀分享課，幼兒會詢問特別的字的唸法，注意字的押韻、相同音或字母的字。教師鼓勵孩子討論並觸摸或指出書中特別之處。令人愉快的閱讀經驗是建立在接受並欣賞幼兒的見解與想法，顯而易見，這樣的練習讓幼兒努力指出他們所知道的字母、字或押韻的字。故事類和非故事類的書都可拿來做分享閱讀。

字彙與提早閱讀的幼兒

孩子的字彙與孩子的理解力及輕鬆的學習閱讀息息相關（National Reading Panel, 2000）。閱讀理解力牽涉將字母與字音連結到字體認知，並且和讀者口語字彙中所認識的字相結合。口語字彙是將口語轉換成書寫形式的關鍵。許多研究同意，閱讀能力與字彙量是有相關的（National Reading Panel, 2000）。

在試著檢測幼兒的字彙時，發現到不同性質的字彙。「接收性字彙」（receptive vocabulary）出現在學步兒身上，認為學步兒在學會說之前，已聽得懂請求，譬如，「去拿爺爺的棕色鞋子」。「生產性字彙」（productive vocabulary）用於我們對別人說話，或寫訊息給別人時。「口語字彙」（oral vocabulary）意謂在說話或傾聽時可被理解的字彙。舉例來說，幼兒可能會拿來爺爺的黑色鞋子，因為顏色字彙還不是他口語字彙的一部分。「閱讀字彙」（reading vocabulary）意謂寫出可被理解的閱讀字彙。當許多幼兒正確地認出街上的標示符號和速食店的商業標誌時，被認為有閱讀字彙。「視覺字彙」（sight vocabulary）是閱讀字彙的分支（National Reading Panel, 2000）。視覺字彙可立刻全部被認出，且不用藉由分析字母辨認該字彙（Harris & Hodges, 1995）。除非做評量，否則幼教師並不太了解幼兒的視覺字彙量。當他們評量後會發現，有些幼兒已有驚人的視覺字彙量。

幼兒教育者已意識到應促進並激勵字彙的發展，他們喜好營造幼兒對字彙的興趣、定義及字典的使用。在啟發性的環境中，每天提供幼兒新的字彙。教師藉由舉例解釋新字彙，並與幼兒的經驗做連結。視覺字彙的字是由字母組成，並可命名及發音的，所以稱為自然機會教育。幼兒園教室（及某些托兒所）已有單字表、單字目錄、單字牆，使用文字做標籤及展示文字，幼兒園已大量運用到字母及字彙的功能性。

為數不少的研究指出，單字太少是那些閱讀理解力弱的拉丁裔和其他學童在小學一年級時，閱讀能力落後的主要決定性因素（Carlo et al., 2004）。幼兒園所的每一分努力都是想對幼兒的口語字彙有助益，並且藉由直接的經驗、接觸書本、教室討論、與同儕玩耍和排定每日讀寫活動，加深幼兒的理解力。

有些幼兒園製作「我認識的字」（Words I Know）的檔案盒給那些想要擁有的幼兒，幼兒能偶爾帶它回家。檔案盒的字是由孩子口述，由教師幫忙寫下。找一個矩形盒子貼上堅固的長條紙，就可以作為檔案盒了。建議用黑色麥克筆來寫字，長紙條可用來描繪文字和進行其他適當的活動。之前提及有些幼兒已有大量的視覺字彙，Sylvia Ashton-Warner（1963）相信，許多幼兒教育者製作的初學字對幼兒有強烈的意義。Ashton-Warner 的信念提升她對「有機閱讀法」（organic reading method）的支持，有機閱讀法就是用關鍵字來教讀和寫（Gallas, 2003）。

目標

教學目標在 (1) 相信預備活動的教育者，和 (2) 推崇自我探索閱讀技巧的教育者間存在著差異性。前者的教育者希望協助幼兒學習和享受閱讀；後者認為幼兒的經驗——閱讀創意，藉著支持性協助（成人）運用其寫字和閱讀的概念，試著解讀文字所代表的意義。兩組都認同附有文字的教室和在園所採用混合這兩組教育者想法的目標。他們也同意接觸古典和高品質文學及戲劇活動，皆有助幼兒的早期讀寫能力之發展。

園所課程如果將預備閱讀放在教學目標裡，課程活動會強調下列技巧和態度：

- ◆ 認知到不協調性——了解不合理情況或陳述的能力，如「老鼠吞了大象」。
- ◆ 了解內文的提示——明瞭同一頁的圖畫對文字有視覺暗示。
- ◆ 獲得傾聽的能力。
- ◆ 透過直接的經驗建立字彙。
  - (1) 認出相似和差異之處。
  - (2) 經由視覺和聽覺確認。
  - (3) 押韻。
  - (4) 增加記憶時間。
  - (5) 回想順序和內容。
  - (6) 聽懂指示。

- ◆ 提高說話量。
  - (1) 開發每一幼兒對能力和價值的看法。
  - (2) 增加有想像力和創意的說話方式。
- ◆ 用語言做批判性思考及解決問題。
  - (1) 藉由提示確認。
  - (2) 分類、分級和組織。
  - (3) 發展概念和了解關係。
  - (4) 預期結果。
  - (5) 明白因果關係。
- ◆ 發展自信心與態度。
- ◆ 藉由在語言活動的樂趣和成功增加興趣和動機。
- ◆ 發展左右的認知。
- ◆ 發展對書籍積極的態度和使用書籍的技巧。
  - (1) 翻頁。
  - (2) 仔細的保管和處理書籍。

音素的認知（字是由音所組成的）對幫助學習閱讀是重要的認知。幼兒教育者該如何鼓勵幼兒增加對音素的認知？ Griffith 和 Olson（1992） 建議，運用有語音活動的文學作品，幫助幼兒「自然地」發展對因素的認知。這類書籍包含押首韻、押尾韻、背誦，和找尋適合的替代音。

教育者認為每個幼兒想法的發展，會影響到閱讀時間和大部分的閱讀活

動。教師透過幼兒的行為表現和單字傳達其看法。假如行為表現與單字對助其找出書中可的樂趣和訊息，並提升學習閱讀和表達熱忱，幼兒也會試著接受以書開場的主題介紹。然後，他們可能會認為閱讀是一件快樂的事——一種難得的樂事、通往冒險之門、奇幻和好玩的事。

閱讀行為的發生順序

在未有成人的干預下，幼兒讀和寫的能力發展通常如下：

1. 孩子在對特定的知識和技巧有興趣之前，已認知到文字的功能和讀寫能力增進的益處，如 Putnam（1994）指出：

我們了解幼兒經由閱讀和逐字唸學習閱讀。幼兒坐在讀者的身旁從小自然而然地學習閱讀。我們了解榜樣（身教）的影響是長遠的，幼兒會模仿他們所看見的。

2. 孩子專注在對個人有含意的字和字母，如自己、家人或寵物的名字等等。

3. 孩子會同時發展讀和寫技巧，就像學習對話的過程，而非分開學習。Neugebauer（1981）主張：

最重要的是，幼兒與文字和成人在質和量的讀寫互動經驗。這得藉由與字的互動，幼兒得到所需的資訊，並要找出閱讀的方法。

4. 在表現出知道或對每個字母的字音興趣之前，幼兒已認知到文字是由分別的字母組成的（當他慢慢口述該字，讓教師有時間寫下）。

5. 在試著熟悉自己的名字、發音、字母的排列組合之前，藉由視覺的檢驗、玩字母遊戲等等，幼兒已越來越熟悉許多字母的形狀。

6. 對有高度興趣的字（如有意義的名稱），幼兒變得了解字音的相似處。且在表現出對辨認不熟悉單字的耐心，和將字母的音組合在一起前，已會在排列組合新單字時，做許多字母異同的比較動作（Dopyera & Lay-Dopyera, 1992）。

如前所述，教師可能遇到少數幼兒已經可以讀簡單的字和書，甚至有些幼兒的閱讀能力可能更高些。大部分四歲幼兒對字母、文字和寫字非常有興趣。教師應了解園所為每個幼兒設定的閱讀目標。重要的是，教師必須幫助幼兒保持已有的閱讀能力，並積極規劃提升幼兒未來閱讀技巧的課程。

三歲以上幼兒的教師可提前替那些已對讀與寫有興趣和能力的幼兒做預備

動作。身為教師，你應該了解各種閱讀教學法。這想法適用於三、四和五歲幼兒的教師，甚至六、七歲幼兒的教師。（Dopyera & Lay-Dopyera, 1992）

表 14-4 列出在幼兒園時的學習成就。

❖ **表 14-4　幼兒園閱讀成就**

幼兒園學習成就

- 知道書的組成部分和功能。
- 當聽到讀過的熟悉內容或讀自己寫的文字時，開始記下字體。
- 突然「讀起」熟悉的內容（如：單獨從字體開始，不須逐字地讀）。
- 認識並說出全部大小寫字母。
- 了解書面文字的字母順序與口語的字音（音位）順序是相呼應的。
- 學會很多（雖然不是全部）一對一「字母—字音」的一致性。
- 經由視覺認識文字，包括一些常見的字（如 a、the、I、my、you、is、are）。
- 講話時，使用新的字彙和文法結構。
- 能從口語適當轉換到書面語言的情況。
- 不合邏輯的簡單句子會引起孩童注意。
- 將文字經驗連結到生活，及將生活連結到文字經驗。
- 重述、重演或演出故事或部分故事。
- 傾聽教師在課堂上讀的書籍。
- 可以說出一些書名和作者。
- 表現熟悉許多類型或風格的文體（如故事書、短評文字、詩、報紙，和每天的常見的字體，如符號、公告和標籤）。
- 正確地回答有關故事中的問題。
- 以插圖或部分故事為基礎來預測內容。
- 了解口說文字是由一組有順序的音素組成。
- 例如，對幼兒說「dan、dan、den」，他們能確認前兩個音是相同的，第三個是不同的。
- 對幼兒說「dak、pat、zen」，他們能確認前兩個音皆有相同的音「a」。
- 對幼兒說某個音素，幼兒可合併出有意義的指定單字。
- 老師說一個字，幼兒可以說出另一個有相同韻腳的字。
- 能自己寫出許多大小寫字母。
- 自行利用對音素的認識和字母的知識拼音（發明和創造拼音）。
- 寫下（非一般的拼字方式）要傳達的意思。
- 建立個人一些符合一般拼字的字彙。
- 表現出明瞭孩子拼寫法和常規的拼字法間的異同。
- 寫出自己的名字（姓和名），及某些朋友和同學的名字。
- 當他們口述時，能寫大部分的字母及一些單字。

資料來源：Snow, C., Burns, S., & Griffin, P. (1998).

幼小銜接

　　有的幼兒園會藉由暑期輔導課，或增加父母和社區參與幼兒的學習，提供支持幼兒早期技能和特殊學習情況的課程。過渡時期的幼兒園（transitional kindergarten）目標是提供幼兒一個銜接小學的閱讀課程，以提升早期讀者的閱讀效率。大部分幼小銜接課程的目標包含孩子自律和社會互動。與他人適當地玩耍、合作、規劃遊戲規則、分享、輪流、找同儕玩耍、知道其他孩子的名字，都是社會互動的技巧。自律包括觀看同儕找出預期要發生的事、模仿行為、遵守教室的作息和常規、當需要時會改變行為、等待、排隊和保管個人的物品。要表現出這些行為，幼兒需要能接受老師是掌權者。

　　幼小銜接課程的溝通目標與幼兒園所的目標類似，例如，回答老師的問題；在小組討論提供想法；表達需要、害怕和感覺；聽從簡單的校規；記得之前看過或聽到的物品和動作；並且知道如何適當要求大人的幫助。在幼小銜接方案，幼兒被期許該傾聽時傾聽、該坐時坐著，以及完成作業。另一幼小銜接目標是掌權者轉換順暢——幼兒在家能聽從父母的話，和在校遵循教師的教導。

閱讀教學法

　　有許多研究試著找出最好的**閱讀教學法**（reading method）[1]，但事實上，沒有一個閱讀教學法可被證明是最好的。影響閱讀教學的重要因素似乎在於教師的：(1) 對閱讀教學和技巧使用的熱忱；及 (2) 了解閱讀教學法的執行方式。學習閱讀的理想情況是師生比、設計適合幼兒個人能力、學習風格和個人興趣的閱讀活動。這種理想很難在園所達到，因為幼兒的人數較多，加上老師工作的複雜、繁瑣與繁重。其他的限制還包括教師的訓練程度、對各種閱讀教學法的了解，及規劃到處都有有趣文字的教室和適當活動的能力。

　　幼兒園教師須了解的是，各式各樣的閱讀教學法都認為提供豐富有品質的幼兒文學作品是很重要的基礎，且要發展良好的口語和聽力技巧，只要掌握這三個要素，不管採用哪一種閱讀教學法都會成功。Gill（1992）陳述：

　　……閱讀研究顯示，不管有無成人
　　在幼兒期讀故事給幼兒聽，從年幼

---

[1] 閱讀教學法：數個相關的特定閱讀步驟或過程，每個步驟具體明確或暗示著幼兒學習書寫和口說語言關係的理論。

時就開始閱讀，是一年級閱讀成功
的最強預測指標。

另一項多數閱讀專家不會質疑的
是，幼兒需要了解語言意義的經驗。無
論提早閱讀或使用何種閱讀教學法，對
幼兒而言，重要的是了解說話可以被寫
成文字，且被寫成的文字可以再被讀出
來。

《預防幼兒的閱讀困難》書中的主
要訊息提出對於閱讀教學的建議。閱讀
教學要謹慎融合字母原理、意義的架
構，和有發展流暢度的機會。書中對融
合（integration）的定義如下：

> 融合清楚的意味著學習這兩個熟練
> 閱讀方法的機會，且應持續在相同
> 的時間、相同的活動內容進行，
> 且所選的教學活動應全面支持讀
> 寫能力的發展，而不是隨意從無關
> 聯、各式各樣的活動挑選。（Snow,
> Burns, & Griffin, 1998）

自然閱讀法

受歡迎的閱讀教學法包括自然閱讀
法（natural reading）。自然閱讀法的基
本前提認為，幼兒可以像學會說話一
樣學會閱讀，也就是在大人的注意及

協助下學習早期閱讀技巧。如 Bartoli
（1995）所闡釋：

> 我們身處於一個有文化的社會，學
> 習閱讀如同我們學習說話、走路、
> 畫畫和唱歌一樣：我們藉由看和聽
> 巧妙地模仿閱讀，藉由注意和理解
> 這是一件有趣及有用的事，經由
> 受邀參加比我們做得更好的個體之
> 過程，藉由想做某事時允許我們自
> 己去嘗試（偶爾透過朋友的一些協
> 助），及允許從無意所犯的錯誤中
> 學習。

在自然閱讀法，對字體（單字）
感興趣引導個體去探索拼音和閱讀。
Huey（1908）提出「有機」和自然的
閱讀系統，是從幼兒自身的經驗學習閱
讀。他建議假如希望提升真正的讀寫素
養，讓孩子接觸好的古典文學作品和幼
兒自創的文學作品（寫作）是很重要
的。

Ashton-Warner（1963）、Johnson
（1987）及 Fields（1987）都是支持
自然閱讀法的教育家。Allen（1969）
著名的「語言經驗法」（language-
experience approach）可以說是早期
自然閱讀法最受歡迎的模式。Stauffer
（1970）相信，語言經驗法的特色特別
適合幼兒。

◆ 幼兒語言發展和直接經驗的基礎。

◆ 強調幼兒的興趣、經驗、認知及社會發展。

◆ 重視幼兒對活動和參與的需求。

◆ 要求有意義的學習經驗。

◆ 整合學校、市立圖書館資源與教室的閱讀教材。

◆ 鼓勵孩子進行創意寫作，將其當成有意義的使用，和練習讀寫技巧的方法。

Johnson（1987）受 Sylvia Ashton-Warner 影響，建議從五歲開始閱讀可以啟發幼兒想像力的書籍，然後將想像和文字做連結。個人重要的想像融合有意義的字，再藉由視覺閱讀與他人分享。慢慢地，每一個幼兒都以個別的進度習得視覺的辨別力、字母大寫、句子的概念、音素和標點符號。

Sylvia Ashton-Warner 的閱讀教學法在 1960 年代啟發了當時的教師。Thompson（2000）相信，Ashton-Warner 給予今日的教師一個教導具多元文化背景幼兒閱讀的初期模範。Thompson 這樣描述 Ashton-Warner 的教學法：

在她紐西蘭的雙文化背景下，基本來說，普遍採用不同文化間或跨文化的「基模」（scheme）教育新千禧年的世代。自然教學要求教師傾聽學生的心聲，真正地聽他們說，並鼓勵他們去嘗試對其重要的事，也可將這些當成教與學的題材。Ashton-Warner 堅持的這觀念，具體建立起分享和了解文化的跨文化橋樑，最後將和平引領到我們逐漸縮小的地球村。

對許多人而言，專有名詞自然的（natural）、有機法（organic method）及語言經驗（language experience）和語言法（language arts approaches）都是同義詞，且都描述相同或類似的閱讀教學法。Robisson（1983）建議幼教師採用語言經驗法，因為這是一個建立在幼兒表達和認知活動的自然教學法，且因為它是很有彈性的教學法。她建議新教師從眾多對這方法的發展有貢獻的作家中，挑選大量活動作品。Allen 和 Allen 的書《語言活動經驗》（*Language Experience Activities,* 1982）是珍貴的資源。因為沒有一種閱讀方法是最優秀的，在任何時間，教師應該將音素的特徵、語言學的，或視覺文字的認知融入與幼兒的互動中（Robisson, 1983）。換言之，就是融合各種閱讀教學法。

語言藝術藉由幼兒對遊戲的興趣、說話的樂趣、傾聽語言來教寫字，幼兒第一次的寫字經驗通常與其自己所說的話和行為表現有關。寫著「約翰的積木

塔」或是「免費的小貓」的學習單,皆可能是幼兒第一次接觸閱讀的經驗。這裡要強調的是,文字來自日常生活。

教育者的閱讀教學態度受下列因素影響:當前的研究顯示,某些美國幼兒有閱讀上的困難、低落的閱讀表現(National Assessment of Educational Progress, 1995),和因為幼兒的閱讀能力,以致其缺乏成功的上學經驗。自然的和有機的閱讀教學法已不受青睞,兩者被視為不完整的閱讀教學法——目前為止運作得不錯,但並未如想像中具有系統化和清楚明確。

全語言風潮

在某些小學裡出現了一種對閱讀哲學和方法很熱中的教學法 ——「全語言」(whole language)。

全語言的提倡者相信,提供幼兒有意義和實用的全面文學內容,而不相信練習題或抄筆記。此教學法強調語言文學間的相關性,它相信學習語言的任何一個領域皆有助其學習語言的其他領域。

「全語言教學法」與幼教書籍、期刊和專業的師資訓練資料裡提及的「自然語言教學法」類似。Ferguson(1988)陳述全語言的教學哲理,建議幼兒以自然而然的方式來學語言技巧,就像學習說話的過程。她提及從幼兒的

經驗和興趣出發學習寫字、傾聽和閱讀是很重要的。教師將幼兒天生的好奇心導入活動,進而提升其技巧。

在全語言教室中使用各種的文學作品(代替基礎的讀者),包括海報、連環漫畫、古典文學作品、優良的書籍、雜誌,還有偶爾也會討論到的報紙。語言活動也提供詩、歌曲、詩歌和簡單的戲劇活動。全語言教師提供學習機會和針對單一主題發展相關活動。自然的會話交流是典型且被認為是提升和延伸學習的活動。教師使用這方法引起幼兒的注意力,譬如藉由說「我聽你提到船。這是你寫的,現在讓我們來讀」,連結說話、寫作和閱讀活動。在閱讀活動中,通常沒有所謂閱讀能力限制,且教室經常是忙碌、有生氣及充滿談話的。

K. Goodman(1986)列出多數採用全語言教學之幼兒教育者認為重要的基本信條:

◆ 全語言學習建立於學習者在一個全語言的情境下學習全語言。

◆ 全語言學習以尊重語言、學習者與教師的觀點為前提。

◆ 在真實的說話和讀寫活動中,焦點是在意義不是在語言本身。

◆ 鼓勵學習者大膽使用各種語言,來達到其欲表達的目的。

◆ 在全語言教室中,所有口語和書面語言的功能都是適當和被鼓勵的。

批判者指出，課程規劃、發展、組織和全語言課程的管理是沒有公式的，所以，全語言教師固然有類似的教育哲理，但課程上還是有可能以不同的方式呈現。其他的批判通常集中在教師評量孩子閱讀進步的能力，及在發音教學的不足。

Walmsley 和 Adams（1993）直言將全語言理論轉化為實踐的挑戰在於：

> 即使教師都贊同以幼兒為中心的教育哲理，但是要傳統教師放下對教室和活動的控制權，對他們而言並不容易。要將自己從傳統的實務中解放是不容易的。許多教師發現，要適應一個不同以往的教室環境是很難的，少數教師甚至懷疑這種他們剛接觸的教學管理。

Walmsley 和 Adams（1993）預期全語言運動將繼續倖存，但不會在美國公立學校成為主流。這一說法已得到證實。某些全語言教師排斥發音教學，及某些全語言教室的低落閱讀成果，已引起更多的關切。1987 年加州採用了一種閱讀課程，藉由讓學生沉浸在文學中教導其閱讀。閱讀成果下降，且加州四年級學生在 1994 National Assessment of Educational Progress 的閱讀報告單成績名列各州最後。

以 Weaver（1998c）的論點來看，雖然理論的學習和教學仍在成長，但全語言的發展已趨成熟。它成為建構主義學習概念的例子，相信概念和複雜的過程可以建構人類的大腦；因此，研究建議在學習過程放入越多智力和情感，能讓學習者的大腦更有效地學習、運用及記住所學。

以文學作品為基礎的閱讀課程

以文學作品為基礎的閱讀課程（literature-based reading curriculum）已被許多州採納或推薦。Huck（1992）相信，採用這種教學法的教師有三種類型，這些類型取決於他們如何為「以文學作品為基礎」下定義，及如何在教室實施這種教學法。 Huck 定義的這三種類型會因不同教師而有些許不同的看法。

1. 以文學作品為基礎的讀者：基礎的閱讀課程使用文學作品的內容，80％的教材中，故事是忠於原著的。閱讀教材只挑選適合的故事，而不是整本書。教師的教師手冊和習題本會提供單字練習及填空練習。

2. 基礎的文學作品：以文學作品為基礎的閱讀課程使用真正的文學作品，但是教師以幼兒可以理解的字彙、用語教導初學的讀者。

3. 理解文學作品的課程：文學作品深入課程。教師大聲朗讀給幼兒聽；給幼兒為自己的閱讀挑選真正書籍的機會；他們使用現今優秀的參考書目將文學運用到課程的每一領域。並且鼓勵幼兒藉由討論、戲劇、藝術，及寫作與書籍內容相呼應。他們的主要目標是教出不僅知道閱讀方法的幼兒，且希望幼兒能進而成為讀者。

教育者正檢驗紐西蘭以文學作品為基礎的閱讀方法，因為紐西蘭被認為是世界上最有文化修養（識字人口最多）的國家。紐西蘭的教學方法類似於將全語言理論付諸實行，其教學模式是在教育相關研究結果顯示以文學作品為基礎的教學法是成功可行的之後，開始這種教學模式。大量湧入有文化背景差異的幼兒，他們在閱讀上沒有明顯的進步，因而激起紐西蘭使用此新的教學方法。

譯解—發音學—閱讀教學法

「譯解」（decoding）——使用發音學的方法教導閱讀，也就是教幼兒英文中四十四個語言發音（音素）的基礎，和二十六個字母及組合音（書寫文字的基本單位）。這方法假設幼兒閱讀時第一必須能夠譯解；也就是，他們必須以已知的拼音與字音間的知識，在所看到的單字上依序將字母的音發出來。

這些需要一些基本的技巧，像是了解音素、認識字，甚至是簡單的字，例如貓（cat），貓是由單獨的音組合而成，這些單獨的音就是音素。不同的音素組合造就不同的意義，像 rope 和 soap 僅有一個音素的差異。

雖然發音學的方法差異很大，但是大部分的使用者相信，當幼兒知道字音代表的字母或組合的字母，他們能「著手」譯解一個不認識的單字。當幼兒已經學會所有的字音，有些學校就用此方法教譯解單字的課程；其他學校讓幼兒挑選字音，並在早期提供容易被譯解的單字。少數的發音系統要求教師只使用字音，之後再分別介紹每個字母的名稱，像是 a、b、c 等等。

以下五個「拆字」（或譯解）技巧有助於幼兒學習複雜的閱讀過程。

1. 圖畫暗示——使用相鄰的圖畫（視覺的）猜一個接近的字（通常位在同一頁）。

2. 結構提示——因為記得一個字的外形而認得該字。

3. 內文暗示——藉由不認識的字附近的字，猜那一個不知道的字。

4. 音素提示——知道一個符號代表的音。

5. 構造上暗示——觀察字的相似部分，並知道這些符號的說法和意義。

Calkins（1997）相信，當讀者對字的拼法已有一般的概念時，自然發音法是最有用的。一位幼兒試著猜一個大人句子裡他不認識的最後一個字，如「杯子倒在 ＿＿ 上」（the cup fell on the f＿），他也許會猜「火」（fire）。這個猜法在發音原則上是合理的，但依意義會猜「地板」（floor）。

Cunningham（2003）試圖為最好的拼音法下定義，引述自國家閱讀委員會的研究結果：

國家閱讀委員會（2000）重新探討在拼音學教法的實驗研究，結果明確指出，有系統的拼音教學優於沒有系統的拼音教學；但是在許多有系統的拼音教學法間並沒有顯著的學習效率之差異。他們也發現，在家教、小組教學或全班級拼音教學間，也沒有顯著的差異。

拼音教學法（phonetic instruction）[2] 的提倡者常直言批判任一種忽略拼音教學法的閱讀方法。多數教師了解，有些孩子可以學一點點或不學拼音教學法，就能學會閱讀；他們也注意到許多孩子沒有先學拼音就會有學習閱讀的困難。

---

[2] 拼音教學法：拼音教學是教字音與符號的關係，通常用在閱讀課初期。

邊看邊說法

許多幼兒在學齡前，就已經透過「邊聽邊說」（look-and-say）（或全字彙，whole-word）的方法學讀許多單字。也就是說，當他們看到自己的名字或熟悉的字，他們可以辨認名字或字。他們已可辨認或記住那組符號。一般相信，幼兒運用這個學習法記住字的外型和結構。他們常混淆那些有類似外型的字，如「Jane」和「June」或「saw」和「sew」。他們也許不知道字母的名稱或發音。這方法在二十世紀公立學校的閱讀教學頗為盛行，但今日已甚少使用。善於注意微細差異且有好記憶力的幼兒，似乎較有進步空間以及有機會變成成功的讀者。

其他閱讀教學法

許多小學行政區強調他們採用「融合的」（combined）或「平衡的」（balanced）閱讀教學法。這方法提供豐富的優良文學作品與讀寫經驗，加上自然發音法的基礎。

Morrow 和 Asbury（2003）建議並這樣描述「綜合法」（comprehensive approach）：

綜合法承認字的形式（音素的認識、拼音學的技巧等）和功能（理

解、目的、意義）在讀寫過程的重要性，並且認為最有效的學習發生在學習整個的內容。這類教學特點是提供幼兒熟練、終身的閱讀技巧與學習慾望。（Gambrell & Mazzoni, 1999）

這個方法包含許多認字的學習活動經驗；指導、分享、安靜、合作、獨立，和連結內容的閱讀及寫作；還有口語的閱讀，以提高口語的流暢度。幼兒可以在全班、小組、一對一、教師指導，及社會中心環境下練習其所學的讀和寫技巧。教材使用包括教學的課本、可操作的教具，和有意義的幼兒文學作品。教學是自動自發、真真實實的，不是僅讓學生參與問題解決，同時也是直接、詳盡且有系統的。

Cassidy 和 Cassidy（2004）從一著名的讀寫能力組織委員會對二十五位讀寫的領導者進行一份問卷調查。他們發現，在讀寫能力學習上最熱門的話題，是精確地以證據為基礎的閱讀研究及教學法。

問卷調查中其他非常明顯有趣的主題是：閱讀理解力、直接／詳盡的教學、英文是第二語言的學習者、正式測驗、讀寫輔導／閱讀輔導、音素的認識、拼音教學法，及行政的政策對讀寫能力的影響。

美國公立小學的閱讀教學

國家閱讀委員會（National Reading Panel, 2000）指出，每個教師的閱讀教學深受許多因素影響，包括教師認為何種方法有效、政策、經濟，以及現今熱門的看法。

Cunningham 和 Creamer（2003）重新檢視 2000 年至今所發生的變化。

2000 年時，國家兒童健康與人類發展機構（National Institute of Child Health and Human Development, NICHD）發表國家閱讀委員會的報告書。1997 年，這委員會在美國國會受 NICHD 及美國教育部長委任，重新檢討並評估閱讀教學在教室實務和未來的研究。這報告書已用來制訂讀寫教育政策，且已開始實施。

這些作者也注意到在 1990 年代的中期到後期，閱讀教學經歷了一段「搖擺不定」的時期──從全語言和安靜閱讀，到密集的拼音教學法和口語閱讀。其他幾個時期如下：

- 拼音教學法年代（1956-1964）。
- 語言、文學作品和發現學習年代（1965-1974）。
- 單獨特定技巧教學年代（1975-1986）。
- 語言、文學作品和發現學習年代（1987-1995）。
- 拼音教學法和口語閱讀年代（1996 迄今）。

重新檢視現今的閱讀教學，會發現有下列專有名詞：平衡（balanced）、折衷的（eclectic）、研究基礎（research-based）、責任（accountablc）、音位覺知（phonetic awareness）、自然發音教學法（phonics instruction）、流暢度（fluency）、理解力（comprehension）和字母的（alphabetics）。但是，閱讀教學領域似乎對什麼是最好的閱讀實務教學缺乏一致的看法。

Cunningham 和 Creamer（2003）相信，教育者對不同年代的了解及學校的想法，對幼兒的讀寫學習可以有真正的貢獻。他們相信，教師影響大部分的學校，且發展出自己最佳的實務閱讀教學版本。

標準、評量和教學責任是現今影響公立學校課堂教學的因素。《教好每一位孩子法案》正在改變學校，學校委員會和學校行政區依該法案的標準促進閱讀教學。教師及教師團體了解他們的教學方法及策略必須相配合，且符合語言藝術的標準。舉行測驗，並將測驗結果發表出版等等，每一份努力都是為了讓家長和幼兒教育者認識讀寫基礎的重要性，尤其是成功銜接幼兒園必備的語言技巧和能力。這些包括對語音學和音素的認知、字母理論的理解、字母的認知、社會互動和群體的技巧、字體的概念、足夠的字彙、口語表達、傾聽能力、早期的閱讀、寫作，和創造拼音的發展及視覺感知技巧。

閱讀補救課程

閱讀補救（rcading recovery, PR）為著名的初期閱讀介入課程，是針對一年級有閱讀學習困難的學生而設計。課程由那些在初級閱讀理論有足夠訓練和教學實務經驗的教師提供一對一的輔導。Marie Clay（1993）是一位紐西蘭教育家，被視為閱讀補救課程的建造者。

輔導老師每天與幼兒的日常工作，包括重讀熟悉的書籍、字母練習、寫句子，和學習一本新書（Invernizzi, 2003）。輔導課程持續十二到二十週，每次三十分鐘，或直到幼兒達到全班的中級閱讀程度為止。

由 Shanahan 和 Barr（1995）帶領的閱讀補救評估研究發現：

……與原先就有較好閱讀能力，且僅接受教室教學的一年級生比，接受閱讀補救教學的幼兒在閱讀成就上有很大的進步。

其他的研究學者建議，早期介入遠比晚期矯正更能防止閱讀問題發生（Slavin, Karweit, & Wasik, 1994）。 換言之，介入應發生在問題出現之前。

閱讀補救的爭議在於學生學習成果的穩定性。一些評估者相信，學生的學習表現到三和四年級時，補救教學之成效會變小。

故事時間和閱讀書籍經驗的角色

許多有閱讀教學責任的教師深信，要輕鬆學習閱讀，直接與父母、教師或他人讀書給幼兒的時數有關。想想每晚都有閱讀習慣的幼兒，和另一個都沒有閱讀經驗幼兒之間的差異。

書籍本身有自己的語言風格，對話就十分不同了。書籍不僅是口語的書面紀錄，還包括敘述、完整的句子、節奏、對白及許許多多。聽聽大人怎麼讀書給幼兒聽，他們運用特別的聲音、咬文嚼字，跟日常的溝通、對話方式有很大的不同。藉由重複的經驗，幼兒學到插圖通常反映書的內容，這知識有助幼兒根據圖片對意義和文字做有根據的猜想。

故事書時間就是閱讀時間，且可大大影響日後幼兒與書籍的關係。Yaden、Smolkin 和 Conlon（1989） 談到幼兒可以從閱讀故事書中習得未來閱讀能力的基礎。

……故事書提供多樣化的資訊，像是文字溝通的意義，及口語聲音的呈現，和環境中的文字一樣影響幼兒對字體的認識。

如果教師想評估在讓幼兒了解書的重要性上做得有多好，以下的問題將有助了解（Cazden, 1981）：

◆ 在自由選擇期間，多少幼兒會自己到圖書角看書？

◆ 一天中幼兒要求大人閱讀的次數有多少？

◆ 有多少幼兒在說故事的時間是專心的？

◆ 一個星期家長借多少書？

◆ 有哪些書因大量的借書紀錄已成為全班最喜愛的書？

家長在閱讀的角色

家長往往想找出幫助他們的孩子在學校成功方法。因為閱讀能力在早期教

育中是很重要的因素，家長也許可詢問教師的建議。

　　許多學校持續通知家長學校的作息、目標，和幼兒的進步情形。幼兒園所的職員明白，若家長和教師一起努力，將可加強幼兒在家及學校的學習。

　　以下是給想要幫助幼兒語言和閱讀技巧發展家長的建議，有許多建議與給幼兒教育中心教師的建議是類似的。

◆ 對幼兒所說的話表示興趣。回應幼兒，給予清楚、敘述完整的句子。

◆ 幫幼兒安排玩伴，並與所有年齡層的人接觸及談話。

◆ 讓孩子感到安心，鼓勵並接受他們的觀點及感受。

◆ 用愉悅的聲音說話，並盡可能提供最好的說話模範。

◆ 若是可能，鼓勵幼兒傾聽和探索感覺、嗅覺、視覺和味覺。

◆ 享受新的經驗。幼兒有新的經驗時，與他們談論這經驗。每個社區都有能與幼兒一起到訪的有趣地方，例如公園、商店、博物館、動物園、公車站和火車站等。

◆ 讀、說故事給幼兒聽；當他們失去興趣時要停止。試著讓幼兒喜歡書籍，並知道照顧書的方式。提供一個安靜的場所，讓幼兒可以自己享受與書共舞的樂趣。

◆ 傾聽幼兒想要表達的，而不是他們說得好不好。

◆ 對孩子的能力有信心，耐心和鼓勵有助語言技巧的成長。

◆ 假如家長對他們孩子的語言技巧有問題，應該詢問孩子的教師。

摘要

　　語言藝術的第四部分是閱讀。許多的幼兒園所並沒有提供正式的閱讀教學，因為對幼兒而言，那是不適合其發展的。少數的學齡前兒童確實有閱讀技巧，但是大部分學齡前兒童的閱讀概念才剛開始形成。幼兒教育者提供了有系統和詳細的讀寫能力技巧。正式的閱讀教學開始時，他們致力於準備及提升幼兒學習閱讀的能力。

　　老師的目標在於融合聽、說、讀、寫及觀察等語言的藝術技巧，並將其延伸為成功的閱讀經驗，因為這些技巧是緊緊相扣的，一個活動可以符合邏輯地被帶入另一個活動。這種方式會給幼兒較清楚的溝通觀念。

　　接觸古典與現代的優質文學，提供幼兒閱讀的基礎。幼兒的能力、態度、技巧及理解個人的成長速度，也是該列入考量的因素。有許多語言藝術教學的方法，每個園所應採定用最適合該園所

幼兒的活動。讓幼兒接觸豐富語言的機會（環境），包括對文字的了解及口語教材的專注，皆讓幼兒有機會成為終身的閱讀者。

本章複習了一些閱讀的教學方法，並論述近期影響這些教學法的因素。一位幼兒積極、正向的重要發展，應考量到閱讀、書籍及其溝通能力。

父母和老師們應共同合作，給孩子們機會習得閱讀技巧，並且保持幼兒的興趣及自賞。

PART 8

建立讀寫能力
的支持系統：
學校與家庭的共同合作

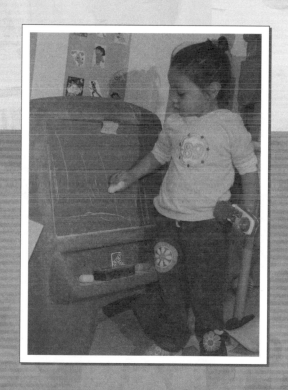

CHAPTER 15

打造適於讀寫素養發展的環境

目 標

讀完本章後,你將可以:

- 說明促進發展語言的活動需要何種教具。
- 協助教師管理、存放及更替教具。
- 描述幼年時期的語文遊戲。

本文強調提供多樣化而有趣的教材、物件及室內陳設（裝備、家具），對語文學習是非常重要的，因這些教材能釋放課程的活力、迷人性及挑戰性。

教材及物件可多方面協助幼兒語文能力的提升。

◆ 可藉由教材提供文字與構想所欲表達之真實事物。

◆ 可藉由教材提供幼兒探索知覺的機會，增加他們人際關係的知識，也增強辨識週遭事物的能力。

◆ 可藉由教材擄獲幼兒的注意力，激發他們參與遊戲的興趣，並建立溝通能力。

◆ 當幼兒熟悉且喜愛這些教材，並且投入他們的時間，幼兒就會從中一再獲得許多樂趣。

◆ 教材能設立單一語文及感知能力的目標，使幼兒有機會練習，並完成該能力的學習。

在語文區裡，相關的教學器材會放置在一個方便取用的地方，因此，可輕易完成教材、裝備及器材的貯存、管理與維護的工作。教室可以是一個成長、擴展、測試構想，以及預測問題解答的地方；而且，一個準備好的環境也應該在鼓勵構想及創新學習的氣氛下，提供幼兒體驗事物的成功經驗。

Neuman 和 Roskos（1992）指出，不論一個以發展讀寫素養為基礎的教室的硬體設施如何提升學習，知識主體所受的限制還是存在。初步研究一個豐富讀寫能力之遊戲區所造成的影響，發現學齡前孩童在遊戲裡會自發地使用近乎兩倍的文字（Neuman & Roskos, 1990）。因此，教師應該嘗試並具創造性地設計教室裡的語文區，或是其他遊戲區的教室，監督教室及內部陳設對幼兒語文能力之影響。

豐富文字環境的建議

下列是一些關於豐富教室語文環境的構想。要注意標示可以是符號、圖片、照片或是貼紙。

◆ 將各區域標誌以圖片及文字來標示。

◆ 將架子上的各位置及容器加以標示。

◆ 將教室中可與目前課程相關聯的物品加以標示，如門、窗、桌、燈等。

◆ 張貼幼兒的日常活動照片。

◆ 製作一個留言板或是每日通訊，讓老師與幼兒互通訊息。

◆ 布置一個讓幼兒每日簽到、簽退的地方。

◆ 提出每日一問，並將其文字化與討論。

◆ 當某個角落僅有少數的幼兒時，他們可選擇自己的識別卡，並插在有

開口的置物袋上。

◆ 設計運用文字及符號的遊戲。

◆ 運用小幫手圖表或輔助圖表。

◆ 運用可置放口袋的出席表。

◆ 設計將幼兒的名字與圖表做結合。

◆ 在娃娃家或家中的環境放置烹飪手冊、電話簿、食譜、菜單及報紙。

◆ 將幼兒運用的文字方式記錄下來。

語文區

語文區充滿激發溝通的活動，每吋地板及牆上空間可以充分的使用，小區域可藉由高起的閣樓或是上下鋪的設置而擴大，以解決擁擠的平面空間不足問題。增設幼兒可以爬入的區域為另一種有用的開放空間設施。

語文區（language center）[1] 的設置有三大功能：(1) 提供幼兒視、聽活動；(2) 給予幼兒一個實際體驗溝通發展教材的地方；(3) 提供一個存放教材的地方。理想上，語文區應有舒適且柔軟的家具，並有充裕的工作空間、適當的照明，以及與教室中不同的活動區域做區隔。Miller（1987）鼓勵教師讓這個區域盡量舒適，可使用枕頭、有罩的小兒床墊，或是一兩張懶骨頭沙發。他認

為，這裡可以當作想要遠離喧鬧群體幼兒的避難所，也可作為教師與個別幼兒單獨相處的好地方。

語文區應該是一處寧靜的地方，與一般滿是活動的遊樂室有所區隔。建議的家具以種類分列如下：

一般用途之教材

　　一張或多張幼兒高度的桌子和幾把椅子

　　架子

　　分隔片或是隔板

　　有軟墊的搖椅、安樂椅或是睡椅

　　軟枕頭

　　可爬入的藏身處，鋪著地毯或布料

　　獨立的工作空間或是學習地點

　　視聽及電插座

　　可展示書本封面的書架

　　黑板

　　儲物櫃

　　法蘭絨板

　　插卡袋

　　幼兒的檔案盒

　　書櫥

　　告示板

　　地毯、地墊或是軟性地板遮蓋物

　　圖表架或是置於牆上的布告架

　　垃圾桶

書寫及事先須準備之教具

　　紙（不同大小的草稿紙、筆記紙、新聞用紙、打字紙）

---

[1]　語文區：教室中一個特別設定的區域，為了幼兒使用及語文相關活動而設置。

桌子

檔案或索引卡

儲放紙的架子

書寫工具（放在筆筒中的蠟筆、無
　毒可洗的粗奇異筆、軟性鉛筆）

簡易的打字機

小而堅固的打字桌或書桌

字盒

壁掛的字母指導表

不同顏色色紙製成的字母

桌上型黑板及粉筆

有大綱的空白書

剪刀

膠帶

橡皮擦

字母印章及印泥

摹圖信封、圖案、抹布

繪圖紙

磁鐵板及磁鐵字母

打洞器

毛線

白板

自黏便條

筆記本

削鉛筆機

置物籃、辦公桌文件盒、扁箱子

信紙

銅製紙夾

印有出席幼兒及教師名字的長條紙

貼紙

膠水筆

（油印）蠟紙

閱讀須事先準備之教具

　書籍（含幼童自製的範例）

　書籍及視聽組合（伴讀）

　受歡迎的故事角色紙偶

　用圖畫表示謎語的故事圖表

會話教具

　玩偶及玩偶劇場

　法蘭絨布告板組

　語言遊戲

視聽器材

　投影機

　唱片播放機、錄音帶播放機或是
　　CD/DVD 播放機；耳機及插座

　有聲故事書

　語文大師、記錄卡

　圖片檔

　電視與錄放影機

　電腦及印表機

　攝影機

　數位相機

　在語文區裡，成人通常會指導**視
聽器材**（audiovisual equipment）[2] 的使
用，在簡短的訓練後，幼兒可以操作一
些簡單的器具。錄音機、CD/DVD 放
影機及耳機的使用，則需要教師更多的
指導。

---

[2] 視聽器材：任何能夠提供視覺或聽覺體驗
的機械或非機械的器材。

教師在語文區扮演的角色

教師是幼兒友善且有趣的同伴：分享書籍；以計畫來幫助幼童；錄製他們的口述；示範並參與語文遊戲；製作字詞、字詞表、標誌、圖表；以及幫助幼兒使用語文區的設備。

教師可視情況悄悄進出語文區，並監看設備的使用。需要充沛精力或是喧鬧的遊戲，可以移至教室中的其他區域或是室外的遊戲區。在清楚給予幼兒語文區教材的使用方法及使用的期望後，幼兒使用器材就不需要太多的協助。但可能還是需要規定同一時段內有多少幼兒能使用語文區。

新進的教具在開放使用前，老師應先示範新教具的使用方式。

將幼兒的作品布置在布告欄、規劃黑板活動、列印吸引幼兒注意的訊息，會激發幼兒對語文區的興趣及器材的使用。盆栽與偶爾布置的花瓶及花朵會為語文區加分。為了幫助幼兒自行操作設備、器材，教師變得更有創造力，將操作步驟解說的圖表貼在靠近器材的地方。

教師要進行的另一個任務就是，將幼兒喜愛的故事書製成伴讀錄音帶。幼兒在學習字詞識別及某些更高階的閱讀技能時，會使用伴讀帶。為了增添趣味與愉悅，伴讀帶的魅力成為另一條通往圖書世界的途徑。教師在製作伴讀帶時，應考量下列事項：

講述者的速度很重要，太快會使幼兒跟不上，太慢會讓幼兒感到無聊。聲音的轉折及語氣也是重要的。講述者的聲音不可呈現出高傲或屈尊的態度，也不應該嘗試把故事「表演」出來，因而出現故事本身被表演比下去的風險。（Ditlow, 1988）

除了這些因素外，教師須預估聽者注意力的時間長短，並運用聽起來舒適的換頁訊號。

娃娃家及積木角

教育者強調娃娃家（housekeeping）及積木角（block area）的重要性，二者皆促進大量的社會互動，及更成熟和複雜語言的運用。高層次的扮演遊戲也可在主題（單元）區被激發。教師應為戲劇扮演及積木遊戲設計寬敞、範圍清楚、設備充足的（與主題相關的）隔離區域。

展示及布告欄

與眼平行的牆上及布告欄的有趣展

示，可吸引幼兒的注意力，並促使幼兒討論。

幼兒作品的展示（取得幼兒的同意）、名字，及以幼兒興趣為基礎的主題，會增加他們在教室中的成就感與自信。展示最好包含幼兒主動參與的作品，可以每日或每週更新。

文字可隨著布告欄上的物件、圖片或圖案而轉換。置書袋、畫勾、半公分長繫於大頭針上的橡皮筋、布告欄上可黏貼的細長條，能讓物件固定於布告欄上，也可隨時移除。

黑板活動

在幼兒園裡最未被充分利用的教具之一，或許就是黑板了。下列黑板活動的建議可用來幫助幼兒的語言發展。

◆ 描摹樣板及彩色粉筆
使用鋒利的工具，將大咖啡罐的塑膠蓋切割出不同的圖案（圖15-1）。再以細繩（或大頭針與橡皮筋）掛在黑板上。

◆ 圖案遊戲
將圖15-2的圖案畫在黑板上，請幼兒預測下一個出現的形狀。然後畫出圖15-3，看看幼兒是否能畫出一條從小狗到狗屋的路徑。

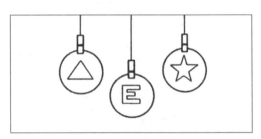

▶ **圖 15-1** 塑膠瓶蓋黑板活動。

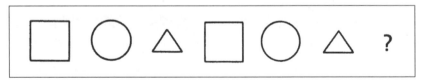

▶ **圖 15-2** 接下來是哪種圖案？

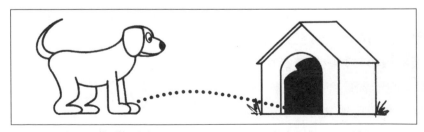

▶ **圖 15-3** 由左到右的技能建立法。

視聽設備

照顧器材及遵守操作程序也是重要的。為了有效使用器材，應詳細閱讀使用手冊，以了解正確的操作方式及必要的維護方式。

以下是可豐富語文區語文活動的視聽器材。

相機（包含拍立得及攝影機）：相機可用來提供影像及相片，可運用在說話活動、展示及遊戲。

投影機與螢幕：一般家庭、學校、郊遊及社區活動的場景，可以用來討論、寫下體驗，或用來說故事。

錄像機：幼兒在展示及解釋自己的創作時，喜歡被記錄下來，這也有多重的用處。

單槍投影機、螢幕、投影片：可以設計有影像輪廓或是多張投影片活動的故事。教師可以將小型圖案及字母放大影印起來做各種運用。McDonald 和 Simons（1989）建議，在說故事或是讀詩（例如邊朗誦韻文，邊運用相關的連續圖畫）時，可以將圖畫或影像投影到螢幕上。Meier（2004）建議提供幼兒投影片或是塑膠片，讓幼兒可以畫上他們的圖像或是文字，並且在大螢幕上投影出來。某些圖畫書很適合這樣的分享方式，尤其是內文與插圖出現在同一頁面上的圖畫書。插圖可以放大欣賞，文字也能放大呈現。

平面投影機：圖畫書的頁面可以直接投射到牆上，提供了一種新的方式來閱讀書籍。猜謎遊戲亦可使用這種方式。圖畫書中的角色可以成為與實物大小一樣的同伴。

聆聽區（listening center）[3]的設備：可同時供八名幼兒使用的耳機，用來聽錄音帶、CD 及唱片，可以在耳機插座上調整音量大小。

CD 播放機：大多數的園所中心有這樣的設備。市面上可買到許多故事 CD。

數位相機：教室中的照片可以在電腦中顯示，也可印出照片來展示。目前多家廠商也都有相片印表機。

數位攝影機：教室中的活動可在電視或電腦上顯示，也可印出照片來。

有邊框的圖表及展示架：可提供教師便利的幫助，來展示字母、字

---

[3]　聆聽區：教室中可提供幼童聆聽體驗的區域。

詞、字句、形狀、圖畫、顏色及名字等,使用簡便;如果教師較喜歡透明的邊框樣式,也可自行製作。

大書架:大的書或是特大號的教材可以分開放在個別的透明掛袋中;這樣可以解決大尺寸物品的存放問題。

白板及架子:彩色奇異筆可以很快寫上或是擦掉,對於教師的活動及幼兒的使用上很有幫助。白板有架立型和桌上型兩種樣式,有些還具有磁吸性,可以黏上附有磁鐵的塑膠字母及數字。

電腦:除了軟體的操作或是文書處理的使用之外,電腦已成為一種多功能的設備。

錄音機:在幼兒園裡,錄音機是一種普遍使用的視聽輔助設備,錄音機開啟了許多活動的構想,在語言發展的活動中使用錄音機的建議如下:

- ◆ 錄下幼兒對自己的美術創作或是計畫的評論。「告訴我⋯⋯」是一個好的開端。在語文區中將錄音帶與美術創作放在一起,讓幼兒可以使用。
- ◆ 在幼兒將一些玩具車、玩偶、動物等玩具加以布置後,讓幼兒自行錄製他們對這些玩具的

評論。

- ◆ 讓幼兒討論照片或是雜誌裡的圖片。
- ◆ 在幼兒自一籃水果中挑選出想要的水果時,錄下對水果的評論。
- ◆ 讓幼兒以「小記者」的身分錄下最近郊遊的報導。
- ◆ 將一些常見的東西蒐集在一起,像是鏡子、梳子、刷子及牙刷,讓幼兒描述如何使用這些東西。
- ◆ 錄下幼兒如何剝橘子皮,或是使用一般的塗醬和餡料製作三明治的說明。
- ◆ 錄下幼兒對積木組合的評論,用拍立得將作品拍下,然後將錄音帶和照片一起放在視聽角落。

電視及錄放影機:可以分開購買或是購買內含錄放影機的電視。有許多適合幼兒年齡的經典文學;錄影帶出租店及公共圖書館也有許多目錄。建議教師看完影片後,與幼兒進行積極的分享與討論。

圖檔的使用

圖檔由圖畫及照片所組成,幼兒可在教室的語文區使用。當教師發現相關

語文活動的圖檔，即可成為激發幼兒的重要動力，幼兒喜愛帶有教室場景或是有幼兒參與的雜誌圖片及照片。影像可輪流展示，用來補充目前所學習的課程教材。

從幼兒及員工放大的照片（加上護貝）著手是個不錯的構想。圖片的來源包含著色書、圖案書、便宜的幼兒書籍、日曆、型錄、商業日誌、旅遊文宣摺頁及玩具廣告。

建議的活動如下：

◆ 書寫圖片的標題。
◆ 運用一系列的圖片來說故事。
◆ 幫動物的圖片取名字。
◆ 找出隱藏的物件。
◆ 將圖片分類。
◆ 找出字母印在上面的物件。
◆ 將插圖循序排列並講故事。
◆ 將圖片與相關物件配對。
◆ 找出標誌中的字母。
◆ 找出熟悉的速食餐廳，或是其他本地商店的標識或戶外標語。
◆ 吟唱或是創作與圖畫速配的歌。
◆ 用韻文敘述圖片。
◆ 找出與圖片內容有相同的形狀、顏色和類別的東西。
◆ 將圖片以季節分類。
◆ 依圖片來製造聲音。
◆ 寫信給圖片中的人。
◆ 在教室中找出與圖片中類似的物件。

◆ 在眾多圖片中選出最喜歡的食物或是物件。
◆ 將圖片中的每件事物加以標識。
◆ 找出具有相同起始字母發音的東西。

我們可看出圖片的運用有許多可能性，而教師本身的心靈手巧會創造更多的變化。教師可以護貝或是以透明紙來保護圖片。教室裡可能會有一組教師用的和一組幼兒用的圖片，聰明的教師會將圖片與「轉換時間」或是「引起動機」的活動結合在一起。

科技與讀寫素養的學習

幼兒教育者對科技的看法如何呢？多數人會同意科技無法「成為讀寫素養的教師」，但科技可以是一個用來衡量及追蹤幼童讀寫素養發展的有效工具。

規劃語文區及電腦區

一旦特定房間或是區域被指定為語文區，教職員將教材分為「視聽類」或「操作類」（圖 15-4）。展示、存放、工作空間，及視與聽的空間會被劃分出來，需要專心的活動則盡量隔離開來。在語文區中，對教材及設備可能有許多不同的安排，不同功能布置的實例可參照圖 15-5。

▶ **圖 15-4**　布偶劇場通常是活動式，且能在教室移動的。

　　許多幼兒喜歡藉由一本喜愛的書或是玩偶來躲避噪音，許多幼兒園會在語文區提供這些安靜的隱密處。教師以創新的方式提供私密空間，有著柔軟枕頭的老舊帶腳浴缸、包裝用條板箱和大桶子、拆掉門且以枕頭作內襯的衣櫥、圓錐形帳篷、帳棚，及隔開的長沙發跟扶手椅，在某些教室裡的語文區域都是可用的。

　　本書之前曾提及一些教育者對電視及錄影帶過度使用的恐懼，他們視電腦程式為一個「卡通世界」，而非真實的知識與讀寫素養所依賴的實在體驗及人際互動。早期幼兒教育者發現，電腦技能與知識在小學階段裡可能是需要的，但無法確定幼兒使用電腦的最佳時機。

　　電腦區逐漸成為三到四歲學齡前教室中的標準配備。許多教育者同意，電腦區與適於啟發的訓練是可相容的，電腦能提供問題解答、創意的體驗，及讀寫素養發展的機會，支持幼年時期使用電腦的擁護者舉出下列好處：

◆ 促使幼兒的合作及輪流使用的行為。

◆ 一旦幼兒接受「使用規則」，且受過初步的操作訓練，之後僅需要成人的極少監督。

◆ 幼兒可用自己的速度作業。

◆ 提供幼兒合作、監控、協商及聯合解決問題的機會。

◆ 建立幼兒的自信及獨立感。

　　運用電腦學習語文的優勢包含：

◆ 可提供與同儕伙伴或其他人言語的互動（圖 15-6）。

◆ 可提供體驗字母、印刷文字（print）及字詞。

◆ 可提供理解印刷文字的使用能力，包含記錄、告知、送出及接收訊息。

◆ 可創造出能記錄的讀寫作品。

◆ 製作問候卡的體驗。

◆ 接觸韻文。

◆ 將字母、圖案、詩文、字詞與圖畫展示做配對。

◆ 接觸視覺及互動式故事書。

　　教室內有電腦的教師會同意，當幼兒感到沮喪或是缺少必要的技能時，教師需要介入。如果他們發現幼兒可以自

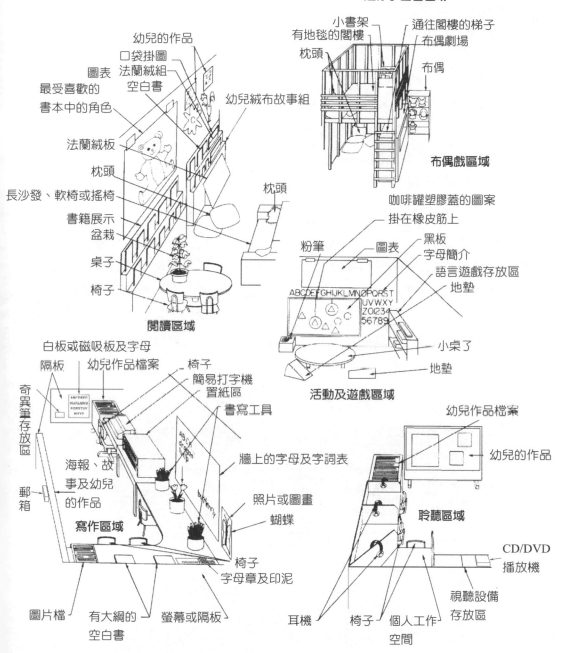

「迷你」圖書區域

小書架
有地毯的閣樓
枕頭
通往閣樓的梯子
布偶劇場
布偶

布偶戲區域

幼兒的作品
口袋掛圖
法蘭絨組
空白書
圖表
最受喜歡的
書本中的角色
幼兒絨布故事組
法蘭絨板
枕頭
長沙發、軟椅或搖椅
書籍展示
盆栽
桌子
椅子

枕頭

閱讀區域

咖啡罐塑膠蓋的圖案
掛在橡皮筋上
粉筆
圖表
黑板
字母簡介
語言遊戲存放區
地墊

ABCDEFGHIJKLMNOPQRST
UVWXY
ZO1234
56789

小桌子
地墊

活動及遊戲區域

白板或磁吸板及字母
隔板
奇異筆存放區
郵箱
幼兒作品檔案
椅子
簡易打字機
置紙區
書寫工具
牆上的字母及字詞表
照片或圖畫
蝴蝶
海報、故事及幼兒的作品

寫作區域

圖片檔
有大綱的空白書
螢幕或隔板
椅子
字母章及印泥

幼兒作品檔案
幼兒的作品

聆聽區域

CD/DVD播放機
視聽設備存放區
耳機
椅子
個人工作空間

▶ 圖 15-5 語文區

▶ 圖 15-6 幼兒通常能指導同儕學習。

行解決問題,教師傾向給予最少的協助,讓幼兒體驗掌握的感覺及成就感。大多數教師在幼兒使用電腦時偶爾會加入,問些問題或是做出評論,鼓勵幼兒擴展技能。

應訂出適用於教室、幼兒及設備簡單的使用規則。規則通常是保持雙手乾淨、幾位幼兒可以同時使用、如何尋求幫助、輪流使用、單次使用的時限、耳機的使用,及使用前所需之訓練。

Haugland(1992)研究指出,曾使用電腦來支援、加強課程主要目標的三到四歲幼兒,與沒有使用電腦經驗的幼兒相比(在相似教室中),明顯獲得較多發展上的能力,包含:非語言的能力、語言能力、問題解決,及概念上的能力(圖 15-7)。

電腦課程已被發現能改進文字視讀困難,及語言學習障礙幼兒的說話能力(Kotulak, 1996)。研究人員注意到,對話能力落後同儕二至三年的幼兒,運用電腦能將語言的理解提升到正常、近乎正常,或高於正常的程度。此發現對有

▶ 圖 15-7 問題解決的課程可讓幼兒獨自或與其他同儕一起體驗。

學習說話障礙（發展上的言語障礙）或之後的閱讀障礙（發展上的識讀困難）的幼兒來說，特別令人鼓舞。

至於學齡前的教室，Haugland（2000）建議初步的訓練期間，輪流、小組的合作學習、同儕輔導、親身體驗、等待表，及需要足夠的人手來投入「成人時間」，同時也應該提供不同種類的**軟體**（software）[4]。

軟體的選擇

Kneas（1999）建議設計一份課程目標表，他相信適於發展的整合起始，在選擇與目標相配的硬體及軟體。

她列出下列軟體的特色作為檢視標準：

- ◆ 不含暴力。
- ◆ 提供正向的言語和視覺上的提示及反應（回饋）。
- ◆ 讓幼兒掌控速度與動作。
- ◆ 可選擇訓練特定技能，或是轉移至其他部分。
- ◆ 可讓幼兒獨自或是與其他同伴一同操作。

另外，Haugland 和 Wright（1997）及 Fisher 和 Gillespie（2003）也提供了一些選擇軟體的方向。

當教師提供開放性，而非以步驟及訓練為主的軟體來激發創造力時，便是適於啟發的軟體。（Haugland & Wright, 1997）

開放性課程能激發幼兒探索，並延展他們的思考；同時能引起幼兒的興趣，與發展社會及認知的能力。（Fisher & Gillespie, 2003）

其他需要教師檢查的軟體特色，包含：內容、適用年齡、進度、幼兒可選擇的項目、有意義的圖像及聲音、對尚未能閱讀的幼兒給予清楚的指示、學習的處理方式，及合理的價格。軟體程式的完整性與技術決定了它的效用與品質。

Haugland（2000）舉出下列四個重要的步驟，藉由電腦將幼兒的學習發揮到極致。

1. 選擇具啟發性的軟體。
2. 選擇具啟發性的網站。
3. 將以上資源整合於課程中。
4. 選擇可以支援以上學習體驗的電腦。

電腦位置

Haugland（1997）指出，教室中理想的電腦放置地點為教師容易看見之處，當教師能輕易看到電腦螢幕，便可

---

[4] 軟體：為了電腦使用者的便利、教育、娛樂等所開發範圍廣泛的商業程式。

以監督並給予快速的協助。幼兒園教室裡的電腦區或是活動區域，只要擁有二到三台電腦及二到三台印表機的配置，就能運作良好（Haugland & Wright, 1997）。

摘要

當幼兒園設立了語文區後，發展語言的教具放置在室內便利的位置，幼兒可依自己的興趣及喜好來使用，如此可以增加幼兒與教具的互動，並擴展他們的語文能力。

語文的教具可能來自各式各樣教師自製的教具，和市面上購買的教具。聽、說、寫、讀（或是綜合）的活動最好相融合，以提升幼兒了解四者之關係。

在語文區中，視聽教材及設備是有益的裝置，有時因成本的考量而無法使其齊全。為了使操作有效率，視聽設備的使用及照料訓練是必要的。越來越多的幼兒教室運用電腦，因此，教師對軟體程式的選擇更顯重要。

CHAPTER 16

家長與幼托機構的伙伴關係

目標

讀完本章後，你將可以：

- 描述老師和家長的伙伴關係如何影響語言技巧與課程。
- 列出家長和學校溝通的形式。
- 列出家長可以加強幼兒語言發展的方式。

雖然父母和老師在幼兒教育中是共同的伙伴，但父母通常是幼兒最早的老師和模範，家庭則是幼兒生命中第一個且是影響力最大的學校。《新聞週刊》（Newsweek）雜誌指出，父母對於什麼是對子女最好的資訊有著迫切的需求（Raymond, 2000）。十分之六的父母在孩子出生前，就讀過養育或是早期幼兒的書籍；32% 上過準父母的課程（Kantrowitz, 2000）。

在登記註冊入學的訪談時，學校通常會告知家長關於學校的語文及讀寫課程。大部分的父母想要知道老師每天和幼兒的互動情形，以了解教學的目標。許多教育者相信，有些父母需要知道孩子在一學期的教育中該做的內容，以及會遇到的挫折。教育者認為焦慮的父母需要安心，並且鼓勵這些父母相信自己。

Okagaki 和 Diamond（2000）詳述幼兒教育者可能會面對的困難任務，並且警告教育者要小心自己的預設立場。

實際上，現代社會存有極大的文化差異，我們不可能知道每個文化的父母對幼兒發展和養育所抱持的信念。即使我們盡可能學習每個文化的信念，但就個別的價值觀和習慣而言，巨大的文化差異依舊存在於每個文化的內部。

在教室裡，幼教老師要如何提升自己與所有幼兒的家庭共同工作的能力呢？我們不應該對不同文化的家庭習慣有所假設。在任何社會文化群體——種族、人種、社會經濟（socioeconomic）[1] 或是宗教——個人和家庭會因為他們的社會習俗或社區改變他們的信念和信奉。

近十年來，家庭結構的改變巨大，有 25% 的幼兒和 57% 非裔美籍的幼兒與未婚父母親生活（Fields, 2001）。

Burns 和 Corso（2001）建議，幼教老師需要各樣的策略，以增進他們與家庭之間的關係。研究者極力主張，教育者應該考慮各個家庭不同的接觸。團體內部的差異和團體之間的差異是同等重要的（Lynch & Hanson, 1998）。包括混合兩種文化和雙語的工作人員，都應該努力增加課程計畫的能力，以創造彼此的信任。

幼兒在家和學校的讀寫素養受到三個重要的因素影響：(1) 環境背景；(2) 楷模；(3) 有計畫性和無計畫性的事件。環境涉及家庭或學校可以提供或所能做的，包括設備、空間、教材和資源、生活用品、玩具、書籍等等。家庭

---

[1] 社會經濟：關於或牽涉社會和經濟因素的結合。

的聯繫是很重要的，與父母親、兄弟姊妹、祖父母和其他親戚互動，可使幼兒生活豐富。分享喜好、旅行、家事、進餐時間、社區或鄰居發生的事、日常會話和故事，都是語言發展的機會。家庭以外的環境也是須考慮的因素。在社區環境中花費的時間，可以增加抑或減少語文能力。

在幼兒之間，由於社經地位造成幼兒在語言成就的差異是非常明顯的（Snow, Burns, & Griffin, 1998）。中產階級家庭通常能為他們的孩子提供共同閱讀的優勢、較常去圖書館參觀，和較多的書籍經驗。父母會對幼兒抱持著低教育期望或消極的推動態度，有時是因為貧窮、壓力、疲勞和不幸的生活環境使然，這些父母最需要從幼兒的學校或老師得到更敏銳、專業的延伸（outreach）[2]服務。

家庭的經濟能力或許決定了家庭可提供的學習機會和物質，但妥善的家庭安排仍然可以克服金錢財力的不足。父母最能做的就是鼓勵孩子閱讀和書寫，這牽涉到時間、注意力和敏感度，而不是金錢。假如父母願意花時間這樣做的話，每位父母都可以幫助幼兒培養讀

寫能力。除了學校之外，也能從公共圖書館借到幼兒讀物或是社區也有其他資源。

雖然幼兒園的學習不同於小學是採取循序漸進的教育方式，而且在幼兒園中，許多學習都是以親自操作探究第一手資料為主，但是，父母親在提供幼兒親密的、個別化的親子學習環境上，仍舊比學校課程占有優勢。在活動中的家庭互動，包括溝通的質與量（圖16-1）。家庭的支援幫助、氣氛、父母親和幼兒之間的會話、共有的冒險，能大大影響幼兒語文能力的發展。

King（1985）描述父母親成功地促進語言的行為和會話：

> 成功的父母聆聽孩子所說的話，且回應他們。他們理解孩子的語言，且用相關的文句和動作來回應。幼兒與一個充滿關心支持、願意分享大人世界和進入孩子世界的成人一

▶ 圖 16-1　一些父母會和他們孩子的老師討論語言發展的問題。

---

[2] 延伸：一項早期幼兒教育計畫，試圖提供支援以協助注意幼兒的家庭，和促進幼兒在校的成功發展與成長。

起學習是最好的，同時，幼兒可以協調他們的感覺和經驗。成人與幼兒之間的親密分享，可以促進意義的理解。

McKenzie（1985）注意到幼兒對於學習語言充滿企圖心，當他們被允許可以在某些程度上控制自己的行動，並且與善於接受、較少考慮對錯和適當延伸思考回應的成人互動時，孩子就會學習到豐富的詞彙。

幼托機構會設計他們自己獨一無二的家庭聯繫計畫。隨著聯邦與州政府對幼教親師溝通工作的越加重視，教育者公開執行他們提出的各項課程時，更需要去澄清他們的目標，並且分析他們的成效。大部分的教育者會同意，每個父母的介入必須從最初的親屬關係開始發展（圖 16-2）。

發展信任關係

要與家長建立信任關係，必須能讓父母感覺到被尊重、被接受，並重視他們的個別和文化差異；而且當保育人員能敏銳了解家庭的經濟狀況時，也會增加父母對機構的信任感。教育者需要意識到父母對孩子的期望，這一切都從父母走進校門的那天開始。園所內的環境

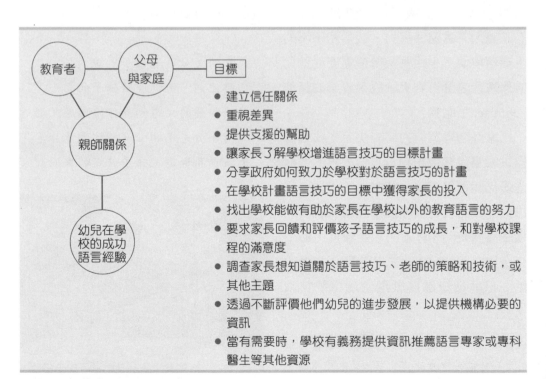

● 建立信任關係
● 重視差異
● 提供支援的幫助
● 讓家長了解學校增進語言技巧的目標計畫
● 分享政府如何致力於學校對於語言技巧的計畫
● 在學校計畫語言技巧的目標中獲得家長的投入
● 找出學校能做有助於家長在學校以外的教育語言的努力
● 要求家長回饋和評價孩子語言技巧的成長，和對學校課程的滿意度
● 調查家長想知道關於語言技巧、老師的策略和技術，或其他主題
● 透過不斷評價他們幼兒的進步發展，以提供機構必要的資訊
● 當有需要時，學校有義務提供資訊推薦語言專家或專科醫生等其他資源

▶ **圖 16-2　家長所涉及的目標**

布置、如何歡迎家長，以及他們如何被教職員對待，都是很重要的。教職員的準備和計畫必須考慮到父母的舒適和需要。

確認支持性的協助

確認學校能提供哪些支持的協助是必需的工作。一個學校可提供的協助列表可長可短，取決於學校財政及可提供的人力資源。有些學校有大量的經費；有些則否。有些學校有忠誠和堅定的教職員工，他們能體認家庭和家長是工作的重點。大部分教育者會很熟悉家庭的背景與資料，如家庭的社經地位、文化和語言團體的成員關係、教養風格，以及幼兒在學校內所呈現的家庭讀寫經驗知識和技巧。他們了解在幼兒園內，提供某些幼兒最好的教育協助是必要的。

現行早期幼兒語言學習計畫

要闡述幼托機構的課程如何提出「全兒童」（the whole child）的觀點，特別是針對語言教育的部分，這是學校教職員的任務。美國布希總統提出的《教好每一位孩子法案》（U.S. Department of Education, 2002a），更將注意力放在學前的早期閱讀經驗和技巧發展上。「從頭開始」（Head Start）方案在語言活動上有最新的課程標準。其他團體包括 NAEYC、國家閱讀委員會

等等，也已發展或正在發展幼兒閱讀指標。Goldenberg（2002）針對在最初的讀寫能力（學前教育到三年級），列舉出他認為現行教學該有的一致標準：

1. 能提供讀寫的環境，書籍可以使用在多樣性和有趣的目的上，包含學生可以有選擇的機會，並且有足夠時間看書和閱讀，或是「假裝閱讀」。

2. 在特殊技巧上，有直接、明確、有系統的說明（音韻覺察、字母的命名／聲音、翻譯和理解策略），充分練習那些正確的使用技巧，是為了促進轉換和自動性學習。

3. 討論和談論關於幼兒閱讀的教材，或是讀給他們聽。

4. 焦點放在文字的認識技巧和策略（直接教學，但有時也使用例如文字牆和造字等策略）。

5. 有策略地持續教學，並且在教材上維持適當的挑戰（在適當的時候提供指導或獨立學習）。

6. 運用有組織的、班級經營的策略，可以強化對學業的承諾和資源的適當使用。

7. 明確地聚焦在語言上（包含字彙的發展）。

8. 有效和經常性的評量，依據需要

及適切性使用多樣化的評量方法，可讓老師判斷發展的技巧和教學目標的適切性。

9. 家庭與學校連結的要素，是為了結合幼兒的家庭經驗與學校的努力，並且獲得父母對他們的孩子在學業發展上的支持。

有些課程若長期沒有提供具體的實例，很難向父母說明解釋。我們私底下發現，有些學校和托育中心沒有使用一致的目標清單，相反地，他們可能使用其他的目標作為他們語言活動教育的基礎。

獲得家長的介入

學校必須發展一些方法，確保家長的介入是學校運作的一部分，包括家長（教室）信箱、家長諮詢委員會和家長會議。而家長的問卷、調查表、清冊，常用來了解家長的意見或想法。其他的聯繫方式還包括電子郵件、家長讀書會、計畫工作坊，和每日的接觸等等。

讀寫素養和語言發展的家長指導方針

我們可以提供家長及老師一些可以幫助幼兒語言和讀寫發展的技巧或活動建議，家長就可以有多樣化的機會來使用這些技巧。以下的指導方針可供參考。

父母如何促進讀寫素養

◆ 每天花一些時間陪伴孩子。在學校，老師要關注許多孩子，可能無法給予孩子個別的注意。

◆ 給孩子一些鈕扣、豆子、積木，或不同顏色、形狀、大小的玩具，讓孩子根據類別來分類；這種分類活動是一個重要的思考訓練。

◆ 食物種類的分類（罐裝食物、蔬菜、水果等等）。

◆ 切記對幼兒來說，早期接觸印刷品、書寫工具、發音字母、書籍的經驗或許是很困惑不已的。當你的孩子專注地問問題時，應該立即給予他協助和回應。

◆ 暗中介入或離開孩子的遊戲，並且鼓勵孩子探索。這種過程中的教導是自然，並且不同於過去排排坐的教學結構，排排坐的教學結構會導致孩子無法專注，以及興趣的衰退。

◆ 用支持、熱情和發現的態度提供超出幼兒所知更多一些的知識，並且互動上充滿了分享與樂趣。

◆ 用命令或控制的溝通方式指導語言，會使幼兒對學習語言產生排斥。

◆ 安排一些活動，讓你的孩子有機會了解一件事情從開始到結束的運作過程，例如，從攪拌乳霜到製成奶油，或從採摘蘋果到做成蘋果醬的過程。大人對於事物的起源或許已覺得理所當然，但孩子未必清楚。

◆ 用認同的笑容和表示愛的字眼，來鼓勵幼兒的每個成功或真誠的努力。

◆ 成為有應變能力的人。當你的孩子問你一些無法回答的問題時，不要猶豫，尋求他人或書本的協助！

◆ 幫助你的孩子感到安全和成功。不論孩子的意見或想法受到重視，還是被否定不予理會，你與孩子的互動都會影響孩子建立自我的價值。

◆ 理解幼兒正在發展他們的自我控制，並且有參與團體活動的需求。在幼兒園或托兒所，對幼兒行為的期望會創造出學習的氣氛。親子教養（parenting）指的是建立行為的準則，遵守紀律的習慣可以促進學校學習的成功。

促進說話能力

◆ 真誠地與孩子說話，說話要自然且清楚。專注聆聽幼兒想要跟你說的話，當孩子在說話時，不要嘮叨或打斷（但是要若無其事地改正語言的錯誤，也就是不要專注在錯誤上）。

◆ 閱讀故事、詩歌、有押韻的詩和謎語給孩子聽。

◆ 鼓勵孩子玩木偶、替玩偶換裝、商店遊戲、醫生用具、打電話，讓孩子表演不同的事件，練習我們在日常生活中使用的語言模式。

◆ 鼓勵幼兒說故事給你聽。

◆ 在你使用的字彙裡，透過新的和描述性的文字，增加你對建立字彙的態度。

◆ 給予注意；聆聽孩子的意圖，而不是聆聽孩子說的是否正確。讓孩子知道他們說的話是重要的。可以的話，在孩子的視線內與孩子溝通，在孩子選擇的主題上擴展孩子的意見。

◆ 使用最佳的語言楷模——在自然的情境下使用標準的母語。假如除了母語之外，你還會使用另外一種語言，也要提供該種語言的楷模。

◆ 假如家庭是處於某一個文化或種族族群中，我們在檢視成人和孩子口語互動的態度時，更要審慎小心。家庭對話量的不足可能會限制孩子的字彙發展。

◆ 我們要成為一個有技巧的發問者，藉由問問題可以促進幼兒思考、預測，以及以幼兒觀點為基礎的可能答案。

◆ 鼓勵幼兒談論他們正在做的事物，但是不要一直問他們：「這是什麼？」

◆ 不斷述說，給予物品的名稱，描述你做的事物，並且清楚和明確地說，要使用完整句；鼓勵孩子發問，包含用餐時間的對話。

Mavrogenes（1990）提出以下十一點建議：

◆ 討論孩子有興趣的議題，並且耐心回答他們的問題。

◆ 鼓勵幼兒發展興趣和討論。

◆ 一起討論、一起做事：到商店、動物園、博物館、電影院、音樂會和做禮拜；看電視；參觀圖書館；從事運動和嗜好。

◆ 讓孩子帶領並且主導對話。

◆ 聆聽你的孩子，讓你可以學習了解他們，並且展現你對他們是充滿興趣的態度。

◆ 提供年紀較小的幼兒玩具電話並且教他們如何使用。

◆ 要求孩子描述他們看到的物品。

◆ 和孩子用說的去描述在圖片裡看到的東西，之後把圖片藏起來，看他們能回想出多少東西。

◆ 唱歌給孩子聽，並且和他們一起唱。

◆ 玩自然押韻的遊戲。

◆ 創作有旋律的歌謠。

建立文字察覺和技巧

◆ 在家提供文學和豐富的語言環境。

◆ 寫下孩子在圖畫中告訴你的東西。把每個孩子的工作和照片做成書，並討論這些書。

◆ 和孩子圍成一個圓圈坐在一起，閱讀家庭信件和郵件、垃圾郵件、餐廳菜單、包裹和包裝、招牌、標籤、識別證、目錄、商標和日曆。

◆ 提供廢紙和書寫工具，在家保留一個區域作為孩子書寫的地方（圖16-3）。

◆ 製作或添購字母玩具或字母書。

◆ 請老師把孩子會在幼兒園用到的字母拷貝一份。

◆ 鼓勵孩子塗寫和塗鴉。

◆ 寫信給給孩子，或是在遊戲中製作一些標誌，像是「馬克的船」。

▶ 圖 16-3　一些家庭提供書寫的區域，且家長對孩子的書寫充滿興趣。

◆ 與孩子討論你在寫的字和它的使用方式。

◆ 當你開車或走路時，帶孩子閱讀路上的標誌，尤其是安全標誌。

◆ 指出家庭設備和產品上的文字。

◆ 藉著寫出孩子的姓名，鼓勵孩子進行塗鴉的活動。當他們企圖要模仿或寫下記憶中的文字時，要給予更多的注意。

Mavrogenes 提出以下七項建議（1990）：

◆ 為假裝的遊戲準備諸如銀行的表格、便條紙簿、醫生處方箋、學校表格、商品訂購單、餐廳點餐單等等文本材料。這種遊戲可以延伸孩子的想像力，並且擴張他們的經驗。

◆ 幫助幼兒寫信給祖父母、生病的朋友、作家，或是有名的人士。

◆ 在孩子的餐袋或背包放入便條紙。可以是圖像或是簡單的訊息，像是「嗨，我愛你」。

◆ 做一本書給孩子書寫和畫圖，只要折幾張紙用釘書機釘在一起，就可以做成一本書。

◆ 示範「書寫」給孩子看；和孩子一起寫下私人的便條、食品清單和食譜，這些行動都可以讓孩子學到書寫是多麼有用！

◆ 當孩子自己表現出拼音的企圖時，要給予賞識；這些表示他們正在學習文字和說話的關聯。「正確的」拼法將隨著出現。

◆ 不要批評書寫的工整性、拼法或是文法；讓孩子體會到書寫是一種交流和樂趣，這才是最重要的。

Cooper（1993）描述了幾種可以用的方法，讓家長能將環境中的文字介紹給年幼的孩子。

……他們自己的名字、路牌、停車標誌、商店招牌和商品標價等等。較小的幼兒在家也能主動觀察及參與意義的書寫活動，例如，排定食物清單、查閱電話號碼，或是寄卡片等等。

文字分享的經驗，或是經常告訴孩子關於家庭中發生的故事，藉由預測事件的順序，或是藉著幫助他們指出在故事中聽到的重點文字，這些活動能幫助這些年幼的閱讀者。例如，在親子閱讀的經歷中，可以自然而然問孩子：「哪裡有提到動物園？」

提供在家以外的經驗

◆ 到一些有趣的地方旅行：保齡球場、修鞋店、麵包店、動物園、農

場、機場，各種不同類型的商店；也可以考慮來一趟火車和巴士之旅。當你回家的時候，畫下旅行相關的事物並且進行討論。用有創意的方式重新創造這些經驗。有效率的旅程可以是很簡單的，但需要仔細規劃；也可以參觀社區，例如，園遊會、工藝展、古董汽車展、新車展和農機具展示等等。

◆ 讓孩子陪你去銀行、郵局、動物園或是公園，這些能變成有教育性的經驗。家庭中有許多優勢是學校無法複製的。

促進聽的能力

◆ 試著指導孩子去聆聽和確認聲音，像是輪胎的嘎嘎聲、鳥啼聲、昆蟲鳴叫聲，或是家裡不同的關門聲。唱片、電視和故事書也能促進幼兒聽的興趣。

◆ 當一個好的聆聽者──回答前先暫停活動，有耐心等待孩子說明或是說話。

促進閱讀的興趣

Calkins（1997）描述她自己是如何促進與孩子間的閱讀。

要建立一個支持閱讀的環境卻不提供書籍，是不可能的事情。就像許多家庭一樣，我們在乘車旅行時會帶著裝滿書的背包，而且我們把書收在椅子座位後面的袋子裡。

當有些成人認為，幼兒的假裝遊戲並沒有什麼特別之處時，透過假裝遊戲去了解幼兒如何從成為閱讀者的過程中得到好的發展與進步，這是很重要的。當一個孩子假裝在閱讀書籍、閱讀圖案，或是當他說故事時一邊翻閱，或是模仿唸書給他聽的人的聲音和動作時，閱讀就開始進行了。

當父母對於閱讀的態度很積極時，我們會發現，他們的孩子在學習閱讀的表現上更積極，並且願意花更多時間和努力在閱讀上。簡單地說，重視閱讀的父母會讓孩子對閱讀技巧更有興趣。

以下有更多忠告：

◆ 閱讀取決於口語能力。能輕易地述說，有技巧地使用文字、問問題，以及經常尋找答案的幼兒將會變成好的閱讀者。父母與照顧一群孩子的老師相比，更能幫助幼兒學習閱讀。

◆ 當孩子對閱讀無法專注時就停止閱讀。另外，尋找吸引人的書給他們閱讀。Calkins（1997）極力主張不要過度熱心地想去教育孩子。

只有當我們不再顧慮那些所謂的教育意義時，為孩子閱讀將會充滿教育性的意義。當我們閱讀時，必須避免指著每個字、專心在每個字上，避免強迫推動孩子自己去閱讀部分的故事，不要命令他們注意字彙，不要確認孩子聽到的故事是否與我們聽到的一樣。簡言之，就是避免盤問孩子細節的問題。

◆ 當孩子對於閱讀較為流利和積極時，需要父母充滿樂趣地閱讀給孩子，而且保持故事語意的完整性，而不是嚴格要求拼音或文字的解碼過程。鼓勵孩子問問題，並且在共讀的經驗上增加幽默感（Lancy & Bergin, 1992）。

◆ 每天閱讀給孩子聽。根據圖16-4，Kaiser 家庭基金會調查報告（2003）表示，孩子閱讀的時間總數與從事其他活動的孩子相比較之情形。

◆ 藉由歌謠、台詞、圖畫，用不同聲音表現每個角色或操作文本中自然和邏輯的部分，讓幼兒積極涉入，並參與在閱讀中。

◆ 賦予閱讀地位和重要性；以及閱讀的訣竅和指導（表 16-1）。

◆ 一個幼兒的年紀在某種程度上會決定他對一本書的興趣。學齡前幼

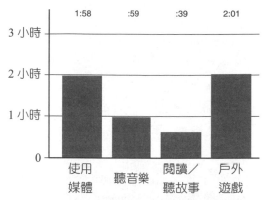

零到六歲幼兒平均每日所花費時間

▶ **圖 16-4** 零到六歲：電子媒體與嬰兒、學步兒和學前幼兒的生活。

資料來源：The Henry J. Kaiser Family Foundation, Fall 2003.

兒對於押韻的字、文章的反覆性、幼兒自己本身年紀的特質、明亮的色彩，以及他們感覺好玩的事物感到濃厚的興趣。幼兒接觸越多快樂的閱讀活動，對於閱讀的興趣會越高。大聲朗讀，提供作為瀏覽的書籍，並設置一個特殊的區域保存這些蒐集品。愉快的閱讀，同時鼓勵幼兒閱讀多樣的教材。上圖書館、安排一段時間和幼兒一起閱讀，你可以個別閱讀自己的書籍，或和幼兒一起閱讀同一個故事。提供與閱讀相關的活動，鼓勵幼兒寫下故事，或試著不用書本來說故事。

◆ 幼兒只有在情緒被吸引，並且可以藉由書中的故事延續或激起好奇心時，他們才會變成閱讀者。真正的

❖ 表 16-1　鼓勵閱讀技巧和家庭烹飪經驗的書籍

作者	書名	出版社
Brown, M.	*Stone Soup*（石頭湯）	Simon & Schuster
Carle, E.	*The Very Hungry Caterpillar*（好餓的毛毛蟲）	Putnam
de Paola, T.	*Pancakes for Breakfast*	Harcourt Brace Jovanovich
de Regniers, B. S.	*May I Bring a Friend?*	Simon & Schuster
Galdone, P.	*The Gingerbread Boy*（薑餅男孩） *The Little Red Hen*（小紅母雞）	Houghton Mifflin Houghton Mifflin
Hoban, R.	*Bread and Jam for Frances*	HarperCollins
Marshall, J.	*Yummers*	Houghton Mifflin
Mayer, M.	*Frog Goes to Dinner*	Dial
McCloskey, R.	*One Morning in Maine* *Blueberries for Sal*	Viking Penguin Putnam
Patz, N.	*Pumpernickel Tickle and Mean Green Cheese*	Baltimore Sun
Sendak, M.	*Chicken Soup with Rice*	HarperCollins
Seuss, Dr.	*Green Eggs and Ham*（火腿加綠蛋）	Random House

讀寫不只是知道如何閱讀，還要能流暢、有回應地、批判地閱讀，而且這些閱讀是他們自己想要做的。

◆ 要有智慧地挑選適合幼兒的書。這些書最好是經過設計、具有豐富色彩的圖畫，及不會過於凌亂的有趣插圖，並且可以刺激幼兒的想像力。很多家長以為幼兒在學校才學習閱讀，但事實是幼兒在進入幼兒園前，早已經知道許多關於閱讀的事情。從他們出生開始，父母已經開始教幼兒閱讀，父母教的方式和學校的老師不同。家長每天都在幫助幼兒——當他們帶著幼兒去雜貨店，或指著路上標誌，都是在教幼兒閱讀。這些圖像的經驗對閱讀提供廣泛、有意義的介紹。假如剛開始父母是用字母表和聲音來教導幼兒閱讀時，閱讀真的無法很好地被學習。所以，閱讀是要讓幼兒有所感覺，父母必須了解如何將閱讀用在生活中。

◆ 當幼兒在選擇書籍時，要展現出真誠的興趣，不要批評幼兒的選擇。

◆ 當幼兒詢問字的發音時，告訴他們這些字的唸法，但不要分析他們唸的字和聲音。

◆ 有時和幼兒討論作者及實例。

◆ 享受書中的幽默和趣味，將書中發生的事情和生活經驗建立連結。

◆ 訂閱或從圖書館借閱幼兒的雜誌。

◆ 問一些暖身問題來建構一個舞台，並且幫助幼兒預期將會發生的事情。

◆ 當你閱讀的時候用手指引。對年紀小的二到三歲幼兒來說，當你談論到圖畫中的事物時，可以用手指著它們。指示可以集中注意力，延長幼兒坐下來聽完故事的時間，也可以幫助發展視覺的識字能力——學習到圖畫是有意義的。

◆ 試著問幼兒根據書中的封面，來預測這本書的內容在談些什麼。

◆ 討論一些幼兒很少用的字彙。

Strickland（1990）明確提出可以促進積極效果的父母閱讀行為：

家庭故事書閱讀活動的研究更進一步定義出可以支持朗讀活動效果的特別行為，包括發問、建立架構（示範對話和回應）、讚美、提供訊息、直接討論、分享個人反應，以及生活經驗的相關概念。雖然很多父母並非自然地用這些互動的行為與幼兒互動，但老師需要將這些方法與家長分享，並且鼓勵他們每天閱讀故事給幼兒聽。

父母比老師更有利的便是，他們擁有灌輸幼兒對書的熱情的最佳機會，因為父母對幼兒的生活經驗有最深入的了解。父母不僅可以將書中的特徵和幼兒過去經驗建立連結，還能連結幼兒獨一無二的人格特質、興趣、渴望和能力。父母可以建立情感的連結，將閱讀時間與喜悅的快樂連結；父母可以從嬰兒時期和學步時期就開始閱讀故事書，並且將親子的閱讀時間設定為一個特別的相處時間；父母可以在他們大聲朗讀故事時，促進幼兒積極和口語的參與，甚至可以刺激幼兒的字彙。對老師而言，在團體中進行閱讀是更困難的。父母可以問一些問題，例如「重點提示」，並且鼓勵幼兒取找出細節、因果關係、猜謎或描述。這些活動都會增加幼兒的讀寫識字能力和字彙。家長可以變成積極的傾聽者，在幼兒的理解之上增加資訊、訊息，並接受幼兒的陳述和想法。父母可以強化幼兒分享自我想法的成就及渴望。故事書的插圖也是可以被「閱讀」，並且加以討論細節的。父母可以依照幼兒特別的興趣找到合適的書，也可以選擇較有挑戰性的書，例如，呈現更複雜的想法或資訊的書籍。

鼓勵父母用自己原本的語言來閱讀是很重要的。有招收非英語系幼兒的學校會提供、蒐集外國語言的圖畫書，並

在教室供給額外的影本讓家長可以借閱，而地方性的圖書館也會提供其他書籍。

利用表 16-2 父母自我評估表會發現，他們已經準備許多方法可以促進幼兒的語言和識字能力。

《踏出閱讀的第一步》（*Strating out Righ,* Burns, Griffin, & Snow, 1999）對父母來說是很好的參考資源。書中有許多實用的幼兒—成人活動的想法，而且文中都有研究基礎，解釋為什麼這些活動可以促進讀寫識字能力，並且讓幼兒容易學習閱讀。

父母說故事

父母說故事的神奇之處不只能增

❖ **表 16-2 父母自我評估**

使用以下等級評量：1 常常　2 有時　3 不常　4 未曾有過	
父母嘗試：	
＿＿＿ 1. 在進餐時間開始實施家庭討論	＿＿＿18. 鼓勵幼兒的喜好
＿＿＿ 2. 幼兒說話時給予全部的注意力	＿＿＿19. 樂意回答幼兒的問題
＿＿＿ 3. 在對話中增加描述或新的字彙	＿＿＿20. 討論書中所關心和隱含的議題
＿＿＿ 4. 帶幼兒去圖書館	＿＿＿21. 玩文字或音韻的遊戲
＿＿＿ 5. 花時間在郵局討論信件和郵資	＿＿＿22. 討論各種文字（print）如何運用在生活中
＿＿＿ 6. 討論幼兒的書籍	＿＿＿23. 發現書中幼兒感興趣的主題
＿＿＿ 7. 每日對幼兒閱讀	＿＿＿24. 和幼兒的老師切磋、請益
＿＿＿ 8. 指出房子周圍的印刷品	＿＿＿25. 對幼兒的成就給予注意力
＿＿＿ 9. 接受幼兒的觀點	＿＿＿26. 記錄幼兒所說
＿＿＿10. 和幼兒一起使用字典	＿＿＿27. 不要常打斷幼兒的說話
＿＿＿11. 呈現幼兒選擇的主題	＿＿＿28. 實施家庭閱讀時間和文學作品的討論
＿＿＿12. 問問題來促進幼兒的描述或預測	＿＿＿29. 在家中設置故事區
＿＿＿13. 有耐心地傾聽	＿＿＿30. 在家裡創造幼兒的寫字和藝術活動區
＿＿＿14. 討論電視節目	＿＿＿31. 把書當成禮物
＿＿＿15. 計畫社區的郊遊	＿＿＿32. 提供不同的書寫工具和圖畫書
＿＿＿16. 邀請幼兒感興趣的人到家裡，並促進和幼兒的互動	＿＿＿33. 在家中提供字母的玩具
＿＿＿17. 若無其事地糾正幼兒的說話，不要將注意力放在幼兒的錯誤上	

進幼兒的傾聽，也擴展幼兒的興趣，並且開啟了新的探索世界（Fredericks, 1989）。專業的說故事者提供以下一些策略：

1. 選擇一本你和幼兒都有興趣的書。你對故事的熱情，對幫助幼兒喜歡故事是很重要的。

2. 在你開始和幼兒分享之前，多練習說故事，並盡可能記得所有關於故事中的角色、布景和事件。

3. 決定如何賦予故事生命。練習一些手勢、臉部表情或身體的動作，可以為幼兒增進聽故事的樂趣。

4. 練習不同的腔調。聲音的腔調（生氣、難過、喜悅），以及大聲和輕柔的說話方式可以使角色更有活力，並為你的呈現增加戲劇效果。

5. 從家中可以取得的物品創作一些簡單的玩偶，例如，木製野餐湯匙、紙盤或午餐袋。畫上個別角色的特徵，並且在故事中使用它們。

6. 推銷你的說故事時間。為即將要說的故事做預告，或為故事設計一個簡單的「廣告」，並且提前貼出來。

7. 在說故事時間為幼兒設計一個簡單的布景：為海的故事準備一艘船、為推理故事準備放大鏡和照相機、為春天的故事準備紙花。

8. 在重述故事時，讓幼兒建議適合的新道具、姿勢和聲音的音色。

9. 在說完故事後，可以和幼兒一起討論。請幼兒告訴你他們最喜歡或最難忘的部分。

要成為一個好的說故事者需要一些練習，但是，投入的時間可以幫助幼兒在欣賞好的文學作品上，創造出一個不同的世界。

有規則的遊戲

許多家庭中的語言互動是發生在家庭的競賽遊戲上。競賽中有規則，並且鼓勵幼兒自我控制，及集中注意力和記憶力。戶外比賽有更多身體的要素。透過遊戲規則，幼兒必須控制自己的行為，和控制其他人的行為能持續遵守規則。自我控制是在日後學校中合宜及被要求的技巧，也是幼兒時期最重要的技能。Raver 和 Knitzer（2002）指出，幼兒的情緒、社會和行為能力（例如，高層次思考能力和實踐能力）預測了幼兒在小學第一年的學業成就，遠超過他們的認知技巧和家庭背景。

家庭讀寫區

家庭讀寫區大部分類似學校的閱讀區，是一個舒適、溫暖、隱蔽、良好光線的地方，最適合做隨意、散心的活

動。前後相接的書架和給父母使用的舒
適座椅，對故事分享時間是很重要的。
靠近窗戶的座位和空間配置可以創造出
一個舒適的角落，父母可以發揮自己的
創意來挑選及布置閱讀區。

家庭書籍的蒐集可以建立幼兒將書
當成個人擁有物的態度，並且給予書籍
重要的地位。家中可以在閱讀區示範合
宜的收藏和對書的在乎。建議父母設置
一處特別的地方，放置寫字的必需品、
字母圖、桌子和椅子。

有興趣的父母可以留意一些買書的
機會。例如，透過學校贊助的圖書俱樂
部、地方圖書館的書籍拍賣、二手書
店、跳蚤市場和曬書展，可以彼此分享
關於選書品質的想法和線索。

圖書館的服務設施

父母有時未察覺到幼兒圖書館的服
務。幼兒圖書館員是最好的資訊來源，
提供幼兒廣泛的文學課程和活動。他們
擅長發現適合幼兒特別興趣的書籍。老
師發現學齡前幼兒表現出來的興趣時，
也可以告訴父母。

對一些父母來說，建立一個家庭圖
書的蒐集區可能會是真正的問題所在。
經驗和圖書館的利用性也許會阻礙父母
的渴望。有些父母住在城市不安全的區
域，他們可能只有在準備食物和送幼兒
上學時才會離家。

家庭訪問

嘗試去了解參與的幼兒，特別是那
些沉默的幼兒或不同文化的幼兒。家庭
訪問可以為個別幼兒的需求設計教學計
畫。

非英語系的父母

幼教機構中心對那些想促進幼兒讀
寫識字能力的非英語系父母要有更多
的敏銳度。美國國家研究委員會（The
National Research Council）所出版的
《預防幼兒的閱讀困難》（1998）這本書
中提到：

> 許多不熟悉英語的西班牙語系幼
> 兒，普遍而言，他們的父母大多屬
> 於低教育程度、低收入背景。他
> 們所住的社區中，多數家庭都有相
> 同的困境。而這些學生在學校的表
> 現少有優勢，並且是屬於低學習成
> 就。

家庭讀寫能力計畫（family literacy
programs）[3]試圖透過提供協助給予父母
和幼兒，來打破兩代間都是文盲的循

---

3 家庭讀寫能力計畫：意指企圖為家庭提供
   建立語文能力的機會和經驗的一個社區計
   畫，成人和幼兒都可以使用這項服務。

環。這些計畫會因不同社區而有不同，讓每個計畫都可以配合參與者的需求。這些參與的父母通常都是缺乏基本讀寫技巧，並且需要獲得積極的自我概念，以鼓勵他們的幼兒在學校的學習成就。家庭讀寫能力計畫和成人讀寫能力計畫可以透過教育部辦公室或相關機構來規劃安排。

幼教機構可以藉由聯絡該縣市負責成人教育的主管，來規劃家庭讀寫能力計畫及確認相關資源。

越來越多的社區由公眾提供資金來規劃家庭讀寫能力計畫。許多計畫希望能提供以下功能：

- ◆ 幼兒照顧。
- ◆ 交通運輸。
- ◆ 介紹建立讀寫能力的家庭活動。
- ◆ 使用社區服務。
- ◆ 涉入幼兒的學校活動。
- ◆ 雙語的支援，並且提升對母語及母語文化的自尊與自豪。

許多針對移民父母設置的父母教育計畫，反對將團體的親職教育課程當成幫助父母最好的方法；他們反而傾向透過其他有意義的方式，提升父母在教學能力的自信。他們鼓勵父母使用幼兒自己的母語來進行圖畫故事書的閱讀，以及故事之後的討論。他們會提供故事書、搭配建議活動的故事袋、有聲書，或使用其他策略。

非裔美國學校的成功經驗

Murphy（2003）針對四位非裔美籍高成就的國小學童進行個案研究。她說明如下：

> 這些學童的學業成功並非意外。這四位學童的優勢是由於他們的父母對學童的教導是持續、積極地介入，這也影響他們在學校的成就與成功。

她描述這些非裔美國家庭能保持及持續的五個因素：

- ◆ 高成就的取向。
- ◆ 強而有力的親屬維繫關係。
- ◆ 積極的工作態度。
- ◆ 家庭角色的適應性。
- ◆ 宗教的信仰。

Murphy 也提出其他額外的家庭特徵，包括：

- ◆ 家庭的信念和價值觀。
- ◆ 父母互動行為的品質。
- ◆ 父母非常重視教育的價值。
- ◆ 他們維持一個學習蓬勃發展的社會環境。

幼兒教育學者研究不同群體的幼兒會發現有趣的結果，它提示老師要有力量、決心，並且支持美國家庭的教育工作。

Murphy 的四個研究對象中,其中一位十歲幼兒被問到,為什麼能夠在學校表現如此傑出,他回答:

「老師、父母會關心我的學校課業,還有朋友會幫助我的功課」;關於他的父母,他說:「他們幫助我學習這個世界和我的生活環境。」另外他補充說明:「我是特別的,因為神使我獨一無二。祂讓我來到這世上體驗這個世界的樂趣,並且讓我可以受教育及讀大學。」

當每個孩子都用類似的態度對學校、老師、父母和自己時,還有什麼樣的幼兒會做不好呢?

家長教育計畫——共同工作

明尼蘇達州在 1970 年代晚期開始實施父母訓練課程,而密蘇里州被公認為美國第一個委託所有學校行政區提供父母教育及支持服務的州(Winter & Rouse, 1990)。1981 年,「父母成為老師」(Parents as Teachers, PAT)計畫在 350 個家庭中實施;並且,這個計畫以不同的名稱在全國超過五十處地點複製。從幼兒出生開始,這個計畫幫助父母了解他們幼兒的個別發展,並且促進早期的讀寫能力。個別的家庭訪問、

團體會議、不間斷的監控、定期攝影,以及推薦輔導服務等等,都有助於達成這個計畫的目標——亦即發現那些年滿三歲卻未被鑑定出發展遲緩,或處於不利條件的幼兒。在這些讀寫識字能力建立的活動中,PAT 教學法中被認為是「有影響力的參與」方式,就是父母在家中進行故事書閱讀活動。閱讀活動似乎可以影響家庭的社會互動品質,以及幼兒的讀寫能力。更多關於這個計畫的資訊,可聯絡父母教師中心(Teachers National Center)取得。

事實上,今日許多年輕父母比他們的前輩更沒有準備好去照顧幼兒,他們是需要被教育的一群,而且也是聯邦政府關注的對象。在 2002 年 4 月,美國總統頒布「好的開始,聰明成長」(Good Start, Grow Smart)的提案,以幫助州政府和地方政府鞏固幼兒的早期學習(Ohl, 2002)。這個提案將焦點放在幼兒的讀寫能力、認知、社會和情緒發展。

Ohi 並指出,有 25% 的幼兒並不是來自於任何具備不利因素的家庭,例如,貧窮、低教育程度的父母、單親家庭,或缺乏美語經驗等,他們在 1998 年進入幼兒園時,喪失他們必要的口頭語言和讀寫能力技巧的關鍵在於「教育」。

聯邦政府家庭讀寫素養「均等開始」計畫

「均等開始」（Even Start）為聯邦政府提供的計畫（1989-1997），是由多種家庭讀寫計畫組成，並結合低收入家庭的幼兒教育課程，與父母教育及家庭支持服務。參與這個計畫的標準包括：(1)家庭的成人要具備基本教育的程度（adult basic education, ABE）；(2)幼兒年齡小於八歲；(3)合法居住在有「均等開始」方案服務的區域。

均等開始計畫是在 1980 年代 Kentucky 計畫之後開始示範實施，這是涉及低讀寫技巧的父母和他們三到四歲幼兒的計畫。均等計畫的實施是基於以下假設：

- 介入家庭是最有效的，而非將焦點放在父母或幼兒上（St. Pierre & Layzer, 1998）。
- 當幼托工作人員提供指導時，涉及父母和幼兒的讀寫技巧發展的有計畫性、結構性的教室，也就可以支持父母—幼兒間的關係。
- 家庭需要支援的服務和幫助他們理解孩子。

均等開始計畫的目的是介入，並提供發展合宜、有意義和有用的幼兒教育課程，促進幼兒在學校的閱讀活動和語言及讀寫技巧。這個計畫的另一個目的是藉由減少父母的阻礙，例如，對學校的恐懼、交通問題和低自信等等，來增加父母涉入幼兒的學習。這個計畫嘗試提供一個穩定的、有能力的支持人員，可以結合所有的服務。

美國聯邦政府制訂法令要求地方和中央層級進行「均等開始」的評估。這個評估持續在 1989 至 1997 年進行。結果顯示，成人獲得的讀寫技巧和控制組的成人得到的技巧是相似的。但是，較多參與「均等開始」的成人會獲得一般教育的畢業證書（general education diploma, GED）。「均等開始」的幼兒在學習學校閱讀的技巧上，比控制組幼兒的表現更顯著。但是控制組的幼兒在接受學校的教育之後，其閱讀表現就會迎頭趕上那些幼兒。Tao、Gumse 和 Tarr（1998）總結「均等開始」方案的結果如下：

> 評估這個方案對幼兒和家庭的積極性結果，並沒有一個符合或前後一致的模式。

許多當前學者相信「均等開始」方案的假設。當前的課程和計畫已經採取類似的觀點，他們相信這是有價值和優點的。

看電視和幼兒的語文發展

父母常會詢問老師關於電視及影片的價值，以及幼兒看電視的習慣。Henry J. Kaiser 基金會（Antonucci, 2003）針對全國超過一千名的父母們進行調查發現，父母對於看電視這件事情有助於學習或傷害學習，有著分歧的觀點與意見。有 43% 的父母認為看電視對學習「有莫大的幫助」，而有 27% 的父母認為會造成「極大的傷害」。基金會的調查也注意到，看電視時間占最多時間的家庭，幼兒在閱讀上花費的時間可能就越少。回顧相關研究也支持了這個想法，就是看電視使幼兒成為一個電視兒童，而不是與他人交換語言的積極參與者。看電視對於幼兒的影響因人而易。研究則顯示出，當孩子變成閱讀者之後，過度看電視會不利於閱讀的發展。

平均而言，三到五歲的幼兒每週花費 13 小時又 28 分鐘的時間在看電視上（Hofferth , 1998）。幼兒發展學家建議，父母要限制看電視的時間和類型，並且多去圖書館借一些有教育意義，並且可以與幼兒進行討論的影片給幼兒欣賞。

Owens（1999）研究幼兒的睡眠與看電視習慣，他想探討看電視對成人的鎮靜效果是否也同樣適用於幼兒，因為有 40% 的父母被報導有睡眠的問題，並且抗拒上床睡覺，或幼兒有難以入睡的問題。換句話說，看電視似乎對某些幼兒來說是一種刺激。圖 16-5 呈現出不同年齡層幼兒在自己的房間中擺放電視的百分比。

強調教育意義或有益處的電視節目教材似乎沒有任何害處。此外，看電視的時間卻是常引起爭議的。因為研究提供太多相互衝突的觀點，老師無法給予家長最可靠的答案。教育學者對於大量觀看電視及錄影帶感到憂心忡忡，因為這些舉動會使幼兒失去豐富的家庭語文環境，而這樣的環境是幼兒最理想的成長過程中必要的環境條件。真正的第一手經驗、書本的介紹，以及與有趣和有回應的家庭成員對話，可以增加對早期語文經驗認同的優勢，這是電視和錄影帶所不能取代的。

怎樣算是過度地觀看電視？研究認為，每週看電視超過十個小時以上就可以算是過度（U.S. Department of Education, 1990）。平均而言，現在的

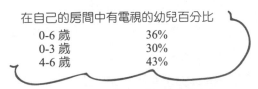

在自己的房間中有電視的幼兒百分比

0-6 歲	36%
0-3 歲	30%
4-6 歲	43%

▶ **圖 16-5**　零到六歲：電子媒體與嬰兒、學步兒和學前幼兒的生活。

資料來源：The Henry J. Kaiser Family Foundation, Fall 2003.

美國年輕人除了睡覺時間之外，坐在電視機前面的時間遠超過其他活動的時間（Healy, 1990）。

　　越來越多教育學者和研究者不斷發出警告，放任幼兒過度觀看電視會造成負面的影響，包括：

- ◆ 侵略及暴力的行為。
- ◆ 缺乏想像力、合作和成功的人際關係。
- ◆ 容易沉溺於刺激中，導致幼兒需要更多的刺激，才能感覺到需求被滿足。
- ◆ 對替代性的情感重心產生免疫，以至於無力表現出社會可接受的情緒回應。
- ◆ 閱讀理解力低落，並且對於結果無法堅持到底（DeGaetano, 1993）。
- ◆ 有傾聽的問題。
- ◆ 發音困難。
- ◆ 無法形成心理圖像（視覺圖像）。
- ◆ 因為看電視是被動地接受訊息，這會導致記憶力的低落，或無法根據看到或聽到的訊息辨認出意義。
- ◆ 對綜合語言覺知能力的發展造成阻礙（例如，幼兒對於理解字母可以拼成文字、寫下的文字可以被連結成一組有意義的句子、英文的閱讀要從右到左，或是其他術語，如作者、書名或插圖等等）（Healy, 1990）。

- ◆ 與家人的口語互動變少。
- ◆ 生活體驗與用口語解決問題的練習機會變少。

　　目前探討如何減少學前兒童看電視的研究寥寥無幾。Dennison、Russo、Burdick 和 Jenkins（2004） 卻 成 功做到了。由國際健康協會（National Institutes of Health）提供部分的資金給予十六所托育中心進行為期兩年的研究。介入的研習課程強調用閱讀來取代看電視的活動。他們也強調家人一起吃飯的重要性，同時獎勵研究中的幼兒，以給貼紙的方式鼓勵他們選擇合宜或經過挑選過的電視節目。並且將一本幼兒故事書 *The Berenstain Bears and Too Much TV*，以一個恐怖的主題為特色介紹給參與研究的幼兒。結果指出，這個研究中的幼兒看電視的時間降低至每週 3.1 小時。（關於該研究的詳細描述刊登在 *Journal of the Archives of Pediatrics & Adolescent Medicine* 的 2004 期。）

　　Barry（1999）也注意到，即使幼兒已經被教導具備批判分析的技巧，但當看到電視廣告時，他們仍無法產生批判性的思考。他認為，幼兒和大人在思考上是不同的，他們是使用大腦的不同區域來進行思考。換句話說，幼兒傾向於相信他們所看到的訊息。

　　教育學者開始相信，幼兒過度觀看電視和對閱讀以及智力消遣的社會態

度，是對美國國家的讀寫能力及思考能力發展的最大威脅。

Healy（1990）對家長提出有關看電視的勸告：

- 請堅決地限制電視與錄影帶的使用，並且鼓勵幼兒預先計畫最喜愛的活動。
- 盡可能與幼兒一起參與活動。
- 與孩子討論關於電視節目的內容、操控觀眾的手法、觀賞的重點等等內容。
- 假如你想要你的孩子變成喜歡閱讀的孩子，請在他們面前將電視關掉，並且拿起書來閱讀。
- 記住！可以讓你的大腦放輕鬆的事物，也許對孩子來說並不是好的東西。
- 給予代替父母的照顧者關於電視和錄影帶使用的詳細規範與方針。

大部分教育學者建議家長要限制及指導幼兒看電視。電視節目和錄影帶的內容非常廣，因為它們呈現了多樣的特質和價值觀。看完電視節目後的共同對話討論，可以給予父母促進幼兒語文發展的好機會。假如和幼兒一起觀賞影片的成人可以用不同的文字或想法解釋給幼兒聽，並為幼兒建構影片所介紹的概念，則有教育意義的電視節目將能夠讓幼兒學到很多。父母可以與幼兒討論現在發生的事情、過去發生的事情，或是可能會發生的事情。

家庭—學校的溝通

老師應努力了解有關家庭的習慣、信念，和教育需求與期望。從家長的分享和教學技巧中發現父母一般的立場或哲學觀，並且認可幼兒父母的文化價值觀。例如，美國加州矽谷的一個小學教室中，幼兒來自十到二十九個不同的種族或文化立場是相當普遍常見的。

大部分的幼兒園教師要求要與父母有更多的時間和溝通，以及書面的溝通。這是適合某些想對於幼兒教養尋求更多支援的父母。每個父母團體和中心都是獨一無二的，在學校與父母之間必然存有極大程度的差異。大部分的中心會嘗試提供協助父母的方法。獲得協助和支持的父母會變得更開放，也更願意參與學校的活動。

父母—學校聯絡方式通常會採用以下四種方式：

1. 每日的對話。
2. 書面溝通。
3. 有計畫的家長座談會、工作坊。
4. 個別會議。

在幼兒剛開始上學時，歡迎的家庭電話訪問就建立了彼此的溝通。每週的

通訊或老師的個人記錄展開之後的連結。

起飛（On the fly）

每天的放學時間，對老師來說是個可以和父母分享幼兒的興趣，以及最喜歡的學校活動的好機會。當父母到幼兒園帶孩子回家時，故事書、玩具、幼兒的創作或建構的工作，都是可以在這段時間談論的內容。幼兒花費時間及討論那些他們覺得刺激的事情，有觀察力的老師會察覺到出席的幼兒在學校的遊戲和工作。父母通常會對孩子所分享關於他們的家庭和學校之外的活動感到興趣。

▶ 圖 16-6　父母會在親師溝通的會議中表達他們的期望和關心的重點。

公布欄

很多學校會使用父母公布欄作為溝通的方式。學校會比父母更常收到許多從社區寄來的文學藝文活動的通知或海報。可以向父母宣傳當地的語文發展活動，有趣的雜誌和報紙也可以張貼在視線所及之處。

有計畫的會議

有計畫的會議包括個人和團體會議（圖 16-6）。

● 研討會

父母需要知道學校如何為他們孩子的個別興趣和成長做計畫。當幼兒對字母符號、戲劇，或對特別議題的圖畫書有興趣時，父母和老師可以討論相關的學校和家庭活動。

● 教學方法和教材的回顧會議

有計畫的會議可以更深入去探討學前機構中有計畫的語言課程、教材和語文活動區。父母可以得到第一手資料和機會來探索這些內容。老師可以引導一些簡單的活動，或示範教材和教具設備的使用。父母可能會詢問有關孩子的興趣，或孩子在校表現得如何等問題。

● 親師研討會議

一些可能的研習會議主題包含：(1) 電視對孩子語言發展的影響；(2) 雙語的使用；(3) 可以提升語言能力的免費或便宜的家用玩具。幼托機構的人

員、家長、校外的專家或影片，可以提出能夠學習和討論的想法，這種型態的會議幫助所有在場的人都能知道他人的想法，藉由不同的觀點可以釐清每個人的想法。

讓父母知道什麼對幼兒的語文技巧發展是重要的，這是一個很好的主意。下列幾項是作者認為最首要的主題：

1. 許多家長對孩子的發音和字彙表示關切。Clay（1991b）談到孩子說話的錯誤如何令許多父母感到焦躁和擔憂。

當父母發現，原本三歲的幼兒在其語言上似乎已經可以達到沒有錯誤，並且能精準地使用文法，到了四歲卻又變成錯誤百出時，父母親們會對幼兒的語言學習感到挫折。但是有研究顯示，這個過程通常是一個發展的過程，在每個成功的階段，孩子會開始精通一個有限範圍的簡單語言架構，當他試著用更複雜的語言架構來處理更複雜的思維時，如果幼兒感受到自己又再被糾正，這時無論他是否真的了解，他們的態度都會再次變得更充滿不確定感。

學校的幼托人員會監測孩子語言的流暢度，並且分享孩子典型的說話特性，這些行動有助於使父母安心。這樣的討論可以讓父母放輕鬆，並減少他們的恐懼，大部分的父母都會從中得到一些簡單的關於正確語言形式的注意事項。

2. 老師可以分享關於學校互動技巧的資訊，例如，如何透過聆聽增加幼兒的言語、跟隨幼兒的引導，並且在每日的對話中拓展幼兒的興趣等資訊，這些資訊對家長而言是非常重要的。

3. 父母必須知道他們對閱讀、書寫以及說話的興趣與積極的態度所造成的示範，對孩子有多大的影響。父母要有仔細聆聽孩子想法的能力，而非評斷孩子文法或想法的錯誤，或是他們的想法是否值得討論。Alexander（2004）的研究發現，孩子在十四歲之前，父母對於孩子學習的影響力遠遠勝過學校。Dickinson 和 Tabors（2002）極力主張，大人應該著重於有挑戰性的智力對話，並加入新的和描述性的單字，並且用沒有壓力的提問方式來延伸對話。

4. 另一個要和父母討論的主題是溫暖，沒有壓力的社交環境會增進使人快樂的對話。

5. 在家中和家人閱讀圖畫書和分享故事，會更加刺激孩子對閱讀的渴

望。和孩子討論優質的報刊和「廣告」的書籍，也許可以幫助孩子對抗電視的支配。分析書籍、圖案、文字及其訊息是一個很棒的主意。

6. 在孩子的家中使用有創意的材料（如繪畫和標示的工具）是重要的。

7. 父母對於早期讀物和字母的書寫有許多問題。廣泛豐富的家庭和學齡前學校的課程，都有助於孩子在閱讀和書寫的獲得，藉由提供比幼兒程度稍微有難度，並且與他們現在的興趣有高度相關的活動與課程，可以維持孩子的感受能力。

8. 在此的最後一個主題可能是老師可以和家長討論的最重要主題，當父母和其他的大人分享他們喜愛的活動時，大量的言語發展是有可能的——對於喜愛的事物，他們可以熱情地說出某些特定物件的詳細內容；或表達這些東西對他們的重要性，並且充滿熱情的興趣。

在父母的團體中，很容易找到一些關於角色扮演的例子。很多時候，許多父母並沒有將自己當作資源，並且不了解「分享經驗」給幼兒多大的力量。父母可以提供日常生活經驗，這些經驗可以給予幼兒字彙的意義和深度，賦予生字意義和深度，老師也是如此；但父母卻是更有助益的，因為父母擁有最多的時間與孩子相處，並且是學校之外最接近孩子生活的人。

● 電視遊樂器

電視遊樂器對某些父母而言，是有趣的主題。Barry（1999）認為：

> 因為電動遊戲是一種自然的互動，在玩的過程中不只是看，也會造成遊戲者模仿暴力。電視遊樂器會改變頭腦的結構和功能，比起不斷重複影片或電視更具有關鍵性。

重新檢視孩子所接觸到的電玩是一個好主意，寫實的卡通動畫看起來似乎適合年輕孩子，但其實我們都被嚴重誤導了。有超過兩千個研究個案指出，孩子的暴力行為和媒體暴力有關。

父親和語言發展

在美國，有超過 25% 的孩子沒有和他們的父親住在一起（Child Care Bureau, 2004）。對年輕的孩子而言，良好的爸爸楷模對孩子在情緒上的安全感、好奇心，以及數學和口語技巧上有很多貢獻（U.S. Department of Health and Human Service, 2001）。許多幼兒園正在重新思考他們的父母參與，並且計畫將父親及幼兒的男性親戚置於更重要的地位中。有些學校會規定「父親教

室時間」，或在家長會中設計一些趣味性，來增加男性家長的出席率。

Gadsden 和 Ray（2002）相信，父親在孩子的學校成就中扮演重要的角色，而且他們越早開始介入幼兒的學習及社會化過程，對孩子的學習越好。教育相關研究提出建議認為，一個父親支持孩子學習的能力，會影響孩子對書本的專注力與投入。

對父母說明語音覺識

許多父母很懂得閱讀，但是對語音覺察意識的定義以及它的重要性卻非常重視，這主要傳達的重點如下：

◆ 目前的研究建議語音覺識對學習閱讀是一個必需的技巧。
◆ 幼兒園意識到這點，並且經常用聲音、押韻、猜字等方式來玩遊戲。
◆ 說話是由很小的音素單位所組成的。
◆ 每一個音素代表一個特別的聲音（以「貓」為例，cat，是三個不同的音素所組成）。

父母親可以做些什麼幫助幼兒覺知音素呢？

◆ 跟著音樂拍手。
◆ 在音節上拍手。
◆ 唱一些具有重複性並且押韻的歌曲。
◆ 慢慢說出單字，而且有時用像是遊戲的方式來延長聲音。
◆ 用押韻的字玩遊戲。
◆ 在遊戲中將聲音混合在一起。
◆ 找出字首為「T」的東西等等，或說「當我慢慢說 c-a-r，你會聽到什麼？」
◆ 尋找一些運用文字聲音的電腦遊戲。
◆ 用每個字的聲音來編造故事。
◆ 提供大量且隨時可取得的發音書、遊戲和玩具。
◆ 在孩子知道字母的名稱之前，先介紹字母的聲音。
◆ 尋找可以教學的時刻，而非有計畫性地刻意坐下來進行教學。

學校圖書館的借閱活動

許多幼托機構逐漸察覺到學校圖書館借書的好處，幼托機構知道許多父母在時間和金錢上的窘境，所以，幼托機構需要提供更多的時間和努力來協助父母。從圖書館借書應可以幫助父母在建立閱讀技巧上得到一些指示及方法，同時降低父母對借閱的書遭失或破損的憂慮。學校的圖書館中應該收藏及提供屬於剛入學幼兒的母語故事書。

父母常會認為，自己沒有辦法評估與衡量書的品質，以及從學校圖書館中選擇適合且方便家庭閱讀的書籍。有些學校會介紹或詢問父母以了解他們的孩

子喜愛閱讀的主題，並盡全力了解家庭圖書的選擇和需求。對多元文化融合的敏感性，是訪談時重要的考量。

　　學校需要將借閱和歸還的規則和注意須知印給父母。教職員的時間、幼托機構的預算，以及教職員的可利用性，會是決定一個家庭圖書館是否可以執行的重要因素。家庭圖書館是老師和父母可以一起合作分享關於閱讀特定的知識和閱讀樂趣的方式，而這些知識與樂趣能使孩子成長和茁壯，成為終身的讀者。

和無法到校的家長一起工作

　　幼托機構會提供家庭晚餐和幼兒看顧，以增加父母出席家長會的機會。幼托機構會盡一切努力使教職員和設備在沒有後顧之憂的情況下，說服每個家長為增加幼兒的讀寫能力貢獻力量。

　　Chang（2001）描述「家庭讀寫能力之夜」（family literacy night）的會議。這個會議可以使父母、祖父母、兄弟姊妹和家庭朋友找到一種有效的方式來分享想法和活動。晚上的聚會幫助家庭應用有研究基礎的學校介入策略，以及在家可以進行的活動，稱之為「家庭圖書館發展鷹架」的家庭書寫之夜。有以下六個指導方針：

1. 和你的孩子一起工作，並且幫助孩子表達他真正知道的事物，以及他

理解的程度，這種一起參與的創造活動將釐清並且反應在孩子的學習上。

2. 藉由示範、說話和一起工作，幫助你的孩子發展在家庭和學校使用的語言，並永遠給予幼兒機會用不同的方式來使用新學的字。這些也告訴家人傾聽孩子以及與孩子說話的重要性。當大人重述、探測或讚揚幼兒的想法、觀念或對特定主題的討論時，要用平靜以及鼓勵的方式。家人被要求使用各種方法來鼓勵幼兒學習，並發現文字或句子間的相同或相異處。

3. 幫助你的孩子將學校所學的內容連結至他的日常生活中。鼓勵家人使用相關的事件來延伸字彙的理解能力。

4. 幫助你的孩子思考或提出一些關於表象或表象之下的問題。幫助你的孩子看出想法或觀念的關聯性，並給予正面的回應。

5. 要常和孩子討論關於學校或終身的學習。聆聽你的孩子談論他如何思考他所學，以及他可以計畫什麼，或為什麼這樣做。

6. 用各種方式讚揚孩子的能力，幫助孩子透過各種他想要嘗試的方式學習。這能加強家人用口語表達的能力，使幼兒可以發展一種健康和產

生自我尊重及自信的態度。

雖然 Chang 描述的家庭圖書館的晚間聚會，是針對父母和小學程度的孩子，但這也適合家中有幼兒園程度孩子的父母。

Washington 小學和幼兒園（Santa Ana, California）會將每個上學日的前二十分鐘作為閱讀時間，他們稱之為「挑選故事書時間」。讓家庭的成員、自願者、上同一所小學的哥哥姊姊，用他們家裡常用的語言來一起分享好的文學故事，目前有超過 600 個家庭成員參與。

每日的接觸

當父母與幼兒抵達學校時，學校在一開始要給予他們一種溫暖、舒服的氣氛，鼓勵性的對話，並且設定說話的音調。簡短的個人介紹可以建立家長和學校是伙伴關係的感覺，並且幫助幼兒聊聊早上學校發生的事情。透過一些話語讓幼兒選擇一些可能的活動，例如，「我們已經把紅色的麵團放在門旁邊的桌子要給你們」，或「你昨天告訴我你們最喜歡的遊戲是『連連看』，現在那個活動正在鳥籠旁邊的架子上等著你們喔！」

老師可以將每日的訊息寄到父母的 Email 信箱。比如說，像孩子的第一個興趣、孩子企圖寫下的字母或名字，或她第一手創造的故事，這些都是值得分享的。老師傳來的這些信件往往會獲得大部分家長的感謝。這小紙條上記錄了孩子發生的特別事件，例如，「我認為東尼想告訴你關於他在花園發現的小蟲子」，或「索爾問了一個關於飛機的事情」，這些都可以提醒父母延伸他們孩子的興趣。

書信的聯繫

通常幼托機構會準備正式的信或新聞信件，上面描述學校發生的事情或每日的主題。圖 16-7 和 16-8 是兩種父母和老師聯繫的範例。

一封書信的通知，可提到以下事項：

- 當地的圖書館地址和提供的服務或計畫，比如說故事時間或布偶劇。
- 當地幼兒的劇院或戲劇表演。
- 幼兒的書店。
- 年幼的幼兒會有興趣的影片放映。
- 特別的社區表演。
- 成人節目、工作坊會議等等，這些包含了關於幼兒語文技巧發展的主題。
- 邀請父母捐贈一些可用在語言技巧遊戲或活動的事物。

親愛的家長：

我們正在研究物品的「尺寸」，所以這週我們會有很多比較物品或人的尺寸的討論。在家裡，你們也可以進行類似的討論，並且強調這些「尺寸」之詞彙。

進行以下的活動，你就會知道在哪些地方可以討論「尺寸」。注意一些字，例如「大」、「比較大」、「最大」或「高」、「比較高」、「最高」或是其他適合應用的字彙。
1. 柔軟的加油帽、各種食物罐頭、湯匙、或餅乾等。
2. 準備大張的紙，並且剪成正方形，與孩子討論小、比較小及最小的概念。
3. 討論及比較自己的寵物和鄰居寵物的尺寸。
4. 搜尋一些可以滾動的石頭或鵝卵石，並且比較它們的尺寸。請孩子將這些石頭從大排到小。
5. 玩一些遊戲，例如找出比自己的鞋子、手指或錢幣還要小的物品，或是找出比球小但是比彈珠大的物品。

你將會發現在你家附近或是散步時，或是在生活中都會出現許多比較尺寸的機會。

您真誠的教育伙伴
×× 老師敬上

▶ **圖 16-7** 為給家長的通知單範本，可以用來加強學校的學習。
注意：在通知單上增加幼兒的塗鴉區域，或許可以創造出附加的趣味。

每月的新聞信件

如果學校試圖幫助幼兒延展他們的興趣，新聞信件可以建議一些家庭旅行和到鄰近社區遠足，以及一些花費不高或免費的娛樂。內容可以包括日期、時間、成本、電話號碼和簡單的地圖。Wardle（1987）描述新聞信件的版面分配：

完整的新聞信可以在父母搭車或下車的時間分給他們，試圖保持新聞信件活潑並且充滿樂趣，在版面上安排笑話、引述、軼事等。

父母的資源

幼托機構有時會提供相關的資訊文章、雜誌和書，可以讓父母短期借閱，或在學校辦公室取得。將影印的雜誌文章放在文件夾中，或刊登在學校對父母的公布欄上，這對忙碌的父母而言是很好的資源。

增強學校主題的家庭活動描述可以幫助孩子的語言發展。

親愛的家長：

　　本週我們談論了許多關於交通工具的意義以及如何運用動物或機械把我們從一個地方帶到另外一個地方。

　　我們針對不同的交通工具進行了一些建構活動、繪畫活動。並且學了相關的歌曲，還有閱讀與運輸工具有關的故事，例如腳踏車、汽車、火車、巴士、船、卡車、飛機、馬匹及馬車等等。而且我們還實際進行了一趟巴士之旅。

　　這裡我們建議了一些可以在家裡進行的活動來補充學校的學習：
● 與孩子討論你們曾開車帶孩子去過的地方。
● 用一個很大的硬紙板紙箱，將這些紙箱串連起來，假裝是鐵軌上的火車。
● 保留一些舊的雜誌。讓孩子去找出雜誌中與運輸有關的工具，並且剪下貼成一張圖畫。
● 去散散步，盡可能的找出所有的運輸工具。
● 唱一些關於火車的歌曲，例如「火車快飛」。
● 安排一次孩子沒有去過或體驗過的旅行，或是沒有搭乘過的運輸工具。
　　當你也喜歡生活時，你可以誠懇地指出並且討論那些運輸工具。

　　以下有一首圖畫的謎語與你們分享：

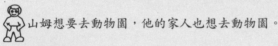山姆想要去動物園，他的家人也想去動物園。

但是沒有油。

沒有到他們的<!-- -->，所以他們該怎麼辦？

他們要如何去動物園呢？

▶ **圖 16-8　一封給家長的信**

父母成為課程的志工

　　父母、親戚、鄰居們以及社區的角色已經有所轉變，早期的幼兒教育學者了解家庭和學校的口語學習是相輔相成的，父母和社區的志工以及資源被認為是語言技巧的重要部分。老師的目標是要鼓勵參與，並且邀請父母、社區人士和有學習資源的人們來參與老師們計畫的課程主題。大部分的父母或志工都

願意奉獻他們的時間、天賦、技巧和能力，與孩子分享他們的嗜好、收藏。下列是一些父母可以貢獻的方法：

- 慶祝「讀書週」。
- 解釋職業。鼓勵父母成為講座的主講人，討論他們的職業，要求他們帶來工作上使用的物件，從瑜珈到編織，家長的簡單示範會使幼兒覺得有趣。
- 提供烹飪示範教學，烹飪示範可以增加幼兒的字彙。
- 安排校外旅行，家長可以自願貢獻他們的時間或提供建議。
- 安排基金籌措者。

許多父母在一些商業領域工作，而那裡有許多被丟棄卻有助於語言技巧的材料，比如說砂紙、硬紙板等。家長通常都非常願意取得這些之前被棄之不用的資源回收材料，尤其是當他們無法付出時間的時候。

許多父母志工享受創造語言發展的遊戲、藝術、攝影技術、縫紉技術，以及木匠工藝，這些天賦使他們創造並架構出許多學校的教材，像是修理一本學校的書、法蘭絨板和蒐集布偶，都是家長可以進行的工作。甚至連最忙碌的父母、社區成員，都願意抽出時間來當客座講座的講師，分享他們的經驗。透過學校和家庭聯手努力，幼托機構可以提供入學的幼兒更廣泛的語言學習經驗。

摘要

學校在家庭與機構間的互動量以及互動型態是非常不同的，學校教職員需要並希望和父母溝通關於幼兒語言發展的優先順序。藉由老師與父母的合作，幼兒的學習經驗得以被增強和擴展。而伙伴關係開始的第一步是取得父母的信任。

和父母聯繫有各種不同的方式，包括計畫中和非計畫中的，例如每日的對談、書寫溝通、聚會和固定的會議。幼托機構樂於支持家庭中高品質圖書的閱讀，並且提醒父母社區運用的機會。家長志工可以藉由他們的天賦、嗜好、時間和精神，幫助幼兒對於語言技巧與目標的理解，學校和家庭的共同合作有助於幼兒語言成長。

參考文獻 References

Acredolo, L., & Goodwyn, S. (1985). Symbolic gesturing in language development. *Human Development, 28,* 53–58.

Acredolo, L. & Goodwyn, S. (2000). *Baby minds: Brainbuilding games your baby will love to play.* New York: Bantam Books.

Adams, M. J. (1990). *Beginning to read:Thinking and learning about print.* Cambridge, MA:The MIT Press.

Adams, M. J. (1998). *Beginning to read:Thinking and learning about print* (Rev. ed.). Cambridge, MA:The MIT Press.

Ainsworth, M. D. S., & Bell, S. M. (1972). Motherinfant interaction and development of competence. *ERIC Document,* ED 065 180.

Alexander, K., & Entwisle, D. (1996). Schools and children at risk. In A. Booth & J. Dunn (Eds.), *Family and school links: How do they affect educational outcomes?* (pp. 67–88). Mahwah, NJ: Erlbaum.

Alexander, L. (2004, Summer). Putting parents in charge. *Education next, 4*(3), 39–44.

Allen, R.V. (1969). *Language experiences in early childhood* Chicago: Encyclopedia Britannica.

Allen, R.V., & Allen, C. (1982). *Language experience activities* Boston: Houghton Mifflin.

Allen,V. G. (1991).Teaching bilingual and ESL children. In J. Flood, J. M. Jensen, D. Lapp, & J. R. Squire (Eds.), *Handbook of research on teaching the English language arts* (pp. 356–364). New York: Macmillan.

Almy, M. (1975). *The early childhood educator at work.* New York: McGraw-Hill.

American Speech-Language-Hearing Association. (2001). *How does your child hear and talk?* [Brochure]. Rockville, MD: American Speech-Language-Hearing Association.

Anbar, A. (1986, March). Reading acquisition of preschool children without systematic instruction. *Early Childhood Research Quarterly, 1*(1), 69–83.

Anderson, G.T. (2000, March). Computers in a developmentally appropriate curriculum. *Young Children, 55*(2), 90–93.

Anderson, R. (1988, October). Putting reading research into practice. Interview with C. H. Goddard. *Instructor, 98.*2, 31–37.

Anderson, R. C., Hiebert, E. H., Scott, J. A., & Wilkinson, I. A. (Eds.). (1985). *Becoming a nation of readers: The report of the National Commission on Reading.*Washington, DC: National Institute of Education.

Andress, B. (1991, November). From research to practice: Preschool children and their movement responses to music. *Young Children, 47*(1), 22–27.

Angelou, M. (1969). *I know why the caged bird sings.* New York: Random House.

Antonucci, M. (2003, October 29). Gaga over TV. *San Jose Mercury News,* pp. 1A, 5A.

Arbuthnot, M. H. (1953). *The Arbuthnot anthology of children's literature.* Glenview, IL: Scott, Foresman.

Arreola, A. (2003, October 17). Quote in Slonaker, L., Learning a lesson about school visits: Parent-teacher meetings key for kids, experts say. *San Jose Mercury News,* pp. 4A, 12A.

Ashton-Warner, S. (1963). *Teacher.* New York: Simon & Schuster.

Atienza, H. (2004, June 27). Kindergarten: As a parent, you knew the day would come eventually. *The Idaho Statesman,* p. L2.

Atkins, C. (1984, November).Writing: Doing something constructive. *Young Children, 40*(6), 31–36.

Au, K. (1993). *Literacy instruction in multicultural setting.* Orlando, FL: Harcourt Brace.

August, D., & Hakuta, K. (Eds.). (1997). *Improving schooling for language minority children.*Washington, DC: National Academy Press.

Ayers,W. (1993). *To teach:The journey of a teacher.* New York:Teachers College Press.

Ayres, L. R. (1998). Phonological awareness training of kindergarten children. In C.Weaver (Ed.), *Reconsidering a balanced approach to reading.* Urbana, IL: National Council of Teachers of English.

Bader, B. (1976). *American picturebooks from Noah's Ark to the beast within.* New York: Macmillan.

Baker, L., Scher, D., & Mackler, K. (1997). Home and family influences on motivations for reading. *Educational Psychologist, 32*(2), 24–30.

Baker, L., Fernandez-Fein, S., Scher, D., & Williams, H. (1998). Home experiences of word recognition. In J. L. Metsala & L. C. Ehri (Eds.), *Word recognition in beginning literacy* (pp. 263–287). Hillsdale, NJ: Erlbaum.

Barnes, D. (1976). *From communication to curriculum.* Harmondsworth, England: Penguin Books.

Barnes, J. E. (2004, March 24). Unequal education. *U.S. News and World Report, 136*(10), 68–75.

Barnett,W. (1995). Long-term effects of early childhood programs on cognitive and school outcomes. *The Future of Children, 5*(3), 18–21.

Barnett,W. S. (2003). Preschool education for economically disadvantaged children: Effects on reading achievement and related outcomes. In S. B. Neuman & D. K. Dickinson (Eds.), *Handbook of early literacy research* (pp. 421–443). New York: The Guilford Press.

Baron, N. (1989, December). Pigeon-birds and rhyming words: The role of parents in language learning. *Digest Monograph,* Language in Education Series. Report EDO-FL-89-08, ERIC/CLL.

Barone, D. (1994, October). Importance of classroom context: Literacy development of children prenatally exposed to crack/cocaine— Year two. *Research in the Teaching of English, 28*(3), 286–312.

Barone, D. M. (2003). Caution apply with care. In D. M. Barone & L. M. Morrow (Eds.), *Literacy and young children: Research-based practice* (pp. 291–308). New York: The Guilford Press.

Barrett, J. (2003, November 10).Tune in or tune out? *Newsweek,* 71.

Barrio-Garcia, C. (1986, December). The silent handicap. *American Baby, 47*(12), 32–41.

Barry, A. M. (1999, June 23–27). Images as thought and persuasive communication: An advertising perspective. Visual Communication Conference. Lake Tahoe, CA.

Bartoli, J. S. (1995). *Unequal opportunity: Learning to read in the U.S.A.* New York: Teachers College Press.

Bateson, M. (1979). The epigenesis of conversational interaction. In M. Bullowa (Ed.), *Before speech.* London: Cambridge University Press.

Beals, D. E. (1993). Explanatory talk in low-income families' mealtime conversations. *Applied Psycholinguistics, 14,* 489–513.

Beck, M. (1982). *Kidspeak.* New York: New American Library.

Begley, S. (2000, Fall/Winter). Wired for thought [Special Edition]. *Newsweek,* pp. 25–29.

Bellugi, U. (1977). Learning the language. In R. Schell (Ed.), *Readings in psychology today.* New York: Random House.

Benard, B. (1993, November). Fostering resiliency in kids. *ASCD Educational Leadership, 51*(3), 44–48.

Bergen, D. (2001, November). Pretend play and young children's development. *ERIC Digest,* EDO-PS-01-10.

Berk, L. (1994). *Child development.* Needham Heights, MA: Allyn and Bacon.

Berk, L., & Winsler, A. (1995). *Scaffolding children's learning:Vygotsky and early childhood education.*Washington, DC: National Association for the Education of Young Children.

Berko Gleason, J. (1997). *The development of language* (4th ed.). Boston: Allyn and Bacon.

Bernstein, B. (1962). Social class, linguistic codes and grammatical elements. *Language and Speech, 5,* 31–46.

Bettelheim, B. (1976). *The uses of enchantment.* New York: Alfred A. Knopf.

Bettelheim, B., & Zelan, K. (1981). *On learning to read.* New York: Alfred A. Knopf.

Bialystok, E., & Hakuta, K. (1994). *In other words:The science and psychology of second language acquisition.* New York: Basic Books.

Biber, B., Shapiro, E., & Wickens, D. (1977). *Promoting cognitive growth: A developmental-interaction point of view.*Washington, DC: National Association for the Education of Young Children.

Bishop, R. S. (1990).Walk tall in the world. African American literature for today's children. *Journal of Negro Education, 59*(4), 556–565.

Blair, C. (2003, July). Self regulation and school readiness. *ERIC Digest,* EDO-PS-03-7.

Blaska, J., & Lynch, E. (1998, March). Is everyone included? Using children's literature to facilitate the understanding of disabilities. *Young Children, 53*(2), 17–21.

Bloodstein, O. (1975). *A handbook on stuttering.* Chicago: National Easter Seal Society of Crippled Children and Adults.

Blum, I., Koskinen, P. S.,Tennant, N., Parker, E. M., Straub, M., & Curry, C. (1995). *Using audiotaped books to extend classroom literacy instruction into the homes of second-language learners* [Reading Research Report No. 29]. Athens, GA: NRRC, Universities of Georgia and Maryland College Park.

Bodrova, E., & Leong, D. (1996). *Tools of the mind.* Englewood Cliffs, NJ: Prentice Hall.

Bodrova, E., Leong, D. J., Paynter, D., & Semenov, D. (2000). *A framework for early literacy instruction: Aligning standards to developmental accomplishments and student behaviors: Pre-K through kindergarten.* Aurora, CO: Mid-continent Research for Education and Learning.

Booth, D. (1999). Language delights and word play. In I. Fountas & G. S. Pinnell (Eds.), *Voices on word matters: Learning about phonics and spelling in the literacy classroom* (pp. 121–137). Portsmouth, NH: Heinemann.

Bornstein, M. (December 1991–January 1992). In S. Goodman (Ed.), Presumed innocents, *Modern Maturity, 34*(6), 24–28.

Bos, B. (1983). *Creativity.* San Jose City College Workshop.

Bos, B. (1988, January).Working the magic. *Pre-K Today, 2.6,* 21–23.

Bowen, C. (1998). *Speech and language development in infants and young children.* Retrieved August 16, 2004, from http://members.tripod.com/Caroline_Bowen/ devel1.htm

Brady, S., Fowler, A., Stone, B., & Winbury, S. (1994). Training phonological awareness: A study with innercity kindergarten children. *Annals of Dyslexia, 44,* 27–59.

Braine, M. D. S. (1973). The ontogeny of English phrase structures: The first phase. In C. A. Ferguson & D. Slobin (Eds.), *Studies of child language development.* New York: Holt, Rinehart, and Winston.

Brazelton,T. B. (1979). Evidence of communication in neonatal behavioral assessment. In M. Bullowa (Ed.), *Before speech.* London: Cambridge University Press.

Bredekamp, S., & Copple, C. (1997). *Developmentally appropriate practice in early childhood programs* (Rev. ed.).Washington, DC: National Association for the Education of Young Children.

Bredekamp, S., & Rosegrant,T. (Eds.). (1995). *Reaching potentials:Transforming early childhood curriculum and assessment* (Vol. 2, p. 21).Washington, DC: National Association for the Education of Young Children.

Bregman, J. (1997, October 27). Quote in Wingert, P., & Kantrowitz, B.,Why Andy couldn't read. *Newsweek,* pp. 56–64.

Breneman, L. N., & Breneman, B. (1983). *Once upon a time.* Chicago: Nelson-Hall.

Brimer, M. A. (1969). Sex difference in listening comprehension. *Journal of Research and Development in Education, 9,* 19–25.

Brittain,W. L. (1973, March). Analysis of artistic behavior in young children. Final Report, *ERIC Document,* ED 128 091. Ithaca, NY: Cornell University.

Brophy, J. E. (1977). *Child development and socialization.* Chicago: Science Research Associates.

Brown, R., Cazden, C., & Bellugi-Kilma, U. (1969).The child's grammar from I to III. In J. P. Hill (Ed.), *Minnesota Symposium on Child Psychology* (Vol. 2). Minneapolis: University of Minnesota Press.

Brown, R.W. (1973). *A first language.* Cambridge, MA: Harvard University Press.

Bruner, J. (1996). *The culture of education.* Cambridge, MA: Harvard University Press.

Bruner, J. S. (1966). *Toward a theory of instruction.* Cambridge, MA: Harvard University Press.

Bruno, H. E. (2003, September/October). Hearing parents in every language: An invitation to ECE professionals. *Child Care Information Exchange, 153,* 58–60.

Bruns, D., & Corso, R. M. (2001, August). Working with culturally and linguistically diverse families. *ERIC Digest,* EDO-PS-01-4.

Bryant, P., Bradley, L., MacLean, L., & Crossland, J. (1989). Nursery rhymes, phonological skills and reading. *Journal of Child Language, 16,* 407–428.

Burchfield, D. (1996, November).Teaching all children: Four developmentally appropriate curricular and instructional strategies in primary-grade classrooms. *Young Children, 52*(1), 4–10.

Burmark, L. (2002). *Visual literacy: Learn to see, see to learn.* Alexandria,VA: Association for Supervision and Curriculum Development.

Burns, M. S., Griffin, P., & Snow, C. (Eds.). (1999). *Starting out right: A guide to promoting children's reading success.*Washington, DC: National Academy Press.

Bus, A. G. (2002). Joint caregiver-child storybook reading: A route to literacy development. In S. B. Newman & D. K. Dickinson (Eds.), *Handbook of early literacy research* (pp. 179–191). New York: The Guilford Press.

Cai, M., & Bishop, R. S. (1994). Multicultural literature for children:Towards clarification of the concept. In A. H. Dyson & C. Genishi (Eds.), *The need for story* (pp. 11–27). Urbana, IL: National Council of Teachers of English.

Calkins, L. (1979). Speech given at Columbia University.

Calkins, L. (1997). *Raising lifelong learners: A parent's guide.* Reading, MA: Perseus Books.

Cambourne, B. (1988). *The whole story: Natural learning and the acquisition of literacy in the classroom.* New York: Ashton Scholastic.

Campbell, D. (1997). *The Mozart effect:Tapping the power of music to heal the body, strengthen the mind, and unlock the creative spirit.* New York: William Morrow.

Campbell, F., & Ramey, C. (1995). Cognitive and school outcomes for high-risk African-American students at middle adolescence. Positive effects of early intervention. *American Education Research Journal, 32,* 743–772.

Campbell, F. A., & Ramey, C.T. (1994). Effects of early intervention on intellectual and academic achievement: A follow-up study of children from low-income families. *Child Development, 65,* 684–689.

Carew, J.V. (1980). Experience and the development of intelligence in young children at home and in day care. *Monographs of the Society for Research in Child Development, 45.187, 56–78.*

Carlo, M., August, D., McLaughlin, B., Snow, C., Dressler, C., Lippman, D., Lively,T., & White, C. (2004, April/May). Closing the gap: Addressing the vocabulary needs of English-language learners in bilingual and mainstream classrooms. *Reading Research Quarterly, 39*(2), 188–228.

Casbergue, R. M., & Plauché, M. B. (2003). Immersing children in nonfiction: Fostering emergent research and writing. In D. M. Barone & L. M. Morrow (Eds.), *Literacy and young children: Research-based practices* (pp. 243–260) New York: The Guilford Press.

Casserly, M. (2004, Summer). Driving change. *Education Next, 4*(3), 32–37.

Cassidy, J., & Cassidy, D. (2004, December/2005, January). What's hot, what's not for 2005. *Reading Today, 22*(3), 1, 8.

Cawlfield, M. E. (1992, May).Velcro time: The language connection. *Young Children, 47*(4), 26–30.

Cazden, C. B. (1972). *Child language and education.* New York: Holt, Rinehart, and Winston.

Cazden, C. B. (1981). Language development and the preschool environment. In C. B. Cazden (Ed.), *Language in early childhood education.* Washington, DC: National Association for the Education of Young Children.

Center for Research on Education, Diversity & Excellence. (2001, Summer). Some program alternatives for English language learners. *Practitioners Brief #3.* Santa Cruz, CA: University of California.

Chambers, D.W. (1970). *Story telling and creative drama.* Dubuque, IA: Brown.

Chaney, C. (1992). Language development, metalinguistic skills, and print awareness in 3-year-old children. *Applied Psycholinguistics, 13*(4), 488–514.

Chang, J. (2001, April). Scaffold for school-home collaboration: Enhancing reading and language development. *Research Brief #9.* Santa Cruz, CA: Center for Research on Education, Diversity, & Excellence, University of California.

Charlesworth, R. (1985, Spring). Readiness—Should we make them ready or let them bloom? *Day Care and Early Education, 11.4,* 53–58.

Child Care Bureau. (2004, May). *Promoting responsible fatherhood through child care.* Washington, DC: U.S. Department of Health and Human Services, Administration for Children and Families, Administration on Children,Youth and Families.

Chomsky, C. (1971, August/September).Write now, read later. *Childhood Education, 47.2,* 42–47.

Chomsky, N. (1968). *Language and mind.* New York: Harcourt, Brace, and World.

Chugani, H.T. (1997). Neuroimaging of developmental non-linearity and development pathologies. In A.Thatcher (Ed.), *Developmental neuroimaging: Mapping the development of brain and behavior* (pp. 111–134). San Diego: Academic Press.

Chukovsky, K. (1963). *From two to five.* Berkeley, CA: University of California.

Clark, E.V. (1975). Knowledge, context, and strategy in the acquisition of meaning. In D. P. Dato (Ed.), *Georgetown University Round Table on languages and linguistics, 1975. Developmental psycholinguistics:Theory and applications.*Washington, DC: Georgetown University Press.

Clay, M. (1966). *Emergent reading behaviors.* Unpublished doctoral thesis, University of Auckland Library.

Clay, M. (1987). *The early detection of reading difficulties.* Hong Kong: Heinemann.

Clay, M. (1991a). *Becoming literate:The construction of inner control.* Portsmouth, NH: Heinemann Educational Books.

Clay, M. (1991b). Child development. In J. Flood, J. M. Jensen, D. Lapp, & J. R. Squire (Eds.), *Handbook of research on teaching the English language arts* (pp. 40–45). New York: Macmillan.

Clay, M. (1993). *An observational survey of early literacy achievement.* Auckland, New Zealand: Heinemann.

Clements, N. E., & Warncke, E.W. (1994, March). Helping literacy emerge at school for less advantaged children. *Young Children, 49*(3), 22–26.

Cochran-Smith, M. (1984). *The making of a reader.* Norwood, NJ: Ablex.

Cohen, N. E., & Pompa, D. (1996). In S. L. Kagan & N. E. Cohen (Eds.), *Reinventing early care and education: A vision for a quality system* (pp. 81–98). San Francisco: Jossey-Bass.

Cole, M. L., & Cole, J.T. (1989). *Effective intervention with the language impaired child* (2nd ed.). Rockville, MD: Aspen.

Coles, G. (2004, January). Danger in the classroom: 'Brain glitch' research and learning to read. *Phi Delta Kappan,* pp. 344–351.

Cooper, P. (1993). *When stories come to school.* New York: Teachers & Writers Collaborative.

Copperman, P. (1982). *Taking books to heart.* Menlo Park, CA: Addison-Wesley.

Costa, A. L. (1990). Personal communication, June 1988. In J. M. Healy, *Endangered minds: Why children don't think and what we can do about it.* New York: Simon & Schuster.

Costa, A. L. (1991). The search for intelligent life. In *Developing minds: A resource book for teaching thinking.* Alexandria,VA: Association for Supervision and Curriculum Development.

Covey, S. R. (1989). *The seven habits of highly effective people.* New York: Simon & Schuster.

Cowley, G. (1997, Spring/Summer). Off to a good start [Special Edition]. *Newsweek,* pp. 27–34.

Cowley, G. (2000, Fall/Winter). For the love of language [Special Edition]. *Newsweek,* pp. 12–15.

Cox,V. E. L. (1981). The literature curriculum. In L. Lamme (Ed.), *Learning to love literature* (pp. 1–12). Urbana, IL: National Council of Teachers of English.

Cromwell, E. (1980). *Early reading through experience.* Washington, DC: Acropolis Books Limited.

Crosser, S. (1998, November/December). When children draw. *Early Childhood News, 10*(6), 6–15.

Cullinan, B. E. (1977). Books in the life of the young child. In B. E. Cullinan & C.W. Carmichael (Eds.), *Literature and young children* (pp. 1–16). Urbana, IL: National Council of Teachers of English.

Cullinan, B. E. (1992, October). Whole language and children's literature. *Language Arts, 69*(6), 426–430.

Cummins, J. (1979). Linguistic interdependence and the educational development of bilingual children. *Review of Educational Research, 49,* 222–251.

Cunningham, J.W., & Creamer, K. H. (2003). Achieving best practices in literacy instruction. In L. M. Morrow, L. B. Gambrell, & M. Pressley (Eds.), *Best practices in literacy instruction* (pp. 333–346). New York: The Guilford Press.

Cunningham, P. M. (2003).What research says about teaching phonics. In L. M. Morrow, L. B. Gambrell, & M. Pressley (Eds.), *Best practices in literacy instruction* (pp. 65–85). New York: The Guilford Press.

Curran, L. (1994). *Language arts & cooperative learning.* San Clemente, CA: Kogan Cooperative.

Curry, N. E., & Johnson, C. N. (1990). *Beyond selfesteem: Developing a genuine sense of human value.* Washington, DC: National Association for the Education of Young Children.

Danoff, J., Breitbart,V., & Barr, E. (1977). *Open for children.* New York: McGraw-Hill. de Villiers, P. A., & de Villiers, J. G. (1979). *Early language.* Cambridge, MA: Harvard University Press.

Dean, B. (2004, July 15). Quote in Today's debate: Improving public education. Our View. *USA Today,* p. 11A.

DeGaetano, G. (1993). *Television and the lives of our children.* Redmond,WA:Train of Thought Publishing.

DeGraw, B. (1999, March 15). Quote in letters. *U.S. News and World Report,* p. BC-14.

Delacre, L. (1988). *Nathan's fishing trip.* New York: Scholastic.

Delpit, L. (1995). *Other people's children: Cultural conflict in the classroom.* New York: The New Press.

DeMarie, D. (2001, Spring). A trip to the zoo: Children's words and photographs. *Early Childhood Research and Practice, 3*(1), 27–49.

Dennison, B. A., Russo,T. J., Burdick, P. A., & Jenkins, P. L. (2004, February). An intervention to reduce television viewing by preschool children. *The Archives of Pediatrics and Adolescent Medicine, 158,* 170–176.

Descartes, R. (1978). *Descartes: His moral philosophy and psychology.* New York: University Press.

Dewey, J. (1916). *Democracy and education.* New York: Free Press.

Dickinson, D. K. (2001). Putting the pieces together. In D. K. Dickinson & P.Tabors (Eds.), *Beginning literacy with language* (pp. 257–287). Baltimore: Brookes.

Dickinson, D. K., & Tabors, P. O. (Eds.). (2001). *Beginning literacy with language.* Baltimore: Brookes.

Ditlow,T. (1988, May–December). Making a book into a successful cassette. *CBC Features, 41.3,* 4–6.

Doake, D. B. (1985). Reading-like behavior: Its role in learning to read. In A. Jaggar & M.T. Smith-Burke (Eds.), *Observing the language learner* (pp. 82–98). Newark, DE: International Reading Association, and Urbana, IL: National Council of Teachers of English (co-publishers).

Dodge, D. (1988, May). When your program is off track. *Child Care Information Exchange, 61,* 42–48.

Donegan, P. (2002). Normal vowel development. In M. J.
Ball & F. E. Gibbon (Eds.), *Vowel disorders* (pp. 1–35).
Woburn, MA: Butterworth-Heinemann.

Donoghue, M. R. (1985). *The child and the English language arts.* Dubuque, IA: Brown.

Dopyera, J., & Lay-Dopyera, M. (1992). *Becoming a teacher of young children.* New York: McGraw-Hill.

Douglass, R. (1959, March). Basic feeling and speech defects. *Exceptional Children, 35.4,* 18–23.

Du, L., & Stoub, S. (2004, February 21). *Options pre-K literacy curriculum.* Session guide. California Association for the Education of Young Children, Annual Conference. San Diego, CA.

Dumtschin, J. U. (1988, March). Recognizing language development and delay in early childhood. *Young Children, 43.3,* 16–24.

Dunn, L., Beach, S. A., & Kontos, S. (1994). Quality of the literacy environment in day care and children's development. *Journal of Research in Childhood Education, 9,* 24–34.

Dunn, L., & Kontos, S. (1998, March/April). Developmentally appropriate practice: What does research tell us? *Journal of Early Education and Family Review, 5*(4), 16–25.

Durkin, D. (1966). *Children who read early.* New York: Teachers College Press.

Dyson, A. H. (1993). From prop to mediator:The changing role of written language in children's symbolic repertoires. In B. Spodek & O. Saracho (Eds.), *Yearbook in early childhood education* (Vol. 4, 21–41, pp. 132–146). New York:Teachers College Press.

Edwards, C., Gandini, L., & Forman, G. (Eds.). (1998). *The hundred languages of children: The Reggio Emilia approach—Advanced recollections.* Greenwich, CT: Ablex Publishing.

Edwards, P. (1996). Creating sharing time conversations: Parents and teachers work together. *Language Arts, 73*(5), 344–349.

Elkind, D. (1971). Cognition in infancy and early childhood. In J. Eliot (Ed.), *Human development and cognitive process.* New York: Holt, Rinehart, and Winston.

Elkind, D. (1988, January). Educating the very young: A call for clear thinking. *NEA Today, 6.6,* 37–39.

Elleman, B. (1995). Handling stereotypes. *Book Links, 4*(5), 4.

Epstein, A., Schweinhart, L., & McAdoo, L. (1996). *Models of early childhood education.* Ipsilanti, MI: High/Scope Press.

Erikson, E. (1950). *Childhood and society.* New York: W.W. Norton.

Erickson, E. (1993). *Childhood and society* (Rev. ed.). New York: Norton.

Eveloff, H. H. (1977). Some cognitive and affective aspects of early language development. In S. Cohen & T. Comiskey (Eds.), *Child development contemporary perspectives* (pp. 140–155). Itasca: F. E. Peacock.

Fackelmann, K. (2000, July 10). Infants who learn gestures may later do better on IQ tests. *The Idaho Statesman,* p. 2D.

Falk, D., (2004, July). Quote in Wong, K., Baby talk beginnings: Infant pacification may have led to the origins of language. *Scientific American, 291*(1), 30–32.

Farr, M. (1992). Dialects, culture, and teaching the English language arts. In J. Flood, J. M. Jensen, D. Lapp, & J. R. Squire (Eds.), *Handbook of* research on teaching the English language arts (pp. 365–369). New York: Macmillan.

Ferguson, P. (1988, May). Whole language: A global approach to learning. *Instructor, 97.9,* 23–28.

Ferguson, P., & Young,T. (1996, December). Literature talk: Dialogue improvisation and patterned conversations with second language learners. *Language Arts, 73*(8), 597 600.

Ferreiro, E., & Teberosky, A. (1982). *Literacy before schooling.* Exeter, NH: Heinemann.

Fields, J. (2001). *The living arrangements of children, Fall 1996.* Current population reports. Washington, DC: U.S. Census Bureau.

Fields, M. (1987). *NAEYC developmentally appropriate guidelines and beginning reading instruction.* Presentation made at the annual conference of the National Association for the Education of Young Children, Chicago.

Fields, M. (1996, November). *Authentic reading and writing activities for beginners.* Presentation made at the annual conference of the National Association for the Education of Young Children, Dallas.

Fields, M., & Lee, D. (1987). *Let's begin reading right.* Columbus, OH: Charles E. Merrill.

Fifer,W. P., & Moon, C. M. (1995). The effects of fetal experience with sound. In J. P. Lecanuet, N. A. Fifer, A. Krasnegor, & W. P. Smotherman (Eds.), *Fetal development: A psychobiological perspective.* Hillsdale, NJ: Erlbaum.

Fischer, K. (1986).What do babies know? In O. Friedrich (Ed.), *Human development, Annual editions 85/86.* Guilford, CT:The Dushkin Publishing Group.

Fischer, M. A., & Gillespie, C.W. (2003, July). Computers and young children's development. *Young Children, 58*(4), 85–91.

Fisher, M. (1975). *Who's who in children's books.* New York: Holt, Rinehart, and Winston.

Fountas, I. (1999).Word matters. In I. Fountas & G. S. Pinnell (Eds.), *Voices on word matters: Learning about phonics and spelling in the literacy classroom* (pp. 164–178). Portsmouth, NH: Heinemann.

Fraiberg, S. (1987). *Selected writings of Selma Fraiberg.* Athens, OH: Ohio State University Press.

Fredericks, A. D. (1989, October/November). The magic of storytelling. *Reading Today, 7*(2), 13.

French, L. (1996, January). "I told you all about it, so don't tell me you don't know":Two-year-olds and learning through language. *Young Children, 51*(2), 17–20.

Froebel, F. (1974). *The education of man.* Clifton, NJ: Augustus M. Kelly.

Fujiki, M., & Brinton, B. (1984). Language, speech, and hearing services in schools, *Journal of Learning Disabilities, 15.2,* 98–109.

Gadsden,V., & Ray, A. (2002, November). Engaging fathers: Issues and considerations for early childhood educators. *Young Children, 57*(6), 32–41.

Gainsley, S. (2003, Summer).Write it down. *High/Scope Resource, 22*(2), 26–27.

Galda, L. (1989, October). Children and poetry. *The Reading Teacher, 43*(1), 66–71.

Galda, L., Cullinan, B., & Strickland, D. (1993). *Language, literacy, and the child.* Orlando, FL: Harcourt Brace.

Gall, M. D. (1984). Synthesis of research on teachers' questioning. *Educational Leadership, 42,* 40–47.

Gallagher, J. M., & Coche, J. (1987, September). Hothousing: The clinical and education concerns over pressuring young children. *Early Childhood Research Quarterly, 2.3,* 203–210.

Gallas, K. (2003). *Imagination and literacy: A teacher's search for the heart of learning.* New York:Teachers College Press.

Gambrell, L. B., & Mazzoni, S. A. (1999). Principles of best practice: Finding the common ground. In L. B.

Gambrell, L. M. Morrow, S. B. Neuman, & M. Pressley (Eds.), *Best practices in literacy instruction.* New York: The Guilford Press.

Gamel-McCormick, M. (2000, November). *Exploring teachers' expectations for children entering kindergarten and procedures for sharing information between pre-K and K programs.* Conference presentation at the annual conference of the National Association for the Education of Young Children, Atlanta.

Gandini, L. (1997). Examples of practice. In J. Hendrick (Ed.), *First steps toward teaching the Reggio way.* Upper Saddle River, NJ: Prentice Hall.

Garcia, E. (1991). Effective instruction for language minority students: The teacher. *Journal of Education, 173*(2), 130–141.

Garcia, E., & McLaughlin, B. (Eds.). (1995). *Meeting the challenge of linguistic and cultural diversity in early childhood education.* New York:Teachers College Press.

Garcia-Barrio, C. (1986, August). Listen to the music! *American Baby, 48*(8), 46, 67–69.

Gardner, H. (1993). *Multiple intelligences.* New York: Basic Books.

Gardner, H. (1999). *Disciplined mind:What all students should understand.* New York: Simon & Schuster.

Gardner, H. (2000). *Intelligence reframed. Multiple intelligences for the 21st century.* New York: Basic Books.

Garvey, C. (1977). *Play.* Cambridge, MA: Harvard University Press.

Garvey, C. (1984). *Children's talk.* Cambridge, MA: Harvard University Press.

Geller, L. G. (1985). *Word play and language learning for children.* Urbana, IL: National Council of Teachers of English.

Gelman, S. A. (1998, January). Categories in young children's thinking. *Young Children, 53*(1), 32–41.

Genesee, F., & Nicoladis, E. (1995). Language development in bilingual preschool children. In E. Garcia & B. McLaughlin (Eds.), *Meeting the challenge of linguistic and cultural diversity in early childhood education.* New York:Teachers College Press.

Genishi, C. (1985). Observing communicative performance in young children. In A. Jaggar & M.T. Smith- Burke (Eds.), *Observing the language learner* (pp. 131–142). Newark, DE: International Reading Association, and Urbana, IL: National Council of Teachers of English (co-publishers).

Genishi, C. (1993). Assessing young children's language and literacy:Tests and their alternatives. In B. Spodek & O. Saracho (Eds.), *Yearbook in early childhood education* (pp. 121–138). New York:Teachers College Press.

Genishi, C. (2002, July).Young English language learners. *Young Children, 57*(4), 66–72.

Gesell, A. (1940). *The first five years of life.* New York: Harper & Brothers.

Gibson, E. J. (1969). *Principles of perceptual learning and development.* New York: Appleton-Century-Crofts.

Gill, J.T. (1992, October). Development of word knowledge as it relates to reading, spelling, and instruction. *Language Arts, 69*(6), 444–453.

Glazer, J. I. (1986). *Literature for young children.* Columbus, OH: Charles E. Merrill.

Glazer, J. I. (2000). *Literature for young children.* Upper Saddle River, NJ: Prentice Hall.

Glazer, S., & Burke, E. (1994). *An integrated approach to early literacy: Literature to language.* Needham Heights, MA: Allyn and Bacon.

Gleitman, L. (1998, March/April). Research suggests that infants begin learning language at seven months of age. News. *Journal of Early Education and Family Review, 5*(4), 4.

Goffin, S. G. (2000, August). The role of curriculum models in early childhood education. *ERIC Digest,* EDO-PS-00-8.

Goldenberg, C. (2002). Making schools work for lowincome families in the 21st century. In S. Neuman & D. Dickinson (Eds.), *Handbook of early literacy research* (pp. 211–241), New York: The Guilford Press.

Goodman, K. S. (1986). *What's whole in whole language.* Portsmouth, NH: Heinemann Educational Publishers.

Goodman,Y. (1985). Kidwatching: Observing children in the classroom. In A. Jaggar & M.T. Smith-Burke (Eds.), *Observing the language learner* (pp. 142–156). Newark, DE: International Reading Association, and Urbana, IL: National Council of Teachers of English (co-publishers).

Goodman,Y. (1990). *How children construct literacy.* Newark, DE: International Reading Association.

Gopnik, A. (1999, December 25). Quoted in K. Corcoran, Babies blossom without gimmicks, psychologist says. *San Jose Mercury News,* pp. 1A, 28A.

Gopnik, A., Meltzoff, A., & Kuhl, P. (1999). *The scientist in the crib: Minds, brains, and how children learn.* New York: William Morrow and Company.

Gordon, A. (1984). *A touch of wonder.* Old Tappan, NJ: Revell.

Gordon, E. (1986, August). Listen to the music! *American Baby, 48*(8), 46, 67–69.

Goswani, U. (2002). Early phonological development and the acquisition of literacy. In S. Neuman & D. Dickinson (Eds.), *Handbook of early literacy research* (pp. 111–125). New York: The Guilford Press.

Gould, B. (2002). Stress and the developing brain. *Head Start Bulletin, 73,* 16–18.

Gowen, J.W. (1995, March). The early development of symbolic play. *Young Children, 50*(3), 75–84.

Grant, G., & Murray, C. (1999). *Teaching in America:The slow revolution.* Cambridge, MA: Harvard University Press.

Grant, R. (1995). Meeting the needs of young second language learners. In E. Garcia & B. McLaughlin (Eds.), *Meeting the challenge of linguistic and cultural diversity in early childhood education.* New York:Teachers College Press.

Graue, E. (1999). Diverse perspectives on kindergarten contexts and practices. In R. Pianta & M. Cox (Eds.), *The transition to kindergarten.* Baltimore: Paul Brookes.

Greenberg, P. (1998, July). Some thoughts about phonics, feelings, Don Quixote, diversity, and democracy: Teaching young children to read, write, and spell. Part I. *Young Children, 53*(4), 72–78.

Greenberg, P. (1998, November). Thinking about goals for grownups and young children while we teach writing, reading, and spelling (and a few thoughts about the 'J' word). Part 3. *Young Children, 53*(6), 31–42.

Greenspan, S. I. (1997). *The growth of the mind and the endangered origins of intelligence.* Reading, MA: Addison-Wesley.

Greenspan, S. I. (1999). *Building healthy minds: The six experiences that create intelligence and emotional growth in babies and young children.* Cambridge, MA: Perseus Books.

Greenspan, S. I. (2001, November/December). Working with the bilingual child who has language delay. *Early Childhood Today, 16*(3), 28–30.

Grey, K. (1996, May). In S. Lapinski (Ed.), Signs of intelligence. *Child, 11*(4), 46–51.

Griffing, P. (1983, January). Encouraging dramatic play in early childhood. *Young Children, 38*(2), 45–51.

Griffith, P., & Olson, M. (1992). Phonemic awareness helps beginning readers break the code. *The Reading Teacher, 45*(5), 516–523.

Gundling, R. (2002, Fall). Promoting early literacy in early childhood programs. *Child Care Bulletin, 27,* 7–8.

Gurian, M., & Ballew, A. C. (2003). *The boys and girls learn differently.* San Francisco: Jossey-Bass.

Gutierrez, K. D. (1992). A comparison of instructional contexts in writing process classrooms with Latino children. *Education and Urban Society, 24*(2), 244–262.

Gutierrez, K. D. (1993). Biliteracy and language-minority child. In B. Spodek & O. Saracho (Eds.), *Language and literacy in early childhood education* (Vol. 4, pp. 210–232). New York:Teachers College Press.

Hale, E. (1997, January 12). Flap over Ebonics clarifies the problem, but not the solution. *The Idaho Statesman*, p. A12.

Halliday, M. A. K. (1973). *Explorations in the functions of language.* London: Edward Arnold.

Halliday, M. A. K. (1979). One child's protolanguage. In M. Bullowa (Ed.), *Before speech* (pp. 171–190). London: Cambridge University Press.

Hand, A., & Nourot, P. (1999). *First class: A guide for early primary education.* Sacramento, CA: California Department of Education.

Harker, J. O., & Green, J. L. (1985). When you get the right answer to the wrong question: Observing and understanding communication in classrooms. In A. Jaggar & M.T. Smith-Burke (Eds.), *Observing the language learner* (pp. 221–231). Newark, DE: International Reading Association, and Urbana, IL: National Council of Teachers of English.

Harris, J. (1990). *Early language development.* London: Routledge.

Harris,T., & Fuqua, J. D. (2000, January). What goes around comes around: Building a community of learners through circle times. *Young Children, 55*(1), 44–47.

Harris,T., & Hodges, R. (Eds.). (1995). *The literacy dictionary: The vocabulary of reading and writing.* Newark, DE: International Reading Association.

Harris,V. J. (1993). From the margin to the center of the curricula: Multicultural children's literature. In B. Spodek & O. Saracho (Eds.), *Language and literacy in early childhood education* (Vol. 4, pp. 123–140). New York: Teachers College Press.

Hartley, E. A. (1991). Through Navaho eyes: Examining differences in giftedness. *Journal of American Indian Education, 31*(1), 53–64.

Haugland, S.W. (1992). Effects of computer software on preschool children's developmental gains. *Journal of Computing in Childhood Education, 2*(2), 17–28.

Haugland, S.W. (1997). *The developmental scale for software.* Cape Girardeau, MO: K.I.D.S. and Computers.

Haugland, S.W. (2000, January). Early childhood classrooms in the 21st century: Using computers to maximize learning. *Young Children, 55*(1), 33–41.

Haugland, S.W., & Wright, J. L. (1997). *Young children and technology:A world of discovery.* Needham Heights, MA: Allyn and Bacon.

Healy, J. M. (1987). *Your child's growing mind.* New York: Doubleday.

Healy, J. M. (1990). *Endangered minds.* New York: Simon & Schuster.

Healy, M. K., & Barr, M. (1992). Language across the curriculum. In J. Flood, J. M. Jensen, D. Lapp, & J. R. Squire (Eds.), *Handbook of research on teaching English language arts* (pp. 820–826). New York: Macmillan.

Heath, A. (1987). *Off the wall:The art of book display.* Littleton, CO: Libraries Unlimited.

Hendrick, J. (Ed.). (1997). *First steps toward teaching the Reggio way.* Upper Saddle River, NJ: Prentice Hall.

Hendrick, J. (1998, November 21). *Thinking about thinking: Fostering mental development in young children in appropriate ways.* Conference presentation at the national conference of the National Association for the Education of Young Children,Toronto, Canada.

Hess, R. D., & Shipman,V. C. (1966). Early experience and the socialization of cognitive modes in children. *Child Development, 28.4,* 221–257.

Hildebrandt, C. (1998, November). Creativity in music and early childhood. *Young Children, 53*(6), 41–53.

Hillerich, R. L. (1976, February).Toward an accessable definition of literacy. *The English Journal, 65,* 29–31.

Hirsch, E. (1987). *Cultural literacy:What every American needs to know.* Boston: Houghton Mifflin.

Hirsch, E. D., Jr., (2004, February 25). Many Americans can read but can't comprehend. *USA Today,* p. 13A.

Hodges, D. (1996). Neuromusical research. In *Handbook of music psychology* (2nd ed.). San Antonio, NM: IMP Press.

Hofferth, S. C. (1998). *Healthy environments, healthy children: Children in families.* Ann Arbor, MI: University of Michigan Institute for Social Research.

Holdaway, D. (1979). *The foundations of literacy.* New York: Ashton Scholastic.

Holdaway, D. (1991). Shared book experience: Teaching reading using favorite books. In C. Kamii, M. Manning, & G. Manning (Eds.),

Early literacy: A constructivist foundation for whole language (pp. 91–110).Washington, DC: National Education Association of the United States.

Holmes, D. L., & Morrison, F. J. (1979). *The child.* Monterey, CA: Brooks/Cole.

Honig, A. S. (1981, November).What are the needs of infants? *Young Children, 36.5,* 38–41.

Honig, A. S. (1995, July). Singing with infants and toddlers. *Young Children, 50*(5), 71–78.

Honig, A. S. (1999, March). The amazing brain. *Scholastic Early Childhood Today, 13*(6), 17–22.

Honig,W. (1988, October 14). In A.Watson (Ed.), Dick and Jane meet the classics. *San Jose Mercury News,* p. 4L.

Hostetler, A. J. (1988, July).Why baby cries: Data may shush skeptics. *The APA Monitor, 19.7,* 27–32.

Hostetler, M. (2000, January).We help our children create books. *Young Children, 55*(1), 28–32.

Hough, R. A., Nurss, J. R., & Goodson, M. S. (1984). Children in day care: An observational study. *Child Study Journal, 14.1,* 33–41.

Howard, S., Shaughnessy, A., Sanger, D., & Hux, K. (1998, May). Lets talk! Facilitating language in early elementary school classrooms. *Young Children, 53*(3), 34–39.

Howarth, M. (1989, November). Rediscovering the power of fairy tales. *Young Children, 45*(1), 58–59.

Howell,W. G., & Casserly, M. (2004, Summer). Where the rubber meets the road. *Education Next, 4*(3), 25.

Howes, C., Smith, E., & Galinsky, E. (1995). *Florida quality improvement study: Interim report.* New York: Families and Work Institute.

Huck, C. S. (1992, November). Literacy and literature. *Language Arts, 69*(7), 520–526.

Huck, C. S., Hepler, S., & Hickman, J. (1993). *Children's literature in the elementary school* (5th ed.). New York: Holt.

Huey, E. B. (1908). *The psychology and pedagogy of reading.* New York: Macmillan.

Hunt,T., & Renfro, N. (1982). *Puppetry in early childhood education.* Austin,TX: Renfro Studios.

Hunter,T. (2000, May). Some thoughts about sitting still. *Young Children, 55*(3), 29–34.

Hunter,T. (2003, May).What about Mr. Baker? *Young Children, 58*(3), 77.

Hurlock, E. B. (1972). *Child development.* New York: McGraw-Hill.

Hutinger, P. L. (1978, Spring). Language development: It's much more than a kit. *Day Care and Early Education, 5.2,* 44–47. *The Idaho Statesman.* (1999, June 9). Poor daycare hurts kids language, math skills, study says. *The Idaho Statesman,* p. 4A.

Ingram, D. (1995). The cultural basis of prosodic modifications to infants and children: A response to Fernald's universalist theory. *Journal of Child Language, 22,* 52–64.

International Reading Association. (2003). *Standards for reading professionals.* Newark, DE: Author.

International Reading Association & The National Association for the Education of Young Children. (1999). *Learning to read and write: Developmentally appropriate practices for young children.*Washington, DC: National Association for the Education of Young Children.

International Visual Literacy Association. (2004). Retrieved July 23, 2004, from http://www.ivla.com Invernizzi, M. A. (2003). The complex world of one-onone tutoring. In S. B. Neuman & D. K. Dickinson (Eds.), *Handbook of early literacy research* (pp. 459–470). New York: The Guilford Press.

Itzkoff, S. (1986). *How we learn to read.* New York: Paideia Publishers.

Jacobs, N. L., & Eskridge, B. J. (1999, September). Teacher memories: Support or hindrance to good practice? *Young Children, 54*(5), 64–67.

Jaffe, N. (1992). Music in early childhood. In A. Mitchell & J. David (Eds.), *Explorations with young children* (pp. 215–228). Mt. Rainier, MD: Gryphon House.

Jaggar, A. (1980). Allowing for language differences. In G. S. Pinnell (Ed.), *Discovering language with children* (pp. 25–28). Urbana, IL: National Council of Teachers of English.

Jalongo, M. (1996, January).Teaching young children to become better listeners. *Young Children, 51*(2), 21–26.

James, J.Y., & Kormanski, L. M. (1999, May). Positive intergenerational picture books for young children. *Young Children, 54*(3), 37–43.

Jenkins, E. C. (1973). Multi-ethnic literature: Promise and problems. *Elementary English, 31.6,* 17–26.

Jewell, M. G., & Zintz, M.V. (1986). *Learning to read naturally.* Dubuque, IA: Kendall/Hunt.

Johnson, K. (1987). *Doing words.* Boston, MA: Houghton Mifflin.

Johnston, P., & Rogers, R. (2002). Early literacy development: The case for "informed assessment." In S. Neuman & D. Dickinson (Eds.), *Handbook of early literacy research* (pp. 377–389). New York: The Guilford Press.

Jones, E., & Nimmo, J. (1994). *Emergent curriculum.* Washington, DC: National Association for the Education of Young Children.

Jones, J. (2004, January). Framing the assessment discussion. *Young Children, 59*(1), 14–19.

Jones, R. (1996). *Emerging patterns of literacy. A multidisciplinary perspective.* London: Routledge.

Jusczyk, P.W. (1997, September 26). Quote in P. Recer,. Scientists:Word recognition starts in crib. *The Idaho Statesman,* 3A.

Kagan, J. (1971). *Change and continuity.* New York: John Wiley & Sons.

Kaiser Family Foundation Family Survey. (2003). Menlo Park, CA: Kaiser Family Foundation. Retrieved October 26, 2004, from http://www. kff.org Kamii, C., Manning, M., & Manning, G. (Eds.). (1991). *Early literacy: A constructivist foundation for whole language* (pp. 9–16).Washington, DC: National Education Association of the United States.

Kantrowitz, B. (1997, Spring/Summer). Off to a good start [Special Edition]. *Newsweek,* pp. 5–8.

Kantrowitz, B. (2000, Fall/Winter). 21st century babies. [Special Edition]. *Newsweek,* pp. 4–7.

Kasten,W., Lolli, E., & Vander Wilt, J. (1998). Common roots and threads: Developmentally appropriate practice, whole language, and continuous progress. *Literacy Teaching and Learning, 3*(2), 19–40.

Katz, L., & Chard, S. (1989). *Engaging children's minds: The project approach.* Norwood, NJ: Ablex.

Kay, J. (1996, April 12). Therapy helps stutterers speak out. *The Idaho Statesman,* p. 2D.

Kaye, K. (1979). Thickening thin data: The maternal role in developing communication and language. In M. Bullowa (Ed.), *Before speech* (pp. 191–206). London: Cambridge University Press.

Kelly,M. (1985, September 4). At 4, reading shouldn't be an issue. *San Jose Mercury News,* p. 16E.

Kindler, A. (2002). *Survey of the states' limited English proficient students and available educational programs and services 2000-2001, summary report.*Washington DC: National Clearinghouse for English Language Acquisition.

King, M. L. (1985). Language and language learning for child watchers. In A. Jaggar & M.T. Smith-Burke (Eds.), *Observing the language learner* (pp. 19–38). Newark, DE: International Reading Association, and Urbana, IL: National Council of Teachers of English (co-publishers).

Kirk, E.W. (1998, November). My favorite day is "story day." *Young Children, 53*(6), 44–54.

Kitano, M. (1982, May).Young gifted children: Strategies for preschool teachers. *Young Children, 37.4,* 29–31.

Klaus, M. H., & Klaus, P. H. (1985). *The amazing newborn.* Menlo Park, CA: Addison-Wesley.

Klein, A., & Starkey, P. (2000, February 17). In S. Steffens (Ed.), Preschool years give children the building blocks for learning. *San Jose Mercury News,* p. 1A.

Kletzien, S. B., & Szabo, R. J. (1998, December 5). *Informational text or narrative text?*

Children's preferences revisited. Paper presented at the National Reading Conference, Austin,TX.

Kneas, K. M. (1999, March). Finding a place for computers. *Scholastic Early Childhood Today, 13*(6), 38–45.

Koc, K., & Buzzelli, C. A. (2004, January). The moral of the story is . . . : Using children's literature in moral education. *Young Children, 59*(1), 92–96.

Kontos, S., & Wilcox-Herzog, A. (1997, January). Teacher interactions with children:Why are they so important? *Young Children, 52*(4), 4–12.

Koons, K. (1986, May). Puppet plays. *First Teacher, 7.5,* 56–64.

Kotulak, R. (1996). *Inside the brain: Revolutionary discoveries of how the mind works.* Kansas City, MO: Andrews and McMeel.

Kranyik, M. A. (1986, May). Acting without words. *First Teacher, 7.5,* 65–71.

Kupetz, B. N., & Green, E. J. (1997, January). Sharing books with infants and toddlers: Facing the challenges. *Young Children, 52*(2), 22–27.

Lair, J. (1985). *I ain't much baby but I'm all I got.* New York: Fawcett.

Lally, J. R. (1997). Curriculum and lesson planning: A responsive approach. Unpublished manuscript. Sausalito, CA:West Ed.

Lancy, D. F., & Bergin, C. (1992, April 20). *The role of parents in supporting beginning reading.* Paper presented at the annual meeting of the American Research Association, San Francisco.

Landreth, C. (1972). *Preschool learning and teaching.* New York: Harper and Row.

Langer, J. A. (1992). Rethinking literature instruction. In J. A. Langer (Ed.), *Literature instruction* (pp. 35–53). Urbana, IL: National Council of Teachers of English.

Langer, J. A., & Applebee, A. N. (1986). In E. Z. Rothkopt (Ed.), Reading and writing instruction:Toward a theory of teaching and learning. *Review in Education, 13,* 171–194.

Lapinski, S. (1996, May). Signs of intelligence. *Child, 11*(4), 46–51.

Larrick, N. (1965, September 11). The all-white world of children's books. *Saturday Review,* pp. 63–65.

Leads, D. (2003, January 15). . . . four-year-olds ask questions. *Bottom Line, 24*(2), 9.

Lee, L. L. (1970). The relevance of general semantics to development of sentence structure in children's language. In L.Thayer (Ed.), *Communication: General semantics perspectives.* New York: Spartan Books.

Lenneberg, E. H. (1971). The natural history of language. In J. Eloit (Ed.), *Human development and cognitive processes* (pp. 200–225).Toronto: Holt, Rinehart, and Winston.

Lentz, K. A., & Burris, N. A. (1985, January/February). How to make your own books. *Childhood Education, 37.5,* 199–202.

Leu, D. J. (1997, September). Exploring literacy on the Internet. *The Reading Teacher, 51*(1), 62–67.

Lindfors, J.W. (1985). Oral language learning. In A. Jaggar & M.T. Smith-Burke (Eds.), *Observing the young language learner* (pp. 41–56). Newark, DE: International Reading Association, and Urbana, IL: NCTE (co-publishers).

Lloyd-Jones, L. (2002). Relationships as curriculum. *Head Start Bulletin, 73,* 10–12.

Locke, J. (1974). *An essay concerning human understanding.* Oxford, UK:The Clarendon Press.

Love, J. M. (2003). Instrumentation for state readiness assessment: Issues in measuring children's early development and learning. *Assessing the State of State Assessments: Special Report.* Greensboro, NC:The Regional Education Laboratory at SERVE.

Lundberg, I., Frost, J., & Peterson, O. (1988). Effects of an extensive program for stimulating phonological awareness in preschool children. *Reading Research Quarterly, 23,* 264–284.

Lundgren, D., & Morrison, J.W. (2003, May). Involving Spanish-speaking families in early education programs. *Young Children, 58*(3), 88–95.

Lunt, I. (1993). The practice of assessment. In H. Daniels (Ed.), *Charting the agenda: Educational activity after Vygotsky* (pp. 141–162). New York: Routledge.

Lynch, E.W., & Hanson, M. J. (1998). *Developing crosscultural competence: A guide for working with young children and their families.* Baltimore, MD: Brookes.

Lynch-Brown, C., & Tomlinson, C. (1998). Children's iterature past and present: Is there a future? *Peabody Journal of Education, 73*(3), 228–252.

Lyons, C. A. (1999a). Emotions, cognition, and becoming a reader: A message to teachers of struggling learners. *Journal of Early Reading and Writing, 4*(1), 67–87.

Lyons, C. A. (1999b). Letter learning in the early childhood classroom. In I. Fountas & G. S. Pinnell (Eds.), *Voices on word matters: Learning about phonics and spelling in the literacy classroom* (pp. 197–211). Portsmouth, NH: Heinemann.

MacDonald, M. D. (1992). Valuing diversity. In A. Mitchell & J. David (Eds.), *Explorations with young children* (pp. 103–120). Mt Rainier, MD: Gryphon House.

MacDonald, M. R. (1993). *The storyteller's start-up book: Finding, learning, performing and using folktales.* Little Rock, AR: August House Publishers.

MacDonald, M. R. (1995). *Bookplay: 101 creative themes to share with young children.* New Haven, CT: The Shoe String Press.

MacDonald, M. R. (1996). Quoted in Mooney, B., & Holt, D. *The storyteller's guide.* Little Rock, AR: August House Publishers.

Machado, J. (1989, April 18). Recorded observation notes. Busy Bee Children's Center. Santa Clara, CA.

Machado, J., & Botnarescue, H. (2005). *Student teaching: Early childhood practicum guide.* Clifton Park, NY: Thomson Delmar Learning.

Mallan, K. (1994). "Do it again, Dwayne": Finding out about children as storytellers. In A. Trousdale, C. Woestehoff, & M. Schwartz (Eds.), *Give a listen* (pp. 13–18). Urbana, IL: National Council of Teachers of English.

Marcon, R. A. (1992). Differential effects of three preschool models on inner-city 4-year-olds. *Early Childhood Research Quarterly, 7,* 517–530.

Marcon, R. A. (1999, March). Differential impact of preschool models on development and early learning of inner-city children: A three-cohort study. *Developmental Psychology, 35*(2), 358–375.

Martens, P. A. (1999, Fall/Winter). "Mommy, how do you write 'Sarah'?": The role of name writing in one child's literacy. *Journal of Research in Childhood Education, 14*(1), 5–14

Martinez, M., & Roser, N. (1985). Read it again: The value of repeated readings during storytime. *The Reading Teacher, 38,* 782–786.

Martinez, N., & Johnson, M. (1987, September 22). Read aloud to give kids the picture. *San Jose Mercury News,* p. 4L.

Masataka, N. (1992, June). Pitch characteristics of Japanese maternal speech to infants. *Journal of Child Language, 19*(2), 213.

Masataka, N. (1993). Effects of contingent and noncontingent maternal stimulation on the vocal behavior of three-to-four-month-old Japanese infants. *Journal of Child Language, 20,* 40–57.

Mason, J. M. (1980). When do children begin to read: An exploration of four-year-old children's letter and word reading competencies. *Reading Research Quarterly, 15,* 203–227.

Mason, J. M., Herman, P. A., & Au, K. H. (1992). Children's developing knowledge of word. In J. Flood, J. M. Jensen, D. Lapp, & J. R. Squire (Eds.), *Handbook of research on teaching English language arts* (pp. 721–730). New York: Macmillan.

Mavrogenes, N. A. (1990, May). Helping parents help their children become literate. *Young Children, 45*(4), 4–9.

McCarrier, A., Pinnell, G. S., & Fountas, I. C. (2000). *Interactive writing: How language and literacy come together, K-2.* Portsmouth, NH: Heinemann.

McClelland, M. M., Morrison, F. J., & Holmes, D. L. (2000). Children at risk for early academic problems: The role of learning-related social skills. *Early Childhood Research Quarterly, 15*(3), 307–329.

McCord, S. (1995). *The storybook journey: Pathways to literacy through story and play.* Columbus, OH: Merrill.

McDonald, D.T., & Simons, G. M. (1989). *Musical growth and development.* New York: Schirmer Books.

McGee, L. M. (2003a). Book acting: Storytelling and drama in the early childhood classroom. In D. M. Barone & L. M. Morrow (Eds.), *Literacy and young children: Research-based practices* (pp. 157–172). New York: The Guilford Press.

McGee, L. M. (2003b, Summer). The influence of Early Reading First on High/Scope's preschool reading instruction. *High Scope Resource, 22*(2), 24–25.

McGhee, P. (1979). *Humor: Its origins and development.* San Francisco: Freeman.

McKenzie, M. G. (1985). Classroom contexts for language and literacy. In A. Jaggar & M.T. Smith-Burke (Eds.), *Observing the language learner* (pp. 233–249). Newark, DE: International Reading Association, and Urbana, IL: NCTE (co-publishers).

McLane, J. B., & McNamee, G. D. (1990). *Early literacy.* Cambridge, MA: Harvard University Press.

McMullen, M. B. (1998, May). Thinking before doing. *Young Children, 53*(3), 65–70.

Meers, H. J. (1976). *Helping our children talk.* New York: Longman Group.

Meier, D. R. (2004). *The young child's memory for words.* New York:Teachers College Press.

Miller, J. (1990, November). Three-year-olds in their reading corner. *Young Children, 46*(1), 51–54.

Miller, J.W. (1998). Literacy in the 21st century: Emergent themes. *Peabody Journal of Education, 73*(3 & 4), 1–14.

Miller, K. (1987, August/September). Room arrangement. *Pre-K Today, 2.1,* 28–33.

Miller, P. J., & Mehler, R. A. (1994). The power of personal storytelling in families and kindergartens. In A. H. Dyson & C. Genishi (Eds.), *The need for story: Cultural diversity in classroom and community* (pp. 38–71). Urbana, IL: National Council of Teachers of English.

Miller, S. A. (2001, November/December).Why children like what they like. *Early Childhood Today, 16*(3), 39‑40.

Mody, M., Schwartz. R., Gravel, J., & Ruben, R. (1999, October). Speech perception and verbal memory in children with and without histories of otitis media. *Journal of Speech, Language, and Hearing Research, 42*(5), 1069–1077.

Montessori, M. (1967a). *The absorbent mind.* New York: Holt, Rinehart, and Winston.

Montessori, M. (1967b). *The discovery of the child.* New York: Holt, Rinehart, and Winston.

Moon, J. (1996, October). *Focus on the year 2000, CACEI.* Keynote address given at the Fall Study Conference at California State University-Hayward,Walnut Creek, CA.

Mooney, B., & Holt, D. (1996). *The storyteller's guide.* Little Rock, AR: August House Publishing.

Moore, B. (1985). *Words that taste good.* Markham, Ontario: Pembroke.

Morphett, M.V., & Washburne, C. (1931). When should children begin to read? *Elementary School Journal, 31,* 496–508.

Morrow, L. M. (1988).Young children's responses to one-to-one story readings in school settings. *Reading Research Quarterly, 23,* 89–107.

Morrow, L. M. (1989). *Literacy development in the early years. Helping children read and write.* Englewood Cliffs, NJ: Prentice Hall.

Morrow, L. M. (1990). Assessing children's understanding of story through their construction and reconstruction of narrative. In L. Morrow & J. Smith (Eds.), *Assessment for instruction in early literacy* (pp. 408–431). Englewood Cliffs, NJ: Prentice Hall.

Morrow, L. M., & Asbury, E. (2003). Current practices in early childhood literacy development. In L. M. Morrow, L. B. Gambrell,

& M. Pressley (Eds.), *Best practices in literacy instruction* (pp. 43–63). New York: The Guilford Press.

Morrow, L. M., Burks, S., & Rand, M. (1992). *Resources in early literacy development.* Newark, DE: International Reading Association.

Morrow, L. M.,Tracey, D. H.,Woo, D. G., & Pressley, M. (1999). Characteristics of exemplary first grade literacy instruction. *Reading Teacher, 52,* 462–476.

Moustafa, M. (1998). Reconceptualizing phonics instruction. In C.Weaver (Ed.), *Reconsidering a balanced approach to reading* (pp. 380–401). Urbana, IL: National Council of Teachers of English.

Muenchow, S. (2003). A risk management approach to readiness assessment. *Assessing the State of State Assessments: Special Report.* Greensboro, NC:The Regional Education Laboratory at SERVE.

Murphy, J. C. (2003, November). Case studies in African American school success and parenting behaviors. *Young Children, 58*(6), 85–89.

Nash, J. M. (1997, February 3). Fertile minds. *Time, 149*(5), 48–56.

National Assessment of Educational Progress. (1995). *The NAEP reading: A first look—Findings from the National Assessment of Educational Progress.*Washington, DC: U.S. Government Printing Office.

National Association for the Education of Young Children. (1996, January). Position statement: Responding to linguistic and cultural diversity—Recommendations for effective early childhood education. *Young Children, 51*(2), 4–12.

National Association for the Education of Young Children, and the International Reading Association. (1998, July). Learning to read and write: Developmentally appropriate practice for young children. A position statement. *Young Children, 53*(4), 30–46.

National Association for the Education of Young Children and the National Association of Early Childhood Specialists in State Departments of Education. (2003, November). *Early childhood curriculum, assessment, and program evaluation.* Position Statement Summary. Paper presented at National Association for the Education of Young Children Annual Conference. Chicago: Authors.

National Association for Hearing and Speech Action (NAHSA). (1985). *Recognizing communication disorders.* Rockville, MD: NAHSA.

National Association for Hearing and Speech Action (NAHSA). (2000). *What do you hear?* Rockville, MD: NAHSA.

National Council of Teachers of English. (1994). *Emerging literacy* [Brochure]. Urbana, IL: National Council of Teachers of English.

National Reading Panel. (2000). *Teaching children to read: An evidence-based assessment of the scientific research literature on reading and its implications for reading instruction* (NIH Publication No. 00-4769).Washington, DC: National Institute of Child Health and Human Development.

National Reading Panel Report. (2000). *Teaching children to read.*Washington, DC: National Institute of Child Health and Human Development.

National Research Council. (1998). *Preventing reading difficulties in young children.* Washington, DC: National Academy Press.

National Research Council. (2000). *How people learn: Brain, mind, experience and school.* Washington, DC: National Academy Press.

Neergaard, L. (2004, June 8). New guidelines call for vision screening for preschoolers. *The Idaho Statesman.* p. 1.

Nelson, K. (1985). *Making sense:The acquisition of shared meaning.* New York: Academic Press.

Nelson, K., & Shaw, L. (2002). Developing a socially shared symbolic system. In E. Amsel & J. Byrnes (Eds.), *Language, literacy and cognitive development: The development and consequences of symbolic communication* (pp. 27–57). Mahwah, NJ: Erlbaum.

Nelson, M. A. (1972). *Children's literature.* New York: Holt, Rinehart, and Winston.

Neugebauer, O. (1981). *On language*. Boston: Preston Books.

Neuman, S., Copple, C., & Bredekamp, S. (1999). *Learning to read and write: Developmentally appropriate practices for young children*. Washington, DC: National Association for the Education of Young Children.

Neuman, S. B. (1999, November). *Study finds quality book gap for very young children: Children in low income families bear the brunt* [Unpublished study]. Center for the Improvement of Early Reading Achievement.

Neuman, S. B., & Roskos, K. (1990). Influence of literacy enriched play settings on preschoolers' engagement with written language. In S. McCormick & J. Zutell (Eds.), *Literacy theory and research: Analyses from multiple paradigms* (pp. 179–187). Chicago: National Reading Conference.

Neuman, S. B., & Roskos, K. (1992, November 3). Literacy objects as cultural tools: Effects on children's literacy behaviors in play. *Reading Research Quarterly, 27*, 203–225.

Neuman, S. B., & Roskos, K. A. (1993). *Language and literacy learning in the early years: An integrated approach*. New York: Holt, Rinehart and Winston.

New, R. S. (2002). Early literacy and developmentally appropriate practice: Rethinking the paradigm. In S. Neuman & D. Dickinson (Eds.), *Handbook of early literacy research* (pp. 245–262). New York: The Guilford Press.

Newkirk, T. (1989). *More than stories: The range of children's writing*. Portsmouth, NH: Heinemann.

Newson, J. (1979). The growth of shared understandings between infant and caregiver. In M. Bullowa (Ed.), *Before speech* (pp. 207–222). London: Cambridge University Press.

Nichols, R. (1984). Factors in listening comprehension. *Speech Monographs, 15,* 154–163.

Nicolopoulou, A., Scales, B., & Weintraub, J. (1994). Gender differences and symbolic imagination in stories of four-year-olds. In A. H. Dyson & C. Genishi (Eds.), *The need for story* (pp. 102–123). New York: National Council of Teachers of English.

Noori, K. (1996, March). Writing my own script: Pathways to teaching. *Young Children, 51*(3), 17–19.

Norton, D. E. (1983). *Through the eyes of a child*. Columbus, OH: Charles E. Merrill.

Norton, D. E. (1993). *The effective teaching of language arts*. New York: Macmillan.

Ohl, J. (2002, Fall). Linking child care and early literacy: Building the foundation for success. *Child Care Bulletin, 27*, 1–4.

Okagaki, L., & Diamond, K. (2000, May). Responding to cultural and linguistic differences in the beliefs and practices of families with young children. *Young Children, 55*(3), 47–55.

Okagaki, L., & Sternberg, R. (1993). Parental beliefs and children's school performance. *Child Development, 64,* 37–41, 84–93.

Oken-Wright, P. (1988, January). Show-and-tell grows up. *Young Children, 43.2,* 52–63.

O'Leary, C., Newton, J., Lundz, B., Hall, M., O' Connell, K., Raby, C., & Czarnecka, M. (2002, June 1–4). Visual Communication Group. ACM SIGGRAPH Workshop. Snowbird, UT.

Opitz, M. (2000). *Rhymes and reasons: Literature & language play for phonological awareness*. Portsmouth, NH: Heinemann.

O'Rourke, S. (1990). Personal communication, September 1988. In J. M. Healy (Ed.), *Endangered minds: Why children don't think and what we can do about it*. New York: Simon & Schuster.

Ornstein, R., & Sobel, D. (1987). *The healing brain*. New York: Simon & Schuster.

Owens, C.V. (1999, September). Conversational science 101A: Talking it up! *Young Children, 54*(5), 4–9.

Padron, Y. N., Waxman, H. C., & Rivera, H. H. (2002, August). Educating Hispanic students: Effective instructional practices. *Practitioners Brief #5*. Santa Cruz, CA: Center for Research on Education, Diversity and Excellence, University of California.

Paley,V. (1981). *Wally's stories*. Cambridge, MA: Harvard University Press.

Paley,V. (1990). *The boy who would be a helicopter:The use of story telling in the classroom.* Cambridge, MA: Harvard University Press.

Paley,V. (1994). Princess Annabella and the black girls. In A. H. Dyson & C. Genishi (Eds.), *The need for story: Cultural diversity in classroom and community* (pp. 145–154). Urbana, IL: National Council of Teachers of English.

Pan, B. A., & Gleason, J. B. (1997). Semantic development: Learning the meanings of words. In J. Gleason (Ed.), *The development of language* (4th ed., pp. 311–331). Boston: Allyn and Bacon.

Papadaki-D'Onofrio, E. (2003, September/ October). Bilingualism/multilingualism and language acquisition theories. *Child Care Information Exchange, 153,* 46–50.

Parents As Teachers. (1986). *Parents As Teachers program planning and implementation guide.* Jefferson City, MO: Missouri Department of Elementary and Secondary Education.

Pellegrini, A., & Galda, L. (1982). The effects of thematic fantasy play training on the development of children's story comprehension. *American Educational Research Journal, 19,* 443–452.

Perry, B. (2000, November/December). How the brain learns best: Easy ways to gain optimal learning in the classroom by activating different parts of the brain. *Instructor, 110*(4), 34–35.

Perry, J. (2000, February 17). In S. Steffens (Ed.), Preschool years give children the building blocks for learning. *San Jose Mercury News,* p. 1A.

Peterson, M. E., & Haines, L. P. (1998). Orthographic analogy training with kindergarten children. In C.Weaver (Ed.), *Reconsidering a balanced approach to reading* (pp. 94–111). Urbana, IL: National Council of Teachers of English.

Peterson, R.W. (1994). School readiness considered from a neuro-cognitive perspective. *Early Education and Development, 5*(2), 19–31.

Piaget, J. (1952). *The language and thought of the child.* London: Routledge and Kegan Paul.

Piaget, J. (1970). *Science of education and the psychology of the child.* New York: Orion.

Piaget, J., & Inheldder, B. (1969). *The psychology of the child.* New York: Basic Books.

Pica, R. (1997, September). Beyond physical development: Why young children need to move. *Young Children, 52*(6), 4–11.

Pick, A. (1986, August). In C. Garcia-Barrio (Ed.), Listen to the music! *American Baby, 48*(8), 46, 67–69.

Pines, M. (1983, November). Can a rock walk? *Psychology Today, 39.11,* 46–50, 52, 54.

Pinnell, G., & Jaggar, A. M. (1992). Oral language: Speaking and listening in the classroom. In J. Flood J. M. Jensen, D. Lapp, & J. R. Squire (Eds.), *Handbook of research in teaching English language arts* (pp. 691–720). New York: Macmillan.

Pinnell, G. S. (1999).Word solving. In I. Fountas & G. S.

Pinnell (Eds.), *Voices on word matters: Learning about phonics and spelling in the literacy classroom* (pp. 151–186).

Portsmouth, NH: Heinemann.

Polkarnees,W. (1972). *All mirrors are magic mirrors.* New York: The Green Tiger Press.

Poole, C. (1999, March).You've got to hand it to me! *Scholastic Early Childhood Today, 13*(6), 34–39.

Powell, R. E. (1992, September). Goals for language arts program:Toward a democratic vision. *Language Arts, 69,* 342–343.

Pressley, M., Rankin, J. L., & Yokoi, L. (1996). A survey of instructional practices of primary teachers nominated as effective in promoting literacy. *Elementary School Journal, 96,* 363–384.

Putnam, L. (1991, October). Dramatizing nonfiction with emerging readers. *Language Arts, 68*(6), 463–469.

Putnam, L. R. (1994, September). Reading instruction: What do we know that we didn't know thirty years ago? *Language Arts, 71*(5), 362–366.

Quindlen, A. (2001, February 12). Building blocks for every kid. *Newsweek,* p. 68.

Raines, S., & Isbell, R. (1994). *Stories: Children's literature in early education.* Clifton Park, NY: Thomson Delmar Learning.

Rauscher, F. H. (2003, September). Can music instruction affect children's cognitive development? *ERIC Digest,* EDO-PS-03-12.

Raver, C., & Knitzer, J. (2002). *Ready to enter: What research tells policymakers about strategies to promote social and emotional school readiness among three- and fouryear-old children.* New York: National Center for Children in Poverty.

Raver, C. C. (2003, July).Young children's emotional development and school readiness. *ERIC Digest,* EDOPS-03-8.

Raymond, J. (2000, Fall/Winter). Kids, start your engines [Special Edition]. *Newsweek,* 8–11.

Reading Today. (2004, December/2005, January). New report: State are narrowing achievement gaps and raising achievement, but not fast enough. *Reading Today, 22*(3), 4.

Renzulli, J. (1986, October). Interview quote in Alvino, J. Guiding your gifted child. *American Baby, 48*(10), 54, 57–58.

Reznick, J. S. (1996, December 10). In M. Elias (Ed.), Talking doesn't indicate tot's progress study finds. *The Idaho Statesman,* p. D2.

Rhodes, L. K. (1981, February). I can read! Predictable books as resources for reading and writing instruction. *The Reading Teacher, 34,* 511–518.

Riley, J. (1996). *The teaching of reading.* London: Paul Chapman.

Riley, R. (1999, June 9). Poor day care hurts kid's language, math skills, study says. *The Idaho Statesman,* p. 4A.

Rivers, K. (1996, November 24). Once upon a time. *Orlando Sentinel,* Florida Supplement.

Robertson, S. B., & Weismer, S. E. (1999, October). Effects of treatment on linguistic and social skills in toddlers with delayed language development. *Journal of Speech, Language, and Hearing Research, 42,* 1234–1248.

Robisson, H. F. (1983). *Exploring teaching in early childhood education.* Boston: Allyn and Bacon.

Rock, A.,Trainor, L., & Addison,T. (1999, March). Distinctive messages in infant-directed lullabies and play sounds. *Developmental Psychology, 35*(2), 527–534.

Rones, N. (2004, August). Listen to this. *Parents,* pp. 167–168.

Roskos, K., & Christie, J. (2001, May). On not pushing too hard: A few cautionary remarks about linking literacy and play. *Young Children, 56*(37), 64–66.

Rothbaum, F., Grauer, A., & Rubin, D. (1997, September). Becoming sexual: Differences between child and adult sexuality. *Young Children, 52*(6), 22–28.

Rouseau, J. J. (1947). L'Emile ou l'education. In O. E. Tellows & N. R.Tarrey (Eds.), *The age of enlightenment.* New York: F. S. Croft.

Rowley, R. (1999, July). A visiting puppet. Caregivers' corner. *Young Children, 54*(4), 21.

Rubin, K. H., & Coplan, R. J. (1998). Social and nonsocial play in childhood: An individual differences perspective. In O. N Saracho & B. Spodek (Eds.), *Multiple perspectives on play in early childhood* (pp. 144–170). Albany: State University of New York Press.

Rubin, R. R., & Fisher, J. J. (1982). *Your preschooler.* New York: Macmillan.

Ruddell, R. B., & Ruddell, M. R. (1995). *Teaching children to read and write: Becoming an influential teacher.* Boston: Allyn and Bacon.

Rusk, R., & Scotland, J. (1979). *Doctrines of the great educators.* New York: St. Martin's Press.

Sachs, J. (1997). Communication development in infancy. In J. Gleason (Ed.), *The development of language* (4th ed., pp. 261–282). Boston: Allyn and Bacon.

Saltz, E., & Johnson, J. (1974).Training for thematicfantasy play in culturally disadvantaged children. Preliminary results. *Journal of Educational Psychology, 66,* pp. 623–630.

Sanders, N. (1966). *Classroom questions: What kind?* New York: Harper & Row.

Saville-Troike, M. (1978). *A guide to culture in the classroom.* Rosslyn, VA: National Clearinghouse for Bilingual Education.

Sawyer, D. (1969). *The way of the storyteller.* New York: Viking.

Schickedanz, J. A. (1982). The acquisition of written language in young children. In B. Spodek (Ed.), *Handbook of research in early childhood education.* New York: The Free Press.

Schickedanz, J. A. (1986). *More than the ABCs: The early stages of reading and writing.* Washington, DC: National Association for the Education of Young Children.

Schickedanz, J. A. (1989, August/September). What about preschoolers and academics? *Reading Today, 7*(1), 24.

Schickedanz, J. A. (1993). Designing the early childhood classroom environment to facilitate literacy development. In B. Spodek & O. Saracho (Eds.), *Language and literacy in early childhood education* (pp. 141–145). New York: Teachers College Press.

Schickedanz, J. A. (1999). Written language use within the context of young children's symbolic play. *Early Childhood Research Quarterly, 4,* 225–244.

Schickendanz, J. A. (2003). Engaging preschoolers in code learning. In D. M. Barone & L. M. Morrow (Eds.), *Literacy and young children: Research-based practices* (pp. 121–139). New York: The Guilford Press.

Schimmel, N. (1978). *Just enough to make a story.* Berkeley, CA: Sister's Choice Press.

Schmidt, S. (1991). Interview. Busy Bee Children's Center.

Santa Clara, CA.

Schnur, J., Lowrey, M. A., & Brazell, W. (1985). *A profile of the precocious reader.* Hattiesburg, MI: University of Southern Mississippi, College of Education and Psychology.

Schomberg, J. (1993, May). Messages of peace. *Book Links, 3*(1), 9–11.

Schrader, C. (1989). Written language use within the context of young children's symbolic play. *Early Childhood Research Quarterly, 4,* 225–244.

Schulz, R. (1999). Stories, readers, and the world beyond books. In L. Reid and J. N. Golub (Eds.), *Classroom practices in teaching English* (pp. 27–34), Urbana, IL: National Council of Teachers of English.

Schwartz, S. (1980, February). The young gifted child. *Early Years, 11.5,* 55–62.

Segal, M. (1987, October). Should superheroes be expelled from preschool? *Pre-K Today, 1.8,* 37–45.

Self, F. (1987, January). Choosing for children under three. *CBC Features, 41.4,* 2–3.

Shanahan, T. (2004, November 12). Laying the groundwork for literacy: The National Early Literacy Panel synthesis for research on early literacy education. Conference presentation. National Association for the Education of Young Children Annual Conference. Anaheim, CA.

Shanahan, T., & Barr, R. (1995). Reading Recovery: An independent evaluation of the effects of early instructional intervention for at-risk learners. *Reading Research Quarterly, 30,* 58–69.

Sheldon, A. (1990, January). Kings are royaler than queens: Language and socialization. *Young Children, 45.2,* 4–9.

Sherwin, A. (1987, Spring). Your baby at 12 months. *The Beginning Years, 11*(7), 27–30.

Shore, R. (1997). *Rethinking the brain.* New York: Families and Work Institute.

Sierra, J., & Kaminski, R. (1989). *Twice upon a time: Stories to tell, retell, act out and write about.* Bronx, NY: The H.W. Wilson Co.

Sigel, I. E. (1982). The relationship between distancing strategies and the child's cognitive behavior. In L. M. Laosa & I. E. Sigel (Eds.), *Families—Research and practice: Vol. 1. Families as learning environments for children* (pp. 47–86). New York: Plenum.

Singhal, J. (1999, March). Tuning in to the musical brain. *Bay Area Parent, 16*(12), 21–23.

Sivulich, S. S. (1977). Strategies for presenting literature. In B.E. Cullinan & C.W. Carmichael (Eds.), *Literature and young children* (pp. 120–129). Urbana, IL: National Council of Teachers of English.

Skarpness, L. R., & Carson, D. K. (1987, December). Correlates of kindergarten adjustment:Temperament and communicative competence. *Early Childhood Research Quarterly, 2.4,* 215–229.

Slavin, R. E., Karweit, N. L., & Wasik, B. A. (1994). *Preventing early school failure: Research, policy, practice.* Boston: Allyn and Bacon.

Sloane, G. L. (1942). *Fun with folk tales.* New York: Dutton.

Slobin, D. I. (1971). *Psycholinguistics.* Glenview, IL: Scott, Foresman.

Smilansky, S. (1968). *The effects of sociodramatic play on disadvantaged preschool children.* New York: Wiley.

Smilansky, S., & Shefatya, L. (1990). *Facilitating play:A medium for promoting cognitive, socio-emotional, and academic development in young children.* Gaithersburg, MD: Psychosocial and Educational Publications.

Smith, M.W. (2001). Children's experiences in preschool. In D. Dickinson & P.Tabors (Eds.), *Beginning literacy with language* (pp. 149–174). Baltimore: Brookes.

Smith-Burke, M.T. (1985). Reading and talking: Learning through interaction. In A. Jaggar & M.T. Smith-Burke (Eds.), *Observing the language learner* (pp. 199–211). Newark, DE: International Reading Association, and Urbana, IL: National Council of Teachers of English (co-publishers).

Snow, C. (2003). Ensuring reading success for African America children. In B. Bowman. (Ed.), *Love to read. Essays in developing and enhancing early literacy skills in African American children.*Washington, DC: National Black Child Development Institute.

Snow, C., Burns, S., & Griffin, P. (Eds.). (1998). *Preventing reading difficulties in young children.* Washington, DC: National Academy Press.

Snow, C., De Blauw, A., & Van Roosmalen, G. (1979). Talking and playing with babies. In M. Bullowa (Ed.), *Before speech* (pp. 269–288). London: Cambridge University Press.

Snow, C. E., & Tabors, P.O. (1993). Language skills that relate to literacy development. In B. Spodek & O. Saracho (Eds.), *Yearbook in early childhood education* (pp. 222–246). New York: Teachers College Press.

Soto, L. D. (1991, January). Understanding bilingual/bicultural young children. *Young Children, 40*(2), 30–36.

Sowers, S. (1982). Early writing development. In R. D. Walshe (Ed.), *Children want to write.* Exeter, NH: Heinemann Books.

Spencer, M. (1987). *How texts teach what readers learn.* Victoria, British Columbia: Abel Press.

Spieker, S. (1987, September 13). Study links tots' smiles. *San Jose Mercury News,* p. 8B.

Spitzer, D. R. (1977). *Concept formation and learning in early childhood.* Columbus, OH: Charles E. Merrill.

Spivak, L. (2000, Fall/Winter). In G. Cowley (Ed.), For the love of language [Special Edition]. *Newsweek,* pp. 12–15.

St. Pierre, R. G., & Layzer, J. I. (1998). Improving the life chances of children in poverty: Assumptions and what we have learned. *Social Policy Report, 12*(4), 1–25.

Stahl, S. A. (1998) Understanding shifts in reading and its instruction. *Peabody Journal of Education, 73*(3 & 4), 31–67.

Stanchfield, J. (1994, September). In L. R. Putnam (Ed.), Reading instruction:What do we know now that we didn't know thirty years ago? *Language Arts, 71*(5), 326–366.

Stauffer, R. C. (1970). *The language experience approach to the teaching of reading.* New York: Harper and Row.

Stewig, J.W. (1977). Encouraging language growth. In B. E. Cullinan & C.W. Carmichael (Eds.), *Literature and young children* (pp. 17–38). Urbana, IL: National Council of Teachers of English.

Stieglitz, M. G. (1972). The visual differential: An experimental study of the relation of varied experiences with visuals to shape discrimination. Unpublished doctoral dissertation, University of Wisconsin.

Stipek, D. (2004, Summer). The new Head Start. *Education Next, 4*(3), 7.

Stoel-Gammon, C. (1997). Phonological development. In J. Gleason (Ed.), *The development of language* (4th ed., pp. 138–201). Boston: Allyn and Bacon.

Stott, F. (2003, November/December). Making standards meaningful: Aligning preschool standards with those established for K-12 can be an important step toward offering equality in early educational experiences. *Early Childhood Today, 18*(3), 19–20.

Strickland, D. (1982, December 4). The last word on the first "R." *New York Daily News,* p. 13F.

Strickland, D. S. (1990, March). Family literacy: Sharing good books. *Young Children, 43*(7), 518–519.

Strickland, D. S. (2003, November). Exemplary practice in organizing skill development in the early literacy classroom. National Association for the Education of Young Children. Annual Conference. Chicago.

Strickland, D. S., & Feeney, J.T. (1992). Development in the elementary school years. In J. Flood, J. M. Jensen, D. Lapp, & J. R. Squire (Eds.), *Handbook of research on teaching the English language arts* (pp. 401–432). New York: Macmillan.

Strickland, D. S., & Morrow, L. M. (1989, January). Interactive experience with storybook reading. *The Reading Teacher, 58*(2), 322–323.

Strickland, D. S., & Morrow, L. M. (1990, January).

Sharing big books. *The Reading Teacher, 43,* 342–344.

Strickland, D. S., Shanahan,T., & Escamalia, K. (2004, November 12). Laying the groundwork for literacy: The National Early Literacy Panel synthesis of research on early literacy education. National Association for the Education of Young Children Annual Conference. Anaheim, CA.

Strommen, L.T., & Mates, B. F. (1997, October). What readers do:Young children's ideas about the nature of reading. *The Reading Teacher, 51*(2), 37–42.

Sulzby, E. (1992, April). Research directions: Transitions from emergent to conventional writing. *Language Arts, 69,* 290–297.

Sulzby, E. (1996). Roles of oral and written language as children approach conventional literacy. In C. Pontevecorvo, M. Orsolini, B. Burge, & L. B. Resnick (Eds.), *Children's early text construction* (pp. 25–46). Mahwah, NJ: Lawrence Erlbaum.

Tabors, P. O. (1997). *One child, two languages: A guide for preschool educators of children learning English as a second language.* Baltimore, MD: Paul H. Brookes.

Tabors, P. O. (2002). Language and literacy for all children. *Head Start Bulletin,* (74), 10–14.

Tabors, P. O., & Snow, C. E. (2002).Young bilingual children and early literacy development. In S. B. Neuman & D. K. Dickinson (Eds.), *Handbook of early literacy research* (pp. 159–178). New York: The Guilford Press.

Tao, F., Gamse, B., & Tarr, H. (1998). *National evaluation of the Even Start Family Literacy Program, 1994- 1997. Final Report.* Washington, DC: U.S. Department of Education, Planning and Evaluation Service.

Taylor, J. K. (1993, October). *Learning through movement.* Conference presentation, Snake River Association for the Education of Young Children.Twin Falls, ID.

Taylor, R. (2002, March). Helping language grow. *Instructor, III*(6), 25–26.

Teale,W. H. (1995). Introduction. In T. Harris & R. Hodges (Eds.), *The literacy dictionary.* Newark, DE: International Reading Association.

Thernstrom, A., & Thernstrom, B. (2003). *No excuses: Closing the racial gap in learning.* New York: Simon & Schuster.

Thomas,W., & Collier,V. (2002). *A national study of school effectiveness for language minority students' long term academic achievement.* Washington, DC: Center for Research on Education, Diversity and Excellence.

Thompson, N. S. (2000, January). Sylvia Ashton-Warner: Reclaiming personal meaning in literacy teaching. *English Journal, 89*(3), 90–96.

Throne, J. (1988, September). Becoming a kindergarten of readers. *Young Children, 43.6,* 10–16.

Thurber, D. (1988). *Teaching handwriting.* Glenview, IL: Scott, Foresman.

Tizard, B., Rankin, L., Shonic, J., & Cobb, S. (1972). Environmental effects on language development: A study of young children in long-stay residential nurseries. *Child Development, 43.4,* 337–358.

Tokuhama-Espinosa,T. (2001). *Raising multilingual children: Foreign language acquisition and children.* Westport, CT: Bergin & Garvey.

Toppo, G. (2004, July 7). No child left behind has teachers singing protest songs. *USA Today,* p. 9D.

Tough, J. (1977). *Talking and learning: A guide to fostering communication skills in nursery and infant schools.* London: Ward Lock.

Trautman, L. S. (2003, November/December). If your child stutters. *Parent & Child, 11*(3), 64–67.

Trelease, J. (1995). *The new read-aloud handbook.* New York: Penguin Books.

Tronick, E. (1987, May 18). In J. Kunerth (Ed.), Born communicators. *Orlando Sentinel,* p. 3L.

Trousdale, A. M. (1990, February). Interactive storytelling: Scaffolding children's early narratives. *Language Arts, 69*(2), 164–173.

Tunnell, M. O. (1994, December). The double-edged sword: Fantasy and censorship. *Language Arts, 71*(6), 606–611.

U.S. Bureau of the Census. (1995). *The foreign-born population: 1994 current population reports.* Washington, DC: Government Printing Office.

U.S. Department of Education. (1991). *Help your child become a good reader.* Washington, DC: Author.

U.S. Department of Education. (1998). Federal Reading Excellence Act. Washington, DC: U. S. Government Printing Office.

U.S. Department of Education. (2002a). The No Child Left Behind Act. Washington, DC: Author. Retrieved June 17, 2003, from http://www.edgov/nclb/overview U.S. Department of Education. (2002b). *The No Child Left Behind Act of 2001: Executive Summary.* U.S. Department of Education. Retrieved July 15, 2002, from http://www.ed.gov/nclb/overview/intro/execsumm.html

U.S. Department of Education, National Center for Educational Statistics. (1993). *National Household Education Survey.* Washington, DC: Author.

U.S. Department of Education, Office of Educational Research and Improvement. (1994). *Identifying outstanding talent in American Indian and Alaska Native students.* Washington, DC: Author.

U.S. Department of Health and Human Services, Administration for Children and Families. (2003). *The Head Start leaders guide to positive child outcomes.* Washington, DC: Author.

U.S. Department of Health and Human Services Fatherhood Initiative. (2001). Retrieved June 6, 2002, from http://hhs.fatherhood.hhs.gov/index.shtml U.S. Department of Health and Human Services. (2003). *The Head Start path to positive child outcomes.* [The Head Start Child Outcomes Framework]. Retrieved May 21, 2004, from http://www.hsnrc.org/CDI/outcontent.cfm Vardell, S. M. (1994, September). Nonfiction for young children. *Young Children, 49*(6), 40–41.

Venn, E. C., & Jahn, M. D. (2004). *Teaching and learning in the preschool: Using individually appropriate practices in early childhood literacy instruction.* Newark, DE: International Reading Association.

Vernon-Feagans, L., Hammer C., Miccio, A., & Manlove, E. (2003). Early language and literacy skills in low-income African American and Hispanic children. In S. B. Neuman & D.

Dickinson (Eds.), *Handbook of early literacy research* (pp. 192–210). New York: The Guilford Press.

Villarruel, F., Imig, D., & Kostelnik, M. (1995). Diverse families. In E. Garcia & B. McLaughlin (Eds.), *Meeting the challenge of linguistic and cultural diversity in early childhood education.* New York:Teachers College Press.

Vygotsky, L. (1986). *Thought and language.* Cambridge, MA: MIT Press.

Vygotsky, L. S. (1978). *Mind and society:The development of higher psychological process.* Cambridge, MA: Harvard University Press.

Vygotsky, L. S. (1980). *Mind in society.* Cambridge, MA: Harvard University Press.

Vygotsky, L. S. (1987). Thinking and speech. In R.W. Rieber & A. S. Carton (Eds.), *The collected works of L. S.Vygotsky* (N. Minick,Trans.). New York: Plenum.

Walmsley, S., & Adams, E. L. (1993, April). Realities of "whole language." *Language Arts, 70*(4), 272–280.

Wardle, F. (1987, November–December). Getting parents involved! *Pre-K Today, 2.3,* 71–75.

Wardle, F. (2003, September/October). Language immersion programs for young children. *Child Care Information Exchange, 153,* 54–57.

Washington, J., & Craig, H. K. (1995, June). In brief. *The Council Chronicle, National Council of Teachers of English, 4*(6), 5.

Weaver, C. (1998a). Introduction. In C.Weaver (Ed.), *Reconsidering a balanced approach to reading* (pp. 19–41). Urbana, IL: National Council of Teachers of English.

Weaver, C. (1998b). *Practicing what we know: Informed reading instruction.* Urbana, IL: National Council of Teachers of English.

Weaver, C. (Ed.). (1998c). *Reconsidering a balanced approach to reading.* Urbana, IL: National Council of Teachers of English.

Weir, M. E., & Eggleston, P. (1975, November/December). Teacher's first words. *Day Care and Early Education, 13.5,* 71–82.

Weiser, M. G. (1982). *Group care and education of infants and toddlers.* St. Louis: Mosby.

Weismann, D. (1970). *The visual arts as human experience.* Englewood Cliffs, NJ: Prentice Hall.

Weiss, C. E., & Lillywhite, H. S. (1981). *Communicative disorders.* St. Louis: Mosby.

Weissbourd, R. (1996). *The vulnerable child.* Reading, MA: Addison-Wesley.

Weitzman, E. (1992). *Learning language and loving it.* Toronto: A Hanen Centre Publication.

Wells, G. (1981). *Learning through interaction: The study of language development.* Cambridge, MA: Cambridge University Press.

Wells, G. (1986). *The meaning makers.* Portsmouth, NH: Heinemann.

Werner, E. E., & Smith, R. S. (1982). *Vulnerable, but invincible.* New York: McGraw-Hill.

West, J., Denton, K., & Germino-Hausken, E. (2000). *America's kindergartners.*Washington, DC: National Center for Educational Statistics.

Weymouth, F.W. (1963). *Visual acuity of children,* A symposium presentation at the National Education Association Conference, Philadelphia.

White, B. L. (1986a). *A person is emerging. Parents As Teachers program planning and implementation guide.* Jefferson City, MO: Missouri Department of Elementary and Secondary Education.

White, B. L. (1986b). *The learning experience. Parents As Teachers program planning and implementation guide.* Jefferson City, MO: Missouri Department of Elementary and Secondary Education.

White, B. L. (1987). *The first three years of life.* Englewood Cliffs, NJ: Prentice Hall.

Whitehurst, C. J., Epstein, J. N., Angell, A. L., Payne, A. C., Crone, D. A., & Fischel, J. E. (1994). Outcomes of emergent literacy intervention in Head Start. *Journal of Educational Psychology, 86,* 542–555.

Williams, K. C. (1997, September).What do you wonder? *Young Children, 52*(6), 78–81.

Wiltz, N.W., & Fein, C. G. (1996, March). Evolution of a narrative curriculum: The contributions of Vivian Gussin Paley. *Young Children, 51*(3), 61–68.

Wingert, P., & Kantrowitz, B. (1997, October 27). Why Andy couldn't read. *Newsweek,* pp. 56–64.

Winn, M. (1981). *Children without childhood.* New York: Pantheon.

Winter, M., & Rouse, J. (1990, February). Fostering intergenerational literacy: The Missouri Parents As Teachers Program. *The Reading Teacher, 43*(6), 382–386.

Wolf, J. (1992, January). Creating music with young children. *Young Children, 47*(2), 56–61.

Wolf, J. (1994, May). Singing with children is a cinch. *Young Children, 49*(4), 20–25.

Wolf, J. (2000, March). Sharing songs with children. *Young Children, 55*(2), 19–31.

Wong-Fillmore, L. (1976). The second time around: Cognitive and social strategies in second language acquisition. Unpublished doctoral dissertation, Stanford University, Stanford, CA.

Wong-Fillmore, L. (1991). When learning a second language means losing the first. *Early Childhood Research Quarterly, 6*(33), 323–346.

Woodward, C., Haskins, G., Schaefer, G., & Smolen, L. (2004, July). Let's talk: A different approach to oral language development. *Young Children, 59*(4), 92–95.

Wylie, R. E., & Durrell, D. (1970). Literacy. *Elementary English, 47,* 787–791.

Yaden, D., Jr., Smolkin, L. B., & Conlon, A. (1989). Preschoolers' questions about pictures, print, convention, and story text. *Reading Research Quarterly, 24*(2), 188–214.

Yairi, E., & Ambrose, N. G. (1999, October). Early childhood stuttering: Persistency and recovery rates. *Journal of Speech, Language and Hearing Research, 42,* 1097–1109.

Yokota, J. (1993, March). Issues in selecting multicultural children's literature. *Language Arts, 70,* 156–167.

Yopp, H. K. (1995, March).Teaching reading: Readaloud books for developing phonemic awareness: An annotated bibliography. *The Reading Teacher, 48*(6), 538–542.